总主编 曾宪义 王利明

21世纪法学系列教材

法学研究生用书

外国民事诉讼法学研究

主编 汤维建

撰稿人（以撰写章节先后为序）

汤维建 齐树洁 肖建国
陈 巍 许尚豪 雷 潇
毕海毅 刘 敏 郭士辉
刘 静 尹腊梅 张曙光
卢正敏 王鸿雁 沈 磊
邵 明 程 翔

中国人民大学出版社

编审委员会

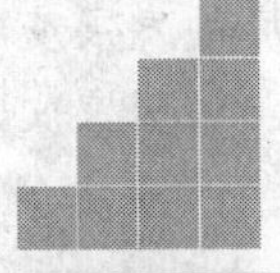

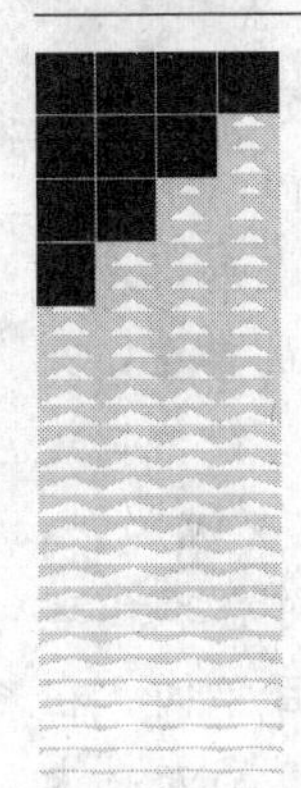

总　序

曾宪义

在人类文明与文化的发展中，中华民族曾作出过伟大的贡献，不仅最早开启了世界东方文明的大门，而且对人类法治、法学及法学教育的生成与发展进行了积极的探索与光辉的实践。

在我们祖先生存繁衍的土地上，自从摆脱动物生活、开始用双手去进行创造性的劳动、用人类特有的灵性去思考以后，我们人类在不断改造客观世界、创造辉煌的物质文明的同时，也在不断地探索人类的主观世界，逐渐形成了哲学思想、伦理道德、宗教信仰、风俗习惯等一系列维系道德人心、维持一定社会秩序的精神规范，更创造了博大精深、义理精微的法律制度。应该说，在人类所创造的诸种精神文化成果中，法律制度是一种极为奇特的社会现象。因为作为一项人类的精神成果，法律制度往往集中而突出地反映了人类在认识自身、调节社会、谋求发展的各个重要进程中的思想和行动。法律是现实社会的调节器，是人民权利的保障书，是通过国家的强制力来确认人的不同社会地位的有力杠杆，它来源于现实生活，而且真实地反映现实的要求。因而透过一个国家、一个民族、一个时代的法律制度，我们可以清楚地观察到当时人们关于人、社会、人与人的关系、社会组织以及哲学、宗教等诸多方面的思想与观点。同时，法律是一种具有国家强制力、约束力的社会规范，它以一种最明确的方式，对当时社会成员的言论或行动作出规范与要求，因而也清楚地反映了人类在各个历史发展阶段中对于不同的人所作出的种种具体要求和限制。因此，从法律制度的发展变迁中，同样可以看到人类自身不断发展、不断完善的历史轨迹。人类社会几千年的国家文明发展历史已经无可争辩地证明，法律制度乃是维系社会、调整各种社会关系、保持社会稳定的重要的工具。同时，法律制度的不断完善，也是人类社会文明进步的显著体现。

由于发展路径的不同、文化背景的差异，东方社会与西方世界对于法律的意义、底蕴的理解、阐释存有很大的差异，但是，在各自的发展过程中，都曾比较注重法律的制定与完善。中国古代虽然被看成是“礼治”的社会、“人治”的世界，被认为是“只有刑，没有法”的时代，但从《法经》到《唐律疏议》、《大清律例》等数十部优秀成文法典的存在，充分说明了成文制定法在中国古代社会中的突出地位，唯这些成文法制所体现出的精神旨趣与现代法律文明有较大不同而已。时至20世纪初叶，随着西风东渐、东西文化交流加快，中国社会开始由古代的、传统的社会体制向近现代文明过渡，建立健全的、符合现代理性精神的法律文明体系方成为现代社会的共识。正因为如此，近代以来的数百年间，在西方、东方各主要国家里，伴随着社会变革的潮起潮落，法律改革运动也一直呈方兴未艾之势。

从历史上看，法律的文明、进步，取决于诸多的社会因素。东西方法律发展的历史均充分证明，推动法律文明进步的动力，是现实的社会生活，是政治、经济和社会文化的变迁；同时，法律内容、法律技术的发展，往往依赖于一大批法律专家以及更多的受过法律教育的社会成员的研究和推动。从这个角度看，法学教育、法学研究的发展，对于法律文明的发展进步，也有着异常重要的意义。正因为如此，法学教育和法学研究在现代国家的国民教育体系和科学研究体系中，开始占有越来越重要的位置。

中国近代意义上的法学教育和法学研究，肇始于19世纪末的晚清时代。清光绪二十一年（公元1895年）开办的天津中西学堂，首次开设法科并招收学生，虽然规模较小，但仍可以视为中国最早的近代法学教育机构（天津中西学堂后改名为北洋大学，又发展为天津大学）。三年后，中国近代著名的思想家、有“维新骄子”之称的梁启超先生即在湖南《湘报》上发表题为《论中国宜讲求法律之学》的文章，用他惯有的富有感染力的激情文字，呼唤国人重视法学，发明法学，讲求法学。梁先生是清代末年一位开风气之先的思想巨子，在他的辉煌的学术生涯中，法学并非其专攻，但他仍以敏锐的眼光，预见到了新世纪中国法学研究和法学教育的发展。数年以后，清廷在内外压力之下，被迫宣布实施“新政”，推动变法修律。以修订法律大臣沈家本为代表的一批有识之士，在近十年的变法修律过程中，在大量翻译西方法学著作，引进西方法律观念，有限度地改造中国传统的法律体制的同时，也开始推动中国早期的法学教育和法学研究。20世纪初，中国最早设立的三所大学——北洋大学、京师大学堂、山西大学堂均设有法科或法律学科目，以期“端正方向，培养通才”。1906年，应修订法律大臣沈家本、伍廷芳等人的奏请，清政府在京师正式设立中国第一所专门的法政教育机构——京师法律学堂。次年，另一所法政学堂——直属清政府学部的京师法政学堂也正式招生。这些大学法科及法律、法政学堂的设立，应该是中国历史上近代意义上的正规专门法学教育的滥觞。

自清末以来，中国的法学教育作为法律事业的一个重要组成部分，随着中国社会的曲折发展，经历了极不平坦的发展历程。在20世纪的大部分时间里，中国社会一直充斥着各种矛盾和斗争。在外敌入侵、民族危亡的沉重压力之下，中国人民为寻找适合中国国情的发展道路而花费了无穷的心力，付出过沉重的代价。从客观上看，长期的社会骚动和频繁的政治变迁曾给中国的法治与法学带来过极大的消极影响。直至70年代末期，以“文化大革命”宣告结束为标志，中国社会从政治阵痛中清醒过来，开始用理性的目光重新审视中国的过去，规划国家和社会的未来，中国由此进入长期稳定、和平发展的大好时期，以这种大的社会环境为背景，中国的法学教育也获得了前所未有的发展机遇。

从宏观上看，实行改革开放以来，经过二十多年的努力，中国的法学教育事业所取得的成就是辉煌的。首先，经过“解放思想，实事求是”思想解放运动的洗礼，在中国法学界迅速清除了极左思潮及苏联法学模式的一些消极影响，根据本国国情建设社会主义法治国家已经成为国家民族的共识，这为中国法学教育和法学研究的发展奠定了稳固的思想基础。其次，随着法学禁区的不断被打破、法学研究的逐步深入，一个较为完善的法学学科体系已经建立起来。理论法学、部门法学各学科基本形成了比较系统和成熟的理论体系和学术框架，一些随着法学研究逐渐深入而出现的法学子学科、法学边缘学科也渐次成型。1997年，国家教育主管部门和教育部高校法学学科教学指导委员会对原有专业目录进行了又一次大幅度调整，决定自1999年起法学类本科只设一个单一的法学专业，按照一个专业招生，从而使法学学科的布局更加科学和合理。同时，在充分论证的基础上，确定了法学专业本科教学的14门核心课程，加上其他必修、选修课程的配合，由此形成了一个传统与更新并重、能够适应国家和社会发展需要的教学体系。法学硕士和博士研究生及法律硕士专业学位研究生的专业设置、课程教学和培养体系也日臻完善。再次，法学教育的规模迅速扩大，层次日趋齐全，结构日臻合理。目前中国有六百余所普通高等院校设置了法律院系或法律本科专业，在校本科学生和研究生已达二十余万人。除本科生外，在一些全国知名的法律院校，法学硕士研究生、法律硕士专业学位研究生、法学博士研究生已经逐步成为培养的重点。

众所周知，法律的进步、法治的完善，是一项综合性的社会工程。一方面，现实社会关系的发展，国家政治、经济和社会生活的变化，为法律的进步、变迁提供动力，提供社会的土壤。另一方面，法学教育、法学研究的发展，直接推动法律进步的进程。同时，全民法律意识、法律素质的提高，则是实现法治国理想的关键的、决定性的因素。在社会发展、法学教育、法学研究等几个攸关法律进步的重要环节中，法学教育无疑处于核心的、基础的地位。中国法学教育过去二十多年所走过的历程令人激动，所取得的成就也足资我们自豪。随着国家的发展、社会的进步，在21世纪，我们面临着更严峻的挑战和更灿烂的前景。“建设世界一流法学教育”，任重道远。

首先，法律是建立在经济基础之上的上层建筑，以法治为研究对象的法学也就成为一门实践性很强的学科。社会生活的发展变化，势必要对法学教育、法学研究不断提出新的要求。经过二十多年的奋斗，中国改革开放的前期目标已顺利实现。但随着改革开放的逐步深入，国家和社会的一些深层次问题，比如说社会主义市场经济秩序的真正建立、国有企业制度的改革、政治体制的完善、全民道德价值的重建、环境保护和自然资源的合理利用等等，也已经开始浮现出来。这些复杂问题的解决，无疑最终都会归结到法律制度的完善上来。建立一套完善、合理的法律制度，构建理想的和谐社会，乃一项持久而庞大的社会工程，需要全民族的智慧和努力。其中的基础性工作，如理论的论证、框架的设计、具体规范的拟订、法律实施中的纠偏等等，则有赖于法学研究的不断深入，以及高素质人才特别是法律人才的养成，而培养法律人才的任务，则是法学教育的直接责任。

其次，21世纪是一个多元化的世纪。20世纪中叶发生的信息技术革命，正在极大地改变着我们的世界。现代科学技术，特别是计算机网络信息技术的发展，使传统的生活方式、思想观念发生了根本的改变，并由此引发许多人类从未面对过的问题。就法学教育而言，在21世纪所要面临的，不仅是教学内容、研究对象的多元化问题，而且还有培养对象、培养目标的多元化、教学方式的多元化等一系列问题，这些问题都需要法学界去思考、去探索。

中国人民大学法学院建立于1950年，是新中国诞生后创办的第一所正规高等法学教育机构。在半个多世纪的岁月中，中国人民大学法学院以其雄厚的学术力量、严谨求实的学风、高水平的教学质量以及丰硕的学术研究成果，在全国法学教育领域处于领先地位，并开始跻身于世界著名法学院之林。据初步统计，中国人民大学法学院已经为国家培养法学专业本科生、硕士生、博士生一万余人，培养各类成人法科学生三十余万人。经过多年的努力，中国人民大学法学院形成了较为明显的学术优势，在现职教师中，既有一批资深望重、在国内外享有盛誉的法学前辈，更有一大批在改革开放后成长起来的优秀中青年法学家。这些老中青法学专家多年来在勤奋研究法学理论的同时，也积极投身于国家的立法、司法实践，对国家法制建设贡献良多。

有鉴于此，中国人民大学法学院与中国人民大学出版社经过研究协商，决定结合中国人民大学法学院的学术优势和中国人民大学出版社的出版力量，出版一套“21世纪法学系列教材”。自1998年开始编写出版本科教材，包括按照国家教育部所确定的法学专业核心课程和其所颁布印发的《全国高等学校法学专业核心课程基本要求》而编写的14门核心课程教材，也包括法学各领域、各新兴学科教材及教学参考书和案例分析在内，到2000年12月3日在人民大会堂大礼堂召开举世瞩目的“21世纪世界百所著名大学法学院院长论坛暨中国人民大学法学院成立五十周年庆祝大会”之时，业已出版了50本作为50周年院庆献礼，到现在总共出版了80本。为了进一步适应高等法学教育发展的形势和教学改革的需要，最近中国人民大学法学院与中国人民大学出版社决定将这套教材扩大为四个系列，即：“本科生用书”、“法学研究生用书”、“法律硕士研究生用书”以及“司法考试用书”，总数将达二百多本。我们设想，本套教材的编写，将更加注意“高水准”与“适用性”的合理结合。首先，本套教材将由中国人民大学法学院具有全国影响的各学科的学术带头人领衔，约请全国高校优秀学者参加，形成学术实力强大的编写阵容。同时，在编写教材时，将注意吸收中国法学研究的最新的学术成果，注意国际学术发展的最新动向，力求使教材内容能够站在21世纪的学术前沿，反映各学科成熟的理论，体现中国法学的水平。其次，本套教材在编写时，将针对新时期学生特点，将思想性、学术性、新颖性、可读性有机结合起来，注意运用典型生动的案例、简明流畅的语言去阐释法律理论与法律制度。

我们期望并且相信，经过组织者、编写者、出版者的共同努力，这套法学教材将以其质量效应、规模效应，力求成为奉献给新世纪的精品教材，我们诚挚地祈望得到方家和广大读者的教正。

2006年7月1日

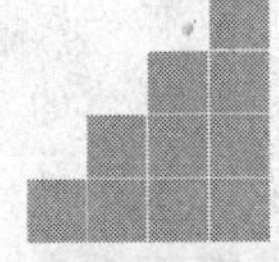

序 言

王利明

法学教育是高等教育的重要组成部分，是建设社会主义法治国家、构建社会主义和谐社会的重要基础，并居于先导性的战略地位。在我国社会转型的新世纪、新阶段，法学教育不仅要为建设高素质的法律职业共同体服务，而且要面向全社会培养大批治理国家、管理社会、发展经济的高层次法律人才。近年来，法学教育取得了长足的进步，法科数量增长很快，教育质量稳步提高，培养层次日渐完善，目前已经形成了涵盖本科生、第二学士学位生、法学硕士研究生、法律硕士研究生、法学博士研究生的完整的法学人才培养体系，接受法科教育已经成为莘莘学子的优先选择之一。随着中国法治事业的迅速发展，我们有理由相信，中国法学教育的事业大有可为，中国法学教育的前途充满光明。

教育的基本功能在于育人，在于塑造德才兼备的高素质人才。法学教育的宗旨并非培养只会机械适用法律的“工匠”，而承载着培养追求正义、知法懂法、忠于法律、廉洁自律的法律人的任务。要完成法学教育的使命，首先必须认真抓好教材建设。我始终认为，教材是实现教育功能的重要工具和媒介，法学教材不仅仅是法学知识传承的载体，而且是规范教学内容、提高教学质量的关键，对法学教育的发展有着不可估量的作用。

第一，法学教材是传授法学基本知识的工具。初学法律，既要有好的老师，又要有好的教材。正如冯友兰先生所言：“学哲学的目的，是使人作为人能够成为人，而不是成为某种人。其他的学习（不是学哲学）是使人能够成为某种人，即有一定职业的人。”一套好的教材，能够高屋建瓴地展示法律的体系，能够准确简明地阐释法律的逻辑，能够深入浅出地叙述法律的精要，能够生动贴切地表达深奥的法理。所以，法学教材是学生学习法律的向导，是学生步入法律殿堂的阶梯。如果在入门之初教材就有偏颇之处，就可能误人子弟，学生日后还要花费大量时间与精力来修正已经形成的错误观念。

第二，法学教材是传播法律价值理念的载体。好的法学教材不仅要传授法学知识，更要传播法律的精神和法治的理念，例如对公平、正义的追求，尊重权利的观念。本科、研究生阶段的青年学子，正处在人生观、价值观形成的阶段，一套优秀的法学教材，对于他们价值观的塑造和健全人格的培养具有重要意义。

第三，法学教材是形成职业共同体的主要条件。建设社会主义法治国家，有赖于法律职业共同体的生成。一套好的法学教材，向法律研习者传授共同的知识，这对于培养一个接受共同的价值理念、共同的法律思维、共同的话语体系的法律共同体，具有重要的作用。

第四，法学教材是所有法律研习者的良师益友。没有好的教材，一个好的教师或可弥补教材的欠缺和不足，但对那些没有老师指导的自学者而言，教材就是老师，其重要作用是显而易见的。

长期以来，在我们的评价体系中，教材并没有获得应有的注重，对学术成果的形式优先考虑的往往是专著而非教材。在不少人的观念中，教材与创新、与学术精品甚至与学术无缘。其实，要真正写出一部好的教材，其难度之大、工作之艰辛、影响之深远，绝不低于一部优秀的专著，它甚至可以成为在几百年甚至更长的时间内发挥作用的传世之作。以查士丁尼的《法学阶梯》为例，所谓法学阶梯，即法学入门之义，就是一部教材。但它概括了罗马法的精髓，千百年来，一直是人们研习罗马法最基本的著述。日本著名学者我妻荣说过，大学教授有两大任务：一是写出自己熟悉的专业及学术领域的讲义乃至教科书；二是选择自己最有兴趣、最看重的题目，集中精力进行终生的研究。实际上，这两者是相辅相成的。写出一部好教材，必须要对相关领域形成一个完整的知识体系，还要能以深入浅出的语言将问题讲清楚、讲明白。没有编写教材的基本功，实际上也很难写出优秀的专著。当然，也只有对每一个专题都有一定研究，才能形成对这个学术领域的完整把握。

虽然近几年我国法学教育发展迅速，成绩显著，但是法学教育也面临许多挑战。各个学校的师资队伍和教学质量参差不齐，这就更需要推出更多的结构严谨、内容全面、角度各有侧重、能够适应不同需求的法学教材，为提高法学教学和人才培养质量、保障法学教育健康发展提供前提条件。

长期以来，中国人民大学法学院始终高度重视教材建设。作为新中国成立后建立的第一所正规的法学教育机构，中国人民大学法律系最早开设了社会主义法学教学课堂，编写了第一套社会主义法学讲义，培养了新中国第一批法学本科生和各学科的硕士生、博士生，产生了新中国最早的一批法学家和法律工作者。中国人民大学法律系因此被誉为“新中国法学教育的工作母机”。半个多世纪以来，中国人民大学法学院为社会主义法制建设培养了大批优秀的法律人才，并为法学事业的振兴和繁荣作出了卓越贡献，也因此成为引领中国法学教育的重镇、凝聚国内法律人才的平台和沟通中外法学交流的窗口，并在世界知名法学院行列中崭露头角。为了对中国法学教育事业作出更大的贡献，我们有义务也有责任出版一套体现我们最新研究成果的法学教材。

承蒙中国人民大学出版社的大力支持，我们组织编写了本套教材，其中包括本科生用书、法律硕士研究生用书、法学研究生用书和司法考试用书四大系列，分别面向不同层次法科教育需求。编写人员以中国人民大学法学院教师为主，反映了中国人民大学法学院整体的研究实力和学术视野。相信本套教材的出版，一定能够为新时期法学教育的繁荣发展发挥应有的作用。

是为序。

2006年7月10日

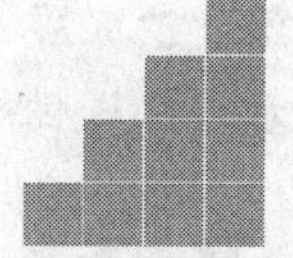

编写说明

本书主要针对希望攻读或者已经成为法学研究生的读者群体。不同于专业学术研究著作和研究参考资料，本书是关于外国民事诉讼法的入门和提高的、有针对性的研究生学习参考用书。法学研究生已经积累了一定的民事诉讼法学根基，但在比较民事诉讼法方面还比较生疏。本书一方面帮助读者尽快对外国民事诉讼法有初步的了解，另一方面，在比较法的层面上，引导读者深入体会民事诉讼法的深层理论，领略思辨的无穷魅力。

本书分上下两编，上编分别概括介绍主要国家的民事诉讼法，其中特别介绍了民事诉讼法典。浏览法典是迅速了解一国民事诉讼制度的捷径，法典是开启一国民事诉讼法大门的钥匙，读者通过阅读本部分，不仅能初步了解一国民事诉讼制度的基本内容，也得以迅速了解该国民事诉讼法典的篇章结构，进而对该国民事诉讼法形成一个初步的鸟瞰式印象，为日后深入学习奠定基础。由于本书篇幅有限，不可能详细介绍一国民事诉讼法典的内容，读者如果需要了解一个具体的制度，可以按图索骥，查阅相关的具体条文，因此，本书可以作为工具书使用，帮助迅速查阅各国相关制度的立法状况。另外，读者还可以通过对比各国民事诉讼法典的结构，通过总结共性，体会民事诉讼法外在制度体系和内在理论体系的逻辑结构，因此几乎所有的民事诉讼法理论都能在法典上找到自己的位置，法典的篇章布局本身蕴涵着民事诉讼理论的结构和体系框架。而读者通过发现法典的个性和区别，可发现各国民事诉讼法的独特之处，结合各国的文化背景，领略这种差异的原因。

下编是对外国民事诉讼的专题研究，分别以民事诉讼法规定的若干重要制度为研究对象，一方面介绍该制度在各国民事诉讼法上的基本表现形式，比较两大法系在制度上的差异；另一方面则分析存在这种差异的原因，通过比较分析，力图揭示出各国民事诉讼制度背后蕴涵的理论基础、社会背景和文化观念，努力触及民事诉讼制度的灵魂和精髓。本书确定的专题范围经过了遴选，基本上是民事诉讼法核心理论和制度。通过这些专题，我们试图传递一些关于民事诉讼制度整体演进趋向的信息素。司法民主化与诉讼的协同主义是两条比较清晰的当代民事诉讼发展主线，通过陪审制、审前程序和调解等制度的比较分析，读者不难体会到民事诉讼法的发展方向以及推动其发展的内在动力。

另外，本书还在各章附加了"扩展阅读"栏目。外国民事诉讼法博大精深，本书作为一本引导性读物，在"扩展阅读"部分选取了一些国内已出版的有关外国民事诉讼法的代表性著作，读者以此为线索可查阅相关参考书目，深入研究具体问题。"扩展阅读"选取的著作大致分三种：一是专门的比较民事诉讼法著作，如西南政法大学比较民事诉讼法研究所翻译出版的比较民事诉讼法系列译著。二是关于外国司法制度的著作。民事诉讼法作为司法制度的一部分，外国民事诉讼法的研究与外国司法制度的比较法考察有密切的关联，存在重合部分。司法制度是比民事诉讼法更高一个层次的领域，对司法制度的比较法研究可以对于理解外国民事诉讼起到直接的指导性作用。因此，学习外国民事诉讼法，需要以外国司法制度为基础和背景资料。本书在"扩展阅读"部分所列举的书籍，也包含了外国司法制度的一些重要著述，可作学习的参考资料使用。三则是部分法理学著作。民事诉讼不仅能定分止争，解决纠纷，还在深层次上承担着"决定法律实际面目"的使命。这也是关注于"什么是法律"的法理学研究领域。在民事司法功能方面，法理学的研究无疑更为深刻和富有启发性。因此，阅读一些法理学经典译著，能极大推进外国民事诉讼法学的研究深度。

外国民事诉讼的学习虽然艰难，但却乐趣无穷。透过民事诉讼这种社会现象，可以触摸到世界发达国家和地区的法律制度与社会文化，这已经不仅仅是开阔视野的问题了。在全球化进程日益加快的今天，这种域外知识的积累，可以直接提升个人的竞争力，拓展其发展空间，特别是对有志于在国际贸易中从事法律服务工作的读者而言，对外国民事诉讼制度的初步把握，是实现与国外法律实务工作接轨的必经之路。当然，对于从事民事诉讼法学研究的读者而言，外国民事诉讼法更是必须认真积累的基础。由于编写时间仓促，本书难免存在某些不足，恳请广大读者对书中存在的缺陷提出宝贵意见。

本书撰写的具体分工为：汤维建（中国人民大学法学院教授、博士生导师，法学博士，撰写上编第一章，下编第二章、第三章），齐树洁（厦门大学法学院教授、博士生导师，法学博士，撰写上编第二章，下编第六章、第十五章），刘敏（南京师范大学法学院教授、博士生导师，法学博士，撰写下编第一章），肖建国（中国人民大学法学院副教授、硕士生导师，法学博士，撰写上编第三章），邵明（中国人民大学法学院副教授、硕士生导师，法学博士，撰写下编第十六章），许尚豪（北京大学法学院博士后研究人员，撰写上编第五章、下编第十四章），卢正敏（厦门大学法学院讲师，法学博士，下编第十一章、第十二章），陈巍（中国人民大学哲学院博士后研究人员，撰写上编第四章、第六章、第七章），刘静（北京外国语大学法学院讲师，法学博士，撰写下编第五章、第七章、第八章），尹腊梅（南京财经大学法学院讲师，法学博士，撰写下编第九章），程翔（厦门大学法学院博士研究生，撰写下编第十八章），张曙光（中国人民大学法学院博士研究生，撰写下编第十章），王鸿雁（中国人民大学法学院博士研究生，撰写下编第十三章、第十七章），毕海毅（中国人民大学法学院博士研究生，撰写上编第八章），郭士辉（中国人民大学法学院博士研究生，撰写下编第四章），沈磊（中国人民大学法学院博士研究生，撰写下编第十四章），雷潇（中国人民大学法学院硕士研究生，撰写上编第五章）。

编著者

2007年6月6日

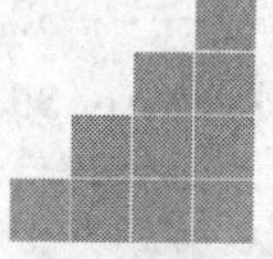

目　录

上　编

第六章

第七章

第八章

下　编

上　编

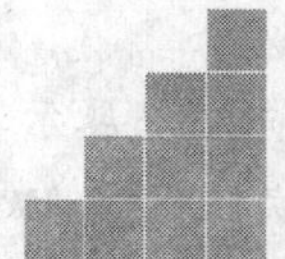

第一章

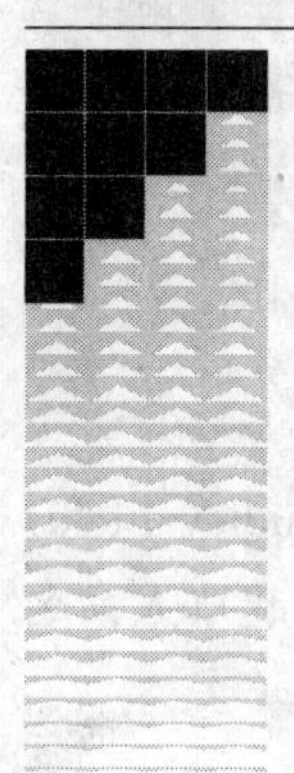

美国民事诉讼法

一、美国民事诉讼法的形成与发展

美国于1776年宣告独立。宣告独立后的美国各州，在民事诉讼程序上基本照用英国的制度模式，很少作出变通。美国民事诉讼程序主要在以下方面受到了英国法律的影响：其一，普通法和衡平法的区分；其二，在普通法范围内实行令状制度；其三，对案件事实的认定实行陪审团审判；其四，在诉讼程序的构架上，采用对抗制诉讼模式。

但是，美国民事诉讼程序从19世纪中叶以来，一直在实行本土化的改造，其中一个非常重要的方面便是它进行了所谓的诉讼程序法典化的运动。另外一个方面，就是对作为其诉讼程序最大特色的对抗制模式进行与时俱进式的改造。

美国民事诉讼程序从判例法到法典法的演变，是其独立于英国法制的显著方面。美国的程序制度法典化运动主要有两次：一次是发生在纽约州的立法活动；另一次是发生在联邦法院系统内的立法活动。

扩展阅读

对抗制是美国诉讼制度的基础。基于对抗制，诉讼程序由当事人启动并为当事人所控制。对抗制的典型模式就是，由当事人（原告和被告）承担调查、呈示证据和提出辩论的责任。当事人之间的纠纷通常是由一名法官——一个中立、无偏私的被动的裁判者——倾听当事人双方的陈述，并基于当事人所呈示的内容而作出裁断。法官的作用相当于一个公断人，力图确保律师遵守程序规则。从这一意义上讲，整个的诉讼程序是由当事人，或者更确切地讲是由律师控制的。

对抗制的基本前提是公民个人的自治性和主动性。诉讼当事人或其律师在向法院展示事实和呈示案件方面负有责任。这反映了一种信念，即与争议具有直接利害关系的人们（当事人自己）具有更为强烈的动力通过全面调查来收集对他们最有利的案件事实。由于当事人双方均与案件结果具有自身的利害关系，因此可以推定，所有相关的事实都会得到呈示，而事实“真相”也由此得以揭示出来。①

（一）第一次立法运动：《纽约州民事诉讼法典》

先看纽约州的立法活动。经过纽约律师戴维·达德利·菲尔德（David Dudley Field）的倡导和努力，美国历史上第一部民事诉讼法典宣告面世，这就是于1848年以起草人命名的《菲尔德法典》，也称《纽约州民事诉讼法典》。

《菲尔德法典》在诉讼程序上进行了一些重要的改革，主要表现在：

1. 消除了普通法诉讼程序和衡平法诉讼程序之间的区别，而代之以统一的诉讼程序。原来民事案件要视其为普通法范畴还是属于衡平法管辖权的范畴，而分别适用普通法诉讼程序和衡平法诉讼程序。这两类诉讼程序无论在程序方面还是在可以提供的司法救济方面，都有很大的区别。诉讼程序合二为一后，实际上便消除了普通法案件和衡平法案件的分野。

2. 废除了复杂的诉答方式，以单一的诉答方式取而代之。也就是说，不管是什么样的民事案件，当事人在起诉时不要再像过去那样选择令状了，而实行统一的起诉形式和诉答程序。这就大大地简化了民事诉讼程序。

3. 当事人可以用简明扼要、通俗易懂的法律语言表述其诉讼请求和各种动议，而不采纳旧制度中的各种陈旧格式。

4. 规定了诉讼请求的合并制度。当事人在同一个诉讼程序中可以提出与本案有关的所有的诉讼请求，而无须分别利用不同的诉讼程序获得不同的救济。比如，当事人不必要首先启动普通法诉讼程序获得损害赔偿的救济，并另行启动衡平法诉讼程序获得禁止令的诉讼救济。

5. 允许当事人成为证人。在普通法诉讼程序中，当事人因与本案有直接的利害关系，其证词不可置信，而不允许其为自己案件的证人。也就是说，在普通法上，立法没有规定当事人陈述这种证据形式。在两种诉讼程序合并后，当事人陈述自此成为独立的证据形式。

6. 初步确立了当事人收集证据的发现程序。在普通法诉讼程序中，当事人没有收集证

① 参见［美］史蒂文·苏本、玛格瑞特（绮剑）·伍：《美国民事诉讼的真谛——从历史、文化、实务的视角》，蔡彦敏、徐卉译，29页，北京，法律出版社，2002。

据的独立程序可以适用。在两种诉讼程序合并后，衡平法诉讼程序中存在着的有限的发现程序被继续采用。据此程序，当事人可以从对方当事人手中获取重要证据。

此外，《菲尔德法典》还进行了其他程序制度上的改变。如要求当事人达成单一的法律上或事实上争点的诉讼条件在实质上放宽了；先前以书面形式作成的证词要求在公开的法庭上在法官面前（口头）表达出来①，等等。

《菲尔德法典》所开辟的诉答程序法典化改革是一次极为成功的运动，它的出现产生了诸多积极影响。

首先，《菲尔德法典》成为其他各州效法的榜样。自 1848 年《菲尔德法典》通过后，其他各州如加州等，纷纷效法，制定了适用于本州的民事诉讼法典。到 1938 年美国制定联邦民事诉讼规则之前，全美国已有 2/3 的州这样做了。

其次，《菲尔德法典》对英国民事诉讼程序也产生了深远的影响。这种影响的直接表现就是英国在 1973 年通过的最高法院组织法。英国自该法通过后，也结束了普通法和衡平法并存的二元状态。

最后，《菲尔德法典》对美国联邦民事诉讼规则的产生也起到了积极的推动作用。1938 年通过的美国《联邦民事诉讼规则》在许多内容上都借鉴了《菲尔德法典》的有益因素。当然同时也摒弃了它的不足之处，可以说是在《菲尔德法典》基础上的一个升华。

扩展阅读

改革普通法与衡平法二元体制的原动力，既有观念方面的，又有实践方面的。在观念方面，法典化改革以这样一项前提为基础，即法律应当是可以为普通智力所理解的事项，而不应是玄妙的历史科学。如果简明易懂，法律将为每一个公民所知，这一规定与欧洲民法典之中的民主化原则，同样也适用于程序法……

美国民事诉讼程序改革的实践原动力产生于其所继承的制度的大量机能失调……维持普通法和衡平法中程序规则据以表达的技术公式及法律拟制，同样并非有意而为之。人们认为……它们使律师控制法院的局面得以牢固树立，因为唯有律师方能理解这些制度的精巧微妙。因此，法典化运动既是一场法律改革，又兼具政治性。②

总之，《菲尔德法典》拉开了美国从 19 世纪上半叶开始的，旨在简化诉讼程序制度的改革运动的序幕。这一运动的成果后来被称为“法典化诉答程序”，效法该法典的州被称为“法典州”。这是杰克逊式民主主义的胜利，也是功利主义哲学的产物。

---

① 参见苏本：《衡平法是如何占领普通法的：从历史的角度看联邦民诉规则》，载《宾州大学法律研究》，第 135 卷，908 号，1987，931～939 页。

② 参见［美］杰弗里·C·哈泽德、米歇尔·塔鲁伊：《美国民事诉讼法导论》，张茂译，22～23 页，北京，中国政法大学出版社，1998。

(二) 第二次立法运动:《联邦民事诉讼规则》

联邦法院系统早在1787年美国通过联邦宪法时已经确立。联邦法院是一个独立于州法院的司法系统。为什么要单独设立一个联邦法院体系呢?主要的原因有两个:一是依靠联邦法院维护联邦政府的合法权益,增强联邦政府的力量,并负责解释宪法。二是对于异州籍公民之间的纠纷以及美国公民同外国公民之间的纠纷,由独立于州利益的联邦法院来处理,可以确保司法公正,克服司法中的地方性影响。

国会于1938年9月通过《联邦民事诉讼规则》(Federal Rules of Civil Procedure)。这是美国联邦法院系统现行民事诉讼制度的主要渊源。

该规则共11章、86条。从内容上看,它是由以下四个部分构成的:

第一部分:规定诉讼开始、诉答状和动议书的内容及当事人合并和诉讼请求合并制度。这表现在《联邦民事诉讼规则》第一章到第四章之中,条文为第1条至第26条。

第二部分:规定发现程序。表现在《联邦民事诉讼规则》第五章中,条文为第27条至第37条。

第三部分:规定开庭审理及判决。表现在《联邦民事诉讼规则》第六章至第七章,条文为第38条至第63条。

第四部分:规定了临时扣押财产、书记官及其他有关事项。表现在《联邦民事诉讼规则》第八章到第十一章中,条文为第64条至第86条。

《联邦民事诉讼规则》在以下两个方面作出了重大突破:

1. 确立并完善了发现程序。发现程序成为介于诉答程序和庭审程序之间的独立诉讼阶段,并由此带动了诉答程序机能的变化。诉答程序成为"告知"程序,它原来所具有的确定争点的功能让位给了发现程序。

2. 建立了单一的诉讼方式。迄纽约州法典法时期,诉讼方式尽管有所缩减,但还是有9种方式需要当事人选择,诉讼开始的诉答程序还是较为复杂。《联邦民事诉讼规则》对此加以简化,规定民事诉讼只有一种形式,就叫"民事诉讼"(civil action)。而且,当事人一经向法院递交起诉状,诉讼程序即为开始。这样,美国民事诉讼法便在保障当事人行使起诉权方面,迈进了一大步。

此外,《联邦民事诉讼规则》在当事人合并规则上也放宽了,这为后来集团诉讼制度的确立奠定了基础。

该规则后来历经了1948年、1961年、1962年、1966年、1970年、1980年、1983年、1991年、1993年、2001年、2004年等数次重要修改,至今依然有效。改革主要表现在以下方面:

首先,改革了发现程序,强化了对发现程序的制约和限制。1980年以来,美国立法对发现程序进行了多次改革,但是改革的实际效果并不明显,发现程序被滥用的现象依然得不到遏制，根本的原因在于发现程序的机制本身没有因此而发生变化。到了1993年12月1日，美国修改《联邦民事诉讼规则》，对发现程序进行了实质性改革，这就是引入了证据的强制开示制度。据此，当事人在发现程序开始之初，在采取实质性的发现证据的措施之前，便首先应当将其所拥有的准备在庭审中使用的证据和有关信息向对方当事人出示和披露，否则这些证据和信息便不得使用。在强制出示的基础上，双方当事人再采取进一步的发现证据、收集证据的举措。同时还对当事人利用发现程序的次数加以了限制。

其次，大力发展了诉讼外的解决纠纷的机制，这就是所谓ADR制度体系。在法院正规的庭审程序之外，利用仲裁、和解、调解以及诸种类似的非诉讼的方式。

最后，改变了法院的消极形象，加强了法官对案件的诉讼管理职能，从而形成了一个所谓的“管理型法官”的概念。

（三）关于美国法优越还是德国法优越的争论

在美国民事诉讼制度变革过程中，始终伴随着一种比较法意义上的争论，这就是与德国等大陆法国家的民事诉讼制度相比较，是美国法优越还是德国法优越。这个论战因1985年芝加哥大学教授朗本（Langbein）发表论文《德国民事诉讼程序的优越性》而开始。在这篇著名的文章中，朗本提出一种观点，认为一直为美国法律界所热爱的美国的民事诉讼制度并不是世界上最好的，最好的民事诉讼制度应当属于德国的民事诉讼制度。朗本认为，德国制度通过安排法官而不是律师进行事实调查，避免了美国民事诉讼程序中最有烦恼的方面。他主张美国应当借鉴德国的经验，限制律师在事实调查中的作用。他建议美国引进司法控制，并最终引进事实调查中的司法行为。在他的文章中，朗本就德、美民事诉讼程序的某些基本差异进行了直截了当的揭示。具体来说，朗本在这篇文章中比较了美国和德国的民事诉讼程序的如下主要差异：

其一，在德国，法院负担收集和衡量证据的主要责任。法官准备案件，充当主要的事实调查者并总结证词。在美国，各方当事人准备其向法庭陈述的案件事实；法官保持消极，不对案件进行职权性的准备，当事人的律师充任主要的事实调查者，对证人证言逐字逐句地记录。

其二，在德国，法官控制案件的进展顺序，并首先考虑被认为是核心的争点；在美国，各方律师首先在发现阶段充分调查案件事实，然后，到审判时，他们完整地提出他们的案件事实。先由原告向法庭全面陈述自己主张的案件事实，再由被告作出相对应的陈述。

其三，在德国，证人第一次是由法官询问的。而在美国，当事人的律师在证人作证前要对他进行准备。对证人的准备势必影响证词的可信度。

其四，在德国，专家证人由法官来选择，而且被认为是中立的，而在美国，专家证人则由当事人来选择，并起辩护的作用。

通过上述比较，朗本得出结论认为，美国民事诉讼制度存在诸多弊端，而要克服这些弊端，唯有借鉴德国制度中的优势方能济事。

朗本提出的变革主张，在美国学界引起了不同的回应，有许多学者质疑朗本的观点。有的学者认为，朗本过分夸大了德国和美国民事诉讼制度之间的差异，两大法系国家的民事诉讼制度乃是共性大于个性的，不存在不可跨越的鸿沟。美国东北大学的艾伦（Allen）教授对朗本的观点持怀疑的态度，他建议朗本“内容更具体点，结论少作一点”①。

也有学者认为，德国的民事诉讼制度偏重于效率价值的追求，但是美国的低效率也有其独有的价值。密歇根大学的塞缪尔·格劳斯（Samuel R. Gross）教授采取了与“德国优势”有别的研究方法。他愿意承认，如果仅仅是为了讨论，德国的民事司法制度是要比美国的来得便宜、快捷和更有预测性，把这些特征结合在一起，可称之为“效率”。然后，他提出疑问，效率是否为法律制度中的优点。换而言之，朗本的“德国优势”说到底乃是错觉。格劳斯说，低效率诉讼中的价值就是美国的优势。② 他的论据是：法律常常是恶的。低效率的制度正可使我们免于“我们智慧不足所导致的最恶的后果”③。这种观点进而认为，低效率中存有“狭义的优势”。“德国法官实际操作着他的司法机制，而美国的法官荣誉更高，权威更大。较之他的德国同行，他也有更为宽泛的权限和更大的作用，包括美国所特有的对公共政策事项发挥作用的权力。制定司法政策的作用是弥足珍贵的——我们似乎也看重它，在这层意义上，低效率的司法制度或许是必要的。如果司法官员有直接和有效地执行其政策的方法，那么，若再将那种司法权力配置给他们，则难以说明其妥当性，或者，是难以容忍的。”④

还有的学者从文化论和整体论的视角提出了质疑。艾奥瓦大学的约翰·雷茨（John Reitz）教授在其文章《为什么我们或许不能采取德国民事诉讼程序的优势?》⑤ 中认为德国的优势在美国不起作用，并对此作出了解释。雷茨不怀疑朗本所声称的德国民事诉讼的优势，但是认为，如果不改变美国民事诉讼程序的其他基本特征，美国是不可能采纳职权主导型的事实发现程序的。他认为，律师和法官的文化定义使这种变化成为不能。雷茨写道：“美国法官依然把他们自己视为争议双方之间的仲裁者，而不是负责决定事实主张之真实性的政府官员。”⑥ 既然这些作用是由如同实定法般的“法律文化”所规制的，那么雷茨认为，它们的改变则尤为困难。

---

① Allen，Kock，Reichenberg 和 Rosen：《民事诉讼程序中的德国优势：建议在比较法研究中多一点内容，少一点结论》，载《东北大学法律研究》，第 82 期，734 页，1987。

② 参见［美］塞缪尔·格劳斯：《美国的优势：低效率诉讼的价值》，载《密歇根法律研究》，第 85 期，1987，734 页。

③ 同上文，755 页。

④ 同上文，752 页。

⑤ ［美］约翰·雷茨：《为什么我们或许不能采用德国民事诉讼程序的优势?》，载《艾奥瓦法律研究》，第 75 期，1990，987 页。

⑥ 同上文，992 页。

扩展阅读

民法法系的理论排除了司法造法，即便在“解释”的借口下也不行，它假定法院可以对事实加以客观判断，而不仅仅是对不同意见的独断选择。法官被认为通晓法律，因而明白什么证据是相关的，以及如何使证据的提交与评判和谐地结合起来。因此，在理论上以及在很大程度的实践中，民法法系的程序性主动权在法官，而普通法系的程序性主动权则在律师，由此而产生了“对抗制”这一术语。①

无论学者们的争论如何，美国民事诉讼制度客观上在进行着一轮又一轮的改革，改革的基本趋势也可以说就是汲取大陆法国家的优势。比如说，美国目前所形成的“审判管理制度”，就与德国法中的法官职权化有联系，这在集团诉讼案件、民权诉讼案件以及政策形成型的诉讼案件中，表现得更加明显。英国的民事诉讼制度更加显著地朝着职权主义的方向发展，这对美国诉讼制度的变革趋势，也不可避免地带来影响。当然，另一方面也要看到，大陆法国家的民事诉讼制度也处在经常性的变动之中，这种变动也有相当部分的内容与英美民事诉讼制度中的传统优势相关联。因此，可以说，两大法系国家的民事诉讼制度在现代社会正趋于日益的靠拢之中。

二、美国民事诉讼中的管辖：选择适当的法院

（一）事物管辖权

在美国民事诉讼中，管辖权（jurisdiction）问题是特别重要的问题之一。在美国联邦和州的双重法院体制下，美国民事诉讼中的管辖制度十分复杂。以下介绍事物管辖权规则。

在美国繁复的管辖权制度体系中，在逻辑上最先遇到的概念乃是“事物管辖权”（subject matter jurisdiction），也译成“诉讼标的管辖权”，它是用来划分联邦法院与州法院之间对特定争议的管辖权的制度。美国实行联邦主义，在主权的概念上有所谓联邦主权和州主权之分。体现在司法权上，也有所谓联邦法院的司法权和州法院的司法权之别。这两者之间的界线十分重要。如果违背了事物管辖权制度，那法院所作出的裁判是一定要被撤销的。事物管辖权是划分联邦法院与州法院各自对民事案件的管辖权的基本依据。

在联邦法院的事物管辖权和州法院的事物管辖权之间，又以后者为一般的权力，前者

① 参见［美］杰弗里·C·哈泽德、米歇尔·塔鲁伊：《美国民事诉讼法导论》，张茂译，20页，北京，中国政法大学出版社，1998。

为特定的权力。也即除法律明文规定赋予联邦法院的事物管辖权外，其余的事物管辖权全部由州法院保留行使，而无须作出特别的规定。因此，人们一般将联邦法院的事物管辖权称为限定的事物管辖权，而将州法院的事物管辖权称为一般的事物管辖权。

根据美国联邦宪法的规定，联邦法院对两类民事诉讼行使事物管辖权：一类是州籍不同的当事人之间的诉讼，另一类是涉及联邦问题的诉讼。前者适用于当事人跨州的案件，且其争议标的额要达到法定标准（目前为 7.5 万美元）；后者适用于“所有产生于美国宪法、法律或美国缔结的条约的民事诉讼”。

（二）地域管辖权

在美国的双重法院体制下，在确定管辖权的问题上，除了涉及向州法院系统提起诉讼抑或向联邦法院系统提起诉讼的问题之外，还涉及向哪一个州法院或者联邦法院提起诉讼的问题。在事物管辖权的基础上所产生的向位于何处的联邦法院或州法院提起诉讼的问题，便是地域管辖权所要解决的问题。

在美国，要求初审法院对当事人的管辖权必须符合美国宪法修正案第 14 条所规定的正当程序（due process）的要求。根据美国宪法修正案第 14 条，正当程序的要求主要包括两方面的内容：第一，法院必须对特定的财产或者对特定的当事人具有使其承担责任的权力。这是实体上的正当程序的要求。第二，法院必须已经给予被告有关该诉讼的足够的通知以及接受听审的机会。这是程序上的正当程序的要求。在符合正当程序要求的前提下，美国法院的地域管辖权即对当事人的管辖权可以分为三种：一是对人管辖权（In Personam Jurisdiction），二是对物管辖权（In Rem Jurisdiction），三是准对物管辖权（Quasi In Rem Jurisdiction）。

除上述地域管辖权外，美国目前还出现了一种非常特别的地域管辖概念，这就是长臂管辖权以及规定此管辖权的长臂管辖权法（Long-Arm Statutes）。据此，美国联邦法院或州法院只要认定该管辖法院所在地区与该案件纠纷有“最低限度联系”，那么，该法院就获得对该案件的管辖权。此一概念大大扩大了管辖权的范围，因而不仅在美国以外，即便在美国境内，也常常发生管辖权的冲突性争端。

在美国民事诉讼中，除了上述的法院基于当事人与法院所在地州存在的一定联系而行使管辖权的情况以外，即使当事人同法院所在地州没有其他任何联系，法院还可以基于当事人的同意（consent）而获得管辖权。作为确定管辖权根据的当事人的“同意”，既包括明示的同意（express consent），又包括默示的同意（implied consent）。这类似于我们所说的协议管辖。

（三）审判地

对于具体的案件，法院是否具有管辖权，必须根据联邦宪法和各州的州法来确定，法院无权自己决定管辖权的问题。但是，在对某一具体案件均具有管辖权的法院之间，究竟由哪一个法院来审理案件，就涉及一个“审判地”（venue）的问题。所谓审判地，是指在事物管辖权、地域管辖权确定以后，就具体案件进行诉讼和审判的地点或者法院。与法院管辖权的确定明显不同的是，审判地的确定属于法院行使自由裁判权的范围之内，具有管辖权的最初受理某具体案件的法院有权根据有关法律的规定，自由裁量决定是由自己审理该案件还是向其他有管辖权的法院移送。这相当于共同管辖和选择管辖的关系。

确定审判地的一般规则包括：（1）诉讼中涉及的财产所在地；（2）诉因产生地；（3）某些特定事件或者事实的发生地；（4）被告居住地；（5）原告居住地；（6）被告营业地；（7）原告营业地。

(四) 非方便法院地原则

根据非方便法院地原则（Forum Non Conveniens），对于某一具体案件，具有管辖权的法院如果认为该案件由其他具有管辖权的法院审理更为适宜，那么，该法院可以运用其自由裁量权，以“非方便法院地”为由而拒绝对该案件行使管辖权。

通常，法院在决定适用非方便法院地原则时，主要考虑两个方面：一是便利当事人。原告在选择法院提起诉讼时往往已经表明，他认为自己所选择的地方最方便进行诉讼，因此，在涉及非方便法院地原则的适用的时候，法院主要是从被告的角度来考虑这一问题。二是州的利益。在与本州利益没有太多联系的诉讼中，不给本州法院增加负担是各州所应当考虑的利益。具体而言，在决定是否适用非方便法院地原则的时候，法院考虑的具体的因素主要有原告是否为本州居民、本州纳税人，是否应当有权享受本州的司法体制；证人和证据来源于哪一个州；哪一个法院对案件应当适用的州法更加熟悉等。

三、美国民事诉讼程序的启动阶段

(一) 原告的起诉

原告的起诉是美国民事诉讼程序的起点，其规则是由诉答程序（Pleadings）来调整的。所谓诉答程序，指原告起诉和被告答辩的程序。在诉讼程序中，当事人所提交的起诉状、答辩状等诉讼文件概称为诉答状，而提交诉答状的当事人也可以概称为诉答人。从历史的发展来看，美国民事诉讼中的诉答程序主要经历了三种形式：普通法诉答、法典式诉答、联邦式诉答（或称通知式诉答）。不同的诉答程序的目的不同，对诉答状的具体要求也不同。

在联邦式诉答中，根据《联邦民事诉讼规则》，原告向法院提交的起诉状中必须包括三个最基本的要件：其一，管辖权，要求简要阐明法院的管辖权根据，法院已经享有管辖权而且该请求不需要新的管辖权理由时除外。其二，诉讼请求的陈述，要求简要陈述表明有权获得救济的诉讼请求。其三，救济，要求写明所寻求的作出救济判决的请求。这三个基本要件，同样也适用于反诉、交叉之诉和第三当事人参加之诉的诉状。

（二）被告的答辩

不同的诉答程序，对答辩也有相异的要求。对于原告的起诉状，根据州法典和《联邦民事诉讼规则》，被告的答辩有以下几种选择：其一，被告能够提出终止诉讼的抗辩（plea in abatement）；其二，被告能够作出否认（denial）；其三，被告能够提出积极的抗辩（affirmative defense）；其四，被告能够向原告寻求独立的救济请求。此外，被告还可以对原告起诉状中的事实主张加以明确的自认，或者，对原告的事实主张不提出否认，从而默认其真实性，等等。同原告起诉规则一样，被告在答辩状中的抗辩理由也可以是选择性的，甚至可以提出彼此不相协调的抗辩理由。

扩展阅读

一般而言，诉辩具有两种功能。首先，它们允许不予考虑不具有法律意义的主张。因而如果原告提出了法律并未对其提供救济的一项权利主张，此事项应当立即被驳回；没有必要进行庭审以决定所声称的支持权利主张的事实是否属实……

现代诉辩的第二种功能是在案件过程中引导当事人和法官。如果没有被充分地告知对方当事人的主张，一位诉讼当事人就难以为庭审做准备。同样，告知法院也是极为重要的。除非法院知晓各方当事人的主张，否则法院不能对诉讼进行控制。①

（三）针对诉答状提出动议

动议（motion），又可译为申请，是指当事人向法院提出的关于案件的程序和案件解决方式等方面的意见和请求。在诉答程序中，当事人可以针对诉答状提出的动议非常广泛。概括起来，一般可将针对诉答状所提出的各种动议划分为四种类型：

1. 驳回起诉的动议

被告在对案件作出实体答辩以前，或者在提出实体答辩的同时，可以提出驳回起诉的动议。这种动议既可以在答辩状中一并提出，又可以以单独的动议书提出。驳回起诉的动

---

① 参见［美］杰克·H·弗兰德泰尔等：《民事诉讼法》，3版，夏登峻等译，223页，北京，中国政法大学出版社，2003。

议所针对的是原告起诉的程序性要件，其目的是要求法院驳回原告的起诉。如果法院根据被告的动议作出驳回起诉的裁定，原告还可以重新起诉。

被告驳回起诉的动议可以根据以下理由提出：其一，法院缺乏管辖权或者审判地不适当；其二，起诉状或传唤状不符合法定的要求，或者原告送达这些诉讼开始文书的程序存有瑕疵；其三，起诉状未能陈明所要求的救济请求；其四，必要共同诉讼人没有参加诉讼。

2. 基于诉答状作出判决的动议

所谓基于诉答状作出判决的动议，是指在原、被告双方当事人提交诉答状以后，法院开庭审理前，当事人一方认为双方当事人之间并无关于案件事实问题的实质性争议，而向法院提出的将本案作为法律问题作出判决的动议。与驳回起诉的动议不同，基于诉答状作出判决的动议只有到诉答程序结束之时，也即起诉状和答辩状均已提交之时，才能提出。

从实质来看，基于诉答状作出判决的动议，不仅可以对对方当事人诉答的充分性问题提出异议，而且，根据诉答状中所展示的事实，对实体上的救济权或者法律上的充分抗辩是否存在的问题也可以提出异议。因此，该动议的适用一般仅限于这样的情形，即：起诉状和答辩状中所展示的事实，已经显现出能够绝对禁止原告请求的积极抗辩。反过来，如果被告在答辩状中所依赖的抗辩在法律上是不充分的，那么，原告也可以提出基于诉答状作出判决的动议。

3. 要求作出更加明确陈述的动议

要求作出更加明确陈述的动议（motion for a more definite statement）是针对诉答状本身的表达问题所提出的动议，即要求有关的当事人就其诉答状中那些笼统的、概括性过强的、模棱两可的、含糊不清的、晦涩难懂的或者游移难定的事项作出进一步的阐释、明确。这种动议仅仅适用于被要求提出答辩性诉答的当事人，因而一般是由被告提出的。对于诉答状没有法定应答义务的当事人无权提出这种动议。

法院在决定是否同意这种动议时，其运用的一般标准是：如果不作出更加明确的陈述，诉答状中的缺陷将致使答辩的诉答人难以作出充分的答辩。如果答辩性诉答在不追加任何信息的情况下仍可以作出，那么，该动议就要被驳回，提出该动议的当事人只有依赖发现程序去了解或者澄清案件的更多事实。

4. 要求删除不当内容的动议

所谓要求删除不当内容的动议，即是说，当事人可以提出动议，要求从诉答状中删除那些无效的、重复的、不重要的、不确切的或者恶语中伤的事项。这类动议的目的是弥补诉答状中的欠缺之处，是对诉答状进行修修补补。

在现代诉讼中，诉答状的重要性与日俱降，此种情形下，上述诸多形式的动议，一般是很难得到法院批准的。

（四）诉答状的真实性保证

在诉答程序中，用来保证诉答状的真实性，防止当事人提出无意义的请求或抗辩的最为普遍的方法，就是对律师签字的要求和“真实声明”（verification）要求。许多法院都要求律师在诉答状上签字，以表示律师对诉答状的真实性进行了“意见确认”（certification），表示当事人的诉讼请求或者抗辩的提出是符合诚信原则的，存在着“好理由”（good grounds）对它予以支持，而且，它的提出并非为了拖延诉讼的目的。

根据《联邦民事诉讼规则》第 11 条的规定，律师向法院提交诉答状、书面动议或者其他文件，应当“是在经过合理的调查并尽可能依其本人的知识、信息或信念的情况下作出的”，并且确认以下事项：

其一，提出文件并不是为了骚扰他人、不必要地拖延诉讼或者增加无谓的诉讼费用；

其二，在文件里所含有的请求、抗辩及其他法律主张，应当依据现行法律或依据对现行法的扩展、修改或变更或者对新法的创制有意义的争论作出；

其三，诉讼主张或其他事实主张应当有证据支持，或者特别指出在进一步调查或发现后极有可能获得证据支持；

其四，对事实主张的否定具有证据支持，或特别指出其对事实主张的否认是以不知情或者缺乏信任为由的合理基础。

与 1983 年的规定相比，1993 年修改后的规则对违反者的制裁有显著不同。根据 1993 年修改后的《联邦民事诉讼规则》第 11 条第 3 款的规定，现在对违反者的制裁是自由裁量性的而非强制性的，法院可以根据当事人的申请或者依职权对签字的律师、律师事务所或者被代理的当事人科以相应的制裁。而且，该制裁还包含了一个“安全港（safe-harbor）”的规定，即：申请对对方予以制裁的当事人必须向对方送达有关的动议书，但却不允许当事人轻易地向法院递交动议书，除非在其向对方送达动议书后的 21 日内，所提及的有关文件、请求、抗辩等没有被撤回或者没有作适当修改。可见，1993 年以后的该规则与 1993 年以前的相应规则相比，其制裁的力度要弱得多。

相对于律师的“意见确认”程序，“真实声明”是对当事人提出的要求。所谓“真实声明”，是指当事人要经过宣誓确认诉答状中的所有事实主张是真实的。多数法院已经废除了强制性真实声明的要求。一般情况下，未委托律师代理诉讼的当事人，与对律师的要求一样，应当在有关文件上签名，以保证有关文件的真实性。

四、美国民事诉讼中的发现程序

（一）发现程序概述

所谓发现程序（discovery），也译为“证据开示程序”或“证据发现程序”，是指民事案件的当事人或代表民事案件当事人的律师，通过询问证人、审查物证等方法，了解对方当事人案件事实和收集对己方有利的证据材料的审理前程序。从该定义可以看出，发现程序具有以下特征：

1. 发现程序是美国民事诉讼程序中的一个独立的阶段和环节。美国民事诉讼程序从大的方面来看，是由三大阶段构成的，即诉答、审前和庭审。审前阶段承前而启后，居于极为重要的位置，有着诸多功能。在审前阶段，发现程序又是一个重要的组成部分，或者说，发现程序是审前程序的基石和实质。

2. 通过发现程序收集证据的主体是当事人及其代理律师。美国民事诉讼实行的是对抗制，发现程序是当事人及其代理律师用来自行发掘证据、收集案件信息的程序。当事人及其代理律师利用发现程序，收集证据，交换证据，明确争点，为开庭审理做好准备工作。但是，发现程序也同样离不开法院的监督和管理，法官是发现程序的组织者、指挥者和管理者。

3. 发现程序是当事人收集证据和交换证据的程序。收集证据的过程从当事人正反两面来看，同时便是交换证据的过程。通过收集证据和交换证据的过程，当事人得以知己知彼，由此可以有效地防止在开庭审理过程中出现的突然袭击，同时提高审判效率，保证双方当事人的诉讼地位处在实质平等的状态。

发现程序的价值可以概括为如下诸端：

1. 当事人获得了收集证据的权利，有利于增进程序公正的主观性；
2. 增加了案件所能获得的证据总量，有利于案件事实的判定接近客观真相；
3. 有益于保障当事人诉讼地位平等的实质化；
4. 增强了程序的透明性和公开性，有利于克服案件解决过程的暗中运行；
5. 有利于提高诉讼效率，减少开庭次数，使案件能够获得集中审理；
6. 有利于克服突袭性裁判，强化了诉讼程序的失误效应，容易使当事人服判息诉。

扩展阅读

现代披露程序有三个主要目的。第一，保存在庭审时可能无法适用的有关信息。联邦法院内最初的披露程序基本上就是专注于这个目的……第二个目的是确定双方当事人之间纠纷的事实上的争点。通常，如果只注意到诉辩文书，将会发现实际上并不存在的一些实质性的事实争点……最后一个目的则为：现代披露程序允许当事人获取信息，该信息可以导致实际争议的系争点上可采信的证据。①

主要地看，发现程序有如下目的：

---

① 参见［美］杰克·H·弗兰德泰尔等：《民事诉讼法》，3版，夏登峻等译，367～368页，北京，中国政法大学出版社，2003。

1. 收集证据。发现程序之所以会出现在美国民事诉讼程序中，最初的目的就是给当事人及其代理律师设定一个收集证据、调查证据的方法和程序。这是对当事人所拥有的举证权利的程序保障。

2. 披露事实。在普通法时期和法典法时期，诉答程序主要是为了披露事实。《联邦民事诉讼规则》上的诉答程序的功能已然发生变化。它起的作用仅是通知诉讼业已开始。至于事实主张，则并非其任务所在。双方当事人究竟主张哪些事实，庭审需要确定哪些事实，都有待于发现程序来完成。正是经过发现程序，双方当事人才明了案件所涉的全部事实，并由此提出事实主张。可见，发现程序具有暴露案件事实、设定案件事实外延的功能。

3. 确定争点。确定争点是在披露事实的基础上发现程序所具有的又一功能。在《联邦民事诉讼规则》采纳以前，确定争点的功能是由诉答程序来实现的；在《联邦民事诉讼规则》颁行后，确定争点的功能转而由发现程序来完成了。发现程序执行此一职能的具体途径是召开审理前的会议。在审理前的会议上，双方当事人通过协商、讨论，确定争点。争点包括事实上的争点和法律上的争点两个方面。无争点便无纠纷，法院也无从审判。但是，如果仅有法律上的争点而无事实上的争点，或者实质上并无事实上的争点，案件则不必通过开庭审理作出判决，而可在一方当事人的动议下，通过作出简易判决的方式结束案件。

4. 保全证据。保全证据是发现程序所要达到的又一目的。保全证据的程序蕴含在发现程序之中。当事人没有及时保全证据而致使证据丧失，只能归咎于当事人未能充分、恰当地利用发现程序，而不能将此责任推至法院，因而便不可成为上诉或申请再审的缘由。

5. 促进和解。促进和解这个目的并非立法者在制定《联邦民事诉讼规则》时所明确地追求的，而是发现程序在司法实践运行过程中所衍生出来的一大功能。这个功能也不是发现程序的直接功能，而仅是其间接功能。发现程序自身并不以促进和解的功能为出发点，但尽管如此，它却是发现程序运作之后经常产生的归属点。美国的民事案件从起诉到审判之前，大概有95%是通过和解等 ADR 的方式加以解决的，真正进入庭审阶段的只有不到5%。美国的民事案件之所以有这么高的和解率，而审判率又那么低，最主要的原因并不是法院在做调解、斡旋的工作，而在于发现程序的机制本身。

6. 规划庭审。通过发现程序明确了证据、焦点等关键问题，便为庭审的进行划定了一个范围。法院的审判行为以及当事人的诉讼行为，都要受其制约。尤其是，发现程序进行完毕后，还有一个配套制度与之协调，此即召开审理前的会议。通过这个审理前的会议，法院要制作一个审理前的命令。该命令将固定证据、整理争点，庭审程序的进行通常不得超出此范围。庭审的有序化由此得到保证。

（二）证据调查的方法

在美国民事诉讼中，有关发现证据的方法主要有五种，即：录取证言、质询书、要求提供书证和物证、要求自认以及要求检查身体和精神状态。对于这些发现方法，立法上明确规定了相关的规则，以规范当事人双方的证据发现行为。

1. 录取证言

在美国民事诉讼中，录取证言是其中最为重要的一种发现方法。所谓录取证言（deposition），是指一方当事人对被认为掌握证据发现范围内的有关资料的对方当事人或者证人进行询问而取得有关的证言。录取证言既可以采取口头形式，即口头录取证言，又可以采取书面形式，即书面录取证言。

2. 质询书

质询书（interrogatory），又称“对书面问题的书面答复”，是指一方当事人所制作的要求被指名的对方当事人以书面形式回答一系列提问的书面文件。质询书这种发现方法与录取证言不同，前者只能针对对方当事人提出，而不能针对证人提出。对于质询书的提问，可以由当事人及其律师共同给出答复。在作出答复时，被要求作答的一方当事人应当首先进行书面宣誓，并以书面形式回答问题，然后在上面签字。

质询书通常不能在审理时作为证据使用，它们的可采性必须依赖于审理法院的证据规则。一般来说，根据传闻证据规则和最佳证据规则，它们通常属于受排除的范围。但是，质询书作为一种开端的发现方法，是获取信息的极为有效的方法。因此，当事人通常都先向对方当事人送达质询书，要求对方当事人回答所提出的问题，借以了解有关信息，而后确定采取录取证言或者其他发现方法来收集证据。

3. 要求提供书证和物证

要求提供书证和物证，也称为文件和物件的发现，指的是当事人能够用来获得不在他们控制之下的书证和其他物证的发现方法。根据这种发现方法，一方当事人可以要求对方当事人或者诉讼外的有关第三人提供与案件诉讼标的有关的文件或者物品，其中，有关的文件包括书面文件、照片、图表、照片记录、绘图及其数据资料的汇编，等等。寻求发现的当事人一方可以进行有关的复制、拍照或者作出任何适当的记录。

4. 要求自认

要求自认（request for admission），是一方当事人以书面形式提出的要求对方当事人承认与本案有关联的有关事项是否真实的一种发现方法。要求自认仅仅限于当事人之间进行。要求对方当事人自认的范围既包括有关的事实或对事实适用法律的陈述或意见的真实性问题，又包括有关书面文件的真实性问题。要求自认的主要目的不在于获取有关证据资料，而在于缩小当事人双方争议的范围，因而是一种划定争议范围的发现方法。

5. 要求检查身体和精神状态

根据发现规则，在当事人的身体或精神状态，或者受当事人依法监管或控制下的人的身体或精神状态存在争议时，在一定的情况下，法院可以作出命令，要求对该当事人或者该当事人依法监管、控制下的人进行身体或精神上的检查。

与其他几种发现方法相比，要求检查身体和精神状态的这种发现方法是尚处于法院完全控制之下的唯一的发现方法。概括起来，当事人适用这种发现方法所必须具备的条件有三：第一，必须是当事人或当事人依法监管、控制下的人的身体或精神健康状况“处于争议之中”，成为案件实际上的争议问题，而不仅仅是要求与案件诉讼标的有关即可。第二，寻求发现的当事人向法院提出的身体或精神状态检查的动议必须附有“适当的理由”，必须表明寻求发现的该信息是必要的，并且，表明通过其他的方法不能获得该信息。第三，除非当事人双方自行协商，达成对身体或精神状态检查的一致协议，寻求发现的当事人一方必须首先向法院提出动议，由法院基于该动议而作出是否同意的命令。

(三) 强制性证据开示

所谓强制性证据开示（mandatory disclosure），是指在发现程序开始之初，双方当事人不等对方当事人提出发现请求，即有义务主动地向对方出示与其请求有关的信息。强制性证据开示规则是由 1993 年 12 月 1 日修改的《联邦民事诉讼规则》第 26 条第 1 款规定的。该规则设置的主要目的，是加快当事人之间基本信息的交换，加快发现程序的进度，节省人力、物力。

强制性证据开示程序是发现程序的一个有机组成部分，或者说，是当事人利用发现程序收集证据或其他有关信息的必要的前提性步骤。履行这种开示义务，是无条件的，同时也是必经程序。但是，从该程序被立法规定以后，实践中一直对之存在着争议，甚至有观点认为这种程序与对抗制模式是相冲突的。因此，联邦法院系统的这种规定，目前尚未成为各州立法的普遍模式，有许多采用《联邦民事诉讼规则》的州，也选择拒绝采用强制开示程序。

根据《联邦民事诉讼规则》第 26 条第 1 款的规定，强制性证据开示要求当事人进行三次有关的证据开示：

第一，最初开示义务。

第二，专家证言的开示。

第三，审理前的开示。

(四) 审前会议

《联邦民事诉讼规则》和许多州的民事诉讼法均明确规定，法官在正式开庭审理之前召开审前会议（pretrial conference）。在《联邦民事诉讼规则》中，第 16 条对于审前会议制度作出了具体规定。

根据《联邦民事诉讼规则》第 16 条第 1 款的规定，审前会议的主要目的有五：其一，加快诉讼程序的进程；其二，及早建立和继续对诉讼的控制，以免因缺乏管理而拖延诉讼；其三，减少不必要的审判活动；其四，通过更彻底的准备活动提高开庭审理的质量；其五，促进和解。

根据《联邦民事诉讼规则》第16条第3款的规定，审前会议审议的事项包括16项：争点的明确和简化，包括对无意义的请求或答辩的排除；修改诉答状的必要性和妥当性；为避免不必要的证明而对事实或文件获得自认的可能性，当事人双方就有关书面文件真实性达成协议的可能性以及获得法院对证据可采性的预先裁定的可能性；避免不必要的证明和重复证据，根据《联邦证据规则》第702条限制证言的使用；确定作出简易判决的适当性和作出该判决的时间；对发现程序的控制和日程安排；确定法庭调查的证人和文书、提交和交换审前辩论要点摘要的必要性和日程安排、进一步举行会议的日期和开庭审理的日期；向法官委托处理事项的适当性；在制定法或地方法院规则授权时，为帮助解决争端而和解和适用特别程序；审前命令的形式和内容；处理待决申请；为解决包括争点复杂、当事人众多、疑难的法律问题、特殊的证据问题在内的潜在的困难和诉讼程序的拖延，而采取特别程序的必要性；对请求、反请求、交叉请求、第三当事人请求以及对案件的任何特别争点进行分开审理的命令；可能作为法律问题的判决基础的争点，可能作为部分事实作出判决基础的争点，法院对一方当事人在开庭审理中将处理这些争点及早提交证据的命令；规定准许提出证据的合理期限的命令；有利于公正、迅速、经济地处理诉讼的其他事项。

五、对案件的审前处理

扩展阅读

现在，在民事案件的处置中，即决判决所起的作用远较其传统作用要大，其作用甚至超出了《联邦民事诉讼规则》第56条的规定，在这一点上，关于审判价值的基本判断特别是陪审团审判都受到了威胁……

将民事诉讼的焦点从审判转为审前程序这一趋势现在正困扰着律师和学者们。学者们已经指出，虽然这种方式有助于司法经济，但是这些审前处置性动议，如果被有目的地使用，就会侵犯原告所享有的对其主张进行审判的权利。这一点在原告的诉讼权利为陪审团审判的权利时，是非常成问题的，因为陪审团审判的权利是美国宪法为特定的民事案件所特别保留的权利。①

(一) 简易判决

《联邦民事诉讼规则》第56条（c）规定，“如果诉答文书、录取证词、对书面询问的

---

① See Patricia Wald, “Summary Judgment at Sixty”, 76 *Texas Law Review* 1897, 1897 (June, 1998).

答复及被记录的自认，同宣誓书都证明对于要件事实并不存在真正的争点，而且证明动议方当事人有权获得一个作为法律事项的判决，则应立即作出所要求的简易判决。简易判决具有中间判决的性质，即使对于损害赔偿的数额存在真正的争点，也可以仅对责任分担的争点作出简易判决。”简易判决的规定旨在提高诉讼程序的效率，即如果当事人能够通过提供文件表明对于要件事实不存在真正的争点，那么就没有必要进入庭审程序了，所以，设置简易判决程序的目的在于使法院能够缩小进入审判的争点范围，从而将审判集中在那些要求事实认定者作出认定的事实纠纷上，而对于属于法律事项的争点，法院就可以基于当事人提出的简易判决的动议，无须经过审判就对案件的全部事项或者部分事项作出判决。

（二）不应诉判决

《联邦民事诉讼规则》第 55 条规定了关于不应诉判决的规则。在不应诉判决规则中，首先必须把握的是，登录不应诉和登录不应诉判决二者之间的区别。登录不应诉本身并不能构成不应诉判决，不应诉登录仅仅是法院书记官在案件记录簿上所作的一个记号，表明不允许不应诉当事人就责任问题提出任何新的抗辩，所以，登录不应诉是记录了这样一个事实，即，防御方当事人没有作出诉答或者没有针对一项诉讼请求作出防御。对此，第 55 条（a）首先规定了关于登录不应诉的规则，即如果被请求积极救济判决的当事人，不应诉或不行使规则规定的其他抗辩，并且已由宣誓书或其他方法证明存在以上事实时，则书记官应登录该当事人不应诉。

不应诉判决的登录可分为以下三种情形：（1）被告没有到庭或者没有回答原告的起诉状；（2）被告虽然出庭，但是没有提交一个正式的答辩状或者在审判中没有到庭；（3）被告没有遵守某些程序要求，包括关于期间的要求或者在审前程序中法院发布的命令，因此法院登录不应诉判决以示惩罚，在这种情形中，法院登录不应诉判决旨在强制当事人在审前会议阶段遵守法院命令或者与对方当事人合作。

（三）撤销诉讼

撤销诉讼分为自愿撤销和非自愿的撤销诉讼，自愿撤销是指根据原告提出的动议而撤销诉讼。关于自愿撤销诉讼，《联邦民事诉讼规则》第 41 条（a）（1）规定，原告在如下情况下，可以不通过法院命令撤销诉讼：其一，在对方当事人送达答辩状或要求简易判决的动议书之前的任何时间里提出撤销诉讼的通知；或者，其二，提出由出庭诉讼的全体当事人签名的撤销诉讼协定。除在撤销诉讼的通知或协定上另有说明外，撤销属于无不利影响的撤销。

非自愿撤销是指，因原告不进行诉讼或不遵守法院规则、命令，而由被告提出动议或由法官依职权而进行的撤销。关于非自愿的撤销诉讼，《联邦民事诉讼规则》第41条（b）规定，如果原告不继续进行诉讼或者不遵守规则或不服从法院命令，被告可以提出要求撤销诉讼的动议或者撤销任何针对被告的诉讼请求。除非法院在该撤销诉讼命令中特别注明，否则基于该款规定以及该条未作规定的其他撤销诉讼，具有裁判的效力，但是，因无管辖权、审判地不适当或未按该规则第19条规定合并当事人而撤销诉讼的除外。以上这些关于撤销的规定同样适用于撤销任何反请求、交叉请求及第三当事人请求。

六、庭审程序

在美国集中审理诉讼结构模式下，开庭审理是民事诉讼全部过程的最高潮，也是决定案件结果的关键环节。在美国，开庭审理实质上就是事实审理，指的是双方当事人在作为事实认定者的法官或陪审团面前，提出事实主张和相应证据，由法官或陪审团作出事实认定，并在此基础上由法官适用法律作出裁判的程序。美国的庭审分为两种形式：一种是法官单独审判，另一种是陪审团审判。这两种庭审形式在程序上有一定区别，后者比前者要复杂一些。

扩展阅读

如果发生争议的是事实问题，则该问题通过对相互抵触的证据的考虑而加以确定。如果发生争议的系法律问题，则该问题通过适当的法律解释而加以确定。如我们同时所见，在美国民事案件中，陪审团通常决定涉及重大损害赔偿请求案件之中的事实问题。此外，陪审团所审理案件中对事实问题的审理程序，是由法官作出事实判断案件相应程序的范本。与此相反，在其他大多数现代法律体系中，法律问题和事实问题均由法官决定。①

在陪审团审判的程序中，其构成环节通常有：（1）遴选陪审团成员，组建陪审团。（2）双方当事人作开场陈述，分别主张案情事实。（3）双方当事人进行证据出示和证明活动。（4）当事人申请法官作出指示裁决。（5）双方当事人进行法庭辩论。（6）法官对陪审团如何认定案件事实，作出法律上的指示。（7）陪审团评议和裁决。（8）陪审团团长宣布裁决结果，书记官登记该裁决结果。（9）申请重新审理。

① 参见［美］杰弗里·C·哈泽德、米歇尔·塔鲁伊：《美国民事诉讼法导论》，张茂译，72页，北京，中国政法大学出版社，1998。

在陪审团组建后，法官宣布开庭正式开始。首先由双方当事人作开场陈述。在开场陈述中，当事人或者代理律师要主张相应的案件事实，向法官或陪审团勾画出对本方有利的案件事实体系。这实际上就是当事人在履行事实主张责任。开场陈述对事实认定者就案件事实形成最终影响或心证具有极为重要的意义。在开场陈述阶段，当事人只能初步指出将会有何等证据证明何种事实，而不得进行辩论或作出辩论性陈述。

在原告方作出开场陈述后，原告律师接下来就会传召证人进行直接询问。直接询问是由传召证人作证的律师对该证人所进行的首次询问。律师在进行直接询问时不得提问诱导性的问题，除非是涉及证人的教育背景等初步事项，或用于帮助证人展开证词，或询问对立当事人、与对立当事人有关系的证人或者被宣布为敌对证人的人，对此，法官有自由裁量权，决定是否准许律师使用诱导性问题进行提问。

在直接询问之后，对方当事人进行交叉询问，交叉询问的范围应限于证人在直接询问中作证的事项及验证证人的可信度的事项。此外，法官依据其自由裁量权也可以允许询问人提出超出该范围的问题。由于交叉询问被视为是验证证人证词的意义以及证人的认知、行为能力和真实性的手段，因此，交叉询问被认为是诉讼当事人的基本权利。如果一方当事人非因其自身的缘故而不能对证人进行交叉询问，则该当事人必须获得某种救济。如果交叉询问永久受阻，则通常相关的直接询问证言应被删掉，倘若直接询问证言是至关重要的，则应当宣布无效审判（mistrial）。

证明程序结束后，法庭辩论程序便随之开始。法庭辩论是双方律师互相提出法律辩论的过程。法庭辩论应当将事实和证据结合起来进行，其所能够利用的证据应当是在证明程序中出现过的证据。

扩展阅读

证据可能或多或少势均力敌，在这种情况下，需要有一种规则来指引作出决定。各个法律体系均有在此情况下引导法官的辅助性规则——有关举证责任的规则。举证责任规则的效力为，如果法官查明有关特定事实问题的证据旗鼓相当，负有举证责任的一方当事人将在该问题上失利。换个稍微不同的说法，如果法官不能根据证据查明事实，则该问题在解决时就不利于负有举证责任的一方当事人。原告通常对法律冤屈的主要方面负有举证责任。①

在双方当事人的举证结束后，各方当事人或其律师就将作最终陈述。最终陈述的目的在于总结证据，并力图说服事实认定者（法官或陪审团）得出对本方有利的结论。最终陈述本身不是证据。在民事程序中，最终陈述的顺序是先原告后被告，然后双方当事人都可

---

① 参见［美］杰弗里·C·哈泽德、米歇尔·塔鲁伊：《美国民事诉讼法导论》，张茂译，81页，北京，中国政法大学出版社，1998。

以反驳。

在最终陈述中，存在适当的最终陈述和不适当的最终陈述。适当的最终陈述是对有证据支持的事实以及从中可以推出的结论的总结。不适当的最终陈述则不是基于证据作出的，那些煽动激情或者种族、宗教偏见，歪曲证据以便得出不公正结论的陈述属于不适当的最终陈述，对于该陈述如何处置属于一审法官自由裁量权范围内的事项。

法官对陪审团的指示是法官向陪审团提供的关于他们的义务和作为、证据、当事人的证明责任、适用的法律原则的说明。在陪审团宣誓后，法官先给予初步的指示。在陪审团退庭进行评议之前，法官会就证据和适用法律作出详细的指示。在确定最后的指示时，法官会考虑双方律师所提供的建议性指示。法官可以通过召开指示会议或其他方式了解律师的建议性指示。当事人必须在陪审团退庭进行评议之前，对指示提出异议。

在法官对陪审团作出指示后，陪审团退庭评议，评议是秘密进行的。在评议期间，陪审团可以要求澄清某些指示或者要求阅读特定的证言部分。

扩展阅读

总而言之，法官在引导陪审团审判方面发挥着重要而积极的作用，其代表着法律制度所致力追求的一个公平、高效和稳定的裁决程序。但是，这必定是在陪审团审判保证的情况下和有力影响下实现的。

……法官与陪审团的关系实质上是处于动态之中，并且随着法律制度根据现代需求和问题的发展而发生变化。如同以下各节将要讨论的那样，虽然美国司法体制已经越来越多地运用程序机制来限制对陪审团权力不受束缚地行使，这也是着重重申陪审团在民事案件中庭审的承诺。①

在某些情况下，陪审团会陷入僵局，不能达成裁决。法官会要求陪审团作进一步的评议，有时会给予特别的指示要求他们考虑相互的观点。

裁决是陪审团在审判中对案件的事实争点作出的决定。裁决有两种形式：一是一般裁决，另一是特别裁决。一般裁决仅仅要求陪审团作出何方当事人胜诉、何方当事人败诉的结论，而不要求回答具体问题。特别裁决则要求陪审团对法官提出的事实争点作出分别的认定，然后由法官根据陪审团的特别裁决作出结论性的判决。此外，还有一种介于一般裁决和特别裁决之间的裁决形式，这就是，附有答复质问书的一般裁决。据此，陪审团既要作出一般裁决的结论，又要回答法官提出的书面问题，这两者之间应当具有一致性。

---

① 参见［美］杰克·H·弗兰德泰尔等：《民事诉讼法》，3版，夏登峻等译，477页，北京，中国政法大学出版社，2003。

七、上诉程序

(一) 概述

同现代文明的其他国家一样，美国也有上诉制度，不仅联邦法院有，而且州法院也有。联邦法院和多数的州法院实行二审终审制，极少数的州法院，如纽约州法院，实行三审终审制。当然，这二者皆有其例外。

就美国联邦法院而言，其上诉制度极为复杂。这种复杂性不仅仅表现在上诉审程序的设定及运用上，尤其表现在上诉案件的范围划定及上诉审法院审理的范围之确定上。比如何为终局性原则？其范围如何确定？哪些可以中间上诉，哪些不能？上诉审法院在怎样的范围内解决案件？事实审查和法律审查的界限如何厘定？这些问题滋生了实践中的众多争议。在终极的意义上，这种复杂性乃导源于三个因素，即：陪审制、判例制和普通法与衡平法在历史上的区别及其对现实的残存影响。

1967 年由国会授权联邦最高法院制定的《联邦上诉程序规则》(Federal Rules of Appellate Procedure)，是美国联邦法院上诉程序的主要渊源。该《联邦上诉审程序规则》共有 48 条，中间经过 1979 年、1989 年及 1994 年三次修改，沿用至今。

美国学者保罗·卡林顿（Paul Carrington）教授在 1969 年于《哈佛法律研究》中，发表了一篇名为“法院负荷的增大与法院的上诉制度：对复核制度及国家法律机能的威胁”的文章。在这篇文章中，保罗尔教授为美国坚持上诉制度进行了辩护，并揭示了它的价值所在。文章指出：“负责作出初审决定的法官，必定对出现在他面前的特定的纠纷和个人，投入较多的时间和精力；他那有限的视野及有限的反思机会，使之难以和他的同事成功地契合运作。个人见解的自鸣得意和争出风头也是格外的阻碍；即便是那些勤勉敬业、富有自律性的法官，也不时会因其自我偏见的介入而陷于困境之中。”保罗继续说道：“由于审理法官对于个人之间的日常诉讼处在独一无二的权威位置，所以，他的妄自尊大会给其司法工作带来职业上的损害”；“由远离审判战线的法院进行复查，对法律目的之实现提供了至关重要的客观的监督”。由此来看，纠正低级法院的错误审判，并对其日常审判活动实施监督，可以堪称美国上诉制度赖以建立的第一价值追求。

此外，上诉制度还有其他的价值追求。因为，“即使审理法官能够维持必需的客观性，并且他们的决定也通常是正确的，但是，维护在诉讼者眼中那公正的外观，也是同等重要的目标。因为否则的话，他们将认为他们成了个人专断的牺牲品了。存在着的上诉程序使低级法院的决定合法化了，并由此维护了人们对于法律制度机能的信任”。

(二) 异议保留制度

所谓异议保留制度，又称异议上诉制度，它指的是当事人如果要提出上诉，只能针对在原审中业已提出过异议的那些事项；如果当事人没有针对有关的问题及时提出异议，便视为放弃了上诉权，上诉审法院便不得受理此类上诉案件。异议上诉制度之所以产生，是同当时存在的诉讼记录制度联系在一起的。当时还不存在对一审法院的事实审理过程及诉讼程序的运作过程进行记录的诉讼制度。当事人如果对于事实的调查过程、诉讼中的程序运作、法律适用或者法官指示等问题持有异议，则应当立即提出。提出后，由法官加以及时的解决。法官的解决结果，当事人如果不满，包括对对方当事人的不满，必须立即提出，由法官指示书记员加以记录，法官在该记录上签名。一审结束时，提出异议的当事人可以针对相应的事项向上级法院提出上诉。上诉审法院对于上诉案件的处理，便限定于这个异议的范围。

随着异议上诉制度的推行，新的问题产生了。这个问题是当事人不能针对事实问题单纯地提出上诉，而只能针对法官适用法律的行为提出不服意见。因为，事实认定是陪审团的专有权力，这项权力是受到保障的，法官不得将自己的权力凌驾于陪审团的权力之上。也就是说，上诉审法官不得推翻原审陪审团所作出的事实认定。而异议保留的针对者始终是法官，其内容只能是法官对于法律的适用，包括实体法、程序法和证据法等。这就导致了另一项结果，即异议上诉制度实质上就是针对法律问题的上诉制度，而永远不可能针对事实问题直接地提出上诉。由此来看，英美法系上诉制度之所以只能针对法律问题，而不能针对事实问题，其原因乃根植于异议保留制度当中。异议保留制度现在仍在起作用。

(三) 终局判决规则

扩展阅读

普通法运用了既判力原则，以确保一旦一个诉讼获得判决，它就将保持这种确定状态。既判力实际上有两个方面——请求排除（claim preclusion）和争点排除（issue preclusion）。请求排除，也被称作既判事项（res judicata），禁止对于请求的再诉讼。核心原则是争点排除，又称间接禁反言（collateral estoppel），它使得对于作为先前某个诉讼判决事项的一部分而已被全面公平地决定了的事实争点不可能再进行诉讼。①

---

① 参见［美］史蒂文·苏本、玛格瑞特（绮剑）·伍：《美国民事诉讼的真谛——从历史、文化、实务的视角》，蔡彦敏、徐卉译，256页，北京，法律出版社，2002。

自美国国会于1789年制定《法院组织法》（Judiciary Act）到现在，联邦上诉法院在原则上只接受对地区法院的终局判决所提起的上诉。这就是所谓终局判决规则。立法者之所以要确立这项终局判决规则对上诉法院的管辖权予以规范，最主要的原因是出于司法经济之价值考虑。因为，将诉讼中所有的争议问题集中起来，在一次上诉中提出并加以解决，总比零散地凡遇到问题就上诉的效率要高。每次上诉都要提出一套诉讼资料和上诉理由书，并在必要时还要进行口头辩论。这样要花去大量的劳力、时间和费用，司法成本由此增大。根本的原因还在于中间问题的重要性程度。与终局判决相比，有许多中间问题的重要意义并不突出，至少说，它们对案件的最终处理结果不致产生多大的影响。而且，其自身独立的价值也尚未使之成为正当程序的实质部分。同时，只允许对终局判决上诉，还有助于避免拖延审判，并进而可以防止当事人一方利用上诉对另一方当事人进行折磨性的诉讼。另一方面，从概率上讲，地区法院所作出的中间问题的裁定大多数都是正确的。有的中间问题的争议到案件最终处理的结果出来之后，会自动化解，而不再成为问题。比如，在中间问题上获得不利决定的当事人，最终在实体问题上胜诉了，他就不觉得还有上诉的必要。这一类的问题如果允许即时上诉，则无疑会增大上诉法院的负担。司法经济和程序公正这两方面的价值需要加以辩证的权衡。终局判决规则及其例外就是这种权衡的结果。

(四) 上诉程序的基本内容

1. 上诉程序的启动。上诉程序始于上诉人向一审法院提交上诉通知（notice of appeal）。《联邦上诉程序规则》第4条（d）规定，有权上诉的当事人应从法院书记官登录判决之日起30日内，向联邦地区法院书记官提出上诉通知。以美国及其公务员作为当事人的案件，应在登录判决后60日内提出上诉通知。

《联邦上诉程序规则》第31条（a）规定，上诉人从提出诉讼记录之日起40日内向上诉法院提交辩论要点书（brief）并向对方当事人进行送达。被上诉人从收到辩论要点书之日起30日内送达反驳要点书（reply brief），上诉人收到被上诉人的反驳要点书后可在14日内提出并送达再反驳要点书。

2. 上诉案件的审理。联邦上诉法院由三名法官组成合议庭进行审理，上诉法院合议庭在看完当事人提交的辩论要点书后决定是否需要进行口头辩论的听证。错误的性质决定了上诉法院审查的范围。上诉法院只会审查上诉人和被上诉人在辩论摘要及相关的审判记录中提出的法律问题，上诉法院不会考虑新的证据，当事人在上诉中不会出示新的证据，不会传召证人作证，但是法院可以考虑新的法律原理和法律辩论，所以上诉法院通常只审查法律适用的问题，对于法律错误，上诉法院将进行全面的审查，但对于事实决定的审查则非常有限，通常上诉法院尊重一审法院作出的事实认定。

八、对生效裁判的特殊救济

在美国，当案件在陪审团作出裁决后或法官作出判决后，判决即告生效。但作为对该判决的事实问题或法律问题的救济手段，立法允许当事人在一定时间内，无条件地向原审法院提出重新审理的动议或者向上诉审法院提出上诉。如果逾期没有提出重新审理的动议或上诉，当事人如果发现了一些可以推翻原判决的法定理由，还可以在一定时间内申请再审（new trial），要求撤销原判决。美国联邦民事诉讼法及各州民事诉讼法皆在一定程度上就此作出了规定。

立法之所以作如此规定，其原因在于希望能够在确保判决的终局性和确保原审判中认定事实的真实性之间取得平衡。立法一方面允许对判决进行再审，另一方面又对再审理由及申请再审的时间予以限制。

1. 申请再审的时间

申请再审的时间各民事诉讼法规定得不尽一致，但一般规定申请再审应当在判决作出登记后的半年或1年之内提出。但也有的规定，某些判决的再审申请只能在合理的时间内提出来。对判决后的救济（post judgment relief）作出时间上的限制，是为了保障判决的终局性（finality），而由终局性所产生的确定性（certainty）只是被推迟了。这些严格时间限制的唯一例外是，法院对案件的审理缺乏事物管辖权或属人管辖权。法院对案件的审理是在没有审判权的基础上进行的，因而这个缺陷只要被发现了，就可以申请再审，不受时间的限制。

2. 申请再审的理由

《联邦民事诉讼规则》第60条（b）就申请再审的理由作出了规定，这些理由为人们所广泛接受。其理由包括：

(1) 判决是由于错误（mistake）而作出的。

(2) 判决是因为突然袭击（surprise）而形成的。

(3) 判决是由可原谅的疏忽（excusable neglect）而作出的。

(4) 决定案件的某些重要证据（material evidence）在较早的时候不可能被发现。

(5) 判决是当事人通过欺诈（fraudulence）的方法取得的。

法院对再审理由的把握通常持严格解释的态度。如果仅仅主张了有错误或者有疏忽，但却没有发现存在严重的疏忽或错误，再审的救济则不可能获得。再如，新发现的证据也可以成为申请再审的理由（subject of a motion for relief），但是，这种新发现的证据不仅要对案件的解决具有至关重要性，而且还要在原诉讼程序持续期间便已存在。比如，在人身伤害之诉中，在陪审团作出损害赔偿的裁决之后，新的医疗手段的发展不具有新发现证据的资格，不能成为重开判决（reopening of the judgment）的理由。不仅如此，以该理由申请再审还要受到更多的限制，一般来说很难获得成功。因为，自由宽泛的发现规则(liberal discovery rules）可以为当事人及其律师利用来发现所有可能存在的证据，而不致到判决作出以后才被发掘。在一些州法院系统，当事人只能以外部欺诈（比如威胁、恐吓等）为由提出再审申请，因为诸如伪证等内部欺诈，在理论上认为，通过诉讼程序本身就已经可以解决了。

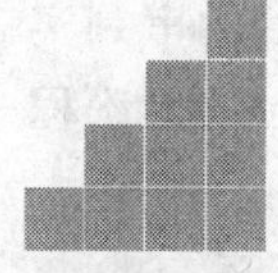

第二章
英国民事诉讼法

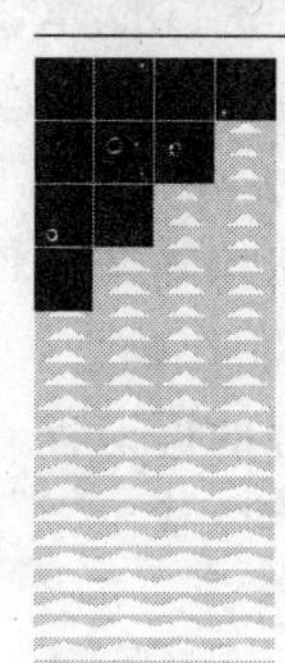

扩展阅读

行使现代国家调解职能所必需的机构是根据需求随时设立的。为了满足紧急需要，这些机构被调整以行使更为广泛、有时是不同的职能。随着时间的不断推移，政治和经济形势不时地要求变革。因此对权力进行不断创造、变革和改变分配的过程一直在延续。有如一幢房屋，不断地增扩、修缮和部分地重建，使它在世代相传中不断更新，却从未被夷为平地而在新的地基上去重建。①

一、英国民事诉讼法的立法沿革

（一）早期的英国民事诉讼制度

自从公元5世纪盎格鲁-撒克逊人进入不列颠，英伦三岛便产生了早期的法律。直至今日，经过普通法、衡平法以及资本主义法律现代化等诸多阶段，英国法仍在不断地发展。英国人常常引以为自豪的是，他们的法律制度连续存在了千余年，并且从未中断过。

从公元5世纪开始，直到公元13世纪普通法在英国获得主宰地位的数百年时间里，英

① 参见［英］W. Ivor. 詹宁斯：《法与宪法》，龚祥瑞等译，6页，上海，三联书店，1997。

国并不存在成文的民事诉讼法典。司法机关主要依据习惯安排诉讼程序。在长期的审判实践中，案件的诉讼过程一般被分为起诉、应诉、验证和宣判四个阶段。尽管当时的诉讼程序十分简单，但已经开始出现了陪审团和令状（Writ）的萌芽。[①]

从公元12世纪开始，英国的司法制度开始发生重大变化。尤其是在1154年至1189年亨利二世统治期间，司法的中央集权得到了强化，司法专业化被确立了。高等民事法庭（The Court of Common Plea）、王座法院（The Court of King's Bench）、理财法院（The Court of Exchequer）和巡回法庭（The Court of Itinerant Justices）等专业司法机构陆续建立起来。这一系列改变使法制的统一成为可能，在此基础上，普通法的统治地位得以确立。因此，人们将亨利二世称为"普通法之父"。同时，英国还形成了一套更为合理的诉讼程序，其代表为令状制度。诺曼王朝时期，国王为了扩大自己的司法权限，开始将令状由原来的行政命令转化为司法文书。"具体而言，令状是当事人提出的申请经国王同意后，由国王文书处大法官庭签发的一种司法文书。"[②] 随后，令状发展成为启动某一类诉讼的必要手段，是司法程序开始的形式要件——如果当事人无法获得合适的令状，他的权利就不能得到救济。因此，英国有"无令状则无权利"的法谚。与此同时，亨利二世还在《克拉伦登诏令》中第一次将陪审团制度引入民事诉讼，随后又在《克拉伦登法案》和《诺桑普敦法令》中规定了陪审团参与案件审理的制度。

13世纪以后，随着商品经济的日益活跃，普通法以及令状制度僵化的弊端日益凸显，无法通过普通法获得救济的当事人便径向国王提出诉讼请求。随着这类案件数量的不断增加，1474年出现了专门的"衡平法院"（Courts of Equity），它对案件的审理以法官对"正义、良心、公正"的个性化理解为特点，追求个案的公正；同时，法官也因此获得了独立的司法地位。[③]

除了衡平法的出现之外，19世纪前的英国民事诉讼制度基本没有大的变化，其发展以微调为主，没有超出诉讼形式主义的框架。

（二）19世纪的英国民事司法改革

从19世纪开始，在世界范围内掀起了民事诉讼法典化运动，法国、德国、奥地利先后制定了民事诉讼法典。作为传统的普通法国家，英国对这种趋势采取了保守的应对方式[④]，但仍然对其民事诉讼制度进行了一些调整。这次民事司法改革主要目的在于简化诉讼程序，而其核心便是对令状制度进行彻底的改革。

作为改革的重要工具，成文立法开始有限度地出现在英国民事诉讼制度中。1832年

① 参见程汉大主编：《英国法制史》，31～42页，济南，齐鲁出版社，2001。

② 齐树洁主编：《英国司法制度》，8页，厦门，厦门大学出版社，2005。

③ See Gary Slapper and David Kelly, *The English Legal System*, Cavendish Publishing Limited, 2004, p. 4.

④ 参见齐树洁主编：《英国民事司法改革》，53页，北京，北京大学出版社，2004。

《统一程序法》废除了对人诉讼的各种令状模式；1833年《不动产时效法》几乎废除了所有不动产诉讼的令状制度；1833年《民事诉讼法》废除了宣誓断讼这一古老的审判方式；1852年和1854年两个《普通法诉讼条例》则对普通法法庭的诉讼程序进行了彻底的改革，普通法和衡平法得以统一。[①]

1873年制定的《司法组织法》彻底合并了普通法庭和衡平法庭，并废除了令状制度，简化了审判程序并且改革了上诉程序。该法还将大法官法庭、王座法庭、普通诉讼法庭、财务法庭、海事法庭、遗嘱检验法庭、离婚法庭和伦敦破产法庭合并为英国最高法院（包括高等法院和上诉法院）。至此，英国实现了法院组织上的统一。

（三）沃尔夫勋爵的改革

虽然19世纪以来英国人从未停止过对民事诉讼制度改革的探索，但是所有这些努力并未达到理想的效果。到20世纪末，英国民事司法制度遭遇了前所未有的危机，它主要体现在以下方面：首先，对抗式的诉讼文化阻碍了当事人通过其他方式解决纠纷，也导致了法院负担过重等一系列现实问题；其次，诉讼费用过于高昂，相当数量的当事人被排斥在法院大门之外；再次，司法效率低下，诉讼中迟延的问题非常严重，司法的尊严和威信受到损害；最后，诉讼程序过于复杂，不同法院适用不同的诉讼规则，给当事人进行诉讼带来极大不便。

1994年，英国司法大臣兼上议院议长迈凯勋爵（Lord Mackay）委任上诉法院民事审判庭首席法官沃尔夫勋爵（Lord Woolf），对英格兰和威尔士的民事司法制度进行全面评审并提出改革意见。沃尔夫勋爵进行了广泛的调研，调研的对象包括法官、律师等法律职业体中的成员，试图尽可能全面地反映全社会对民事司法制度的看法。通过调研，沃尔夫勋爵认识到，此前的改革之所以失败，并非因为其本身不够合理，而是由于它们都只涉及民事诉讼制度的某一方面。在调查研究的基础上，沃尔夫勋爵于1995年6月提交了题为《接近正义》（Access to Justice）的中期报告，并于1996年7月出版了同名的正式报告，其内容涉及民事诉讼制度的各个方面，提出了对现行制度进行全面改革的建议和具体方案。与此同时，还公布了《民事诉讼规则草案》（Draft Civil Procedure Rules）。[②]

为了使民事诉讼立法具备合宪性，英国议会专门于1997年颁布了《民事诉讼法》（Civil Procedure Act），设立了民事司法委员会（Civil Justice Committee），负责对英国民事司法制度进行审视并提出建议。该委员会几乎全盘采纳了沃尔夫勋爵的建议，英国《民事诉讼规则》（Civil Procedure Rules）于1998年12月10日公布，从1999年4月26日起正式实施，此前分别适用于高等法院的《最高法院规则（1965）》和适用于郡法院的《郡法院规

① 参见程汉大主编：《英国法制史》，388～390页，济南，齐鲁出版社，2001。

② See Paula Loughlin and Stephen Gerlis, *Civil Procedure*, Cavendish Publishing Limited, 2004, p. 1.

则（1981）》同时被废止。英国终于拥有了一部统一适用的民事诉讼法典。

扩展阅读

这种性质的变化，不仅涉及诉讼案件在制度内的进展方式变革，它还要求推行一种全方位激进的文化变革。它将赋予法官和法院更大的职责，主导案件在这一制度中的进行，直至开庭审理，乃至开庭审理本身。这一制度和程序本身必须变革，以提供司法和法院有效行使控制权的框架。然而，我已尽力确保改革建议不会损害现行民事司法制度的威信和力量。我相信，改革建议将维持民事司法制度的力量，甚至促进司法人员、大多数律师的素质提高，因为民事诉讼运行方式的本质，仍然更多的是由当事人本人控制诉讼进程（尽管存在必要的变革）。①

二、英国《民事诉讼规则》概述

英国《民事诉讼规则》以“接近正义”为立法目标。具体而言，这一目标包括保障当事人平等、简化诉讼程序、提高诉讼效率、降低诉讼成本、合理配置司法资源、促使法院更加公正合理地解决纠纷、保障社会公众接近司法的权利等内容。

（一）民事司法制度的原则

鉴于英国现行诉讼制度的弊病，沃尔夫勋爵认为，为了保证司法的公正与方便，司法制度应该遵循如下原则：“一是保证结果的公正性。二是应当具有公平性，做到：（1）不论当事人的经济能力如何，确保当事人有均等的机会陈述自己的主张和提出答辩；（2）给予每一方当事人充分的机会陈述自己的主张和提出答辩；（3）类似的案件类似处理。三是程序和费用应与所处理的案件性质相适应。四是应以合理的速度审理案件。五是可以为使用者所理解。六是应对当事人的需要作出反应。七是应在可能性范围内保证个案的处理具有最大的确定性。八是应有效地节约资源和组织案件的审理，确保上述原则的实效性。”② 而现行的司法制度根本不符合或不支持这些原则，沃尔夫勋爵认为，这在很大程度上可以归咎于现行制度下无限制的对抗式诉讼文化。

---

① See Lord Wolf, *Interim Report on Access to Civil Justice*, June, 1995.

② *Access to Justice Interim Report*, Chapter 1, paragraph 3.

(二) 新的诉讼哲学

作为英国民事司法改革的基础，分配正义（philosophy of distributive justice）这种新的诉讼哲学得到了认可。原先的诉讼哲学认为，法院的功能是“根据是非曲直作出公平判断”[①]（do justice on the merits），意即以事实真相和正确的法律为基础，而不是基于程序的理由来决定案件。这是一种追求实质正义或实体正义的诉讼哲学。这种诉讼哲学认为：只要法院根据事实和法律作出判决，正义就已经实现了，就不会存在其他任何问题了。

然而，在审判过程中往往会出现一些很实际的问题。在改革前，英国民事司法制度存在以下主要弊端：案件审理过分拖延；诉讼成本过高；不适当的复杂性；诉讼中对可能花费的时间与金钱的不确定性；不公正性，即财力强的当事人可以利用诉讼制度的所有短处击败对手。[②]在民事司法改革的过程中，分配正义作为新的诉讼哲学被提出，并最终取代了原先的实质正义诉讼哲学。新的诉讼哲学主张：第一，像所有其他投入公共服务的资源那样，民事司法的资源是有限的。司法资源必须在那些寻求或需要正义的人们中公正地分配。第二，公正地分配这些资源必须考虑具体案件的特征，以确保个案能够获得适当的法院审理时间和注意力的分配。法院资源的配置、时间和金钱的投入必须考虑到具体案件的难度、复杂性、价值以及重要性。第三，在资源的配置中，时间和成本是相互关联的因素。正义不应当是以过高的价格“买来”的，并且，迟到的正义为非正义。第四，司法责任。法院的责任延伸到就个案作出公平判断之外。法院应当对整个民事司法制度的资源以及公平与正当地分配承担责任。

(三) 民事诉讼的首要目标

上述主张已经体现在新规则中。新规则第 1.1 条明确规定了民事诉讼的首要目标：“本规则为新诉讼程序法典，其最高目标是确保法院公正地审理案件。为公正地审理案件，应切实做到：(1) 保障当事人的地位平等；(2) 节省诉讼费用；(3) 采取与如下因素相适应的方式审理案件：(a) 案件所涉及的金额；(b) 案件的重要性；(c) 争议事项的复杂性；(d) 各方当事人的经济状况；(4) 保证高效、公平地处理案件；(5) 适当地分配法院资源，并考虑其他案件配置资源的需要。”

根据沃尔夫勋爵的改革方案，为了公正地审理案件，法院和当事人都有义务促进首要目标的实现。他认为“公正地审理案件”涵盖了平等原则（the principle of equality）、经济

---

① do justice on the merits 可直译为“根据案件的是非曲直作出公平的司法判断”。民事司法改革前英国奉行的这种哲学，追求的是一种实质正义。为了与新出现的诉讼哲学——“分配正义”相对应，本书将它意译为“实质正义”。

② 参见［英］欧文勋爵：《向民事司法制度中的弊端开战》(1997 年 12 月 3 日在普通法和商法律师协会的演讲)，蒋惠岭译，载《人民司法》，1999 (1)。

原则（the principle of economy）、比例原则和快速原则（the principles of proportionality and expedition），这些原则是现代司法制度的基础。这些程序正义的必要条件在传统对抗模式下的运作，将打造出新的司法制度。它不但可以保证结果是公正的，同时可以确保程序的公正性。据此，新的司法制度所具备的特征大致如下：（1）尽可能减少诉讼。（2）减少诉讼的对抗性，增加合作性。（3）简化诉讼。（4）诉讼期间缩短，且将更具确定性。（5）诉讼费用制度合理化。（6）经济能力受限的当事人也将能平等地进行诉讼。

（四）新规则的主要内容

在沃尔夫勋爵的领导下，高等法院和郡法院的诉讼规则得到了统一。新规则将以前分别适用于高等法院的《最高法院规则（1965）》和《郡法院规则（1981）》中的“核心内容”重新拟定，形成了统一的新规则。这样既便于法院、当事人以及律师进行诉讼活动，又可以增加审判结果的确定性。

新规则加强了法院对诉讼程序的干预。众所周知，英国民事诉讼采用的是当事人对抗制的诉讼模式，诉讼的发动、继续和发展主要依赖于当事人，诉讼过程由当事人主导，法官仅处于一种消极、中立的裁判者地位。这一诉讼模式强调了当事人在诉讼中的主导地位，但当事人及其律师往往就诉讼中出现的任何问题一味争论下去，从而影响了对抗制这一模式发挥其优势。作为此次改革的重点，新规则引进了案件管理制度（case management system），将原先由当事人及其律师掌握的诉讼控制权改为由法院掌握，由法院对案件实行积极的管理。从某种意义上说，新规则实施后的任何诉讼都将至少出现“三方”当事人，其中，法院将作为新的特别一方“当事人”出现。

新规则防止了诉讼的过分迟延。提高诉讼效率是此次民事诉讼制度改革的又一重点，并在新规则中得到充分体现，如在小额程序中严格限制案件上诉的可能性；在快速程序中制定了确定的时间表，要求当事人和法院严格遵守，并对时限的修改作了极严格的限制。

新规则还严格控制了诉讼费用。新规则在“早期卸除”（front loading）工作上增加了许多内容，要求当事人严格按照新增内容进行诉讼（如遵守诉前议定书、呈交完整的诉讼文书、出席案件管理会议并准备好案件简述以及有关证据的细节等），尽管这些过程可能会使诉讼时间和费用有所增加，但改革者们预期在其后的诉讼中能节省诉讼费用和时间，从而希望从总体上减少时间和金钱的耗费。此外，新规则还在小额程序中鼓励当事人本人诉讼以及对诉讼费用采固定制。

新规则鼓励当事人采用 ADR（非诉讼纠纷解决方式，Alternative Dispute Resolution）解决纠纷。采用 ADR 解决纠纷在世界范围受到了普遍的欢迎，通过 ADR 方式解决的纠纷数量呈上升趋势。新规则对于采用 ADR 解决纠纷的有效性给予了充分的关注，规定法院可以依当事人申请，也可以依职权决定中止诉讼 1 个月（如有必要可延长此期限），以便当事人通过 ADR 或其他方式达成和解。

2001 年 3 月，英国司法大臣办公厅发表《民事司法改革初期评估报告》；2002 年 8 月，又发表了《民事司法改革后续评估报告》。对几年来的民事司法改革的实效进行调查，并作出初步评估。总体而言，对改革的评价是肯定的。[①]

根据民事司法委员会的建议，截至 2006 年 7 月 31 日，英国共对新规则进行了 41 次更新，内容涉及增加新类型的诉前议定书、改进文字表述、与国际条约接轨、鼓励当事人通过诉讼外纠纷解决方式解决争议等诸多方面。最近一次更新已于 2006 年 4 月 1 日起生效。[②] 第 42 次更新已于 2006 年 10 月生效。如此频繁的更新，保证了英国《民事诉讼规则》能够与其他部门立法、欧盟立法保持统一性，并能对新规则运行中出现的问题作出及时回应。

三、管　辖

（一）民事法院的设置及管辖权

英国法律制度中存在大量不同审级和管辖权的法院，它们可以分为特别管辖权法院和普通管辖权法院。[③] 在特别管辖权法院中，欧洲法院只处理涉及欧共体其他成员国公民人身权利和财产权利的案件[④]；枢密院司法委员会处理来自英联邦领地和英联邦内独立共和国的上诉案件；劳工法院受理来自各种工业和劳动纠纷法庭的上诉案件；验尸官法庭主要负责调查非自然死亡事件。普通管辖权法院可分为民事法院和刑事法院，其中民事法院包括上议院、上诉法院、高等法院和郡法院。

除涉及欧盟法律的案件外，上议院（House of Lords）是英国的最高法院。上议院的司法决定只能被制定法或上议院在以后案件中拒绝遵循先例之决定所推翻。上议院的大多数上诉案件来源于英格兰的上诉法院。一个案件要从上诉法院上诉到上议院，必须经过上诉法院和上议院双方的同意。1970 年以后，在特定情况下，民事案件可以通过“蛙跳”（leapfrog，相当于大陆法系国家所谓的“飞跃上诉”）程序越过上诉法院，直接从高等法院上诉到上议院。这样的上诉必须满足以下两个条件：“（1）审判法官发给证书、所有当事人同意、案件涉及重大公众利益问题或者法官受到高等法院或上议院先前判决的约束；

---

① 有关这两个报告（中译本）的具体内容，参见齐树洁主编：《民事司法改革研究》，附录二、附录三，厦门，厦门大学出版社，2004。

② 有关修订的具体内容，参见英国宪法事务部网站：http://www.dca.gov.uk/civil/procrules_fin/contents/frontmatter/notes41.htm。

③ See Terence Ingman, *The English Legal Process*, Blackstone Press Limited, 2000, pp. 1－2.

④ 参见徐昕：《英国民事诉讼与民事司法改革》，10 页，北京，中国政法大学出版社，2002。

(2) 上议院同意受理。”[①]

上诉法院（Court of Appeal）民事审判庭受理对高等法院判决不服所提起的上诉。

高等法院（High Court）是最高法院系统中审理民事案件的主要机构，它既可以受理郡法院的上诉案件，也可受理第一审案件。其受理的第一审案件的标准为：商事案件的标的额必须在15 000英镑以上，原告必须在起诉状上标明这一情况；除医疗事故案件之外，人身损害赔偿案件的标的额必须在5万英镑以上，当事人同样有说明义务。当然，如果原告能证明案件的事实特别复杂，或者牵涉太多法律问题，或有重大社会影响，他也可以申请由高等法院审理该案件而不受上述规定的约束。

郡法院（County Court）是纯粹的民事法院，即只有民事管辖权。它受理绝大部分第一审民事案件。作为英国民事司法系统中的初审法院，事实上它的地域管辖的范围不一定与“郡”的范围相符，之所以采用这个称呼完全是由于历史的原因。现在，郡法院管辖区域的划分是按照交通便利的原则进行的。[②] 英国共有240个郡法院和337名地区法官。

（二）移送管辖与管辖权的转移

1. 移送管辖

如果高等法院受理了本应由郡法院受理的案件，高等法院可以将案件直接移送给有管辖权的郡法院或者直接驳回（strike out）起诉。但是，实践中高等法院直接驳回起诉的权力受到了严格限制：首先，必须证明原告明知该案件应该向郡法院起诉；其次，原告将该案诉至高等法院，不仅仅违背了诚实信用，而且还存在侵害被告人诉讼权利或增加诉讼费用的恶意。但是，无论案件被移转还是被驳回，高等法院都有权对恶意的原告处以惩罚性赔偿金，数额可以达到如果其胜诉所获赔偿金额的25%。与此类似，如果郡法院受理了本应由高等法院受理的案件，郡法院也可以将案件直接移送给有管辖权的高等法院或者直接驳回起诉。

2. 管辖权的转移

高等法院与郡法院管辖案件的范围有很大程度上的重叠，对于两者都有管辖权的案件，当事人可以申请将案件在两个法院之间转移，法院自身也可以采取这样的行动。但是，一般情况下高等法院有最终决定权，它甚至有权将任何郡法院受理的案件收归自己管辖。当然，这种管辖权的转移必须考虑个案的具体情况，其目的是更加公平、高效地审理案件。

郡法院之间也可以转移案件的管辖权，同一个案件某一部分的管辖权也可以转移，例如：可以将反诉交由另一个郡法院审理。在何种情况下进行这种转移都属于郡法院自由裁量的范围，只要有利于案件“方便和公正”的审理即可，上诉法院对于这种转移行为一般不予干涉。[③]

---

① 何勤华主编：《英国法律发达史》，478页，北京，法律出版社，1999。

② 参见最高人民法院司法改革小组编，韩苏琳编译：《美英德法四国司法制度概况》，252页，北京，人民法院出版社，2002。

③ See Paula Loughlin and Stephen Gerlis, *Civil Procedure*, Cavendish Publishing Limited, 2004, p. 15.

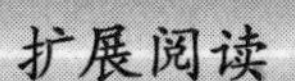

只要存在受到侵害等不正义的事态，就应当予以纠正；纠正的有效方法是可以利用个人及其律师的利益动机提起诉讼。①

四、当事人

(一) 当事人的种类

1. 成年人

成年人可以成为民事诉讼中的当事人。在诉状中，原告必须列明双方当事人的称谓（“先生”、“夫人”、“小姐”、“女士”，等等)。同时，原告必须提供被告的全名以及原告在英格兰或威尔士的住所地、邮政编码和电话号码。

2. 未成年人和精神病人

在英国，无论是否已婚，18岁以下的人士都是未成年人。如果当事人一方是未成年人，则在其全名之后应当在括号内特别注明“某某（父亲姓名）和诉讼辅佐人（litigation friend）辅佐的未成年人”。如果未成年人以自己的名义亲自参与诉讼程序，则应当在其姓名之后注明“未成年人”。

根据《1983年精神健康法》的规定，因精神不健全而不能支配和管理自己事务的人士为精神病人。如果精神病人成为民事诉讼中的当事人，则应当在其全名之后的括号内特别注明“由某某诉讼辅佐人辅佐”。

诉讼辅佐人是基于法律规定，在诉讼中代表未成年人或精神病人进行一系列相关诉讼活动的人，分为法定的诉讼辅佐人和指定的诉讼辅佐人。前者无须法院的指令，就精神病人参加的案件而言，《1983年精神健康法》直接授权一些人成为精神病人的诉讼辅佐人。愿意担任诉讼辅佐人的人或诉讼当事人，则可以通过申请法院作出指令成为指定的诉讼辅佐人。②

3. 商号 (trading names)

如果某个企业的独立经营者本人作为原告提起诉讼，则在他的姓名之后应当加上“以某某（商号名称）从事经营”。如果他作为被告，则原告可以把该经营者本人作为被告并加上类似的说明，也可以直接将商号作为被告。如果被当成商号起诉，则经营者本人将被赋

---

① 参见［日］谷口安平：《程序的正义与诉讼》，王亚新、刘荣军译，196页，北京，中国政法大学出版社，1996。

② 参见齐树洁主编：《英国司法制度》，249页，厦门，厦门大学出版社，2005。

予与合伙企业合伙人同样的诉讼权利和义务。

4. 遗产（deceased's estate）

遗产可以成为原告或被告，但必须同时写明死者个人代表（即遗产管理人）的全名，并注明“作为某某（死者）的代表”。如果遗产管理人已经确定，则任何针对遗产的诉讼都应当将遗产管理人作为被告。即使还未确定遗产管理人，原告仍可以将遗产诉为被告而开始诉讼程序，但是他应当向法院提出申请，要求尽快确定适格的遗产管理人，以使诉讼得以正常进行。

5. 合伙（partners）

合伙企业不具备独立的法律实体资格，但是以合伙企业形式进行经营的两名或更多合伙人可以合伙的名义起诉或应诉。合伙企业的名称后面应当注明“一个企业”（a firm）。合伙人也可以个人名义起诉或应诉，但是，原告仍然必须在诉状上填写合伙企业的送达地址，该地址可以是合伙人的住所地，也可以是该合伙企业主要或最后办事机构所在地。合伙人以合伙企业名义参加诉讼时，对方当事人有权书面请求合伙人向法庭开示纠纷产生时该企业所有合伙人的姓名和地址。

6. 有限公司（corporations）

有限公司是具有独立法人地位的实体，可以以自己的名义起诉或应诉。诉讼过程中，在英格兰或威尔士注册的公司必须在其名称中注明“有限公司”（Limited/plc）的字样。根据《1985年公司法》的规定，跨国公司则必须提供全称。公司章程通常赋予董事会以公司名义进行诉讼的权力，因此，只能由董事会而不是公司其他成员代表公司进行诉讼。后来，为了保护少数股东的利益，开始有条件地允许少数股东提起“派生诉讼”（derivative claims）。

（二）当事人的变更

随着诉讼的深入进行以及案情的逐渐明朗，有可能会出现诉讼当事人并非真正的利害关系人或者还有其他利害关系人尚未参与诉讼的情况，这时就需要追加、更换或撤销当事人，统称为当事人变更。

在诉讼程序进行的过程中，如果法院认为追加新的当事人有助于解决争议的全部事项，或者存在涉及新当事人和原当事人的争点，而该争点与原先诉讼中的争点相关联，因此追加当事人有助于争议解决的，法院就可以责令追加有关主体为新的诉讼当事人；原当事人也可向法院提出这样的申请。如果原当事人的利害关系或法律责任已转移至新当事人，更换当事人有助于解决诉讼中的争议事项，法院可以依申请或依职权责令原当事人更换为新当事人。如果法院认为任何人并非有关诉讼程序中的适当当事人，可责令该人停止作为诉讼当事人。

（三）代表人诉讼和集团诉讼

1. 代表人诉讼（representative parties）

英国《民事诉讼规则》第19条6规定，如一个以上的人在诉讼中具有相同利害关系，可由一个或多个具有相同利害关系的人，作为具有相同利害关系的其他任何人的代表提起诉讼；或者，法院可责令该诉讼由诉讼代表人继续进行。这一规定的实质在于：代表人与所有被代表人的利益受到了共同的威胁或侵害，因而他们所获得的也是对全体有利的救济。判决约束被代表集体的成员，而不论该集体是原告还是被告。在新规则之下，法院对于代表人诉讼有较广泛的控制权。

2. 集团诉讼（group litigation）

集团诉讼是代表人诉讼的放大与进一步适用。它是指一个或数个代表人，为了集团成员全体的共同利益代表全体集团成员提起的诉讼。法院对集团所作的判决不仅对直接参加诉讼的集团成员具有约束力，而且对于没有参加诉讼的主体也具有约束力。20 世纪 90 年代以后，集团诉讼逐步适用于投资纠纷、环境纠纷以及房地产纠纷等案件，并不断扩大其适用范围。如果当事人一方人数众多，且具体的个人在诉的利益上又不完全相同，就需要法院通过发布集团诉讼命令将不相同的案件整合起来，法院则通过集团诉讼命令对案件进行管理。①

五、审前程序

在诉讼爆炸的压力之下，正式开庭之前的审前程序被赋予了新的功能：促进当事人之间的信息交换，实现和解，将纠纷消化于开庭审理之前。② 以原告起诉为界线，英国的审前程序可分为诉前议定书制度和审前处理。

（一）诉前议定书制度

诉前议定书是英国《民事诉讼规则》的又一重大发明。在此之前，尽管原告会在起诉之前向被告发函说明请求的具体内容，但这种信函（以律师函为典型）只是一种习惯做法，具有警告的性质而并无法律意义。

诉前议定书制度要求原告在起诉之前必须向被告发出一个书面通知，原告只有在该通知送达被告 3 个月后才能提起诉讼。通知必须包括以下内容：充分而简练的案情；主要书证的复印件；要求对方在合理期限内书面作出回复的通知；如果未收到回复是否会提起诉讼的意思表示；通过诉讼外途径解决纠纷的意思表示；被告不遵从诉讼指引的法律后果。被告则应当在通知书送达后的 21 天内书面告知原告，表明已收到通知书并给出书面回复的

① See Christopher Hodges, *Multi-Party Actions*, Oxford University Press, 2001, p. 52.

② 参见谭兵主编：《外国民事诉讼制度研究》，219 页，北京，法律出版社，2003。

期限。在回复中，被告可以承认原告的全部或部分诉讼请求并提出和解协议；也可以否认对方的诉讼请求。对于否认的部分，应当给出理由并提供所依赖的主要书证复印件。被告还应在回复中表示是否愿意通过和解解决纠纷。如果当事人不遵守诉前议定书，导致不应有的诉讼或原本可以避免的费用，法院可以要求有过错的一方当事人补偿相关费用或者剥夺其所获得的损害赔偿金的利息。

目前为止，在实践中一共发展了八种诉前议定书，涉及医疗事故、人身伤害、建筑及工程纠纷、诽谤纠纷、专家责任、司法审查、疾病纠纷以及房屋失修等八类案件。实践中，当事人和立法机关还在不断尝试制作适用于其他领域的诉前议定书。

诉前议定书制度的功能被概括为三点：首先，鼓励双方当事人尽早、全面地交换有关可能到来的起诉的信息；其次，促成双方当事人之间的和解，避免诉讼；最后，在诉讼不可避免时，有助于法院更有效地控制诉讼程序。事实上，诉前议定书制度实施以来已经取得了很好的效果，仅仅沃尔夫勋爵改革后的18个月中，民事案件就已经从22万件下降到了17.5万件。

（二）审前处理

在原告起诉之后，案件也并非一定要经过开庭之后以对席判决的方式结案。英国《民事诉讼规则》仍然为避免案件进入开庭审理阶段提供了多种可能的选择：

1. 撤诉（discontinue）

撤诉是原告一项基本的诉讼权利，客观上，它也使原告得以在耗费司法资源之前抽身而出，起到了避免讼累的作用。英国《民事诉讼规则》对原告的撤诉作出了较为宽松的规定：原告的撤诉通常无须经过法院的批准，只需向法院提交撤诉通知书，并向其他各方当事人送达通知书副本。但是，在法院已经签发临时性禁令或对方当事人已经向法院提供担保的情况下，原告的撤诉必须经过法院批准；在原告的撤诉可能对被告产生不利影响时，被告也可向法院申请驳回原告的撤诉申请。为了避免原告在撤诉之后无限制地再度发动诉讼，如果原告在撤诉后又以相同或基本相同的事实对同一被告重新起诉，必须经过法院的批准。

2. 缺席判决（default judgment）

根据英国《民事诉讼规则》，当被告未按时提交送达认收书或未按时提出答辩时，法院可以不经开庭审理直接作出判决，即缺席判决。缺席判决节省了开庭审理所造成的人力、物力资源的耗费。原告可以通过请求书或申请书的方式申请法院作出缺席判决。

3. 即决判决（summary judgment）

即决判决是指法院不经开庭审理而直接对诉讼请求或特定争点予以裁决的程序。其最初目的在于制止被告在明显没有胜诉希望的情况下进行“虚假答辩”；它是一种为原告设计、旨在提高诉讼效率的程序。沃尔夫勋爵则认为“虚假答辩”的情况同样可能发生在原告身上，英国《民事诉讼规则》采纳了沃尔夫勋爵的观点：任何一方当事人如果认为对方的主张明显没有胜诉希望，都可以申请法院作出即决判决，当然必须提出相应的证据。这时，法院的职责仅仅在于判断某方当事人的主张是否有“现实的胜诉希望”，这一标准具有极大的弹性，法院可以充分行使自由裁量权。①

4. 第三十六章要约与付款（part 36 offer and payment）

英国《民事诉讼规则》第三十六章规定，当事人可以在诉讼任何阶段就任何事项提出和解。在金钱给付案件中，被告以向法院付款的方式提出的和解要约被称为“第三十六章付款”；原告和被告在其他案件中依据第三十六章提出的和解要约则被称为“第三十六章要约”。如果另一方当事人不接受上述两项要约，而他在接下来的诉讼中没有取得更好的结果，那么，该方当事人不但会败诉，而且还要赔偿提出要约一方当事人的损失，并支付由此增加的诉讼费用。因此，最好的选择就是接受要约。② 英国《民事诉讼规则》通过向当事人施压的方式促成了原、被告双方的和解。

扩展阅读

当事人不再具有他们曾经拥有过的如此多的自主权。法院极具影响力的管理权白纸黑字地载明于1999年新规则的显著位置。法院通过案件管理权力之行使，有望治愈当事人倾向于以不适当、不公平、不效率的方式进行诉讼之顽疾。自此以后，被视为诉讼程序王冠上之宝石的“案件管理”不再在细小领域试验和检验（商事法院的案件管理已试行一段时间）。③

六、审理程序

（一）不同类型审理程序下的庭审

英国《民事诉讼规则》将法官与当事人之间的诉讼权限进行了重新分配，赋予法官进行案件管理的权利。而案件管理制度最集中的表现是新规则所确立的三种审理程序：案件按照争议金额、复杂程度和性质的不同，分别被分配到小额程序（the Small Claims Track）、快速程序（the Fast Track）和多轨程序（the Multi-Track）进行审理。这也是新规则首要目标中程序经济和相适应原则的体现。不同审理程序的庭审制度有很大不同。

---

① 参见齐树洁主编：《英国司法制度》，316～317页，厦门，厦门大学出版社，2005。

② 参见沈达明、冀宗儒编著：《1999年英国〈民事诉讼规则〉诠释》，305页，北京，中国法制出版社，2005。

③ 参见［英］勒·安德鲁斯（Nei Andrews）：《英国新民事诉讼法：当事人主义风光不再》（A New Civil Procedure Code for England：Party-Control ‘Going，Going，Gone’），载《民事司法季刊》，第19卷，2000，22页。

1. 小额程序

小额程序适用于诉讼标的不超过5 000英镑，除消费争议、意外事故、财产所有权纠纷以及租约纠纷之外的所有类型诉讼；当然，小额程序中也不能包含过于复杂的法律问题。小额程序的目标在于让当事人尽可能容易地参与诉讼。小额程序是一种非正式的案件审理程序，法院只需在开庭审理之日 21 天前向当事人送达开庭审理通知书。适用小额程序的案件应当公开审理，但基于司法利益或当事人一致同意不公开审理的除外。通常，小额程序的审理并不会有太多公众旁听；而且，由于庭审一般在地区法官的办公室进行，有限的空间也无法容纳太多听众。

小额程序鼓励当事人本人参加诉讼①；律师的一部分职能则由法官代为承担。法官必须控制局面，并保障双方当事人获得平等的发言机会。对于具体的审理方式，法官享有很大的自由裁量权。庭审中不适用严格的证据规则，不需要使用口头证据，法官可以对交叉询问进行限制。总之，小额程序的庭审更注重效益而不是当事人程序权利的保障。

2. 快速程序

快速程序适用于超出小额程序适用范围，但案情较简单、争议金额较小的案件。一般它要求诉讼请求的金额超过5 000英镑而低于15 000英镑，开庭审理时间不超过 1 天；如果需要聘请专家证人，则仅能对他进行口头询问。

快速程序的特点在于整个诉讼都在相对固定的期间内进行。在案件审理之初，法院会制定一个案件管理日程表，当事人如果想变更其中任何一个时间，都必须向法院提出申请并阐明相应的理由；开庭审理前，法院通常会制定开庭审理时间表，对开庭陈词、对双方证人的交叉询问和再询问及原、被告陈述的时间都有精确到分钟的规定。如果当事人的诉讼行为超过了规定的时间，则会被法官打断并视为故意拖延诉讼。如此严格的规定确保了快速程序审理的高效率。②

3. 多轨程序

多轨程序适用于较为复杂的案件，此类案件的争议金额超过15 000英镑，开庭审理的时间可能超过 1 天，并且可能需要聘请多个专家证人。在多轨程序中，法官更多地介入诉讼并且更充分地发挥案件管理的职能。

由于案情较为复杂，多轨程序中一般都会先召开案件管理会议。该会议由法官、当事人及其诉讼代理人参加，目的是在尽可能早的阶段确定案件的进程表，以确定案件的审理能够顺利进行。在会议上，法院将进行以下活动：确定被告是否已经知晓原告的具体诉讼请求；双方当事人是否需要对案情声明进行修正；确定开庭日期以及审理可能持续的时间；确立案件的争点；分析达成和解的可能性；探究聘请专家证人的必要性，等等。审判过程中，法院通过一系列指令对诉讼进行控制；当事人如果对某个指令不服，可以上诉或申请

① 参见范愉：《小额诉讼程序研究》，载《中国社会科学》，2001（3）。

② 参见齐树洁主编：《英国民事司法改革》，357 页，北京，北京大学出版社，2004。

法院重新考虑该指令。如果一方当事人未能遵守指令，对方当事人可以申请法院命令其遵守或对其进行制裁。

庭审一旦开始，就将严格按照事先制定的时间表进行。庭审一般在民事审判中心进行；但根据当事人的需要和法院可供利用资源的情况，也可在其他法院进行。如确有必要，法官可以对时间表进行变更。法官有权根据需要控制证据并限制交叉询问，审判通常将连续进行几天。

(二) 判决 (judgment) 和命令 (order)

英国《民事诉讼规则》并未对判决和命令作出严格的区分。尽管一般意义上的“判决”指对案件作出的终局性裁判，而“命令”指的是中间判决和在案件管理过程中作出的指令；在实践中，两者之间往往没有明确的界线。

判决和命令一般由法院草拟，但也存在例外情况：法院可以命令或允许当事人草拟判决或命令；法院亦可以认定没有必要草拟判决或命令。[①] 在任何情况下，判决和命令都应当经法院审核后盖章，并载明制作人的姓名和司法职务以及制作的日期，该日期为判决或命令的生效时间。判决和命令一般由法院送达；在某些特殊情况下（例如命令是要求债务人到庭参加诉讼），法院也可要求当事人或律师进行送达。判决和命令一经作出，即对当事人产生约束力。

扩展阅读

“证据法（姑且不计较一些不便利和不逻辑的部分）构成了普通法公平审判概念和寻找事实真相的最重要组成部分……未经规则检验的直接来自情感的简单故事几乎总是一堆谎言，是不合情理的自欺和恶意映射。的确，对这些证据法规则的骄傲和坚持法官的非纠问者角色，是深深植根在普通法之中的，它不是外在的偶然和无关要紧的东西。”[②]

七、证据法

早期的英国证据法以判例为主，从 19 世纪开始的证据规则编撰活动使英国证据法朝着

---

① 参见徐昕译：《英国民事诉讼规则》，205 页，北京，中国法制出版社，2005。

② ［澳］郑汝纯：《普通法之正义意识》，载许章润、徐平编：《法律：理性与历史——澳大利亚的理念、制度和实践》，62 页，北京，中国法制出版社，2000。

法典化的方向发展。民事诉讼方面，比较重要的是1968年、1972年、1995年的三部《民事证据法》。英国《民事诉讼规则》以及《诉讼指引》对原先的民事证据立法进行了重大修改；同时，判例仍然是英国证据法的重要渊源。

英国证据法的内容极为丰富、全面，涉及证据的分类、证据的相关性与可采性、证明责任和证明标准等几个方面。

（一）证据的分类

一般来说，根据证据的形成方法、表现形式、存在状况、提供方式的不同，可以将证据分为言词证据（oral evidence）、书面证据（documentary evidence）和实物证据（real evidence）。①

1. 言词证据

言词证据由证人经过宣誓后以口述的方式在法庭上提供。英国法中，证人的适格能力完全取决于他是否能辨别是非和正确地表达事物、是否具有相应的智力和理解力。因此，精神病患者、儿童都可以成为证人。一般情况下，证人只能由当事人聘请，法院不能主动传唤证人。证人有出庭作证的义务，但是，在一些特定情况下，证人可以拒绝作证，这被称为“拒证权”，包括：任何人可以拒绝证明对自己的不利的事实；配偶、近亲属之间可以拒绝作证；关于职业秘密可以拒绝作证；涉及公务秘密可以拒绝作证；国家元首、法官不得被迫作证。

一般情况下，证人不得发表依其观察得出的推断或意见。但是，专家证人是一个例外。对于某些专业性较强的案件，法庭或陪审团需要具有特殊知识或经验的人提供帮助才能查明案件事实。② 但是，为了避免当事人恶意利用自己聘请的专家证人，新规则强调了专家证人是对法院而不是对聘请他的当事人负有义务；同时，在某些案件中，双方当事人必须聘请一名共同的专家证人，以尽量避免专家证人的倾向性。

2. 书面证据

以其记载的内容作为证明手段的文书是书面证据。书面证据可分为文件证据、口证笔录和笔录证言。文件证据一般要求提供原件，只有在原件已经灭失或已确实无法取得的情况下才能使用复印件。口证笔录则是司法书记官制作的法庭陈述的笔录，它由陈述人和法官签名后才生效。笔录证言是指证人由于特殊原因不能到庭，而在法庭之外以书面形式提供的证言。书面证据一般由当事人提交给法院。如果证据不在当事人的手中，法院可以依据他的申请，以特别传票的方式责成持有该证据的人交出书面证据；如果该人拒不合作，则可能构成藐视法庭罪。

---

① 参见齐树洁主编：《英国证据法》，86页，厦门，厦门大学出版社，2002。

② See Peter Murphy, *Murphy on Evidence*, Blackstone Press Limited, 2000, p. 333.

3. 实物证据

实物证据是指通过其物理形态证明待证事实的证据。它包括证物、人或动物的身体特征、证人的行为、现场勘验视察、文件的存在或外形特征、视听资料以及有关实验。实践中，为了引导陪审团的工作，英国立法上针对实物证据设计了细密而完备的实物证据适用规则，包括相关性规则、可采性规则以及排除规则。

(二) 证据的相关性 (relevance) 与可采性 (admissibility)

相关性与可采性是贯穿英国证据法始终的两条基本原则。所有的证据材料必须具有这两个性质才能成为定案的依据。

相关性被认为是支撑整个英国证据法最基本的概念之一。① 特定证据材料必须与待证事实之间具有相关性，才具备成为证据的基本条件。相关性是具备证据资格的必要条件，它是指事物之间的一种逻辑证明关系。这是一个事实问题而不是一个法律问题。如果某项证据有助于证明具有实体法意义的特定事实更有可能或更无可能，就可认为该项证据具有相关性。在具体案件中，判断某个证据是否具有相关性并没有一个统一的标准，这更多的是一个经验的问题。②

可采性决定某一具体的证据是否被法庭接受。英国证据法上有完备的证据排除规则。一般情况下，传闻证据、意见证据、通过非法手段取得的证据都被排除在法庭之外，这些规则都是证据可采性原则的具体化。证据的可采性原则并不是绝对的，它的适用存在一些例外。如果一项证据在某一方面具有相关性与可采性，而在另一方面不具有，那么它在前一方面仍然是可采的（例如在法庭之外作的陈述），这被称为“有限制的可采性”（limited admissibility）或“多重可采性”（multiple admissibility）。有时一项证据需要与其他证据综合考虑才具有相关性，这时它具有“附条件的可采性”③（conditional admissibility）。

(三) 证明责任与证明标准

1. 证明责任

证明责任是“证明在法庭上主张的事项是真实的义务”。英国法上，证明责任有两个层面的意义：它首先是“提供证据的责任”（evidential burden），指就某一事项提供充分的证据以使该事项在法庭上能够处于争议状态的责任；其次，证明责任还包括“说服责任”

---

① See Alan Taylor, *Principles of Evidence*, Cavendish Publishing Limited, 2000, p. 3.

② See Adrian Keane, *The Modern Law of Evidence*, Butterworths, 2000, p. 20.

③ 齐树洁主编：《英国司法制度》，153～154页，厦门，厦门大学出版社，2005。

(persuasive burden)，指证明中的事实为真实的义务；它还指负有证明责任的当事人如果未能举证所承担的不利法律后果。①

民事诉讼中的证明责任一般由主张争议事实存在的一方当事人承担：原告有责任证明其提出的诉讼请求存在的可能性超过不存在的可能性；被告只需要对其积极抗辩的事实承担证明责任。

2. 证明标准

证明标准是指"卸除证明责任必须达到的范围或程度"。英国民事诉讼中的证明标准为"或然性占优势或优势证据标准"，即负有证明责任的当事人必须证明他所主张的事实存在的可能性大于不存在的可能性。法院无法回到案件发生的当时，因而无法追求客观真实，对事实的认定必须依赖于"或然性"的程度。一般情况下，当事人只要证明事实发生的可能性大于50%，就可视为已经达到了证明标准。②

扩展阅读

对于当事人，如他们认为判决不正确，有权提起上诉。但是，在英国公民及我个人的心目中，一般的假设是第一审法院所作的判决是正确的。在一些国家，初审经常被视为案件审理的第一步。人人都知道当事人会对案件的处理结果提起上诉。不过，这不是我们传统的法律文化，尽管我们已经滑向这个方向……这种自动上诉和无休止地寻求不同结果的法律文化必须受到抵制。③

八、上诉程序

(一) 英国民事上诉制度的特点

英国法中，上诉指"请求上级法院对下级法院的决定进行司法审查。在现代英国司法实践中，大多数上诉案件采用重新听审的方式进行审理。上诉审法院重新审理下级法院已经审结的案件时，通常使用下级法院审理时的证据资料或记录，以替代听取证人出庭陈述"④。

---

① See J. A. Jolowicz, *On Civil Procedure*, Cambridge University Press, 2000, pp. 175－176.

② See Kevin M. Clermont and Emily Sherwin, "A Comparative View of Standards of Proof", in *The American Journal of Comparative Law*, Spring, 2002, Vol. 50, No. 2.

③ 参见［英］欧文勋爵：《1997年12月3日在伦敦普通法和商法律师协会的演讲》，载《人民司法》，1999 (1)。

④ *Oxford Dictionary of Law*, edited by Elizabeth A. Martin, Oxford University Press, pp. 28－29.

英国《民事诉讼规则》第52章关于上诉的规定被认为是“125年来对上诉制度最重要的改革”①。改革之后的上诉制度呈现以下特点：上诉应当符合新规则“首要目标”的精神；上诉不是自动进行的诉讼阶段，它应当获得法院的许可方能进行；对上诉的审理应当与上诉理由和争议标的的性质相适应；对于再次上诉应当作更为严格的限制；法官应该对上诉程序进行更广泛的控制。上诉应当同时具有私人和公共双重目的：上诉制度的私人目的在于纠正导致不公正结果的错误、不公或不当的法官自由裁量；上诉制度的公共目的在于维护国家法制的统一性，发展法律和判例并确保公众对司法的信心。②

(二) 上诉许可制度（permission to appeal）

上诉许可制度是指当事人提起上诉须经原审法院或上诉法院审查，获得许可方可进入上诉程序的制度。英国《民事诉讼规则》对上诉许可制度作了具体的规定。如果当事人针对郡法院或高等法院的一审裁判提起上诉，须经上诉审法院或原审法院许可。如果就上诉审裁判提起第二审上诉，则须经第三审法院许可。对于涉及人身自由的案件，由于其性质特殊，所以无须获得许可就能提起上诉。当事人可以向原审法院提起上诉许可的申请，也可以向上诉通知书中载明的上诉审法院提出。③

上诉许可一般基于两个理由作出：法院认为当事人提起的上诉具有胜诉希望；存在对上诉进行审理的其他强制性理由。如果是第二次上诉，则必须是上诉许可申请中提出了重要的法律原则或实务问题，或者存在第三审法院进行上诉审的强制性理由。上诉审法院可以不经听审程序径行审查上诉许可申请，如果据此驳回申请，当事人有权在通知书送达之日起7日内要求法院通过听审程序重新审查该申请。

(三) 上诉程序中的案件管理

法院进行案件管理的权利贯穿于整个上诉程序的始终。在对上诉许可申请的审查过程中，为了防止根本没有上诉利益的当事人利用上诉程序拖延诉讼，只要当事人没有在一审程序结束后通过言词的方式提出上诉许可申请，上诉审法院就可径行对申请进行审理；如果下级法院拒绝作出上诉许可，上诉审法院也可采取同样的方式处理当事人的申请。如果下级法院拒绝申请的决定是以书面方式作出的，则当事人有权要求上诉审法院对其申请进行口头听审。

在上诉审理期间，法院同样有权对案件进行有效的管理，其重点是确保当事人已经为

---

① Paula Loughlin and Stephen Gerlis, *Civil Procedure*, Cavendish Publishing Limited, 2004, p. 579.

② 参见齐树洁主编：《英国司法制度》，349～350页，厦门，厦门大学出版社，2005。

③ See Paula Loughlin and Stephen Gerlis, *Civil Procedure*, Cavendish Publishing Limited, 2004, p. 581.

上诉程序的进行做了充分的准备，并且对当事人之间的言辞辩论进行必要的控制。法院可以向上诉人送达一份调查表，要求上诉人提供如下信息：律师对上诉审理程序的时间预估；确认相关证据材料已经准备完毕。如果上诉人未对时间预估提出异议，他就必须受到这个时间期限的约束。

当上诉案件的实质审理已经结束，上诉审法院准备作出判决时，为了让上诉人的律师能够就可能存在的未决争点进行有效的准备，上诉审法院可以在宣判前的2个工作日内向上诉人的律师送达书面判决副本；作为条件，在正式宣判1小时前，上诉人的律师不得将判决内容告知上诉人。

为了贯彻英国《民事诉讼规则》首要目标的精神，对于法院在上述案件管理过程中所作的决定，当事人只能就其中的极个别类型提起上诉。法院决定是否作出上诉许可时，应当考虑有关事项是否重要，该上诉的法律后果是否比被上诉的案件管理的决定更为重要，是否在开庭审理时再对有关事项作出决定会更加便利。

（四）上诉案件的审理范围

英国《民事诉讼规则》第52条第11款规定：任何上诉皆限于对下级法院的裁判进行审查，除非作出裁决的行政官员（或其他机构）未举行听审程序或未考虑有关证据，或者在自然人上诉的情况下，法院认为重新举行听审符合司法利益。对上诉审理范围的限制，标志着英国的上诉审模式已经由传统的复审制（全面审查）转变为续审制。

新规则还规定：除另有指令外，上诉审法院不接受言词证据和在下级法院未提出的证据。这条规定将英国判例法确立的"Ladd v. Marshall 规则"以成文法的形式进行了认可与发展。[①] 该规则旨在对上诉审中提出的"新的证据"予以限制，只有当新的证据确实在第一审中难以取得，并且对案件结果可能产生重大影响、具有明显可信性时才可以被接受。

九、诉讼费用

（一）诉讼费用的承担

诉讼费用承担的一般规则是：由败诉方承担胜诉方的诉讼费用，但是，最终的决定权仍然由法院掌握。依据新规则第44条第3款的规定，法院对以下事项拥有自由裁量权：一

① See Charles Plant, *Blackstone's Civil Practice* (*Supplement*), Blackstone Press Limited, 2001, p. 40.

方当事人是否应承担另一方当事人的诉讼费用以及承担金额的大小；支付此项费用的时间。一般来说，法院在就诉讼费用的承担作出某项命令时，会考虑以下因素：所有诉讼当事人的行为（包括诉前行为，尤其是对诉前议定书的遵守情况；当事人对争点的主张是否合理，主张或抗辩的方式；胜诉的原告是否故意夸大其诉讼请求等）；一方当事人是完全胜诉还是部分胜诉；当事人是否曾主动提出和解。法院在诉讼费用承担上的自由裁量权有助于实现以下目标：诉讼费用的总额更具可预测性；诉讼费用更加与争议的性质相适应；当事人更能在诉讼过程中负责任、诚信地行事；给予了当事人更充分的信息，使他们能有效地控制诉讼费用。①

（二）诉讼费用的评定

在具体案件中，法院必须通过诉讼费用的评定来确定胜诉方从败诉方得到补偿的诉讼费用金额。法院评价诉讼费用的基础包括两方面：一方面是依当事人诉讼请求比例收取的费用，即标准基础，另一方面是诉讼中实际产生的合理费用，即补偿基础。在任何情况下，法院都不准许承担产生不合理的诉讼费用或金额不合理的诉讼费用，这些费用应当由引起它们的当事人承担。如果当事人之间就诉讼费用清单存在争议，法院应当启动相应的审理程序，并通过在诉讼费用清单上作适当批注，表明驳回或减少诉讼费用清单中的金额。评定程序所产生的费用一般由接受诉讼费用的当事人承担；在当事人缴纳该费用之后，法院才签发终局性诉讼费用证明书。任何当事人对于法院有关诉讼费用的决定不服的，都有权提起上诉。

---

① 参见齐树洁主编：《英国民事司法改革》，397页，北京，北京大学出版社，2004。

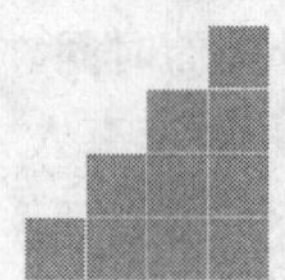

第三章 德国民事诉讼法

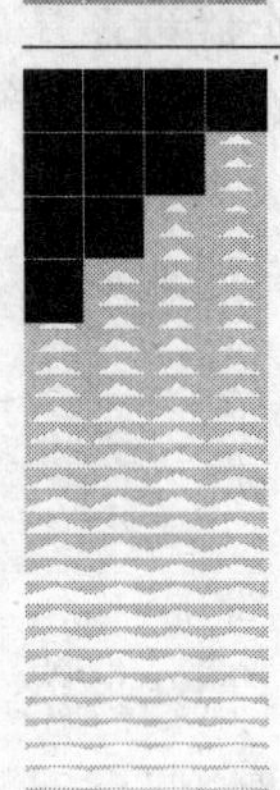

一、百年法典的命运

(一) 立法沿革

从 1877 年《帝国民事诉讼法》(CPO) 开始计算,《德国民事诉讼法》(ZPO) 迄今 130 年整。这部百年法典承载了德意志民族不同时期的政治生态、历史传统、价值观念和文化内涵,凝聚了"特定的,有时相互补充有时相互冲突的原则、主导思想和主义"①,为人们展示了自由主义民事诉讼到社会性民事诉讼的完整图像,堪称跨世纪的立法杰作。研读她,如同享用具有德意志民族特色的民事诉讼法的文化盛宴。

1. 邦法时期

德意志帝国成立并且颁布统一的《帝国民事诉讼法》(CPO) 以前,在德国的各个州存在不同的、相互独立的民事诉讼法。这主要包括:1793 年普鲁士民事诉讼法、1850 年汉诺威和不伦瑞克民事诉讼法、1857 年奥尔登堡民事诉讼法、1864 年巴登民事诉讼法、1868 年符腾堡民事诉讼法、1869 年拜恩民事诉讼法。除 1793 年普鲁士民事诉讼法外,其他州民事诉讼法均不同程度受 1806 年拿破仑民事诉讼法典的影响。此外,1862 年德意志联邦议会起草了《德意志联邦各国统一民事诉讼法》(通称《汉诺威草案》),但联邦不久解散,这个草

① [德] 卡尔·奥古斯特·贝特尔曼:《民事诉讼法百年——自由主义法典的命运》,载 [德] 米夏埃尔·施蒂尔纳编:《德国民事诉讼法学文萃》,赵秀举译,47 页,北京,中国政法大学出版社,2005。

案遂被搁置。普鲁士也曾独立起草了《普鲁士草案》，于1864年公布，作为德意志各邦统一立法的准备。1866年北德意志联邦成立，于1870年公布《北德草案》。这些草案都是以后帝国法律的基础。

2. 帝国法时期

1870年德意志帝国成立后，帝国议会于1877年连续制定公布了《法院组织法》、《帝国民事诉讼法》、《刑事诉讼法》、《破产法》四个法典（总称为《帝国司法法》），其中《帝国民事诉讼法》（CPO）在帝国议会几乎被一致通过，其原因在于所有的人都希望在帝国范围内建立统一适用的国家立法：一个帝国、一个国家即一个统一的立法权、统一的诉讼和统一的法院组织。《帝国民事诉讼法》（CPO）不是对帝国成立前各州民事诉讼法的简单汇编，而主要对1850年《汉诺威民事诉讼法》进行了修订，从而使其国家化，在帝国统一适用。CPO于1877年1月30日公布，于1879年10月1日施行。这就是直到现在的德意志联邦共和国的民事诉讼法。

3. 其后的修改

130年来，德国民事诉讼法经过多次修改，择其要者列举如下：

（1）1898年的修改

这是为了因应1896年颁布的《德国民法典》关于民事实体法律制度，特别是不动产法律制度的新规定所作的修改，条文总数由原来的872条增加到1 048条，基本上成为现在的规模。

（2）1924年与1933年的修改

这两次修改，总的方针是使民事诉讼法由个人主义、自由主义的法律逐步走向国家干涉主义的法律。

（3）1950年的《法律统一法》

第二次世界大战结束后，德国于1950年9月制定了《法律统一法》（全名为《关于在法院组织、民事司法、刑事诉讼和诉讼费用各方面重建统一法制的法律》），形成了一个《德国民事诉讼法》的新的“文本”。

（4）截至1999年年底的重要修改

主要内容有：因民法中取消了禁治产制度而随之取消了民事诉讼法中的宣告禁治产程序；简化程序，加快诉讼进程；适应欧盟的新情况而规定“欧元”作为督促程序的标的等。

（5）2001年的大修改

于2001年7月颁布、2002年1月生效的《民事诉讼改革法》，对民事诉讼法进行了重大改革，如加强和解程序、强化法官实质诉讼指挥权、扩大提出命令、强调独任法官的功能。

（6）2004年的修改

2004年5月颁布了《费用法现代化法》，对联邦法院费用、证人鉴定人的补偿、律师报酬等方面的规定进行全面的修订。

扩展阅读

依现行法律，民事诉讼通常情况下的目的是实现主观私权。由此得出了大多数诉讼规则的后果：是否开始进行诉讼，专属由当事人决定；当事人承担提供诉讼材料的最终责任；当事人可以结束诉讼程序。

例外情况下，民事诉讼不涉及主观权利。毋宁说，个体作为起诉人履行从其利益中原本不能得出的权限。这表现在，当不仅实体上的涉事人可以起诉，而且在公法利益上，某个国家机构作为“整个法律秩序的职能机构”也可以起诉时……

上述两个诉讼目的——实现主观的私权和保护法律制度，如上所述，各自都要求明显不同的程序安排。因此不可能在一个程序里同时既保护和实现主观权利，又保护和实现法律制度……任何诉讼作为一项制度，任务都是接替自力救济来保护法和平并且实现客观的法律。这一职能无疑是太普遍了，以至于能从各个程序规则内容中得出这一直接后果。①

(二) 发展趋势

德国民事诉讼法一方面继承了罗马法、教会法与日耳曼固有法的传统，一方面受到法国法的影响，从一开始就呈现复杂的情况。在以后130年中，随着德国社会、经济的发展而不断修改，德国民事诉讼法表现出一些新的特点，有三大发展趋势：

1. 从自由主义到社会性民事诉讼

自由主义民事诉讼法和社会性民事诉讼法来自两条主线：前者源自1806年的《法国民事诉讼法》，后者则以1895年的《奥地利民事诉讼法》为始作俑者。帝国民事诉讼法奉行自由主义立法的指导思想，认为民事诉讼是具有平等地位、平等能力、完全对等的双方当事人（原告与被告）各自保护自己的利益而进行的一系列攻击、防御行为，国家（其代表就是法院和法官）只是站在中间人（第三人）的地位作出裁判而已。自由主义民事诉讼法必然以当事人进行主义为根本原则，一切诉讼程序任由当事人以自己的自由意志去决定，国家尽量尊重当事人的意志。《奥地利民事诉讼法》中充满了社会诉讼观念，不存在辩论主义，取而代之的是强有力的法官诉讼指挥义务和确定当事人陈述期限的集中审理主义、当事人真实义务。这部法律的缔造人弗朗茨·克莱因认为，诉讼绝不是供个人仅出于自身利益和为了实现权利而使用的设施，相反是不可或缺的国家塑造社会的工具。不能只是通过形式上的法律平等来保证所有的社会阶层都可以使用诉讼，而是要照顾经济上处于弱势的群体。对于不精通法律而又没有熟知法律的朋友可供委托的穷人而言，当事人的权限及对诉讼材料的支配根本就是一个很容易伤害到自身的武器。因为当事人不知道如何使用这些武器，所以当他希望运用这些武器成功地反驳对手时常常会

① 参见［德］奥特马·尧厄尼希：《民事诉讼法》，周翠译，4～5页，北京，法律出版社，2003。

伤害到自己。[1]《德国民事诉讼法》经过历次的修改，逐步吸收了社会性民事诉讼的合理成分，确立了法官阐明义务、诉讼指挥义务，当事人真实合作义务，呈现出从绝对的当事人进行主义到加强国家（法院）干预、从辩论主义到协同主义的发展态势。

扩展阅读

从自由的民事诉讼向社会的民事诉讼的转变——从竞争、从在诉讼中自由进行力量角逐转变为在法官的指挥和照顾下进行诉讼上的合作——严重地动摇了辩论主义的适用。尽管民事诉讼的教科书中坚持原则上仍然适用辩论主义，但是鉴于在辩论主义上存在着大量的突破和限制，即使对学术界而言，辩论主义也不再是毫无疑问的命题了。实际上很难将大量的，即使在一些辩论主义的捍卫者看来也已经突破了的辩论主义的规定塞到"原则和例外"这样的老框框中。[2]

2. 从强调司法公正到兼顾诉讼效率

简化与加快诉讼程序以提高诉讼效率是所有国家的民事诉讼法的总趋势，德国民事诉讼法也当然如此。除了一些随时的修改外，德国民事诉讼法有几次集中的、专为简化诉讼程序的大修改。一次是 1976 年 12 月 3 日的《简化与加速诉讼程序的法律》对民事诉讼法的修改，一次是 1990 年 12 月 17 日的《简化司法程序法》对民事诉讼法的修改。

3. 古典传统与现代文明的有机结合

随着科学的进步、社会情势的变化，在民事诉讼中也发生了一些新的问题和新的需要。《德国民事诉讼法》在这方面也有了一些新措施、新制度、新规定。如"飞跃上告"的规定（参见第 566 条之 1）、"交换扣押"的规定（参见第 811 条之 1 和 2），都是根据实践经验而新订的。又如关于缩微照相的规定、关于录音记录的规定、关于以影音传送进行言辞审理或证据调查等（参见第 128 条之 1），都是把新技术应用到民事诉讼中。特别是第 372 条之 1 关于血型检查的规定，更是新技术的应用。[3]

（三）法律渊源

德国属于成文法国家，民事诉讼法除了形式上的法典外，还存在一些与民事诉讼法配套的或辅助民事诉讼法的法律。举其要者如下：

（1）1877 年《法院组织法》（1999 年 12 月 22 日最后修正），规定普通法院的组织及事

---

① 参见［德］鲁道夫·瓦瑟尔曼：《社会的民事诉讼法——社会法治国家的民事诉讼理论与实践》，载［德］米夏埃尔·施蒂尔纳编：《德国民事诉讼法学文萃》，赵秀举译，88～91 页，北京，中国政法大学出版社，2005。

② 参见［德］鲁道夫·瓦瑟尔曼：《从辩论主义到合作主义》，载［德］米夏埃尔·施蒂尔纳编：《德国民事诉讼法学文萃》，赵秀举译，361 页，北京，中国政法大学出版社，2005。

③ 参见谢怀栻译：《德意志联邦共和国民事诉讼法》，译者前言，5～7 页，北京，中国法制出版社，2001。

务管辖。

(2) 1897年《关于强制拍卖与强制管理的法律》(1998年2月18日最后修正),规定对土地的强制执行与强制管理。

(3) 1877年《民事诉讼法施行法》(2001年2月19日最后修正)。

(4) 1994年《关于债务人名簿的法令》,具体执行《德国民事诉讼法》第915条及以下各条所规定的债务人名簿制度的法令。

(5) 1994年《支付不能程序法》,规定对进入支付不能程序(相当于旧有的破产程序)的债务人的总括执行。

(6) 1969年《司法助理员法》(1998年8月25日最后修正)。

(7) 1969年《关于证人和鉴定人的损失补偿的法律》(1997年12月17日最后修正)。

(8) 1878年《诉讼费用法》(1998年12月19日最后修正)。

(9) 1957年《律师报酬法》(2004年5月5日最后修正)。

(10) 2001年《民事诉讼改革法》,于2002年1月1日生效。

(11) 2001年《送达改革法》,于2002年8月1日生效。

(12) 欧洲议会2000年《民商事案件的法院管辖、承认和执行法令》,于2002年3月1日生效。

二、诉讼主体与客体

(一) 诉讼主体

1. 德国法院及其管辖权

(1) 法院组织

德国《基本法》规定了五种法院,即普通法院、行政法院、财政法院、劳动法院以及社会福利法院。这五种法院相互平行,互不隶属,分别行使不同法律领域的裁判权。其中,普通法院行使民事和刑事裁判权。

在民事司法框架内,从事民事裁判的法院有:初级法院(AG)、州法院(LG)、州高级法院(OLG)以及联邦最高法院(BGH)。目前德国有708个初级法院、116个州法院和包括巴伐利亚州在内的25个州高级法院。

(2) 诉讼途径管辖权

对于民事法院裁判权与其他法院裁判权之间的界限,德国《法院组织法》第13条确定的原则是:所有的民事诉讼属于民事法院管辖。这一规定通过一系列其他的、明确创设民事法院管辖权的规则得到了补充。具体判断标准如下：

1）德国《基本法》和法律有明确规定的，依法定的分配进行管辖；

2）如果无明确的法定分配的，则取决于请求权的民事法律关系性质；

3）如上述标准难以适用的，依据原告的事实陈述判断，不考虑被告的答辩。不过该事实陈述应被法院评价并从中导出法院自己所考虑的法律后果。

只有诉讼途径合法时，才允许法院对实体进行裁判；如选取的诉讼途径不合法，则法院根据德国《法院组织法》第17a条第1款的"权限自主原则"，应当在听审双方当事人后，依职权裁定将诉讼移送到有管辖权的法院。移送裁定对受移送法院有拘束力。诉讼系属自移送法院立案时起算，在此时间点上诉讼时效中断。

（3）事务管辖

事务管辖是指在同一裁判权范围内，究竟由初级法院还是州法院作为一审法院对诉讼作出裁判，规定一审程序在初级法院和州法院之间的分配；对民事案件而言，事务管辖规定在《法院组织法》第23条、第23a条和第71条中。

事务管辖的标准是：5 000欧元（含5 000欧元）以下的案件由初级法院管辖，争议额更高的纠纷由州法院管辖。但对于房屋出租争议、基于婚姻和亲属关系发生的法定抚养请求权、违反职务义务的请求权依照法律的规定，不论争议标的额的大小，均应由初级法院进行管辖。事务管辖只可以在例外情况下由当事人协议改变。

（4）地域管辖

地域管辖也称为审判籍，分为"普通审判籍"和"特别审判籍"两种。后者只适用于特定类型的诉，而普通审判籍原则上对任何诉讼、任何人均能适用。因此，一个诉讼可能存在多个审判籍。

普通审判籍奉行"原告就被告原则"：被告为自然人的，由其住所地法院管辖；被告为法人或其他组织的，由其事务所所在地法院管辖。住所地的概念规定在《德国民法典》第7条到第11条中，依照这些规定，住所地取决于某人在某地点持续居住，即选择那里作为生活关系的地域中心。如果某人无住所地，则以居住地代替。

因为被告作为被攻击者被卷入了诉讼，所以《德国民事诉讼法》有关普通审判籍的规定有利于被告，原告必须向被告的住所地或者所在地法院起诉。这种照顾被告的做法是正当的，但如果把"原告就被告原则"绝对化，可能会遗漏更方便、更合适的法院进行审判。为此，又有了特别审判籍的规定。具体情形如下：

持续居留地的特别审判籍

对于因工作性质长期居留某地的人如雇佣工、大学生等，因财产权纠纷而被诉时，由其居留地法院管辖。

企业营业所的特别审判籍

直接从事经营业务的工商企业，由其营业所所在地法院管辖。

财产的特别审判籍

对在国内无住所的人，因财产请求而被诉的，该项财产所在辖区的法院有管辖权。

不动产的专属特别审判籍

不动产物权诉讼，由不动产所在地法院专属管辖。

履行地的特别审判籍

基于债法合同而产生的主张合同所约定的给付请求权的诉讼适用这一特别审判籍。因合同未履行或者不完全履行而产生的损害赔偿诉讼、因解除合同而提起的诉讼、基于缔约过失而产生的损害赔偿之诉、《德国民法典》第 122 条或者第 179 条的损害赔偿之诉、要求确认某合同存在或者不存在之诉，等等，均可适用履行地的特别审判籍。履行地应当依照《德国民法典》第 269 条、第 270 条确定。

住房租赁案件的专属特别审判籍

因住房的使用租赁或用益租赁关系而发生的争议，由住房所在地的法院专属管辖。

第三人对房屋共有人的诉讼的特别审判籍

第三人对房屋共有人之一提起的涉及房屋所有权的诉讼，由房屋所在地法院管辖。

侵权行为的特别审判籍

因侵权行为提起的诉讼，由侵权行为地法院管辖。

反诉的特别审判籍

反诉可以向本诉的法院提起，但以反诉请求同本诉请求或本诉的防御方法有牵连关系为限。

(5) 合意管辖

《德国民事诉讼法》只在有限的范围内许可双方当事人对地域管辖和事务管辖进行约定。合意管辖须具备下列生效要件：

合意双方当事人是商人或者是公法上的法人或者是公法上的特殊财产，并且具备民事诉讼法第 38 条第 2 款、第 3 款规定的其他前提条件；

涉及特定的法律关系，有必要的确定性。管辖合意须针对一定的法律关系以及由此法律关系而产生的争议诉讼。

须为财产权争议。如果管辖合意涉及由初级法院管辖的非财产权争议，则不产生效力。当然，德国《民事诉讼改革法》通过后，以前存在的“禁止就非财产权请求权作出管辖合意”的禁令现在有所松动。

不得违反法律关于专属管辖，包括专属事务管辖和专属特别审判籍的规定。

(6) 职能管辖

职能管辖是指将某个案件中的司法任务或者同一案件中的不同司法任务分配给不同的司法机关。职能管辖解决哪些司法机构有权办理特定任务的问题。例如是审判长还是整个合议庭，是司法官还是书记处的书记官，是受命法官还是受托法官进行活动，包括民事法院与执行法院、执行法院与执行员、法官与司法复制官、委托法院与受托法院之间的分工。同样，职能管辖也涉及诉讼法院和执行法院以及不同审级法院之间的任务分配。职能管辖总是专属管辖并且必须由法官依职权加以注意。当事人不能通过合意对其进行变更。

法院必须在最后的言词事实辩论之时有管辖权，法院在起诉时就有管辖权或者之后一度有管辖权当然也就足够。法院原则上应当不依赖于当事人的行为而依职权审查管辖权。如果某法院无事务或者地域管辖权，则缺少实体判决的前提条件，法院应当以诉不合法而作出判决驳回诉讼。

2. 法院其他人员

(1) 书记官

为处理非属于法官处理的事务，在每个法院都设立了书记处，其由必要数量的书记官组成。书记官的职责是：制作文书，如会议记录，发放文书正本；协助诉讼进行，如传唤和送达，转达当事人委托的事项；编制案卷和管理案卷。

(2) 司法辅助官

司法辅助官是法院里处于法官和书记官之间的独立机构。司法辅助官是司法职务官员，独立地采取为完成其职务所需的措施，并且与法官一样只受法律和正义的拘束。针对他作出的裁定也存在合法的上诉手段。依1969年11月的德国《司法辅助官法》第20条的规定，司法辅助官特别承担以下业务：督促程序；确定未成年孩子的通常的抚养费；在所谓的简化程序中变更未成年孩子的抚养名义；承担在诉讼费用救助程序和送达中的措施；强制执行领域作用特别广泛。

对于司法辅助官是否具有裁判权，德国学界是有争议的，有人认为裁判权是《基本法》第92条赋予法官的专有任务，不能交给司法辅助官行使；也有人同意将裁判权委托给辅助官行使，理由是司法辅助官可以被视为《基本法》第92条意义上的法官。①

(3) 执行员

执行员活动的重点在强制执行领域；在审判程序范围内，他的任务范围很小，从事为数不多的送达事务。

3. 检察官

1941年7月的德国《民事案件中检察官参与法》被1950年《法律统一法》取消了。从1998年7月起，检察官不再在民事诉讼中，特别是不再在婚姻案件中活动。代替他们在婚姻案件中活动的是行政管理机构的“公益代理人”。

4. 当事人

(1) 当事人的确定

德国法过去采用的是实质当事人概念，在20世纪转折点上被形式当事人概念所代替。当事人是指请求法院对自己进行权利保护以及权利保护申请所针对的人。这是纯粹形式上或者诉讼上的概念，与实体法完全没有关系。形式当事人概念承认当事人只是争讼的法律关系的主体，而且主体地位不应依赖于客观的权利状况，而应仅仅依赖于当事人的主张。

---

① 参见［德］奥特马·尧厄尼希：《民事诉讼法》，周翠译，68～69页，北京，法律出版社，2003。

与形式当事人概念相对应，当事人的确定原则上以诉状上的记载为准，但也有例外。某人通过他在诉状中的声明而成为原告，通过在诉状中的名称标明以及向所被标明人送达诉状而成为被告。如果以一个已经去世的人的名字起诉，则继承人是起诉人。如果对方当事人在诉状被送达前去世，则该人不再是被告；如果他的继承人要成为当事人，需要进行更正。

扩展阅读

形式当事人概念在世纪转折点上代替了实质当事人概念。形式当事人概念承认当事人只是争讼的法律关系的主体，而且主体地位不应依赖于客观的权利状况，而应仅仅依赖于当事人的主张。如果在诉讼中证实了原告与其主张相反，例如原告对债权无权利，这并不影响他的当事人地位（诉被实体驳回）。与此不同的只是，当原告甚至没有主张他与被告是争执的法律关系的主体时；此时作出诉讼驳回。①

当事人的确定还需遵循禁止“自我诉讼”原则。民事诉讼建立在双方当事人的基础上，在任何诉讼中须有双方当事人（“原告”和“被告”）存在，禁止当事人双方混同，因为任何人不能与自己进行诉讼。

（2）当事人能力

当事人能力是指能够成为某个诉讼的合法当事人的资格。《德国民事诉讼法》第50条第一款确定了原则：谁有权利能力，谁就有当事人能力。因此具有当事人能力的有：所有的自然人；所有的私法和公法上的法人。

《德国民事诉讼法》对于当事人能力进行了扩张性规定，对于无权利能力的社团也赋予了消极的当事人能力，即成为被告的资格。具体包括：非法人的无限公司（OHG）；无权利能力的协会；工会、雇主协会和类协会的联合体；政治政党。

当事人能力是诉讼要件之一，法院应当在诉讼的任何状态对之依职权进行审查。缺乏当事人能力的后果存在着四种不同情况：

第一，如果某个当事人在整个诉讼期间都没有当事人能力，则该诉必须被视为不合法而被驳回。

第二，如果只是起诉时缺乏当事人能力，但在诉讼进行中存在当事人能力，则起诉时的瑕疵因而被消除，并且可以进行实体审理。

第三，如果起诉时有当事人能力，但在诉讼进行中失去，则诉不合法。

第四，如果判决没有考虑到欠缺当事人能力的，可以以上诉手段对之声明不服，也可由没有当事人能力的人提起上诉。

（3）诉讼能力

---

① 参见［德］奥特马·尧厄尼希：《民事诉讼法》，周翠译，81页，北京，法律出版社，2003。

诉讼能力是指自己实施或者通过自己任命的代理人实施诉讼活动的能力，是无限制的行为能力的对等物。无诉讼能力人是无行为能力人，限制行为能力人没有诉讼能力。

诉讼能力是诉讼行为的前提条件，无诉讼能力人必须在诉讼中通过他的法定代理人代理，其诉讼行为才依法有效；诉讼能力属于诉讼要件，因此，法院应当在诉讼的任何状态依职权对其进行审查。

缺乏诉讼能力的后果可区分为四种不同情况：

1）如果在整个诉讼进行过程中缺乏诉讼能力，则诉应被视为不合法而被驳回。

2）如果在起诉时缺乏诉讼能力，则其法定代理人可以整体接受由无诉讼能力人自己实施的诉讼并且批准他的诉讼行为。如果无诉讼能力的当事人在诉讼进行中有了诉讼能力，则他可以同样的方式批准自己。经过批准，无效的诉讼行为可追溯既往地有效。

3）如果在起诉时有诉讼能力，但此后诉讼能力消失，则不发生诉的驳回，而是程序中断或中止，然后由法定代理人继续实施诉讼。

4）如果无诉讼能力当事人在无诉讼能力之前，作出了诉讼代理授权，则诉讼在任何情况下都合法。

（4）诉讼实施权

诉讼实施权是指以自己的名义作为原告或者被告，对以诉的形式主张的权利实施诉讼的权利。这一权限通常情况下由声称自己是所主张的权利的获得人的原告或者被主张某权利的被告拥有。如果诉讼实施权涉及原告，则人们可将之称为诉权。不过“诉权”这一概念在民事诉讼法中不普遍，学者很少使用。

与诉讼实施权不可混淆的是当事人适格。当事人适格涉及的问题是：原告是否依照实体法享有他所主张的权利（所谓的主动适格），以及该权利是否针对被告（所谓的被动适格）。如果缺乏主动适格或者被动适格，则应视诉为无理由而驳回，而缺乏诉讼实施权则使得诉不合法。

扩展阅读

当事人适格存在，如果原告是“所主张的权利”的所有人，而被告是“所主张的义务”的承担人，对于原告称为主动适格，对于被告则称为被动适格。

当事人适格根据实体法的规定判断。只有当主动适格和被动适格存在时才能作出某个有利于原告的实体裁判。如果缺少主动或者被动适格，则诉应当被视为无理由而被驳回（不应视为不合法，因为当事人适格并不是诉讼要件）。缺乏当事人适格，仅是诉无理由的众多可能原因之一。①

诉讼实施权也是一项诉讼要件，必须在诉讼的任何状态依职权审查它的存在。如果缺

---

① 参见［德］奥特马·尧厄尼希：《民事诉讼法》，周翠译，104～105页，北京，法律出版社，2003。

少诉讼实施权，则诉被视为不合法而被驳回。诉讼实施权的目的在于“防止公众公诉”，即未根据法律，也不是根据授权而主张他人的权利的人提起不合法的诉讼。

诉讼实施权与形式当事人概念有密切的联系：当事人是申请和被申请权利保护的人；不必主张与争执法律关系有实体法上的关系。形式当事人概念开启了一种可能，即在财产权纠纷中某个未参加的第三人自称是权利人的管财人的可能性。实质当事人概念与形式当事人概念的主要区别是，只有形式当事人概念才承认诉讼担当人为当事人。

法定诉讼担当主要有下列情形：

1）在夫妻共同财产制下，管理财产的配偶有权独自对超过属于他的共同财产部分，也即对属于他和他的配偶的共同财产进行诉讼（参见《德国民法典》第1422条）。

2）当事人恒定。在转让系争物之后，转让人还是当事人，并且有权对现在不再属于他的权利以自己的名义继续进行诉讼。

3）民法上的合伙人起诉共同合伙人，主张所谓的共同所有的社会请求权（例如保险费用请求权）时，被看作法定诉讼担当人。

4）破产管理人、遗产管理人和强制管理人以及遗嘱执行人作为“职权上的当事人”，对他人的法律关系有诉讼实施权。

财产管理人，特别是遗嘱执行人、破产管理人、强制管理人和遗产管理人，可以以自己的名义作为职务上的当事人进行诉讼。在解释他们的法律地位时，出现了理论之争。

按照主流的“职务理论”，他们以自己的名义实施涉及破产财产、遗产和所管理的地产的那些诉讼时，被称为“职权上的当事人”。与此相对，“代理人理论”认为他们是破产债务人、继承人、地产所有人的法定代理人，也即受他们所管理的财产的限制。介于这两种观点之间的是机构理论。从一般的观点出发，管理人的行为只涉及被管理的财产，该理论认为这些财产是（至少部分是）有权利能力和当事人能力的形体，其管理人是“具有法定代理人地位”的机构。值得强调的是，上述理论之争几乎没有任何实践意义。

（5）共同诉讼

简单的共同诉讼

在民事诉讼中，如一方或双方当事人为多人，称为共同诉讼。构成共同诉讼的情形主要有：多数人有共同的诉讼标的，多数人的权利义务出于同一事实理由或法律理由，作为权利争议标的之同种类请求权建立在本质上同种类的法律和事实的理由基础上。

共同诉讼只意味着：为共同辩论和调查证据集中众多诉讼。共同诉讼人完全独立，他可以不依赖于其他共同诉讼人而在诉讼中依照他自己的愿望为或不为某行为，其行为的效力只指向他自己，而不是针对共同诉讼人。其中，一个共同诉讼人在诉讼中可将其他共同诉讼人作为证人讯问。不同行为往往使程序的共同框架无法维持，各个共同诉讼人的诉讼必然走上不同轨道。

必要的共同诉讼

在简单共同诉讼中涉及多个程序的松动的联系，各个共同诉讼人互不依赖。在下列两种共同诉讼类型中，法律消灭了这种不依赖性，形成必要共同诉讼的类型：

一是诉讼法上的必要共同诉讼。指虽然众多参与人之一能单独为自己起诉或被起诉，但如果众多参与人一起起诉或被诉，则整个权利争议的裁判必须出于诉讼法的理由统一，即针对所有人都一致和同时作出。也称为“特别的共同诉讼”。

二是实体法上的必要共同诉讼。指出于实体法理由只能所有的参与人一起起诉或被诉。主要包括依照实体法只允许多人共同管理某个权利并对之处分的情况。

必要共同诉讼的裁判必须在所有情形下统一针对所有共同诉讼人作出，内容一致。排除针对个别共同诉讼人的缺席判决。

(6) 辅助参加

要使程序结果直接作用于第三人，必须使所涉的第三人自己能对程序进程施加影响。这种影响的施加可以通过辅助参加实现。它使第三人参与到在另外两个人之间系属的权利争议中，并且支持他对其胜诉有法律利益的当事人。

辅助参加在下列前提下合法：两人间的权利争议必须系属；辅助参加人不允许是当事人本人或其法定代理人；辅助参加人必须对他所支持的当事人的胜诉具有法律利益。

辅助参加人既不是当事人，也不是当事人的代理人，而是当事人的帮手，但可以进行所有的诉讼行为，特别是主张所有的攻击和防御手段。即提出事实、提出证据、争辩、自认、提起上诉或申诉并论证理由，也可以发动诉讼，如同他本人是当事人一样。

但辅助参加人仍只是在他人诉讼中的一方当事人的帮手。这表现在以下几方面：他必须接受他加入之时诉讼所处的状态；他的行为不允许与主当事人的行为相抵触；他不允许对诉限制、扩大或变更；他可以作为证人被讯问；判决只在当事人之间作出，并只向他们依职权送达，并且仅对他们之间存在的法律关系进行裁判。

诉讼中作出的裁判，对辅助参加人无任何实质既判力。但该裁判在辅助参加人对主当事人的关系上具有参加效力；在辅助参加人与对方当事人的关系上，不发生参加效力。

(7) 诉讼告知

诉讼告知是诉讼当事人一方将他所实施的诉讼的未决状态形式上告知第三人，以使针对该第三人发生“参加效力”，同时也使第三人在诉讼中帮助诉讼告知人。

辅助参加人因自己的利益帮助他所支持的当事人胜诉，以避免对自己的追索诉讼。如果败诉，则判决对他发生参加效力。对他的这种不利，正是他所支持的失败的当事人的极大的优势。通过向第三人告知诉讼的方式，当事人自己，即不经辅助参加，可以引起参加效力的发生。

诉讼告知的形式是：送达载明诉讼告知理由和权利争议状态的书状。第三人可以作为辅助参加人加入到诉讼告知人中；即使第三人不参加，合法的诉讼告知也发挥独有的效力，即在诉讼告知人对第三人的关系上发生参加效力。

(8) 主参加和自称债权人参加

主参加是指某人对作为他人之间已系属的诉讼标的物或者权利有请求权，并因此针对这一主诉讼的双方当事人提起诉讼。

自称债权人的参加，是指在诉讼中债务人感兴趣的只是从对他无意义的诉讼中脱身，并且听凭两个自称债权人就谁是权利人进行争讼。债务人本身不争辩该义务，而是想给付，只是不知道他应向谁给付。债务人告知第三人该争议。如果该第三人加入该诉讼，则债务人可以提存该债权数额，前提是他舍弃撤回权并依他的申请通过判决从该权利争议中脱身。然后诉讼在两个自称债权人者之间继续进行，并以裁判谁对被提存的款项有权利而结束。如果第三人不加入，则即使他主张诉讼未被正确裁判，依照“参加效力”他也不再被听审。

（二）诉讼客体

1. 诉讼客体（标的）的概念

诉讼客体，也称诉讼标的，是当事人争议和法院裁判的对象。诉讼标的是识别诉，确定诉的合并、分离、变更和既判力客观范围的依据。

2. 诉讼标的之理论学说

（1）旧实体法说

历史上的立法者将《德国民法典》第 194 条第 1 款定义的，原告所主张的“实体法请求权”理解为诉讼标的。与之相应，“请求权”这一概念与“诉讼标的”被作为同义使用。然而实体法请求权与诉讼标的不能等同，这不仅表现在确认之诉和形成之诉上——它们不主张《德国民法典》第 194 条第 1 款意义上的请求权——而且也特别表现在实体请求权竞合上。

（2）新实体法说

直到今天有人还在试图使用修订过的实体法上的请求权概念来确定诉讼标的。“诉讼标的”的实体法理论的支持者尽管在理由等细节上有不同意见，但一致认为：实体法请求权的概念不能被理解为从各个请求权规范中得出的法律后果这一意义上的概念，而是如果生活事实满足了具有同一个法律后果的众多请求权规范的事实构成要件，则涉及一个并且是同一个请求权。因此不存在请求权竞合，只有请求权规范竞合。

（3）诉讼法上一分支说

对新实体法说的主要反对理由是：实体法对诉讼时效期间作出的不同规定就表明，反对将请求权概念归纳为统一的实体请求权概念，并支持《德国民法典》第 194 条第 1 款意义上的各个竞合的请求权的独立性。实体法主流观点肯定了从竞合状态的请求权规范的法律后果中产生的各个请求权的独立性，即正好拒绝将同种类的各个请求权归纳为一个统一的、构成诉讼中的“诉讼标的”的请求权。因此，诉讼法学者认为不适合在实体法请求权概念基础上对诉讼标的进行令人满意的解释，于是诉讼法中的主流观点走上了发展诉讼上请求权这一独立概念的道路。

诉讼法上一分支说认为，原告在申请中应当写明其诉之目的（声明）。以原告的申请和原告在他的诉中所追求的目标为导向，诉讼标的单单通过诉之申请就能充分确定，这就是一分支诉讼标的理论。

(4) 诉讼法上二分支说

两分支说认为确定诉讼标的，仅通过诉之申请是不够的，还必须借助于原告为论证他的申请而陈述的事实材料而展开。两分支说承认生活事实情况与诉之申请对于确定诉讼标的而言同等重要，其结果是不同的生活事实情况导致不同的诉讼标的。如果原告的申请和原告为论证该申请而陈述的事实群（生活事实情况）确定了诉讼标的，则原告尽管只提起了一个申请，但如果申请的理由是两个不同的生活事实关系，则涉及两个诉讼标的。

二分支说依赖生活事实情况确定诉讼标的，这产生了界定生活事实关系的必要性，以及对于何时涉及一个统一的生活事实关系，何时围绕着多个不同的事实情况这一问题进行判断的必要性。判断方法就是所谓的“自然的观察方式”，但因灵活性太大而牺牲法律的安定性。

(5) 相对诉讼标的说

新近产生的相对诉讼标的说认为，整个诉讼法不存在统一适用的诉讼标的概念，诉讼标的这一概念具有可变内容，这次可能具有一分支的结构，另一次可能具有二分支的结构。但这一观点在关于诉讼标的概念中的可变内容是通过各自的诉讼状况还是通过诉之种类来确定上，又存在分歧。

一种流传甚广的观点认为，诉讼标的之内容应当通过诉的种类和诉讼是适用辩论原则还是职权探知原则来确定。在适用职权探知原则的诉讼中，诉讼标的应当仅仅依照申请确定，因为法院应当调查事实情况。相反，在适用辩论主义的诉讼中诉讼标的应当通过申请和基础生活事实情况来确定，因为原告在这样的程序中比在适用职权探知主义的程序中具有更狭窄的、限定产生他所主张的权利的事实情况的权利。但对形成之诉和确认之诉而言却存在例外：前者的诉讼标的总是通过申请得到具体化，后者的诉讼标的在更多情况下是通过申请就充分得到了具体化。

三、诉讼要件和原则

（一）诉讼要件

诉讼要件是关于诉讼是否会产生、诉是否被送达以及言词辩论期日是否被指定等诉之合法性的要求，是法院作出实体判决的前提条件，故也称“实体判决要件”。尽管有德国学者建议区分诉讼要件和实体判决要件，但直到目前的德国民事诉讼法上，出于使用上的习惯，诉讼要件和实体判决要件两者是同义的概念。

诉讼要件（实体判决要件）分为涉及法院、当事人、诉讼标的、特殊程序的诉讼要件四种类型。关于特殊程序的诉讼要件，后文将探讨，这里不赘述。

1. 涉及法院的诉讼要件

属于涉及法院的诉讼要件的是：德国法院裁判权、民事诉讼途径的管辖权以及国际管辖权、地域管辖权、事务管辖权和职能管辖权。这里仅介绍德国法院裁判权。

德国法院裁判权原则上包纳所有处于德国境内的人。作为这一原则的例外，特定的人员群体与行使主权职能的外国国家、国家间的组织和其成员（例如联合国、欧盟），以及依照北约规章的外国武装力量的成员不受德国裁判权的管辖。

2. 涉及当事人的诉讼要件

属于涉及当事人的诉讼要件的是：当事人能力、诉讼能力（或者在缺乏该能力的时候的法定代理）和诉讼实施权。

3. 涉及诉讼标的之诉讼要件

（1）主张权利的可诉性

依照主流观点，原告所主张权利的可诉性属于诉讼要件。不过这一要件在实践中几乎不发挥任何作用，因为不能在法院实现的请求权虽然存在但为数极少。例如，订婚人要求缔结婚姻的请求权（参见《德国民法典》第1297条第1款）。此外，主流观点认为，只要当事人可通过合同废止某请求权，就允许当事人合法地通过约定排除某请求权的可诉性。

（2）起诉符合法律规定

如果没有依照法律规定起诉，也就是说诉状没有满足法律上的要求，则允许补正该瑕疵。如果该瑕疵未被补正，则应视诉为不合法而驳回。

（3）不曾诉讼系属

诉讼系属始于起诉。诉并不是随着诉状向法院递交，而是在诉状向被告送达的时刻被提起。如果原告在向法院递交诉状之后但在送达诉状之前收回了诉，则诉讼系属不存在。

“不曾诉讼系属”属于否定的诉讼要件。如果在相同当事人之间的同样的“争议案件”已经在法院实施过，则不允许当事人在另一法院重新起诉，以避免不必要的时间和费用的花费，以及不同法院对同一争议案件作出相互矛盾的裁判。如果法院确认违反了该禁令，则法院应当依职权以诉讼判决的方式以第二个程序中的诉不合法而予以驳回。

诉讼系属的“阻挡功能”并不是它的唯一作用。诉讼系属产生之后只有当被告同意或者法院认为适当时，诉之变更才合法。诉讼系属产生之后发生的变更，对诉讼途径的合法性和诉讼法院的管辖权无任何影响。

诉讼系属除了在诉讼上的效力（阻止对同一争议案件的其他诉、管辖权持续、限制诉之变更）外，还存在实体法上的效力，最重要的几点如下：

1）时效停止（参见《德国民法典》第204条第1款第1项）；

2）取得时效停止（参见《德国民法典》第939条）；

3）除斥期间中断（参见《德国民法典》第801条第1款、第864条第1款、第977条第2句、第1002条第1款）。

4）产生诉讼利息的请求权（参见《德国民法典》第291条）

5）责任加剧（例如在《德国民法典》第292条、第818条第4款、第989条、第2023条等情形下）。

（4）无已经发生既判力的裁判

另外一个否定的诉讼要件是：对该诉讼标的不存在已经发生既判力的裁判。只要被实质既判力所及，则不允许该案件再次成为第二个诉讼和另外的法院裁判的标的。

（5）权利保护需求

关于权利保护需求或权利保护利益，德国法律只对确认之诉的确认利益和将来给付之诉明确作出规定。但对所有其他类型的诉而言，也必须存在无可辩驳的理由支持原告向法院起诉这一行为。通常情况下在给付之诉中当然肯定具有权利保护利益，对形成之诉而言，从“所诉追的权利变更只能通过法官裁判才能引起”中就能得出权利保护需求。换言之，在给付之诉和形成之诉通常并不要求原告论证他的权利保护需求。但如果原告对请求权已经获得一个执行名义，则给付之诉因缺乏权利保护利益而应被视为不合法而被驳回。

4. 法院的合法性审查

由于“诉讼要件的满足通常情况下体现了公利益”，故法院应当依职权审查诉讼要件。在审查合法性要件时，是否必须遵守特定的顺序，学者存在争议。有人主张所有的诉讼要件具有同等的顺序，而有人则坚持“合法性规则的不同意义使得有必要遵守特定顺序”这一观点。

支持审查顺序的人又对哪些诉讼要件具有优先权发生了争论。如果确认诉因缺少合法性要件而不合法，则不应当浪费时间对其他诉讼要件进行审查。在审查合法性要件时通常的思考顺序是：

（1）起诉符合法律规定；

（2）德国的裁判权；

（3）诉讼途径的合法性；

（4）国际管辖权、事务管辖权、地域管辖权和职能管辖权；

（5）当事人能力；

（6）诉讼能力、法定代理；

（7）诉讼实施权限；

（8）所主张的权利的可诉性；

（9）不曾诉讼系属；

（10）无已经发生既判力的裁判；

（11）权利保护需求；

（12）诉讼障碍（仲裁条款抗辩、未偿还前一程序费用的抗辩、依照《德国民事诉讼法》第 110 条缺乏担保的抗辩)。

(二) 诉讼原则

《德国民事诉讼法》不仅仅涉及根据实用性和实践性的标准来调整的技术性事务，还都被特定的原则、主导思想和主义所支撑。这些主义构成了特定的价值观念和模范，即思想、理想和意识形态的基础。主义显著地影响了德国民事诉讼立法，这种影响贯穿了这部百年法典的始终。

1. 法定听审请求权

法定听审请求权，指法院有义务使得当事人能够在诉讼中以充分的和恰如其分的方式陈述他们所持有的看法。如给予当事人提起申请、主张事实和对之提供证据、及时地获知对方当事人的陈述并表态的权利等。

法定听审请求权作为程序法上的基本原则具有宪法上的地位（参见德国《基本法》第 103 条第 1 款)，在《德国民事诉讼法》的一系列规定中被具体化。违反法定听审权意味着重大程序瑕疵，可以上诉，但这并不导致裁判无效。对于未给予法定听审权这一违反《基本法》的行为，可在穷尽所有诉讼途径之后向联邦宪法法院提起宪法抗告。如果宪法抗告胜诉，则被声明不服的裁判将被撤销并且案件被发回有管辖权的民事法院（参见德国《联邦宪法法院法》第 95 条第 2 款)。

2. 公正听审请求权

联邦宪法法院从法治国家这一原则中导出了一项普遍的诉讼基本权利：要求程序公正的请求权。这具体意味着：不允许法官的行为自相矛盾；禁止法官因他自己或者可归责于他的错误或者缺席而为双方当事人带来程序上的不利；法官具有绝对普遍的，对程序参与人的具体情况给予注意的义务。针对法院而存在的公正听审请求权也被表达为诚实信用原则。

法官针对当事人双方的客观性和中立性是程序正义的不容商讨的前提。即使仅仅对法官的不公正性的怀疑也必须抵制。出于此原因，立法者规定法官自行回避和当事人申请回避制度。

3. 辩论主义

辩论主义一词，由德国诉讼法学家根纳在其《德国普通诉讼手册》中首次使用，其基本含义是指当事人双方应当提出判决的事实基础（包括证据手段)，也称辩论原则。与之相对的是职权探知主义或纠问主义：法院应当设法获取和证明对裁判具有显著意义的事实。在民事诉讼中通常情况下适用辩论原则，而职权探知原则意味着例外。

扩展阅读

另外的一个问题是，谁应当为裁判创造事实基础，以及谁对其完整性负责。这里，立法者可以选择是由法院或者双方当事人承担该义务，还是当事人和法院同等承担该义务，还是当事人和法院不同程度地承担该义务。

在历史演进过程中对此有过不同的选择。立法者优先选择法院，如果他怀疑当事人完整和正确陈述案件事实的能力或者善意。只有当将阐明案件事实理解为不是诉讼当事人的私人事务而首先是司法的公法利益上的事务时，这种偏爱才显得有理由。[①]

辩论原则将获取对裁判具有显著意义的事实材料这一任务完全交由当事人承担，但法院也对事实的提出施加了不小的影响。《德国民事诉讼法》中完备的阐明权、真实义务、讨论义务、法官的调查取证等规定，使辩论主义在很多问题上已被突破，或者受到限制。民事诉讼法今后的发展方向是，由自由主义民事诉讼步入社会性民事诉讼，诉讼是法院、当事人三方的作业共同体，当事人之间由对立关系变成了法官的指挥和援助的协同关系。这就是协同主义理论。[②] 协同主义大大动摇了辩论主义的妥当性。

协同主义要求法官对民事诉讼施加下列影响：

(1) 法官的阐明义务、讨论义务

法院在程序的任何状态都应当致力于双方当事人完整的陈述，特别是补充某项不充分的事实陈述（参见《德国民事诉讼》第139条第1款）。《德国民事诉讼法》第139条并没有限制辩论原则，而是通过法官指示当事人事实陈述中的不明确之处、矛盾之处和漏洞而补充了该原则。法官负有发问义务和指示义务。法官必须努力地在他的问题和指示中保持适当的公正和中立，以便不招致对其公正性的怀疑。

(2) 当事人的真实义务

当事人在陈述事实的时候必须坚持真相，并且不允许有意识地陈述错误的东西（参见《德国民事诉讼法》第138条第1款）。《德国民事诉讼法》第138条第1款禁止谎言，即当事人明知不真实的事实陈述。如果法官看出某当事人撒谎，则原则上允许他不考虑这些陈述。

(3) 法官调查取证的义务

在收集证据、获取和利用证据手段的时候，为了确认当事人相互对立的主张的正确性，法院很大程度上不受双方当事人相应申请的拘束，也即可以依职权收集证据，审查特定的问题，例如当事人能力和诉讼能力。

4. 处分主义

处分主义，也称处分原则，其内容是当事人的一系列权利。包括：双方当事人对诉讼的整体进行处分的权利，通过原告的积极主动而启动程序的权利，确定诉讼标的的权利，以申请向前推动诉讼以及提前结束诉讼等权利。具体而言：

---

① 参见［德］奥特马·尧厄尼希：《民事诉讼法》，周翠译，123～124页，北京，法律出版社，2003。

② “协同主义”最早由德国学者 Bettermann 于 1972 年提出。之后，德国学者鲁道夫·瓦塞尔曼（Rudolf Wassemann）在其所著《社会的民事诉讼：在社会法治国家民事诉讼的理论与实践》一书中，对协同主义进行了诠释，指出协同主义是与辩论主义完全不同的一种崭新的诉讼结构。

（1）不告不理

民事诉讼只依申请才开始，任何情况下法院都不能自动开启民事诉讼程序。

（2）原告确定诉讼标的

《德国民事诉讼法》要求原告提出确定的诉的申请，详细地引证他所追求的判决应当包括哪些内容。这种确定申请的强制限制了权利争议的标的。

（3）诉讼进行中的处分权

法律还赋予当事人在诉讼进行中广泛的处分权限。如上诉权、撤回起诉和上诉权、放弃和承认诉讼请求的权利、双方当事人达成诉讼和解而结束诉讼的权利，等等。

扩展阅读

和解有时被赞誉为法官活动的光辉顶点，被看作健康的司法一直应附加努力的目标。无疑存在许多诉讼，其通过和解解决要好于通过判决裁判。权利争议因此结束于促成双方当事人之间和平的和解，而不是胜与败……

但不容忽视，和解并不对所有情况适用。如果双方当事人无论如何都不倾向于和解，则通常情况下法官不应逼促他们作和解，否则会使当事人容易怀疑法官想节省判决这一工作量，更甚是：在这种敦促中可能存在法官违法的威吓，对其可主张撤销。不能使当事人任何一方满意的和解，从实质上看还不如判决更能平息争执。①

5. 言词原则

言词原则的本质并不在于言词陈述的唯一合法性，而在于言词陈述优先于书面记录。反过来说，书面主义不仅在允许书面陈述的情况下书面主义占据统治地位，而且当书面记录同言词陈述发生冲突的情况下法官必须采纳文书的时候，书面主义也占据统治地位。民事诉讼采取言词主义还是书面主义，这是1877年《帝国民事诉讼法》的缔造者们最重要的问题。当时所有的人都致力于吸收《法国民事诉讼法典》中的言词主义，而抛弃普鲁士法律中的一般性的书面诉讼。法院原则上只允许基于言词辩论作出裁判，所有的不以判决形式而是以裁定形式或者命令形式发布的法院裁判，通常情况下不应在言词辩论的基础上作出。

1877年《帝国民事诉讼法》精神上的、政治上的先祖——前汉诺威司法部长、当时的普鲁士司法部长莱昂哈特在帝国议会的第二读中批判性地而又坦率地解释说："人们现在可能都成了言词主义原则的积极的辩护者，我显然也属于这些辩护者之列，尽管如此，却不能忽视：辩论主义除了具有其很大的、根本性的优点之外还具有很难克服的缺点。人们考虑案件的时间越长，对法律生活中的关系了解得越多，就越会得出这样的经验。对于联邦的各个政府来说，《帝国民事诉讼法》是以言词主义还是书面主义为基础这一问题已经不再

① 参见［德］奥特马·尧厄尼希：《民事诉讼法》，周翠译，256页，北京，法律出版社，2003。

是悬而未决的了。它们已经决定了：出于政治上的必要性，需要将言词主义的基本原则作为民事诉讼法的基础。"①

立法者必须决定或者是采用书面主义或者是采用言词主义：如果决定采用言词主义，则采用完全的言词主义还是半书面半言词的程序。结果表明，立法者同时采用了强制性的言词主义和强制性的书面主义、选择性的言词主义和选择性的书面主义的结合模式。人们可以通过研读《德国民事诉讼法》而总结出诉讼行为的四种可能性：（1）必须以言词的形式实施；（2）必须以书面的形式实施；（3）必须以言词的形式和书面的形式实施；（4）可以以书面的形式或者言词的形式实施。

6. 直接原则

直接原则是指整个诉讼的辩论必须在同一个法院前举行，并且应当由这个法院作出裁判。这一原则在《德国民事诉讼法》的不同规定中有所表达，即：

（1）在《德国民事诉讼法》第 128 条第 5 款中，规定当事人应当在"审理法院前"对诉讼作出辩论。

（2）在《德国民事诉讼法》第 309 条中规定，判决只允许由参与了对判决有重要意义的言词辩论的法官作成。

（3）在《德国民事诉讼法》第 355 条第 1 款第 1 句中规定，证据调查在诉讼法院前举行。

7. 公开原则

公开原则服务于法官活动透明化的目的，并且成为对独立和中立的司法信任的基础。这一原则是法治国家原则和民主原则的组成部分。公开原则在实践中与言词主义紧密相连。

公开原则受到两方面的限制：一是公开损害了享有权利的当事人的、不让第三人获悉特定事务的利益时，不得公开辩论；二是涉及当事人或者证人的保密权利、国家利益的，也可以阻止公开审理。不过，法院在任何情况下都应当公开宣告判决（参见德国《法院组织法》第 173 条第 1 款）。

是否容许广播或者电视转播法院辩论，需要在宪法的基础上对不同的，有时甚至是对立的利益进行衡量。德国《法院组织法》第 169 条规定的"开庭公开"，虽然许可媒体代表参加，但禁止以公开放映和电视录制为目的进行任何声音录制、电影拍摄和电视录制工作。不过这一规定只涉及法院辩论，在辩论前和后以及间歇通常法院允许进行广播和电视的录制和转播。

8. 违反诉讼原则的后果

即使最严重的程序瑕疵也不阻止判决的有效性，当事人必须以各自的上诉手段来主张违反程序原则的违法行为。一些违反程序原则的瑕疵构成了绝对的上告理由，如违反程序

① ［德］卡尔·奥古斯特·贝特尔曼：《民事诉讼法百年——自由主义法典的命运》，载［德］米夏埃尔·施蒂尔纳编：《德国民事诉讼法学文萃》，赵秀举译，53～54 页，北京，中国政法大学出版社，2005。

公开原则或违反直接原则，均可以上告。如果在一审程序没有遵守程序原则，则程序具有《德国民事诉讼法》第538条第2款第1项意义上的重大瑕疵。某些程序原则建立在宪法的基础上，如法定听审请求权、公正听审请求权、公开原则，可针对这些违法行为提起宪法抗告。

四、一审程序基本流程

(一) 准备诉状

当事人和律师应当准备诉状，通过该诉状被送达给被告，诉被正式提起。诉状应具备合法性要求。

1. 述明双方当事人

应当述明双方当事人和他们的法定代理人的名字、身份或者职业、住所地，以及当事人的地位。通常情况下还要求写明书状可径直送达的可传唤地址。

2. 写明收件法院

只要写明有地域管辖权和事务管辖权的法院就足够，不必标明法院内部（职能）管辖的部或者庭。不过，对于商事庭存在着特殊之处。依照德国《法院组织法》第96条第1款，原告必须在诉状中申请诉讼在商事庭辩论。写明商事庭的名称也被视为提出了这样的申请。如果在诉状中没有提出这样的申请，则案件由普通法院的民庭进行裁判（参见德国《法院组织法》第98条第1款）。

3. 请求权标的和理由

从被告必须能针对诉准备防御这一利益上看，原告仅仅对其所提起的请求权作具体的法律上的说明是不够的，原告应在诉状中完备地陈述他所主张的法律后果来自哪一种事实群，以便被告从诉状中能够看出针对他主张了哪些请求权并且这些请求权建立在哪些事实关系的基础上。但不要求原告在诉状中报告满足他所申请的法律后果所适用的法律条文的事实构成要件所需要的所有事实。

此外，诉状必须包含申请，其必须被确定地撰写。提起特定申请的必要性在于，法院受该申请的拘束并且不允许对与原告的申请不同的内容作宣判。被告也必须从诉之申请中获悉原告针对他主张了哪些权利，以决定是否以及怎样进行防御。与之相应，给付之诉必须精确地说明原告向被告请求什么，以至于法院能与申请相适应径直判处被告败诉，并在强制实现法院判决的情况下不会产生对强制执行的任何怀疑，即在给付之诉的情况下诉之申请必须具有可执行内容。

4. 诉状上的亲笔签名

在实行强制代理诉讼中律师、在其他诉讼中原告或者其代理人须在诉状上亲笔签名，未签名的确定书状是未完成的书状并因此无效力。鉴于现代信息技术，在诉状上亲笔签名这一命令，存在例外情况。如果诉状通过电子传真技术被传送，则应在原件上签字并且在该传真复印件上复制。如果出于技术原因不可能在原件上签字，则亲笔签名就不再必要。除此之外，从某个未签名的书状附随的签过名的书面文件中得出起诉意图的情况也被视为满足了亲笔签名的要求。

5. 违反要件的法律后果

没有满足强制性规定内容的诉状，即没有写明双方当事人和法院，没有确切描述所提起的请求权的理由，没有包含确定的申请，或者在律师诉讼中没有律师的签名、在其他诉讼中没有当事人或者他的代理人的签名，则其后果是没有依照法律规定起诉。因此，这样的诉状也没有为法院的进一步活动创造充分的基础。法官应当向原告指出诉状的这一瑕疵。如果原告消除了这一瑕疵并向法院呈送了合法的诉状，则从瑕疵消除的时刻起，当事人的起诉是有效的。

（二）起诉

诉状的流程：收信处（到达印章）——书记处（受领当事人的书状）——交纳裁判费用（或批准诉讼费用救助）

1. 收信处

诉状以及其他指向法院的书状，首先到达收信处并在那里被盖上一个“到达印章”，以此记录到达的日期和附件的数量。如果送达随后实施，也就是说在一个合适的期间内实施，则送达的效力回溯至诉状向法院递交的时刻。

2. 书记处

然后，书状从收信处到达法院的书记处，由书记处受领当事人的书状。

3. 交纳裁判费用

诉状在到达收信处和经过书记处的事务性工作之后到达法官处，法官还须在向被告送达诉状之前，确认原告是否为程序已经交纳了费用或者已经申请了诉讼费用救助。一般情况下只有在为程序交纳了必要的费用之后才应当送达诉状。就这点而言，只有当原告被批准给予诉讼费用救助时，这才不适用（参见《德意志民事诉讼法》第 122 条第 1 款）。原告应当支付的数额大小依照德国《法院费用法》而确定。

（三）准备程序

1. 准备方式的裁量

诉状在到达法官处后，法官应当裁量选择哪个程序为主期日做准备，因为在向被告送达书状的同时要附随送达言词辩论的传唤。只有当诉状呈现某些瑕疵以至于法官不能考虑指定期日时，他才可以不向被告送达诉状和不对主期日做准备。

对此，民事诉讼法为法官提供了两条路：指定一个早期首次言词辩论期日（参见《德国民事诉讼法》第 275 条）或者书面准备程序（参见《德国民事诉讼法》第 276 条）。法官在具体情况下选取早期首次言词辩论期日还是书面准备程序，一定程度上取决于个人的工作方式，但首要取决于应裁判的诉讼的特点。简单的和紧急的案件以及和解努力有望取得成效的案件，适合于早期首次期日；相反，因诉讼材料疑难和内容广泛有必要进行全面准备的诉讼，更适合于书面准备程序。

2. 早期首次期日

早期首次期日之前通常设置一个和解辩论，如果和解失败，应当不迟延地确定言词辩论期日（参见《德国民事诉讼法》第 216 条第 2 款）。该期日从指定期日开始计算，不少于 6 周至 8 周的时间。其中，如果被告对诉答辩，则必须给予他从诉状送达起至少两周的期间（参见《德国民事诉讼法》第 277 条第 3 款）。即使被告只被要求向法院通知他的防御手段，也必须在诉状送达和言词辩论期日之间至少存在一个为期两周的时间间隔。如果原告对答辩书面表达意见，则也为他指定一个两周的表态期间。

扩展阅读

应当注意的是，早期首次期日并不只具有准备职能，它还可以引致诉讼结束，特别是通过诉讼和解或者通过针对被告的缺席判决，但也通过对席的判决。

在书面准备程序中也可以终结诉讼，如果被告认诺并作出了认诺判决。如果被告在送达起诉状后两周内没有表示他的防御意愿，则可针对他不经言词辩论作出缺席判决，并以这种方式终结诉讼。①

3. 书面准备程序

随着诉状的送达，被告要在诉状送达之后的两周不变期间内向法院表明他针对诉的防御意愿，同时审判长（独任法官）应当为被告书面答辩再指定至少两周的期间（参见《德国民事诉讼法》第 276 条第 1 款）。在未及时表示防御意愿的情况下，如果针对被告的缺席判决的其他前提条件得到满足，则依照原告的申请，根据《德国民事诉讼法》第 331 条第 3 款在书面程序中发布缺席判决。如果被告（在律师诉讼中通过律师）未在为他指定的期日（《德国民事诉讼法》第 275 条第 1 款为早期首次期日、第 276 条第 1 款为书面准备程序）内，向法院递交答辩，则只有当法院确信这不会推延诉讼的解决，或者当事人对迟延作了充分辩解后才许可其迟到的陈述。

---

① 参见［德］奥特马·尧厄尼希：《民事诉讼法》，周翠译，150 页，北京，法律出版社，2003。

(四) 言词辩论

1. 启动

早期首次期日和主期日从其外在进程上不能明显分开，每个期日都以点呼案件而开始。参与程序的人员在开庭房门前等待，他们无疑能听见进行辩论的点呼。这可以通过扩音器进行或者通过审判长委任的人员进行，例如由法警进行。如果参与人因此进入了开庭房间，则审判长必须再次点呼案件，以此启动了言词辩论（参见《德国民事诉讼法》第136条第1款）。

2. 引入实体状态和争讼状态

法院在点呼案件和确认了哪些人到场之后，首先要介绍实体状态和争讼状态。其意义在于让双方当事人以及诉讼代理人在言词辩论的一开始就能看到，法院如何基于目前的诉讼准备从事实和法律方面对待判案件进行评价。在现行法中放弃了这一规定的原因在于：应当在和解辩论中与双方当事人一起探讨实体和争讼状况（参见《德国民事诉讼法》第278条第2款），而且和解辩论直接置于言词辩论之前，因此，在言词辩论之初重新介绍实体和争讼状况显得多余。

3. 对席审理

如果对诉之合法性不存在任何疑虑或者已经消除了这种怀疑，则双方当事人将提起实体请求并且以此开始真正对席的辩论（参见《德国民事诉讼法》第137条第1款）。审判长领导言词辩论并且在言词辩论中可以让或不让当事人发言，穷尽对案件的探讨并且致力于双方当事人完整陈述所有的显著事实。

4. 证据调查

实施证据调查，应当在对席辩论之后进行。双方当事人有深入讨论证据调查、对证据调查的结果表态以及主张反证和证据抗辩的可能性。

扩展阅读

法官自由评价证据的原则在法律中得到了规定。这一原则意味着：在民事诉讼中，法官在确认法律上具有显著意义的事实时不受“在评价事实时确定各证据手段的价值”的法律规范的约束，而是依据自己的确信裁判“某个事实主张是否应被看作真实或者不真实”。只在例外情况下，法律才突破了该原则并且设置了证据规则。①

5. 裁判

诉讼已届裁判成熟时机时，审判长将结束言词辩论（参见《德国民事诉讼法》第136

---

① 参见［德］汉斯-约阿希姆·穆泽拉克：《德国民事诉讼法基础教程》，周翠译，266页，北京，中国政法大学出版社，2005。

条第 4 款），并且在同一期日或者在立刻指定的期日宣读判决。

五、法院裁判

（一）裁判的种类

在民事诉讼范围内，法院的裁判以判决、裁定或者命令的形式作出（参见《德国民事诉讼法》第 160 条第 3 款第 6 项）。

判决、裁定和命令三者的区别在于：

1. 诉讼通常以判决而非裁定结束，命令则永远不能终结诉讼；

2. 判决由诉讼法院经强制性的言词辩论之后作出，原则上以控诉或上告形式声明不服；裁定也由诉讼法院作出，但只有在例外情况下才经过强制性的言词辩论，例外情况下可以即时抗告声明不服；命令通常情况下是涉及诉讼活动的命令，不是由诉讼法院作出，而由审判长、独任法官、受命法官或者受托法官发布。

（二）判决的种类

1. 实体判决和诉讼判决

这是根据判决的内容所作的分类。实体判决是法院对实体的诉讼标的有无理由的判决，诉讼判决是对诉讼问题的裁判。

2. 对席判决和缺席判决

这是根据双方当事人都参与了辩论还是只有一方当事人参与辩论所作的分类。如果基于一方当事人缺席作出裁判，则涉及的是缺席判决，否则的话涉及的是对席判决，即基于双方当事人都出席的言词辩论而发布的判决。

3. 给付判决、确认判决和形成判决

依照被裁判的诉之种类，在支持诉的判决的情况区分给付判决、确认判决和形成判决。

4. 终局判决和中间判决

这是根据裁判的标的所作的分类。终局判决结束本审级的诉讼或根本结束诉讼；中间判决只处理诉讼上的先决问题，不涉及诉讼标的本身，也不涉及诉讼标的的某个部分，如关于诉之变更或合并的许可，关于诉讼和解的有效性，关于承认或放弃诉讼请求的有效性，关于请求权有无理由。

5. 理由判决

理由判决是特殊的中间判决，《德国民事诉讼法》第 304 条作了规定。理由判决之后必然有必要作出一个终局判决。与其他的中间判决不同，它不是对诉讼的先决问题进行裁判，而是对终局裁判的实体权利部分进行裁判。理由判决具有形式上的确定力，缺乏实质既判力，也不具有执行力。

发布理由判决取决于以下前提条件：

（1）必须是支付金钱或者给付可代替物（参见《德国民法典》第 91 条）的请求权的诉讼，只有这样才可将理由和款项分开。

（2）须对该请求权的理由和请求权的款项存在争议。

（3）争议必须鉴于其理由已届裁判的成熟时机。

（4）通过理由判决将诉讼一分为二必须有可能并且也有意义。

6. 全部判决和部分判决

如果终局判决仅仅对诉讼的一部分作出了裁判，则该判决为部分判决，与全部判决相对。全部判决和部分判决都是终局判决，都解决诉讼标的的实体问题。

发布部分判决的前提条件为：

（1）诉讼标的具有可分性

部分判决所覆盖的部分必须与该审级的其他程序相分离，并且关于该部分的裁判不再能通过本审级的程序而继续受到影响。

（2）已届裁判成熟时机

部分判决是终局判决，所以只有当诉讼就该部分到了裁判成熟时机时，才允许发布该部分判决。

7. 附条件判决

附条件判决肯定了原告所主张的法律后果，但明确为被告保留了一定的、在后续程序对之辩论和裁判的防御手段，因而附条件判决不是最终的判决，不发生实质既判力。该判决继续存在还是被撤销取决于后续程序的结果。

附条件判决所附的条件可以是解除条件，可以是推迟条件。判处被告败诉并附推迟条件的例子有：“如果被告没有在法院指定的期间内实施他被（无条件）判处的特定的行为，则他依照第 510b 条负有支付赔偿义务。”附解除条件的判决是保留判决，其宣告被告败诉附保留条件。

附条件判决可以分为两类：

（1）在判决被告败诉的情况下保留对抵销的裁判（参见《德国民事诉讼法》第 302 条）；

（2）在证书诉讼和票据诉讼中判决被告败诉但保留普通程序（参见《德国民事诉讼法》第 599 条）。

(三) 判决的效力

1. 拘束力

随着判决的宣告或者代宣告的送达，法院的裁判也就存在了，因而诉讼从外部看被裁判法院全部或者部分结束。法官的裁判和裁判理由不再能单方面被裁判法院消灭或者纠正。即使法院认识到判决不正确，法院也不能变更、也不能撤回其判决。

2. 形式上确定力

判决发布后，如果不允许以上诉手段进行救济的，则发生形式上确定力。形式上确定力是实质既判力的前提，也是形成力的前提。

3. 实质既判力

拘束效力指向的是发布判决的法院，而实质既判力保证了裁判相对于任何法院而言的、在内容上的确定力。

实质既判力具有两方面的作用：一是在新旧诉讼的诉讼标的相同时，实质既判力是导致新诉被驳回的消极诉讼要件（所谓的一事不再理）；二是发生实质既判力的裁判在新诉讼中的先决性，如中间确认判决。

4. 执行力

给付判决具有执行力，至于给付的内容是金钱、物，还是行为，在所不问。

5. 形成力

形成判决所具有的效力，在当事人间创设一种新的法律关系，具有对世性。

六、上诉和再审

(一) 上诉程序

1. 上诉的类型及意义

上诉是当事人可以达到撤销或者变更法院的裁判的目的之手段，具有两大特征：一是移审效果，即把程序带到上一审级以便在那里继续的效力；二是停止效果，即停止判决所发生的既判力效力。这两个效力在民事诉讼中只能通过控诉、上告和抗告达到。

通过上诉手段可达到实体审查被声明不服的裁判的目的。但不同的上诉手段审查的范围也不同：在控诉，除了审查法律适用的正确性外还审查裁判的事实基础；对上告而言，仅仅限制在审查法律适用上。

上诉手段之许可不仅考虑到了当事人对正确的诉讼裁判的利益，而且也考虑到了司法良好运转的公共利益。因为上一审级审查的可能性加强了法官致力于细心思考和审查自己的判断的倾向。此外，上一审级法院的判例也服务于统一法律和发展法律的目的。这些利益在不同的上诉手段中具有不同的意义。

2. 不利益变更禁止原则

为了维护上诉人的“占有状态”，上诉法院不允许作出对上诉人而言比被声明不服的裁判更坏的裁判。

扩展阅读

对于上诉手段而言适用禁止上诉不利益/禁止变更不利益这一禁令。这意味着：上诉法院不允许作出对上诉人而言比被声明不服的裁判更坏的裁判。这一禁令的目的是维护上诉人的“占有状态”……

禁止上诉不利益的理由在于下列衡量：在上诉程序中也适用处分主义，所以上诉人的申请对于法院应当裁判的内容来说具有决定性意义，即如果没有申请变更就不允许实施变更……此外法律政策的考虑“如果上诉人必须得害怕他的权利地位将会在上诉程序变差，则这会对上诉产生明显的障碍”也还起一定作用。①

禁止上诉不利益的理由在于：上诉程序中也适用处分主义，故上诉人的申请对于法院应当裁判的内容来说具有决定性意义，即如果没有申请变更就不允许实施变更。这对控诉而言明确规定在《德国民事诉讼法》第528条中。此外“如果上诉人害怕其权利地位在上诉程序变差，则会对上诉产生明显的障碍”这一法律政策的考虑也起到了一定的作用。

3. 控诉

(1) 控诉的容许性

控诉是一种上诉手段，可以被控诉的是初级法院和州法院作出的一审终局判决，包括特定的中间判决。不容许的是对第一次缺席判决的控诉，针对其只存在申诉；不容许申诉的第二次缺席判决可被控诉。

扩展阅读

如果说以前的第二审级被塑造为完全的事实审，在该审级中可以对诉讼进行全面的重新辩论，则现在的控诉法院的职能被限制在检查错误和纠正错误上。与之相应，控诉法院原则上受一审判决的事实审查的拘束，并且，只要没有具体论据用以质疑对

① 参见［德］汉斯-约阿希姆·穆泽拉克：《德国民事诉讼法基础教程》，周翠译，294～295页，北京，中国政法大学出版社，2005。

裁判具有显著意义的事实确认的正确性或完整性，则不许可对事实进行审查。[①]

(2) 控诉的提起

控诉通过向控诉法院递交控诉状提起。《德国民事诉讼法》第517条为递交控诉状规定了一个为期1个月的不变期间，该期间自判决送达给当事人起计算。

(3) 控诉理由、诉讼标的

控诉理由必须表明多大程度上对判决声明不服以及申请哪些变更。依照控诉人的观点，被声明不服的判决存在哪些事实或者法律方面的问题，以及控诉人的观点建立在哪些理由上，总括式地声称"被声明不服的判决不正确"还不够。

不能向控诉法院提出与一审程序中裁判的诉讼标的不同的诉讼标的。因此，如果控诉人以新的、与其一审陈述不同的生活事实情况论证他的申请，并且据此改变了他的申请，则这不能被许可。

(4) 附带控诉

附带控诉是控诉被告对主控诉的反应，并且从禁止上诉不利益这一禁令中获得了意义。如果对方当事人没有提起控诉，则被声明不服的判决不允许被变更为加重控诉人负担的判决。附带控诉赋予了控诉被告让法院审查和变更被声明不服判决的可能性。同时，附带控诉也消除了为担心对方当事人提起控诉而预防性地控诉的必要性，因为附带控诉在控诉理由状送达后的1个月期间届满之内提出是合法的。

附带控诉以主控诉为前提并且依赖于主控诉。如果主控诉被收回、被视为不合法而不予受理或者被驳回，则附带控诉无效。

(5) 控诉裁判

控诉法院原则上应当自己裁判，例外情况下可将案件发回给一审法院审理。控诉判决既可是全部判决或者部分判决，也可以是保留判决或者中间判决。

4. 上告

(1) 上告的作用

上告的作用是：在控诉审的言词辩论结束时产生的事实材料的基础上，对被声明不服的判决进行法律方面的审查。德国《民事诉讼改革法》完全改变了上告的功能：上告不再被塑造为实现个案中当事人的要求公正裁判的利益的工具，而极大程度上服务于发展法律、保证统一判例以及澄清具有原则性意义的法律问题的公共利益。

(2) 上告的容许性

针对控诉审发布的终局判决（包括中间判决和理由判决）容许上告，通常情况下针对初级法院的判决和州法院的一审判决也容许上告。

---

① 参见［德］汉斯-约阿希姆·穆泽拉克：《德国民事诉讼法基础教程》，周翠译，298页，北京，中国政法大学出版社，2005。

(3) 越级上告

当事人一方在对方当事人同意的情况下可以规避控诉审级而直接提起上告（参见《德国民事诉讼法》第566条）。这一越级上告给予了当事人在仅仅围绕着法律问题的争议中更迅速和节省费用地获得联邦最高法院最后裁判的可能性。越级上告取决于下列前提条件的满足：

1）越级上告的容许性。越级上告针对一审中发布的、对之无须许可就能控诉的终局判决。

2）对方当事人的同意。对方当事人必须书面同意。

3）联邦最高法院依书面申请许可了越级上告。许可越级上告的理由适用于许可其他上告的理由。

4）对违反实体权利的责问。越级上告不能仅仅以程序瑕疵为基础。

5）遵守关于期间和形式的规定。就这点而言，适用关于提起上告的规定。

(4) 附带上告

上告也存在附带的可能性。规定附带上告的《德国民事诉讼法》第554条与规定控诉程序相应内容的第524条广泛相一致。但附带上告存在一个与附带控诉不同的特殊之处：

附带上告以败诉为前提，但不依赖于上告数额的大小或者控诉法院的许可。

附带上告不能用来扩大诉之请求权或者提起建立在新事实基础上的反诉，因为在上告审级不能提出新的请求权，而且只有目前的当事人陈述才构成了上告裁判的事实基础。原则上不允许当事人提出任何新的事实，而是应在从控诉判决的事实部分或者庭审记录中得出的当事人陈述的基础上对控诉判决的法律部分进行审查。新的事实只有当它服务于论证程序瑕疵的目的时才可以被陈述。

(5) 上告裁判

如果上告有理由，则被声明不服的判决应被撤销。上告法院可以将案件发回控诉法院，或者自己对案件进行裁判。当对裁判具有显著意义的所有事实已被查明，即不必确认新事实时，上告法院可以自己裁判案件；如果有必要确认新事实，则必须将案件发回控诉法院。在发回的情形，控诉法院受作为撤销理由的法律判断的拘束。

5. 抗告

(1) 抗告的意义和类型

抗告是一种独立的上诉手段，目的是对诉讼上不太重要的裁判声明不服。提起抗告的当事人被称为抗告人，另一方当事人则被称为被抗告人。抗告可分为即时抗告和法律抗告两种。

(2) 即时抗告

即时抗告也称立刻抗告。如果在法律中明确规定或者如果针对无须言词辩论的裁判并且该裁判驳回了涉及程序的申请，则针对一审初级法院和州法院作出的裁判容许提起即时抗告。即时抗告原则上自裁判送达起的2周不变期间内提起，至迟在宣示后的5个月内提起。如同在控诉和上告的情形，对方当事人也可以附带即时抗告。即时抗告通常情况下通过递交抗告状的形式提起。即时抗告应出具理由，可以建立在新的攻击手段和防御手段基础上。

抗告法院首先依职权审查抗告的合法性，即抗告的容许性、抗告人的败诉以及期间和形式的遵守。如果合法性要件未被满足，则抗告应被看作不合法而不予受理。如果抗告合法，则应对抗告是否有理由进行裁判。如果抗告法院否定了抗告有理由，则驳回抗告。如果抗告有理由，则必须撤销被声明不服的裁判，然后抗告法院可以自己裁判，或者将案件发回下级法院由其裁判。所有的裁判都以裁定的形式作出。通过纠正程序创造的纠正自己裁判的可能性，是抗告与其他上诉手段相区别的特别之处。这一规定的目的在于给予法院又一次审查自己的裁判的权利，并且使得抗告法院仅当下级法院维持该裁判的时候才处理抗告。

(3) 法律抗告

法律抗告是一种限制在审查法律问题上的上诉手段。如同上告一样，法律抗告首要的目的在于裁判具有原则意义的法律问题、发展法律和保证统一判例。法律抗告的法院是联邦最高法院，对巴伐利亚州是巴伐利亚州最高法院。

如果法律明确规定，或者如果州法院作为在抗告程序或者控诉程序中裁判的法院，或者州高级法院作为一审法院许可了法律抗告，则法律抗告是容许的。法律规定的许可法律抗告的最重要的情况为：以裁定形式视某控诉不合法而不予受理；家事案件中的裁判；仲裁程序中的裁判；强制拍卖程序中关于拍定的裁判。

法律抗告只能由一名联邦最高法院许可的律师有效提起，联邦最高法院的裁判以裁定的形式作出，不进行言词辩论。

(二) 再审程序

1. 再审的意义

判决发生形式上确定力后，才能产生实质既判力。即使错误判决原则上也不是无效，而是有效，即具有实质既判力。对于已发生既判力的判决，如有重大瑕疵或存在严重程序瑕疵，则必须创设一种消灭既判力的救济途径加以消除，否则，会大大伤害当事人的公正感和他们对司法的信赖。这种救济就是再审。从形式上看再审是真正的诉。

再审只针对终局判决，包括诉讼判决、执行决定、假扣押和假执行程序中的判决、结束诉讼的裁定、执行程序中的拍定裁定，但不适用于中间判决和保留判决。

扩展阅读

即使在判决产生过程中发生了重大的程序瑕疵，或者即使判决呈现重大的内容瑕疵，它通常情况下也被看作有效；如果该判决没有基于上诉被撤销，则它与其他任何判决一样也发生既判力并因而不再能被纠正。不过，立法者对这一原则给予了例外并在狭窄范围内许可再审，它冲破了既判力。这在特别重大的程序瑕疵的情况下通过无效之诉，以及主要在伪造判决和通过可受刑罚处罚的行为伪造判决基础的情况下通过回复原状之诉发生。即使这些诉的目的与上诉手段的目的协调一致，它们也不是本来意义上的上诉手段，因为他们既没有停止效果，也没有移审效果。①

2. 自始无效之诉

再审通过提起自始无效之诉或回复原状之诉进行。自始无效之诉也称为取消之诉，其设置是为了纠正严重的程序瑕疵，至于该瑕疵是否对裁判内容施加了影响，在所不问。

《德国民事诉讼法》第579条规定了提起自始无效之诉的四项事由：

(1) 作出判决的法院不是依法组成的；

(2) 依法不得执行法官职务的法官参与裁判，但主张此种回避原因而提出回避申请或上诉，未经准许的除外；

(3) 法官因有偏颇之虞应行回避，并且回避申请已经宣告有理由，而该法官仍参与裁判；

(4) 当事人一方在诉讼中未经合法代理，但当事人对于诉讼进行已明示或默示地承认的除外。

上述第1项和第3项的情形，如果可以通过上诉主张原判决无效，不能提起取消之诉。

3. 回复原状之诉

回复原状之诉是为了补救判决基础所存在的严重瑕疵，具有补助性质。只有在当事人非因自已的过错而不能在前诉讼程序中，特别是不能用声明异议或控诉的方法或者附带控诉的方法主张理由时，才准许合法地提起。

《德国民事诉讼法》第580条规定了提起自始无效之诉的两大类七项事由：

(1) 判决建立在犯罪行为的基础上

第一类理由是犯罪行为对判决产生影响，以至于在该行为和判决内容之间存在因果关系的情形。这类情形包括：宣誓的当事人的错误陈述，制作错误的文书或伪造文书，可追究刑事责任的错误的证人证言或鉴定人的鉴定，当事人及其代理人的犯罪行为对判决的影响，参与裁判的法官违反职业义务（例如贿赂、歪曲法律）。

由于败诉当事人很容易倾向于不假思索地宣称存在犯罪行为（特别是作了伪证），故《德国民事诉讼法》第581条设置了预防措施，规定只有在由于犯罪行为而得到确定的有罪判决，或者刑事诉讼程序因欠缺证据以外的原因而不能开始或进行时，才能提起回复原状之诉。

① 参见［德］汉斯-约阿希姆·穆泽拉克：《德国民事诉讼法基础教程》，周翠译，334页，北京，中国政法大学出版社，2005。

（2）判决基础被取消或需要补充

第二类理由包括：作为判决基础的判决或行政行为被取消，当事人发现以前就同一事件有足以使自己得到有利判决的确定判决或者证书存在。

4. 再审之诉的提起

再审之诉应在1个月的不变期间内提起，自当事人知悉不服理由之日开始，但在判决确定前不得起算。自判决确定之日起已满5年的，不得提起再审之诉。

当事人在诉状中应表明对之提起自始无效之诉或回复原状之诉的判决，并应说明提起何种诉讼。

5. 再审程序三阶段

（1）法院依职权审查再审之诉的合法性

如果再审之诉不合法，则应驳回。

（2）审查再审理由存在与否

如果再审理由存在，则必须撤销旧判决；如果再审理由不存在，则诉应被视为无理由而被驳回。

（3）再审理由存在的处理

如果确认再审理由存在，则重新对主诉辩论或重新进行整个程序。这种辩论可与撤销程序相结合。

七、特别程序

（一）特别程序概述

《德国民事诉讼法》第二、三、四编规定的是所谓的通常诉讼程序或通常程序，第五编（证书诉讼与票据诉讼）、第六编（家事程序）、第七编（督促程序）、第九编（公示催告程序）规定的是所谓的特别程序。

特别程序是从民事诉讼中划分出来的几类案件的程序。这些案件，由于案件中当事人请求的性质，需用特殊的程序去处理。特别程序分为三类：

1. 为求案件的简易、迅速而设置的特别程序

为求案件的简易、迅速而设置的特别程序，主要包括第五编的证书诉讼与票据诉讼、第七编的督促程序。

2. 因法律关系的特殊性而设置的特别程序

因法律关系具有特殊性质需要特别处理而划分出来的特别程序，是第六编规定的家庭

事件程序。

3. 对与私权的确定有密切关系的非诉讼行为程序

这是指公示催告程序。公示催告，就其性质而言，并非诉讼行为，因而公示催告程序，并不属于狭义的民事诉讼法范围之内。只因其与私权的确定（即存在或不存在）有密切关系，一般规定于民事诉讼法内。

（二）证书诉讼与票据诉讼

1. 证书诉讼与票据诉讼的意义

证书诉讼与票据诉讼是简易的快速程序，是略式诉讼的一种，只适用于给付一定数额金钱的请求权或给付一定数量的其他可代替物的请求权。这种程序的合法性在于：法官对案件不必进行充分的调查，只要依照原告的申请及申请理由的全部事实能通过证书而得到证明，就可以认为他有理由而作出判决的一种诉讼程序。

证书诉讼与票据诉讼程序的目的在于：在有限的实体审查的基础上，比普通程序更快捷地为债权人创造执行依据。为了平衡起见，这种裁判大多只是暂时性的，最终裁判交由后续程序和普通程序来办理。

2. 对当事人举证的限制

证书诉讼与票据诉讼独有的特征是对双方当事人举证的限制。这种限制具体体现如下：

（1）只有书证才能证明作为诉的理由的事实；

（2）对被告的抗辩和原告的再抗辩，只有书证和询问当事人的申请被许可；

（3）只有可由举证人提交的证书才在考虑之列。

限制当事人举证，目的是加快诉讼。除此之外，还有其他加快诉讼的方法，如排除反诉、缩短票据诉讼中的传唤期间等。

3. 最终判决与暂时判决

法院对证书诉讼与票据诉讼有两种判决形式：要么是最终判决，要么是暂时判决（保留判决）。

（1）最终判决

下列情况下作出最终判决：

1）如欠缺诉讼要件，驳回诉讼；

2）原告缺席或放弃诉请时，驳回诉讼；

3）被告缺席或承认对方诉请时，作出认诺判决或缺席判决；

4）诉无理由或被告抗辩时，驳回诉讼；

5）如果不容许证书程序，则以诉在该诉讼种类中不容许而驳回。

（2）暂时判决

如果被告对原告主张的请求提出异议，特别是在被告提出以证书诉讼中合法的证据手段原告不能证明其请求的抗辩时，法院作出保留判决，被告在保留其为防御而提出无限制的证据手段的权利之前提下，被判败诉。法院应依职权在判决中载明保留内容，判决中未作保留的，被告有权申请法院作出补充判决。保留判决本质上为附解除条件的终局判决，发生形式上确定力，可以上诉和强制执行，但不发生实质既判力。

(三) 督促程序

1. 督促程序的意义

督促程序是要求被申请人支付一定数额金钱的欧元的到期请求权的程序，性质上为简易收债程序，因为督促程序的目的是在债务人不履行债务又不争辩的情况下，以最快、最简单和最便宜的方式帮助债权人获得执行名义。

督促程序同前面的“证书诉讼”一样，是以力求迅速、简易为目的的特别程序。这种制度在德国统一前的各邦的诉讼法规里已经存在，与“证书诉讼”同属于“略式诉讼”。督促程序与证书诉讼有相同之处，又有不同。二者都是只依申请人一方的要求，法院并不进行实质的（即关于权利本身的）调查而裁判或命令的一种简易程序；但在以后经被申请人抗辩或争执后，可以转变为通常诉讼。所不同的是，证书诉讼所注重的是证书，督促程序所注重的是被申请人的态度。

2. 督促程序的范围

督促程序的适用范围，有一个变化过程：1877 年《帝国民事诉讼法》规定：“以支付一定的金钱或一定的其他代替物，或给付一定数量的有价证券为标的的请求，如经债权人申请，应发出附条件的支付命令。”1898 年修改时．在上述规定下又增加了一句：“根据抵押权、土地债务、定期土地债务的请求，视为以支付一定金额为标的的请求。”可见这次修改将督促程序的范围扩大了。1940 年又改成：“抵押权、土地债务、定期土地债务以及船舶抵押权的请求，视为以支付一定金额为标的的请求。”范围又有所扩充。1976 年的修改，则相反，把督促程序的范围大大缩小了，只限于“以支付一定金额的本国货币为标的的请求”。1998 年又加上“欧元”，成为现在的条文。

谢怀栻教授认为，这种逐次扩充，而又骤然缩小的过程是值得研究的。债权人依督促程序的规定提出申请后，只要其提出申请的手续合法，法院并不调查债权的内容是否真实，即可发出一种命令，即“督促决定”，也称为“支付命令”，向债务人履行。如果债务人不在法定期间内提出异议，法院即可根据债权人的申请再发出“执行决定”或“执行命令”，或“宣告假执行”，债权人即可根据这种命令请求强制执行。如果债务人在法定期间内提出异议，则督促程序结束而转为通常诉讼程序。所以这种程序的特点在于被申请人（即债务人）的态度。从督促程序的性质和特点来看，这种程序的范围如果太广，实行起来就有不便。所以德国 1976 年以后把督促程序的范围限制在“本国货币的债权”，是有道理的。这种制度，也为其他许多国家采用，规定在各国的民事诉讼法里。[①]

3. 程序过程

申请人不起诉，而是向法院递交请求发出督促决定的申请。该决定（以前称为支付令）的发出不经讯问被申请人。但相对人可在两周内（至迟在交发执行决定时）提出异议。如果此外还申请了实施争讼程序，则督促程序结束并转入争讼程序。如果相对人未提起异议，则依申请发出执行决定（以前称为执行令）。

有事务管辖权的是初级法院（参见《德国民事诉讼法》第689条第1款），在德国《劳动法院法》第2条、第3条范围内由劳动法院管辖（参见德国《劳动法院法》第46a条）。申请人的普通审判籍所在的初级法院对督促程序有地域专属管辖权。督促程序委托给司法辅助官进行，但接下来的争讼程序由法官办理（参见德国《司法辅助官法》第20条第1项）。

请求发出督促决定的申请必须载明双方当事人和法院。此外，应注明请求权，说明所要求的给付划分成立债权和副债权、注明合同日期和年息。此外，申请人应表示请求权不再依赖于对待给付，并且应表明对争议程序管辖的法院。

法院作出督促决定，并依职权送达。督促决定必须包括：对申请的必要说明，催告被申请人在两周内或者支付所主张的债务加利息和费用，或者提起异议。

4. 债务人异议

债务人可向督促法院书面或口头提出异议。期间持续两周，自督促决定送达时起算。代理人在保证其代理权存在但无须证明其代理授权下，也可在两周异议期间届满后提出异议。

如果及时地递交了异议，则督促决定失去其效力，即不再允许发出执行决定。只有当当事人之一已申请实施争讼程序，并且案件已转交给在督促决定上载明的或双方当事人一致指定的管辖法院时，督促程序才结束。如果在异议提起后立即转交案件，则争讼案件追溯既往地随着督促决定的送达就已诉讼系属。

请求实施争讼程序的申请和异议可在一定的时间限制内撤回。随着异议的撤回，争议程序结束并且督促决定又生效，也就是说，法院可以发出执行决定。

5. 申请执行决定

在异议期间届满后才可以申请执行决定。因为申请人必须说明，哪些支付因督促决定而在异议期间已给付。通常情况下执行决定依职权送达给申请相对人。随着执行决定的送达，争讼案件发生诉讼系属，即追溯既往地自督促决定送达起发生诉讼系属。

如果以前疏忽了督促程序的不合法性或在耽误期日的情况，可以驳回申请。驳回裁定只送达给申请人，对此的法律救济是即时抗告。随着驳回，督促决定失去效力。

如果未提出异议并且未在督促决定送达起的6个月内申请执行决定，则督促决定失去效力。不允许将督促决定搁置并将其作为针对被申请人的永久的高压手段使用。

---

① 参见谢怀栻译：《德意志联邦共和国民事诉讼法》，第七编总注，182页，北京，中国法制出版社，2001。

(四) 家事程序

1. 家事程序概述

家事程序包括婚姻案件程序和其他家事案件程序，这两个程序通过德国《子女法改革法》、《结婚权法》和《结束歧视同性同居关系法》而被改变或得到补充。婚姻程序法不再区分婚姻的撤销（可撤销性）和无效（无效性），而是只规定了婚姻撤销程序。《子女法改革法》规定了婚生和非婚生的子女的同等地位，使诉讼法上特别是在抚养法上众多关于非婚生子女的特别规定遭到废弃，并且将子女案件归入家事案件的范围。《德国民事诉讼法》第六编中新加入了第七章（第 661 条），规定了同居关系案件。

家事案件由家事法院专属管辖。家事法院是初级法院的特别的部，由法官、家庭法官组成。

2. 婚姻案件程序

婚姻案件程序指离婚和撤销婚姻的程序，以及实践中无意义的确认当事人之间婚姻存在或不存在的诉或者要求创造婚姻生活的诉。婚姻案件程序在许多方面与普通程序的规定不同，具体表现如下：

(1) 由家事法院行使事务专属管辖权，夫妻双方共同惯常居住地的家事法院有专属地域管辖权。

(2) 即使只有一方配偶是德国人或在结婚时是德国人，也存在国际管辖。

(3) 原则上只有夫妻双方才是双方当事人，仅撤销婚姻申请可由主管行政机构提起。

(4) 限制行为能力的配偶（例如未成年的配偶）有诉讼能力，因此，他在婚姻案件中不需要法定代理人。

(5) 婚姻案件实行强制律师代理。被授权人对诉讼而言需要一个特别的授权，但法院不必依职权审查其代理权。

(6) 法院应当命令双方当事人亲自到场并且听审他们，可以讯问当事人。不出席的人必须缴纳秩序罚款，一再缺席时，依照主流观点甚至可以强制带其到法庭。

(7) 程序不公开（参见德国《法院组织法》第 170 条）。

(8) 如果存在婚姻继续的希望，法院可以依职权中止离婚程序。

(9) 处分主义受到限制。法院受当事人行为拘束，以及迫使法院即使违背自己的确信也视事实已被确认或作出裁判的所有规定，不可适用。特别是不承认认诺和自认的效力，而是应由法院自由心证。

(10) 辩论主义在婚姻案件中不同程度地被强烈抑制。一方面，只在确认程序中适用纯粹的纠问主义。法院有权力、有义务考虑配偶双方没有提起的事实和证据手段。另一方面，在离婚、撤销婚姻或制造婚姻生活的程序中适用有限制的辩论主义。在要求解除婚姻的申请人或拒绝婚姻生活的配偶一方提起异议时，允许法院依职权考虑那些有利于维持婚姻的

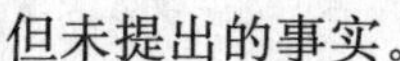

但未提出的事实。

(11) 客观的程序合并受到限制。对反诉以及撤销婚姻之申请和离婚反申请有同样的限制。

(12) 至最后一次言词辩论结束之前可提出与“开启程序的书状”中提出的理由不同的理由。对迟延陈述的驳回在一审和二审中以同样的方式受到限制。

(13) 在离婚程序和撤销程序中适用裁判统一的原则，因为对于婚姻的状态只能统一并同时作出裁判，并且无论如何必须去除诉讼同时在两个审级实施并作出矛盾裁判的危险。

(14) 一方当事人死亡意味着诉讼终结。

(15) 婚姻程序的目的在于“形成面塑造”，所宣布的判决是形成判决。驳回申请的判决不具有形成力，它们是确认判决并只产生实质既判力。

(16) 不能推迟对婚姻案件判决的送达。

(17) 如果在离婚或婚姻撤销时申请人胜诉但他现在想维持婚姻，则他可以为此目的提出控诉并在高一审级舍弃申请。

(18) 法院可以依申请通过临时命令，暂时确定配偶间的及鉴于他们子女之间的法律关系。

(19) 离婚程序中可以为被申请人提供诉讼费用救助。

3. 其他家事案件程序

其他家事案件大部分属于非讼事务，属于民事诉讼的有：以婚姻或亲缘关系为基础的法定抚养义务的争议，关于婚姻共同财产制产生的请求权的诉讼，亲子关系案件。

上述案件是以离婚案件为基础的后续案件，法院应当对这两个事件同时辩论和裁判，其特别程序如下：

(1) 离婚程序通过申请状的递交而系属。

(2) 应当对离婚案件和特定的应就离婚作出裁判的其他家事案件，同时并且一起进行辩论，并在离婚申请成功时一起作出裁判。

(3) 在不独立的后续程序中，对夫妻双方实行强制律师制。

(4) 离婚案件和后续案件间的裁判结合在特定情形允许分开。如发生此种情况，则离婚宣判不考虑还未裁判的后续案件而发生既判力，并因而使婚姻解体。

(5) 原则上只在离婚申请成功时才对后续案件进行裁判。宣布离婚和对后续案件同时作出的裁判统一通过判决为之。法律救济必须考虑到后续案件部分属于民事诉讼、部分属于非讼事务的情况。

(6) 后续案件中的裁判依赖于离婚宣告，故只有当离婚发生既判力时后续案件的裁判才生效。

4. 亲子关系案件

通过 1997 年 12 月的德国《子女法改革法》，亲子关系案件被归入了“其他家事案件”中。

(1) 具体案件类型

亲子关系案件，有以下类型：

1) 确认父母子女关系的存在或不存在案件；

2) 孩子血统的争议以及关于“视为子女而接受”的有效性的争议；

3) 父亲身份关系撤销案件；

4) 确认一方当事人对另一方的父母式的照顾不存在或存在争议；

5) 确认父亲身份关系之承认的有效性和无效性之诉。

(2) 程序过程

亲子关系案件由家事法院进行事务管辖。只在高一审级的法院存在强制律师制。

亲子关系案件不得公开审判；由于确认子女身份存在公共利益，因此辩论主义受到了很大限制，原则上适用纠问主义；处分主义受限制，例如认诺和自认对法院都无拘束力；针对被告的缺席判决不合法。

5. 法定抚养义务争议

家事法院有事务管辖权。控诉法院和抗告法院是州高级法院的家事委员会。

对于不独立的所谓的离婚后续案件，在所有审级对夫妻双方都存在强制律师制；在独立的家事案件，对当事人只在高一审级的法院适用强制律师制。

6. 同居关系案件

德国《结束歧视同性同居关系法》所创造的同居关系案件被归为家事案件。

同居关系案件准用婚姻程序法的规定：撤销同居关系案件，准用离婚程序的规定；确认同居关系存在或不存在案件，准用婚姻的有关规定；照顾义务和支持义务准用制造婚姻生活的规定；基于同居关系的法定抚养义务准用基于婚姻的抚养义务；对关于共同住宅和家用器具的法律关系的确定，准用婚姻双方的规定；对同居关系的共同财产产生的请求权，准用婚姻共同财产制的规定。

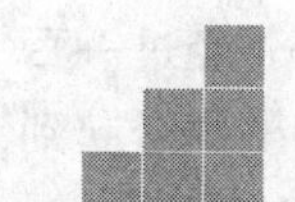

第四章 日本民事诉讼法

扩展阅读

一般而言，接受裁判权利的具体内容，就民事案件和行政案件来说是“任何人意识到自己的权利或利益受到不法侵害时，提请法院判决其主张正确与否并寻求必要的赔偿损害的措施的权利”。保障这种权利的主旨是对于在法律上拥有权利或利益者，在其利益受到侵害时，给予司法上的救助……从这一点也应该说，司法的核心作用在于保障以宪法为基础，由法律实体规范所确认的“权利、利益”①。

一、概 述

（一）日本民事诉讼法的沿革

狭义的日本民事诉讼法是指作为现行法典的民事诉讼法，即1996年（平成8年）6月26日颁布、1998年（平成10年）2月1日开始实施的《日本新民事诉讼法》。广义上的日本民事诉讼法则是指规定民事诉讼程序和作用的法的总称，不仅包含民事诉讼法典，还包括民事诉讼规则、有关公示催告程序以及仲裁程序的法律、民事诉讼费用法、民事执行法、民事保

① ［日］竹下守夫：《民事诉讼法的目的与司法的作用》，载《现代法学》，1997（3）。

全法，以及其他法律当中有关民事诉讼的规定和有关民事诉讼的最高法院规则等。经过一百多年的不断完善和发展，日本民事诉讼法不仅为本国公民公平、迅速地解决民事纠纷起到了非常重要的作用，而且对其他国家民事诉讼制度的完善也提供了十分宝贵的经验。

1890年（明治23年）日本第一次制定民事诉讼法，于1891年1月1日（明治24年）开始实施。这部诉讼法主要是以1877年的《德国民事诉讼法》为蓝本，在翻译《德国民事诉讼法》基础上对其进行了简单修改。所以，日本第一部民事诉讼法在形式和内容上与《德国民事诉讼法》基本上相同，但没有采用当事人恒定主义和强制辩护原则。其后日本的民事诉讼法经历了多次修订，但是除1926年进行了全面修改之外，随后进行的多次修改基本上没有改变民事诉讼法的基本构造。1926年的修改与第一部民事诉讼法所采取的浓厚的当事人主义色彩相比，职权主义色彩比较浓厚，即为了促进诉讼，修改后的民事诉讼法当中强化了职权主义的要素。例如，移送的扩大化和职权化，准备程序制度的新设，延误时机的攻击防御方法的驳回等。其中依职权调取证据的规定，新设的准备程序前置主义，选定当事人等是在其他国家没有先例的。而且在这前后，日本还制定了《民事调停法》，从而使裁判外纷争处理逐渐扩大了其适用范围。

第二次世界大战以后的日本民事诉讼法，逐渐吸收英美法系的合理因素，特别是1948年（昭和23年）对民事诉讼法进行修改的过程中，受到了英美法系的显著影响。比如，为了进行彻底的辩论主义，废止了依职权调查证据的制度；引入了变更判决、证人询问中当事人的相互询问制度；创设了为防止乱上诉的金钱交付命令的制裁制度；对违宪问题的特别上诉制度等。1926年（大正15年）以后，旧民事诉讼法的判决程序尽管经历了不少修改过程，但是可以说基本上没有特别重大的改变，从而导致近代出现了诉讼制度对社会的不适应性等严重问题。而且世界范围内因现代型诉讼的激增所带来的民事司法制度的改革压力，也影响到了日本国内。于是日本吸取德国等的诉讼改革的显著成果，并基于本国实际，日本法制审议委员会于1990年（平成2年）开始，着眼于民事诉讼程序的全面修改，历经五年半的反复调查审议，提出了《有关民事诉讼法的修改要案》。基于该要案向国会提出的民事诉讼法草案，经过国会的审议修改后，于1996年（平成8年）6月26日公布了新的民事诉讼法。这就是于1998年（平成10年）开始实施的现行的《日本新民事诉讼法》。本节介绍的就是此部民事诉讼法。

扩展阅读

日本民事诉讼制度先是在19世纪以德国法为蓝本而建立，又在第二次世界大战后美国法的极大影响下进行了重大改革。因此，现行的日本民事审判制度是以来自德国法的为主干并具有很多美国法要素的混合体。①

① 参见［日］谷口安平：《当事者主导原则与对抗式辩论原则》，王亚新、刘荣军译，载《程序的正义与诉讼》，23页，北京，中国政法大学出版社，2002。

《日本新民事诉讼法》以“让国民容易理解，并能让国民容易利用，从而使诉讼程序成为适合现代社会要求的一种制度”为目的，主要进行了以下修改：

1. 完善争点和证据整理程序。根据案件的性质和内容，为了尽早地在当事人之间适用最佳的争点和证据整理程序，来确定争点和明确证据，《日本新民事诉讼法》将口头辩论即法庭审理阶段分为口头辩论的准备阶段和对争点集中审判的阶段。其目的是使争点明确之后再进入法庭的实质性审理，以提高庭审效率，完善庭审功能。同时，将证据的随时提出主义改为了适时提出主义，并相对制定了“准备性口头辩论程序”、“辩论准备程序”、“书面准备程序”等三种争点和证据整理程序。

扩展阅读

日本的口头辩论主义尽管在法律条文上被置于中心地位，但在实务中却远未达到大放异彩的程度。因此，可以这样说，虽然书面上规定了在最为重要的程序实行口头辩论，但是该规定实际上被形式化。①

2. 扩充、完善收集证据的手段和程序。在旧民事诉讼法所规定的收集证据制度的基础上，扩充了文书提出义务的范围，并完善了文书提出命令程序。另外，为了使当事人准备事实主张以及立证，还制定了可以从对方直接获取情报的照会制度。

3. 改革交叉询问制度。对交叉询问制度的改革主要体现在审判长有权变更询问的顺序，即审判长如果认为有必要变更询问顺序的，由审判长依职权进行询问。尽管当事人可以向法院提出异议，但法院有最后决定权。

4. 创设小额诉讼制度。为了最大限度地保护市民的合法利益，即为了简便、迅速地解决在市民中间存在的小额民事案件，《日本新民事诉讼法》借鉴其他国家的小额诉讼制度，制定了比简易程序更为便利的小额诉讼制度。

5. 改革最高法院的上诉制度。基于最高法院本身具有的特殊使命，即解释宪法及法令，最高法院不宜审理过多的上告案件，因此，将可以向最高法院上告的理由，限于违宪和绝对的上告理由，同时还制定了受理上告申请制度。

6. 诉讼技术的改革。为了进一步加强诉讼程序的效率，及时保护当事人的合法权益，在诉讼中运用了最新的情报通信机器。在此基础上，广泛利用电话会议系统、电视会议系统等新的形式。②

---

① 参见［日］小岛武司：《混合法制下的日本民事诉讼法制》，载《自律型社会与正义的综合体系》，304页，北京，中国法制出版社，2006。

② 参见白绿铉译：《日本新民事诉讼法》，8～9页，北京，中国法制出版社，2000。本节关于日本民事诉讼法法条的介绍，主要参考了此书。

（二）日本的法院体系

日本的法院是与行政相分离的独立的审判机构。该类法院主要分为以下几种：

1. 简易法院。是受理民事案件的第一审法院，只受理诉额较小的，简单、轻微的民事案件。简易法院作为日本最基层的法院，其数量是最多的，共有 448 所。简易法院审理民事案件通常是由法官独任审判。

2. 地方法院。与简易法院一样，属于民事案件的一审法院。但地方法院受理诉额较大的民事案件，同时，对于简易法院作出的一审判决具有上诉管辖权。日本的地方法院共有 50 所。与地方法院平行的家庭法院是专门处理有关家事案件的审理与调停的法院，日本的家庭法院共有 50 所，但因其不具有诉讼案件的管辖权，所以被排除在民事诉讼法有关法院的审级系列之外。地方法院审理民事案件一般也实行独任制，但也可以根据法律的规定，对特定案件实行合议制。

3. 高等法院。法律虽然没有明确规定高等法院不能受理一审民事案件，但现在高等法院审理的第一审案件只限于特殊的行政案件等，如《反垄断法》第 85 条、《专利法》第 178 条等规定的由高等法院审理的第一审案件。高等法院对地方法院作出的一审判决具有上诉管辖权，对于简易法院作出的一审判决具有上告管辖权。因此，可以说高等法院是民事案件的上诉审法院。日本的高等法院共有 8 所。在审理民事案件时实行合议制。

4. 最高法院。日本最高法院是日本法院体系中最高级别的法院。最高法院不审理一审民事案件，只是对第一审法院为地方法院或高等法院的民事案件具有上告管辖权。同时，最高法院具有审查法律是否符合宪法的终审决定权。

扩展阅读

关于审判的功能，一个反映和吸取人们自己构成自己生活空间的意愿，并尽量给他们的这种努力以援助的新内容就浮现出来。这样的功能意味着把诉讼之前和诉讼之后的交涉纳入视野，使交涉与审判中对审的程序结构取得连续性和共振效应。①

由法官组成的审判庭是审理民事案件的基本组织机构。法院根据其审理案件时构成的审判官的数量，具体可以划分为合议制审判庭和独任制审判庭。最高法院审理案件时都采取合议制的形式，其中大法庭由最高法院的 15 名法官全体参加，对案件进行审理；小法庭一般是由 5 名法官组成合议庭对案件进行审理。高等法院一般情况下也采用合议制，原则上由 3 名法官组成的合议庭进行审理。相对于此原则而言，地方法院一般采取独任制的形

① 参见［日］棚濑孝雄：《法化社会与审判》，载《纠纷的解决与审判制度》，156 页，北京，中国政法大学出版社，2004。

式。但有法律特别规定的情形，以及决定以合议制进行裁判的情形，可以构成3人或5人的合议制审判庭。例如，地方法院作为二审法院对案件进行审理判决时，就要适用合议制。简易法院一般情况下都适用独任制审理案件。

在合议庭具体行使审判权的过程中，审判长由合议庭成员中的一人担任，其他人员构成陪审法官。审判长就法定的具体事项可以指定合议庭中的一人负责进行审理。受到该命令的法官叫作受命法官。

扩展阅读

现代的法官已不仅仅是机械地适用法律。尤其在日本，制度规定包括下级裁判在内的所有裁判官都享有违宪审查权，他们根据解释幅度极大的宪法条文可以宣布作为民意表示的法律违反宪法而无效。这里，法官为什么能够享有这样的正当性就成为问题。当然，向宪法本身追求正当性依据在逻辑上是可行的，但这样做却无助于深化对正当性问题的理解……人们判断审判结果的正当性一般只能从制度上正当程序是否得到了保障来看。如果法院在制度性的正当程序方面得到了公众的信赖，自己的决定也就获得了极大的权威。①

二、总　则

《日本新民事诉讼法》的通则部分规定了民事诉讼法的适用范围、法院与当事人的诚信义务以及授权最高法院制定诉讼程序的实施细则。对法院和当事人的诚信义务的规定是一大特点，法院应当公正而迅速地审判，当事人则应当遵守诚实信用原则，这表明日本民事诉讼法尝试改变传统的当事人主义和职权主义，引入了现代民事诉讼的合作型和协同型诉讼模式。

《日本新民事诉讼法》第二章规定了案件的管辖和法院职员的排斥与回避。就地域管辖而言，确定了被告普通审判籍所在地的一般原则。第5条规定了财产权上的诉讼管辖权，即相对于一般地域管辖的特殊管辖，共有16种情形。新民事诉讼法还规定了指定管辖、协议管辖、应诉管辖和专属管辖。对于管辖的事项，法院可以依职权调查证据。违反管辖规定的，法院需要移送管辖。当事人对于移送的裁定以及破产移送申请的裁定，都可以向上级法院提出即时抗告。所谓抗告，是指针对法院就程序性问题作出的裁定或命令，向上级

① 参见［日］谷口安平：《程序的正义》，王亚新、刘荣军译，载《程序的正义与诉讼》，10页，北京，中国政法大学出版社，2002。

法院提出的上诉。结合《日本新民事诉讼法》第 332、334 条，抗告的期间限于 1 周不变期间并停止执行原裁判效力的叫作即时抗告。

关于法院职员的排斥和回避，《日本新民事诉讼法》规定了排斥或回避的 6 种情形、回避申请的时限。地方法院以上的法官，符合法定情形的，由审判法院以裁定作出裁判；对于普通法院法官的排斥和回避，由管辖该法院所在地的地方法院裁判。对同意排斥或回避的裁定不能不服，对于裁定不符合排斥回避条件的，可以提出即时抗告。提出排斥或回避申请应停止诉讼程序，需要紧急处理的行为除外。

关于当事人，《日本新民事诉讼法》分别规定了当事人能力及诉讼能力、共同诉讼、诉讼参加与诉讼代理人和辅佐人。

当事人能力和诉讼能力的规定参照民法的规定。《日本新民事诉讼法》第 30 条规定了选定当事人制度，这是日本民事诉讼法的一大特色。对于一方当事人人数众多的群体性诉讼，无法都参加诉讼程序，可以选定其中一人或数人作为选定当事人，作为原告或被告参见诉讼，其他当事人当然退出诉讼。选定人可以撤销或者更换被选定人。新民事诉讼法规定了未成年人和禁治产人、准禁治产人及其法定代理人的诉讼能力。

《日本新民事诉讼法》的共同诉讼包括三种类型：一是诉讼标的的权利义务数人共同，二是数人基于同一的事实及法律上的原因，三是数人诉讼标的的权利、义务为同一种而且基于事实上及法律上同一种原因。对于必要的共同诉讼，一人行为可以对全体产生效力；其他的共同诉讼中，一人的行为效力不及于其他共同诉讼人。

诉讼参加制度，也称为第三人制度。《日本新民事诉讼法》的诉讼参加包括辅助参加和独立当事人参加两种。辅助参加是对于诉讼结果有利害关系的第三人为辅助一方当事人参加诉讼。新民事诉讼法规定了辅助参加人的诉讼行为的效力，以及法院裁判对其效力。独立的当事人参加是对于已经开始的诉讼，第三方主张由于诉讼结果而使其权利受到损害或者主张诉讼标的的全部或一部属于自己的权利而参加的诉讼。新民事诉讼法规定了退出诉讼制度、诉讼承担制度和诉讼告知。

日本一般不允许非律师作为诉讼代理人，但在简易法院经法院认可非律师也可以作为诉讼代理人，而且法院可以随时撤销认可。代理人的权限有一般权限和特别委任两种。《日本新民事诉讼法》还规定了当事人的更正，诉讼代理权不因当事人死亡等事由而消灭以及辅佐人制度，等等。

扩展阅读

同样是民事诉讼，由当事人本人进行和由律师从事代理可以说有着很大的区别。作为一种假说，在日本民事诉讼的实践中，存在着“律师诉讼的规范”和“当事人本人诉讼的规范”这样两种程序法规范。所谓“本人诉讼规范”不过是因日本民事诉讼的特殊情况而不得已形成的东西。诉讼从其本来的性质上讲是律师代理进行的程序过程，而且日本的民事诉讼法和民事诉讼法学理论也都是以律师代理诉讼为前提建立起来的。①

日本民事诉讼的诉讼费用原则上由败诉的一方当事人负担，但胜诉的当事人要负担其不必要的行为而产生的诉讼费用负担。另外，对于诉讼迟延、部分败诉、共同诉讼、辅助参加等情形的诉讼费用负担方式，也有规定。《日本新民事诉讼法》详细规定了确定诉讼费用的程序以及更正诉讼费用金额的确定处分。

原告在日本国内没有住所或营业所时，根据被告的申请，法院可以以裁定命令原告提供诉讼费用担保。提供担保的方式以提存为主。原告不提供担保的，法院可以直接判决驳回起诉。符合特定情形的，可以撤销担保或更换担保。

对于没有财力支付诉讼程序必要费用的人或者因为支付该费用而造成生活上困难的人，法院根据申请可以作出诉讼救助的裁定，但只限于并非无胜诉希望的。救助裁定一经作出即有效力，法院可以裁定撤销救助裁定，对于这些裁定，当事人可以即时抗告。

《日本新民事诉讼法》规定了口头辩论原则，还规定法院不管在诉讼进行到任何程度，都可以尝试和解，或者使受命法官或受托法官尝试和解。当事人有权阅览诉讼记录，但为了保护秘密，也规定了限制性措施。

审判长根据申请或依职权指定期日，期日如无显著事由不允许变更，期日的传唤，以送达传票对该案件出庭当事人告知期日或其他认为适当的方式进行。期间的计算依民法对期间计算的规定。

日本民事诉讼中的送达以职权送达为原则，送达事务由法院书记官处理，由邮政或执行官进行。送达原则上要交付给应受送达的人。关于送达的场所，当事人、法定代理人或诉讼代理人应当向受诉法院申报。如果场所不明，可以根据其就业场所进行送达。《日本新民事诉讼法》还规定了补充送达和留置送达、交付挂号信送达等方式；向外国送达的，由审判长向该国的主管官厅或驻在该国的日本大使、公使或领事进行委托送达。送达场所不明而又不能采取以上方式的，法院书记官可以进行公告送达。民事诉讼法规定了公告送达的要件、方法和效力等。

判决一定作出，即产生既判力，范围限于判决的主文之类。外国法院的确定判决，符合特定条件的才能在日本生效。

诉讼程序发生当事人死亡、消灭、丧失诉讼能力等事由时，应当中断诉讼，由当事人权利、义务的承继者承继诉讼程序。对于承继诉讼，当事人双方都可以提出申请，法院也可依职权命令诉讼程序继续进行。由于天灾或其他事由使法院无法执行其职务时，在该事由消失之前，诉讼程序中止。当事人由于无法预期的事故而不能继续进行诉讼程序时，法院可以裁定命令中止诉讼程序。

---

① 参见［日］谷口安平：《律师和法、事实》，王亚新、刘荣军译，载《程序的正义与诉讼》，71页，北京，中国政法大学出版社，2002。

三、第一审普通程序

(一) 起诉

扩展阅读

日本人倾向于不轻易提起诉讼。他们仅仅是在用尽了各种各样其他的方法来解决纠纷并都失败了的情况下才诉诸法院。因此，诉讼案件一般都比较复杂而且当事人之间的敌意往往很强……日本民事诉讼的最后手段性质则使其带有较强的对抗性色彩……我们可以说日本民事诉讼制度是具有中等程序的对抗性，同时又适用当事者主导原则的一种“新型”对抗式制度。①

当事人提起诉讼，应当向法院提出诉状。诉包括确认之诉、给付之诉和将来给付之诉。审判长审查诉状，发现缺乏必要的事项时，可以命令原告在指定期间内补正其缺陷，否则以命令驳回起诉状。对此命令，当事人可以提出即时控告。

诉状应送达给被告，审判长应指定口头辩论期日。对于起诉不合法的诉讼，法院可以直接以判决驳回诉讼；不预缴传唤当事人所需要的费用的，可以裁定驳回诉讼。对于正在法院系属中的案件，当事人不得重复提起诉讼。

原告在口头辩论终结之前可以变更请求或者请求的原因，但由此而使诉讼程序显著拖延的，则不能变更。《日本新民事诉讼法》规定了中间确认之诉，即诉讼过程中对法律关系成立与否的争执需要作出裁判的，除请求的事项属于其他法院专属管辖之外，可以申请法院作出确认该法律关系的判决。被告以与本诉诉讼标的的请求或者防御方法有关联的请求作为标的为限，可以在口头辩论终结之前，向本诉系属的法院提起反诉。

(二) 口头辩论及其准备

诉讼资料由当事人提供，但提供的诉讼资料有时会不明了、不完备。《日本新民事诉讼法》为此规定，“为使诉讼关系明了，审判长可以就事实上及法律上的事项对当事人发问或促使其立证”。这便是释明权制度。诉讼制度是以具有完全能力的理性人为基准而建立起来

---

① 参见［日］谷口安平：《当事者主导原则与对抗式辩论原则》，王亚新、刘荣军译，载《程序的正义与诉讼》，33～39页，北京，中国政法大学出版社，2002。

的，但现实里的诉讼当事人却未必都是如此，尤其是本人诉讼的场合，要求本人充分地主张和申请是困难的。但是，如果因为其申请不明了、不完备而使得其丧失本应属于他的权利，反而使深得要领的当事人胜诉的话，就违背了正义的原则。因此，释明权可以避免辩论主义附带的弊害的发生，引导其走向正确方向。从这一点来看，具有补充的性质特点。因而，法院负有释明的义务。但是，即使法院进行释明，如果当事人不服，法院也不能依职权独自进行调查。

《日本新民事诉讼法》引进美国《联邦民事诉讼规则》的审前发现程序中当事人之间进行质问的质问书制度，制定了当事人照会制度。所谓当事人照会制度，是指在诉讼开始后，当事人之间在法院不介入的情况下，为了准备有关证据而彼此以书面形式提出质问，限期要求对方当事人以书面形式回答所质问事项的制度。这一制度作为当事人收集证据的手段，有如下两个特点：

1. 当事人之间不经过法院，直接向对方收集证据。这种制度设计在大陆法系国家民事诉讼法上是罕见的。大陆法系国家传统上当事人收集证据需要借助法院的力量，典型如申请文书提出命令，就《日本新民事诉讼法》规定的当事人照会制度而言，虽然并不能以此得出日本引进美国发现程序制度的结论，但是，却可以说是打破了大陆法系国家的传统做法，开辟了当事人之间直接收集证据或为一定诉讼行为的新途径。

2. 当事人照会制度不仅是直接向对方收集证据，还是获得证据线索的重要手段。当事人可以通过该制度了解对方所掌握的与案件有关的信息，为当事人进一步收集证据做准备。当事人通过向对方提出质问，了解相关人员的基本情况和书证的下落，在此基础上向法院申请证人或文书提出命令，从而有效扩大当事人取证的范围。

《日本新民事诉讼法》把口头辩论划分为两个阶段：开庭准备和主要辩论期日。当事人之间、当事人与法院之间在审前准备阶段真正明确了争点以后，进入法庭实质性审判阶段，以便提高庭审功能和效率。这与以往以法律事实或待证事实为中心的单一开庭审判有很大不同。

《日本新民事诉讼法》为尽早地在当事人之间确定争点、明确证据，对于从起诉到集中审判前的各个阶段，采取了很多措施。《日本新民事诉讼法》中的审前准备共规定了三种方式：

(1) 准备性口头辩论。顾名思义是以口头辩论的方法进行争点明确的程序。对于对社会影响较大的案件，法院采用公开审理的方式进行准备比较适宜。审判长决定该程序的开始，在公开法庭上，除询问证人外，双方当事人可以展开辩论、审查文书和交换证据，等等。准备性口头辩论要遵守开庭审理的规定，但其目的还是为了审理前的准备，因此可以在法台下的椭圆形桌子上由当事人和法官面对面交换意见。

(2) 辩论准备程序。辩论准备程序是不采用公开审理的形式，法官和当事人为集中审判而整理争点和证据的准备程序。它是引自美国的审前会议形式，是目前在日本最常用的准备程序。这种程序与前一种程序的区别主要表现在法院采用非公开的方式进行口头辩论，就涉及公民接受公开审判的基本权利的问题。因此，法院开始这种准备程序要听取当事人的意见，即使在程序进行过程中，如果双方当事人反对，也必须撤销已经开始的程序。

3. 书面准备程序。由于当事人居住地远或其他原因不能出庭，法院听取当事人意见后，采用书面方式进行争点与证据整理的准备程序。①

（三）证据

《日本新民事诉讼法》的证据部分位于法典第二编的第三章。总则部分规定了证明的对象和证据调查的对象。在《日本新民事诉讼法》中，当事人向法院提出证据称为证据申请，而法院对证据的审查则称为证据调查。这里的证据调查和我国学理上的法官依职权收集、调查证据中的调查不同，属于审判核实、判断证据的认证范畴。

扩展阅读

在法官的素质参差不齐，把案件如何审理全部交给他们决定就无法达到审判统一的时代，就证据规则作出一刀切的规定实有必要。即使在近代，当人们对代表国家行使审判权的法官抱有很强的不信任感时，为了抑制法官的恣意性行动，就证据规则作出一刀切也是十分必要的。②

证人具有普遍的作证义务。证人没有正当理由而不出庭的，法院可以罚款，也可以拘传，强制证人到庭。证人确有理由不能到庭的，可以使受命法官和受托法官在法院之外询问证人。新民事诉讼法还规定了证人的拒绝作证的特权，列举了5种情形，证人主张拒绝作证的，应当释明理由。证人除另有规定之外，应当宣誓。询问证人的顺序一般是申请询问该证人的当事人、其他当事人和审判长，审判长认为必要时也可以变更顺序。证人非经审判长允许，不得用文书陈述。新民事诉讼法还在证人询问上采纳了科技手段，规定询问居住地远的人时，相隔两地的人通过影像和声响的收发通信，在彼此能看到的情况下，用通话的方法可以询问。

法院依申请或职权可以询问当事人，并要求当事人进行宣誓。当事人无正当理由不出庭，或者拒绝宣誓或陈述时，法院可以认定对方当事人所主张的有关询问事项为真实。经宣誓的当事人虚假陈述的，法院可以作出罚款裁定。

鉴定人由受理案件的法院、受命法官或受托法官指定。当事人可以申请鉴定人回

---

① 参见白绿铉译：《日本新民事诉讼法》，10～14页，北京，中国法制出版社，2000。

② 参见［日］谷口安平：《诉讼法及实体法发展之母》，载《程序的正义与诉讼》，61页，北京，中国政法大学出版社，2002。

避。审判长可以让鉴定人用书面或口头方式发表意见，对鉴定人的询问，除拘传以外，适用证人的规定。法院也可以在必要的时候委托官厅公署或具有相当设备的法人进行鉴定。

当事人申请书证的，可以自行提出文书，或者申请对文书持有人发出提出文书命令。所谓文书提出命令，是法院根据当事人向法院提出的请求法院向持有文书的对方当事人或第三人发出文书提出命令的申请，经审查后，发出的文书提出命令。因此，对当事人来说，文书提出命令制度是当事人通过法院向持有文书的对方当事人或第三人收集书证的一种手段，也是以此证明待证事实的一种举证行为。在消费者诉讼、环境诉讼以及产品责任诉讼等所谓现代型诉讼中，往往案件的证据在被告一方，受害者一方的诉权很难实现。扩充和完善当事人收集对方当事人或第三人所持有的文书的制度，改革日本旧民事诉讼法有关规定，是解决这一问题的最有效的手段之一。

1. 文书提出义务一般化。日本旧民事诉讼法对文书提出义务规定的范围比较狭窄。所谓提出义务的一般化，就是把文书持有人向法院交出文书的义务扩大到证人出庭作证义务一样，凡是文书持有人所持有的文书与案件有关联，当法院发出文书提出命令后就负有向法院提出文书的义务。《日本新民事诉讼法》实现文书提出命令一般化采用的立法技术是，在该法第 220 条所规定的 4 项中，前 2 项仍保留日本旧民事诉讼法第 312 条所规定的 3 项内容，而在第 4 项中规定，除项所列的 3 种适用于证人拒绝证言的情况外，文书持有人不得拒绝提出所持有的文书。但是，《日本新民事诉讼法》把公务员持有的公文书作为文书提出义务一般化的例外，实际上文书提出义务一般化只适用于私文书。

2. 强化了违反文书提出命令的制裁力度。《日本新民事诉讼法》第 224 条第 1 款和第 2 款仍保留了日本旧民事诉讼法第 316 条和第 317 条规定的制裁措施，即当当事人不服从文书提出命令或毁灭文书时，法院即认定对方当事人所主张的关于该文书所记载的事实为真实。《日本新民事诉讼法》进一步强化违反文书提出命令的制裁力度，表现在该法第 224 条第 3 款规定，即在文书持有人不服从文书提出命令或为了妨碍使用文书而毁灭等情况下，以致申请文书的当事人所主张的事实以其他证据证明非常困难时，法院可以认定申请文书的当事人所主张的事实为真实。这比前款规定的“认定文书记载的事实为真实”更进了一步。文书记载的事实真实属于证据的真实性认定，而对主张事实的认定，则属于对证据关联性的认定。认定证据属实，不一定非要认定该证据所要证明的待证事实。

当存在如果不预先进行调查证据则难以使用该证据的情形时，根据申请，可以进行证据保全。证据保全分起诉后的保全和诉前保全两种。法院认为必要时也可以依职权作出保全证据的裁定。对于此裁定，不得提出不服声明。

（四）判决

对于作出裁判已经成熟的诉讼，法院应作终局判决。诉讼的部分作出裁判已成熟时，法院可以针对该部分作出终局判决。关于缺席判决制度，《日本新民事诉讼法》规定，口头辩论期日，一方不出庭的，出庭的一方当事人申请，法院考虑审理的现状和当事人的情况，认为适当时可以作出终局判决。对于独立的攻击或防御方法或者其他中间的争执，如作出裁判已成熟，法院可以作出中间判决。日本的民事诉讼法奉行当事人主义，因此，《日本新民事诉讼法》在第二编第一审诉讼程序的判决部分规定对于当事人没有申请的事项，法院不得作出判决。此外，还规定了自由心证主义、直接言词原则。以及宣告判决、送达判决书、更正错误判决、补充遗漏判决、假执行宣告等内容。

(五) 不经裁判而终了诉讼

在判决确定以前，当事人可以撤回其全部或者部分诉讼请求。如果撤诉发生在对方当事人对于本案已经提出书状，或在辩论准备程序中已经陈述，或者已经在开始口头辩论后提出的，应当得到对方当事人的同意。

当事人双方在口头辩论或口头辩论准备程序的期日不出庭，或者在辩论或辩论准备程序中不进行陈述而退庭或退席的，如果在1个月内不提出指定期日的申请，视为撤回诉讼。另外，法官支持下的和解与放弃承诺请求，也是不经裁判而终结诉讼的方式。

(六) 简易法院诉讼程序的规则

简易法院应根据简易的程序迅速解决纠纷。简易程序中诉讼可以以口头提起，可以随意到庭而提起诉讼。关于简易程序，《日本新民事诉讼法》在提起诉讼前的和解、省略准备书状、以提出文书代替询问等方面有特殊规定。简易程序中，法院认为有必要时，可以使司法委员协助试行和解，或者使司法委员参与审理并听取其对案件的意见。

四、上诉与再审

(一) 控诉

有学者把日本针对一审生效判决的上诉翻译为控诉，即控诉是指对于地方法院作为一审法院作出的终局判决或简易法院的终局判决，可以提起的诉讼。对于负担诉讼费用的裁判，不得单独提起控诉。提起控诉，应当向第一审法院提出。第一审法院可以以控诉不合法并很明显不能补正该缺陷为由驳回控诉。控诉在终局判决前，可以撤回。控诉审法院经审理后可以驳回控诉请求。控诉法院驳回控诉请求，认为控诉人滥用控诉权的，可以命令控诉人缴纳提起控诉的手续费应缴纳金额 10 倍以下的现金。控诉审法院撤销或变更第一审法院判决，只能在当事人声明不服的范围内进行。控诉法院撤销第一审判决，认为对案件有必要重新辩论的，可以将案件发回第一审法院重审。

(二) 上告

对于以高等法院作为第二审法院或第一审法院作出的终局判决，可以向最高法院提起上告，对于以地方法院作为第二审法院作出的终局判决，可以向高等法院提起上告。如果双方当事人达成保留共同提起上诉的权利而不提起控诉的协议，对于地方法院的判决，可以终极向最高法院提起上告；对于简易法院的判决，可以直接向高等法院提起上告。上告只限于以判决有宪法解释错误或有其他违反宪法的事项为理由时才可以提起。除此以外，在程序严重违法的情况下，也可以提起上告。上告的各种规定，参照控诉适用。在原审程序中合法确认的事实，拘束上告法院。上告法院可以撤销原判发回重审，也可以撤销后自行判决。对于以高等法院作为上告法院作出的终局判决，当事人以该判决有宪法解释错误或有其他违反宪法事项为理由时，可以向最高法院再提起上告。

(三) 抗告

对于不经过口头辩论驳回有关诉讼程序申请的裁定或命令，可以提起抗告。对于抗告法院的裁定，以该裁定有宪法解释错误或有其他违反宪法的事项或者违反法律明显地影响裁定为理由，可以再进行抗告。即时抗告，应当从告知裁判之日起 1 周不变期间内提出。

(四) 再审

对于确定的终局判决，当事人可以以再审之诉提出不服声明。《日本新民事诉讼法》规定了 10 种再审事由。如果当事人已经以控诉或上告主张这些再审事由的，不能提起再审之诉。

再审之诉专属于作出声明不服的判决的法院管辖，对于不同审级的法院对同一案件作出判决的再审之诉，由上级法院合并管辖。再审之诉应当在判决被确定之后，得知再审事由之日起 30 天不变期间内提起；判决确定之日起经过 5 年的，不得提起再审之诉。法院认为再审之诉不合法或者没有再审事由的，以裁定驳回再审请求；在有再审事由的情况下，法院应当作出再审开始的裁定。对于这些裁定，可以即时抗告。

五、关于票据诉讼及支票诉讼、小额诉讼的特则

所谓票据诉讼，是指以以票据支付金钱及与之附带的依据法定利率请求赔偿损失为标的的诉讼形式。票据诉讼禁止反诉，对证据的调查，只限于书证。原告在口头辩论终结之前，不经被告同意，可以提出使诉讼转入普通程序的申请，法院应当转入普通诉讼。除驳回诉讼的判决外，对于票据诉讼的终局判决，不得提起控诉，而有权在两周不变的期间内，向作出该判决的法院提出异议申请。

第二次世界大战后，日本参照美国的小额诉讼程序建立了简易法院的诉讼程序，但简易法院的诉讼程序还是比较严格，没有真正起到小额诉讼的作用，不过是通常程序的简化。因此，《日本新民事诉讼法》借鉴其他国家小额诉讼制度，在该法第六编专门创立了与简易法院诉讼程序完全不同的小额诉讼制度。日本小额诉讼程序与简易法院诉讼程序比较，有以下几个特点：

1. 诉讼标的价额金额小。简易法院诉讼程序的标的价额为 90 万日元，而小额诉讼程序的价额限于 30 万日元以下的金钱支付请求。30 万日元等于现在日本临时工两个月的工资，不到一般职员一个月的工资。对这样金额很小的案件不采用一般程序，制定特殊程序，能使市民省时省力，很快解决纠纷。为防止小额诉讼程序变为一些向一般市民发放贷款、贩卖货物的金融企业或公司向一般市民催讨债务的工具，《日本新民事诉讼法》第 368 条第 1 款规定，当事人在 1 年内向同一简易法院申请小额诉讼的次数限于 10 次。

2. 原告自愿利用小额诉讼程序并保护被告的诉权。小额诉讼案件由普通法院管辖，原告在提起诉讼时必须表明是否愿意利用小额诉讼程序解决纠纷。与此同时，《日本新民事诉讼法》第 373 条第 1 款规定，被告在对诉讼的实体内容进行辩论之前，有权申请转入通常诉讼程序进行审判。

3. 小额诉讼原则上一次开庭审结。小额诉讼的目的是简便、迅速解决纠纷。《日本新民事诉讼法》规定，除特殊情况外，原则上是一次开庭审结案件。因此，当事人必须在开庭审理之前提出攻击和防御方法；在法庭上调查证据也只限于能即时调查的证据；还有禁止反诉等法庭审理的特殊规定。

4. 对小额诉讼的判决禁止上诉，而采用特殊的不服声明的制度。以往日本简易法院简易诉讼程序中，不管诉讼标的价额金额多小，一律采用三审终审。这也是造成拖延诉讼的原因之一。如果当事人对判决不服，可以在 2 周不变期间内向作出判决的法院提出异议。如果异议是合法的，诉讼就恢复到法庭审理的状态，然后依通常程序进行审理并作出判决。对于依通常诉讼程序作出的判决不服，由于 30 万日元以下小额诉讼案件禁止依通常上诉程

序进行上诉，所以只能以违反宪法为理由向最高法院提起特别上告。①

六、其他程序法律和规则

(一) 督促程序

对于以给付金钱和其他代替物或有价证券的一定数量为标的的请求，法院书记官根据债权人的申请，可以发出督促支付。但被申请的人应当在日本国内并且不能通过公告送达的方式送达支付命令。申请督促支付，向管辖债务人的普通审判籍所在的简易法院书记官提出。书记官可以以申请不合法或明显无理由为由驳回。发出督促支付，不需要询问债务人。而债务人可以向发出督促支付的法院书记官所属的简易法院提出督促异议的申请。督促支付向债务人送达时产生效力。债务人受到送达之日起两周内不提出督促异议申请的，根据债权人的申请，宣告假执行。提出督促异议申请的，转入诉讼程序。

(二) 公示催告程序和仲裁程序

在1890年日本旧民事诉讼法中，第一编至第五编是审判程序，第六编是强制执行程序；公示催告程序规定在旧法的第七编，规定了公示催告程序的适用范围及管辖、公示催告申请的形式、公告、除权判决及其效力等内容。将事件的解决交由私人性质的仲裁人进行裁断的约定，称为仲裁协议，而基于仲裁协议来解决事件的程序就是仲裁程序。仲裁协议是当事人之间的任意性协议，而基于仲裁协议的仲裁裁决具有自治的性质，因而国家一般都不直接进行干预。在旧民事诉讼法时期，仲裁程序由民事诉讼法第八编加以规定。直至现在，关于公示催告程序和仲裁程序的内容毫无变化地规定在《关于公示催告程序及仲裁程序的法律》[明治23年（1890年）法29号] 之中。

(三) 人事诉讼程序

婚姻、亲子等身份关系是社会构成的基础，而且直接关系到公序良俗，因此，对于身份关系的事件，不能适用以财产事件为对象的普通民事诉讼程序，而必须设置特别的诉讼程序。该程序必须允许检察官在某些场合出席口头辩论，法院也可以依职权收集当事人未

---

① 参见白绿铉译：《日本新民事诉讼法》，24～25页，北京，中国法制出版社，2000。

提出的事实资料，并依职权对事件进行处理。处理此类特别事件的程序依《人事诉讼程序法》（明治 31 年（1898 年）法 13 号）的规定。对于这些事件的审理判决、必须首先适用《人事诉讼程序法》，对于该法没有特别规定的事项，才可以遵从民事诉讼法的相关规定。①

（四）家事审判法

与普通财产事件相比，涉及人事争议和其他涉及家庭的普通事件具有特殊的性质，而且其大多数是不适合在公开的法庭上进行争议的。为此，对于家庭事件，《日本家事审判法》（昭和 22 年（1978 年）法 152 号）规定了审判程序与调解程序，并由家庭法院进行专门管辖。

《日本家事审判法》第 9 条对审判事项作了列举，并按照事件的性质不同，分为不适合用调解加以解决的甲类事项（例如，禁治产宣告等），以及可以适用调解加以解决的乙类事项（譬如，夫妻同居、其他的夫妻间的协力扶助等）两个种类。审判事项一般由家庭法院的家事法官通过“审判”方式解决，但是对于乙类事件，家事法院无论何时都可以进行调解（《日本家事审判法》第 11 条）。

除前述的甲类事件外，法院对于所有的人事诉讼事件和其他的普通家庭事件都可以进行调解。此外，欲对这类事件提起诉讼者，首先必须向家庭法院提出调解申请（调解前置主义——《日本家事审判法》第 18 条）。只有当调解不成时，当事人方可以向普通法院提起诉讼，而事件的审理适用人事诉讼程序。调解由一名家事法官和两名家事调解委员组成的调解委员会进行。②

（五）日本非诉事件程序法

非诉事件程序是指法院主动介入私人法律关系，以防止事后发生纠纷的程序。作为该程序对象的事件就称为非讼事件。例如，有关监督法人（《日本非诉事件程序法》第 34、35 条，《日本民法典》第 40、56 条）、裁判上的代位（《日本非诉事件程序法》第 72 条）、其他有关监督公司业务的事件（《日本商法典》第 237、249 条，《日本非诉事件程序法》第 130 条），等等，都属于非讼事件。虽然该程序由《日本非诉事件程序法》（明治 31 年（1898 年）法 14 号）所规定，但该程序明显地具有作为司法机关的法院从事行政事务的性质。与民事诉讼程序相比，非讼事件程序对于事件的处理更具灵活性、机动性。具体而言，在非诉事件程序中，审理是非公开的（《日本非诉事件程序法》第 13 条）。对于作为裁判基础的事实与证据，只要法院认为有必要，就可以依职权加以收集（《日本非诉事件程序法》

---

① 参见［日］中村英郎：《新民事诉讼法讲义》，陈刚等译，16 页，北京，法律出版社，2001。

② 参见上书，15 页。

第 11 条)。此外，法院是采用决定的形式作出裁判（《日本非诉事件程序法》第 17 条)，而且在裁判后，法院若发现存在不当，还可以作出撤销的变更。[①]

(六) 日本民事调停法

调解程序，是指经设置于法院里的调解委员会的斡旋、调停，使当事人达成解决纠纷合意的程序。调解在广义上属于非诉事件。调解机关对纠纷当事人的居间调停固然具有重要的意义，但只有当事人达成合意，调解才具有效力。调解可以分为《日本民事调解法》(昭和 26 年 (1982 年) 法 222 号) 规定的民事调解和由《日本家事审判法》(昭和 22 年 (1978 年) 法 152 号) 规定的家事调解。家事调解，一般是由设置在家事法院的调解委员会针对有关家庭事件进行的调解，而对除此之外的民事事件进行的调解，则属于民事调解。

调解程序是与诉讼程序相竞合的，但其具有补充性的性质，是否通过调解来解决纠纷完全听凭当事人的意思。虽说如此，法院认为适当时也可以依职权进行调解（《日本民事调解法》第 20 条第 1 项。不过，对于家事事件采用的是调解前置主义)。在民事调解程序中，在法官中指定一名调解主任，由他与从有经验、学识者中指定的两名以上调解委员组成调解委员会，即由他们组成纠纷解决的中间人。在该程序多没有严格的程序规定，而且调解的内容也并非必须依据法律。将当事人达成的合意结果记录到调解书之后，该记录具有与确定判决相同的效力。[②]

(七) 日本民事执行法

尽管判决命令被告履行一定的给付，但被告却没有自发性地履行义务，这时就必须依国家权力强制性地实现判决的内容，该强制程序就被称为强制执行。1975 年 (昭和 54 年) 日本通过将旧民事诉讼法第六编中有关判决强制执行的规定与《日本拍卖法》(明治 31 年 (1898 年) 法 15 号) 中有关担保权实行的拍卖规定合并，制定了独立的《日本强制执行法》。

强制执行是一种不同于裁判的职务行为，因此，法律也设置了独立于裁判机关的执行机关，即执行机关是一个适用执行程序的专门性机关。裁判机关与执行活动无关，执行机关依据法院的判决以及具备其他要件的债务名义而开始执行程序。执行机关无权判断应执行的权利存在与否。总之，裁判机关与执行机关是各司其职的两个独立机构。

由于执行机关不对执行债权进行实体审查，于是难免会产生不当的强制执行。为此，

---

① 参见［日］中村英郎：《新民事诉讼法讲义》，陈刚等译，13 页，北京，法律出版社，2001。

② 参见上书，15～16 页。

强制执行程序中设置了各种申请异议与异议诉讼的程序。[①]

(八) 日本民事保全法

1989年(平成元年),日本对旧民事诉讼法第六编中有关假扣押、假执行等的规定作了全面修改,并制定了单独的《日本民事保全法》。在判决宣告之前,为了确保将来判决得以强制执行,《日本民事保全法》规定了假处分、假执行等执行保全程序。

① 参见[日]中村英郎:《新民事诉讼法讲义》,陈刚等译,9页,北京,法律出版社,2001。

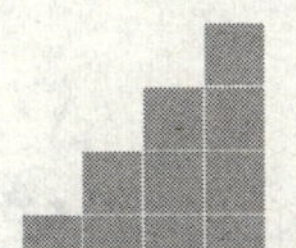

第五章

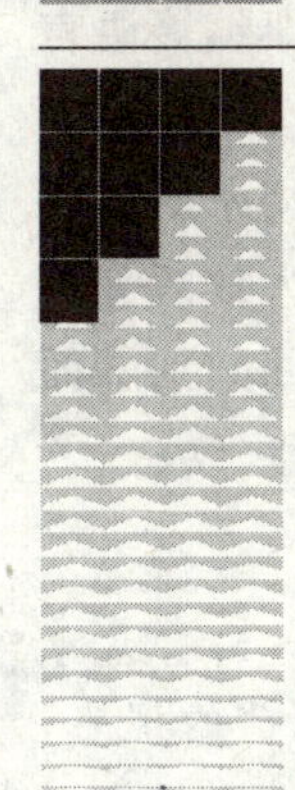

法国民事诉讼法

作为大陆法系典型代表之一的法国民事诉讼法，虽然在国际声望上不及后来颁布的德国民事诉讼法，国内名誉也多被《拿破仑民法典》所掩盖，但是法国法仍然以其特有的民商分立体制和司法法院与行政法院的平行系统而闻名于世，因此，其法院设置专业化色彩浓厚，在审理程序、证据规则和送达等方面依案件性质不同而各有特色，以下将逐一介绍。

一、法国民事诉讼法的历史沿革

(一) 1667年路易敕令及其前期发展

普遍认为，法国民事诉讼法的历史可以追溯到中世纪，当时的法兰克王国所适用的诉讼法大概可以分为两部分：教会法和法兰克王室法令（包括习惯法）。教会法的涵盖面较广，诉讼法被看作是实体法的一部分，裁判规则遵循的是中世纪的纠问制原则，并且不区分民事和刑事诉讼程序。脱胎于罗马法的教会法大量采用律师、公证人和书面证据，这些传统对后来的法国民事诉讼法产生了很深远的影响。相比而言，世俗法院的程序往往要简单很多，口头证据和口头辩论都是被允许的，审理公开进行，当事人可以自己出庭，等等。这两个看似完全相悖的诉讼法随着王权和教会权的斗争日益走向融合，总体来讲，到17世纪时，法国的诉讼法是一个民事和刑事、书面和口头的结合体。

形成时期一个里程碑式的事件是1667年大敕令的颁布（grande ordonnance de 1667），又名"路易法典"，这一敕令对后来拿破仑时期的法国民事诉讼法典产生了直接的影响。随着王权的不断加强，这一法典对以前的法律作出了大刀阔斧的改革，首先是法典编纂语言由拉丁语改为法语，随之而来的是程序的简化，由完全的书面程序改成书面和口头相结合的程序，大大降低了诉讼的难度。这一敕令的最大贡献，是其废除了之前与其相矛盾的所有规定，在王国的范围内实现了诉讼法的统一，并使民事诉讼法和刑事诉讼法大致区分开来。由于这一法典基本上是以教会法为基础制定的，所以后来仍然以各种方式回归到书面诉讼，而正是这一点在法国大革命中遭到猛烈抨击，直接催生了拿破仑民事诉讼法典。

扩展阅读

1667年的大敕令实行了法典编纂，废止了全部与之相抵的先前的规定，在整个王国境内统一了诉讼规则。1667年的国王敕令确保了民事诉讼程序的统一，并使之与刑事诉讼程序明显区别开来。

从编排上看，1667年大敕令的条文编排力求具有逻辑性，从诉讼的提起到执行的途径莫不如此。敕令指望用502项条款来解决一切问题，这显然有点空想，并且很快就不得不通过其他文件来对其加以补充，但即使增加了补充条款，敕令仍然保持了原有的状态。

从实质上看，人们也责备1667年的敕令缺乏大胆精神。这也许是因为该敕令的主要策划人——国王参事普索尔（Pussort）对当时进行的种种重大改革持怀疑态度。口头程序与对审程序在敕令的条文中得到确认。这使拉漠瓦尼翁（Lamoignon）大为失望。当时担任巴黎最高法院（Parlement de Paris）首席院长的拉漠瓦尼翁仅在很晚的时候才参与敕令的起草，所以未能将其在最高法院赞赏为"有益的"书面程序强制规定进该敕令，尽管拉漠瓦尼翁也表示希望要对书面程序进行简化。

这种涉及实质问题的争论说明，为什么该敕令虽然引起了很大反响，并在普鲁士王国照搬适用，但在实践中却很快又产生了新的书面诉讼。这一点，也许是同样革命的"过火行为"的结果。①

（二）1806年拿破仑民事诉讼法典

与《法国民法典》、《法国商法典》、《法国刑法典》和《法国刑事诉讼法典》一起并称于世的1806年《法国民事诉讼法典》作为大革命的立法成果之一，对于推进法国的资产阶级革命进程、巩固革命成果可谓功不可没。在疾风骤雨般的大革命中制定一部完善的法典

---

① 参见［法］让·文森、塞尔日·金沙尔：《法国民事诉讼法要义》，罗结珍译，66～67页，北京，中国法制出版社，2005。

并非易事，所以这部民事诉讼法典在很大程度上照搬了1667年路易敕令，这也成为后来这部法典最遭人诟病的缺点。这并不是一部学者主导制定的法典，因而缺乏和民法典一样划时代的影响力。由于摧枯拉朽的所有权变革及其引发的封建生产关系的崩溃，民法典的主要任务是将新的所有权关系，特别是私权的神圣不可侵犯性以法律的形式固定下来，但是诉讼法作为长期以来人们的一种习惯和操作规则，要在此时作出完全的变更既危险又不现实，所以较保守的改革虽然略显缓慢，却在客观上配合了民法典的实施，作为一部“自诞生之日就已过时的法典”[①]，其正面的影响仍是客观存在的。

(三) 1976年新民事诉讼法典

在诞生后的一个多世纪里，拿破仑民事诉讼法典经历了多次修改，一直沿用至1976年。在对从1935年起实施的多项改革成果的总结之后，新的民事诉讼法典出台，一共1 507条，其基本结构分为四卷：适用于一切法院的通则，各种法院的特别规定，某些案件的特别规定和仲裁。在立法时本有意遵循旧法典的体例将执行作为第五卷置于末尾，但是由于各种新的执行方法被规定在各个单行立法之中，而且差异很大，将其完全纳入民事诉讼法典恐过于繁杂，所以暂时搁置。而在1991年出台了单独的强制执行法，与其他的政府法令一起构成了民事诉讼法上的强制执行体系。[②] 与以前的法典相比，这一改革的最大特点是将一般规则与特殊规则区分开来，并且与不同法院的不同特点相对应。这一高度专业化和精细化的精神也构成了法国民事诉讼法的一大特色。法国新民事诉讼法是秉承了当事人主义的，这一点毋庸置疑，但是法官权力的加强却是新法典的创新，强制举证制度和新的预审措施使得法官的作用愈加明显。

扩展阅读

毫无疑问，新民事诉讼法典的全部规定成为拿破仑时代以来民事诉讼程序立法与条例的最重要的丰碑。它也最适于对外输出：它结构严密、协调，因为它非常“理论化”；它灵活，因为它不教条并且接近实际，其中有些规定极为出色，如果它能得到忠实的执行，必将引起民事诉讼程序与司法实践的进一步“年轻化”。

法典在十分务实的同时，也有其“梦想的成分”(sa part de reve)。它设置了一些“开放的窗口”(ouverture)，但在实际上却没有产生任何效果（例如，经双方当事人“共同申请”提起诉讼、和解，等等)。[③]

---

① ［法］罗杰·佩罗：《法国民事裁判法》，［日］《近大法学》，第35卷第1·2号，446页。转引自张卫平、陈刚编著：《法国民事诉讼法导论》，9页，北京，中国政法大学出版社，1997。

② 参见［法］让·文森、雅克·普雷沃：《法国民事执行程序法要义——强制执行途径与分配程序》，罗结珍译，7～8页，北京，中国法制出版社，2002。

③ 参见［法］让·文森、塞尔日·金沙尔：《法国民事诉讼法要义》，罗结珍译，77页，北京，中国法制出版社，2005。

(四)法国民事诉讼法发展的新态势

新法典颁布以后，法国民事诉讼法进入了一个相对稳定的时期，但是随着跨国纠纷的增多和欧盟一体化趋势的加强，诉讼法上的修订也逐渐增多，主要是一些政府批准的国际条约、新的法令和司法判例。传统的理论一直将民事诉讼法作为司法主权的一部分，因此，除了涉外民事诉讼法的一些国际条约和协议，其法源大多是国内的。但是，由于法国身处的特殊环境和时代背景，近年来大有向高端（宪法和国际法）提升的趋势，其原因主要是跨国贸易纠纷的增多促使很多国际条约规定了解决这些纠纷的渠道，其中很大一部分属于民事诉讼领域，一旦国家参与并批准，这些条文就成为民事诉讼法渊源的有机组成部分，特别是身处欧盟一体化进程核心的法国，自 1975 年最高法院以判例形式确定了国际法效力高于国内法的原则之后，欧盟法正在对其国内法产生越来越大的影响。这一类型的法源被学者称为超国家立法渊源（sources extra-nationales)，主要包括以下一些：

1. 国际条约：是一些比较笼统的规定，诸如接近法官、诉诸司法等，其中最重要的是《联合国公民权利和政治权利国际公约》、《世界人权宣言》。其批准国有承担条约规定的义务，一般有专门机构进行监督，据此提起诉讼而形成的国际法上的判例，也是渊源之一。

2. 欧盟法渊源：与国际条约相比，欧盟法对法国民事诉讼法的影响更明显，更巨大。作为欧盟一体化的一部分，欧盟法很重要的功能之一就是以法律的形式将这一进程向前推进，其中，为了达到政治和经济的高度融合，盟国之间法制的统一是必然选择，因此，与道义性很强的国际条约不同，欧盟法的条文更细致、指导性更强，而实施效果也更好。其中，就包括了从罗马、卢森堡、布鲁塞尔与鲁加诺、马斯特理赫特和阿姆斯特丹条约在内的一系列文件，这些文件规定了盟国之间判决的互相承认和执行以及共同协助的义务，这种涉及诉讼的规定自然成为法国民事诉讼法的渊源。①

此外，人民权利的意识普遍觉醒，接近正义的权利被认为是最基本、不可剥夺的人权之一，一旦宪法对其加以规定，作为接近正义的权利的一部分的诉权和获得法律帮助的权利就上升到了宪法高度，这种提升除了要求完备的诉讼程序设置，还要求国家给予公民享有这种设置的可能性和保障。这一类型的渊源被学者称为超立法渊源（sources supra-législatives)，甚至被称为宪法型诉讼（la procédure consititutionnelle)。②无论这种定位正确与否，民事诉讼法的渊源不断扩大是不争的事实。这一国际化和宪法化趋势既是危机，又是契机，但有一点可以肯定，改革不会止步不前，而诉讼法也正在走向新的时期。

---

① Jean Vincent/Serge Guinchard, *Procédure Civil*, 27e édition refondue en 2003, Edition Dalloz, pp. 17-34.

② Jean Vincent/Serge Guinchard, *Procédure Civil*, 27e édition refondue en 2003, Edition Dalloz, pp. 34-52.

二、法国民事诉讼法的一般规则

自本节开始对法国民事诉讼法的介绍均以法典顺序为基础，按照从一般到特殊的原则对通则和各个法院的细则分别加以论述。在此有必要先说明的是法国司法法院系统的设置。法国实行的是三级两审终审制，全国共有一个最高法院（la cour de cassasion），主要负责对法律的解释和上诉案件的法律审；35 个上诉法院（cour d'appel），是二审法院，也是终审法院；一审法院的划分比较复杂，拥有一般管辖权的是大审法院（tribunal de grande instance），对于标的额较小案件有管辖权的是初审法院（tribunal d'instance），此外，还有管辖商事案件的商事法院（tribunal de commerce）、管辖劳资纠纷的劳动争议法庭（tribunal de prud'homme），以及农事租赁法院和社会保障法院。法国法院的设置并不是诉讼法典规定的，而由专门的司法组织法来规定，民事诉讼法典的第一卷名为适用于各个法院的一般规定，共 21 编，包括诉讼案件和非讼案件的指导原则、诉权、管辖、证据等内容。以下就较有特色之处分别论述。

(一) 法官职权

法国民事诉讼法在序则中就确定了当事人主义与法官职权相结合的原则，第 1、2、3 条规定当事人是提起诉讼的唯一主体，主导诉讼进程，法官仅在保障诉讼正常进展的前提下有规定期限和命令的权力。对当事人主义的保护体现在辩论原则和处分原则上，但同时法官职权却大有强化的趋势，主要体现在以下几点：

1. 强制举证

民事诉讼法典第 11 条规定，对于在对方或者第三方手中所有的审理所必需的证据，法院得依当事人申请命令其提交，不予提交者，法官可处以逾期罚款。第 133、136、138 条分别对此作出规定。传统的民事诉讼程序是“谁主张，谁举证”，但是此处强化了法官的职权，该申请的提出无须遵循一定形式，法官决定是否有强制提交的必要，并且有科处罚款的职权。对于这种强制举证，当事人有提出异议的权利，其原因有：保密权利，如商业秘密和职业秘密；不可抗力；第三人提出的合法阻碍，此时，对第三人利益的保护是优先的，因为其并没有参与诉讼，不能无故为当事人的利益而牺牲，这种合理障碍可能是对该第三人自己，也可能是对其他第三人造成的损害，最终决定权在于法官。[①]

---

① 参见田少红：《法官在民事诉讼中调查取证方面的作用——中国和法国民事诉讼制度改革之比较》，载《法律适用》，2005（6）。

2. 在审前准备程序中法官的指挥权

预审本来是法国刑事诉讼法中的概念，在新民事诉讼法典中，规定了审前预备措施(mesure d'instruction)①，该措施的范围非常广，主要目的是获得充分的证据，排除审理的障碍，使得庭审程序能够顺利进行。在这一过程中，法官被赋予了非常大的职权，主要体现在以下一些方面：

(1) 对于这一阶段措施的开始和进行法官有决定权。实行庭前准备措施可以以当事人申请或法官依职权开始（第143条），当法官未掌握裁判的充分证据材料时，措施可以在诉讼的任何阶段开始（第144条）。

(2) 法官可以决定采取何种措施，如果有必要可以同时采取多种措施（第147、148条），甚至可以在任何时候决定扩大或者限制已经采取的预备措施（第149条）。

(3) 法官作出的决定具有执行力，法官可以亲自执行，在不亲自执行的情况下，监督执行（第155条），并且可以在传唤双方当事人到场的情况下对案件事实亲自组织审查。

(4) 在此过程中，法官有权传唤当事人到庭。在调查时，有权传唤证人到庭；对于无正当理由不出庭作证的人，有权课以一定数目的罚款。

从上面几点可以看出，法官的权力仍然限制在程序指导权的范围之内，虽然这一阶段不是独立的诉讼程序，但其中很多规定已经和正式程序类似，法官的主导权从程序保障的角度出发得到了加强。

(二) 鼓励和解与调解

既出于对当事人处分权的尊重，也出于对非讼方式解决纠纷的做法的肯定，法国新民事诉讼法典以专章规定了和解与调解。② 二者都以当事人的自愿为前提，和解在双方当事人之间进行，不存在单独的第三方，对于当事人达成的合意，法官记录在案即可。调解有一个双方之外的第三人，相对来讲比较复杂，应该明确以下几点：

1. 这是一种司法调解，因此，法官的管辖权并不因此而被排除。在调解的任何时间，法官都可以决定采取他认为是必要的措施；调解人（自然人）应当随时向法官报告调解的进展，在调解显然无望的时候，法官有权终止调解。

2. 调解人的选任：调解人可以由自然人或者协会担任，调解人不享有事前准备的权力，也不能是已经参加过审前准备措施的人。这些规定都是为了保障调解的顺利进行和调解人的中立性。

3. 为了确保调解的效率，调解应当在3个月内完成，经当事人申请可以延长3个月。

---

① 预审法官是法国刑事诉讼法的一大特色，被称为“最有权力的人”，此处，民事诉讼法典的用语和刑事诉讼法相同，所以虽然不构成单独的程序，但立法者的原意应是采纳和刑事诉讼中类似的审前准备措施。

② “调解”一章是以1996年7月22日第96—652号法令的形式，作为法典第一卷第六编（二）的形式添加的。

4. 法官确定调解人的报酬，在其认可调解决议后，这一决议不能上诉。而且法官作出的有关准许调解的决定、延长调解期间的决定属于司法行政决定（une mesure d'adminitration judiciaire），也不得上诉。①

（三）管辖

1. 级别管辖：就纵向来看，法国法院的管辖很简单，最高法院仅管辖上诉到它的案件，并且只审查其中的法律适用问题；上诉法院管辖上诉案件；一审法院对所有一审案件有管辖权。

2. 职权管辖：即按照案件的性质和争议数额的大小来划分管辖范围，包括：

（1）大审法院：大审法院拥有最一般的管辖权，除其他法院专属管辖以外的所有案件都由它管辖。和初审法院的职能划分主要是标的额的大小，但是对于其他一些案件，不论标的额的大小，都有管辖权，主要包括：人身关系的案件、涉及国籍的案件、不动产纠纷案件、知识产权的一部分案件（例如有关发明专利和制造使用商标的案件）②、交通侵权责任案件、涉及公务助理人员和司法助理人员的案件，等等。③

（2）初审法院：主要管辖小额案件（7 500 欧元以下），以及那些明确规定由其管辖的案件，比如认定当事人行为能力和租金案件。对于初审法院审理的案件，标的在3 800欧元以下的案件一审终审，3 800欧元以上的案件可以上诉。

（3）商事法院：与法国民商分立的立法体制相适应的是专门负责商事案件审理的专门法院，主要管辖以下几类案件：商事主体之间的争议，其他主体之间发生的商事行为的纠纷，商业公司内部关于商业公司的争议也属于商事法院管辖的范畴。将这些纠纷与一般的民事纠纷区别开来，主要靠对商事主体和商事行为的定义，比如房地产纠纷一般由不动产所在地的大审法院管辖，但是在专卖交易所引发的纠纷就是由商事法院管辖。④

此外，劳动争议法院、社会保障法院和农事租赁法院都有各自的管辖范围，但是案件比较单一，所以不再赘述。

3. 地域管辖：法国法院地域管辖的一般规则是依被告住所地，除此之外，还规定了一些特别管辖：不动产案件以不动产所在地法院具有唯一管辖权；合同案件、侵权案件、混合案件和婚姻负担、抚养费或扶养费案件中，原告还有更大的选择法院起诉的权利。

对管辖权的争议，新法典规定在“防御方法”一章里，当事人可以在一审中提出；也可以在法官认为其有管辖权，作出了实体判决后，就该判决提起上诉。对于一审终审的案

---

① Première Chambre Civile，7 décembre 2005（pourvois no02－15 418 et 03－10 316）.

② 在知识产权案件中，对工业产权部长发布的行政性法令、条例及其他决定提起的诉讼应当受行政法院的管辖，不属于民事案件管辖范围。

③ Jean Vincent/Serge Guinchard，*Procédure Civil*，27e édition refondue en 2003，Edition Dalloz，pp. 275-279.

④ 参见张卫平、陈刚编著：《法国民事诉讼法导论》，41 页，北京，中国政法大学出版社，1997。

件，可以就管辖权问题单独提出上诉。当法官就管辖权问题作出宣告时，这种宣告是一种中间判决，当事人也可以就该宣告单独提出上诉。除此之外，法官也可依职权主动宣告其不具有管辖权。

（四）检察院在民事诉讼中的职权

按法国民事诉讼法典的规定，检察院可以作为主当事人或从当事人参与民事诉讼，在这个过程中，检察院代表的是公众和社会。所谓主当事人，是指检察院作为民事诉讼的原告方向法院起诉，适用于妨害公共秩序的案件，比如环境保护以及请求法院宣告某人是否具有法国国籍的案件等。作为主当事人起诉是检察院的权能之一，除非法律有特殊规定，检察院起诉依职权而行。作为从当事人，是指检察院不以自己的名义起诉，而在一些涉及公共秩序的、由法院向其通报的案件中，以提供法律适用意见的方式参加诉讼。此外，在一些民事诉讼进行过程中，检察院可以以监督人的身份出现，比如审前准备要进行的调查，检察官就可以参与，并亲自到场进行监督。

三、各种法院的特别规定

法国法院的一大特点是专业化色彩浓厚，各个依据职权划分管辖范围的法院对于其所辖案件都由相应的一套运行程序，互相之间差异很大，主要是根据案件本身的特点来制定程序，包括法官的选任、证据提交、庭审程序，等等，以下逐一介绍。

（一）大审法院

大审法院是一般意义上的一审法院，拥有最为广泛的管辖权，管辖除法律明确规定的情况外的一切一审案件。法国每个一审法院的程序都不尽相同，但是如果说还是存在一套基本程序的话，就应该是大审法院的最为复杂和完整的程序，其他法院的程序均是在此基础上作出的简化或者变通。对于其审理的案件，大审法院主要有以下一些要求：

1. 除法律的特别规定，双方当事人必须委托律师进行诉讼。

2. 起诉和答辩必须以书面的形式作出，各种文书和证据在双方的交换均由律师来进行。

3. 完备的审前准备阶段：法院得指定一名司法官主持审前准备，其主要任务是保证程序的公正，主持双方陈述准备书、诉讼文书和证据的充分交换，为庭审程序做好准备。审前准备阶段的法官有以下权力：决定诉的分离与合并；听取当事人陈述；对双方达成的和解予以确认，包括部分和解；提请当事人要求任何有利害关系的人参加诉讼；确认诉讼消灭；决定诉讼预付款项；命令采取一切临时措施并作出裁定，该裁定没有既判力，但是具有执行力，等等。

4. 所有案件由合议庭作出判决。

5. 在所有不存在紧急审理程序的案件中，大审法院院长有作出紧急审理裁定的权力。

(二) 初审法院

与大审法院相比，初审法院的管辖范围主要是由争议标的的大小来确定的，其管辖标的在7 500欧元以下的纠纷，以及认定当事人行为能力和监护关系等案件。由于案件本身的重要性不及大审法院管辖的条件，其程序也大大简化，主要包括以下特点：

1. 当事人可以自己出庭，自行辩护；当需要他人协助进行诉讼时，当事人可以委托律师或者配偶、亲戚及与其人事部门或企业有关系的人为代理人或助理。

2. 当事人有和解意愿时，得进行预行和解程序。和解由和解人主持，最长期限不得超过两个月。法官有义务促使当事人达成和解，但须以自愿为前提。

3. 当事人的陈述可以以共同诉状的方式进行。

4. 法官可以请求当事人在确定期限内提交证明其诉讼请求的事实和材料，逾期不提交者，法官可以不予理睬并作出判决。

5. 作出紧急裁定的权力由初审法院的法官享有，其适用条件是情况紧急，没有严重争议，只存在潜在性争议，法官作出裁定采取保全措施或恢复原状；可以裁定当事人预先支付债务，这种裁定同样适用于作为之债。

6. 至于法官的身份，初审法院法官属于大审法院的成员，所以他们可以接受大审法院院长的授权，作为执行法官时，有和大审法院院长相同的权力。[①]

扩展阅读

初审法院同时是“家事法官、邻居法官与经济法官”，也就是说，初审法官是“家庭日常事务”法官，是处理出生、死亡、家庭教育、家庭日常生活事务的法官；初审法官也是处理消费者与行业人员之间相互关系的法官。涉及“没有付款”的争议占初审法院活动的80%，例如，1988年，向初审法院提起的涉及支付问题的诉讼共168 516件，其中有1/3以上的是有关支付房屋租金的诉讼请求。

也许我们可以说，初审法官是“近邻司法再度复兴”的法官。对此，人们谈得很多。看来，正是这种情形导致了1994年3月对初审法院管辖权限重新进行了定义（相对于大审

---

① 参见［法］让·文森、塞尔日·金沙尔：《法国民事诉讼法要义》（上），罗结珍译，353页，北京，中国法制出版社，2001。

法院而言，初审法官享有相当多的不考虑争议价值的自治管辖权限)，并且规定在初审法院内可以招聘“非职业法官”①。

(三) 商事法院

作为审理商事案件的专门法院，商事法院具有更大的特殊性：

1. 法官的选任：与其他法院的法官不同，商事法院的法官并不是专业的法律人员，是各地的商会从商人中选举产生的，称为非职业法官 (les juges non-professionnels)。其原因，是商人自己最熟悉他们自身的纠纷产生原因和消解办法。商业，因为专门商法典的规制，有一套特殊的游戏规则，而且商事传统的力量非常强大，要对利益作出正确权衡的，必须是深谙这种规则的职业人士，并且经验法则占据了非常重要的位置，从这个意义上讲，法律背景反而不是第一考虑因素。

2. 商事法院的程序往往更为灵活，除当事人可以自己出庭、自行辩护外，其代理人可以是任何得到其委托授权的人。但是事实上的情况是，法律职业的专门性占了上风，现在很多在商事法院审理的案子都是由律师来代理的。

3. 当事人的起诉可以以传唤状、共同诉状的方式提出，当事人也可以自行前往法院请求法官作出判决，并不严格要求书面材料。

4. 由于商事案件的特殊性，庭审程序应当在1个开庭日内完成；如果不能作出判决，应当委托一名法官进行审前准备。审前准备由独任法官进行，他得以行使一般审前准备阶段法官所应具有的权力。由于商事案件的特殊性，法院也优先奉行快捷审理的理念，但是由此引发的争议就是，在1日审结的案件中，证据突袭的风险无法避免，法官没有理由拒绝当事人律师现场提出的证据，并且可以依此作出判决。

5. 紧急审理裁定由商事法院院长作出。由于该院法官身份的特殊性，提交申请在紧急情况下可以到法官的住所和其职业活动的场所提交。

扩展阅读

商事法院是法国历史最悠久的法院，其历史据说可以追溯到中世纪意大利的领事法官制度。15世纪，随着法国经济的迅速发展，意大利的领事法官制度也在法国落根。至16世纪改为商事法院。法国大革命时，虽然法院作为旧秩序的产物被废止，但商事法院却保留下来了。其保留的原因是商事法院法官产生的方式符合当时法国大革命的思潮，即民主化。另外，商事法院与一般的王室法院毕竟有所区别，没有对行政权的行使和当时革命的激进行动造成什么障碍。商事法院的设立和运行符合当时资产阶级的

---

① [法] 让·文森、塞尔日·金沙尔：《法国民事诉讼法要义》(上)，罗结珍译，342页，北京，中国法制出版社，2005。

利益。[①]

(四) 劳资纠纷调解法院

劳资纠纷调解法院从性质上来讲，并不是单纯的司法机构，还行使着一定的管理和行政职能，其法官也是由选举产生。当某个地区没有此类法院时，其职能由初审法院代为履行。

1. 一般情况下，当事人应当亲自出庭，仅在有合法理由时，可以由其他人代为出庭。可以担任代理人的范围仅限于同一劳动部门的雇员或雇主、配偶、工会代表和律师。

2. 劳资纠纷调解法院由若干个分庭组成，其中，调解庭得主持并尽力促使当事人达成和解，事实上，调解庭部分行使了其他程序中审前准备阶段的职能。当调解人认为没有调解和审前准备必要时，可以直接将案件发送到审判庭。

3. 紧急审理程序的适用：和其他法院不同的是，即便是在有严重争议的情况下，紧急审理庭也可以命令采取保全或者恢复原状的措施，以制止损害发生或者非法干扰。

(五) 农村租赁法院

1. 在有关租约的纠纷中，商事租赁争议由不动产所在地的大审法院管辖，有关租房纠纷由初审法院管辖，涉及农事租赁的案件由专门的农村租赁法院管辖。

2. 在本法院起诉需要以书面方式进行，但当事人可以亲自出庭，其委托的代理人范围限于律师、执达员、其家庭成员和农业行业组织的成员。

(六) 上诉法院

上诉法院是法国唯一的上诉审法院，管辖被提交的所有一审法院的案件，其程序遵循以下几点要求：

1. 以强制代理为原则，以自己出庭为例外。一般情况下，当事人应当选定诉讼代辩人，而且这种代辩人一般都是长期从事相关业务、熟悉上诉审程序的上诉律师；仅仅在法律明确规定时，如对农村租赁对等法庭的判决提出上诉时，就按照非强制代理程序进行。

2. 除非案件有紧急性需要作出即时判决的，都由一个审判官（conseille）负责审前准备，他具有以下权力：决定上诉是否受理，对不予受理的作出宣告；在本阶段有权中止执行不恰当的终审判决，或行使在先予执行方面所具有的权限。

3. 上诉法院第一院长有作出紧急审理裁定的权力，其中包括在已经提出上诉的场合中

---

① Vincent, Guinchart, Marinard, *La justice et ses institutions*, 3éd, 1991, p. 200. 转引自张卫平、陈刚编著:《法国民事诉讼法导论》，18页，北京，中国政法大学出版社，1997。

止执行终审法院作出的定性不恰当的判决和在先予执行方面的权力，这种权力在审前准备阶段是由审判官行使的。

扩展阅读

法国上诉法院所面临的主要问题是：其一，由于上诉途径的单一化，上诉法院必然承担大量的上诉案件的审理，往往捉襟见肘，影响了上诉案件审判的效率。其二，上诉法院的法官均是职业法官，由于缺乏专门知识，因此，对商事案件的上诉审理显得力不从心。往往难以判断一审法官（非职业法官但却具有专门知识）作出的判决正确与否。①

（七）最高法院

1. 和上诉法院一样，除了法律明确规定的例外情况，在最高法院进行诉讼需要委托律师，并且只能委托履行向最高行政法院和最高司法法院上诉的专业律师。

2. 最高司法法院并不是严格意义上的审判法院，对于向它上诉的案件，只进行法律审，而并不管实体争议。对于其认为有错误的案件，最高法院并不自行改判，而是将其发回到其他上诉法院重新进行审理，这种发回以两次为限，最后一个上诉法院作出的判决为确定判决。

3. 最高法院作出的判决分为四种：驳回上诉、维持原判、撤销原判发回重审和撤销原判不发回重审的判决。

以上是关于法国各个法院审理程序的一个粗略介绍，虽然其互相之间相差很远，但是其中仍然有很多共同之处，比如审前准备对于缩短庭审、迅速判决有很重要的意义；紧急程序或者紧急裁定是法国民事诉讼法的一大特色，存在于所有的法院程序，目的在于减轻损害和倾向于保护原告的权利。总体来讲，法国民事诉讼法第二卷的规定虽然有失烦琐，且有重复之嫌，但其与实体法结合的紧密程度极为突出的、专业化和精密化特点表露无遗。

四、某些案件的特别规定

法国民事诉讼法与实体法结合之紧密，除了专业法庭的划分，另一个体现就是它以案

① Vincent，Guinchart，Marinard，*La justice et ses institutions*，3éd，1991，p. 191. 转引自张卫平、陈刚编著：《法国民事诉讼法导论》，18页，北京，中国政法大学出版社，1997。

件的实体法律关系特点为基础，设立了不同程序。整个法典第四卷分为人，财产，夫妻财产制、继承和赠与，以及债与契约。这种划分其实是以前卷的职权管辖为基础的，在每一个法院的职权管辖范围内对不同性质的案件适用不同的程序，这种进一步的细化使得案件审理的针对性更强，个性化特点更突出。

（一）人

本编涉及了诸如自然人的国籍、身份证书的更正、民事登记簿、夫妻之间身份关系的变更（如离婚、分居等）以及收养、亲权等一系列关于人的诉讼，分成不同章节，每一部分所适用的程序以实体法的规定为基础，并且依据自身特点在管辖、审理等方面分别规定。以下作一简单介绍。

1. 涉及公共秩序的人的身份争议

这一部分主要包括自然人的国籍争议，以及依据此项争议提出的无管辖权抗议和身份证书的管理。国籍争议的唯一管辖法院是当事人所在地的大审法院，由于涉及公共秩序，检察院或者作为主当事人，或者作为从当事人得介入此类案件。当国籍争议问题是作为某一民事案件的先决问题而提出时，应当移交有管辖权的大审法院或者将申请提交检察院。关于身份证书的更正，应当向有管辖权的大审法院院长提出，但是对于身份证书中的事实问题的更正，则应该向有管辖权的地区检察官提出。这一诉讼和改名之诉都属于非讼之诉，检察院始终有权提出抗诉。

2. 离婚和分居

在此类案件中，涉及的不再是公共利益，因此，在程序设定上充分尊重当事人的处分权。家事法官在其中扮演很重要的角色，根据民事诉讼法的规定，他们是审前准备法官，必要时能够行使紧急审理法官的职权，而且其任务是在诉讼之前或诉讼中促使夫妻双方和解。由于婚姻案件的特殊性，当事人任意一方，在诉讼的任何阶段，甚至包括上诉审，都可以以分居之诉替代离婚之诉，但是禁止反向替代。整个程序因为提起主体的不同，可以分为双方以单一共同诉状提起的诉讼，一方提起的离婚诉讼，一方提出请求而另一方同意的诉讼以及由分居转为离婚的诉讼。其中，双方的单一共同诉状效力类似于协议，法官应听取当事人的陈述，并且在律师或者公证人在场的情况下对协议文本作最终的审查，并且在能保证离婚后子女的监护和抚养时作出离婚宣告。

3. 涉及未成年人利益保护的程序

未成年人利益的保护是民法典中很重要的一部分，与此相适应，诉讼法典分别对不同的涉及未成年人利益的案件程序作出了不同规定，以保证其利益能够被落实。由于案件的特殊性，在某些程序中，检察官也能够以公共利益维护者的身份介入，至于其是作为主当事人还是从当事人，则要依案件的性质而定。这类案件主要有亲子关系、收养、亲权和未成年人的监护。各种案件性质不一，有非讼和争讼案件。为了保护未成年人的利益，许多程序规定了不公开审理和司法代理，而且这种代理往往不囿于一般认识，比如在补助费案件中，法官就可以指定任何其认为对儿童利益关切的人为司法代理人。

4. 对成年人的保护程序

对成年人的保护，分为司法保护和监护，处理这一类案件的监护法官有权听取其认为需要的被保护人的意见，并且可以以此为理由到上诉法院辖区或邻近省辖区出差办案，并且无须书记员的协助。医生的检查和意见对于案件的审理非常重要，法官应当创造条件保证其对受保护人进行检查和必要的治疗；检察官，依据法律的规定，应当被通知案情的进展和给予相关的法律意见。

(二) 财产

关于财产的诉讼，包括所有权诉讼，交账与果实的清算，用益权人经法院允许订立的租约，属于受监护的未成年人和成年人的不动产与商用营业资产的出售，以及在任何执行程序之外分配现金。这几类案件的规定是对第一卷一般规定的补充。值得注意的一点是，这一部分的基本内容并没有在程序法典中规定，而是由民法典来加以规范，因此，在操作上实体和程序具有很强的结合性。

五、仲　裁

仲裁是并列于诉讼的一种纠纷解决机制，相比较诉讼，仲裁有很多优点。仲裁取消了各种形式手续，人们对自己选择的仲裁官有充分的信任，其过程的快捷、节省。同时，仲裁制度也有诸多不足，例如仲裁放弃了某些形式手续所提供的保障，过早地放弃了上诉救济途径，等等。正因为如此，立法者要对仲裁作出相当严格的规范。

(一) 仲裁条款和仲裁协议

仲裁条款是合同当事人同意将可能发生的有关该合同的争议提交仲裁的协议。仲裁条款应以书面规定于主协议中或者主协议援引的文件中，否则是无效的。争议应由当事人共同地提交仲裁庭或者由最主动方提交仲裁庭。仲裁条款如果无效，则应视为没有作成。

仲裁协议（convention de compromis）是指已经发生争议的当事人将该争议提交一人或数人仲裁的协定。仲裁协议应确定争议的标的，否则它是无效的。仲裁协议的适用范围规定在《法国民法典》第2059与第2060条，因此，只有当问题具有公共秩序性质时，或者涉及人的身份、能力、管理，涉及离婚与分居事由时，才禁止订立仲裁协议。[①]

仲裁协议应当指明一名或者多名仲裁员，或者指定仲裁方式，否则将无效。如果仲裁协议中指定的仲裁员不接受授予他的职权，则仲裁协议终止。仲裁协议应为书面，协议在仲裁员和当事人签字的笔录中得为书面见证。

扩展阅读

随着订立仲裁协议的时间不同，这种协议可以分为两类：争议发生之前订立的协议与争议发生之后订立的协议，前者称为“仲裁条款”（clause compromissoire），后者称为“仲裁协议”（compromis）。这两类协议的适用范围与有效范围并不完全相同。在特定情况下，两类协议均受到禁止；在另外一些情况下，只准许订立其中某一项协议；也有两种协议都准许的情况。这样，立法者就要对争议的“可仲裁性”作出不同的规定。[②]

（二）仲裁庭的组成

仲裁员的任职只可委托给一个自然人，他必须有行使民事权利的完全行为能力。如果仲裁协议指定一个法人作仲裁员，则它只有权组织仲裁。

只有当仲裁员或各仲裁员接受交付给他的工作任务时，仲裁法庭才完全成立。认为自己有回避事由的仲裁员应当将此事告知当事人，在这种情况下，该仲裁员仅在各当事人同意的情况下，才能接受其工作任务。仲裁庭可由一名独任仲裁员或者数名奇数人数的仲裁员组成。当事人指定偶数人数仲裁员的，仲裁庭应由一名仲裁员补全。该仲裁员按照当事人于原先的议定选定，或者无此议定的，由已指定的仲裁员选定。在各仲裁员之间达不成一致意见的，最终由大审法院院长指定。

一个自然人或一个法人负责组织仲裁的，仲裁职权应委任给所有当事人都接受的一名或数名仲裁员完成。无此接受的，负责组织仲裁的人提请各方当事人指定一名仲裁员，并且在适当的场合，另指定一名仲裁员作仲裁法庭所需的补充仲裁员。如果当事人未能各自指定一名仲裁员，该指定由负责组织仲裁的人进行。仲裁法庭也可直接按照前面规定的机制组成。负责组织仲裁的人或法人可以规定仲裁法庭仅作出裁决草案，并且如果一方当事人对该草案提出异议，案件应提交给第二个仲裁庭。在此情况下，第二个仲裁庭的成员应由负责组织仲裁的人指定，各方当事人都有权指定他人替换此仲裁员。

---

① 参见［法］让·文森、塞尔日·金沙尔：《法国民事诉讼法要义》（下），罗结珍译，1439页，北京，中国法制出版社，2001。

② 参见上书，1429页。

(三) 仲裁程序

仲裁程序不同于诉讼称序，在仲裁中可以减少某些规则。《法国新民事诉讼法》第 1460 条前 2 款规定："仲裁员规定仲裁的程序，不受法院规则的约束，但当事人在仲裁协议中另有规定的除外。但是，第 4 条至第 10 条，第 11 条第 1 款和第 13 条至第 21 条规定的诉讼指导原则通常适用于仲裁程序。"

1. 仲裁员在仲裁中的角色

在仲裁程序中，仲裁员起着举足轻重的作用，仲裁员是不折不扣的法官。[①] 仲裁员的权力来自于当事人的合意，自然不能像法官的权力那么广泛。但是，仲裁员也像法官那样，可以同意给予裁决的宽限期，可以命令仲裁裁决的先予执行，可以采取审前的准备措施。但是，仲裁员不得直接向共同体法院提出请求。具体而言，仲裁员在以下几方面发挥作用：

(1) 审前准备程序

在仲裁中，如果一方当事人持有某项证据、材料，仲裁员可命令他出示。预审文书和笔录由所有仲裁员签字方始生效，除非仲裁协议允许全体仲裁员责成其中的一个仲裁员代行。

(2) 仲裁员的稳定性与持续性

仲裁员连续任职直至职责完成。除非当事人一致同意，仲裁员不可解职。

(3) 仲裁员的回避

仲裁员的回避要求比法院人员的回避要求更高，只有出于某一仲裁员受指令后发生或发现的原因，该仲裁员才能被申请回避，或者弃权。由此而产生的困难应提交给有管辖权的法院院长处理。

(4) 仲裁员授权的有效性及部分权利

如果一方当事人向仲裁员抗辩他的管辖权，不论是原则或范围，该仲裁员应决定其任职的效力或范围。没有相反协议的，仲裁员有权按照《法国新民事诉讼法》第 287 条至第 294 条和第 299 条决定关于验证书面文件或者伪造文件的申诉。如果已提出了对伪造文件的反对意见，仲裁员适用《法国新民事诉讼法》第 313 条的规定。仲裁的期限应自仲裁员就该主张作出决定之日起继续计算。仲裁员应确定事项达到合议阶段的日期。此日期以后，当事人不得再提出申诉，也不得再进行任何辩论。除非仲裁员要求，当事人不得发表意见或提出任何文件。

2. 仲裁程序的结束和中断

除非当事人有相反的特别协议，仲裁程序因为下列特定事件而结束：

(1) 某一仲裁员被解职、死亡或因故不能履行职责，或者他丧失了完全行使其民事权

---

① 参见［法］让·文森、塞尔日·金沙尔：《法国民事诉讼法要义》（下），罗结珍译，1451 页，北京，中国法制出版社，2001。

利的能力；

(2) 某一仲裁员放弃权利或被要求回避；

(3) 仲裁期限届满。

仲裁程序的中断适用《法国新民事诉讼法》第369～376条的规定，即诉讼中断的规定。

(四) 仲裁裁决

1. 仲裁裁决的模式与应载事项

仲裁员的合议是秘密的，仲裁裁决由多数票提出。仲裁裁决应简明地叙述当事人各自的诉讼请求和理由。判决应附具理由。

仲裁裁决应指明以下一些因素：

(1) 作出裁决的仲裁员的姓名；

(2) 裁决的日期；

(3) 裁决作出的地点；

(4) 当事人的姓名、别号或名称，以及他们的住所或公司总部；

(5) 如果适当，代理或协助过当事人的律师或其他人士的姓名。

2. 仲裁裁决的效力

裁决由所有仲裁员签署。但是，如果少数仲裁员拒绝签署，其他仲裁员对此应予证明，裁决应有如同所有仲裁员均已签署的同等效力。仲裁员应按照法律规则决定案件，除非当事人在仲裁协议中已授权仲裁员作为和解中间人调解案件。

(1) 仲裁庭停止管辖

裁决一经作出，仲裁员即告解除对其受理裁决的争议的管辖权。

但是，仲裁员有权解释裁决，修正错误和可能影响裁决的重大疏漏。在对请求的某一事项漏于裁决时，仲裁员还可以补全仲裁。

(2) 仲裁裁决的既判力

裁决自其作出之时起对于它决定的争议有既判力。

(3) 仲裁裁决的可执行力

仲裁裁决仅可根据在裁决作出地有管辖权的大审法院出具的执行许可的命令予以强制执行。执行许可应以法院的执行判决作出。仲裁执行判决书应附于仲裁裁决文本内。拒绝判决执行书的裁定应当说明理由。

(4) 仲裁裁决的先予执行

仲裁裁决适用有关法院之假执行规则，即先予执行。

如果上诉或诉讼被搁置，上诉法院第一院长或负责审前程序的法官，一旦受理提议，即可以对附有假执行的仲裁裁决发给执行判决书。第一院长或审前准备法官也可以依照《法国新民事诉讼法》第525条和第526条规定的条件命令假执行；他的决定应视为等同于执行书。

(五) 救济途径

如何安排上诉救济途径一直是仲裁程序的一个最为棘手的问题。过去，这一方面的条文规定得很不够，法院判例也没有彻底改变这方面的问题。现在，有关上诉救济途径的安排已经作了全面调整，对仲裁裁决的上诉救济可以从两个方面来考虑。提起上诉可以使请求上诉法院变更仲裁裁决，也可以使请求撤销仲裁裁决。

扩展阅读

仲裁裁决是一项真正的判决，因此，应当可以经过正常的救济途径对其提出攻击，不过，仲裁裁决的依据是私人性质的协议，也就是仲裁协议，只有确实存在这种协议，并且在其得到正确执行时，仲裁裁决才能成为名副其实的判决。考虑到这些不同因素，立法者曾试图安排一种“专门的无效途径”，并将这种途径与针对判决准许运用的各种上诉救济途径结合起来，但是，这些途径的界限始终并不十分确定。①

1. 针对仲裁裁决向上诉法院提起的上诉

(1) 仲裁裁决的可上诉性

我们知道，运用仲裁是有危险的：人们在有吸引力的商业性协议带来的快乐中轻而易举地完全放弃了国家法院的救济保护。②《法国新民事诉讼法》规定了当事人的上诉权在不同情况下是否可以行使。

1) 除非当事人在仲裁协议中放弃了他们的上诉权，仲裁裁决可以上诉；

2) 但是，如果仲裁员被授权以友好调停人行事，裁决是不可上诉的，除非当事人在仲裁协议中明确地保留了上诉的权利；

3) 如果当事人没有放弃他们的上诉权或者在仲裁协议中明确地保留了该权利的，不论是提议修改或撤销仲裁裁决，仅应进行通常的上诉程序，上诉审法官应作为友好调停人决定案件，如果仲裁员有和解的任务；

4) 如果当事人放弃了他们的上诉权或者在仲裁协议中没有明确地保留该权利的，不论有无任何相反的规定，仍可提出撤销具有仲裁裁决性质的文书的请求，但是仅在下列情况下许可提出请求：

第一，如果仲裁员无仲裁协议或依据无效的或过期的协议进行决定；

第二，如果仲裁庭不恰当地组成或者独任仲裁员不恰当地指派；

---

① 参见［法］让·文森、塞尔日·金沙尔：《法国民事诉讼法要义》(下)，罗结珍译，1462页，北京，中国法制出版社，2005。

② 参见上书，1464页。

第三，如果仲裁员以有违于授予他们职权的方式进行仲裁；

第四，如果言辞原则没被遵守；

第五，第1480条规定的所有无效情况；

第六，如果仲裁员违反了公共政策。

(2) 提起上诉的程序

上诉和撤销的请求应提交到仲裁裁决在其辖区内作出的上诉法院。上诉可在裁决作出后立即提出，但是，附有执行书的仲裁裁决在送达后1个月内仍未提出上诉的，则提出上诉也不予受理。上诉期间中止仲裁裁决的执行。

上诉和撤销仲裁裁决的请求按照上诉法院审理诉讼案件适用的规则提出、审理和决定。当事人在提出上诉声明时要求的补救措施可以修改或加以说明，直至上诉法院受理案件时为止。

(3) 上诉法院作出的判决

受理撤销仲裁裁决之请求的法院，在撤销仲裁裁决的时候，应在仲裁员的工作任务范围内，作出实体上的判决，但如全体当事人另有意愿，则不受限制。

在向上诉法院提起上诉被驳回，或者提出的撤销仲裁裁决的请求被驳回时，仲裁裁决或仲裁裁决中未受到上诉法院撤销的条款，等于依附于执行书。

向上诉法院提出变更仲裁裁决之诉，上诉法院变更了裁决的，上诉法院的判决取代了仲裁庭原来作出的裁决。

2. 针对仲裁裁决执行命令向上诉法院提起的上诉

这种上诉可以分为以下两种情况：

(1) 对于签发执行书的裁定，不允许提出任何上诉。但是，向上诉法院提起上诉或提出撤销仲裁裁决之请求，自然引起对签发执行书的法官的裁定提起上诉，或者引起该法官停止案件管辖。

(2) 拒绝签发执行书的裁定，可以自其送达起1个月期限内，向上诉法院提起上诉。在此情况下，应当事人的请求，上诉法院按照当事人在不同情况下通过向上诉法院提起上诉或者通过提出撤销仲裁裁决之请求本可援用的理由进行审理。

以上是法国仲裁制度的简要介绍，《法国新民事诉讼法》和旧法相比，在仲裁方面有很大的完善和改进，使得仲裁制度可以更好地发挥其优点，分流案源，减轻法院案件的堆积，提高了纠纷解决的效率。

六、执　行

法国的民事诉讼法典中并没有规定强制执行法，作为一个程序法如此发达的国家，这一点让人有些困惑。但是了解法国强制执行法的人都清楚，法国具有世界上最完善、最严谨的强制执行法。为什么如此优秀的执行法却在民事诉讼法典中无容身之地呢？深究一下，主要有以下三点原因。

首先，1806 年《法国民事诉讼法典》作为大革命的立法成果之一，与《法国民法典》、《法国商法典》、《法国刑法典》和《法国刑事诉讼法典》一起并称于世。但是这部民事诉讼法典在很大程度上照搬了 1667 年路易敕令，这并不是一部学者主导制定的法典，因而缺乏划时代的影响力，是一部"自诞生之日就已过时的法典"①。法国民事诉讼法直到 1976 年才进行了颁布以来第一次大规模的修改，时隔《法国新民事诉讼法》颁布已经一个多世纪，出台新法典的要求十分迫切。虽然在立法时有意遵循旧法典的体例，将执行作为第五卷置于末尾，但法国的执行法数量庞大，过于繁杂，如果将其纳入民事诉讼法典会拖延新法典的出台。此外，《法国新民事诉讼法》很多制度都落后于时代，亟待修改，从时间上考虑，将执行法纳入民事诉讼法典并不可行。

其次，法国的民事实体法和程序法结合紧密，民事实体法中都贯穿有程序法的规定。执行法便是很好的一例。各种执行方法被规定在各个单行立法之中，而且差异很大，将其完全纳入民事诉讼法典不仅会失去原有的结构合理性，也是个非常庞大的工程，很难在实体法之外构建一个纯程序的执行法。所以将执行法纳入民事诉讼法典的计划暂时搁置。在 1991 年，法国出台了单独的强制执行法，与其他的政府法令一起构成了民事诉讼法上的强制执行体系。

最后，正是因为其严谨性和完善性，法国强制执行法数量浩大，内容庞杂，将其放入民事诉讼法典会占用大量篇幅，也有比例失调之嫌。

基于上面种种考虑，法国的强制执行法终究没有纳入民事诉讼法典中，而是保持了其在实体法中有相应规定的体系，同时辅以 1991 年出台的单独强制执行法，成为特色鲜明的执行法之一。

扩展阅读

（法国强制执行途径的）法律渊源比较分散，这是它的不足之处。主要渊源是 1806 年《民事诉讼法典》第一部分的第五卷，这一卷的标题是"判决的执行"，但是，其中第 517 条至第 550 条、第 812 条至第 818 条已经被 1981 年 5 月 12 日法令废止。这些条文在《法国新民事诉讼法》中重新作了规定。旧法典第 806 条至第 811 条有关紧急审理程序的规定也移入了《法国新民事诉讼法》。1995 年设置的"普通法的保全扣押"归入了旧法典的第 48 条至 57 条。1806 年法典的有些条文也经过了多次的修改，例如，有关不动产扣押的规定就在 1938 年进行了全面的修订。

---

① ［法］罗杰·佩罗：《法国民事裁判法》，［日］《近大法学》第 35 卷第 1·2 号，446 页。转引自张卫平、陈刚编著：《法国民事诉讼法导论》，9 页，北京，中国政法大学出版社，1997。

1991年7月9日关于改革民事执行程序的法律（《达罗斯法律与法令汇编》，1991年，317，以及1992年7月31日有关该法律的实施法令），通过修改有关动产扣押的整体规则，实现了民事执行程序的总体改革。法律与实施法令之间有关条款分配的依据是1958年宪法第34条至第37条。但是，这一改革并没有涉及不动产扣押与分配顺位程序。不动产扣押与分配顺位程序将在今后进行改革。[①]

① 参见［法］让·文森、雅克·普雷沃：《法国民事执行程序法要义——强制执行途径与分配程序》，罗结珍译，4页，北京，中国法制出版社，2002。

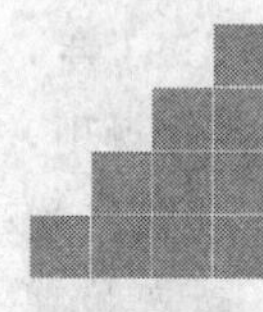

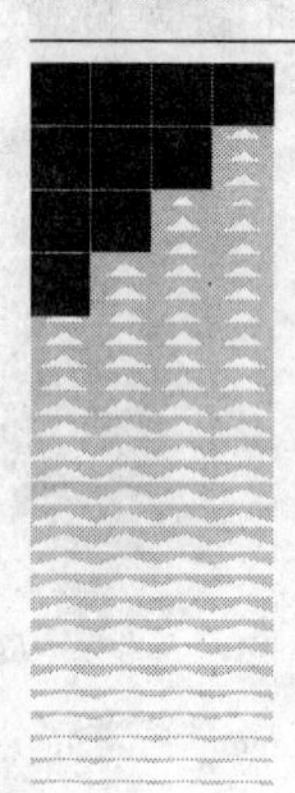

第六章 俄罗斯民事诉讼法

一、俄罗斯民事诉讼法的沿革

俄罗斯联邦的前身是俄罗斯苏维埃联邦社会主义共和国（简称苏俄），苏俄曾经存在过两部民事诉讼法典：一部是1923年《苏俄民事诉讼法典》，该法典于1923年7月7日被批准，自1923年9月1日起施行，共5编、39章、473条，是为了适应当时的新经济政策、保障民事流转所制定的民事诉讼法典，从1923年到1964年施行；一部是1964年《苏俄民事诉讼法典》，该法典于1964年6月11日通过，1964年10月颁布实施，共6编、42章、438条，是苏俄根据《苏联和加盟共和国民事诉讼立法纲要》制定，从1964年到2002年施行。这两部法典分别施行了差不多四十年的时间。2002年10月23日，俄罗斯国家杜马通过了《俄罗斯联邦民事诉讼法》（以下简称新民事诉讼法），该法典于同年10月30日被俄罗斯联邦委员会批准，自2003年2月1日起施行。①

新民事诉讼法由总则、一审程序、二审程序、监督审程序、外国人涉诉程序、解决有争议的调解法院判决和颁布强制执行调解法院判决令的程序、执行外国法院判决程序共7编组成，共47章、446条。首先，从结构上与《苏俄民事诉讼法典》的6编（总则、一审程序、上诉程序、再审程序、执行程序和涉外编）、42章、438条有所不同。新增了案件类型，如选举纠纷案件（按特别程序审理）；新增了章节，如强制犯精神病的公民住院和检查

① 该法典的中文译本，参见黄道秀译：《俄罗斯联邦民事诉讼法典》，北京，中国人民公安大学出版社，2003。本节对《俄罗斯联邦民事诉讼法》的介绍，主要参考了这部译稿。

的程序，解放程序（未成年人申请宣布成为完全民事行为能力人），对治安法官判决和裁定上诉的程序；另外，重写涉外编以及有关收养、传唤的章节，等等。

俄罗斯新民事诉讼法既对传统的苏联职权主义进行了根本的修正，同时又不拘泥于大陆法系的严格当事人主义诉讼模式。新民事诉讼法一方面强化了当事人的证明责任，限制法院主动调查、收集证据；另一方面，又强化了法院的释明权，在尊重当事人处分权的基础上，实现了对民事权利的有效保障，强化法院在调查证据、确定案情方面的积极作用，强化法院对诉讼的领导权。这方面的修改精神是法院不应该消极地听取当事人的陈述和辩论，而应当积极地采取行动，为审理和解决民事案件时全面、充分地调查证据、确定事实情况和正确适用立法创造条件（第 12 条第 2 款）。类似的规定还体现在法庭审理中审判长的作用上。审判长在庭审中不应当消极中立，相反，应当积极地活动，为全面和充分调查证据、案情，从审判中排除一切与案件审理无关的因素创造条件（第 156 条第 2 款），从而作出合理的和有根据的判决。可见，新法典规定的辩论主义原则并不是纯粹的辩论主义。

扩展阅读

现行俄罗斯民事诉讼模式为当事人主义模式，只不过该模式属于大陆法系当事人主义模式，而非英美法系的纯粹当事人主义诉讼模式，亦即，在这种当事人主义诉讼模式下，当事人的意思自治要受到一定的限制，而不能随心所欲。①

检察机关参与民事诉讼，历来是俄罗斯民事诉讼的传统，新民事诉讼法延续了这一传统，规定了检察机关在民事诉讼中的广泛职权，但同时也结合民事诉讼的基本法理，对民事检察职能进行了限制。新民事诉讼法保留了检察长参加民事案件审理的两种方式——提起诉讼和参加诉讼，但对其中的不符合诉讼法基本原则的一些问题进行了实质的修改，表现在以下四个方面：

1. 在为保护公民权利和利益提起诉讼方面，更加尊重当事人的处分权。依据 1964 年民事诉讼法典的规定，检察长实际上可以不依公民的请求而在必要时提起保护其权利和利益的诉讼（第 41 条第 1 款）；而新民事诉讼法规定，维护公民权利、自由和利益请求仅在公民由于健康状况、年龄、无行为能力和其他正当原因不能亲自向法院请求时才能由检察长提出（第 45 条第 1 款）。

2. 限制检察长在参加之诉中提出结论的权利。1964 年民事诉讼法典规定，如果法院准许公民申请检察长参加已经开始的诉讼，则检察长有权对任何案件问题提出结论（第 41 条第 3 款）；而新民事诉讼法规定，检察长只能在法律有规定的情况下才能对案件问题提出结论。这样做，体现了当事人平等原则，同时也尊重了法院的独立性。

3. 1964 年民事诉讼法典规定，检察长可以对超过诉讼时效的请求提起诉讼；而新民事

① 参见张家慧：《俄罗斯民事诉讼法研究》，9 页，北京，法律出版社，2004。

诉讼法则规定，法院可以驳回无正当理由迟延诉讼时效的请求（第152条第6款），实际上包括检察长也不能对超过诉讼时效的没有正当理由的请求提起诉讼。

4.1964年民事诉讼法典对于检察长在监督审中提起抗诉的期限没有限制；而新民事诉讼法要求对于法院裁判可以在其发生法律效力之日起1年内向法院提出抗诉（第376条第2款）。这样做，体现了程序安定原则。

二、俄罗斯的民事司法体系

俄罗斯的司法体系为混合式体系，构成比较复杂。俄罗斯联邦的司法系统由联邦法院和联邦主体法院两部分组成。联邦法院包括俄罗斯联邦宪法法院、俄罗斯联邦普通法院和俄罗斯联邦仲裁法院。其中俄罗斯联邦普通法院系统从上到下分为俄罗斯联邦最高法院，组成联邦的各共和国最高法院，边疆区、州、联邦直辖市、自治州、自治专区法院以及作为基层法院的区法院，其中还有专属管辖权的军事法院和专门法院。俄罗斯联邦仲裁法院系统从上至下则包括联邦最高仲裁法院、管辖区联邦仲裁法院、各联邦主体仲裁法院，仲裁法院按照审理经济争议的仲裁程序行使审判权。普通法院、仲裁法院和军事法院在全联邦境内都实行统一的单一制的等级体系。联邦主体法院包括联邦主体宪法法院（宪章法院）和治安法院。俄罗斯联邦主体宪法法院主要是解释本联邦主体的宪法，确定联邦主体法律是否符合联邦主体宪法。但联邦宪法法院与联邦主体宪法法院系统实行“双轨制”，两者互相独立，不存在上下级管辖关系。治安法官是为了减轻联邦法院的负担，由《司法体系法》规定的，在联邦主体最基层设置的法院系统。治安法官在自己的管辖范围内，作为一审法院审理民事、行政和刑事案件。

新民事诉讼法调整的是联邦普通法院系统和治安法官审理案件的诉讼程序。

1. 普通法院。俄罗斯联邦普通法院由联邦最高法院、各联邦共和国法院、治安法院以及军事法院组成。联邦最高法院是普通法院体系中的最高审判机关。法官由联邦委员会根据总统的提名任命。上级法院对下级法院有司法监督权。

联邦最高法院是普通法院中的最高审判机关，由100名法官组成，法官地位很高，任命条件十分苛刻，由总统提出候选人，候选人到上院法律委员会述职，法律委员会提出评判意见，是否能当选由联邦委员会选举产生。最高法院下设3个审判庭：民事审判庭、刑事审判庭、军事审判庭。其受理案件的范围很广泛，并对军事法院和下级普通法院有司法监督权和司法解释权。

区法院是按照行政区划与行政层次设置的基层法院，除受理刑事、民事、行政案件外，还受理对治安法官的判决或裁定提出上诉的案件，是治安法官的上诉法院。审理刑事案件一般由一名法官和两名陪审员组成，重大的案件由 3 名法官和陪审团参加。陪审团的成员以年满 25 周岁、未满 70 周岁的符合相关条件的俄罗斯公民中选举产生。陪审团由 12 名成员组成，实行议案与组成的原则，采取少数服从多数的原则进行裁决，只裁决被告人是否有罪，具体定罪量刑由法官决定。对有陪审团参加的法庭作出的裁决不服，可向联邦最高法院提出上诉或抗诉。

2. 治安法官：治安法官主要审理法定刑不超过 2 年监禁的案件和其他轻微的民事、行政案件。每届任期 5 年，实行独任审判制。治安法官的工资直接由中央财政预算，由联邦财政预算拨付给联邦最高法院司法财政管理局，再由后者下发。有学者将治安法官翻译为和解法官，是因为治安法官更强调和解，区别于严格的联邦区法院。本文从之。

在俄罗斯审理民事、刑事和行政案件，实行三审终审。最高法院对普通法院体系的审判活动进行监督和指导，也可作为有关案件的一审法院。俄罗斯联邦各共和国最高法院和边疆州、区等的法院可作为一审和二审法院。区法院在自己辖区可作为一审法院，同时也是治安法官（和解法官）的上级审法院。①

三、总　则

新民事诉讼法的总则部分规定了民事诉讼的立法渊源、民事诉讼的任务、当事人寻求司法救济的诉权、法院的专属司法权、法律面前人人平等原则。该部分还规定了审判组织的一般原则、法官独立审判原则、适用本民族语言文字原则、法庭审理公开原则、当事人辩论原则和平等原则。

（一）法庭的组成与回避

在一审法院，案件由法官独任审理；在联邦法律有规定的情况下，由 3 名职业法官组成的合议庭审理；上诉程序对案件的审理由 3 名法官组成的法庭审理，1 名法官担任审判长；通过审判监督程序审理案件时，法庭组成人员为审判长和至少两名法官（新民事诉讼法第 14 条）。而 1964 年民事诉讼法典则规定，所有法院的民事案件一律采用合议制审理（第 15 条）。在第一审程序中，原则上采用独任制进行审理，更加符合实际的需要，节约了司法资源。合议庭遵循多数票表决制。法官不得投弃权票。该部分还规定了法官的回避事由以及回避的程序。

---

① 参见何家弘主编：《中外司法体制研究》，301～305 页，北京，中国检察出版社，2004。

新民事诉讼法废弃了人民陪审制。原苏联宪法规定，除法律规定的特别情况外，各级法院审理案件都必须有人民陪审员参加。因此，1964年民事诉讼法典规定，第一审法院由审判员和人民陪审员组成合议庭进行审理（第15条）。苏联法学界认为，人民陪审员参加行使审判权是体现社会主义民主、实现人民参加国家管理的一种形式。作为一种政治性的法律原则，在苏联时代这个规定是不能有任何动摇的。但在苏联解体以后，这条原则逐渐发生了动摇。2002年11月14日《俄罗斯联邦关于施行〈俄罗斯联邦民事诉讼法典〉的联邦法律》第2条规定，自2003年2月1日起，《关于俄罗斯联邦普通法院人民陪审员的联邦法律》中涉及民事诉讼的部分失效。从此，俄罗斯的民事诉讼中就没有人民陪审员的参加了。依据新民事诉讼法的规定，民事案件由法官（包括和解法官与职业法官）进行审理。

扩展阅读

俄罗斯联邦司法权仅属于法院的法官和依法律规定参与司法的人民代表。司法权独立，其行使不依赖于立法权和行政权……法官独立，只服从俄罗斯联邦宪法和法律。法官处理司法事务的行为，不向任何人负责……

——《俄罗斯联邦法官地位法》第1条①

（二）管辖和审判管辖

新民事诉讼法第一编第三章规定了法院对民事案件的管辖权限范围。如上所述，联邦普通法院系统和联邦仲裁法院系统分立，各有其管辖范围。如果向法院提出的申请包含几个相互关联的请求，其中一个属于普通法院管辖，而其他属于仲裁法院管辖，请求又不能分开的，案件由普通法院审理和解决。该部分规定了和解法官作为第一审法院审理管辖的民事案件范围。如果请求中的事项同时包含了区法院管辖的与和解法官管辖的，则所有请求由区法院管辖。除和解法官管辖、专属管辖和除区法院以外的其他各级法院作为一审法院管辖的民事案件外，民事案件均由区法院作为第一审法院管辖。

（三）案件参加人

该章包括如下内容：案件参加人的权利义务、民事诉讼权利能力和行为能力、当事人、诉讼请求的变更与分离、诉的合并、非正当当事人的更换、无独立请求权的第三人、有独立请求权的第三人、诉讼权利的继受、检察长提起和参加诉讼请求的职权范围、请求法院维护他人的权利、自由和合法利益等制度。

---

① 参见《俄罗斯联邦法官地位法》，载陈刚主编：《比较民事诉讼法》，2003年卷，北京，中国人民大学出版社，2004。

新民事诉讼法严格限定了非利害关系人起诉的条件：检察长有权请求法院维护公民、不确定范围人的权利、自由和合法利益，但这种请求仅在公民由于健康状况、年龄、无行为能力和其他正当原因不能亲自向法院提出请求时才能由检察长提出（新民事诉讼法第45条）；在法律规定的情况下，国家权力机关、地方自治机关、组织和公民有权向法院提出请求，以维护他人的权利、自由和合法利益，但前提是该他人请求他们这样做，只有在该他人是无行为能力人或未成年人时，国家权力机关、地方自治机关、组织和公民才可以主动提出请求。

（四）证据与证明

该章开篇规定了证据的含义。证据是依照法定程序取得的，关于法院据以确认是否存在有关事实的信息材料。证据的形式包括当事人陈述、证人的陈述、书证和物证、录音和录像、鉴定人的结论等。证明责任的一般原则是每一方当事人均应对他论证自己请求和反驳所援引的情况进行证明。

关于证据的提交与调取，原则上由当事人提交，法院有权建议补充证据，法院可以根据申请在搜集、调取证据方面予以协助。俄罗斯新民事诉讼法删除了有关客观真实的法律规范，禁止法院主动调查、收集证据。在苏维埃民事诉讼法中，辩论原则受到客观、真实原则的限制，法院为了查明事实，不受当事人提出证据的限制，采用所有法律规定的措施确定案件的真实情况，也就是依职权主动调查、收集证据，这是为中国法学界所熟知的。新民事诉讼法取消了有关客观、真实的规范，规定只有在当事人和其他案件参加人难以提交必要的证据时，法院得根据他们的申请在收集和调取证据方面给予协助（新民事诉讼法第56条第2款)。法院接到取证申请后，可以向当事人发给取证的证明信或者直接取证。无正当理由不提交的，法院可以对相关责任人处以罚金，同时，不免除其提交义务。法院可以对难以运送的书证或者物证在证据所在地进行勘验和审查，并制作笔录。证明对象方面，规定了不需要进行证明的理由。该部分还规定了证据保全制度，包括证据保全的申请和具体程序。法院对于证据的审查判断，应当按照自己基于全面、充分、客观和直接审查案件现有证据而形成的内心确信。关于证人证言，新民事诉讼法规定了证人的一般作证义务，还规定了特殊类型证人的拒证特权。该部分还规定了书证、物证、录音和录像、鉴定等证据形式的应用方式。

与旧民事诉讼法相比，新民事诉讼法对“证据”一章作了很大的变动：首先，规定录音带、录像带可作为证据使用，承认通过传真或电子邮件方式获得的数字、图表形式的书面证据材料。其次，增加专家咨询意见为证据的一种，并调整了鉴定的种类，分为综合鉴定（由不同领域专家进行的鉴定）和委托鉴定（由两个或多个同一领域专家作出的鉴定)。再次，调整了不得作为证人来询问的人员：旧民事诉讼法典第61条第1款规定的民事案件代理人和刑事案件的辩护人中加入了行政案件的代理人或辩护人，法院不得询问其在履行职业义务时了解的案情；取消第61条第2款规定的因生理或心理的缺陷而不能正确辨别事实或对事实提出正确证言的人，亦即新民事诉讼法实施时这类人可以作为证人。最后，首次规定有权拒绝作证的人。

(五) 诉讼费用

新民事诉讼法中的诉讼费用包括国家规费和与案件审理有关的费用。该部分还规定了诉讼救助的有关规定，包括免交诉讼费用、延期或分期交纳国家规费和减少国家规费数额。还规定了补交国家规费、退还国家规费，与案件审理有关的费用种类，当事人诉讼费用的分摊、补偿和对关于诉讼费用的法院裁定的上诉。

四、第一审法院的程序

(一) 法院命令程序

简化诉讼程序是俄罗斯本次修改民事诉讼法典的一个重头戏。虽然该法典中没有规定专门的简易程序，但是确立了许多简化诉讼程序的规定，其中的法院命令程序是一种类似于我国的督促程序的简化程序。1964年民事诉讼法典中没有规定这个程序，1995年《关于修订和增补〈苏俄民事诉讼法典〉的联邦法律》中增加了对于债权人与债务人之间无争议的债权进行简化和迅速审理的程序，一共有10个条文，这些规定从1996年1月起生效。在适用过程中，法院命令程序显示出了自己的生命力、重要性和有效性。结合实践中积累的经验，新民事诉讼法保留并完善了追索债务的简化机制，表现如下：

1. 强化法院命令的性质和效力。法院命令是法官在该法典规定的诉讼中，根据债务人追索金钱或动产的申请而作出的法院裁定。法院命令的效力具有双重性：既具有与法院判决类似的法律效力，同时也是执行文件，并应按执行法院裁决的程序予以执行。

2. 简化程序。首先，规定法院命令程序由和解法官一人独任审理；其次，法庭命令的作出无须经过法庭审理，也无须传唤当事人听取他们的解释；最后，法院命令使用专门表格制作，方便法官制作。

3. 加速程序。首先，法官应当在收到法院命令申请书之日起5日内就所提出请求的实质作出法院命令；其次，法官向债务人寄送法院命令的副本，债务人在收到命令之日起5日内对命令的执行提出异议。

4. 降低诉讼费。提出法院命令申请的，按诉讼请求国家规费标准的50%交纳国家规费。这些程序性规定，体现了简化、迅速、廉价审理民事案件的国际趋势，从而有利于保障债权人债权的顺利实现。

（二）法庭审理的准备

原告提起诉讼，起诉状应以书面形式提交法院，起诉状除必要的内容外，应附必要的材料。该部分还规定了起诉状的退回、搁置和反诉的有关规定。

受理起诉状后，法官应作出关于准备对案件进行法庭审理的裁定。法庭审理的准备事项包括明确案件事实情况，确定案件解决依据的法律，解决案件参加人和诉讼其他参加人的构成，固定必要的证据，双方和解，等等。新民事诉讼法规定了审前准备程序中原告、被告和法官准备案件法庭审理的行为。法官对于几个关联的诉讼请求，可以合并审理。审前准备的形式是预备庭，预备庭由法官独任进行，解决审前准备的各种事项。法官在认定案件已经准备就绪后，应作出决定进行法庭审理的裁定，并将案件审理的时间、地点通知各诉讼参加人。

（三）法庭审理

法院应在收到起诉状之日起两个月内审理和解决民事案件，而和解法官则应在受理起诉状之日起 1 个月内审理和解决案件。审判长领导审判庭，法庭审理时遵循直接原则、言词原则和不间断原则，诉讼参加人应遵守法庭秩序。开庭审理的顺序是审判长宣布开庭，检查诉讼参加人到庭，说明权利义务，证人退出审判庭，宣布法庭组成人员和说明回避权利，决定是否延期审理案件。在案件实体审理阶段，法庭首先确定原告和被告的诉讼请求和主张，应听取各诉讼参与人的解释，确定审查证据的先后顺序，询问证人，审查书证、物证，就地勘验，审查录音或录像的复制，审查鉴定结论，指定补充鉴定或再次鉴定，咨询专家意见，等等。

（四）法院判决

关于法院判决的范围，1964 年民事诉讼法典规定，出于保护组织、公民权利和合法利益的必要，法院可以超出原告的请求范围作出判决，而新民事诉讼法规定，法庭对原告提出的诉讼请求作出判决，但是，在联邦法律规定的情况下，法院可以超过诉讼请求的范围。根据俄罗斯学术界的解释，超出原告请求范围的判决主要是基于对公共利益的保护。例如，根据《俄罗斯民法典》第 166 条第 2 款，法院有权自己主动适用自始无效法律行为的无效后果。另外，超出原告请求范围的判决也出现在公共法律关系案件中（《俄罗斯民法典》第 246 条第 3 款）。

(五) 缺席审判

该部分规定了构成缺席审判的情形。在按照缺席审判程序审理案件时，法院应按照一般程序开庭审理，审查案件参加人提供的证据，考虑意见并作出判决。该部分还规定了缺席判决的内容，对法院缺席判决的上诉和撤销判决的申请，法院对撤销申请的审查，案件的重新审理，等等。

(六) 公共法律关系案件的一般规定

俄罗斯把行政关系引发的争议作为公共法律关系案件规定在民事诉讼法典中。该部分规定了法院审理公共法律关系案件的权限范围和一般原则，利害关系人向法院提出申请的程序，法院拒绝受理申请的情形，以及公共法律关系案件中证明责任的分担。

如果公民、组织认为国家公职人员的规范性法律文件侵犯了他们的合法权利，可以向法院提出认定该文件全部或部分无效的申请。该部分规定了对于此申请法院的审理程序以及法院判决的效力。

公民、组织认为行政机关侵害其合法权利的，可以向法院通过民事诉讼程序提出争议。该部分规定了当事人向法院申请的期限，对提出争议的申请的审理以及法院判决的执行。

公民、组织认为行政机关侵犯了公民的选举权或参加公民公决的权利的，有权向法院提出申请。该部分规定了向法院提出申请和审理申请的期限、法院对此申请的判决以及判决执行。

(七) 特别程序的规定

该部分规定了法院依照特别程序审理的案件类型，共有 11 种和 1 个授权条款。还规定了法院通过特别程序审理解决案件的程序。

1. 认定法律事实

如果具有法律效果的事实产生争议，当事人可以向法院提起认定法律事实的申请。该部分规定了法院审理、认定事实案件的范围，认定法律事实的必要条件，要求认定法律事实的申请的提出，以及对要求认定法律事实的申请的法院判决。

2. 收养

公民可以向法院提出收养子女的申请。该部分规定了收养申请书的内容，收养申请书应附具的文件，法庭审理的准备，法庭对申请的审理以及法院对收养申请的判决等内容。

3. 认定公民失踪和宣告公民死亡

公民可以向法院提出要求认定公民失踪或认定公民死亡的申请，申请应向利害关系人住所地或所在地的法院提出。该部分规定了申请书的必要内容、法官的审理行为和法院的判决，以及被认定失踪或被宣告死亡的公民重新出现或被发现的后果。

4. 关于公民行为能力的申请

公民和有关组织有权向法院申请，要求限制公民行为能力，认定公民无行为能力，限制或剥夺年满 14 岁不满 18 岁的未成年人独立处分自己收入的权利。该部分规定了申请书的内容，法院未确定公民精神状态而指定坚定，法院对该申请的审理程序，判决的效力，等等。

5. 宣告未成年人具有完全行为能力

年满 16 岁的未成年人可以向住所地的法院提出要求宣告他具有完全行为能力的申请。该部分规定了法院审理该申请的程序以及法院判决的效力。

6. 认定无主财产所有权的案件

动产占有人和授权管理自治地方财产的机关，可以向法院申请认定动产为无主财产或认定自治地方对无主不动产的所有权。该部分规定了申请书的内容、法庭审理的准备和法院的判决。

7. 公示催告程序

遗失无记名有价证券或凭证式有价证券的人，可以请求法院认定无记名有价证券或凭证式有价证券无效和要求恢复有价证券之权利。该部分规定了这种申请书的内容，法院受理后的行为，凭证持有人的申请，法院在收到持有人申请后的行为，法院对该申请的审理以及法院判决的效力。

8. 将公民强制安置到精神病院和强制精神病检查

精神病住院机构可以向法院申请将患有精神病的公民强制安置到精神病住院机构，或延长强制住院期限。精神病医生可以向法院提出对公民强制进行精神病检查的申请。该部分规定了以上两种申请的期限、审理和判决的效力。

9. 更正或修改户籍登记错误的案件的审理

当事人可以在户籍机关在没有权利争议的情况下拒绝对户籍登记错误进行更正或修改的情况下，向法院提出申请，要求更正或修改户籍登记错误。该部分规定了申请书的内容和法院判决。

10. 关于已实施公证行为或拒绝实施公证行为的申请的受理

利害关系人如果认为已实施的公证行为或拒绝实施公证行为是不正确的，有权向公证机关所在地的法院或负责实施公证行为的公职人员所在地的法院提出有关申请。该部分规定了此种申请的审理程序和判决的效力。

五、第二审法院的诉讼程序

1. 对和解法官判决的上诉和抗诉程序

对和解法官判决和裁定的上诉程序的目的是，根据上诉和抗诉的请求范围，对案件的全部或部分进行实质上的重新审理。在此程序中，上诉审法院重新审查案件的事实方面和法律方面，法院有权认定新的事实和审查新的证据（新民事诉讼法第327条第3款）。而对普通管辖的联邦法院作出的未生效判决和裁定的上诉的目的主要是，检验第一审法院判决、裁定的合法性和有根据性。可见，对前一种上诉（上告）的审理既包括事实方面，又包括法律方面，是全面的审查；而对后一种上诉的审理则偏重适用法律方面。这种区别体现了立法者对于和解法官作出的判决、裁定的特殊考虑，在设计上诉制度时加强了对它的纠错机制。

2. 上诉审法院的诉讼程序

除和解法官的判决外，对俄罗斯联邦所有法院作出的一审判决，当事人和案件其他参加人均可以提出上诉，参加案件的检察长均可以提出抗诉。关于上诉审法院审理案件的范围，1964年苏俄民事诉讼法典规定，上诉审法院对于上诉案件的审理是全面的，既审理上诉部分，也审理没有上诉的部分，而且法院不受上诉或者抗诉理由的限制，应当对全案进行审查，新民事诉讼法则严格限制了上诉审的范围，规定上诉审法院原则上根据上诉状、抗诉书和对上诉状或抗诉书的答辩，审查第一审法院的判决是否合法和有根据，只有在为了合法性的要求时，上诉法院才有权全面对第一审法院的判决进行审查。根据解释，这种例外的情形主要涉及需要社会保护的公民的权利和利益（如儿童、老人、残疾人、无民事行为能力人），或者国家和社会利益，以及违反司法权原则和其他诉讼法规范的情形。

六、再审程序

1. 监督审法院的程序

新民事诉讼法对审判监督程序进行了大刀阔斧的改革。在制定新民事诉讼法草案时，监督审的问题曾经是最为尖锐的问题，出现了一些极端观点：从取消对法院裁决的再审阶段，到将其转化为普通的诉讼程序，得依处分原则按照利害关系人的意志提起。结果是监督审作为一个独立的诉讼阶段被保留下来，但是增加了许多新的规定。1964 年民事诉讼法典监督审的基本特点是，提起它的理由可以是法院或检察机关公职人员所了解的任何信息，提起的根据是享有权力的公职人员的抗诉。新民事诉讼法取消了检察机关公职人员的抗诉；规定检察长有权向监督审法院提出再审请求，而法院的公职人员则没有这样的权利。新民事诉讼法不仅确定了检察长直接向监督审法院提出再审请求的权利，还详细规定了提起监督审程序的条件和程序。这其中最突出的修改是，只有在检察长参加过原审案件的审理时，相应的检察机关的公职人员才有权向监督审法院提出再审请求。这样，就一改过去的超职权主义的做法，实现了由原来的审判监督程序到再审之诉的转变，体现出了立法者对于民事诉讼基本规律的认同和接受。

2. 根据新发现的事实对生效裁判的再审

新民事诉讼法对法院主动提起再审的事由作了规定。作出生效判决的法院可以根据新发现的情节对已经发生法律效力的法院判决、裁定进行再审。该部分规定了新发现情节的四种具体情形，可以向法院根据新发现的情节申请再审的主体和期限，对申请再审的审理以及法院裁定。

七、与执行法院裁判或其他机关决议有关的程序

俄罗斯新民事诉讼法最后一编是关于执行的有关规定。法院裁判发生效力后，法院将发出执行令，执行令发给追索人或者根据追索人的请求由法院送交执行。就一份法院判决可以发出几份执行令，法院发出执行令或法院命令的副本。该部分还规定了遗失执行文件的责任，执行文件提交执行的期限的中断与恢复，对应该予以执行的法院裁判的说明，法院裁判的延期执行或分期执行，执行方式和程序的变更，所判金额按消费价格指数调整，延期实施执行行为，法官中止执行程序的职责，法官中止执行程序的权利，执行程序的恢复，执行程序的终止，中止或终止执行程序的程序，对法警执行原行为的申诉，对其他人的权利、法院判决执行的回转，上诉审法院或监督审法院回转法院判决执行的程序以及不得根据执行文件进行追索的财产。

第七章

其他欧洲国家民事诉讼法

一、芬　兰

（一）芬兰司法制度概况

芬兰是在1917年12月6日，俄国十月革命后，脱离俄国的管辖，开始作为一个主权国家获得独立的。芬兰作为一个独立的主权国家，于1995年1月加入了欧盟。芬兰的领土包括6个省，每个省都是一个岛，它们都享有高度的自治权。芬兰在占地面积上位列欧盟成员国的第五，但是它的人口却只有520万。制定于1909年的芬兰宪法，在2000年经历了较大的修订，这部宪法规定了直选总统以及一院制议会，立法权由议会和总统共同行使，执法权由总统和政府行使。在芬兰，虽然只有6%的瑞典语人口，但是芬兰语和瑞典语作为官方语言具有同等的地位。

芬兰的司法系统采纳了公法和私法相区分的概念。公法主要规范行政活动以及公共机关的组织原则，而私法则用来规范自然人以及发生在私人之间的法律事务。

芬兰的法院系统由两个独立分支组成：普通法院和行政法院。涉及自然人之间的私人事务主要由普通法院管辖，涉及行政机关的事务则由行政法院处理。尽管在传统概念上，刑法属于公法的一种，但刑事案件还是由普通法院管辖。这两个分支都由三级法院系统组成，普通法院中，在诉讼程序上首先受理各类案件的是地区法院。对于普通法院的判决，可以在上诉法院进行上诉，上诉法院的判决不完全是终审判决，在最高法院允许上诉的情况下，上诉法院的判决还可以上诉至最高法院。

各类政府机关以及其分支机构实际上处理了许多涉及个人以及组织权利的问题，从而扮演了行政法院分支中第一道诉讼程序的角色。在很多案件中，对这些行政机关的决定都可以上诉至该行政机构的部级机关。行政机关所作的决定通常会被上诉至行政法院，这些行政法院对应着普通法院的上诉法院。不同的是，在这些行政案件的上诉中，一般没有那种必须获得上诉至最高法院许可的要求。

除了普通法院和行政法院这两个分支以外，芬兰还有一些特别法院，这些特别法院的判决有着特殊的效力。一些特别法院所作的判决可以上诉到最高法院，而另外一些特别法院所作的是终审判决。适用保险法律、受理社会保障问题的法院，以及处理土地分配和丈量问题的法院，其判决可以被上诉到最高法院。另外一些法院，如处理私营和公立机构中集体劳动合同劳动纠纷的劳动法院，适用消费者权益保护法以及不正当商业活动法案来处理市场和合同的市场法院，以及审判某些政府机关官员因违法行为而受弹劾案件的高级法院，这些法院的判决是终审判决。

芬兰的法律规定，当事人在参与法律程序的时候，无须一定有人进行代理或者在律师的协助下进行。当事人可以由自己或者由一个外行的代表或者在其协助下，在没有律师的情况下，参与法律程序。此外，政府机关还为当事人提供一定的法律服务。然而，在一般的商业诉讼中，律师一般都是被雇佣的职业人士。

关于法律教育及其资格，一般来说，在赫尔辛基等几个大学获得法律学位需要 4 年到 6 年时间。之后，如果一个法学毕业生希望成为一个律师，他必须成为芬兰律师协会的会员。会员资格一般包括：是 EEA 成员的公民，至少 25 岁，获得法学学位，4 年以上法律领域资格经验，并且通过律师资格考试。芬兰律师协会大约有1 500个成员，其中的绝大部分成员是单独执业者，尽管大部分的国际私法案件以及商务案件是通过少数大型法律事务所办理的，这些事务所中的大部分位于赫尔辛基。由于 1992 年通过的一项法案，许多大型律师事务所都采用了有限责任公司的形式。

芬兰法律的主要渊源为芬兰议会通过的法案，这些法案是芬兰法院判决的主要依据。议会的立法权来自于宪法的授权，政府机关颁布法律必须得到议会的认可。

芬兰的法律系统并非完全是成文法化的。法院在没有现成成文法而诉讼请求又确有道理的情况下，必须依靠习惯法。案例法和法律写作大量在法律辩论中使用，也是芬兰法律的重要渊源。

(二) 一审普通程序

1. 当事人和法律代表人。所有的自然人和法人都可以诉或者被诉，未成年人（18 周岁以下）以及处于监护状态下的人也可以诉或者被诉，但是他们一般都需要其法定监护人进行代理。

除原告和被告外，第三人也可以应原、被告双方的请求加入到正在进行的诉讼中。第三人可以是为了在诉讼程序中维护自己的法定权利，或是为了支持原、被告一方的诉讼请求而加入诉讼。

在芬兰，当事人参与诉讼程序无须一定有律师协助或者代表，不过，一般来说，在商业案件中，雇佣职业律师还是绝大多数当事人的选择。

2. 程序的开始。民事诉讼程序始于原告向有管辖权的地区法院递交起诉状。以下内容是起诉状中必不可少的：原告的具体诉讼请求；支持诉讼请求的具体依据；能够证明原告诉讼请求的各项口头和书面证据，以及列举该项证据的目的；关于诉讼费用的请求。

3. 管辖权异议。管辖权异议必须在被告提交答辩状之时书面提出，如果未在这一期间提出，则可以推定被告放弃了申请其他法院管辖该案件的权利。但是在某些法定管辖的情况下，例如有关不动产以及商标权争议的案件中，法院有事前确定自己是否拥有管辖权的义务，并拒绝受理那些不在其管辖范围之内的案件。芬兰的各级民事法院都遵循民事诉讼法的规定处理案件。

4. 审前程序和主审程序。诉讼程序可以分为两个阶段：庭前准备阶段以及主审阶段。庭前准备由交换书面意见以及预审组成。在预审中，法官会主动了解双方的诉求及其依据，预审可以协助双方当事人确定争论的焦点。庭前准备阶段之后，就进入了主审阶段，在主审阶段，双方当事人各自陈述其诉讼请求，进行辩论，询问证人，交叉询问证人，双方当事人作最后陈述。在主审结束之时，法官作出判决，或者通知当事人一个时间，届时法官将宣布判决。

5. 缺席审判。如果被告未能在法定期间内向法院递交答辩状，或者其提出的答辩明显与案件毫无关系，法院可以应原告之请求对被告进行缺席审判。不过，缺席审判不能应用于当事人未能确定的案件中，例如有关儿童监护权或者亲子关系的案件。如果导致缺席审判的原因是被告未能按时提交书面答辩状，或者不理会法院的书面传唤，则法院应根据其是否拥有管辖权而决定如何处理。假使对该案件有管辖权，且已经按照法定要求进行了送达，法院可以作出不利于被告的判决。此外，在原告请求的情况下，对于在庭前准备阶段以及主审阶段不及时到庭的被告，也可以作出缺席审判。

6. 判决。法院的书面判决一般在主审之后 1 个星期至 1 个月的时间内宣布。判决应当对诉讼请求、原告的大致诉讼理由、被告的大致答辩理由、证据的描述以及认定、判决的理由和内容作出详细说明。判决还应该包括如何处理利益以及如何分担诉讼费用部分，法官必须在判决书上签署自己的名字。如果判决是通过合议庭投票的方式作出的，那么这一情况也要详细记载于判决书审，此种情形下，对案件的不同处理意见也要附录于判决书上。

《芬兰民事诉讼法典》规定，在同一个案件中，可以将一个已经解决的争议与其他争议相分离，单独进行处理，这可以发生在双方当事人均对一个诉讼请求无争议的情况之下。另外，法院还可以针对一个实际上可以影响整个案件的争议提前作出中期判决，例如，一个中期判决可以不提及具体赔偿数额，而只讨论被告是否有赔偿原告损失的法定义务。如果中期判决认为被告没有赔偿的义务，那么也就没有必要往下进行确定赔偿数额的诉讼程序了。

判决必须经法院院长签名后登记于该法院的判决册中，用作执行之用的文件是从判决册中抽取的一个摘要，可以从法院处获得。

7. 民事简易程序。《芬兰民事诉讼法典》为一些争议不大的案件，例如房屋租赁、无争议的债权债务案件，规定了一种特殊程序。在这些案件中，原告的起诉状无须像普通程序那样要求翔实，只需有确定的诉讼请求，并简单陈述理由即可。

（三）民事二审程序

对于地区法院的判决可以上诉至位于地区法院地域范围之内的上诉法院。无论案件涉及的利益多么的微小，每个一审案件都有上诉的权利。上诉法院的判决还可以进一步上诉到最高法院，前提是最高法院赋予其上诉的权利。

如果当事人要对地区法院作出的判决提出上诉的话，上诉人必须在地区法院判决作出之日起 7 天之内向该地区法院提出。上诉的意向一般通过填写特殊格式的表格并送交地区法院的方式提出，但是也可以在庭审后法官宣布判决之时口头提出。上诉可以针对整个判决，也可以针对判决的一部分。上诉状连同整个案件的相关案卷，将由地区法院相关机构移送至上诉法院。上诉法院收到上诉状之后，通常都会要求被上诉方出具书面答辩状。

上诉到最高法院必须得到最高法院的准许，一般有如下三种情况：

第一，法院认为被上诉判决对其他类似案件有重大影响，或者对于确保法律效力的一致性具有重大影响的情况下。

第二，在特殊情况下，例如下级法院审理案件的过程中出现了程序性错误。

第三，存在其他应当允许上诉的情况。

是否批准允许上诉由 2 到 3 名法官通过非口头审理的方式作出考量和决定。在全部的上诉申请中，只有不到 10%的申请可以得到最高法院的允许。

关于特别上诉，在某些特殊情况下，一些终审判决还可以被推翻提出再审。这需要通过两种特殊程序来进行。一种是在审理或者作出判决的过程中出现了某些违反法定程序的情形。提出再审的申请必须向有资格受理的上诉法院或者最高法院提出，并且应该在终审判决作出之日起 6 个月之内，或者在申请人发现有违反程序的情形之日起 6 个月内提出。另外一种提出再审的情形是判决是在错误的基础上作出的。例如，当事人、当事人的律师、证人以及审判人员出现欺诈行为。再审还可以在发现了可能使生效判决发生改变的新证据的情况下提出。最后，再审还可以在出现适用法律错误的情形下提出。再审必须在发现上述情况之日起 1 年，且最长不超过该终审判决作出之日起 5 年内提出。如果有特殊情况存在，申请人仍然可以再向最高法院提出，而不受 5 年时效的约束。

二、瑞　典

(一) 瑞典法律系统简介

瑞典是一个实行君主立宪制的国家。大约五百年前，瑞典和芬兰共同构成一个国家，一直延续到1809年，芬兰被割让给俄国。自此，瑞典的领土就没有改变过。

1. 公法与私法

欧盟法律体系适用的区分公法和私法的标准同样适用于瑞典。涉及公共法律的问题，除了刑法以外，一般在行政法庭诉讼。私法和刑法问题由普通法庭受理。公法和私法按照诉讼标的划分。因而，政府与个人或者实体进行的私法范畴上的交易行为，则由普通法庭受理。

2. 法院体系

普通法院和行政法院都分为三级。普通法院包括：地区法院、上诉法院以及最高法院。行政法院包括郡法院、郡行政事务上诉法院以及最高行政法院。另外还有特别法院，管辖特殊法律领域的纠纷，例如劳动冲突、专利案件等。

3. 法律从业者

(1) 律师。瑞典法律并没有要求当事人必须聘请律师。律师的职责包括：出庭，就法律、商业和税务问题提供建议。他们既可以作为公司高级职员，也可以成为破产财产管理人。为了能够成为瑞典律师协会的一员，他/她必须获得瑞典法律学位。大学的法律教育为5年。此外，法律协会还要求律师有5年的法律工作经验。在此期间，他们一般在地区法院做法律助理。不过，法律实务最低要求为3年。见习律师完成正式的培训要求后，有资格申请加入瑞典律师协会。

律师有代理和出庭的权利。任何人都有代表自己和他人出庭的权利。在实践中，一方当事人一般由瑞典律师协会的合格律师做代理。只有律师才能被指定为公众的辩护人。

瑞典律师协会的成员大约为3 800位，从事商事法律辩护的律师主要集中在斯德哥尔摩、哥德堡等大城市。大多数从事商事法律的律师事务所在不止一个城市设有办事处。虽然多数律师在小的律师事务所工作，但是受理商事法律问题一般在大的律师事务所。律师的费用一般是按照小时计费，律师费用和诉讼标的价值通常没有直接关系。

律师的职业团体是瑞典律师协会，委员会成员由全体大会选举产生。该协会共有6个地区分部，其中之一在瑞士境外。协会制定了律师的法定职责用以维系律师规范。每个律师都应服从协会的职业行为规则。协会的纪律委员会负责监督，对于纪律委员会的决定不满的，可以向最高法院申述。

(2) 其他法律人。在瑞典还有大量的非律师的法律执业者。他们大都有大学法律学位，从事实务但是没有律师的头衔。他们可能是经验丰富的税务师或者其他专家。由于缺乏职业团体的监督，对于有些特别案件，法庭否决他们听诉的权利。对于这些法律工作者，他们无须提供职业赔偿保证，如果作为律师的助手，则由他的雇主对其行为负责。

(3) 外国律师。由于瑞典没有规定在国内进行法律工作的限制，国外的律师可以自由地在瑞典执业。他们还允许出庭，不过除非他们懂瑞典语并且了解诉讼规则，否则法庭不会听取他们的辩护。如果在瑞典执业的是来自欧盟成员国的合格外国律师，则他可以成为瑞典律师协会的成员。为了获得瑞典律师的头衔，成为协会的正式成员，外国律师必须展示他对瑞典法律体系的了解程度，这可以通过在瑞典执业 3 年或者通过瑞典法的考试予以证明。欧盟以外的外国的律师如果没有在瑞典接受全面的瑞典法律教育和法律培训，不能成为瑞典律师协会的成员。

(二) 民事法院的组成

民事普通法院分为三级，一审法院除特殊情况外为地区法院。地区法院审理的案件可以上诉到上诉法院。最高法院是终审法院。

1. 地区法院

瑞典全国有 72 所地区法院，各自分布在管辖区内。近期的重要的计划是减少地区法院的数量。地区法院受理的诉讼没有标的数额的限制。除了对普通诉讼案件进行审理，地区法院还负责大量行政诉讼的一审，包括土地登记。地区法院还受理对法庭事务官、海损理算师（专门处理海事保险标的的理赔事项的理算人）的决定的申诉。有 7 个地区法院被指定受理海事案件。23 个地区法院具有不动产法院的职权，处理一些不动产纠纷案件。

2. 上诉法院

瑞典有 6 个上诉法院，它们的管辖权以所在地为主。除了诉讼标的低于38 600瑞典克朗的案子外，在地区法院一审的案子都可以上诉到上诉法院。每个上诉法院都有一定数量的分院，分院大概有 5 到 6 位的法官，每位法官与 3 到 4 位陪审员一起审理。

3. 最高法院

最高法院位于瑞典首都斯德哥尔摩，有 18 位法官。通常一件案子由 5 位最高法院法官审理。最高法院受理对上诉法院的判决上诉的案子。在特别准许（1 名或 3 名最高法院法官根据案件的复杂性才能准许）的情况下，最高法院听审案件。最高法院也受理地区法院移送的案件，不过这种情况比较罕见。

(三) 民事法庭的管辖权

1. 居所和场所

(1) 自然人。自然人根据法律的规定必须在当地的瑞典税务机关登记居住地。

(2) 法人。法律实体的居住地为其董事会登记的所在地。如果没有这种住址，则其居住地为管理部门的所在地。

2. 管辖权的一般规则

自然人在其居住地的地区法院受诉，如果被告在瑞典境内和境外都没有居住地，则他在瑞士暂居地的法院有管辖权。此外，如果瑞典的公民出国或者他的居住地不详，则他在瑞典的最后居住地的法院有管辖权。如果争议涉及某公司的分支机构，则分支机构所在地的法院有管辖权。法庭对案件有管辖权，则对反诉案件也有管辖权。同样，共同被告和第三人一般也能参加诉讼程序。

3. 法院的选择、出庭、选择居所

除了涉及不动产的案子和某些特殊案子，双方达成合意，可以随意确定某个特定的地区法院对争议有排他性或非排他性的管辖权。法院一般不能自行创设管辖权。如果被告在第一次答辩中没有对管辖权提出异议，他将被视为对管辖权是满意的。

4. 管辖权的特殊状况

如果争议的财产或标的物在瑞典境内，则国家的管辖规则就不适用属地原则了。对于定居国外的瑞典公民，可以向他境内的最后居住地法院提起诉讼。对于合同纠纷，如果被告非定居瑞典，则可以向合同签订地的法院提起诉讼。

(四) 民事一审普通程序

1. 双方当事人和法律代理人

(1) 当事人。诉讼的主要当事人是原告和被告。所有的自然人和法人都能起诉和应诉。未成年人可以通过他们的监护人起诉和应诉。被告还可以要求第三人参加诉讼。在主程序中的决定在后续程序中将对第三人产生约束力。第三人既可以独立提出诉求，也可以支持当事人一方。

(2) 代理人。对于代理人没有限制。任何一方只要没有在法律上被剥夺资格，都可以出庭，并为自己的利益参与诉讼。他也可以自由地将另一个人指定为代理人。代理人不一定是律师或者法律工作者，但他必须能够运用瑞典语且不能被法庭认为不适格。

2. 程序的开始

当传唤令状的申请递交法庭时，诉讼程序也就开始了。该文书应该包括双方当事人的姓名、住址以及原告的个人证件号码（或者公司的注册号）、电话号码，还应该进一步阐明免责事由和提出支持诉求的证据。

原告或其律师提出对传唤令状的申请，并上交一份复印件由法庭送达被告。法庭按照案件复杂的程度和法庭的实务签发传唤令状，或者让被告直接参加预审程序或者要求他写一份书面答辩状。答辩状一般在2到4个星期内作出。在法庭的准许下，这一时间限制可以延长。

3. 诉讼文书的送达

按照规则，法庭负责送达所有的文书，其中包括传唤令状申请书。一般可以邮递送达，要求当事人签名或者将回执送返法院来证明已经送达。对于公司或其他法律实体，送达到任何职工或者公司代表等都算已送达。境外的送达可以以邮递的方式，或者参照欧盟送达规则及其他公约进行。如果被告的地址不详，则法院可以通过在瑞典官方公报上作出通告，从而完成送达。

4. 民事诉讼程序分预审程序和主程序两个阶段

在预审程序双方当事人交换书面答辩状，准备案件的审理。主程序由三部分组成：双方的陈词开启程序，然后是对证据的审查，最后由双方作总结陈词。

5. 被告出庭

法院作出的传唤令状应包括如何对指控提出异议。根据法院决定的程序，被告可以选择在指定的时间内书写答辩状或者在第一次口头听审中对诉讼提出异议。在商业案件中，被告一般要求他的律师写一份抗辩书。

6. 缺席审判

如果被告在案件的第一次听审中没有出席，则原告有权要求法庭作出缺席审判。反过来，如果原告在庭审中没有出庭，也可以作出缺席判决。如果法院作出通知——无法完成书面抗辩，则原告有权要求缺席判决；被告没有提供抗辩书时将承受缺席判决。

关于缺席判决的撤销，如果缺席的一方提出申请，则缺席判决将被撤销。缺席一方应在缺席判决送达他的4个星期内提出申请。如果缺席判决在撤销后第二次针对同一方作出，则为终局判决。

7. 管辖权的争议

如果被告对法庭的争议持异议，他可以在第一次答辩状内或第一次出庭时提出。如果在这个阶段他没有提出，则被视为放弃了异议权。即使在初次答辩状内提出，对诉讼观点也很少有限制。法庭一般把它当作初步问题单独处理。这一般是在双方就实质性的问题完成答辩状交换前进行的。

8. 听审

在大多数的民事案件中，预审是作为准备程序开展的。预审的目的是确保审判已经准备充分，诉求和抗辩已经正常地进行，诉讼请求的依据以及抗辩也已经为对方当事人所了解。预审一般由一位法官主持。如果需要决定一些预先的问题，则双方当事人可能被要求提供有关这些问题的证据。

预审的一个重要目的就是法院达成和解。根据判断和案件性质，法院可能积极地鼓励和解。预审经常以一种非正式的模式进行。在商事案件中，主要负责人经常自己不出庭而是由他的律师代理诉讼。

主审程序由三大元素组成：原、被告在开庭陈词时出庭，出示证据以及作出最终陈词。此外，双方的争议已经在程序准备阶段以书面形式写下大致框架。先由原告律师叙述案情，提出争点，随后辩方律师也提出自己的观点，声明立场、反驳原告的指控。接下来是双方出示证据。最后原、被告作最后陈词，在法庭前再次对案件作扼要的说明。

做完最后陈词，法官询问双方诉讼费用的问题，并请他们对另一方当事人提出的费用进行评议。费用通常根据案件审理的最后结果进行支付。

9. 诉讼费用的担保

按照一般的规则，被告在国内经非瑞典籍原告起诉，有权要求对法律费用提供担保。若原告是欧盟的成员国国民，或者是《海牙公约》的签署国国民，则不能提出担保的要求。

10. 证人和言词证据

一般在主审程序中听取证人作证。双方当事人及法人代表也可能在其他当事人的要求下进行陈词。一方当事人或者法人代表进行陈词时，可以采取宣誓的形式，但是无须严格地按照对证人的要求进行。将要出庭的证人，法庭一般都会传唤，对于名字在任何诉讼文书中都没有出现的证人，法庭是不能传唤的。证人作证前应该宣誓，由传唤证人的一方当事人的律师首先发问，提出的问题不能超出其法庭陈述的范围。随后是交叉询问，询问完还可以提出其他问题。法官在没能理解问题，或者希望问题能够进一步展开时也可以进行提问。

11. 文书证据

正如前述，诉讼中依据的文书一般通过答辩状递交法庭。虽然对方当事人可能要求提出原始文书，但实际提交的较少。一般规则是一方当事人没有义务出示对自己的诉求不利的证据。但是，在一方当事人的要求下，法庭可能命令另一方或者第三人提出特别的书证——将被用作证据且被认为与案件有关。

如果指定了专家，他可能给出书面的专家意见或者在主审程序中被听取证言。若专家作出书面意见，只要一方当事人提出要求他都要参加听审。他也要经宣誓方能提供证据。专家意见在开庭前要向双方当事人开示。

12. 外国法的证明力

一般，双方当事人能递交外国法中规定的证据。法庭通常也采纳此类证据，但不受其约束。如果外国法与案件有关，法庭可以要求当事人提供有关该法的证据。法庭也可以自行调查外国法的内容，这一般是从外交部获得相关意见。

13. 和解

在审前程序中，法院有义务调查案件是否有和解的可能性。一般通常可以通过预审程序完成。在法庭的协助下，大量的案件在预审阶段就得到解决。如果法院认为适当，可以指派一名调解员协助双方当事人解决争议。一般只有在双方当事人都同意的情况下，法院才指定调解员，他的费用由双方当事人支付。如果和解在法院或独立调解员的协助或者没有他们的帮助下完成，必须经过法庭的认证才能获得判决的效力。

14. 判决

对于商事案件，判决通常只能是书面形式，然后在主审程序得出结论后 2 到 3 周的时间内作出。判决的内容必须涵盖审判的主要问题，包括原告提出的有关利息的问题。利息的问题根据《瑞典利息法》的规定解决，但是若双方已经约定，法院可按约定利率计算。如果债务的利率大大超过市场利率，则《瑞典利息法》规定了惩罚利率。判决书还要解决双方当事人的诉讼费用问题。

15. 民事简易程序

简易程序一般适用于出租人和承租人纠纷中要求承租人强制迁出的问题，或者是要求返还财产的纠纷。此外，对于没有争议的有关金钱的诉讼请求，例如关系到账单和租金的支付问题，原告可以申请法庭事务官签发强制执行令。如果该诉求有争议，则案子可以递交法庭审理。

16. 诉讼费用

通常，败诉一方按照法庭命令支付诉讼费用。如果只有部分诉求得到支持，则法庭可能宣布双方各自承担自己的诉讼费用，或者胜诉方承担部分诉讼费用。在主审程序结束时，双方都会递交法院一份诉讼费用的列单。对于诉讼费用的总额通常要经过双方合意，如果他们对费用没达成一致意见，则由法院估价确定数额。法庭对费用的评估作为判决的一部分包含在判决书中。法庭对诉讼费用的决定和判决中的其他实质性问题一样，都可以被提起上诉。

17. 临时和保护措施

瑞典法律规定了两种临时措施——财产扣留和其他的临时禁制令。两种措施在审前和审判中都能采用。临时措施还可以用于支持在国外法庭提出的诉求或在瑞典境外进行的仲裁活动。

（1）临时扣押

临时扣押将导致对被告财产的扣留，并对知悉扣押令的任何人具有约束力。它与英国诉讼程序中的冻结禁令相似。只有在申请者证明其诉讼请求是正当的，且存在对方当事人处置财产，意欲规避最终判决效力的风险时，法院才签发临时扣留令。律师提出的申请通常都会被接受。不过，对瑞典公司提出资产临时扣押是比较困难的。如果没有理由说明对方当事人恶意行为，则对方无力偿还的风险一般不能作为获得临时扣押令的充分理由。

临时扣押可以在审前进行，在这种情况下，申请人必须在 30 天内提起诉讼，否则扣押令自动失效。而且，只有在申请人提供了银行保证和其他担保足以弥补扣押令可能对被告造成的损失时，法庭一般才会签发扣押令。法院对保证金的数额有裁量权。临时扣押令送达第三方如银行，对其有约束力。

（2）其他临时命令

如果原告在存有争议的案件中提出声明且被告正在妨碍申请人的利益，法院可以签发禁制令。不过实践中，禁制令的适用范围有限，主要适用于知识产权的案件。如果争议涉及财产，且一方当事人占有另一方当事人的财产，法院可以签发临时命令要求争议财产的占有要返还原主。正如申请临时扣押令一样，禁制令的申请一般也要在签发前提供担保。

（五）民事上诉程序

除了小额诉讼，以及地区法院受理的针对法庭事务官的决定的案件，所有的判决都可以上诉至上诉法院。针对地区法院判决的诉讼必须在判决作出后的3个星期内提起，在例外的情况下，该期限可以延长。

1. 上诉的一般规定

上诉法院的程序与一审程序相似，一般包括对案件实质情况的全面审查，但对证人不再进行核查。法院可以自行听取下级法院判决明确依据的证人的证言。如果下级法院错误地没有将证据纳入考虑的范畴，上诉法院可以选择性地再次审理此类证据。另外，上诉法院可以通过地区法院的证据录音记录听取证据。或者，法庭征得当事人同意后可以直接引用下级法院判决中的证据。

上诉程序中，严格地限制在法庭上提出新的诉讼理由和新的证据。标的额低于38 600瑞典克朗的上诉由上诉法院予以许可，上诉到最高法院的则由最高法院批准。最高法院在上诉中极少审理证据，除非他们发现下级法院存在明显的错误。

2. 特殊的上诉

判决在过了一般的上诉期限后是不能被上诉的，法律在特殊情况下进行了补救。这些情况限于法院作出了欺骗性的不正当行为，当事人及其律师在诉讼程序中作伪证或者一方当事人有意隐瞒证据。同时，还要证明这些相关情况影响了案件的结果。如果可以证实情况特殊，则能够向最高法院提出特殊的诉讼。若上诉的终局审判是由地区法院作出的，则由胜任的上诉法院受理。如果一方当事人可以出示延误上诉的理由，即使在最后上诉期期满后提出的上诉也可以准予受理。此类许可仅限于少见的情况，最常见的是一方当事人或律师死亡或执行送达时出现了错误。如果延误的时间非常短，且是因为技术性问题，或者因为上诉人无法控制的情况导致的，则法庭可能自由裁量同意受理。

（六）民事执行程序

1. 民事判决的执行

判决由法庭事务官执行，他是独立于法庭的公职人员。

（1）暂时执行。民事判决虽然被提起了上诉，仍可以执行。然而，如果判决执行，债务人有权要求担保。

（2）暂缓执行。执行中可以获得一段时间的暂缓执行期。对此，可以向执行事务官提出申请。申请人对执行官的决定不满的，可以向合适的地区法院提起申诉。

（3）待履行对象的背书。执行的申请必须以书面形式向法庭事务官作出。法院判决的复本是密封的，有关待履行对象的背书无须详细，不过要标明文书是依照法庭判决的复本作出的。

（4）判决的送达。向债务人送达判决书不是判决执行的条件之一。

（5）执行。如果执行的申请是由律师或者申请人的代理人作出的，则在申请中必须附带其原始授权。一旦申请被接受，法庭事务官就会传唤判决中的债务人，要求其解决债务问题，如果并不能做到，则要到事务官面前接受对其财产的盘问。对于非财产性的判决法庭事务官可以采取各种方式，必要的时候可以要求警察协助。事务官还可以针对债务人签发命令，要求其按照判决或其他命令履行义务，或者作出罚款的缺席规定。

（6）执行的异议。对于法庭事务官的决定可以向合适的地区法院提起申诉，进一步的申诉在上诉法院准许的情况下可以由其受理，甚至还可以向最高法院提出再次申诉。

2. 公文书与法庭和解

在瑞典没有关于执行公证员或者其他认证机构作出的文书的体制。如果双方和解经法庭以判决的形式作出，则具有判决的效力。

3. 外国判决的执行

根据布鲁塞尔公约及卢卡诺公约，外国判决执行的申请向斯德哥尔摩的上诉法院提出。除了丹麦和挪威的文书，其他文书都必须翻译为瑞典语。对于斯德哥尔摩的上诉法院的决定在最高法院许可的情况下，可以向最高法院提起申诉。除了布鲁塞尔公约及卢卡诺公约和特殊地区的法律，瑞典没有参见其他执行公约。瑞典签署的执行公约以外的外国判决在瑞典不能执行。如果布鲁塞尔公约及卢卡诺公约的规则无法适用，则必须按照原有的诉讼请求提起新的诉讼，即使诉求在外国判决中已经予以认定了。

三、丹　麦

（一）丹麦法律体系简介

丹麦历史悠久，全国分为14个郡、275个县和格陵兰、法罗群岛两个自治领（其国防、外交、司法和货币由丹麦负责）。

丹麦司法体系的组织和管理由司法部负责。法院程序的主要方面由1916制定的《司法管理法案》进行规制。一般来说，一审的初级法院为区域法院（byret），区域法院的上诉案件由高等法院（landsret）受理。对于质疑某些行政决定的案子，一审则由高等法院受理。有些案子（例如争点重大或者涉及的标的物价值超过100万丹麦克朗）可能在一方当事人的要求下，由区域法院提交给高等法院进行一审。

(二) 民事法庭的组成

一审的普通法院是区域法院，高级法院作为初审法院时主要处理有关对行政决定质疑的案子。还有大量的特殊法院，其中最为重要的是海事与商事法庭。

1. 区域法院

丹麦全国有82个区域法院，法官和暂委法官的数量取决于管辖区的规模。在哥本哈根，区域法院有一个院长和33个法官。在奥尔胡斯、奥尔堡、洛斯基尔德这些大城市，情况相似。其他29个区域法院内分两个以上的部门，每个部门由一名法官负责。剩余的区域法院由一名法官主管。

除了对部或者行政法院作出的行政决定提起诉讼的案件外，所有的案件的一审都是由区域法院负责。某些对行政决定提起申诉的案件（特别是涉及自然人的能力和地位的），专属于区域法院管辖。如果案件特别重要或复杂，由一方当事人提出要求并经法院的裁量，案件可以转交给高等法院审理。如果案件标的的价值超过100万丹麦克朗，经一方当事人的要求，也可以送交高等法院处理。出租人和承租人的案件则交由房屋法庭（boligret）处理，该种法庭由一名法官和两名陪审员共同审理。在双方同意下，法院可以指定陪审员。陪审员由出租人协会以及承租人协会向法院推荐。除了审理普通的一审案件，区域法院特别是遗嘱法院、土地登记法院等，还有大量的其他的司法与行政职责。这些行为由法院的一名法官或暂委法官实施。

2. 高等法院

两个高等法院之一位于维伯（Viborg），管辖区为日德兰半岛以及邻近的群岛。另一个设立在哥本哈根。维伯高等法院有一个首席法官和57个法官。对于高等法院受理的民事案子由三位法官共同审理。

就发展历史来看，高等法院曾作为众多重要事务的初审法院。现在它主要是作为区域法院的上诉法院和处理税务诉讼的一审法院。大多数对涉及税务的行政决定质疑的案件交由高等法院处理。高等法院处理一审案件的程序与区域法院大体上相似。

3. 最高法院

最高法院设在哥本哈根，由一名首席大法官和15名法官组成。它受理高等法院、海事商事法庭一审的上诉案子。对于区域法院上诉到高等法院，当事人对高等法院的决定不服而提起第三级审理的案子，经司法部审查委员会批准，最高法院可以受理。最高法院的案件至少由5名法官共同审理。

(三) 民事法庭的管辖权

1. 自然人

所有住在丹麦的自然人，必须在开始居住 5 天内，按照要求到国家登记处的当地部门登记他们的居所地。丹麦法律对于居所（固定的、永久的住所）和住所的概念没有区别。登记是对居住地的确认，住在丹麦的自然人只能有一个居所地。儿童和精神病人的居住地以他们的监护人的为准。

2. 法人

有限公司或协会从事业务的场所所在地的法院对民事案件有管辖权。如果商业场所不在丹麦境内，则公司或协会的主管之一的居住地的地区法院履行司法管辖权。

3. 管辖权的一般规则

被告可能在他的居住地接受起诉。如果他没有居住地，则他目前住所的法院有管辖权。如果住所不明，则由所知的他最后的住所的法院履行管辖权。有限公司和协会以它的活动场所、主要业务经营地或者它的主管之一的居住地为居住地。公司的分支机构可能在相应的区域法院进行诉讼。按照丹麦法，对于合伙企业，则以合伙人之一的居住地为居住地。

4. 管辖权的特殊规则

除以属地原则确定管辖权，原告可以根据纠纷事件的性质选择能够胜任的法院。例如，对于侵权案件，侵权行为发生地的法院有管辖权；合同案件中，受理法院可能是合同内容履行地的法院。根据丹麦法律的规定，如果双方没有达成合意，履行合同、支付资金地为债权人居住地。但是，如果债务人在法院的管辖区内，合同必须在其离开管辖区前履行，如果双方产生纠纷，债务人只能按照合同向自己的居住地法院提起诉讼。对于商品销售活动，丹麦法律规定，如果双方未能达成一致，则货物的交付地为卖方的商业经营地。案件涉及不动产的，则由不动产所在地法院受理。

5. 法院选择与出庭

如果法院能够处理争议标的，则双方当事人可认同法院对他们之间所有争议的司法管辖权。如果争议标的与商事、海事无关，则双方当事人可能不同意由商事海事法院审理。同样，当事人也不会同意案件无论所涉款项的大小一律由高等法院受理。不过，当事人也可能不管款项的大小，均同意案件由特殊区域法院实施一审。

当被告没有对管辖权提出异议，第一次在案件审理中出庭，则被视为承认受理法院的司法管辖权。

6. 刑事附带民事诉讼

对于刑事案子中涉及受害人的民事赔偿问题，受理刑事法庭具有管辖权。司法实务中，特别是处理道路交通案子时经常这么做。公诉人在调查案件事实时，确定了被害人的损失数量，通常在指控被告人时一并提起民事诉讼。或者，求偿人自行加入诉讼程序，并由自己的律师出庭。

(四) 民事一审普通程序

1. 概述

各级法院的诉讼程序都是依照《司法管理法》实施的。准备阶段主要通过信函或者通过庭前短暂的正式预审进行。法庭确定数次书面答辩状的交换。当双方当事人合意或者法庭作出裁定，正式的审判将列入公开法庭。有些案件中，法官会在正式审判之前进行听证会，对案件进行审查。准备阶段专门的规则设定了时间限制和其他的要求，不过法官必要时可以视情况放宽要求。

在审判中，法官扮演起到消极作用的角色，聆听举证，很少提出问题。法官应该事先阅读答辩状和相关文件。原告方律师通过阐述案件事实和观点开启案件审理，提出双方的争点并宣读书面证据。然后双方当事人举出言词证据。最后，由各自的律师作终结声明。在对证据和争点作出总结时，法官先对他的观点作出预先指示，双方当事人决定是否按照指示解决他们的争议，如果双方没能这么做，则法官通常会推迟作出判决。

2. 当事人与法律代理人

当事人诉讼的主要当事人为原告和被告。所有的自然人和法人不是提起诉讼就是被诉。未成年人和残疾人的起诉与应诉可能需要通过他们的法律监管人或法律代理人完成。第三人如有充分的理由可以参与到诉讼程序中，支持一方当事人或者针对一方当事人提出独立的诉求。如果一方当事人不能亲自出庭，为自己的利益完成诉讼程序，则可以由其配偶、孩子、兄弟或姐妹或者由雇员代表出庭。一方当事人或许按照要求只能由律师代表其出庭，在这种情况下，法官应对没有由律师代表出庭的当事人提出建议。当法官考虑到没有律师协助无法恰当地完成案件审理时，他可以要求一方当事人应当由律师代理出庭。如果一方当事人没有按照命令行事，法院可以作出不利于他的缺席判决。

3. 程序的开始

程序始于向法庭递交诉状表格。诉状表格应当可以证实当事人、阐明寻求的救济、陈述重要的指控事实并提交依据的文书。它还应该包括一份所有法律争点的摘要。实务中，诉讼表格相当地简洁，内容要准确，任何有意地记载虚假陈词的行为都会导致律师或该方当事人受到罚款。

原告律师将诉状表格递交给法院办公室，并附有用以送达的复印件。法庭费用由原告交付。法庭费用是诉讼开支的一部分，原告胜诉后可以从被告那里得到补偿。

4. 法律程序文件的送达

法庭负责将诉状表格送达给被告。送达由官方程序送达者负责，他将文书送达被告本人、被告家里的成员或者被告的雇主。当被告由律师代理出庭时，则诉状表格由法庭通过邮递直接寄给该律师。否则，邮寄送达虽然是允许的但是极少适用。高等法院受理的案件的文书由被告居住地的区域法院送达。丹麦境外的送达将按照《海牙送达公约》进行。通过丹麦大使馆送达是最常用、便利的方式。如果被告身处何地不为人知，既不能人工送达，也不能邮寄送达，则法院采取在《丹麦官方公报》上登广告的替代性送达方式。送达一般至少在案件听审前两个星期进行。有时法庭会明确规定一个较长的最小期限。当往国外送达时，期限一般不少于4个星期。

5. 被告出庭

诉状表格与法院的指示一起送达给被告，告知其如果想反驳指控应该采取什么行为。根据法庭的指示，被告可以在规定的时间内填写抗辩书，或者参加第一次口头听审会并递交抗辩书。如果诉状表格送达得太晚，无法达到通知要求的最小期限，则会设定新的听审和填写抗辩书的时间，然后诉状表格再次送达。

6. 缺席审判

如果被告不能在案件的第一次听审中出庭，或者没有按照法院要求填写抗辩书，则法院首先决定它是否具有管辖权，如果有此权限且送达合理，则法院将按照原告的要求对被告作出判决。缺席判决一般按照诉求的全部数额裁判，除非诉求明显太过分了。

关于缺席审判的撤销，如果缺席的一方在判决作出后4个星期内提出申请要求对案件重新开庭审理，则缺席判决将予以撤销。

7. 管辖权的纠纷

对司法管辖权的质疑或者其他证实的反对意见，被告应该在第一份书面答辩状里注明。如果在这一阶段没有提出质疑，则视为放弃反对权。如果被告能够为其疏忽的行为提出合理的理由，则特定情况下法院可以同意他在下一个诉讼阶段提出质疑。

8. 答辩状

法庭的准备阶段——在该时段互相交换书面答辩状、证据开示、递交，成为书面答辩状交换期。正如上述提及的原告诉状表格，被告抗辩书以及随后书面的答辩状必须阐明事实主张，指出相关的文书与法律争议。如果法院对被告的反诉有管辖权，则被告可以提出反诉。如果原告希望对被告所有的主张提出异议，他必须针对被告的抗辩书进行回应。在后期的书面答辩状中，双方当事人扩大或者修改原始书面答辩状内的诉讼主张的范围并提出附加的证据和观点。

书面答辩状在指定的期间或者在预审期交给法庭及当事人双方。被告应在送达的2个至4个星期内，或者在第一次听审会上递交第一份抗辩陈述。然后，原告有四个星期的时间作出回应。在准备期结束前答辩状可以随时更改。此后，如果另一方当事人不反对，直到最后一次听审的前8天答辩状还是可以更改的。

9. 听审

关于预审，预审活动逐渐减少了，大多数法庭现在要求书面准备。第一次预审的日期为诉状表格上注明的回应日期，并且一般是在法庭接到诉状表格后的4个星期内。预审的目的是通过双方开示证据和整理法律争点，确保在终审时案件准备充分。在这些听审中，由一名法官主持答辩状的交换。一般在预审中，证人的言词证据是不为采用的，除非证人必然没有办法参加正式听审。书面答辩状交换完了，法庭结束预审阶段。最后的听审一般由法官和双方当事人在预审中确定。有时法官为了全面地审查法律争点和提出的证据会主持一场另外的延长的听审会。法庭和当事人双方经常尽量利用这次听审会解决案件。

关于最后一次听审，最后一次听审是全面的言辞审判。它具有三大元素：在开场陈述中提出案件，然后讨论证据，最后总结陈词。法官起到消极作用。法官的判决只能基于最后一次听审中提出的证据。通过双方律师传唤各自的证人、筛选书证，律师对证人交叉询问，法官愿意的时候也可以对证人提出问题。

通过言辞提出案件是丹麦民事法律中最重要的部分。原告律师首先在开场陈词中提出案件，让法官了解案件事实和案件争点。法官只能采纳在法庭上大声陈述的观点，被告律师通过提出未被提及的有关被告的文书证据转移法官的注意力。双方传唤他们的证人。除非律师出于便利的考虑，否则先传唤原告的证人然后是被告的证人。如果一方当事人自行提供证据，则一般他先被传唤。如果一方当事人没有提出证据，则法庭会作出相反的推定。专家证人排在事实证人之后作证。在对证据作总结时，先由原告律师作最终陈词，然后是被告律师。关于举证虽然没有正式的规则，一般由原告承担证明责任。法庭在考虑各种可能性后作出判决。

10. 诉讼费用的担保

如果原告居住地在丹麦、欧盟境外，诉讼程序在丹麦进行，则被告可能提出诉讼费用担保的申请。该申请应在预审或者第一次书面抗辩陈述之前提出。法庭则要求居住在国外的原告预付一定款项，足以支付被告所花费的开销。费用可以以保证金或赔偿金的形式支付。

11. 证人和言辞证据

证人一般是在法庭上通过言辞作证。选择证人是双方当事人的权利，法官自己不能传唤证人。经一方当事人的申请，通过法院的正式传唤，证人可以出庭作证，或者只需一方当事人或其律师提出要求，证人也可以参加听审。正式传唤到庭的证人除非享有作证豁免权，否则有义务出庭作证。证人若为公务员、武装部队军官、牧师、医生或者律师，传唤作证的内容为保密事项的都可以申请豁免。不过，享有特权保护的机关和个人可以放弃这种特权。如果医生或者律师的证言对案件结果具有特别重大的作用，法院可能会命令他们提供证言。

与英美体系不同的是，丹麦没有设立规则限定证人应该讲什么、不能讲什么。特别是，没有限制传闻证据的规则。如果法官觉得有必要，可以采纳传闻证据。一方当事人的律师制作的被告的口供书或书面陈述书很少在法庭上适用，这些陈述一般被认为没有什么证明力。

12. 书证

所有诉讼程序参照的书证都应该在相应的答辩书中展示出来。原件应上交给法庭，并将复印件交给对方当事人。一方当事人及其律师没有义务提供与其诉求相悖的书证。在一方的申请下，法院可以要求另一方或者第三方提供所占有的特定的书证。如果另一方当事人拒绝提供，则作出对该方有利的推断。第三人拒绝服从法院命令的，可以罚款和囚禁，警察可以对文书进行搜查。

13. 专家证人

诉讼主张的证据涉及技术和科学问题的，则必须通过专家报道或专家证据予以确认。法庭基于一方当事人的申请指定专家证人。指定专家证人的费用数量可能比较高，先由提出要求的一方当事人承担。这些费用也属于审判费用，根据判决的结果进行分配。丹麦没有法庭专家小组，双方当事人如果就法庭推荐的专家达成合意的，可以提供专家的姓名。在适合的情况下，专家将双方当事人及其律师召集在一起，然后他对有异议的事物进行鉴定，并用书面的方式记录下他的发现。书面结论在诉讼预备阶段交给法庭与双方当事人。在最后的听审中，专家出庭宣读专家报告。他们可能就报告受到双方当事人的询问。除了法庭指定的专家证人，各方当事人如果充分地预先了解法庭、对方当事人，则他还可以自行聘用专家。不过，这种专家证言的证明力一般认为要弱于法庭指定的专家的证言。

14. 判决

判决必须阐明作出所依据的理由。当法庭有两位以上法官共同作出裁判时，虽然允许表达不同的意见，但是他们无须就判决的作出分别陈述理由。法官作出的判决以摘录的形式归入法庭判决登录簿内。除了双方当事人的姓名、法庭的名称以及判决的日期是给定的，还包括对诉求的性质和判决的概要介绍。判决摘录有法官的签名、法院的印章以及摘录作出的时间。

15. 费用

初审的费用大约按照诉讼标的价值的2%计算，程序开始时由原告方支付。在程序进入到最后听审之前，还应再支付初审费用的1/5。败诉一方按照法官的命令应支付胜诉一方的诉讼费用。法庭裁定诉讼费用为总额，计算时基于索赔的总量，考虑法庭费用、证据、专家证言的花费以及雇用律师的开支。在有些案子中，诉讼费用还包括外国当事人聘用外国律师指导丹麦律师工作所花费的资金。双方当事人都可以就费用问题提起申诉。如果委托人觉得他的律师费过高，他可以要求当地的地区律师协会的委员会进行审查。

16. 民事保全措施

如果原告发现被告在诉讼中通过处置他的资产或者实施其他不良行为，可能影响法庭最终判决的执行，他可以向法庭事务官申请临时措施和保护措施。这常由被告居住地或者被告资产所在地的郡副司法长官实施。依照丹麦法律可以利用的临时措施包括资产扣留和临时禁制令。当采取其中一种补救措施时，原告应预付给法庭一定的资金足以弥补日后发现措施采取有误，致使被告遭受的任何损失。除此之外，这些措施也适用于国外法庭上的诉讼程序，以及执行丹麦或国外判决。临时和保护措施的申请一般（并非必须）要通知被告。申请在听审过程中处理，申请人可以提供书证以及有限的言词证据作为支持。

(1) 扣留

适当的扣留命令将导致对个人财产和资金的扣留，对债务的扣押或者对不动产的留置。一旦命令作出，被告允许保留对争议财产的所有权，但是禁止他以任何方式进行处理。或者，被告可以预存达到诉求数额的保证金，以解除对其财产的任何限制。

(2) 临时禁制令

临时禁制令用于限制被告从事某些可能有损原告推定的权利的行为。禁令只有在有证据证明被告意欲实施原告所宣称的损害行为时才能适用。如果被告提供保证，损失可以得到充分的补偿，法庭可能解除临时禁令。

(五) 民事上诉程序

对于法院判决一般只能上诉一次。区域法院作出的案件数额在10 000丹麦克朗之下的判决，只有在司法审查委员会的准许之下才能上诉。判决明显错误或者涉及公共利益的问题，委员会才予以准许。对区域法院裁判的上诉由高等法院受理。高等法院审理的或者哥本哈根的商事和海事法庭审理的一审判决由最高法院受理。

第三方如果受到判决的有害影响，如果他能出示法律利益，可以就判决提出上诉。对地区法院作出的判决的上诉应在判决作出的 4 周内提出。如果判决在作出日没有送达双方当事人，则上诉的期间的计算始于判决的送达。

至于上诉的本质，提起上诉的程序类似于一审程序中的行为。上诉一般通过对案件实质进行全面的审查来完成。但是，正如一审法庭既不对证据进行记录，也没有任何录音的整理，双方当事人开始必须依据判决里列举的证据，在上诉听审会中当事人一般不提出证据，除非证据涉及新的问题或者与判决里记录的不同。

(六) 民事执行程序

1. 判决的执行

对判决和经确认的文书的执行直接受到郡司法长官的监管。判决自身并不清楚地表明它的有效性。涉及资金的判决自判决宣布 14 天后予以执行，除非因上诉暂缓执行。对于意义重大或者需要其他诉讼行为的，在必要的情况下，法院设定合适的时期。对于缺席判决，判决书的送达是一个生效条件。如果一方在 14 天内提起上诉，在此期间执行自动暂缓。不过这种情况下，暂缓执行是有条件的，一般来说上诉方必须提供与纠纷总额相当的保证金。一项判决如果在作出后 20 年内没有执行，则它受制于时限，不能再执行了。

2. 公文书与法庭和解

丹麦法律将一定等级的文件认定为文书，它们可以作为事务官法庭执行所依据的命令。

此类文书只能与涉及付款——包括支票、票据的交换、抵押契约，不过最重要的是债务人书面承认的借款的判决有关。至于文书或者其他付款命令是否已经送达至债务人，不是执行的先决条件。

关于法庭的和解，法庭和解记录可以类似地记录一个法令的缘由，以便那些已经从法院获得法庭摘要的执行官执行这些法令。

3. 国外判决的执行

国外的判决一旦经事务官法庭的法官授权执行后，享有与丹麦判决同等的效力。如果国外判决属于布鲁塞尔公约及卢卡诺公约的范畴，则在丹麦的具体执行以及当事人上诉时主要依据公约进行。

关于布鲁塞尔公约及卢卡诺公约之外的判决，布鲁塞尔公约在丹麦生效之前，唯一能在丹麦直接生效的是其他日耳曼国家作出的判决。其他国家的判决只有通过在丹麦法庭开展一次新的诉讼后才能生效，目前这仍是布鲁塞尔公约和卢卡诺公约之外的判决在丹麦实施的方法。在新的诉讼中国外判决仅具有证据的效力。根据丹麦国际私法的国定，丹麦法院承认对当事人的地位和权利进行确认的判决的效力。

四、意大利

意大利位于欧洲南部，于1861年3月建立意大利王国；1870年9月完成统一；1946年6月举行公民投票，正式宣告废除君主制，成立意大利共和国。目前适用的是1947年12月22日由立宪大会通过的宪法。宪法规定意大利是一个建立在劳动基础上的民主共和国。

(一) 法院系统

1. 治安法庭

意大利于20世纪90年代创设的治安法庭遍及全国省会城市与较小的城市。有830多个法庭，法官总数约为5 000人，受案范围是2 582.28欧元以下的财产纠纷，审判程序沿袭的是民事诉讼程序的基本程序构造。治安法官任期为4年，由上级司法委员会任命，条件为必须是在大学受过法律教育的人，但在其他方面则与职业法官存在显著差异。

2. 地方法院

意大利约有160多个地方法院。虽然近年来在法院改革中提议减少地方法院的数量，但遭到地方的强烈反对。根据法律规定，法庭都是实施独任制，即由一名法官履行通常由预审法官和合议庭完成的职责，超出某一数额或者除财产权以外的其他民事纠纷，如涉及身份、公司法和破产法的问题，由地方法院管辖并由3名法官组成合议庭审理。

3. 上诉法院

上诉法院即二审法院，全国约为29个。上诉法院的合议庭由3名法官组成，审理对一审判决的上诉案件。上诉法院同时享有对涉及承认和执行国外判决及仲裁决定等问题的管辖权。

4. 最高法院

最高法院是审理民事与刑事案件的普通法院最高的级别，设在罗马，只受理下级法院有关法律问题的上诉。最高法院则由5名法官组成的合议庭来作出判决，在一些特殊的案件中，则采用法官联合庭的方式，也就是由9名代表不同的庭的法官组成。最高法院大约有640名法官，每年处理大约15 000件民事案件。

5. 宪法法院

宪法法院也设在罗马，独立于普通法院体系。它主要负责审查立法的合宪性以及各州、地区的管辖权冲突问题。普通法院必须遵守现行的法律，不能判决其违宪，但宪法法院有权对立法的根据进行质疑。

此外，一审法庭中还包括狱政法院、未成年人法院，负责相关的问题。

6. 民事法庭的管辖权

根据意大利于1940年生效的民事诉讼法典的规定，被告在其居住地受诉。如果被告为自然人且所在地不祥，则原告可以在自己居住地法院提起诉讼。国际管辖的问题则按照布鲁塞尔公约及卢卡诺公约的相关条款进行。

双方当事人可以通过书面的合意确定某一法院的管辖权，或者被告出庭参加诉讼，表示承认受理法院的管辖权。

(二) 民事一审普通程序

1. 程序的开始

诉讼程序通常随着传唤令或者在某些案件中起诉状的送达正式开启。传唤令通常包括：

(1) 受理法院的名字；

(2) 原、被告及其代理人的全名和住址；

(3) 诉讼标的；

(4) 支持诉求的事实和法律；

(5) 书证和物证的认证；

(6) 第一次庭审的出庭日；

(7) 要求被告在第一次听审前20日内应诉的命令。

2. 诉讼文书的送达

送达由专门的送达人完成，他可以亲自送给被告。如果被告拒收，则送达人将拒收的情况写成报告送给原告；或者，将诉讼文书交给被告的家庭成员、看管人或者是邻居等。送达的回执签名后，送达人将复印件交给原告。本地区以外的送达，可以通过邮寄挂号信的方式完成，这种情况下送达回执也是需要的。域外的送达则按照《欧盟送达规则》与《海牙送达公约》的相关规定进行。否则，必须通过外交途径将文书复印件送给被告。

3. 缺席审判

如果文书已经按照规定送达被告，被告没能应诉或出庭，法庭将宣布他缺席。在被告缺席的情况下，原告仍应该证明其案情，从而获得法院的判决。被告在后续听审至终审的任何阶段还是可以出庭的，但是只有在法庭的许可下，他才能参加他早先应该加入的程序。

4. 管辖权的争议

对于国际案件，如果被告没有出庭或者涉案不动产在国外，或者意大利管辖规则与国际法冲突，则法院可以自行提出管辖问题。至于国内的案子，管辖权问题作为前期问题一般由一方当事人提出。

5. 答辩状

被告的答辩状必须包含所有的答辩理由以及对被告指控的辩解，同时，还应包括被告准备提出的物证与书证的详细情况。由于时限非常重要，如果答辩状作出的时间晚于规定的时间，则被告可能丧失很多权利。

6. 听审

法院有义务审查双方当事人是否已经出庭，诉讼按照规定开展。如果是因为送达的原因导致被告缺席，则法官将命令再次送达。初次听审结束时，法官确定正式听审的时间。正式听审要求双方当事人亲自到庭以便发问和接受提问。如果一方当事人缺席，法官可能会推迟作出结论。在证据审查阶段，法官要审查证据的资格和相关性。如果当事人打算在法庭限定的时间内提出新证据，则可以要求延期审理。证据一旦被采纳，法官对证明力有自由裁量权。在听审的总结阶段，法庭要求双方当事人作出总结答辩状，总结的内容应再次阐明案件，但不能提出新的证据。

7. 证人证言

如果法庭要求证人出庭作证，至少要在听审前 3 天送达传唤令。如果证人没有出庭，法官可以强制其出庭，并对其不出庭行为进行罚款。证人在法庭对问题的回答由书记员记录在案，并经证人签名。意大利没有正式的传闻证据规则，不过传闻证据的证明力是非常微弱的，特别是在能获得其他证言的情况下。

8. 书证

书证在民事诉讼中非常重要。当事人或者在初次答辩状中附加书证或者在后期的审查证据阶段提出来。根据一方当事人的申请，法院有权要求对方当事人或第三方提供作出判决必须依据的书证。如果对方以侵犯职业或商业秘密为由拒绝提供，则法官通过对所涉利益的审查衡量该问题。

9. 专家证人

专家证人可以由法庭依职权或者依照当事人的要求予以指定。这一般发生在第一次听审阶段，或者是在后续阶段必需的情况下。专家的作用一般被认为是对案件事实进行纯技术性的评价。法官可以不接受专家的报告或者另外指定一位专家进行后续的调查。

10. 判决

判决应该包括以下部分，标题——包括法官、双方当事人及其律师和代理人的姓名、程序进行的摘要、判决作出所依据的法律和事实理由、时间以及法官的签名，还应包括诉讼费用的命令等。

11. 民事临时和保护措施

采用临时措施和保护措施有以下步骤：

（1）提出申请并且阐明该诉求是有根据的，延迟采取保护措施可能导致不可挽回的损失。

（2）保护措施由专门的执行官予以执行。

（3）可以对采取临时和保护措施的命令提起申诉。法律规定对于任何准许和拒绝采取临时措施和保护措施的命令都可以提起申诉。

（三）民事上诉和异议

按照意大利民事诉讼法，上诉和异议有一般程序和特殊程序。普通上诉程序主要是指对于那些悬而未决的案件，通过上诉可以阻止判决形成终审判决。无须批准，任何当事人都有上诉的权利。上诉案件一般由合议庭审理，不过向地方法院法官提出申诉的，一般由1名法官审理。最高法院审理上诉案件并非第三次听取案件事实，而是对指控的原审法院作出判决时犯有的各种错误进行审查。最高法院可以审查下级法院的法律适用，也处理下级法院是否有管辖权的问题。

某人若不是原始审判的一方当事人，对判决不服时可以采取特殊的异议方式。第三人对判决提出异议的根据是法院作出的判决损害了他基于同一诉讼事由产生的法律利益。这种情况主要是审判没有遵从诉讼合并的规则。

（四）民事执行

判决中的债务人应尽他现在的及将来的全部财产履行他的义务。一般在执行程序中不存在审查的步骤和提取证据的行为。根据意大利民事诉讼法，可以划分三种类型的执行程序：

1. 强制性没收一定数量的资金。

2. 交付或者返还。

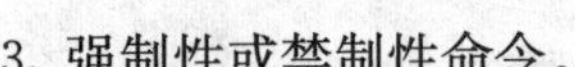

3. 强制性或禁制性命令。

对于要求支付一定款项的判决，一般通过没收债务人的财产达到执行目的。判决是由法庭事务官执行的，胜诉一方当事人无权自行执行。事务官按规定鉴定并扣押债务人的财物，财物仍留由债务人或第三人看管（即巡视占有），但不得妨碍扣押或将其销售。如果债务人对债权人获得的执行判决的权利表示异议，则可以在收到判决书的 5 日内提起申诉。

五、奥地利

1918 年 11 月 12 日奥地利宣布成立共和国，1938 年 3 月被纳粹德国吞并。1945 年 4 月 27 日成立临时政府，随后奥地利又被当作占领区，直到 1955 年 10 月占领军才全部撤走。同年 10 月 26 日奥地利国民议会通过永久中立法，宣布不参加任何军事同盟，不允许在其领土上设立外国军事基地。1995 年奥地利参加欧盟。

(一) 法院系统

所有的奥地利法庭都是联邦法庭，处理民事案件和刑事案件的法庭各自独立。民事案件中法庭分为三级：初审法院根据诉讼标的和争议问题的价值确定由地区法院还是省法院受理；上诉则由省法院或省高等法院受理；最高法院依据联邦宪法的规定为受理民事、刑事案件的最高级别的法院。一般案件由职业法官审理，不过对于一定的商事案件、劳工案件以及社会保障案件，法官可能还需要非职业法官的协助。

1. 地区法院

地区法院受理诉讼标的价值在10 000先令以下的诉讼，或者是涉及家庭法中的父子关系、离婚、孩子抚养、赡养费等问题，或者是承租人和出租人之间的纠纷以及《无争议诉讼法》中规定的所有案件。

2. 省法院

省法院受理诉讼标的额超过10 000先令的案件的一审。受案范围包括商事、劳工、社会保障以及公共责任纠纷。省法院一般由单独的法官受理案件，如果争议标的超过50 000先令，当事人可能会申请 3 人组成的合议庭审理。

作为上诉法院，省法院审查地区法院的判决，上诉案件都是由 3 位法官组成的合议庭共同审理。

3. 省高等法院

省高等法院通常是专职的上诉法院，以及对省法院作出的决定进行审查。法庭由 3 位法官组成。

4. 最高法院

最高法院一般只处理涉及重要的法律问题的案件。它由一名院长、两名副院长和多名庭长和法官组成。最高法院一般是5名法官一起审理，不过有些程序问题可以由3名法官处理。11人组成的大合议庭主要审理涉及重要法律问题且未有一致意见的争议。

（二）法院管辖权

在奥地利，只要案件在有关管辖地的法令条款涉及的范围之内，奥地利通常就有管辖权。

1. 自然人和法人管辖权

对自然人可在他们的居所或常住地提起诉讼。如果一个人既没有居所，也没有常住地（在奥地利及境外都没有），则无论他们身处何地都可在奥地利对其提起诉讼。

对奥地利法人可在其注册登记地提起诉讼，对外国法人则可在其在奥地利境内的常务代表所在区域提起诉讼。

2. 标的物管辖权

在多数情形下，奥地利管辖权的确定不是基于被告人的个人情况，而是基于案件的标的物。

如已证明货物的购买和运输这一事实情况，注册商人可以在他的债务人的营业所所在地对债务人提起诉讼。合同的一方当事人可以在合同已生效或将生效的地方对与合同有关的事项提起诉讼；汇票支付地也是一个合适的管辖地。

3. 涉外案件的民事管辖权

奥地利法院原则上也对符合国内地域管辖条件的涉外案件行使国际民事管辖权，同时按照1895年《管辖权规则》第99条关于特别管辖权的规定，对于涉及在奥地利无住所的外国人的某些性质的案件也得行使管辖权。例如，奥地利法院不仅受理被告为外国人的在奥地利的财产的诉讼或诉讼标的在奥地利的诉讼，而且受理在奥地利有久驻代表或管理机构的外国基金、外国公司、外国合作社和其他外国团体的案件。作为欧盟成员国，布鲁塞尔公约及卢卡诺公约也是奥地利处理涉外案件的主要依据。

（三）民事判决的生成程序

1. 诉讼程序的开始

诉讼程序自向法院提交起诉状开始。诉状应包括正式的诉求。但是，对于地区法院受理的劳工和社会保障纠纷，原告可以直接到庭作口头陈述，陈述将以正式文本予以记录。原告将起诉状的一份复印件递交法庭，一份交付对方当事人。

2. 诉讼文书的送达

(1) 邮寄送达

在奥地利，送达一般是以邮递方式进行的，在特殊情况下则由法庭书记员或由市政职员送达。这些特殊的送达只能发生在同一法院巡回审判区或市政辖区内。

(2) 直接送达

特殊情况下诉讼文书的送达也可以通过法院官员或者公职人员亲自送达。

(3) 公告送达

如果被告所处地不明，非刑事诉讼程序中的送达可以在当局的公告牌上以公告方式进行。在这种情况下送达被认为在两个星期后完成。在民事诉讼程序中，只有在不会导致受送达人有作出反应的义务的情况下，才能以公告方式送达。以公告方式送达传票还不够，还必须指定一个诉讼代理人。

(4) 境外送达

对于在奥地利境外的送达，参照条约或该外国关于执行送达的法律规定或国际惯例执行。如果缺少实施条约的法律，奥地利境外的送达应按照奥地利法院的指令以邮寄方式进行。对享有特权的外国人和国际组织的送达应通过奥地利外交部进行。奥地利已经加入《海牙送达公约》。《海牙送达公约》规定送达应通过领事途径（奥地利法院——奥地利领事——外国法院）而非外交途径（奥地利法院——奥地利外交部——外国中央政府——外国法院）进行。

3. 被告在第一次听审中出庭

法官受理案件，打算开始正式程序，他可以要求进行第一次听审。第一次听审的内容比较狭隘，例如被告可以对缺乏管辖权提出异议，但是不包括对案件实质内容的审理。如果被告没有出席或者没有递交答辩状，原告可以要求法院作出缺席裁判。

4. 缺席审判

如果一方当事人没有出席第一次正式听审，且没有反驳证据，则法庭可以认为到庭的当事人的正式书面申述是正确的。到庭的当事人可以申请缺席裁判。对于该判决，另一当事人可以在判决书送达后 14 日内提出异议。如果异议是由被告提出的，该异议必须包含对原告申诉的答辩。从缺席判决中寻求救济的当事人不需要说明理由。

5. 答辩

第一次正式听审或第一次正式听审还未进行但法院希望被告立即作出回应时，法院确定时间召集当事人对所提起的申诉进行答辩，但不能超过 4 个星期。被告也必须陈述请求、事实和证据。答辩可以包括部分或全部的否认、正面的抗辩和反诉。实质性的或重要的程序性答辩可以在以后进行。但法庭可以驳回拖延的答辩状。在案件审理之前，原告可以针对被告的抗辩提出答辩。

6. 提交、审查证据

诉讼过程中，当事人应提交证据以证明他们所主张的事实。双方当事人一般在法院下达命令之前上交书证，对于证人法庭可以发出传票要求其出庭。主持审判的法官可以否决那些当事人或其律师向证人提出的不合适问题。提交证据是为了证明所主张的事实或者使该事实看起来是可能发生的。如果一项事实已被反对方承认，就不必为此再出示证据，法院将采纳该事实情况。

(1) 公文的证明力。公文对于当局所颁布的、声明的或表明的东西可以提供充分的证据，但仍允许对它加以辩驳。官方声明的文件和经正式认证可作为公文在民事诉讼法的适用地区以外生效的文件，具有同等的证据性分量。形式和内容上像官方文件的文件被认为是真实的。法院可以按照自己的判断力决定采纳若干看起来是外国当局的而其真实性不需由另外的证据证明的文件作为证据。一个已签名的私文书为其内容出自哪个签发者提供了充分的根据。如果对方不表示反对，文书下面的签名人被认为是签发者。

(2) 证人拒证特权。证人有作证的义务，如果是基于下列情况可以享受豁免权：不能理解或传达其意图的；负有保守口供及其他职业秘密义务的部长或外交使节；掌握官方秘密的公务员，除非其上级让其作证。

7. 判决

根据《奥地利民事诉讼法》的规定，如果可能的话应在最后一次听审后立即作出判决并宣告判决及其理由。实际上，绝大多数判决是以书面文件形式送达的。判决在送达当事人以后即生效；判决一经宣告或移交给法院秘书人员或文书人员，则对法院产生约束力。

书面判决必须包括如下内容：(1) 法院的名称；(2) 作出判决的法官的姓名；(3) 当事人双方及其代理人的姓名和地址（除当事人出生日期和出生地点以外的个人情况）；(4) 判决结论；(5) 裁决理由和根据。

(四) 民事上诉程序

上诉由上级法院受理。上诉有三种类型：

(1) 针对法院判决的上诉（称为 Berufung）；

(2) 针对省高等法院判决的上告（称为 Landesgericht）；

(3) 针对法院决定而非判决作出的控告（称为 Rekurs）；

对于某一争论点来说败诉的当事人，有权在一审判决作出后的 4 个星期内对之提出上诉，另一方当事人有权对该上诉提出答辩。在一些特别的诉讼中，没有判决而只有终局命令，控告的时间被限制在 14 天内。如果争议的金额超过 50 000 欧元，并且在案件中涉及有关家事法和租赁法的特别事项，则当事人有权将上诉审法院的判决上告到最高法院。在这一程序中，上告人只能提出有关实体法或民事诉讼程序中非常重要的问题。通常最高法院判决案件并不需要听审。

(五) 民事执行程序

根据《奥地利执行法》，如果裁决是终局的且不能拖延执行，则法院可以执行。

1. 执行的方式

如果判决是以货币形式执行，可根据采取：

(1) 没收不动产；

(2) 扣押；

(3) 扣发工资；

(4) 征用动产。

其他的执行方法有：

(1) 清除——以恢复土地占有判决的强制执行令状来执行判决；

(2) 取走——以归还财产判决的执行令状来执行判决；

(3) 替代——以替代物清偿。

2. 国外判决的执行

通常，对于外国判决同样可以按照奥地利国内执行法的规定予以执行，但是准予执行的程序取决于是否属于布鲁塞尔公约及卢卡诺公约的范畴。按照布鲁塞尔公约及卢卡诺公约，如果判决是由签约国作出的，则在另一个签约国无须专门的确认程序可以直接得到承认。

如果不属于布鲁塞尔公约及卢卡诺公约规制的范围，则奥地利与他国的互惠只能由政府作出声明保证，并在联邦法律公报上公布。为了在奥地利得到执行，外国当局的裁决或主持的和解必须由一个具有管辖权的奥地利机构作出。同时，申请执行外国判决的当事人必须出示作出判决的外国当局出具的可予执行的证明。

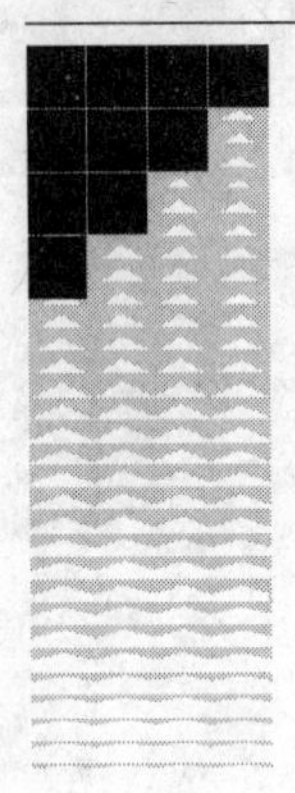

第八章 其他亚洲国家民事诉讼法

一、印 度[①]

印度位于亚洲南部，为历史悠久的文明古国，印度的法律可以溯至1784年英国制定的皮特印度法案（Pitt India Act，1784）。但印度民族是一个伤痕累累的民族，在遭受了多次的殖民侵略后，终于在1947年取得了民族的真正独立。历史的痕迹反映到法律领域，即出现了目前的局面：在印度法中，既包括了英美法的内容又有大陆法的内容，既受外国法之渗透又体现本国法的特色，既保留了古文化的痕迹又顺应时代的更新，从而形成了部分外国的、部分国内的、部分宗教的、部分世俗的、部分法定的、部分传统的"大杂烩式"的法律。

印度民事诉讼制度开始于1859年第一部民事诉讼法的颁布实施，以后又经过1877年、1882年、1908年的多次修正，现行1976年民事诉讼法典是在1908年法典基础上修订而成的。由于1908年民事诉讼法典由英印当局主持制定，因而无论是法典立法形式，还是具体内容，都深受英国法的影响，比如实行对抗制的诉讼模式，但也有其独特的一面，如印度民事诉讼不实行陪审制，且在受案范围方面，对于政府及政府官员公务上的行为不能向法院提起诉讼，除非在预期诉讼的书面通知满两个月以后。在复审程序方面，印度民事诉讼法未对案件终审的审级作出明确规定，而是对不同案件作出不同的规定。现行的1976年民事诉讼法典共158条，分两个部分。

① 参见何勤华、李秀清主编：《东南亚七国法律发达史》，14页，北京，法律出版社，2002。

1. 第一部分：诉讼的基本规则，如案件的管辖、起诉、传唤、裁决以及诉讼费用

(1) 法院的管辖与审理。《印度民事诉讼法》第 9 条规定：除了法律明文禁止外，法院应对所有符合法律规定的民事案件行使管辖权，受理并作出裁决。

(2) 案件诉讼地。《印度民事诉讼法》第 16 条规定：案件诉讼地之一为标的物尤指不动产所在地。对于其他案件的诉讼地点，第 20 条作出规定，其他案件应由被告住所地或事件发生地法院管辖。该法第 21 条还对法院可以拒绝受理的几类案件作了规定。

(3) 传唤当事人及证人。当案件已被法院受理之后，法院有权传唤被告出庭并进行相应的答辩。传唤证人与传唤被告方式大体一致。对于拒绝接受法庭传唤的被告及证人，法庭可以强制任何应该出庭的被告或证人出庭。强制措施包括：签发拘捕令，查封财产；施予不超过 500 卢比的罚款，以及命令其交代理由并押送民事监狱监禁。

(4) 法院裁决。法庭在庭审完毕之后，应作出最终裁决。裁决的内容如果属债务纠纷案件，除了对被告要求赔偿损失外，还应对利息及诉讼费用作特别规定。

2. 第二部分：执行

在另一方当事人不及时履行法庭生效裁决时，法院有权力采取措施强制该方当事人履行裁决规定的内容。生效裁决的执行既可由当事人申请，也可由法院直接交付执行。

(1) 执行方式主要包括：直接执行财产；查封、拍卖或不查封任何财产情况下直接拍卖；暂时监禁被执行人；指定诉讼财产管理人；其他符合该法要求的方式。

(2) 附加程序。此程序主要涉及法院通过颁发委任状形式对案件的调查取证。委任状既可由印度法院签发，也可由外国法院签发，任何法院在收到另一法院委任状后都应本着处理自己事务的态度进行调查。

(3) 特殊案件的诉讼。根据《印度民事诉讼法》第 79 条、第 83 条、第 84 条、第 85 条、第 86 条的规定，特殊案件是指对政府或政府官员在其职权范围内的民事诉讼，对外国侨民、外国政府、外国高级官员提起的民事诉讼。

(4) 特别程序。对于涉及公害的案件，可以由总检察长或是任何两个以上印度公民向法院提起，即使该公民对此公害没有直接损失的因果关系。

(5) 上诉程序。原则上，除法律另有规定外，所有案件都可以提出上诉。此外，《印度民事诉讼法》第 100 条还规定，高等法院有权受理任何下属法院裁决的上诉审案件，即第二次上诉审。当然，法典也规定了对一些案件的第二次上诉的禁止。上诉法院享有最终裁决权、发回重审权、事实审查权、重新取证权。

(6) 再审程序。《印度民事诉讼法》第 115 条列举了案件得以再审的条件：终审法院无权审理的案件；法院应该受理而拒绝受理的案件；法院审理不符合法律规定的案件。

二、韩　国

韩国现代法律并不是承受着历史自然而然发展的产物，而是采取“突然继承”西方法律方式以代替传统的法律及司法制度。这体现在两个方面：一是当时的韩国政府为对付西方列强的入侵而积极、主动地改革传统的司法制度；二是由于日本的殖民占领迫使韩国运用日本所移植的西方法律制度。[①]

韩国的民事诉讼法是在借鉴日本民事诉讼法的基础上发展起来的，因而韩国的诉讼法属于大陆法系，即在审理诉讼案件时，法官在诉讼程序中起主导作用，并指导采证工作，职权主义色彩浓厚，同时，韩国诉讼法也受到英美法系的影响。

《韩国民事诉讼法》于1960年颁布，后经过3次修改，现行民事诉讼法是1990年1月公布的，法典由7编组成，分别是：总则、一审诉讼程序、上诉程序、再审程序、督促程序、公示催告程序、强制执行程序，共15章735条。[②]

《韩国民事诉讼法》在总则中对民事诉讼的基本问题作了规定。将管辖分为4类：职务管辖、事务管辖、地域管辖、指定管辖。其中地域管辖又可分为一般地域管辖、特殊地域管辖、专属管辖和合意管辖。对民事案件实行四级三审制：第一审案件由地方法院或支院审判；对于抗诉案件（对第一审判决的上诉），其判决是单独制时，由地方法院合议部审判，其判决是地方法院合议部时，由高等法院审判；对于上告案件（对第二审抗诉审判判决的上诉），由大法院审判。

一审程序包括起诉与受理、开庭审理、辨认、判决四个阶段。起诉以向法院提出诉状为原则，但对小额事件的诉讼可以以口述方式进行。判决是指法院对诉讼事件表示终局而作出的判定。判决要依法定形式制作判决原本，以宣告发生效力。宣告判决要在辩论终了日后两周内进行完毕，遇有复杂案件或有其他特别情形时不超过4周。

上诉是指依据审判得到不利的当事人在确定裁决前，要求上级法院再审查的诉讼行为。上诉分抗诉和上告两类，抗诉是指因不服一审法院终局判决而提起上诉；而上告是指抗诉审的当事人对于终局判决适用法方面的上诉。

再审是对于确定的终局判决，因有一定重大的瑕疵而予以取消，回复判决前的原状，待再开展辩论后再予以判决的重新审判程序。提起再审必须具备下列条件：再审对象须为

---

① 参见陈刚、廖永安主编：《移植与创新：混合法制下的民事诉讼法》，271页，北京，中国法制出版社，2005。

② 参见何勤华、李秀清主编：《东南亚七国法律发达史》，224页，北京，法律出版社，2002。

终局判决；只有原判决的当事人、溯及既判力的第三人和检察官才能提起；具有再审事由；在法定期间内提出。

督促程序是指对于以金钱、其他代替物或有价证券的一定数量的支付为目的的请求，根据债权人的申请，经过书面审理，向债务人下发支付令，如债务人在一定期间内，对其不提出异议，就赋予命令确定力和执行力为目的的特别诉讼程序。

公示催告程序是指法院根据票据持有人的申请，以公示的方法发出对未知、不明利害关系人的失权或不利益的警告，催告请求或权利的申告，没有申告时，发生失权效果的程序。公示催告申请必须符合法定的理由，公示催告程序是以申请公示催告而开始，没有请求或权利的申告时，以作出除权判决而终了。

强制执行程序是指以国家权力强制实施私法上的权利、义务的程序。

三、泰　国

泰国国土面积为51万多平方公里，在东南亚地区仅次于印度尼西亚和缅甸，人口约六千多万，有三十多个民族。历史上，泰国吸收了高棉文化、印度文化和中国文化，其法律更倾向于印度化。自进入近代后，泰国法律主要受法国法律文化的影响，属大陆法系。泰国的法律发展史是多种法律要素自然迁移加上强行移植、刻意仿效，而又相互依存、兼容并蓄的历史，它集中了其他国家法律的基本要素，并将其融汇到本地区的文化环境之中，形成一体化的法律体系，显示出一种法律移植的成功范例。

就司法审判和诉讼制度而言，泰国既深深地打上了大陆法系的烙印，又不乏英美法系的痕迹；既注重司法审判组织的建设与完善，又强调审判组织的独立与公正，并与泰国的传统文化相互协调。根据佛历二五二一年（公元1978年）泰国宪法之规定，司法权授予各级法院。各级法院以泰王的名义行使审判权，法官依照法律独立行使职权。泰国现行审判组织可分为初审法院、上诉法院与大理院（最高法院）3个级别。

（一）初审法院

泰国的初审法院进一步分为简易法庭、普通初审法院和专门法院。

泰国的简易法庭刑民兼理，由法官独任审判。它的主要职责是以最简单的手续和最低的费用迅速处理轻微案件。在民事方面，该法庭负责审理争执财产价值或索赔总额不超过1万铢的民事案件。不服简易法庭有关法律问题和在某些条件下有关事实问题的判决或裁定，向上诉法院提出上诉。目前，泰国共有20个简易法庭，其中有3个在曼谷市。

泰国的普通初审法院可分为曼谷市普通初审法院和各府普通初审法院（即府法院），这些法院权限很大，民事案件不受最高标的额限制。对于所有普通初审法院审理的案件，当事人均可上诉至上诉法院。在泰国，每一个府至少设有1个普通初审法院，大府可设2～3个普通初审法院。曼谷市作为泰国的中心和最大城市，共有5个普通初审法院。所有案件必须由2名法官进行合议。

泰国在借鉴西方司法审判制度的过程中，先建立了一套普通法院系统，以后才随着形势的发展和审判组织的不断完善，相继设置了军事、青少年、劳工、税务等专门法院。

（二）上诉法院

泰国的上诉法院按大区设置，全国分为东部、北部、南部和曼谷4个大区，分设了4个上诉法院，各上诉法院负责受理本辖区内各个初审法院有关民事、刑事、青少年和破产案件的上诉。上诉案件的审理实行合议庭制，合议庭由3名法官组成。合议庭对案件的判决为上诉法院的最终判决，院长无权改变。如遇重大疑难案件，且合议庭成员各执一词不能形成决定时，由上诉法院院长召集“集体合议庭”进行合议，审理民事案件的集体合议庭由提交案件的原合议庭的3名法官、院长及院长邀请的资深民事法官若干人总共至少10名法官组成。上诉法院对于上诉案件可在合议后作出维持原判、改判、发回重审的决定，如对上诉法院的判决不服，民事案件可在1个月内上诉至大理院。

（三）大理院

泰国的大理院即泰王国的最高法院，设在曼谷市，是泰国一切案件的终审上诉法院。另外，它对某些纠纷也具有半初审权，如选举权申诉案件等。大理院以院长为首领导审判，所有上诉到大理院的案件必须由3名以上的法官组成合议庭进行审理。

泰国的民事和商事案件的审理制度都适用1935年颁布的《民事诉讼法典》。该法典规定的基本原则、制度与德国和日本的民事诉讼法典所规定的基本相同。其主要原则有：不告不理，即以当事人的起诉为诉讼程序的开始，除了妨害公共秩序和社会正义的案件外，法院不主动提起诉讼；书面审理原则，即审理案件以书面文件为依据，起诉、应诉和传唤都须以书面进行，传票正本须送达对方当事人；法院必须按照双方当事人的申诉解决纠纷；任何判决和裁定都不能有任何超出原告起诉要求的内容；不服初审法院有关事实问题和法律问题的任何判决或裁定的上诉，向上诉法院提出，最后可向大理院（最高法院）提出，但属于小额索赔的不在此限；关于同意外国仲裁的仲裁条款不予承认。①

① 参见上海社会科学院法学研究所编译室翻译：《各国宪政制度和民商法要览》（亚洲分册），234页，北京，法律出版社，1987。

四、菲律宾

菲律宾在历史上曾经是西班牙和美国的殖民地，由于历史原因，其法律制度明显地受到大陆法系和英美法系这两大法系的影响，是大陆法系和英美法系的混合体。一般认为，在婚姻法、家庭法、继承法、合同法、刑法这些部门法中，大陆法系的传统起主导作用；而在宪法、诉讼法、公司法、票据法、税法、保险法、劳动法、金融法方面，英美法系的原则有显著的影响。① 因为菲律宾有着相对完备的法律制度，吸收借鉴了英美法系和大陆法系的制度，其在法制建设方面的经验和教训有着独特之处。

菲律宾法院系统是一个呈金字塔式的层次结构，由上而下分为4个层次：最高法院、上诉法院、区法院以及市级法院。此外，还设有一些专门法院，包括特别法院（即行政法院，又叫反贪污法院）、穆斯林法院、税务上诉法院、合作法院、土地法院、军事法院等。菲律宾诉讼制度的一个突出特点是其法院管辖权的特殊性。菲律宾法院管辖权是授予法院而不是法官，法官对案件的审理权可能会终止，而法院的管辖权仍然会存在。一旦管辖权被赋予法院，这项权力将会在诉讼程序中始终存在，哪怕案件已最终审结甚至判决书已在执行过程中。法院的管辖权一般是由宪法或法院法或者特别法来授予。

市级法院对民事案件管辖权的内容是：个人财产或诉讼要求的价值不超过2万比索，不包括利息和成本，仅含损失；遗嘱检验的程序，留有遗嘱而死亡及未留有遗嘱而死亡的继承中所涉及的财产价值不超过2万比索；强行擅入及非法拘留（扣押）的案件；海事法院及海事管辖中的诉讼不超过2万比索；再审案件；取消动产抵押品赎回权的法律手续；委托关系；其他民事案件和权力。

区法院的民事案件管辖权包括专属一审管辖权和上诉管辖权，其中专属一审民事案件管辖权包括：诉讼标的物不足金钱估算的所有民事诉讼；对不动产或某些利息的所有权或占有权的所有民事诉讼，不包括由市法院、大城市法院、巡回法院享有管辖权的案件；海事诉讼请求不超过2万比索的诉讼；遗产不超过2万比索，留有遗嘱及未留遗嘱的遗产继承诉讼；涉及婚姻和军事关系合同的法律诉讼等。

上诉法院和最高法院则享有初审管辖权、专属管辖权和共同管辖权。菲律宾最高法院审理案件，须得全体法官出庭，或者酌情由3人、5人或7人组成分庭。如果最高法院法官出缺，应在出缺后的90天内补缺。由分庭审理的案件，应由实际参加审议和表决的法官同

---

① 参见齐树洁：《菲律宾继承法研究》，载梁慧星主编：《迎接WTO——梁慧星先生主编之域外法律制度研究集》，第3辑，292页，北京，国家行政学院出版社，2000。

意，至少应有法官 3 人同意才能判决。如果未能取得所要求的同意数，该案件应由全庭判决。但最高法院在分庭或分庭作出的判决中所制定的法律或原则，除最高法院全庭开庭外，不应被修改或推翻。

宪法同时还规定了法院作出裁判的时限规定。最高法院所受理的案件，必须在其提交最高法院之日起 24 个月内作出判决或裁决；所有下级合议制法院，除非最高法院下令缩短期限者，应在 12 个月内作出裁决或判决；其他下级法院应将期限限制在 3 个月内。在相应期限届满时，应当签发由最高法院首席法官或主审法官签署的证书，说明在上述期限内未能作出判决或裁决的理由，并应当将其副本附在该案卷宗中，并发给当事人。适当的规定期限届满的情况下，法院应当在不损害由此引起的责任的条件下，立即对提交给它的案件作出判决或裁决。①

五、新加坡

新加坡是一个国土面积仅为 639 平方公里、人口 320 万的弹丸小国，原本是英国的殖民地，在 1965 年才获得独立，现已发展成为一个经济腾飞、政治清廉、社会稳定、风尚良好的中等发达国家，分析原因，其中一个不容忽视的重要经验就是新加坡走上了一条独特的法律发展之路。新加坡法在借鉴英国法的基础上，大量吸收借鉴世界各国先进的法律制度，同时又根据自身的特点，结合本国实际，逐渐形成了独具特色的法律体系。

由于新加坡国土面积小，城市即国家，因而法院没有中央与地方之分，只有最高法院和初级法院两级。新加坡民事诉讼法早在 19 世纪就已经根据英国法律制定出来，基本上是英国民事诉讼法的翻版。作为英国的原殖民地，新加坡民事诉讼制度同澳大利亚、新西兰、英国和我国香港地区一样都源于英国，无论在法律原理、法理学、法理组织的结构、法理门类的原则还是在法庭程序等方面，都和英国相似，它包含了英国习惯法和衡平法。

但新加坡民事诉讼程序并不是完全沿袭和照搬英国的法律，而是根据本国的社会制度、社会环境、国民结构、风俗风情及社会发展的需要，在继承英国法的基础上，从本国实际出发，不断改革和完善，从立法上着手不断研究和追求司法公正。主要体现在以下几个方面：

1. 废除不符合本国国情的判例。在 20 世纪的 80、90 年代，新加坡在立法和司法上均得到了长足发展。此时新加坡人在司法实践中深切体会到新加坡的国情与英国及其原殖民地的国情都已有很大的不同，并且英国的法官对新加坡的社会环境也已是不太熟悉，他们的一些判例已不能适合新加坡的基本国情，再严格跟从英国法院的判例是不妥当和不实际

---

① 参见何勤华、李秀清主编：《东南亚七国法律发达史》，395 页，北京，法律出版社，2002。

的，所以废除了一些英国和其他原殖民地国（如印度）的判例。

2. 逐步割断与英国枢密院的联系。新加坡建国之初，其民事诉讼的最终上诉庭是英国的枢密院司法委员会。1984 年新加坡国会立法限制诉讼当事人向枢密院提出上诉的权利。如只有当事人在立约中约定枢密院作为解决契约争议的终审法庭时，当事人才有权利向枢密院提出上诉。到了 1994 年正式断绝了与枢密院的历史性联系，规定新加坡高等法院的上诉庭是民事诉讼的最终上诉庭。新加坡最终上诉权力的确立，不仅仅是确立本国的最终司法权，其实质是使其民事诉讼活动能够更加符合本国实际，贴近经济发展和社会现状，公平、公正地服务社会。

新加坡为提高案件审理的针对性，设置了不同类型的法庭，分别赋予其不同的司法管辖权，审理不同的案件。首先是在纵向上，在审理案件的司法权限上，按级别区分设置有高等法院上诉庭、高等法庭、初等法庭以及回教法庭。在新加坡三百余万国民中，马来人约占 14%，是第一大少数民族。为充分尊重少数民族的习俗和教义，恰当地处理民族问题，使各民族和谐相处，特成立了回教法庭。它拥有独立的司法权，专门审理回教事务，包括离婚、子女的抚养权、赡养费、婚姻财产的分配等问题。民事法院（包括高等法院）都无权干涉其判决，其审理的案件直接向高等法院的上诉庭上诉。其次是在横向上，在初级法庭中设有地方法庭、推事法庭、小额索偿法庭、家事法庭以及验尸庭等，分别审理不同类型的纠纷和不同诉讼标的案件。此外，还设有特别的军事法庭，专门审理涉及军人的案件，维护军人权益，捍卫国家安全。作为一个经济活动全球化的国家，新加坡在 2002 年就先后成立了船务及海事法庭和知识产权法庭，专门审理日益增多的前述纠纷。

新加坡在 1992 年开始试行审前会议制度：在法官的主持下，在听审案件之前，在双方当事人同意及自愿的基础上举行调解会议，由法官设法协助当事人自愿达成协议。该协议具有法律效力，可以强制执行。若达不成协议，案件就必须开庭审理。参加调解的法官不参加审理，一切关于调解的记录不向审理案件的法官透露，确保调解的内容不影响案件审理的最终结果。对于不参加审前会议的当事人，法院可以驳回其诉讼请求或抗辩理由。统计数据表明，在审前会议上有 30%到 40%的案件都达成了和解，极大地减少了不必要的法庭诉讼，提高了诉讼效率，融洽了当事人的关系。

关于审前证据明示和交换制度，新加坡民事诉讼程序要求，在诉状终止之后的 14 天内，各方诉讼当事人必须向法院列明将呈交法院的一切书证，同时通知对方诉讼当事人。双方当事人在收到通知后的 14 天内可以到对方的律师事务所内参阅有关文件。如不执行上述规定，法院可以应当事人的请求，驳回对方的诉讼请求或抗辩理由。这项制度可以使双方当事人在法庭审理中，了解对方证据，减少庭审时间，同时避免提出新证据干扰法庭正常审理，延长审理周期。①

① 参见王联柱、方华：《追求公正、高效的民事诉讼制度——浅谈新加坡的民事诉讼制度》，载《南京检察调研》，2002 (17)。

六、马来西亚

马来西亚是一个多民族国家，约有三十多个民族，但主要为马来族、华族和印度族三大民族。马来西亚法的发展是错综复杂的，该地区原有的法律文化与中国古代法律、印度法律、伊斯兰法律、西方大陆法系和英美法系的法律文化相结合，构成了马来西亚法的主要内容。

马来西亚的法院体系包括下级法院和高级法院。有初审管辖权的民事法院有：Penghulu 法院、地方法院（Magistrates Court）、法官开庭法院（Sessions Court）、高等法院、上诉法院和联邦法院以及特别法院/法庭。

1. Penghulu 法院。它可以在初审程序中审理和裁决民事案件，但是纠纷标的额不能超过 50 林吉特（马来西亚货币单位），并且该诉讼的当事人都必须是亚洲人，能使用并理解马来西亚语言。

2. 地方法院。它分为第一级地方法院和第二级地方法院。第一级地方法院对于那些纠纷标的额或价值不超过2 000林吉特的所有民事案件和诉讼有管辖权。第二级地方法院只对下述民事案件或诉讼有初审管辖权：在这些案件中，原告是向被告寻求偿还一笔债务或者规定的违约金，它们必须可以用金钱支付，并且无论是否有利息，总额都不应该超过3 000林吉特。

3. 法官开庭法院。它在审理下列所有民事案件和诉讼时拥有无限制的管辖权：有关汽车事故、地主和佃户及佃产扣押的案件；纠纷标的额或价值不超过 25 万林吉特的案件。如果在一案件或诉讼中，纠纷的标的额或价值未超过管辖权的限制，那么其当事人将在法官开庭法院受到审判。如果当事人达成了书面协议，认为法官开庭法院对其案件或诉讼有管辖权，那么即使案件的标的额或价值超过了管辖权的价值限制，法官开庭法院一样可以行使其管辖权。

4. 高等法院。它对于所有的刑事案件和一般及特别的民事案件拥有初审管辖权。马来西亚有两个拥有同一级别管辖权、地位平等的高等法院，即：在马来西亚各州的马来西亚高等法院，其主要书记官处在吉隆坡；在沙巴州（旧称北婆罗洲）和沙捞越州的沙巴州和沙捞越州的高等法院，其主要书记官处可以由政府首脑在沙巴州和沙捞越州的任何地区选定。

5. 上诉法院。它对审理和裁决上诉案件拥有管辖权，上诉必须是针对高等法院在下列情况下作出的判决：在高等法院行使其初审管辖权过程中作出的判决；针对法官开庭法院审理的任何刑事案件，高等法院在行使其上诉或复审管辖权过程中作出的判决。

上诉法院的民事管辖权允许其审理和判决针对任何高等法院作出的任何判决或裁定的

上诉，不论这些判决或裁定是高等法院在行使初审管辖权还是上诉管辖权时作出，但上诉法院的管辖权要受规范这些上诉的期限和条件的任何成文法的约束。在下列情况下不能向上诉法院提起上诉：诉讼的标的额或价值（不包括利息）少于25万林吉特（除非取得上诉法院许可）；判决或裁定是经所有当事人同意作出的；由法院依自由裁量权作出的关于诉讼费用的判决或裁定，除非取得上诉法院许可；当时有效的任何成文法明示规定，高等法院作出的判决或裁定是终局的。

6. 联邦法院。联邦法院是马来西亚的最高法院。在不影响联邦法院的上诉管辖权的情况下，对于在其他法院的任何程序中产生的涉及宪法的任何条款的效力的问题，联邦法院有权（受规范此种管辖权的法院规则的约束）决定该问题，并将案件移交给另一法院，由其根据联邦法院的决定予以处理。《马来西亚联邦宪法》第128条和1964年《法院审判条例》第81条规定了联邦法院审理对上诉法院和高等法院的判决提出的上诉的管辖权。

七、越　南

越南在中国北宋初年以前，一直是中国版图的一部分，公元968年，丁部落建立了丁朝，是为越南立国之始。1884年越南沦为法国殖民地，1940年被日本占领，1945年宣布成立越南民主共和国，之后又被法国、美国占领，直至1976年，才取得革命的彻底胜利，实现了越南社会主义共和国的统一。

越南的诉讼立法主要集中在第八届国会和第九届国会期间。1990年以来，越南开始了大规模的民事及经济的立法活动。越南采用的是接受立法援助的方式来完备自己的法律体系的。在民事诉讼立法方面，越南接受了日本政府的援助，邀请日本学者帮助立法。

现今，越南的民事审判制度按案件的性质不同，将民事审判权划分为民事案件审判权、经济案件审判权和劳动案件审判权，并依据法令的形式分别制定了处理这些案件的程序规定，即现行的越南民事诉讼程序规定分别由民事案件解决令、经济案件解决令和劳动案件解决令组成。这三种民事诉讼程序不仅处理的案件对象不同，而且在参审员的数量、审理期间和审理方式的规定上也不相同。

按照民事案件解决令的规定，一审法院程序由一名法官和两名参审员组成审判组织，原则上只处理个人与个人之间发生的民事纠纷案件，只要案件不涉及公共安全和个人隐私，原则上应在公开的法庭上进行审理；在诉讼时效方面，因权利的性质不同而期限不同，最长诉讼时效为10年，而申请宣布合同无效的诉讼时效仅为1年。按照经济案件解决令的规定，一审法院程序由二名法官和一名参审员组成审判组织，原则上只处理法人与法人之间、法人与法人所属人员之间或法人所属人员之间发生的经济纠纷案件，以及涉及股份方面的经济纠纷案件；对经济案件是否进行公开审理，由法院依裁量决定；经济案件适用审限制度，其中审前准备期间为 40 天，庭审期间为 10 天，合计 50 天。这里，以民事案件解决令为主，对越南民事诉讼程序法律的现状作一概括性介绍。

民事案件解决令在总则中规定了民事诉讼程序的基本原则，并在第 1 条明确规定，当事人享有接受裁判的权利。此外还规定了许多与现代法治国家相同的民事诉讼基本原则，其中包括处分原则、当事人诉讼权利义务平等原则和诉讼武器对等原则、法院和参审员独立审判并仅受法律约束原则等。与其他社会主义国家民事诉讼基本原则相同，越南民事诉讼程序也体现着强烈的职权主义色彩，规定了许多当事人主义和职权主义相结合的原则。如在证据的收集和提供方面，规定当事人提供证据义务和法院证据调查相结合原则的同时，还规定法院可以独立地进行职权探知。此外，还规定法院对于民事案件的解决，除禁止和解的案件外，应当承担促进和解的义务；在规定少数民族享有使用本民族语言文字进行诉讼权利的同时，还规定法院有任命翻译的义务；政府机关享有参加诉讼和提起诉讼的权利；检察官具有法律审查权（法律监督权）。

民事案件解决令在“管辖”一章中，以列举方式规定了民事案件的具体管辖法院。在级别管辖方面，除当事人为外国人或涉及工业所有权纠纷的一审案件属于省级法院管辖外，其他民事案件一律由地方法院作为一审法院。

在“民事诉讼的参加人”一章，除了对当事人、诉讼代理人、证人、鉴定人和翻译等诉讼主体制度作了规定外，还规定检察厅和政府机关出于保护公益的目的，可以参加或提起民事诉讼。法院应当将此类诉讼案件的判决书在宣判后送交检察厅。检察官享有与当事人相同的上诉权。

越南民事诉讼实行二审终审制，检察官和法院院长享有上诉权和再审申请权。发动再审程序的条件是，发现在原审中未能知悉的重要事实。一审诉讼程序适用参审制，由 1 名法官和 2 名参审员担任民事案件的审判工作。二审案件的审理适用合议制，由 3 名法官担任审判工作。最高法院审判民事案件也采用合议制，由 3 名法官对上诉案件或再审案件作出裁判。对于适用一审程序处理的经济案件或劳动案件，按参审制进行审理，由 2 名法官和 1 名参审员组成审判组织。①

八、以色列

1948 年以色列于独立伊始，即通过了法律和行政命令，规定立国之前在该地区通行的

① 参见陈刚：《社会主义民事诉讼法简读》，第四章“越南民事诉讼法的现状”，北京，法律出版社，2001。

法律，只要不违背《以色列国立国宣言》中所载原则和议会将颁布的法律，便将继续生效。因此，以色列的法律制度纳入了奥斯曼法律（1917年之前生效）的残留部分、英国委任统治当局的法律（其中包括很大一部分英国普通法）、犹太宗教法的成分以及其他法律制度的一些内容。以色列没有成文宪法。政府运作应当依据议会的法律，特别是《以色列基本法》。从2003年开始，议会的宪法法律和司法委员会开始着手起草宪法，目前尚未完成。以色列的法律系统受到英美普通法系、大陆法系和犹太法典的影响。以色列法院遵循判例，但是不设陪审团，案件由专业法官裁决。宗教法院对婚姻解除案实施专有司法管辖。

以色列的审判系统包括最高法院、区法院和地方法院，以及特别法院，其管辖范围由1984年法院组织法规定。

地方法院是审判法院，设法官1名，主管民事和一般刑事犯罪。对民事案件的权限是处理总额不超过100万新希伯来（相当于25万美元）的案件，以及房地产案件。部分法官有资格担任交通法官。地方法院还有权设置家庭法庭、青少年法庭和小额法庭。

5个区法院设法官1名或3名，主管地方法院的上诉审判权；对于较重大的民事和刑事案件有初始审判权。既有权作审判法院，也有权作为上诉法院。作为审判法院，其管辖权限于地方法院的管辖范围，另外，它们对地方法院裁决的民、刑事案件进行听审。根据2000年行政事务法院法的规定，区法院也有权处理市民与行政权力间的纠纷。像地方法院一样，区法院有权裁决青少年案件。

最高法院，坐落在耶路撒冷，包括高等上诉法院和高等审判法院两个部分，均有其不同的管辖范围。设法官1～3名或5名，主管最终上诉审判权；为正义目的的必要干预权；对控告政府、政府部长、所有公职官员或机构的案件的初始审判权；释放非法拘留或监禁者的权力；在其他法院超越权限时宣布其裁决无效的权力。最高法院的裁决具终局性。

专门法院，设法官1名，该院主管交通、劳工、青少年和市法院，有其明确规定的管辖范围；此外还有行政法院。

宗教法院，设法官1名或3名。该院主要受理结婚和离婚案件；对犹太人设犹太教法院；对穆斯林和德鲁兹设穆斯林宗教法院；对基督教徒设基督教法院。

此外，1968年仲裁法赋予了当事人通过仲裁方式处理民事争端的权利。仲裁因其便利性，被广泛地运用于私人和商业冲突中。①

---

① Herbert M. Kritzer, Santa, Barbara ed., *Legal Systems of the World* (2), 755～760, ABC-CLIO Inc., 2002.

[illegible]

[illegible]

[illegible]

[illegible]

[illegible]

[illegible]

[illegible]

下 编

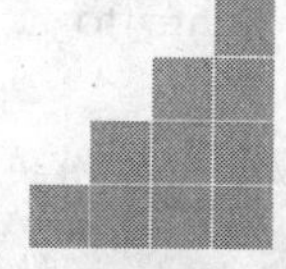

第一章

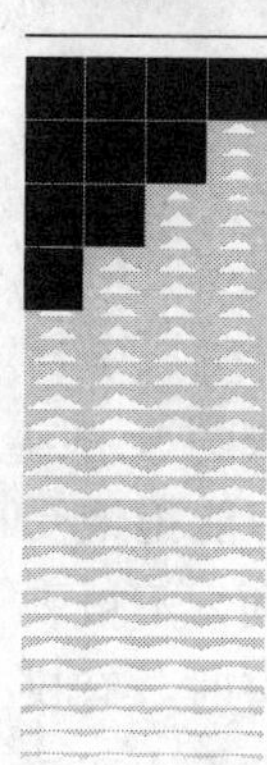

程序基本权研究

近现代社会，程序基本权保护已经成为各国民事诉讼的宪法理念，民事诉讼制度的设计和运作是以程序基本权的实现为最高理念的。实际上，只有当事人的程序基本权得到了保障，当事人的实体权利才能得到保护，程序基本权是人权保障的逻辑前提。

一、程序基本权的界定

程序基本权，即程序性的基本权利，通常是一国的宪法所确认的公民的宪法权利。程序基本权既属于基本权利，又属于程序权利。作为基本权利，程序基本权是与普通权利相对应的，它是宪法赋予公民的基本权利，是人所固有或应有的权利，或者说是人权的重要内容；作为程序权利，程序基本权是与实体权利相对应的，它是实体权利的保障性权利，没有程序基本权，无论实体权利怎么被保障，都会落空，为了使公民能够充分享有实体权利，必须确认并保障公民的程序基本权利。在民事诉讼中，程序基本权主要是指裁判请求权，即公民在其权利受到侵害或者与他人发生争执时所享有的请求独立的合格的不偏不倚的法院公正审判的权利。这一权利在不同的国家和地区有不同的称谓，有的称"公正审理权"，有的称"正当程序权"，有的称"接受裁判权"，有的称"诉讼权"，有的甚至称"诉讼权利"，等等。尽管称谓不同，但这些概念的基本内涵是一致的。裁判请求权属于集合性权利，它是由许多子权利构成的，其中包括两大类，一类是诉诸法院的权利（the right of access to the court），另一类是公正审判请求权（the rights to a fair trial）。

诉诸法院的权利，又称为诉诸司法的权利，它是指任何人在其民事权利受到侵害或与他人发生争执时，有获得法院司法救济的权利。诉诸法院的权利具有丰富的内涵：

1. 诉诸法院的权利意味着任何人在其权利受到侵害或与他人发生争执时，有权诉诸法院，要求法院行使审判权予以救济。

一方面，诉诸法院的权利是平等的，不论年龄、性别、民族、职业、文化程度、财产状况、宗教信仰、党派等，任何人都享有诉诸法院的权利。这也意味着：只要发生民事权利争执，不管争执的标的额的大小，任何人都可以到法院起诉（或应诉），通过法院适用国家的司法制度来解决纠纷，保护自己的权利。对于当事人提出的请求，法院既不能拒绝受理，也不能拒绝审判。如日本宪法第 32 条明确规定，任何人都有接受裁判的权利，不被剥夺；《世界人权宣言》第 8 条规定，人人于其宪法或法律所赋予的基本权利被侵害时，有权享有国家管辖法庭之有效救济；《公民权利和政治权利国际公约》第 14 条规定，人人在法院或法庭之前，悉属平等。

另一方面，诉诸法院的权利意味着人人有权要求法院行使审判权，通过审判的方式解决当事人之间的纠纷。

2. 诉诸法院的权利意味着任何人都有权排斥法院以外的主体对其与他人之间发生的民事纠纷作出最终的决定。

3. 诉诸法院的权利意味着任何人有权获得独立的、合格的法院的审判。

获得独立的、合格的法院的审判是诉诸法院权利的内在要素，如果法院是不独立的、不合格的，诉诸法院的权利也就不是真正意义上的“诉诸法院”的权利，至少不是现代意义上的诉诸法院的权利。

诉诸法院的权利是裁判请求权的首要内容，然而，仅仅有诉诸法院的权利是不够的，诉诸法院的人还应当有获得法院公正审判的权利，即有公正审判请求权。没有公正审判请求权，即使当事人获得了法院的审判，也没有实际意义。现代社会非常重视当事人接受公正审判的权利，许多国家的宪法都有关于公民的接受公正审判的权利的内容。如日本宪法第 82 条规定，法院的审讯及判决在公开的法庭上进行。美国宪法修正案第 5 条作为联邦层次的立法规定，未经正当法律程序，不得剥夺任何人的生命、自由或财产；宪法修正案第 14 条作为州层次的立法规定，各州也不得未经正当的法律程序，即行剥夺任何人的生命、自由或财产。不仅如此，接受公正审判的权利还呈国际化，不少国际公约规定人人有接受公正审判的权利。如《世界人权宣言》第 10 条规定，人人在其权利与义务受判定时及受刑事控告时，有权享受独立无私法庭之绝对平等不偏且公开之听审。《公民权利和政治权利国际公约》第 14 条第 1 项规定，人人在法院或法庭面前，悉属平等；任何人受刑事控告或因其权利义务涉讼须予判定时，有权受依法设立的合格的、独立的和无私的法庭公正、公开审判。国外学者在论述公正审判请求权的时候，一般是指接受公正程序审判的权利，或者说是程序公正请求权。[1]

二、两大法系主要国家关于程序基本权的立法和理论

(一) 英国

公正审理权(fair trial rights)是英国国民的程序基本权。由于公正审理权是与法律的正当程序紧密相连的,因此,公正审理权有时也被称为正当程序权。公正审理权(正当程序权)不仅表现在英国的宪法性文件中,而且大量地表现在普通法中。可以说,诉诸法院因而依据法律通过法律的正当程序解决纠纷的权利深深地扎根于普通法中。布莱克斯通(Blackstone)指出,每一个英国人都有向法院请求对其遭受的损害进行司法救济的权利,因为英格兰的法律是每一个人的生命、自由、财产的最高的裁判者,所有的法院都必须在任何时候向国民开放。[2] 根据正当程序的要求,任何权益受到判决结果影响的当事人都有权获得法院审判的机会,并有被告知控诉的性质和理由、提出主张、进行辩论和陈述自己意见的权利等。实际上,正当程序隐含着两方面的内容:一是当事人有权获得法院的审判,任何与判决结果有关的当事人都有机会获得审判;二是法院审判的程序是公正的,任何人都应得到法院的公正程序的审判。申言之,公正审理权或曰正当程序权不仅包含公正审判的权利(right to a fair trial),而且包含诉诸法院的权利(right of access to the court)。英国国民的诉诸法院权利的宪法重要性一直被强调着,正如狄普洛克(Diplock)勋爵所指出的,每一项文明的政府制度要求国家提供使得他的所有的国民都能够获得公正与和平地解决有关他们法律权利的争议的途径,这种途径就是法院,每一个国民都有诉诸法院的宪法性权利。[3] 英国的公正审判的权利(right to a fair trial)由五个基本要素构成:独立、不偏倚的

---

① 但也有国外学者还从实体公正的意义上理解公正审判请求权,例如,日本学者小田中林树对于接受公正的裁判的权利作了如下的解释:日本宪法 32 条,"在法院"是指"在独立公平的法院";"接受裁判"是指通过与裁判相符的程序保障和实体保障(正确认定事实、正确适用法律),对于正当的权利、利益的侵害接受救济。接受公正的裁判的权利包括以下内容:(1)实现这一权利的裁判机关的独立与公平制度;(2)诉讼当事人在诉讼活动中的权利及作为保障形式的当事人主义的程序构造与公正程序的观念;(3)错误裁判的救济;(4)法院的人、物及程序上的准备制度;(5)对于贫困者的诉讼救济制度。参见[日]林泉章、室井力等编:《现代法的诸领域与宪法理念》,482 页。事实上,人们请求司法审判不仅要求法院的司法程序是公正的,而且要求法院的司法结果也是公正的,因此,公正审判请求权包括程序公正请求权和结果公正请求权。

② See Richard Clayton and Hugh Tomlinson, *Fair Trial Rights*, Oxford University Press, 2001, p. 5.

③ Bremer Vulkan Schiffbau und Maschinenfabrik v. South India Shipping Corporation Ltd [1981] AC909, 917.

法庭；公正的听审；公开的听审；合理期限的听审；附理由的判决。[①]

虽然英国人民有享有公正审理权的传统，但是，长期以来，英国的不成文宪法并不比一般的法律具有更高的效力，因此，当不成文宪法所确认的公正审理权与其他法律发生冲突时，究竟该如何处理是不清楚的。尽管在1952年英国加入了《欧洲人权公约》，并且《欧洲人权公约》确认了公正审理权[②]，但由于《欧洲人权公约》不是英国国内法的一部分，因此，任何一个认为《欧洲人权公约》所确认的公正审理权受到侵害的英国人要向设在法国的斯特拉斯堡的欧洲人权法院提起一个诉讼来主张公约中的公正审理权，这种诉讼既费时（经常需要5年以上的时间）又昂贵。1998年的英国《人权法》（该法于1998年11月颁布，从2000年10月起实施）将《欧洲人权公约》并入了国内法，明确确认了《欧洲人权公约》第6条下的公正审理权，这就给了英国人民一个关于公正审理权的明确的法律表述，意味着公正审理权在英国得到了成文法的明确规定和确认。1998年的英国《人权法》是一个较高级别类型的法律，它能够影响英国的所有其他法律，它允许较高级别的法院宣布英国的某项法律与《欧洲人权公约》第6条规定的公正审理权不符。英国《人权法》要求所有的公共权力机关包括法院在作出有关人民权利的决定的时候都必须以人权的原则作指导思想，并且尽可能地以与公约权利一致的方式来解释和影响法律；要求英国的法院在所有的案件中都必须考虑公约权利包括公正审理权，必须考虑欧洲人权法院的判决、决定、意见等（欧洲人权法院有许多涉及保护公正审理权的判决）；如果公共权力机关作出有悖于公约中的公正审理权的行为的话，英国人民可以在自己国家的法院提起诉讼，主张公约权利包括公正审理权，从而使得英国人民对公正审理权的主张更加快捷和更加方便了。可见，英国《人权法》的实施使得英国国民的公正审理权得到更加有力的保障。

（二）美国

美国的程序基本权即正当程序权，主要隐含在有关正当程序和平等保护等宪法条款中。1789年通过的宪法修正案第5条规定，任何人“未经正当法律程序不得剥夺任何人的生命、自由和财产”。这一规定适用于联邦政府。1868年通过的宪法修正案第14条规定，“各州不得未经正当的法律程序，即行剥夺任何人的生命、自由和财产”。这是对各州和地方政府的要求，与宪法修正案第5条不同，宪法修正案第5条所保护的对象是刑事被告，而此条正当程序的规定是用来保护所有的公民的。宪法修正案第14条还规定，“各州不得在其辖境内拒绝任何人享有平等的法律保护”。据此，平等保护要求明确地支配各州，实际上这一原则还被默认为适用于联邦政府。许多州的宪法都有其自己的正当程序及平等保护条款，在

---

① See Richard Clayton and Hugh Tomlinson, *Fair Trial Rights*, Oxford University Press, 2001, pp. 26－27.

② 《欧洲人权公约》第6条第1项确认了公正审理权，该项规定：“在决定某人的民事权利和义务或决定对某人的刑事指控时，任何人都有权在合理的时间内受到依法设立的独立公正的法庭公平与公开的审判。”

很多情况下赋予个人比宪法修正案第14条更为充分的权利。[①] 基于宪法所规定的“平等的法律保护”的权利，“司法平等在美国是或者应当是一种不可辩驳的权利”[②]，司法平等权是公民的基本权，司法平等意味着任何人在其权利受到侵害后，都能有效地诉诸司法，获得法律的救济。在美国，当事人不但能够诉诸司法，而且有权要求法院通过正当程序予以审判，即有权要求获得公正的审判。可见，平等法律保护条款和正当程序条款包含了获得正当程序审判的权利[③]，于是，正当程序权便构成了美国公民的程序基本权利。[④]

(三) 法国

法国1958年宪法没有明确规定公民的基本权利，只是在序言中笼统地说，“法国人民庄严宣告，他们热爱1789年的《人和公民权利宣言》所规定的，并由1946年宪法所确认和补充的人权和国家主权的原则”。1971年法国宪法委员会作出了裁决，明确认可了《人和公民权利宣言》所肯定的、为1946年宪法的序言所确认并加以补充的关于公民权利和自由的各项条款。法国宪法没有关于当事人的程序基本权的直接规定，但这并不意味着法国不承认程序基本权（法国的程序基本权被称为“诉讼权利”）。这是因为，其一，“诉讼权利”的基本性质已经得到了卢森堡法院（欧洲共同体法院）与斯特拉斯堡法院（欧洲人权法院）两大法院的承认。[⑤] 法国作为欧洲共同体的成员国，有义务保证欧洲共同体条约和共同体各机构的文件所产生的义务得到执行。其二，程序基本权得到了《公民权利和政治权利国际公约》等联合国公约的承认，而《公民权利和政治权利国际公约》在法国具有“直接适用的性质”[⑥]，该公约第2条第3项规定，“保证任何一个被侵犯了本公约所承认的权利和自由

---

① 参见［美］哈泽德等：《美国民事诉讼法导论》，张茂译，37～38页，北京，中国政法大学出版社，1999。

② ［美］约翰逊：《走向司法平等》，载宫晓冰主编：《各国法律援助理论研究》，187页，北京，中国方正出版社，1999。

③ 参见［美］杰罗姆·巴伦、托马斯·迪恩斯：《美国宪法概论》，刘瑞祥等译，178页，北京，中国社会科学出版社，1995。

④ 美国公民的基本权利包括宪法所明示的权利即明示的基本权利，如言论自由、出版自由、宗教信仰自由等；也包括从宪法的前10条修正案和第14条修正案所保障的自由和权利中引申出来的权利即默示的基本权利，如正当程序权。

⑤ 共同体法院认为，“共同体合作”这一原则并不是一项不具有明确法律意义的单纯的导言性条款，而是一项从法律上奠定各成员国之义务依据的规定。这种义务就是：确保“受法院管辖的人实际上享有司法救济的权利”，使他们依据共同体规则而享有的权利能够得到尊重。参见［法］让·文森、塞尔日·金沙尔：《法国民事诉讼法要义》（上），罗结珍译，33页，北京，中国法制出版社，2001。斯特拉斯堡法院自作出“郭尔德裁决”以来，依据《欧洲人权公约》第6-1条的条文与具体条件承认人人都有诉诸法院的权利、人人都有得到司法救济的权利。参见［法］让·文森、塞尔日·金沙尔：《法国民事诉讼法要义》（上），罗结珍译，103页，北京，中国法制出版社，2001。

⑥ 法国于1981年1月29日通过法令批准《联合国公民权利和政治权利国际公约》，法国最高司法法院多次判决认为，该公约的各项条款可以在本法院得到援用。参见［法］让·文森、塞尔日·金沙尔：《法国民事诉讼法要义》（上），罗结珍译，101页，北京，中国法制出版社，2001。

的人，能得到有效的补救……”第14条又确认了任何人都有受依法设立的合格的、独立无私的法庭进行公正和公开审判的权利。其三，在法国国内法中，“诉讼权利”为立法所确认，1998年7月第98—657号法律在其第1条中就确认了“诉诸法院的基本权利”，这一法律的目的在于保障法国全境内所有的人都实际享有在司法的领域的各项基本权利。[①] 其四，“诉讼权利”得到了最高行政法院和最高司法法院的认可和保障。“诉讼权利”是得到最高行政法院承认的、给予公民行使公共自由的一种基本权利。这一权利也得到了最高司法法院的认可。为保障这一权利，最高司法法院也确认了“享有律师协助的权利”这一具有宪法性质的基本权利，最高司法法院全体会议（大法庭）以如下表述确认了“诉诸法院的权利”：这一权利的实际行使，要求任何人都可以在辩护人的协助下向负责对其诉讼请求作出审理判决的法官提出诉讼请求。[②] 其五，“诉讼权利”受宪法委员会保护。宪法委员会的判例归结出具有宪法价值的各种原则，其中包括享有司法救济的权利、在法院面前人人平等的原则、尊重当事人的辩论权利等。1971年7月16日，法国宪法法院作出了一个具有里程碑意义的裁决：法律基本原则不仅具有法律功能，而且具备宪法功能，可以制约一般立法本身。[③] 事实上，宪法法院的判例是将“诉讼权利”作为“基本权利”加以保护的。

（四）德国

德国《基本法》第一章（第1条至第19条）规定了“基本权利”，该章并没有对裁判请求权这一程序基本权作出一般性的规定。德国《基本法》第19条第4款规定，当事人的权利和合法利益受到公共行政机关侵害时，有向法院起诉之权利。此条所规定的基本权利是关于行政事项的裁判请求权，并不包括民事事项的裁判请求权。德国的法院及法学家都主张对该条款作扩充解释[④]，进而，根据德国《基本法》第20条第2款、第92条、第97条、第101条第1款、第103条第1款的规定推导出[⑤]：就民事事项，当事人也有裁判请求权，即当事人在其民事权利受到侵害或与他人发生争执后，基于《基本法》也有向法院起

① 参见［法］让·文森、塞尔日·金沙尔：《法国民事诉讼法要义》（上），罗结珍译，113页，北京，中国法制出版社，2001。

② 参见上书，113～114页。

③ 参见《法国法律及政策对外公告杂志》，第87期，1204页（1971年）。

④ See H. Peters, GESCHICHILICHE ENTWICKLUNG UND GRUNDFRAGEN DER VERFASSUNG, Springer publisher, 1969, pp. 277 - 278.

⑤ 《基本法》第20条第2款为：主权属于人民。它由人民通过选举和全民投票方式，以及通过有立法权、行政权和司法权的专门机构行使之。第92条为：司法权赋予法官。司法权由联邦宪法法院、联邦最高法院，以及本宪法所规定的各联邦法院和各州法院行使之。第97条为：法官具有独立性，只服从法律……第101条第1款为：禁止另设特别法院，不得剥夺任何人由法定法官审判的权利。第103条第1款为：任何人都有请求在法庭上依法审判的权利。

诉并获得公正审判的权利[①]，即裁判请求权获得了宪法的地位。[②] 在德国，裁判请求权是公民所享有的不可剥夺的基本权利，德国《基本法》第 92 条规定，司法权由联邦宪法法院、联邦最高法院，以及本宪法所规定的各联邦法院和各州法院行使之。第 101 条第 1 款明确规定，禁止另设特别法院，不得剥夺任何人由法定法官审判的权利。在德国，将民事争议事项的审判权授予非司法机构属于违宪行为，除非这些非司法机构的裁决受到法院在事实上和法律上所作的充分的复审。即使是将民事案件的管辖权授予一个既为民事法院法官同时也为行政官员的法官，这也是对宪法所保障的接受独立且法定法官之裁判权的侵害。[③] 当然，仲裁是基于当事人双方的仲裁协议，是当事人双方自愿选择的结果，而且当事人在仲裁过程中也得到了程序保障。德国承认实体请求权服从于当事人的处分权，因此，仲裁机构的仲裁不构成对公民的裁判请求权的侵害。为什么德国对裁判请求权规定得如此严格呢？这有两个方面的原因：一是德国宪法是对国家尤其是行政机构滥用权力的悲剧时代的直接反映。鲍尔教授指出，鉴于德国过去悲剧性的经历，绝大多数德国人宁愿独立的法院拥有广泛的控制权，也不愿意接受或许更有效率但不受司法审查的行政机构之行为；即使在法院，也可以获得迅速而低成本的判决。二是在 19 世纪下半叶，德国参照法国移植了一整套行政法院体系。这些行政法院已经成为真正独立且公正的机构，符合程序公正之基本水准。不过这些行政法院还是与普通法院有很大的区别，它们所审理的案件的诉讼标的专业性较强，在组织结构和文化根基上与现代行政机构比较接近，而现行的行政机构作出的行政行为又是这些行政法院的审查对象。[④]

可见，德国的裁判请求权是由成文宪法确认的，不过，德国宪法没有一个条文明文规定民事事项上的裁判请求权，民事事项上的裁判请求权是从有关宪法条文中推导出来的。

(五) 日本

1947 年 5 月实施的《日本宪法》在其第三章“国民的权利与义务”中，明确将接受裁判权作为国民的基本人权，从而使接受裁判权成为国民的程序基本权利。该宪法第 32 条规定：“任何人在法院接受审判的权利不得剥夺。”这是对接受裁判权的一般性规定，既是就

---

① 参见［德］鲍姆巴赫（BAUMBACH）等：《民事诉讼法》，1821 页，慕尼黑，Beck，1970。

② 意大利宪法学家卡佩莱蒂也认为，尽管德国《基本法》没有关于私人争议诉诸法院的权利的明确的条文，然而，这一权利可以从第 101 条关于法定法官权利和第 103 条关于公正听审权的结合中发现。See Mauro Cappelletti and William Cohen, *Comparative Constitutional Law*, The Bobbs-Merrill Company, Inc. Publishers, 1979, p. 266.

③ 根据 1959 年 11 月 17 日德国宪法法院的判决，德国巴登符腾堡州的 1 400 个小额请求法院被撤销了，判决的主要理由是该州当地的市长兼任小额请求法院的院长。参见《联邦宪法法院判决汇编》，第 10 期，200 页（1959 年）；［意］卡佩莱蒂等：《当事人基本程序保障权与未来的民事诉讼》，徐昕译，154 页注 75，北京，法律出版社，2000。

④ 参见［意］卡佩莱蒂等：《当事人基本程序保障权与未来的民事诉讼》，徐昕译，33～34 页，北京，法律出版社，2000。

民事事项而言的，也是就刑事事项和行政事项而言的。就民事事项而言，接受裁判权的主要内容包括两个方面：一是积极的内容，即任何民事纠纷的当事人都可以请求法院解决，并可以请求法院通过公正程序解决，法院的组织及其管辖是由法律事先规定的，法院对于符合诉讼要件的案件不能拒绝受理和审判；二是消极的内容，即当事人有不受非司法机构对其与他人之间的民事争议作终局性的决定的权利，非司法机构不能对民事争议作出终局性的裁决。《日本宪法》第76条第2款规定："不得设置特别的法院，行政机关不得施行作为终审的审判。"这里的"终审"是指不许再向法院提起诉讼要求司法解决。对于当事人之间的民事权利义务之争议不能由行政机关进行作为终审的审判，将作为终审的裁判权授予非司法机构是违宪的。行政机构对民事事项的裁决，即使是在经过了准司法性的听证后作出的，日本法院对行政机构的裁决进行复审时，也要对事实进行再审，不受行政机构对事实裁决的约束。① 为什么日本严格禁止非司法机构染指裁判权呢？这是因为，"从传统而言，日本国民对压倒一切、独裁主义的行政机构不信任，而司法机构与此相反，具备崭新的独立、公正和廉洁的声誉"②。

接受裁判权在日本理论上有受益权说、国务要求权说等学说。受益权说认为，接受裁判权属于受益权，"所谓受益权，这里是指由国家积极实施的，以（公民）接受特定利益为内容的公权。受益权与因法的反射而使公民接受利益存在区别……受益权不仅包括依法实施一般公益（行为），也包括对个人利益的认可，亦含个人为自己利益提出主张的情形"③。日本学者美浓部达吉认为，接受裁判权是受益权中最为重要的内容，它具有要求国家为一定行为的积极内容。④ 国务要求权说把接受裁判权作为国务要求权之一来把握，持这种观点的日本学者佐佐木指出，所谓国务要求权，是指国民为自己的利益要求国家实施国务的权利。这里的国务是指应国民的要求，实施一定行为，利用国家的设施，满足国民的要求等。国民应享有主张国家实施国务的权利即国务要求权。⑤ 接受裁判权在美浓部达吉的观点中成为由国家进行并积极实施的以接受特定利益（裁判）为内容的公权，属积极的公权。而佐佐木认为接受裁判权是"国民为自己的利益要求进行裁判的权利"，属于私权。现在，接受

① 日本的《禁止垄断法》（昭和22年（1947年）法第54号）第80条规定，对公正交易委员会的判决不服而提起诉讼时，该委员会认定的事实证明有真凭实据时，对法院有约束力；真凭实据的有无由法院判断。如果仅从前一段话来看，公正交易委员会认定的事实对法院有约束力，那么，这种规定是违宪的；如果全面看待这一条内容，就可以发现，公正交易委员会认定的事实不是无条件地约束法院的，只有被公正交易委员会证明是真凭实据的事实才能约束法院，而且真凭实据的有无由法院判断。这样看来，第80条就不存在违宪的问题了。事实上，法官通常也不是由自己单独认定事实，他们承认尊重富于专门知识和经验的行政委员会有合理理由的事实认定，只要认为公正交易委员会认定的事实有真凭实据，就可以依靠公正交易委员会的认定。参见［日］宫泽俊义著，芦部信喜修订：《日本国宪法精解》，董璠兴译，523页，北京，中国民主法制出版社，1990。

② ［意］卡佩莱蒂等：《当事人基本程序保障权与未来的民事诉讼》，徐昕译，33页，北京，法律出版社，2000。

③ 转引自［日］林泉章、室井力等编：《现代法的诸领域与宪法理念》，475页，东京，学阳书房，1983。

④⑤ 参见［日］江藤介泰：《接受裁判权》，载［日］林泉章、室井力等编：《现代法的诸领域与宪法理念》，475页，东京，学阳书房，1983。

裁判权被日本理论界看作基本权的基本权。日本宪法学者鹈饲信成所著的《宪法》[①] 一书认为，“国民在自己权利受到侵害的所有场合，必须具有在正规的法院接受裁判的权利；没有这一权利，无论基本人权怎样被保障都得落空”。他还写道：“为了使国民能充分享有如上各种基本权，必须在其周围设置若干为了保障它的基本权”，其中较为重要的就是接受裁判权。从这一学说开始，日本学界把接受裁判权与其他基本人权的关系，从以前的平面关系中脱离开来，变成立体的及构造性的关系来思考。

三、国际公约有关程序基本权的规定与实践

20 世纪以前，人权主要是国内法问题，人类进入 20 世纪以后，特别是两次世界大战以后，人们认识到人权不仅仅是一个国家的事情，而应当是世界普遍关注的问题，如果一个国家不尊重人权、侵害人权，那么，不仅本国人民受害，而且最终会害及世界上其他国家的人民，因此，从《联合国宪章》开始，人类社会制定了一系列的国际性的和区域性的国际公约来确认和保障人权，人权成了国际法的调整对象。1945 年的《联合国宪章》在序言中明确指出，欲免后世再遭今代人类两度身历惨不堪言之战祸，重申基本人权，人格尊严与价值，以及男女与大小各国平等权利之信念；在其第一章“宗旨与原则”部分将“不分种族、性别、语言或宗教，增进并激励对于全人类之人权及基本自由之尊重”作为联合国的基本宗旨之一。《联合国宪章》制定以后，人类社会试图通过国际公约来确定人权的共同准则或者国际标准，作为人权基本内容的裁判请求权在许多有关人权的公约中得到了确认。为履行《联合国宪章》所确定的促进和尊重人权的基本宗旨，联合国人权委员会起草了《世界人权宣言》和《公民权利和政治权利国际公约》、《经济、社会和文化权利公约》两个人权公约。

1948 年 12 月联合国大会通过的《世界人权宣言》提出世界上所有男女毫无区别地享有基本权利和自由，该宣言的序言说，联合国大会宣布，这一世界人权宣言是所有人民和所有国家共同努力实现的共同标准，并号召会员国和所有人民促进，保证宣言中所提出的各项权利和自由的有效承认与执行。《世界人权宣言》对裁判请求权作了明确的规定，该宣言第 7 条规定，人人于其宪法或法律所赋予的基本权利被侵害时，有权享有国家管辖法院之有效救济；第 10 条又规定，人人于其权利与义务受判定时及被刑事控告时，有权享有独立无私法庭的绝对平等不偏且公开之听审。该宣言明确提出了裁判请求权的国际标准，成为裁判请求权保护国际化的里程碑，尽管该宣言不是国际公约，不具备严格意义上的国际法

---

① 该书由日本弘文堂于 1968 年出版。

的约束力，只具有道德力量①，但它确实为其后裁判请求权的国际保护奠定了基础，为各国对裁判请求权的保护提供了基本尺度。为克服《世界人权宣言》无国际法约束力的缺陷，联合国大会于1966年12月又通过了《经济、社会和文化权利国际公约》（以下称为A公约）和《公民权利和政治权利国际公约》（以下称为B公约），它们与《世界人权宣言》一起构成了联合国人权宪章体系，并成为国际人权保护的最基本的文件。B公约对公民权利和政治权利作了具体规定，其宗旨就是在于保护公民享有这些权利和基本自由，它要求每一缔约国承担并尊重和保证其领土内及受其管辖的一切个人，不分种族、肤色、性别、语言、宗教、政治或其他见解、国籍或社会出身、财产、出生或其他身份等等，都享有该公约所承认的权利。B公约重申了《世界人权宣言》所确认的裁判请求权。该公约第2条第3项规定，本公约每一缔约国承诺：(a)保证任何一个被侵犯了本公约所承认的权利或自由的人，能够得到有效的补救，此种侵犯即使是由以官方资格行事的人所为，也不例外；(b)保证任何要求此种补救的人能由合格的司法、行政或者立法当局或由国家法律制度规定的任何其他合格当局断定其在这方面的权利，并发展司法补救的可能性；(c)保证合格当局在准予此等补救时，确能付诸实施。这就明确要求缔约国保证人人都享有诉诸司法的权利，人人都能获得合格的法庭予以司法救济。B公约第14条第1项规定，人人在法院或法庭面前，悉属平等。任何人受刑事控告或因其权利义务涉讼须予判定时，有权受依法设立的合格的、独立的和无私的法庭公正、公开审判。这就要求缔约国保证任何人都有获得独立公正审判的权利。B公约强调人人都能接受合格的法庭的公正审判。所谓合格法庭，不仅指依法设立并有法定管辖权的法院，而且包括应由具备相当专业资格的法官所组成的法院。② B公约对缔约国是有国际法约束力的，根据B公约第2条第1项规定的精神，缔约国不仅要尊重公民的裁判请求权，而且要保障公民的裁判请求权。B公约规定，设立人权事务委员会作为监督机构来监督缔约国对公约规定的执行，人权事务委员会有权要求缔约国提出关于它们使公约所规定的包括裁判请求权在内的权利得以实施的措施以及关于在享受这些权利方面所取得的进展的报告；人权事务委员会还被14个国家授权处理国与国之间有关人权的申诉。为进一步实现B公约的目标及实施其各项

① 当时的联合国大会主席指出："该宣言只标志着第一步，因为它不是一个约束各国一定要贯彻和实现基本人权的公约，也不具有强制性，它只是在一个更大的发展过程中向前迈出的第一步。"（《联合国1948—1949年年鉴》，535页。转引自常健：《人权的理想·悖论·现实》，404～405页，成都，四川人民出版社，1992。）但随着时间的推移，《世界人权宣言》获得了重要的法律地位。有些人认为，该宣言给予《联合国宪章》以实际内容，所以，作为一个国际条约，它具有宪章特征的拘束力；另一些人认为，《联合国宪章》和《世界人权宣言》都是人权习惯法的发展，对一切国家都有拘束力；少数人认为，任何国家违反该宣言的任何条款都是违反了国际法。几乎所有人都赞同，某些违反该宣言的行为都是违反国际法的。参见［美］亨金：《权利的时代》，吴玉章、李林译，25页，北京，知识出版社，1997。

② See Haji N. A. Noor Muhammad, "Due Process of Law for Persons Accused of Crime", *The International Bill of Rights: The Covenant on Political Rights*, edited by L. Henkin, New York, Columbia University Press, 1981, p. 147. 转引自龚刃韧：《司法公正的前提——B公约第14条第1款与中国的司法制度》，载北京大学法学院人权研究中心编：《司法公正与权利保障》，80页，北京，中国法制出版社，2001。

规定，1966年12月还通过了《公民权利和政治权利国际公约任意议定书》，根据该任意议定书的规定，人权事务委员会有权接受并审查议定书缔约国管辖下的个人对该国侵害公约所确认的包括裁判请求权在内的所有权利的指控，凡声称其在公约规定下的任何权利受到侵害的个人，如对于可以运用的国内补救办法，都已援用完毕，可以向人权事务委员会提出申请，由委员会审查；人权事务委员会提请被控侵害人权的缔约国注意，收到通知的国家应于6个月内书面向人权事务委员会写出书面解释或声明，说明原委，如该国已经采取补救措施，则应一并说明，人权事务委员会通过审查以后，向有关缔约国和该个人提出其意见。

不仅全球性的国际公约规定了裁判请求权，而且，许多区域性的国际公约或条约也规定了裁判请求权。1981年非洲统一组织通过的《非洲人权和民族权宪章》第7条确认了任何人都有裁判请求权，该条第1项规定："人人享有对其诉讼案件要求听审的权利。此项权利包括：（一）对侵犯由公约、法律、法规和习惯有效地确认和保障的权利的行为，有权向有管辖权的国家机关起诉……（四）有权要求公平无私的法院或法庭在一个适当的时间内予以审判。"1948年5月在美洲国家第九次国际会议上通过的《美洲人的权利和义务宣言》把裁判请求权视为基于人格属性的人的基本权利，该宣言第18条规定了公民个人的公正审判请求权："人人都得求助于法院以保证其合法权利得到尊重，同时也可凭借法院的简便程序来保护其免受当局对其宪法基本权利的侵害。"1969年11月由美洲国家间人权特别会议通过的《美洲人权公约》重申了《美洲人的权利和义务宣言》所确认的裁判请求权，该公约第8条规定，人人都有权在适当的保证下和一段合理的时间内由事前经法律设立的独立的公正的主管法庭进行审讯，以判定对该人具有的犯罪性质的任何控告，或决定该人的民事、劳动、财政或具有任何其他性质的权利和义务。第25条规定：（1）人人都有权向主管的法院或法庭要求给予单纯和迅速的援助或任何其他有效的援助，以获得保护，而不受侵犯宪法或有关国家法律或本公约所承认的基本权利的行为的危害，即使这种侵犯行为可能是人们在执行公务中所为。（2）各缔约国承允：1）保证要求这种补救的任何人均应享有经国家法律制度规定的主管当局所决定的权利；2）发展采取司法补救的可能性；并且，3）保证主管当局应实施这些已同意的补救。

欧洲理事会各成员国于1950年11月在罗马签署了《保障人权和基本自由公约》，简称《欧洲人权公约》，它是第一个区域性的人权公约，公约的宗旨在于保障和执行《世界人权宣言》所规定的公民权利和政治权利。《欧洲人权公约》确认了裁判请求权，该公约第6条第1项规定，在决定某人的民事权利和义务或决定对某人的任何刑事指控时，任何人都有权在合理的时间内受到依法设立的独立公正的法庭公平与公开的审判。在欧洲人权法院看来，《欧洲人权公约》的这一规定并不局限于保证在已经系属法院的诉讼中享有"公正诉讼"的权利，它所承认的是任何希望提起属于公约适用范围之诉讼的人都享有"诉诸法院的权利”，即凡是希望就有关民事性质的权利与义务的争议提起诉讼的人都享有此种权利。[①]《欧洲人权公约》除了具有国际法效力以外，绝大多数成员国赋予该公约以国内法地位，可以直接在国内法院适用，其中，有的国家将该公约的地位置于本国宪法之上，有的国家赋予该公约以宪法效力，有的国家仅赋予该公约一般法的效力。[②]《欧洲人权公约》的一个最大的特点就在于它有强有力的保证公约执行的人权机构，专司人权保护之职。根据《欧洲人权公约》第 19 条的规定，为保证各缔约国在公约中所承担义务的遵守，设立两个人权机构：一是欧洲人权委员会，二是欧洲人权法院。《欧洲人权公约》第 25 条规定，欧洲人权委员会受理由于缔约一方破坏公约所规定的权利因而受害的个人、非政府组织或个别团向欧洲理事会秘书长提出的申诉……人权委员会只有在一切国内补救方法用尽后，才可依照公认的国际法规则，并从作出最后决定之日起 6 个月内处理此事。该公约第 45 条规定，欧洲人权法院管辖缔约国或欧洲人权委员会依照公约的有关规定提交给它的关于对公约的解释和适用方面的一切案件。而根据其第 47 条的规定，只有在人权委员会承认友好解决的努力失败以后，人权法院才能受理，个人不能直接向人权法院提起诉讼。截至 1998 年年底，欧洲人权法院已作出了四百多份判决，形成了较为完善的判例法，其中不少是涉及裁判请求权保障的案件。如 1979 年的著名的艾雷（Airey）案[③]，在该案的判例中，人权法院认为，在涉及夫妻分居的案件中，确实有可能不需要聘请律师即可诉诸法院，但是，当胜诉的条件很差，因而必须聘请律师代理诉讼时，当事人就不一定能够实际享有司法救济的权利。因此，没有司法援助制度（在爱尔兰，最高法院），就不能认为“诉讼权利确实得到承认”。在本案中，当事人依据《欧洲人权公约》第 50 条的规定得到了损害赔偿。[④] 在这个案件中，欧洲人权法院对《欧洲人权公约》第 6 条第 1 项有关裁判请求权的规定作出解释，要求成员国政府为贫穷的民事诉讼当事人指定免费律师，只有那些不需要提供法律帮助的简单的民事案件才能免除欧洲国家政府向贫穷当事人提供免费律师的公约义务。[⑤] 根据《欧洲人权公约》第 53 条的规定，各缔约国承允在它们是一方当事人的任何案件中服从法院的判决，质言之，欧洲人权法院对欧洲人权机构成员国作为被控国的案件进行审判所作的判决对被控国是有拘束力的。欧洲人权法院的判例法对欧洲人权机构各成员国的最大作用可能是直接导致被控国有关国内立法的修改，因为，有关国家为了不至于反复受到指控，将会努力排除其所以受到指责并引起违反公约原则的那些原因。

---

① 参见［法］让·文森、塞尔日·金沙尔：《法国民事诉讼法要义》（上），罗结珍译，103 页，北京，中国法制出版社，2001。

② 参见［意］卡佩莱蒂等：《当事人基本程序保障权与未来的民事诉讼》，徐昕译，22 页，北京，法律出版社，2000。

③ Airey v. Ireland，A32 (1979).

④ 参见［法］让·文森、塞尔日·金沙尔：《法国民事诉讼法要义》（上），罗结珍译，105 页，北京，中国法制出版社，2001。

⑤ 参见《欧洲法院人权报告》，1979 (2)，317 页。转引自［美］约翰逊：《走向司法平等》，载宫晓冰主编：《各国法律援助理论研究》，190 页，北京，中国方正出版社，1999。

四、国外程序基本权发展趋势的比较分析

通过对国外程序基本权的介绍，我们可以看出，裁判请求权作为程序基本权得到了各国宪法的普遍确认，而且受到了各国政府的高度重视。尽管各国有关裁判请求权的立法及其保障的规定并不一致，但确有一些共同的规律；不仅如此，裁判请求权立法及其保障已经呈现宪法化、国际化的趋势。

（一）裁判请求权已呈宪法化趋势

裁判请求权的宪法化，是指裁判请求权为宪法所确认。从前述两大法系主要国家的裁判请求权的立法与实践来看，它们大多在宪法上确认公民的裁判请求权，有的国家即使不在宪法上确认公民的裁判请求权，也会将裁判请求权作为本国公民的基本权利对待，裁判请求权已经成为各国公民的程序基本权利。为什么国外都非常重视公民的裁判请求权，裁判请求权呈现宪法化的特点呢？这是因为，裁判请求权是人权（此处指实体性人权）的重要保障。在现代社会，对人权保障的途径是多方面的，但是，人权的司法保障无疑是最重要的保障方式，人权得不到司法保障，人权即使上升为法律权利，也将会落空。当事人如果没有宪法所确认的诉诸法院的权利，一旦权利（实体权利）受到侵害而诉诸法院时，诉诸法院的权利得不到宪法的保障，最后导致实体权利得不到有效保障；当事人如果没有宪法所确认的公正审判请求权，即使当事人诉诸法院，当事人也得不到充分的程序保障。因此，只有在裁判请求权被宪法确认以后，人权才能得到充分的保障。

由于各国的国情不同，不同国家的裁判请求权的宪法化的方式是不完全相同的，主要有三种方式：明示方式、默示方式和其他方式。

第一，明示模式。明示方式，即是指宪法中有具体的条款明确规定裁判请求权。日本即是如此，1947 年 5 月实施的《日本宪法》在其第三章“国民的权利与义务”中，明确将裁判请求权作为国民的基本人权，该宪法第 32 条规定，“任何人在法院接受审判的权利不得剥夺”。

第二，默示方式。默示方式，即是指宪法本身并没有专门的条款来规定裁判请求权，裁判请求权是从其他宪法条款中引申出来的。如美国、德国即是通过默示的方式来确认裁判请求权的。在美国，1789 年以宪法修正案的形式，在宪法中增加了关于公民基本权利的“权利法案”，即第 1～10 条修正案，此后，随着形势的变化，至今又增加了 16 条修正案，即第 11 条至第 26 条。美国宪法并没有直接规定公民的裁判请求权，这一基本权利主要隐

含在有关正当程序和平等保护等宪法条款中。[①] 1789 年通过的宪法修正案第 5 条规定，“未经正当法律程序不得剥夺任何人的生命、自由和财产”。这一规定适用于联邦政府。1868 年通过的宪法修正案第 14 条规定，“各州不得未经正当的法律程序，即行剥夺任何人的生命、自由和财产”。这是对各州和地方政府的要求，与宪法修正案第 5 条不同，宪法修正案第 5 条所保护的对象是刑事被告，而此条正当程序的规定是用来保护所有的公民的。宪法修正案第 14 条还规定，“各州不得在其辖境内拒绝任何人享有平等的法律保护”。据此，平等保护要求明确地支配各州，实际上这一原则还被默认为适用于联邦政府。许多州的宪法都有其自己的正当程序及平等保护条款，在很多情况下赋予个人比宪法修正案第 14 条更为充分的权利。[②] 基于宪法所规定的“平等的法律保护”的权利，“司法平等在美国是或者应当是一种不可辩驳的权利”[③]。司法平等权是公民的基本权，司法平等意味着任何人在其权利受到侵害后，都能有效地诉诸司法，获得法律的救济。在美国，当事人不但能够诉诸司法，而且有权要求法院通过正当程序予以审判，即有权要求获得公正的审判。可见，平等法律保护条款和正当程序条款包含了获得正当司法程序审判的权利。[④] 在德国，《基本法》第一章（第 1 条至第 19 条）规定了“基本权利”，该章并没有对裁判请求权作出一般规定。《基本法》第 19 条第 4 款规定，当事人的权利和合法利益受到公共行政机关侵害时，有向法院起诉之权利。对该条款作扩充解释[⑤]，进而，根据《基本法》第 20 条第 2 款、第 92 条、第 97 条、第 101 条第 1 款、第 103 条第 1 款的规定推导出[⑥]：就民事事项，当事人也有裁判请求权，即当事人在其民事权利受到侵害后，基于《基本法》也有向法院起诉并获得公正审判的权利。[⑦]

第三，其他方式。裁判请求权既不是由宪法明文规定，也不能从有关宪法条款中推导出来，这一基本权利以宪法判例等方式确认。法国即是如此，1958 年的法国宪法并没有关

---

① 当然，美国联邦宪法第 3 条第 2 项关于司法权所及范围的规定、第 7 条关于接受陪审团审判的权利的规定，也都可以理解为对裁判请求权的有关规定，因为司法权所及的范围的事项，当事人当然可以诉诸司法，接受陪审团审判是以裁判请求权为前提的。

② 参见［美］哈泽德等：《美国民事诉讼法导论》，张茂译，37～38 页，北京，中国政法大学出版社，1999。

③ ［美］约翰逊：《走向司法平等》，载宫晓冰主编：《各国法律援助理论研究》，187 页，北京，中国方正出版社，1999。

④ 参见［美］杰罗姆·巴伦、托马斯·迪恩斯：《美国宪法概论》，刘瑞祥等译，178 页，北京，中国社会科学出版社，1995。

⑤ See H. Peters，GESCHICHILICHE ENTWICKLUNG UND GRUNDFRAGEN DER VERFASSUNG，Springer publisher，1969，pp. 277－278.

⑥ 《基本法》第 20 条第 2 款为：主权属于人民。它由人民通过选举和全民投票方式，以及通过有立法权、行政权和司法权的专门机构行使之。第 92 条为：司法权赋予法官。司法权由联邦宪法法院、联邦最高法院，以及本宪法所规定的各联邦法院和各州法院行使之。第 97 条为：法官具有独立性，只服从法律……第 101 条第 1 款为：禁止另设特别法院，不得剥夺任何人由法定法官审判的权利。第 103 条第 1 款为：任何人都有请求在法庭上依法审判的权利。

⑦ 参见［德］鲍姆巴赫（BAUMBACH）等：《民事诉讼法》，1821 页，慕尼黑，Beck，1970。

于当事人裁判请求权的直接规定，如前所述，这并不意味着，裁判请求权没有作为一种基本权利得到承认。

之所以不同国家对裁判请求权的宪法化的方式不同，是由于不同国家对基本权利的确认方式不同，确认方式的不同，并不妨碍裁判请求权的基本权利的属性。

（二）裁判请求权已经构成了人权的基本的国际标准

第二次世界大战以后，裁判请求权不仅是一国国内的事情，而且是国际社会共同关注的问题，裁判请求权已经呈现国际化，裁判请求权已经构成了国际社会人权的重要内容。

《世界人权宣言》是“所有人民和所有国家共同努力实现的共同标准”，在宣言所规定的人权的国际标准中就包括了裁判请求权。缺乏裁判请求权的人权是不符合人权的“共同标准”的，对裁判请求权保障不充分是有悖于《世界人权宣言》的。《世界人权宣言》通过以后，对世界各国政府和人民产生了极大的影响，它使人们意识到裁判请求权是他们应有的基本权利，并激励人们享有这一应当受到承认和尊重的权利。在《世界人权宣言》颁布以后，许多全球性的国际公约和区域性的国际公约都确认了裁判请求权，如《公民权利和政治权利国际公约》、《美洲人权公约》、《美洲人的权利和义务宣言》、《非洲人权和民族权宪章》、《欧洲人权公约》等，都将裁判请求权作为人权的基本内容，这表明国际社会不同性质的国家已经将裁判请求权的确认与保障看作人权实现程度的基本标准。

（三）裁判请求权的标准呈现共同性

从各国的宪法和法律、《世界人权宣言》以及有关的国际公约的规定来看，国际社会对裁判请求权的认识具有趋同性，对裁判请求权的标准已经基本达成共识，从而使得裁判请求权的标准呈现出国际化。裁判请求权的共同标准：（1）裁判请求权是人人平等的。人人都享有裁判请求权，人人都能诉诸司法，获得司法救济。《世界人权宣言》第7条规定，人人于其宪法或法律所赋予的基本权利被侵害时，有权享有国家管辖法院之有效救济。《公民权利和政治权利国际公约》等国际公约也都确认了人人都能在其权利受到侵害时诉诸法院，要求国家给予司法保障。（2）人人都能获得依法设立的合格的法院审判。如，《公民权利和政治权利国际公约》规定，任何人受刑事控告或因其权利义务涉讼须予判定时，有权受依法设立的合格的法院审判。（3）人人都有权获得独立的法院的审判。如，根据《世界人权宣言》的规定，人人于其权利与义务受判定时及被刑事控告时，有权享有独立无私法庭的审判。（4）人人都有权获得公正的审判。《世界人权宣言》和《公民权利和政治权利国际公约》都确认了人人都有权获得法庭公正、公开审判。公正审判的权利又有一些共同的要素，包括平等的审理、公平的听审、公开的审判等，其中包含平等审理权、听审请求权和公开审理权等具体的程序基本权利。平等审理权是指当事人有获得法院平等审理的权利，在民事诉讼过程中，当事人享有平等的诉讼地位，获得法院的平等的对待；听审请求权，也称听审权（the right to be heard）、公平听审权（the right to a fair hearing），它是指，法院在对一个人的权利、义务、责任进行判定的时候，当事人有就案件的事实问题、程序问题及法律问题向法院充分发表自己的意见和主张并以此影响法院的审判程序及结果的权利；公开审判权是指当事人有通过公开的法庭进行审判的权利。此外，有的国际公约将人人都有权要求法院在合理的时间内审判作为裁判请求权的内容。如《美洲人权公约》规定，人人都有权在适当的保证下和一段合理的时间内由法庭进行审判，以判定对该人具有的犯罪性质的任何控告，或决定该人的民事权利和义务。《欧洲人权公约》规定，在决定某人的公民权利和义务时，任何人都有权在合理的时间内获得法庭的审判。《世界人权宣言》和《公民权利和政治权利国际公约》未就民事事项的裁判请求权规定在合理期限审判的问题。可见，获得法院合理期限内审判的权利已经成为一些国际公约的裁判请求权的标准。

（四）裁判请求权的保障呈现国际化

一方面，确认和保障裁判请求权是一些国际公约的成员国所应履行的国际义务。《公民权利和政治权利国际公约》规定，公约的每一个缔约国都要尊重和保证在其领土内和受其管辖的一切人都享有该公约所承认的权利，并且保证任何一个被侵犯公约所承认的权利和自由的人都能获得司法救济，即要保障任何人的裁判请求权。这就表明，尊重和保障裁判请求权是每一个缔约国的应尽国际义务。另一方面，裁判请求权的保障机构出现国际化。如《欧洲人权公约》就有强有力的保证公约执行的人权机构，即欧洲人权委员会和欧洲人权法院。这两个人权机构有责任保障裁判请求权，缔约国内的任何在其裁判请求权受到其国家侵害的人在一切国内救济方法用尽以后，可以向人权委员会提出申诉，在一定条件下，由人权法院审理裁判请求权的侵权案件。

第二章 对抗制诉讼模式研究

一、引论：作为解决纠纷方法的对抗制

对抗制（adversarial system）是与和职权制（inquisitorial system）相对而言的。这两个概念是用来描述现代各主要国家民事诉讼的模式的，通常认为，这两大模式存在着比较对立的关系，或者至少说，它们之间存在着重大差异。但是，除这两大模式外，民事诉讼制度还有其他模式。

据学者考证，对抗制和职权制均发源于古代罗马法之中，后来经过长期的演变、发展，逐渐形成了解决纠纷的两种方法。对抗制一般由英美法系的国家和地区采用，如英国、美国、澳大利亚、我国的香港、印度等以前属于英国殖民地的那些国家和地区。职权制一般由大陆法系的国家和地区采用，如德国、法国等欧洲大陆国家。亚洲如日本、我国的台湾及澳门地区等国家和地区也采用职权制。原苏联及我国的民事审判制度是从职权制脱胎而来的，但打上了深刻的社会主义制度的色彩和烙印，因而和传统意义上的职权制有着性质上的区别，是独自成一类的解决民事纠纷的方式。

人们一般认为，对抗制最早在英国形成一个稳定的系统化制度，后来传到了作为英国殖民地的美国。在美国，对抗制诉讼模式达到了登峰造极的成熟程度，以至于，美国民事诉讼法被认为是对抗制诉讼模式的杰出代表。到目前为止，对抗制在包括英国在内的诸多国家发生了极大的转轨，而在美国，对抗制依然为人们所钟爱，可以说，美国是对抗制诉讼模式的大本营。美国有极为发达的对抗制文化，这种文化，也渗透到了美国政治生活、社会生活等各个领域。因此有一种说法认为，对抗制已经成为美国人民根深蒂固的思维模式和行为范式，成为美国人民所选择的基本制度构架。

对抗制的课题涉及甚广，本章主要探讨以下几个主要问题：(1) 何为对抗制？对抗制有哪些基本特征？由此并回答这样一个问题，即，对抗制与职权制有哪些主要的差异？(2) 为什么要实行对抗制？对抗制赖以成立的理论根据是什么？换而言之，怎样就对抗制的特征及优点进行理论上的论证和说明？至于对抗制有哪些优缺点？学说上、立法上是如何看待这个对抗制的？亦即：如何对之进行价值评判，以及，对抗制的近期改革如何？这在其他相关章节中已有所涉及，这里限于篇幅，不再赘述。

二、对抗制的概念

美国著名法理学家朗·L·富勒认为，对抗制可以在广义上和狭义上理解。在广义上理解，对抗制"可以推广到法庭以外的广大社会里不由法官和陪审员所作的决定——借用类推法，但必须作许多保留。立法机构、工业或一所大学也可以说有一种'对抗制'作为其工作的基础"[①]。可见，在富勒看来，对抗制在美国实际上是任何决定作出所惯用的方式或模式。事实上，对抗制在美国是一种行为习惯，也是一种文化传统，同时也是一种社会运作机制。

富勒继续论述道："在广义上它的哲学适用于经过非正式程序而获致的决定，譬如说，在经营工业或教育事业中所作的决定。在人类的事业里，集体决定总是包含着至少有局部分歧的不同利益之间的一种妥协。他以工厂为例，分析了其中可能存在的多个团体，包括：(1) 若干人的主要目标在求生产最大量货物；(2) 若干人的主要利益在求发展一股心满意足的劳工力量；(3) 还有若干人的主要要求是改进产品。这些团体每一个都是合理和适当的，可是每一个都必须承认其他的团体的合理要求。他认为除非每一个团体都充分了解其他团体的立场，不然就无法获得有效的一致意见。同时，既然获得真正一致的意见是需要全部有关人士的谅解和甘心情愿的合作，任何一方面都不该只知替自己辩护而不去同情地理解其他不同利益人士的意见。此外所需要的是一种可以称为宽容的党派精神。那非但是指容忍相反的意见，而且也是指容忍他人以党派的热忱申述那些意见，因为假如不经过申辩那些意见就可能无从获致。"[②]

富勒这里不仅指出了广义上的对抗制所具有的广泛的适用性和普遍的社会意义，尤其还涉及了之所以采用对抗制的根本原因，这就是：通过对抗制了解他人的想法，并使所作

① [美] 哈罗德·伯曼编：《美国法律讲话》，陈若桓译，25页，北京，三联书店，1988。在本书中，译者将"对抗制"译为"相对制度"，这不够准确。这里依现在通译，将它改为"对抗制"。

② [美] 哈罗德·伯曼编：《美国法律讲话》，陈若桓译，33～34页，北京，三联书店，1988。

出的决定更加合理可靠，同时更能使人接受。

至于狭义上的对抗制，则是专指审判程序上的一种模型而言的。根据富勒的观点，“狭义上的对抗制涉及某种裁判上的哲学，道出了法庭内审判案件所应采取的进行方式的观念，也就是对于一项诉讼的判决律师、法官和陪审人员所应负任务的看法”①。可见，狭义上的对抗制指的就是一种盛行于英美国家的审判方式，也就是法院审判案件所采用的一种行为模式。在这种行为模式里，富勒进一步论述道：“一般而言，对抗制所表达的裁判哲学坚持一方面把律师的任务与法官的任务分别开来，另一方面又把法官和陪审员两者的任务分别开来。案件由法官单独或由法官与陪审员共同判决。这种判决必须尽可能做到客观和摆脱任何偏私。”②

对抗制是一个相对的概念，也是一个动态的概念。古典的对抗制与现代的对抗制是有所区别的。同时也不存在绝对意义上的对抗制，对此，英国学者约洛维茨（Ja Jolowicz）论述道：

“在我们这个国家，人们普遍相信，英国和其他的普通法国家在民事诉讼中实行对抗制，而在大陆法国家则适用职权制。然而事实却是，真正的职权制程序只有在这样一种情形中才可以被视为适例，这就是，当一个警察到了一个喧闹的现场，用这样的时代特征的公式化语言开始法律程序时：这里究竟发生了什么？如果不是这样的话，直到并且只有到某种起诉状向他递交之后，他是没有什么东西可以启动他的询问程序的。即使是法国的行政法学者，其行政程序一直被认为是职权制的，要避免使用一些被认为更加适应对抗制的语言，也是困难的。比如说，起诉状的通知就必须首先送达给那些为诉求者所指名为对立方的当事人。

“要设想出一种纯粹的对抗制程序是较为容易的，按照这种程序，法官被期待倾听对立当事人向他提出的各自的观点，并在期日结束时，宣布胜诉者是哪一方。事实上，较之纯粹的职权制程序而论，纯粹的对抗制程序在现实世界中更难以存在，因为，虽然我们可以谈论当事人之间的争端，但是争议诉讼的胜诉者是不可能如同比赛的赢者那样，被客观地决定的：法官一定要行使判断权——这是他必须要作出的。我们必须承认，我们至多能够说的是，有一些程序制度更加富有对抗性，而另一些程序制度则更具有职权性。在全部程序制度所赖以存在的天平中，一个顶端是理论上的纯粹的对抗制；另一个顶端则是理论上的纯粹的职权制。”③

三、关于对抗制的经典论述和经典案例

对抗制有哪些基本特征？英美法系的学者对此多有论述，但所列举的各点不尽一致。

---

①② ［美］哈罗德·伯曼编：《美国法律讲话》，陈若桓译，24页，北京，三联书店，1988。

③ Ja Jolowicz，*Adversary and Inquisitorial Models of Civil Procedure*，from internet.

英国著名法官丹宁勋爵（Denning L. J.）在1957年他所审理的案件“琼斯诉全国煤炭管理局”一案中，曾就对抗制的基本特征作出过描述：

“在我们这个国度所演化而来的审判制度中，法官就坐在那儿倾听和决定双方当事人提出来的争点问题，而不笼统地代表社会进行证据的调查和询问。而后面这一点，我相信在有的外国就是这么做的。可是，甚至在英国，法官也不就是一个仅仅回答‘那会怎么样’这样的问题的公断人（umpire）。他的目的首先是发现真实，并根据法律实现正义；在对该目的的日常寻求中，代理律师扮演着一个高尚的和必备的角色。这不就是艾登勋爵（Lord Eldon L. C.）在一篇著名的文章中所说的：‘真理在问题双方那对立的、强而有力的陈述和辩论当中最容易发掘出来’那样么？格林勋爵（Lord Greene M. R.）不是也解释过，‘在争议双方之间保持平衡而不介入其争议当中，法官才最有可能实现正义’么？……法官不得在民事案件中依自己的动议传召证人，而且，也只有为了弄清受到忽略或含义晦涩的争议事项而确有必要时，法官才能提出问题。”

丹宁先生的这一段话，大概反映了英国现时代对抗制的特征。其尤令人注目的是，他强调了法官探知真实、实现法律正义的目的。

(一) 经典案例之一：琼斯诉全国煤炭管理局案（英国，1957年）

英国现代史上著名法官丹宁勋爵曾经在其名著《法律的正当程序》中，介绍过一位“喋喋不休的法官”[①]。这位法官名为哈利特爵士，于1939年被任命为法官，一共当了17年的法官。由于他具有充分的出庭律师的经验，所以开庭审判时对每一个案件都兴趣十足，趣味盎然，以致对所有的细节都刨根究底，问个不停。这样便闹出了许多笑话。

有一天，由他主审一起名为“琼斯诉全国煤炭管理局案”（1957年）。本案中，有一座煤矿塌方，砸死了一名矿工，矿工的遗孀要求赔偿。在本案的处理中，哈利特法官驳回了她的索赔要求。这位寡妇便提出上诉，上诉的理由之一就是该法官干预太多，以致使她的律师不能正常地为她打这场官司。被告人全国煤炭管理局也提出了反上诉，反上诉的理由之一也是法官的干预太多，以致全国煤炭管理局也没有获得法官的公正审理。双方当事人都提出了上诉，上诉案件到了上诉庭丹宁法官手中。

丹宁法官意识到这件案子将会导致哈利特法官法律生涯的结束，因而特别谨慎地发表了以下上诉意见：

“没有人会怀疑，当这位法官出面提问时，驱使他的必是最佳动机。他急于了解复杂案情的细节，他提出了一些问题，以便自己弄清楚这些细节。他急于使证人不至于被盘诘弄得无所适从，并且当他认为必要时，为保护他们进行了干预。他急于调查所有对全国煤炭

---

① ［英］丹宁勋爵：《法律的正当程序》，李克强、杨百揆、刘庸安译，63页及以下，北京，法律出版社，1999。

管理局的批评，以便判断这些批评有无凭据，因此，他不时就这些批评亲自询问证人。他急于使这个案件不至于拖延太长时间，而他认为某一问题已经充分探讨了的时候，便明确表态。他的所有这些动机都是很可取的。而且正是基于这些动机，法官们才着手日常审案工作，他们这样做已经有好几百年的历史了。

“但是很清楚，把那些干预加在一起确已超过了限度。在我们国家形成的审案制度中，是法官开庭听讯和裁定各方争论的问题，而不是代表整个社会进行调查或验证，我们相信在某些国家也是一样。但是即使在英格兰，一位法官也不光是个对‘这是怎么回事’作答的公断人。法官的目标首先是找出真实情况，然后再根据法律进行公正审判。而在追求这个目标的日常工作中，律师发挥着可敬和必要的作用。大法官艾登勋爵（Lord Eldon）不是说过‘真实情况最易为争诉双方的有力陈词所供出’这句名言吗？前上诉法院院长格林勋爵从前也说过，一名法官要想做到公正，他最好让争诉双方保持平衡而不要介入争论。格林勋爵说，假如一名法官亲自检验证人的证词，‘那就是说，他自甘介入争论从而有可能被甚嚣尘上的争吵遮住明断的视线’。

“的确，法官应力求自己的视线不被遮蔽。蒙住双眼不偏不倚固然不坏，但是如果不用纱布缠住公正的慧眼，情况就会更好。对于偏见和先入之见，公正的慧眼必须视而不见，但是公正的慧眼必须能够一眼看到真实情况的所在，挡住它视线的灰尘越少越好。让律师们一个接一个地在天平上加码，精确地计算利弊得失，但最终还是由法官决定天平倾斜的方向，尽管倾斜度常常十分微小。因此，在民事诉讼中不允许法官传唤他认为可以使事实得到澄清的证人，这在我国的法律中规定得相当死。法官只能传唤诉讼双方请来的证人。同样，要由律师来轮流质询证人，而不是由法官来质询，以便显得法官有所偏袒。而且要由律师尽可能完整有力地阐明案情，不要粗暴地打断律师的话头，以免影响他辩护的效果。法官的事情就是听取证词。只有在需要澄清任何被忽略的或不清楚的问题时，在需要促使律师行为得体以符合法律规范时，在需要排除与案情无关的事情和制止重复时，在需要通过巧妙的插话，以确保法官明白律师阐述的问题，以便作出估价时，以及最后在需要断定真情所在时，法官才能亲自询问证人。假如他超越此限，就等于是自卸法官责任，改演律师角色。但是这种改变对法官并没有好处。大法官培根说得很对，他说，‘耐性及慎重听讼是法官的基本功之一，而一名哓哓多言的法官则不是一件和谐的乐器’。

“这就是我们的标准，这些标准定得很高，不能指望我们始终都能达到。在追求司法公正时，我们可能会过于热心，以致不够稳重，于是就会出差错、栽跟斗。这里发生的事情就属于此种情况。一位思维敏锐、学识渊博、动机良好的法官却由于介入案情辩论次数太多，结果造成诉讼双方的一方——不，双方——控告他不能公正审案，而本庭认为控告是有道理的。

“在这种情况下，本庭认为必须同意这位寡妇对复审的要求。有一件东西是这个国家里的每一个人都有权得到的，这就是公平审理。在公平审理时，每个人都可以适当地向法官阐述案情。在这一点上，寡妇的权利与煤炭管理局的权利一样多。法官要是如此判决此案就不可能失败；而未经公正审理法官是不能如此判决的，本庭也不能批准这一判决。”

在案件被发回重审后，那位精明能干但问题也多多的法官遂辞职了。哈利特是法官的一面镜子。他被认为是犯了错误的法官。而一个过于能动的法官在英美国家是不能被长期地认同的。他迟早要被责令退出审判舞台，这根本上是因为，他们活跃着的审判舞台是一个以对抗制闻名的特殊的舞台，在这个舞台上，法官的消极性获得尊崇，而能动性则受到抑制。

假如哈利特法官生活在一个以法官为中心的审判制度的国度，等待他的恐怕就不是辞职而是勉励，当事人也难以以法官发问过多为理由而提起上诉。这便是审判模式和诉讼体制不同而产生的差异。在不同的审判模式中，法官、当事人以及律师，还有其他诉讼参与者，其行为范式是不同的，由此所产生的诉讼技能和角色定位也不尽一致，所谓诉讼公正的内涵和评价标准自然也会产生区别。

(二) 经典案例之二：本德垃圾清扫公司诉草坪镇案（美国，1960年）[①]

在“本德垃圾清扫公司诉草坪镇（Band's Refuse Removal，Inc. v. Borough of Fair lawn)”案中，主审法官戈尔德曼法官（Goldmann，S. J. A. D.）发表了这样的判词：

被告人凯普斯（Capasso）对原审法院的判决提起上诉，要求撤销原判发回重审。该原审判决宣布他们与草坪镇的清扫垃圾合同自始无效，并且撤销该合同，宣布依据该合同支付给他们的款项属于非法，并且自始不发生效力。该判决还撤销了草坪镇曾经下发的第688号市政令，该市政令是对该镇卫生法的一个补充。该判决还裁决由被告人向草坪镇支付款项30万美元。

该案原来是这样发生的：

在1957年2月，草坪镇发出了公告，为清扫该镇垃圾，大家可以来竞标。在考虑数家投标后，镇政府一致投票同意与要价最低的凯普斯订立合同。凯普斯的要价是每月18 260美元。合同在该年的5月份订立。合同订立后，凯普斯立即着手开始打扫垃圾。这样一来，就到了诉讼开始，到现在上诉期间，凯普斯一直坚持以优良的服务履行合同所约定的义务。

1957年8月，草坪镇政府发布第688号令，规定，凡是要清扫垃圾者，必须先获得许可证，要获得许可证，必须先与镇政府订立合同。这样一个政府令，从它的效果来看，实际上意味着只有凯普斯才能够在该草坪镇清扫垃圾。

有一个名为本德的垃圾清扫公司，也就是本案中的原告人，在这以后与该镇的一个名为西方电厂的公司订立合同，合同约定它可以清扫垃圾。于是，它向镇政府申请清扫垃圾的许可证。这个要求自然受到了拒绝，因为根据第688号令，该镇的清扫垃圾的事情全部由本案被告人凯普斯给包下来了。

---

① 美国新泽西州高等法院上诉庭，1960年，62N. J. Super. 522，163A. 2d465。

本德不服，于1957年11月25号，向法院提起诉讼，主张第688号令是任意作出的，是滥用裁量权的结果，也是违背宪法规定的，是越权操作。原告人请求法院宣布该合同是无效的，并判令镇政府重新发布以前的许可证或者签发一个新的许可证。原告所起诉的对象是镇政府以及镇政府的若干官员。所有这些被告都作出了答辩，答辩状中称他们的行为是合法的，因为之所以同凯普斯签订合同，是依法公平竞争的结果。这是有州法上的根据的。凯普斯提出动议，要求作为被告参加诉讼，并且也提出了答辩，答辩的内容与镇政府相同。凯普斯也提出了反诉，请求镇政府在合同有效期内，不得给原告人签发许可证。凯普斯并且请求，不得允许原告人清扫垃圾，并判决宣布第688号令是合法有效的，他们与镇政府所签订的合同也是合法有效的。

与此同时，大陪审团也开始对清扫垃圾合同进行了调查。调查的结果显示在草坪镇招标投标过程中存在一些不适当的行为，并且据此对镇政府的有关官员提出了指控。

1958年5月15日，原告人获得法院许可，对起诉状作了修改，增加了第三项诉讼理由，主张草坪镇与凯普斯之间的合同并不是公开公平竞争的结果，而是一个秘密的协议，这种招标投标的过程是有污点的，带有欺诈性。被告人对此提出了异议。被告人镇政府以及凯普斯都提出了答辩状，否认有诈欺事实的存在，声明其行为完全符合招标投标的法律规定。

与此同时，起诉状获得了修改，案件由审理法官进行了预审，该审理法官之后也主持了庭审。由于修改过的起诉状扩大了争议的范围，审前命令将诈欺主张限制在两个事项上。庭审原来准备一天完成，但事实上，庭审一共进行了21天。

上诉审法院认为第688号令是合法有效的，本德公司不能对竞标投标的过程提出异议，因为它自身没有投标，同时它也不是该镇的居民。

被告人凯普斯既而主张，原审判决必须要推翻，因为审理法官实施诉讼活动的行为是不适当的。就在庭审的第一天，也即1958年6月19日，被告人的律师提出了一项动议，声明主审法官是不合格的，因为他在审前过程中的行为，显示他对案件的争议焦点已经有了预断，而且还显示出，他准备将该诉讼的结果作为一个更为广泛的市政调查的手段。除此而外，律师在庭审期间还不断地对主审法官和由他指派的法庭之友在诉讼中的追诉行为提出异议。凯普斯的律师还多次提出无效审判的动议。所有这些动议和异议，都受到了否定或推翻。

凯普斯指控，在庭审开始前，主审法官曾经同原告的律师进行过沟通，并与他讨论过传唤证人的问题。这一点，主审法官以及原告的律师也是承认的。这也是一个得到承认的事实，即：在通电话期间，原告律师曾告知主审法官有可能撤回起诉状中的第三项诉讼理由，主审法官对此曾经说过这样一句话，如果原告的律师果真这样做了，他将会立即宣布该合同是合法有效的。

当这件事后来被披露以后，主审法官曾这样辩解，因为这是他能够控制案件进展的唯一方法，因为这个案件涉及公共利益问题，如果允许撤回第三项诉讼理由，公共利益将无法得到保护。

上诉审法院认为，这个理由不能成立。在听取证词以前，主审法官这样的说法只能是一个对争议问题的预断。后面的情况显示出，主审法官实际上是持有了这样一个态度，即：他认为，对与合同有关的所有问题进行全面的探索和了解是他个人的责任。

在主审法官履行其职责的过程中，他向原告律师发出了信函，要求提供某些证人和书面材料。这个举动反映了该主审法官的一个带有偏见的预先分析。

在庭审开始前的第六天，主审法官要求律师与他会面。被告凯普斯的律师因为要参加另一个案件的审理而不能参加。可是，主审法官却向原告的律师及被告草坪镇的律师发问，要求他们提供并传唤某些已经由法官指名的证人到庭。对于其中的部分证人，原告律师说他无意传唤。在这次法庭会面期间，发生了前面提到的主审法官与原告律师的电话讨论。讨论的内容是，第三项诉讼理由是否要撤回。原告律师告诉主审法官，他已经于 1958 年 6 月 13 日修改了起诉状，因为大陪审团已经对卫生局官员贝尔尼提出了指控，并已递交了控告书。原告律师坦率地承认，“除了控告书和报纸上所包含的信息外，我别无任何信息。除控告书上所包含的证据外，我别无任何证据”。原告律师继续向主审法官解释他之所以要撤回第三项诉讼理由的原因所在，他说，在最近对贝尔尼的审判中，法院已经驳回了涉及贝尔尼与凯普斯之间的任何指控。因为，既然法院已经驳回了这些相关的指控，陪审团也就没有对这些指控作出裁决。在这样的情形下，原告律师觉得应该撤回第三项诉讼理由，而准备将争议问题集中于第 688 号令本身是否具有合法性。原告律师对主审法官表示，他目前对这一点信心十足，完全能够获胜。

在通过进一步的会谈后，主审法官开始撰写书面意见，这个书面意见显然是准备好用于开庭时作出公开陈述的。他审核了诉答状的内容，诉答状提交的日期，被告人草坪镇与凯普斯之间的相似之处。他观察到这样一个事实，“镇政府不愿意对合同的有效性进行探究，这在目前的情况下，是一个十分蹊跷的事情”。然后，主审法官将这些显然是司法外的而且法律上也不具有可采性的材料送交给大陪审团，供大陪审团进行调查以及提出指控之用，指控的对象是两个政府官员，而指控的罪名与本诉讼并无关联。主审法官这样说：“这些事实，再加之报纸上披露的与该诉讼所涉及的清扫垃圾合同有联系的欺诈事实，不可避免地涉及社会公共利益和社会福利事项，因而需要调查清楚。”

主审法官然后任命了一个法庭之友，该法庭之友的责任是提供证据，传唤证人，调查所有的证人，向法庭提交关于法律问题和事实问题的要点理由。

只要随意地翻阅一下这个长达两千多页的审判记录，就可以显示出，该主审法官在审判过程中越位是多么的严重。他显然已经付出了相当多的时间，准备了对证人的询问，提供了物证。法院的这种准备活动已经扩展到了这样的程度，主审法官和法庭之友都主动签发了传唤证人的传票。主审法官向公诉律师办公室索要了有关卷宗和文件，并事先进行了过滤，把它们作为与本案有关的材料提供出来。

在开庭审理之时，主审法官主动传召证人，或者使法庭之友传召证人，并长时间地对证人进行询问和交叉询问。主审法官自己出示自己确定的证物。主审法官对自己的提问是否适当作出裁定，并对自己出示的证物是否具有可采性作出裁定。他还不时地对他自己传召的证人的可信性进行攻击。

最终，在21天的庭审过程中，一共有32位证人被传唤到庭。在这些证人中，当事人提供了5位，主审法官自己依职权通过传票、指示或安排传召了27位。在这27位证人中，其中有24位被允许对法官或法庭之友的提问进行作证，对此，凯普斯的律师提出了异议，因为这些证人的名单在他提出书面询问后从来没有提供过。

被告人凯普斯并没有对法官询问证人的权力提出质疑，因为法官通过这种询问，可以确定证人是否有提供证词的资格，或者引出一些补充性的信息，法官在特殊情形下，也可以依职权传召证人。一般而言，法官对证人的询问如果不超过一定限度，则是允许的。正如最高法院已经指出的那样，法官在案件审理中，如果要行使权力积极地介入到里面，必须要持慎重和最大限度的克制态度。“在代理律师和中立者之间有一条界线，法官不能超越这个界点。如果超过这个界点，这势必对诉讼者一方的权利造成实质性的损害。”

主审法官这样作为的动机在他委任法庭之友的理由陈述中便有所表达。他认为，“法院面临着一种严峻的局势，这是检验他的能力和行使权力的愿望的时候了，如果有必要的话，他便可以预防诈欺、保全正义并维护社会公益”。他认为，他是有这种调查证人的权力的，这种调查证人的权力是他所享有的决定权的附属内容，“调查证人的权力必然地隐含着传召证人和询问证人的权力”。

这里需要注意的是，如何将司法权力与当事者的利益恰当地平衡起来。一方面，人们认同，法官有传召证人的权力，但另一方面，又要将这种权力的行使与司法的自我节制性与中立者外观予以平衡。法官不仅必须是中立的，而且还要有中立者的外观。

主审法官传召证人和询问证人的权力并非是无限制的。他的审理行为如果与传统的规则相悖，则构成对正当程序的违背。因为这些传统规则是建立起来保护私权利的。这种对审理法官的言行所施加的限制通常好像是在有陪审团审判时才凸现出来，但实际上，在法官单独审判时，司法自我节制的必要性与重要性一点也不能减少。如果他在审判过程中，已经介入诉讼到了不合理的程度，甚至担当起了律师的角色，那么，他的所作所为表明他对被告人的权利已经形成了偏见，而这种偏见一点也不亚于案件交给陪审团审判的情形。

因此，主审法官已经在本案中越过了司法询问所允许的界限。从实际效果上说，他已经充当了律师的角色，他的行为已经从案件的调查和准备扩展到了实际地提供证词和证物的地步了。他把他的行为已经转变成进行市政调查的性质了。《加利福尼亚州法官伦理规则》第15条，就规定了法官对审判行为的介入问题。

被告凯普斯在1958年5月20日，曾经对原告送达了补充性的询问书，要求提供用来证明修正起诉状第三项诉讼理由中所主张的事实的所有证人的名单和地址。原告对此只提供了 7 名证人。在庭审前，原告人也没有补充提供证人名单。

法院依职权提供了 27 位证人，其中有 24 位没有在对询问书的回答中的列举名单。凯普斯的律师事先没有获得这些证人身份的通知，也没有机会对他们进行充分的审前调查。他在每一位证人被传召之时，恰当地提出了异议，但是没有得到支持。他们所提供的证词，在法官所得出的事实结论中发挥了重要作用，这一点在我们阅读法官所撰写的冗长的审判意见以及补充意见中可以看出来。

根据美国民事诉讼规则关于询问书的规定，在对询问书的回答中如果没有列明证人名单，作为一种制裁，这些证人所作的证词在庭审中将排除使用。

不仅如此，法官提供的这些证人还引入了新的争议问题，而这些争议问题并没有通过审前命令的形式得到明确，但这些争议问题在法官的审判意见中却出现了。

预断性的错误还产生于法官自己提出的新争点中，这些新争点从来没有提到过，也没有在审前裁定中涉及过。

1958 年 9 月 10 日，也就是在庭审后的第 11 天，审前会议举行后的第四个月，主审法官事先没有发出任何通知，就依职权宣布他增加了新的争点，凯普斯的律师对此提出过最为强烈的抗议。新的争点主张，根据诸多的州法律，本案中招标投标的程序不合法。

五个新增加的争点便为法官得出凯普斯合同无效的结论提供了实质性理由。虽然主审法官在审判理由的陈述中这样说道，"对于庭审中提及的任何新争点，没有任何正当的理由主张这是突然袭击"。但是，上诉法院对此不予苟同。这些争点没有任何通知或警示便进入到案件之中，对于凯普斯本人或其代理律师而言，在法官基于他自己提供的证人而将争议问题引入审判团之前，他们没有理由会预期到这些问题会成为庭审中的争议问题。

就像这位主审法官在庭审前和庭审期间所做所为的那样，他显然认为引入新的争点是他的义务，因为他相信本案涉及社会公益。这样，他便可不管当事人界定的争议范围，也可置民事诉讼规则与判例于不顾。

审理法官的作用就在于根据可适用的程序规则与法律，解决当事人的纠纷及所涉及的争点。既定的程序规则处在正当法律程序核心，在实现最终的正义上，与实体问题具有同样的重要性。法官不可启动一个诉讼程序，也不可鼓动一个诉讼程序。同样之理，在给当事人以充分的和公平的机会交涉争议问题之前，他也不可以通过增加争点的方法来扩展案件的范围。

1958 年 9 月 11 日，也即庭审后的第 12 天，被告人草坪镇的律师（在近期已被更换）及有关官员向法院提出申请，要求改变他们在原始答辩状中提出的抗辩理由。这个原始答辩状在庭审前曾经进行过多次修改。被告人草坪镇及有关官员现在突然改变诉讼立场，声明争议合同是有诈欺行为的，因而是无效的。该被告并且还向被告凯普斯提出交叉请求，要求返还依据合同向他支付的款项。这种诉讼立场的改变获得了法官的许可，而凯普斯的律师提出了强烈的异议。凯普斯的律师要求有充分的时间来进行审前调查和证据发现，从而保护其委托人的合法权益，但是这一要求遭到了法官的否定。

凯普斯认为，其他被告这种诉讼立场的突然转变使他感到惊讶不已，这剥夺了他的基本诉讼权利。他们引用了一个判例来说明其观点。该判例名为"Grobart v. Society for Establishing Useful Manufacture"（1949）。该判例中有这样一段话："法院应当坚持当事人不得通过连续性的诉答文书改变其诉讼立场。这不仅仅是一个形式逻辑的问题。通过连续性的诉答状改变诉因，将会完全地阻碍诉答程序全部目标的实现，诉答程序就是这样一种程序，对于任何法律上的问题或事实上的问题，一方当事人主张肯定性观点，而另一方主张否定性观点，从而形成一个或数个争点。"

将该判例运用到目前的案件中似乎有点不够适当。在本案中，被告人草坪镇及其官员提出了原始的答辩状，而且，也曾经针对原告人对起诉状的修改相应地修改了答辩状，在这些答辩状中，该被告显然从内心确信凯普斯合同无论在哪一方面都是有效的。在庭审过程中，经过证人作证以及物证显示，也确有可能改变他们的诉讼立场。同时，根据大陪审团基于公众意见和新闻报纸的行动所获得的印象，以及正在进行的对清扫垃圾行业所进行的立法调查，被告人也有改变其诉讼立场的可能。

如果凯普斯合同确实是违背诚实信用原则的招标投标而达成的，那么，从维护公益这个至上原则的角度来看，允许被告人改变其答辩状也是适当的。可是，对被告人的公平原则要求，他们应当有一个合理的时间从事证据发现和审前调查，以便收集到用来支持其观点的事实材料。从诉讼一开始到现在，被告凯普斯都面临着这样一个情形，即，被告人草坪镇以及有关官员一直坚定不移地坚持争议合同是合法有效的。镇政府并没有采取任何步骤来取消该协议，而且一直接受了清扫垃圾的服务，并且每一个月还支付了工作报酬，甚至在庭审期间也不例外。这种观点在诉答状中，在审前命令中，以及在庭审中，都一而再、再而三地坚持着。程序的基本公平性原则要求法院许可凯普斯有充分的时间来应对这种突然改变的诉讼局势。否定了这个机会，就否定了正当的法律程序。

上诉法院基于以上分析，推翻了原判决，将案件发回重审，重新确定争议合同是否有效。上诉法院指示到，应当允许提供新的诉答文书，进行新的发现程序，举行新的审前会议，明确各方当事人所持的精确观点，清楚地界定他们各自的论点，厘清争议焦点。从目前的情况来看，由于镇政府、镇长以及有关官员对凯普斯合同的有效性提出了异议，因而再委任法庭之友就无必要了。完全可以由当事人各方充分地提出案件争议问题，包括是否遵循了招标投标程序，是否符合法律的先决条件和适格性，以及在竞标者之间、凯普斯与镇政府之间是否有共谋的事实。

四、对抗制的基本特征

（一）当事人控制（Party Control）是对抗制的本质特征

当事人控制是由两个原则构成的。第一个原则是当事人自治（party autonomy）。这就是说，当事人有权以他们认为适合的方式寻求或者处置其法律权利和救济。当事人通过决定需要诉讼的纠纷的方式，划定审判权行使的范围。如果当事人希望法官决定某个纠纷，那么，法官就不得坚持要求解决另外一个纠纷，即便法官意识到该另一个纠纷是当事人之间产生冲突的真正原因，也概莫能外。同样，法官在解决纠纷过程中不得任意增加有关联的争议问题，并由此扩大审判的参数和外延，即使法官相信这些有关联的争议问题涉及公共政策，也是如此。

当事人控制的第二项原则是当事人进行（party prosecution）原则。根据这项原则，当事人决定、选择提出事实主张和进行证明活动的方式，而不受法院的干涉。当事人控制着裁判者（decision maker）赖以接受的信息量。证人证言和其他各种证据一般完全由诉讼者（litigant）引入和提供。尽管法官有权独立地寻求可资适用的法律规范（applicable law），但是，法官通常只采纳其中一方当事人的法律理由（legal argument）。多数人在谈到当事人控制这个原理时，通常把它同当事人进行作等义解释。因为，当事人自治被视为是不言而喻、理所当然的。

（二）律师的竭诚辩护（Zealous Advocacy）是对抗制的显著特征

在美国，与行政程序不同，在诉讼程序中，诉讼者一般皆有律师的代理。律师代理的宗旨在于维护和增进委托人的各种利益。《美国律协职业行为模范规则》（American Bar Association Model Rules of Professional Conduct）的序言，是这样描述美国律师代理的传统性质的："作为代理人，律师应当依照对抗制的规则，竭尽全力维护委托人的权益。"简而言之，律师不仅能够，而且应当实施一切可能实施的行为，增进其委托人的权益。否则，就有被认为对其委托人违反了诚信义务（fiduciary obligation）的风险。

另一份美国律协的出版物是这样说的："代理律师不应当是含蓄羞涩、逆来顺受、腼腆谦让的。我们的审判制度尽管也要受职业伦理和诉讼礼节的制约，但它在性质上，却是根深蒂固地热衷于唇枪舌剑的。它要求律师保持昂盛的战斗精神。在代理案件的过程中，律师应当殚精竭虑，倾其全力，而不可半途而废，三心二意。"这个戒条很少有限制。律师的这种行为不可能是非法的，或者是触犯职业行为规则的。但是，这些规则确定无疑是含糊不清、模棱两可的。它们需要根据某个律师的特定的价值观作出个别的解释。如果律师们形成了数个迥然有别的价值观，那么，实践中就会产生一个孰优先、孰后置的问题。对此，前引模范规则也是予以认同的："最终，在律师对于客户的责任、对于法律制度的责任和律师在过着赏心生活的同时，对于自我成为一个正直人的目标之间，便产生了冲突。这些冲突并引发了所有困难的伦理问题。"

（三）法官的消极性是对抗制的必要特征

法官必须在当事人之间保持中立（neutrality）。甚至法官任何派性偏见（partisanship）的表现，都是受司法行为法和美国最高法院发布的行为准则明文禁止的。对抗制下的法官本质上说来是一个仲断人（referee），其主要的作用在于监督律师们恪守程序规则。与之迥然有异的是职权制下的法官的作用。在职权制下，法官负有调查证据（take proof）、传召证人（call witness）和实施庭审程序（conduct trial）的职权。

法官的公正性（impartiality）可以通过其介入诉讼程序的不同程度体现出来。也就是说，法官对诉讼程序介入的深浅，并不必然影响其公正性的实现。美国法官的个人风格均汇聚到一处了：在当事人控制的原则下，没有一个法官会实际地实施庭审程序。这是当事人通过其代理律师来从事活动的职权范围。

美国司法机构的典型特征就是它的消极性（passivity）。主要有两个制约性因素迫使美国的法官保持消极。一个是纯粹政治上的因素。美国的法官是通过公民选举选出来的。被选的法官总是希望自己与不受大众欢迎的裁判保持尽可能远的距离。如果法官变得积极起来，就会在一定的程度上对陪审团或诉讼程序的关键方面产生影响。有了这种影响，他们就会受到不佳的名声。

另一个方面的制约因素也是政治上的。没有一个法官愿意其作出的裁判，会在上诉（appeal）的时候因为在庭审之时犯了程序上的错误（procedural error）而被推翻。这是一个不证自明的道理。上诉法院（appellate court）的法官经常会将审理法官（trial judge）的能动主义（activism）诠释成为干预主义（interventionism），从而推翻其作出的裁判。但是，谁也不知道这层因素的考虑对审理法官究竟产生多大的影响，从而使之克制自我提问或传召证人的意愿。美国法官这种作为合成物的司法节制原则，是有助于还是有碍于正义的实现，是可以争论的。但是，不管怎么说，对抗制下审理法官的角色是以消极性为特征的，这一点乃是显而易见的。

（四）实行陪审团审判是对抗制的原因特征

在美国，虽然不是所有的案件都可由陪审团审判，但接受陪审团审判是当事人受到宪法保障的基本诉讼权利。美国宪法修正案第 6、7 条为民事诉讼和刑事诉讼的诉讼者规定了广泛的陪审团审判的权利。不管案件的事实问题和法律问题有多么复杂，对事实予以裁决的责任，是由几乎完全没有受过法律训练，也没有特殊的事实认定技巧的人组成的陪审团来承担的。蓝带陪审团（blue ribbon jury）或曰专家陪审团（expert jury）的使用率并不是很高。因为，如果使用这样的陪审团，就会被认为违反了“由平等者构成陪审团”（a jury of one's peers）的要求。也就是说，陪审员应当具有社会代表性。

由陪审团审判是许多美国人都很看重的一个概念。在遴选陪审团（jury selection）的时候，陪审员候选人（prospective juror）可能会因其先前经历或者陈见而受到排除，因为这些因素将使之不能或不愿作出不带偏见的判决。在有的州，这个搜寻陪审员的程序是律师要做的事。在另外一些州以及联邦法院，遴选陪审团是完全由法官来做的工作，或者是由法官与律师共同来做的工作。

(五) 要么全胜、要么全败的救济方式 (Zero Sum Remedies，也被称为“零和救济模式”) 是对抗制的结果特征

对抗制下的冲突模式是以诉讼者都想获取同一样东西为假定前提的。因此之故，一方当事人之所获恰是另一方当事人之所失。在民事案件中，争议的对象是财产或者个人权利；在刑事案件中，争议的客体则是被告人的自由或生命。美国的正义女神（Goddess of Justice）手持天平。这个图像形象地表达了美国人民的正义观：“天平这个象征性符号表达了这样的根深蒂固的价值趋向：在黑与白之间看不到丝毫阴影；正确与错误之间泾渭分明；损失不得均摊，利益不可共享；当事人在胜者王、败者寇之间必居其一。”

五、对抗制的理论基础

以上简述了对抗制的基本特征。这些基本特征贯穿和体现在美国民事诉讼序的制度、习惯和实践之中。那么，现在的问题是，为什么对抗制会有这些基本特征？在理论上是如何解释的？这就是对抗制的理论基础的问题。对抗制的理论基础是对对抗制基本特征的论证，同时，也是对抗制的捍卫者所持有和恪守的理论信念，反映了处在一定法文化背景中的人们对民事诉讼程序的本质思考。正是在这种信念和思考中，突现和折射出了对抗制的优势所在。

(一) 当事人控制的理论基础

1. 对抗制能够使当事人感到满意

当事人满意是对抗制的首要价值。当事人满意（party satisfaction）是诉讼程序制度的最高境界，也是诉讼程序制度的终极价值所在。诉讼程序不管有多少目的和价值追求，归根到底均依赖于纠纷的彻底解决。纠纷的彻底解决是其他诉讼目的之实现的前提和基础，没有前者，后者无论有多动听和美妙，其结果只能是空洞的抽象和无基的楼阁。故当事人满意是民事诉讼程序的第一目的和首要价值。

既然当事人满意处在程序构设的至高位置，那么，怎样才能使当事人感到满意呢？对抗制的理论创设者和坚持者认为，当事人的最大限度的满意，包括对诉讼过程的满意和对诉讼结果的满意，是当事人对诉讼程序和诉讼结果的参与、控制的自然派生。换而言之，对抗制之所以要坚持诉讼程序由当事人参与和控制，其根本的原因在于，唯其如此才能使当事人感到满意。当事人参与（party participation）和当事人控制（party control）被视为对抗制诉讼程序的最鲜明的特征。

2. 对抗制满足了人们为权利而斗争的本能需求

对抗制诉讼，尤其是民事诉讼形成了一种争斗的氛围（battle atmosphere)。这种氛围固有一些根植于心理学上的益处。这是人们普遍的信仰。对抗制尊崇更为直截了当的锐意进攻的形式。一位著名的学者、律师和反传统主义者查理斯·科堤思（Charles Curtis）在他的著作《这是你的法律》一书中曾提出这样的观点：

“法律应当能够使当事人获得满意。相信实现这一点的最佳途径，是激励当事人以争斗的方式解决纠纷并消除他们各持一端的分歧点。我们依然是好斗的人民，我们尚未进化和成熟到忘记争斗是实现正义的一条途径的程度。”

著名律师杰姆斯·马歇尔对此也有相同的见解。他说：“对抗制诉讼程序为当事人发泄和表述各自的愤懑与敌意提供了一个合法化的渠道，并由此实现它的社会性目的。它起到了社会稳定器的作用。”

对抗制的最大价值乃是非法律的或者说是超法律的：它通过释放抱怨、舒解紧张气氛和缩短对立距离的方法，体现出了这些价值。因为，如果当事人不能通过诉讼程序将蓄积的敌意和不快消除掉，将会诉诸社会上的更具破坏性的渠道来予以宣泄。这就势必增加了社会的不稳定因素，并有可能激化矛盾。从这个意义上讲，对抗制成了合法地发泄愤懑等反面情绪的工具。只有对抗制的诉讼程序，才具有这种直观意义上的功能。较之仅仅依靠当事人自己的勇猛或力量来确证自我有理的诉讼制度而言，对抗制还算得上是一种以温和的方式表述自己不满情绪的诉讼制度。

3. 对抗制所实现的程序公正是可以看得见的

为了论证和比较对抗制与职权制的优劣，美国有许多学者从事了试验性的研究。在这些研究中，北卡罗来纳（North Carolina）大学的两位教授约翰·施博特（John Thibaut）和劳伦斯·澳科（Laurens Walker）所做的试验研究是最为著名的。通过这个试验，他们得出结论认为，对抗制程序是被充当诉讼者的试验主体判断为最公平（fair）、最正当（just）的程序。试验主体之所以偏向于对抗制诉讼程序，是因为对抗制诉讼程序能够满足一个极端重要的带有隐喻性质的正义标准，即：结构性的平衡（structural balance）。这个标准也被更形象地表达为“正义的天平”（scales of justice）。对抗制诉讼程序中双方当事人的代理律师之间的有形分立，更为这种结构性平衡增添了一分色彩和外观。

对抗制的支持者乔治·亚当斯（George Adams）曾经这样说过：法律如果要博取人民的尊崇和信仰，那么，它必须要同社会的变化呈同步状态。也正是这一点，内在地要求法律的适用过程应当是充满创造性的过程。对抗制的诉讼程序可以满足法律适用的这层要求。因为对抗制实行当事人进行原则，据此原则演化而成的对抗制诉讼程序，可以分散（decentralize）纠纷的解决。在这个分散化的纠纷解决过程中，当事人可以寻找、识别出各自有关的需求，并根据这些需求不断地调整和选择诉讼方略，由此形成了投入和产出的诉讼机制。在这个诉讼机制中，当事人对于产出将形成什么样的合理期待，便相应地决定什么样的投入。反之，投入多少，产出便多少。诉讼的结果尽管是不确定的，但却是可理解的，也是可控制的。当事人对于法律适用乃至法律本身的创造性功能，便在这个充满生趣、生动而活泼的诉讼过程中得到了体现和展示。

亚当斯曾说：“法律的结构纤维应当不停地伸展和变形，以最佳地处理人类冲突。”与此相对照，职权制的诉讼程序则缺乏这种相对的灵活性，也缺乏创造性的救济手段。审判的创造性之所以匮缺，乃是因为它欠缺来自当事人的反馈机制。任何一位法官，哪怕是最为智慧的法官，也不可能像代理双方当事人的律师一样，考虑最为有效的法律观点和救济手段。

程序的公平可以用经济的术语来表达。亚当斯认为，对抗制诉讼程序中含有一种推动当事人进行协商与和解的机制，这种机制为社会、为特定的个人都节省了巨大的费用。这种机制也为那些没有足够的经费进行完整的审判程序的当事人提供了一定程度的社会正义。大多数纠纷在形成之初即可预测其结果。这就是为什么美国有90%的进入法院的案件均先行以和解的方式解决的原因。通过他们的律师，当事人可以权衡案件可能会发生的结果，权衡实行全面的审判所需要花费的时间和开支，然后作出是否和解的选择。亚当斯认为，与对抗制不同的是，职权制程序取消了这种可以大量进行的和解机会。因为，当事人实质上是没有代理律师的，而必须完全依赖裁判者来决定案件的实体结果。

4. 对抗制是美国传统价值的必然要求

对抗制中的当事人控制原则和特征，除了能够使特定的诉讼者获得主观上的满足外，还能使社会上的一般人民获得裨益。因为，对抗制反映了美国社会自建国之始迄今为止一直奉行的传统价值观。这种传统的价值观不仅是美国社会政治制度建构的基础，而且还渗透到美国社会的各个方面。对抗制便生长于这样的社会环境当中。一般的社会环境供给对抗制以取之不尽的价值源泉，对抗制映现并反过来加固、强化了美国社会的传统的价值观。与对抗制中的当事人控制这个主导性原则相呼应，美国社会的传统价值观主要体现为三个具体的原则，即：不干预主义（laissez-faire）、个人主义（individualism）和竞争（competition）原则。

不干预主义作为一种政治原则，指的是国家干预愈少则愈好，也即所谓干预越少的政府，就是越好的政府。它是资本主义社会的理论基础，反映了英国古典的自由主义(liberalism)的政治和经济的理念。其具体的内容和要求包括三个方面：第一，强调自我利益和个人的积极性。第二，对国家表现出明显的不信任。第三，赋予当事人的参与以重要意义。比较一下前面我们对对抗制基本特征的描述和刻画，可以很显然看出，对抗制的内容和精神是与国家不干预主义的政治理念和实质一脉相承、遥相呼应的。一般性与特殊性在这里得到了天然的契合。

杰罗姆·弗兰克（Jerome Frank）法官是最早将对抗制与古典的不干预主义和无拘无束的个人主义联系起来看待的人之一。近年来，一些法学家更是认真审视了不同的思想理念（ideology）与所选择的程序模式之间的关联。

耶鲁大学比较法学者摩杰·达马斯卡（Mirjan Damaska）曾经这样写道：

“非对抗制的诉讼模式和对抗制的诉讼模式所奠基的思想理念是截然不同、迥然相对的。非对抗制以集体主义的价值观与慈善和蔼的家长主义作风为预设的观念前提；而对抗制的观念策源地则是洛克（Lockean）的传统的自由主义价值观、对国家的不信任感和免受限制的自由观。”

法史学家马瑞·聂夫（Marion Neef）和斯达特·尼杰耳（Stuart Nagel）补充说：“在对抗制的深层处，我们接触到了古老的不干预主义概念。在这种概念下，各方当事人将会而且的确能够提出所有有利于自己的证据；如果受指控的人是无罪的，或者他有着最好的案情（case），他则可以针对其竞争者的陈述和证据（presentation）予以针锋相对的反驳。”

自由主义的政治哲学观是奠定在对国家和政府官员不信任的基础之上的。当事人控制原则分散了权力。在一个自由主义的国度，对抗制是被当作一种防止国家的代表——法官滥用权力的手段的。审判程序的某些规则之所以产生出来，就是因为担心法官权力的集中。在杰克逊时期（Jacksonian），为了解除法官的某些特权，包括向陪审团评价和总结证据的权力，人们曾付出相当艰辛的努力。

对抗制之所以与美国的根深蒂固的政治哲学吻合无罅，原因就在于它能够提供当事人参与到影响其权益的决定的形成过程之中的机会。在政治领域中，这种机会可以通过选举权的行使加以说明。无论是进行总统大选还是举行地方司法官员的选举，在行使投票权之初，作为选举者的个人有权获知其政治的和法律的环境。同样，在审判中，通过当事人控制也可以保证这样的机会：在审判过程中，提供有利于自己的证据和法律观点，诉讼者对裁判者的自由心证作出直接的投入。

“游戏理论”（game theory）的心理学者爱纳图·诺波波特（Anatol Rapoport）是这样

描述社会的价值观和法律制度的选择之间的关系的："法律程序的对抗制忠实地映现了关于社会正义的自由主义精神气质的许多方面；它反映了竞争这个卓越而又首要的价值观。"

5. 对抗制能够使当事人更加容易接受法院作出的裁判。

根据对抗制，如果当事人能够密切而深刻地介入于诉讼案件的解决过程，并感觉到他们被赋予了公平的提供证据的机会，他们便更加有可能接受诉讼结果，而无论这种诉讼结果对他自己是否有利。反过来，这也降低了当事人诉后冲突或再次摩擦的可能性，而增加了他们对于司法裁决的认同感。司法裁决由此得到他们自觉的遵从和执行。前面提及的约翰等人所做的试验对此分析的结论也予以支持。试验的结果认为，对抗制中的辩论和陈述使当事人对判决产生了更大程度的认同和满意，而不管判决的结果如何，也无论当事人对审理的争议问题持着什么样的信念。

政府权威的合法性源自于公众的认同与接收。法院审判作为社会有序化的一种工具，如果没有这种认同感是不会产生效果的。前面所讨论过的当事人控制原则所产生的好处，如具有直观性的程序公正、争斗本能的升华以及与普遍盛行的社会价值观的契合无隙，均有助于公众对司法决定的接受。这又有益于社会的稳定化。

试验表明，旁观者对司法裁判的满意，和当事人对司法裁判的满意，他们所需要的程序因素是不尽相同的。但是，有一个共同的程序因素有助于当事人和旁观者获得对司法裁判的共同满意，此即：在当事人控制下，各方律师分别提出证据。的确如此，分别举证，对立辩论，是旁观者获得满意的唯一因素。

除此而外，仪式理论也为公众对于司法裁决的接受提供了另外一个依据。根据这个理论，对抗制程序中有许多公开进行的仪式能够为比较棘手的社会性裁判赢得社会一般群众的认同。这就是所谓的程序仪式主义（ritualism）。仪式主义尤其对于刑事案件的裁判，更能保证人民的赞同和拥护。

（二）律师竭诚代理的理论基础

在对抗制中，律师起着极为重要的作用。律师勤勉尽职是对抗制赖以运转的支柱。勤勉敬业的律师孜孜不倦于其代理工作，可以看作是美国民事诉讼程序的显著特征。律师们要做的事，概括地说，主要体现在这样几个方面：其一，就对方律师提出来的问题予以巧妙的回答，或激愤的反驳，或揭示出其中的薄弱点与脆弱处。其二，对敌意证人（hostile witness）进行凶猛有力和切中要害的反询问（cross-examining）。其三，向法官和陪审团提出充满热情的恳求（pleas）。其四，始终警觉而毫不松懈地寻求、挑剔对方当事人的案情弱点，以及法官所犯的足以推翻其裁判的错误。律师所做的这些事，不仅对当事人有利，而且对社会也不无裨益。

1. 对抗制中的事实调查是由律师来完成的

支持对抗制的一个最为重要的根据和理由，或许就是它能够通过相互冲突的观点之间的对抗而最大限度地展现法庭上的真实。这一点是通过律师来完成的。律师们受其个人动机的刺激，将会最为勤勉地搜寻有利的证据。其结果，对抗制较之职权制能够呈现给法庭以更多的证据。这被认为是对抗制所具有的卓越的事实调查（superior factfinding）功能。

曾任赫夫斯托法学院（Hofstra Law School）院长的孟诺·弗瑞德曼（Monroe Freedman）对此作出过这样的解释："对抗制的预设前提是，决定事实真相的最为有效的途径乃是要求各方具有娴熟诉讼技巧的代理律师负起责任，从有利于各自当事人的角度调查事实，提供证据。因此之故，最终能够以尽可能有说服力的方式呈现于事实认定者面前的所有相关的事实和证据达到了最大限度。"

一如市场为经济领域的"无形之手"一样，对抗制的原理也是一只"无形之手"：追逐自我利益的各方当事人将提供出对自身最为有利的证据，并形成最佳的诉讼观点，由此且衍生出了最为公平的审判及最为正当的诉讼结果。当事人进行原则使得双方当事人可以通过积极而活跃的对抗性交叉询问，检测出各方提供的证人证词的真实性。

一方面凭借它各方当事人可以提供出最大范围的对自身有利的证据，另一方面又可以依赖交叉询问这个对抗制程序的特有制度揭示出对方当事人所提供的那些不可靠的证据。这样剩下来的证据不仅在外延上达至最大化，而且在真实性上也有了最大限度的保障。如果说前者依靠主体这个中介确保了证据的量，那么，后者则依赖智慧这个中介保证了证据的质。美国著名证据法学家威格摩尔（John Wigmore）非常推崇交叉询问这项程序制度，他认为"交叉询问是迄今所发明的用以发现真实的最伟大的法律武器"。

律师负有积极而热情地代理其客户的责任构成了对抗制中不可分割的一个组成部分。与之相应，律师在履行这种义务时就应当有明确可循的、正确合理的行为准则。否则，这种热情或积极性就有可能超出一定的限度，而导向不适当的结果。此所谓"任何真理向前多跨一步即可能成为谬误"。如果这样，对抗制就不仅达不到发现真实的目的，反而会成为扭曲案件本来面目的工具。

2. 个人权利受到全方位的保护

个人权利指的是一些为人们所钟爱的人格价值，比如个人尊严、个人隐私等。对抗制之所以得到拥护，原因之一在于它对保护个人权利是有利的。美国学者普遍认为，在诉讼程序所要体现的诸价值中，个人权利较之其他价值，甚至包括真实在内，都是居于主导地位的。换而言之，诉讼程序的设计首先要体现的价值便是个人权利的保障。而这一点，正是对抗制的基本特征和立足之点。对抗制的这个特征表现在刑事诉讼中，具有更为重大的价值。

对抗制的理论强调，不能为了无限制地发现真实而使个人权利这个居于更高层次的价值受到损伤。而个人权利唯有通过对抗制程序所刻画和期待的律师代理，才能得到可以乐观的捍卫。在对抗制看来，正是个人权利才是压倒一切的。美国宪法为了确保个人权利在对抗制中获得体现，在其修正案中至少有五条对此作出了规定。

美国宪法修正案第 6 条规定：在一切刑事诉讼中，被告应享受下列权利：由犯罪发生地的州和地区的公正陪审团予以迅速和公开的审判，该地区应事先已有法律确定；获知受控事件的性质和原因；与原告证人对质；以强制程序取得有利于自己的证据，并取得律师的帮助为其辩护。

在讨论对抗制的相关问题时，总是希望能与职权制作一比较。对抗制需要在对职权制的批评当中汲取信心和力量。职权制从其出发点和终极目标来说，是致力于实质真实（material truth）的理念的。因此，美国有许多学者都表现出了对职权制的极端厌嫌。前面所引的弗瑞德曼教授就是这样的一例。对抗制的辩护者认为，因为职权制贬降了诉讼者参与的意义，故而其诉讼程序使诉讼者个人失去了自我感（depersonalization）或自主性，形成了所谓非人格化的诉讼程序。其结果，职权制便在保障个人权利、尊重人之尊严、弘扬人格价值等方面，较之对抗制要略微逊色。

通过律师辩护或律师代理保证实现的诸权利中，显要的除前面所说的人格权外，具有同等意义的还有当事人的财产权。这一点，从历史上看表现得更加明显。美国的对抗制是在18、19世纪形成的。这一段时间恰好是美国实现急剧的工业化的过程。工业化为美国人民带来了丰富的财产。与此同时，美国社会发生的民事、经济纠纷不仅在数量上较过去远为增加，尤其在类型和特征上也较之以往发生了巨大的变化。形形色色、种类繁多的纠纷涌进了法院的大门。人们急需一种理想的司法机制对各种纠纷作出理想的解决。人们相信，只有这样，才能保护他们所享有的契约自由和经济领域的自由竞争，并防止国家与政府的过多干预和非法染指。人们同时相信，这种理想的诉讼机制必须具备两个最起码的特点和要素：一是通过这样的司法过程能够创设出一种具有可预见性的法律体系；二是这个司法过程的控制者绝对不能是国家的代表——法官。这些要求和期待由对抗制来加以满足，是最为恰当的。用来编织对抗制这张巨网的支柱性概念，如正当的程序过程、陪审团审判及其他的宪法性权利等等，其产生的动因之一，就是为了保障中等商人阶层的合法权益。

律师之与对抗制的关系，正犹如形之于影，须臾难分。某种意义上完全可以这样认为，离开了积极热情的律师代理，对抗制的程序大厦顷刻间便会坍塌抑或变形。

3. 代理律师与当事人之间的多层关系

在对抗制中，代理律师和当事人或客户之间的关系是非常紧密的，他们之间几乎可以说是不分彼此、互为指称的。我们经常见到的对律师权利的描述，实际上就是对当事人权利的刻画；同样，我们所见到的对当事人权利的列举，实际上也就是对律师权利的设定。人们经常用这样的语汇来表述他们之间的关系，如：同党（partisan）、朋友（friend）、同盟者（ally），等等。

律师是当事人的同党。从外观上看，律师应当毫不掩饰地成为当事人的同一派性的人，站在当事人的一边，并以委托人的利益为最高的伦理趋向；而在职权制中，律师至少在形式上应当同当事人保持适当的距离。有人认为，美国律师扩大了委托人的党派性；许多美国律师在法庭上的举止如同粗野之人，从未学会如何同时既不失强硬又彬彬有礼；美国律师的好斗性常常被用以支撑委托人在诉讼的痛苦折磨中的勇气；与外交官在国际对抗中维持坚强的心理防线的原因一样，在诉讼中也必须维持坚强的心理防线。[①]

律师是当事人的朋友。美国哈佛大学教授、前美国司法部副部长查理斯·弗瑞德(Charles Fried)给律师描绘了一幅稍有不同的图像，称之为当事人的朋友。他说："当我说律师是其客户的法律上的朋友之时，意思是指为了保障和增进当事人在法律范围内的自主性，律师应当将当事人的权益当成是自己的权益一样看待。"但是，对于律师这位朋友，当事人会始终监督其一言一行。尤其是，朋友也有反目的时候，特别到了诉讼的后半段，如果律师没有尽心尽力捍卫当事人的合法权益，当事人可能会到律协等行政管理机构去控告他，甚至诉诸法院请求损害赔偿。

律师是当事人的同盟者。与朋友这个说法相类似，另一个说法是说律师是当事人的同盟者。同盟者一般属于心理学上的概念，无论规模大小，同盟者们都体验着一种相同或相似的情节和感觉：遇到共同的劲敌，理应同仇而敌忾；同舟共济，俱损俱荣；共同形成一个整体，自己是该整体的一员；大家都属于这个力量强大的联盟；联盟的力量大于各个成员的力量之和。正如斯布特（Thibaut）和沃克（Walker）所言："如果当事人意识到他们的律师与他们自己在利益上是互渗互融、密不可分的，他们便开始体验一种自己属于强大联盟的愉快经历。这个联盟的总目标是以损害对方当事人为代价，获得有利的裁决。"

(三) 法官中立性和消极性的理论基础

如前所述，对抗制的特征之一是当事人及其代理律师主导和控制诉讼程序。与之相联系，对抗制要求法官在诉讼过程中保持中立性和消极性。美国学者在描述对抗制审理法官的作用或角色时，中立性和消极性这两个词是互相混用的，二者具有相等的意义。中立性就意味着消极性，消极性也同时意味着中立性。中立性对于消极性的要求呈现出一种必然的关系，二者相伴相随，不可分离。在对抗制中，应当认为这是肯定的。但是，在职权制中，法官的中立性和消极性则是两个尽管有一定的联系，但确有相当大区别的概念。在这里，法官必须是中立的，但却不得是消极的。

与职权制不同，对抗制要求法官不得控制诉讼程序的进程，也几乎不依职权传唤证人。对抗制的理论认为，为了作出公正的决定，法官必须是中立的，而法官要是中立的，就必须是消极的。一如富勒所告诫的，如果法官追行诉讼（prosecute the case），并因而实施证据调查，就会产生一种预断的自然倾向。这一点，在没有陪审团审判的诉讼程序中表现得更为显然和突出。

美国于1958年召开了美国律协和美国法学会（Association of American Law Schools）的联合会议。这个会议的主题就是讨论裁判者在事实认定过程中的偏见问题。会后，富勒

---

① 参见［美］杰弗里·C·哈泽德、米歇尔·塔鲁伊：《美国民事诉讼法导论》，张茂译，104页，北京，中国政法大学出版社，1999。

和约翰·瑞德（John Randall）在美国律协杂志（ABA Journal）第44期上发表了该会议的报告文章。报告指出，如果法官积极介入审判过程，将会产生极端可怕的后果。该报告并且认为，角色的混乱和模糊（role obfuscation）将会对审判程序的完整性产生威胁。其中有一段这样写道："诉讼角色之间的界线必须划清楚。在诉讼中，会有许多主体执行着不同的职能，这就是诉讼角色和诉讼职能的分工问题。在这个问题上，对抗制给出的答案是非常清晰的。"富勒等在上述报告中进一步论证了对抗制的这个观点："假如公断人力图为各方当事人作出最为有效的案情陈述，那么，他必将置中立性于一边，而任凭自己被某种强烈的同情感所驱使，以致偏离他应当所有的思想、耐性和创造力。如果这时他又恢复了中立的位置，他一定会以不信任的目光去看待先前所有的那种同情感，并拒绝由此而生的哪怕是最佳精神努力的结果。从事这项工作的难度是显而易见的。诚然，一个人在他的一生当中要扮演许多角色，但是，他几乎不可能同时扮演好这些角色。既然不可能同时扮演好这些角色，那么，还是厘清默含在审判中传统角色之间的界线为好。"

法官介入事实调查之中去还会产生一些其他问题。第一，如果证人在接受法官的询问时，在表达上闪烁其词，或在态度上不够恭敬，或者在思想上上带有敌意，法官肯定会变得十分恼火和愠怒。第二，法官对自己传召的证人将不可避免地给予过分的信任，对于该证人作出的证词当然也更加容易接受。因为，法官下意识中总要显现出他的介入和积极的活动是有用处的，而不是徒劳无益的。第三，法官在审判前如果见到了呈交于法院的证据材料或证据卷宗（evidence file），则会形成审理前的偏见（pretrial bias）。第四，法官可能因此而为案件的细枝末节问题所困扰，以致只见树木，不见森林，看不到案件中的重要之点。第五，法官对证据和事实问题的积极涉足，将可能弱化当事人提供利己证据的动因，并由此减弱其勤勉举证的积极性。第五，也是最为重要的一点，如果进行陪审团审判的话，陪审团将会对法官依职权传召的证人所提供的证词赋予更大的证据分量。

对抗制的赞同者认为，对抗制诉讼程序有利于最大限度地克服裁判者的偏见。这一点正是职权制所不足的。这里所谓"裁判者"，既包括认定事实的陪审团，也指适用法律、给陪审团以法律指示的法官。对抗制中用来确保陪审团公正性的机制，主要是所谓的陪审团遴选程序。任何被当作陪审员候选人的人，都要接受遴选程序的筛选。通过这个程序，凡带有偏见的陪审员都将被剔除出去。运用这个程序选择适当陪审员的主角，就是双方当事人的代理律师。

至于克服法官偏见的诉讼机制，则是传统的所谓确保法官中立性和消极性的原则。凭借这项原则希望制约法官免受偏见的影响。这里的"偏见"包括源自案件审理前的，也指源自案件审理中的。克服后一种偏见尤为对抗制所看重，也是对抗制在这个领域所经常炫耀的一点。对抗制理论认为，对抗制中所包含的双方当事人对立辩论和陈述的程序特征，有助于达到消除或减少裁判者偏见之影响的目的。

对抗制有利于克服裁判者的偏见这个论点，经由哈佛大学著名教授、法理学家富勒（Lon Fuller）先生一段精彩的分析和概括，而变得更为显然和瞩目。这一段话业已成为对抗制审判理论的哲学教条。富勒教授指出：

“在听取证据之时，实践中并非鲜见的是，在某个较早的时点，人们就会从证据中形成某种熟悉的范式；惯常使用的标签在等着案件事实，毋庸更多的证据证明，这个标签转瞬间就会粘贴上去。如果认为这种尚未成熟的对号入座，必然源出于急不可耐的心情、先前就有的预断抑或精神上的懒惰定势，那就错了。这种情形常常是由将案件事实的听审纳于某种有序与和谐的状态这个相当可以理解的愿望而引发的。由于这个时候还没有某种关于案件的初步的法律理论，故而就不会有任何借以衡量证词等证据是否具有关联性的标准。但是，业已形成的、旨在引导法庭调查的案情‘预诊’（preliminary diagnosis），趋向于成为固定的结论，速度既快，又不易为人察觉。那些对‘预诊’有确证意义的事物，将在人们的脑际里留下深刻的影响，而那些相反意义的事物，则仅会产生轻描淡写的印象。

“为了抵制人们根据尚未完全了解的熟识之物过于急促地作出判断的自然倾向，对审机制（adversary presentation）看来是唯一行之有效的方法。”

对于富勒的上面这段分析，有许多著名的试验进行了实证考察。试验的结果都证实了富勒的意见和看法。为了说明对抗制克服裁判者偏见的效应之产生不是取决于法文化背景，而是根源于所设计的诉讼机制当中，有的试验还特别邀请来自诸如法国等这些大陆法系国家的人来充当试验主体。试验的结果与其他的并无两歧。

如前所说，对抗制具有直观意义上的公平性，而这种程序效果是通过当事人控制的原则来达到的。换而言之，当事人控制的特征增添了对抗制程序的公平的外观和色彩。当事人控制的伴随物是法官的中立性和消极性。前者越强，对于后者的要求也越高，反之亦然。二者之间呈反相关状态。对抗制的主张者非常看重这个中立性的外观，认为仅仅具有这个外观，就是对抗制的一大优点和特点。

法官中立性的外观可以从美国源远流长的正义女神的图像中寻找到形象的依据。众所周知，美国的正义女神是蒙眼、持剑、手握天平的天使。她象征着法官对于双方当事人应当处在等距离的不偏不倚的中间位置；一颗公正的心，“平之如水”；一柄利剑，坚决抵制来自各方面的足以造成她偏见的信息。的确如此，如果审判要获得当事人的尊重和信赖，而不致使当事人及其他公众对审判抱有冷漠甚至抵触心理并由此造成以后的“执行难”，就必然要求审判程序不仅能够保证结果具有公正性，尤其还要使得这种公正性的产生具有可视性、过程性和透明性，能够使当事人理解和感受到它的形成和存在。这就是法谚所说的，“正义不仅要被实现，而且要以人们看得见的方式实现”（justice must not only be done，but must be seen to be done）。对于裁判者来说，就是“判决不仅要公正地达成，而且看起来也是公正地达成的”。

公正性的外观不仅对公正性的实质内容是一个不可或缺的组成部分，而且，在一定意义上就是公正性本身。对于这一点，法官经常引用赫瓦特勋爵（Lord Hewart）著名的格言来表达：“源源不绝的判例表明，我们不仅应当实现正义，而且应当昭然若揭地和令人毫不生疑地实现正义。这一点不仅仅是有点重要，而且是极端地重要。”

对抗制确保这个外观之实现的试金石，就是诉讼职能的分离（separation of function）。不同的诉讼职能由不同的角色去执行，泾渭分明，互不僭越，由此赋予了该公正性外观以客观的基础。总之，当事人控制、法官的消极性和中立性是与程序的公正性密切地联系着的概念。尽管不能说前者是后者的充要条件，但毕竟是至为重要的前提性和必要性的条件，是对抗制赖以形成的基石和灵魂。

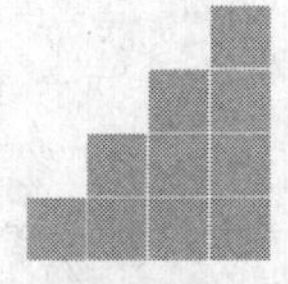

第三章

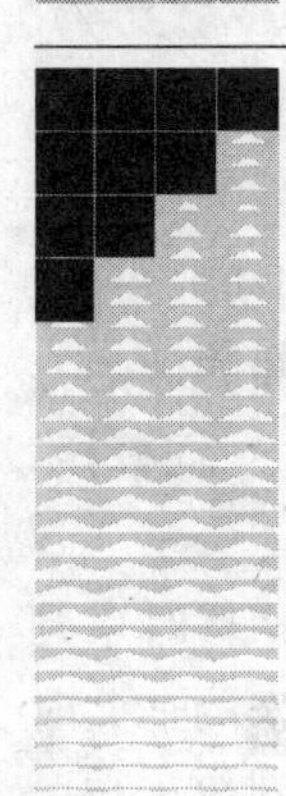

陪审制度研究

司法的民主化是司法改革的主旋律之一。第二次世界大战后，全世界范围内便开始了以司法现代化为主旋律的改革历程，其中，司法的民主化是一个重要议题。如何实现司法的民主化呢？各国因其国情的不同所给出的具体方案也是有异的，但主要的方法不外乎有：人民参与对法官的选任；人民参与审判过程；人民参与对法官的弹劾等等，其中最为核心、最为直接的司法民主化方法便是人民对司法的参与。这就是通常所言司法的“公众参与”(popular participation)。

司法的公众参与是司法民主化的重要表现形式。司法的公众参与是民主政治在司法领域中的表现，司法在公众的广泛参与下，其面貌业已焕然一新。比如，在传统司法机制下，司法的功能比较单一，主要表现为纠纷的及时而有效的化解；但在司法的公众参与下，司法的政策形成机能得以显现出来，司法造法的正当化机制由此形成。由于人民对司法过程的直接参与，司法的形式主义特征趋于弱化，实质性正义成为司法的主要追求目标，机械司法由此可以避免，司法的神秘主义以及过分的职业化、专业化现象得到了缓和或松动，司法成为人民可理解、可参与、可监督的有机过程，司法与人民之间的原本存在的差距被缩短。也正是在司法的公众参与下，司法的公信力得以提升，司法的结果获得了更加普遍的尊重和尊崇，司法的权威得到强化。这是司法公众化带来的正面效应或积极效果。

既然司法的公众化参与成为重要议题，那么自然产生的问题便是：这种司法的公众参与应当采用何种形式？显而易见，该问题的答案取决于或受制于两个层面因素的考察：其一，司法公众参与的比较法考察。也即，在世界和历史的视野中，司法的公众参与存在过以及存在着哪些主要的形态？其二，司法公众参与的实证考察。按照这种方法，司法的公众参与具体应当以何种形式在特定历史时期的特定国家予以建构？

一、审判组织的两种模型：单一制与复合制

审判权的相对独立是陪审制产生的制度前提。人类社会中发生各种形式的纠纷或纷争、冲突和矛盾是一个常态现象，对于这种冲突和纠纷实施有效的化解，对于社会共同体的存在和维持是不可或缺的一个环节，而化解纠纷和冲突的社会机制通常以“审判”一词概括，因而审判机制是人类共同体的机制的组成部分。

然而，从属于国家权力的审判权所表现出来的样态在历史上是不尽一致的：有时审判权隶属于行政权，行政和审判不分。封建时期的审判权就是以这种形式表现出来的，此时的审判权是极端专横的，同时也是神秘化的。显然，处在国家权力中的这种审判权，与民主的原则相去甚远，或者说，根本是反民主的，人民不仅没有直接的司法参与权，同时对于法官的遴选产生也缺乏任何的表决权和审核权。在这种背景下，作为司法民主化装置的陪审制根本就没有产生的任何可能。从这个意义上可以说，陪审制所赖以产生的历史前提和逻辑前提乃是审判权从行政权从分离出来的历史事实。

陪审制仅仅存在于复合型的审判组织中。在审判权从行政权分离出来之后，审判权的行使主体便存在了单一制和复合制之分。在单一制模式中，审判权是单纯由职业法官行使的，审判权由职业型法官加以垄断，其他任何未经正式渠道被提升为职业法官的公民，均被无例外地排斥在行使审判权的可能性主体之外，陪审制也没有产生的任何土壤和气候。只有在混合制或复合制的审判权行使主体结构模式下，陪审制才有存在的可能性和合理性。

但是我们不能得出结论说：在单一制模式中，司法民主性并不存在。同时也不能说：在复合制模式中，司法的民主性得到了充分的表征和实现。司法的民主性及其成分的不断增多，是司法权运行规律的反映，也是人类文明进步的表现。但是，司法的民主性和审判的陪审制并不能画上等号。不实行审判的陪审制，并不一定意味着司法不具有民主性；实行了审判的陪审制，也不一定意味着司法的民主性。换而言之，在现代社会，陪审制是司法民主化的一个可以选择的制度安排，不实行陪审制，也同样可以通过其他渠道和途径达到司法民主化的效果。比如说，法官遴选程序上的民主性在相当大的程度上可以替代庭审组织上的民主性，庭审组织上的民主性也可以在相当大的程度上弥补法官遴选程序上的非民主性。所以，对于司法是否民主以及司法民主化程度的评判，不能单独分检出审判的陪审制一项，而应当将陪审制置于诸如法官遴选程序、司法的民主监督机制等诸多制度网络中加以综合衡量和一体评估。

然而，虽然不能将陪审制与司法民主化及民主化程度等而视之，但陪审制毕竟是司法民主化制度建构中的一项重要配置要素，有了它，司法的民主化通常获得了提升，在司法

民主化的制度建设中，陪审制无疑是一项重要的可以考虑的因素或装置。可见，陪审制与司法民主化之间通常有着内在的关联性。

二、陪审制的两种类型：陪审团制与参审制[①]

所谓陪审制，首先指的是一种司法制度，或者是司法制度中的一个组成部分，它在不同的司法制度背景下有不同的含义。第一种含义指的是英美式的陪审团制度，按照这种制度，在民事诉讼或刑事诉讼过程中，由当事人选择若干普通公民组成一个陪审团，由陪审团负责对案件事实的判定，从而由法官适用法律作出最终裁判的制度。另一种含义是指大陆法国家的参审制。在参审制中，由法官和陪审员组成统一的审判庭，共同行使审判权，最终作出裁判。因此可以认为，在当今社会，陪审制有两种基本的表现形式：一是陪审团制度，另一是参审制度。本章所称的“陪审制”，有时特指陪审团制度，有时则兼指二者，其含义要根据上下文确定。

陪审团制度和参审制既有区别，也有密切的联系。其联系在于：无论是陪审团制度还是参审制度，其共同特点都在于将普通公民引入审判组织之中，与职业法官一起行使审判权，从而使普通公民分享审判权，构成了对职业法官的制约或制衡，表征了司法的民主性，因而它们都是人类审判制度进步的表现，它们构成了公众参与司法的两种典型形式。但是，深入地分析，陪审团制度和参审制具有多方面的相异点：

1. 公众与职业法官的关系不同。陪审制中的公众对职业法官具有较强的制约作用。在陪审团制度中，公众与职业法官是对立统一的关系。公众享有独立的事实认定权，职业法官享有独立的法律适用权；公众与职业法官之间形成了既合作又分工、既对立又统一的辩证关系。而在参审制中，公众作为普通的陪审员，通常依赖于职业法官的职能，因而独立性不强。

2. 职能不同。公众在陪审制中的职能比在参审制中的职能强。陪审团具有独立的职能，它可以独立地认定案件事实，该案件事实的认定，对于法官的法律适用具有拘束力，法官不得随意推翻陪审团所作的事实认定。相对于法官的法律适用权而言，陪审团的事实认定权更加重要，也更为基础。因此，陪审团的事实认定权对于法官的法律适用权，具有一定的制衡性；法官的法律适用权对于陪审团的事实认定权也具有指导性和约束力。在参审制中，参审员与职业法官共同行使审判权，包括事实认定权和法律适用权，参审员除不能充任审判长外，其他的权力与法官相同。从这个意义上说，参审员并不具有独立的审判职能。

---

① 我国实行人民陪审员制度。按照人民陪审员制度，人民陪审员与审判员共同组成合议庭，行使审判权，作出裁判。可见，人民陪审员制与参审制在基本的构成原理上是一致的，因而可以将它们归为一类加以认识。

3. 它们所依附的诉讼模式不同。陪审团制度依附于对抗制诉讼模式，而参审制则与职权制诉讼模式更加亲和。由于组成陪审团的陪审员都是外行法官，他们不懂法律和诉讼程序，因而他们在诉讼过程中只能消极听证，而不可能主动询问证人、调查证据。故而在对抗制模式中，当事人及其代理律师采取积极的行动，陪审团仅仅是消极的、被动的裁决者。在参审制中，参审员在职业法官的指挥和引导下，可以主动从事证据调查等庭审活动，他们在诉讼过程中的能动性能够获得职业法官的保障和支持，尤其是，这些能动性的诉讼活动一般都是由职业法官直接实施的，而参审员仅起配合、补充的作用，因而其相对的消极性在法官的能动作用下，也显现不出来。英美国家之所以实行对抗制诉讼模式，与其实行陪审团审判有密切的关系。

陪审制的弱化导致了职权制的抬头。目前在英美尤其是英国的司法改革中，随着陪审制的弱化，对抗制诉讼模式也有了相应改观，法官的职权作用随之获得了强化，这也可以印证陪审制与对抗制之间的天然联系。因此可以说，实行陪审团审判，在诉讼模式上一定要推行对抗制审判，陪审团制度对对抗制模式具有天然的依附性。但是，不能反过来说，对抗制诉讼模式一定要实行陪审团审判。在不实行陪审团制度的国家，也同样可以推行对抗制。参审制则可以融合于职权制诉讼模式，当然，实行参审制审判，在诉讼模式上也可以实行对抗制。大陆法国家原初都采用过陪审团制度，但实行陪审团审判势必要改变大陆法国家一直奉行着的职权制诉讼模式，而职权制诉讼模式在大陆法国家具有悠久的传统，是很难改变的，因而陪审团制度在大陆法国家最终以失败而告终，并以参审制取而代之。

4. 人数不同。陪审制比参审制的人数规模较大。陪审团审判由于具有独立的机能，并且要发挥其制衡法官的作用，因而组成陪审团的人数较多，传统上的陪审团一般由 12 个公民组成，目前经过改革，陪审团的组成人数规模有所缩小，有的减少到了 6 人。而参审制审判则有所不同。参审制审判是参审员与法官共同行使审判权，它是职业型法官合议庭的一个变种，因而其人数一般为 2 个，与法官一起组成 3 人合议庭。当然，参审员的人数也可以增加，只是在实践中，参审员通常为 2 人。

陪审团制度比参审制具有更为悠久的历史。从历史上看，陪审团制度具有更加悠久的历史，从 12 世纪英国萌生司法陪审团制度开始算起，到现在为止已经有八百多年的历史了，这八百多年来，陪审团制度有起有伏，其发展有高峰有低谷，有盛有衰。到现在为止，陪审团制度还在发挥作用，正经历着现代化的改造和考验。而参审制则是在 19 世纪中叶以后才逐步形成的。尤其是，参审制是在陪审团制度的废墟上，经过凤凰涅槃的过程而产生的，它吸收了陪审团制度的原理，又试图克服其缺点。从这个意义上说，参审制是陪审团制度的新发展，英美式的陪审团制度经过大陆法系法律文化的熏陶和改造，便成为参审制度。参审制变成了大陆法国家的流行制度，一如陪审团制度在英美国家曾经普遍盛行过的那样。但是，陪审团制度虽然在英美国家有衰退趋势，有的领域、有的国家甚至已不实行陪审团制度，但它们也没有形成像大陆法国家参审制那样的陪审制度。

两种陪审制具有哪些共性呢？无论是英美式的陪审团制度抑或大陆法系式的参审制度，它们都具有这样几个特点：其一，它们都是司法民主的体现。其二，它们都是公众参与司法审判的方式。其三，陪审员作为外行法官参加审判，有助于弥补职业法官行使审判权的知识和能力不足或者缺陷。其四，他们参加审判，都在一定程度上分割了法官的审判权，从而对法官行使审判权产生了一定的制约性。可见，它们所具有的功能是基本相同的，既有政治上的功能，也有司法上的功能。同时它们也都各自存在着一定的缺陷。陪审团制度存在的缺陷是：诉讼程序迟延，审判效率低下，陪审员的认定事实能力不足，无法应付现代型诉讼的审判需要。参审制的缺陷是：参审员会在审判中屈从于职业法官的权威，从而难以独立地发挥作用。因此，无论是陪审团制度还是参审制，目前都存在一个如何改革，从而使之适应时代需要的问题。

三、陪审制的演变规律

（一）陪审制的溯源考察

陪审制在各国的命运相当不同。任何诉讼制度和司法制度都有其萌芽、形成、发展、衰退乃至消亡的基本发展轨迹。当下人们所熟识的陪审制也不例外，陪审制在人类诉讼制度史上的发展也有一个起落的变化过程，这个过程映现出了陪审制的演变规律。研究和探讨陪审制的演变规律是富有现实意义的。人们通常说，现实是历史的积累和自然发展，不了解历史，就难以深刻地把握现实，也就无法获得指导现实变革的理论思路和具体方案。陪审制发展到现在，各国都对它进行过深入的思考、探索，从而作出制度上的选择和建构。英美国家和大陆法国家对陪审制的选择是大起大落的，有时将它奉若至宝，有时则敬而远之；有时大加删改，有时则原封不动；有时大面积推广，有时则将它限制在非常狭窄的范围内适用。这种制度移植和变异现象的出现，自然有其深层次的原因，但有时也与对陪审制的认识深浅有关。比如，大陆法国家在移植英美式的陪审制之时，恰逢资产阶级革命的胜利和成功，对于作为民主堡垒的英美陪审制几乎未加深入思考便全面移植到了本土，随后不久便遇到了“水土不服”的制度排斥问题，于是英美式的陪审制被改造成为大陆式的参审制。这个过程既是对陪审制的认识过程，也是制度变迁的规律使然。[①] 为此，我们有必

① 我国目前正在讨论、审思、塑构人民陪审员制度，在这个过程中，人们见仁见智，从不同视角和侧重点提出了制度改造的各种方案，有的认为要在大陆法模式的基础上进一步完善参审制度，有的则认为不妨借鉴英美式的陪审团制度，还有的提出了各种变异的折中方案。这些方案或模式的提出，从立论者的视角看，无疑各有其道理，但其内在的合理性或生命力究竟如何，还有待于从各个方面加以深入探讨，尤其还需要从陪审制在人类历史上以及我国历史上的演变规律的角度加以审视。唯有如此，对我国陪审制的改造才可能提出有针对性的、建设性的观点和意见。

要探讨一下陪审制的演变规律。

古希腊是陪审制的发祥之地。据诉讼法史学者考证，陪审制从其萌芽到现在，已经有了2 500年的历史。从陪审制的起源和发展来看，陪审制与民主思想和民主制度是相伴相随的。古希腊是民主的发源地，因而也成为陪审制的发祥之地，成为陪审制可以追溯的最早的历史源头。公元前6世纪，雅典著名政治家梭伦进行了一系列的改革，其中一项改革就是设立陪审法院。陪审法院从贵族会议中分享司法权力，成为雅典最高的司法机关。每个公民都可以成为陪审员，陪审法院的大门向着每一个普通公民开放。[①] 陪审法官从年满30周岁的雅典公民中选举产生，每年选举产生出6 000名陪审法官，组成陪审法院，然后按照一定的顺序参加对案件的陪审。陪审法庭一般由陪审法院总人数的1/10组成。通常而言，这些陪审法庭被称为"discasteris"，由501个陪审员或dicasts组成。陪审法庭是单一的审判组织，它既决定审判的结果，也决定具体的适当的刑罚。具体分为两个步骤：首先用蚕豆或卵石投票决定是否有罪，然后作出具体量刑。陪审法官可以获得一定的服务报酬。[②]

古罗马也采用了陪审制，但罗马人对古希腊人的陪审制作出了一定的修改。罗马由最高裁判官从元老院的贵族、骑士和富裕奴隶主中挑选300～450人组成陪审法院，称为"常设刑事法院"，每案通过抽签决定由30～40名陪审员审理。[③] 可见，到古罗马时代，陪审团的规模明显缩小了。尤其是，"对于古罗马皇帝那不断膨胀的专制胃口而言，陪审制显得过分民主了"，因而，到公元500年，陪审制在古罗马寿终正寝。

陪审制在专制政体下不能生存。陪审制随后的发展历史就不是很确定的了，或者说，随着专制政体的形成和强化，陪审制也被干脆取消了，而被代之以其他的审判形式。在这里，引用一下法国著名政治思想家托克维尔（Charles D'Alexis De Tocqueville）所说过的一段话，对于我们理解陪审制与民主制之间的关系，是有裨益的。他说："凡是曾想以自己作为统治力量的源泉来领导社会，并以此取代社会对它的领导的统治者，都破坏过或削弱过陪审制度。比如，都铎王朝曾把不想作有罪判决的陪审员投入监狱，拿破仑曾令自己的亲信挑选陪审员。"[④] 陪审制消失后，取而代之的是各种验证的方法，包括证人誓证法（trial by witness）、公证昭雪法（compurgation）和神判法（ordeal）。[⑤] 在这些方法中，尤其以公证昭雪法更为著名，也更加与后来的陪审制相接近。到15世纪或16世纪，这些验证方法停止了使用。

近现代的陪审制发达于英国。近现代陪审制度最早起源于欧洲中世纪，英国学者认为，在法国卡罗琳统治时期就产生了一种被称为"inquisition"的讯问制度。在1066年威廉一世征服英国建立诺曼王朝后，这种讯问制度连同决斗审判被带到了英国。11世纪时，这种讯

---

① 参见陈盛清主编：《外国法制史》，39页，北京，北京大学出版社，1982。

② See Stephen J. Adler, *The Jury*, 244n. 3 (1994).

③ 参见钱弘道：《英美法讲座》，257页，北京，清华大学出版社，2004。

④ [法] 托克维尔：《论美国的民主》（上卷），董果良译，314页，北京，商务印书馆，1988。

⑤ 参见程汉大主编：《英国法制史》，39页，济南，齐鲁书社，2001。

问制度首先用于行政管理程序之中，然后又扩展适用于司法程序之中。在此意义上，有人认为讯问制度是现代陪审团之父母。这个过程到亨利二世之时（King HenryII，1154—1189）已经完成。有观点认为，正是到亨利二世，才将单纯地用于收税、土地管理等行政事务中的陪审团转变成了真正意义上的司法工具。[1] 并且认为，存在于英国的传统司法方式，主要是指公证昭雪法，是与陪审团审判相并存的司法方法，陪审团审判并不是从公证昭雪法中产生出来的。作为司法工具的陪审团制度产生后，历经多种变迁，逐步演变为现在所看到的陪审团制度。

（二）陪审制的演化规律

陪审制的演化规律可以从以下几个方面看出来：

1. 从行政程序到司法程序。如前所述，作为司法工具的前奏，陪审团首先是在法国作为行政讯问程序或方式而出现的。其主要不是为了体现或表征行政程序的民主性，而是为了加强中央集权。当这种程序被沿用到英国之后，也首先在行政管理领域发挥作用，1086年，英王威廉一世时代制作的《末日审判书》（Domesday Book）就是利用陪审团进行行政调查和管理的产物。只是到"伟大而英明的"亨利二世之时，行政中的陪审团才转变为司法中的陪审团。正是对陪审团制度赋予了司法程序性质后，其内在的力量才充分地焕发出来。

2. 从大陪审团到小陪审团。现代意义上的陪审团制度，首先是一种司法审判制度，其次才是一种检控制度。小陪审团制度更能够体现出陪审团制度的真谛和价值。但是，反观陪审团制度的产生历史，陪审团制度最早是作为检控组织而出现的，或者用现代的语言来说，是作为公诉人而出现的。10世纪所制定的《伊德尔里法》（the Law of Ethelred）便要求在100人中选择12人到法庭"宣誓检控所有罪犯并保护无辜的人"。1166年颁布的《克拉伦德法》（Clarendon）规定，任何人如果没有经过公众参与的控诉人控告，不受审判。而公众参与的控告应当由12人组成，他们来自104个不同的城镇，负责对谋杀、抢劫等重大刑事案件提出控告。这就是大陪审团制度的前身。小陪审团制度是到1179年英国颁布《大诉讼程序法令》时才产生的。根据该法的规定，被告有权选择是在王室法院接受陪审团审判还是按照传统方式由地方性法院审判。这就是小陪审团制度的最早记载和规范。从大陪审团制度向小陪审团制度发展无疑是一种历史的进步。

3. 从惩戒主义到不惩戒主义。现在我们见到的陪审团制度，无论是负责检控的大陪审团还是负责审判的小陪审团，都不会因为其履行职务行为而受到法律责任的追究，尤其不会因此而锒铛入狱。但是这种情形在陪审团发展的早期并未出现。与这种不惩戒主义相反，早期对审判陪审团采用的是惩戒主义。在13世纪，如果第二个陪审团认定第一

---

[1] "The Civil Jury", *Harvard Law Review*, Vol. 110：1408，1997，p. 1415.

个陪审团在所制作的裁决中犯有错误，法官则可以通过一种被称为“剥夺公权程序”（attaint）撤销其裁决，并以伪证罪施加严苛的刑罚。后来该程序被取消了，但法官仍然通过两个途径对陪审团实施控制：一个是如果陪审团对法官提出的问题不加以回答，以致法官怀疑陪审团隐瞒了事实真相，法官就可以将陪审团关闭起来，不给喝也不给吃，直到陪审团作出回答为止。另一个方法是法官对陪审团作出指示。对于该指示，陪审团必须遵从，如果陪审团背逆该一指示而认定被告人无罪，则将面临入狱、巨额罚款或者被公开羞辱等处罚。但是，法官使用这种惩戒的方法控制陪审团也遭到了抵制，最终此一方法也告终结，并为其他方法所替代，比如说重新审判等等。陪审团不会因为无视法官的指示而被投进监狱，也不会因此而遭到其他不利后果。其独立性由此而增强。对于大陪审团也是如此。到17世纪，负责控诉犯罪的大陪审团，不再具有证明犯罪的责任，对陪审团的罚金制度也被废除。如果陪审团决定对被告不予起诉，法官也无权对陪审团实施罚款。

4. 从控审不分到控审分离。陪审团的职能并非一成不变的，对陪审团职能的恰当定位是其产生后很久以后的事情，我们现在通常听说的“陪审团认定事实、法官适用法律”，只是在近期才产生的一项基本原则。在陪审团制度的最早期，大陪审团的成员和小陪审团的成员之间可能是流动的：参加大陪审团的陪审员，可能会在以后组建小陪审团之时也参与其中，成为其成员之一。这样便产生了一个现象：从事控诉职能的大陪审团成员，转而变为从事审判职能的小陪审团成员。这种转变违背了司法公正的基本准则。因为同意提出控诉的陪审团成员自然会倾向于认定被告人有罪，而很容易排斥对被告人无罪的证据和相应的认定。因此，到1352年，爱德华三世颁布法令，赋予被告申请提出控告的陪审员不再担任审判陪审员的权利。从此以后，负责控诉的陪审团和负责审判的陪审团开始分离。

5. 从集体作证到集体审判。早期的陪审团并非是不知情的案外人，而是了解案情的证人。这在作为行政调查程序时如此，在司法程序中也是如此。法院在选择陪审团成员之时，考虑的因素通常有两个：一是他们具有了解争议事实的知识；二是他们具有解决争议事实的专长。① 正因为这样，他们才因误判而被认定构成伪证罪。但是由于这样的限定，再加之有这样的处罚，人们都不愿意担任陪审员，因而经常找不到足够的陪审员。此外，随着社会生产的发展，人口的流动性逐渐增大，找到对某一案件知情的12人也确属不易，因此，到亨利四世（1399—1412）之时，陪审团成员开始和证人相分离，此后的陪审员只能由案件的局外人担任，由他们确认诉讼当事人和证人提供的证据，并作出裁决。② 这样一个转变，其意义非同凡响。因为如果陪审员只是证人，法官的审判权还是统一的、完整的，不

---

① 正因为如此，以致有人认为，在很早的阶段，“特别陪审团”（special jury）似乎已经开始使用了。See “The Civil Jury”, *Harvard Law Review*, Vol. 110: 1408, 1997, p. 1416.

② 参见程汉大主编：《英国法制史》，82页，济南，齐鲁书社，2001。

存在法官和陪审团之间的权限分工问题。但是，一旦陪审员摆脱了证人身份，而获得了审判者的权限和地位，便导致了诉讼结构和审判权构成的双重变奏，同时也引发了陪审团和法官之间的这一到现在为止尚存争议的关系问题。

6. 从法律审到事实审。现在我们对于陪审团职能的看法无疑是它负责事实审判，法律问题是由法官担负其责的，陪审团不得涉足其中。但是这样一种观念在陪审团制度产生的早期却并不存在。相反，陪审团最早既决定事实问题，又决定法律问题。这种传统可以追溯到1215年英国《大宪章》时期。1764年，一位英国学者这样论述："除非经由其同仁的法律判决，任何人不受惩罚。由此可以认为，其同仁才是他们的适当的法官；这种法官不仅仅是部分内容的法官，而是关于全部事项的法官。法官们不仅决定是否存在向他指控的有罪行为，同时还决定这些行为是否构成犯罪。"①

不仅刑事诉讼如此，民事诉讼也复如此。英国学者斯珀纳（Spooner）指出："民事诉讼中可能会出现与刑事诉讼几乎同等程度的压迫。如果国王的法律对民事诉讼中的陪审团是专横的，那么国王将会制定法律，将某一个人的财产给另一个人；或者将它没收为国王自己所有，并且会通过民事诉讼取得对它的占有。"② 这些论断都充分表明英国早期的陪审团既具有事实认定权，又具有法律适用权。

美国独立后从英国移植的陪审团，也同样具有这样的双重功能。因为美国人相信，这样的陪审团能够保护公民免受专制政府的侵害。除这种传统习惯外，美国还有数州的宪法明确规定陪审团是法律和事实问题的共同裁决者。甚至到19世纪，在法官对陪审团作出的指示中，还承认陪审团决定法律问题的权限。③ 从19世纪开始，陪审团所具有的法律问题的决定权被逐步取消，首先在民事案件中陪审团丧失此一权限，到19世纪末，在刑事诉讼中，陪审团最终也失去了这一权限，从而完成了陪审团的职能由法律审到事实审的转变。

四、陪审团制度的类型

（一）大陪审团制度与小陪审团制度

从陪审团的功能划分，可以将陪审团划分为大陪审团（grand jury）和小陪审团（petty jury）。

---

① Joseph Towers 的论断，转引自"The Civil Jury"，*Harvard Law Review*，Vol. 110：1408，1997，p. 1418。

② 转引自"The Civil Jury"，*Harvard Law Review*，Vol. 110：1408，1997，p. 1418.

③ Jeffrey Abramson，*We，The Jury：The Jury System and the Ideal of Democracy*，pp. 76－77，1994.

大陪审团又称起诉陪审团，仅适用于刑事诉讼中，是指在刑事诉讼中，决定对被告是否起诉的陪审团。大陪审团的目的在于防止检察官滥行起诉权，从而预防对被告人的名誉造成损害。由于各种罪刑的法律均属于专门化领域的特别知识，大陪审团在实践中往往容易被检察官实际操纵，因而有所谓“橡皮戳”之讥。英国在1948年《刑事司法法》中就废除了大陪审团制度，并以现行的预审制度取而代之。当然，大陪审团制在英国被废除的原因，除上述外，还有经济上的考虑。大陪审团需由23人组成，人数众多，花费也因此增多，因此从经济上考虑，废除大陪审团制在当时也是一个理性的选择。

目前全世界只有美国还在实行大陪审团制度。根据美国联邦宪法修正案第5条的规定，被告应经过大陪审团的审核才能对之提起诉讼。但联邦最高法院曾通过判例决定，此一规定仅适用于联邦法院系统，对州法院系统而言，犯有重罪的刑事被告可以不经过大陪审团的审核即予起诉。[①] 大陪审团的人数在联邦法院为23人，但在州法院，有的则允许少于23人。通常大陪审团按照多数决定起诉或不起诉，不实行一致表决制。大陪审团的讯问程序是秘密的，在讯问时被告的律师也不得在场。辩护律师也不被告知讯问的内容如何；在讯问其他证人时，被告及其证人也不得在场。[②]

小陪审团是通常意义上的陪审团，也称审判陪审团，本章主要考察小陪审团，因而如不加特别说明，所称陪审团皆为小陪审团。在小陪审团制度中，陪审团负责认定事实，并以此为法官作出裁判的依据。小陪审团又因其适用领域而被区分为刑事陪审团和民事陪审团。刑事陪审团目前还在普遍运用，但民事陪审团自从英国于1854年颁布《普通法程序法》以后，就趋于衰落。

(二) 英美陪审团制度、法国陪审团制度与北欧陪审团制度

从陪审团的演变状态划分，可以将陪审团分为英美陪审团制度、法国陪审团制度与北欧陪审团制度，也分别称为英美的一般型陪审团制、法国的中间型陪审团制以及北欧的并用型陪审团制。

如前所述，陪审团制度虽然最早萌芽于欧洲大陆，但真正形成定型的司法审判制度，却是在13世纪的英国。英国可谓陪审团制度的发萌之地或者源头。英国建立陪审团制度后，不断向外扩张版图，同时也将以陪审团制度为核心的司法制度输往国外，陪审团制度因此而成为英美法系的一大特征。尤其在美国，陪审团制度自从英国引入后，就被视为自由的堡垒，受到至高无上的珍视和尊崇。正是依靠陪审团制度，美国人民积极抵御了英国的殖民统治，从而捍卫了自由与民主。美国宪法因此而将它作为重要的基本制度之一加以规定，将它视为公民的人权保障武器之一加以尊奉。有学者这样评价美国的陪审团制度：

---

① Hurtado v. Cal，110U. S. 516，1884

② 参见王兆鹏：《美国刑事诉讼制度简介》，台湾大学法学丛书，379页及以下，1999。

"美国独立革命之后，陪审员被视为自由民主的象征、人民保障自由和权利的最佳方法。"①这种陪审团制度是最为原始的陪审团制度，可以看成是陪审团制度的原型，因而称之为"一般型的陪审团制"。英美的陪审团制均属此类。

英美的陪审团制度不仅在英美法系国家产生重大影响，并被移植。在欧洲大陆，陪审团制的影响力也曾波及，法国就是一个典型的例子。法国的陪审制是通过 1791 年的《刑事诉讼法典》而引入的。新的刑事诉讼法典首先引入了大陪审团制度。在大陪审团方面，法国的制度与英国的制度仅仅存在人数上的区别。法国的大陪审团由 8 人组成，而英国的大陪审团则由 23 人组成。其他方面，比如功能等方面，二者并无区别。

除大陪审团制度外，法国还同时引入了小陪审团制度。该制度适用于对重罪的审判，一审终结，由陪审员 9 名和法官 3 名组成。陪审员和法官共同组成单一制的审判组织，共同决定案件中的事实问题和法律问题。实行多数表决制，一般 10 人同意就可通过。比较法国的小陪审团制，不难发现它与英国陪审团审判之间的密切联系，至少在外观上是一致的，但二者间还是存在区别：其一，法官与陪审员并无职能上的分工，他们组合在一起，共同决定案件中所出现的全部问题。就此而论，法国的陪审团制度与后来演变而成的参审制有类似之处。其二，法国的陪审团制度不实行一致表决制，这也可看作是一个区别。但是，法国的陪审员也是临时从开庭期日的名单中随案抽签而选出的，而不实行犹如参审制中的陪审员任期制。这一点，又与英国陪审团制相同。由此可见，法国的陪审团制度，兼有英美陪审团制度和欧陆流行的参审制度的特点，因而被称为"中间型陪审团制"。目前这个制度在法国依然实行。

北欧国家则采用陪审团制度和参审制的并用模式。这以瑞典为典型。按照这种模式，诉讼案件的性质决定陪审模式的选用。如果案件涉及出版自由的判断，则实行陪审团制度；如果属于其他的刑事案件或者民事案件，则一般实行参审制。

（三）民事陪审制与刑事陪审制

这是从陪审团制度所适用的诉讼领域来划分的。

与民事陪审不同的是，刑事陪审团制度有所谓大、小陪审团之别，而民事陪审则仅限于小陪审团制度。从历史上看，大陪审团制度是先于小陪审团制度而产生的，由此可以得出结论认为，陪审团制度首先在刑事诉讼中发挥作用，然后才扩展适用于民事诉讼之中。就审判陪审团而言，民事陪审团制度在英国几乎已经绝迹，在美国虽然在法律上依然受到保障，但在实践中其适用比例已降到最低点。但无论在英国还是美国，刑事陪审团制度依然具有普遍的适用性。

美国联邦宪法第 3 条第 2 项第 3 款规定："一切犯罪案件，除弹劾案外，均应经由陪审

① 蒋耀祖：《中美司法制度比较》，355 页及以下，台北，商务印书馆，1976。

团审理。”宪法修正案第6条又强调规定：“在一切刑事诉讼程序中，被告享有由犯罪发生地的州或地区的公平陪审团予以迅速和公开审判的权利。”由此可见，在刑事诉讼中，陪审团审判对被告而言是一项基本诉讼权利，无条件地获得保护。除非被告明确放弃接受陪审团审判的权利，否则这种权利是被推定行使的。与之有别，民事陪审团审判的权利若不加以明确援用，则推定为放弃。美国联邦宪法最初并没有涉及民事陪审团审判的问题，这在当时颇引起了一番争议。其后在宪法修正案第7条规定了民事陪审的问题：“在普通法诉讼中，其争执标的额如果超过20美元，当事人就有权要求陪审团审判。”当事人据此可以选用陪审团审判，但如不予以明示选用，即视为由法官单独审判。这反映了民事陪审团制度和刑事陪审团制度的又一个区别。

除此以外，民事陪审团制度和刑事陪审团制度还有两点区别：其一，人数构成不同。在刑事诉讼中，陪审团的人数必须为12人；而在民事诉讼中，陪审团的人数可以少于12人。其二，评议及表决规则不同。在民事诉讼中，除联邦法院系统外，许多州法规定陪审团评议通常可以实行多数通过制，而在刑事诉讼中，陪审团表决的全票通过制原则上得到恪守。

由上述分类可以看出，陪审团制度的机能原有不同，有的负责控诉，有的负责审判；陪审团制度表现于刑事诉讼和民事诉讼中也会有具体规则上的差异。与此同时，陪审团制度被引入欧洲之后，也有种种的变形，这些都是适应实际需要而产生的。这种变化和差别，为我国借鉴陪审制度的有益因素提供了思维方式上的模板。

五、陪审团制度的主要内容构架

（一）陪审团制度的适用范围

陪审团制度是一个规则体系。它由诸多的内容构成，虽然这些内容在各国的表现不尽一致，同时也会与时而变动。但其内容所涉及的基本方面则是相对稳定的，任何国家的陪审团制度的构建都无可避免地涉及这些领域，这便是陪审团制度的基本构架问题。

从主要国家的立法例来看，陪审团制度的适用范围一般有这样几个特点：

1. 法律的明定性。接受陪审团审判首先是一项公民的宪法性权利，应当在宪法中明确加以规定。换而言之，陪审团审判的权利是公民的基本诉讼权利，属于人权的组成部分，是用来抵御暴政、捍卫自由的武器。同时，陪审团审判不是一句空洞的人权口号，它还要落实到具体的诉讼制度中去。因此在诉讼法中对陪审团审判的权利应当加以重申。

比如美国，除宪法对之有原则性的规定外，美国《联邦民事诉讼规则》第38条第1款还规定："由美国宪法修正案第7条所宣布的并由美国制定法赋予的当事人要求陪审团审理的权利受到保护，不受侵犯。"其第2款进一步规定了当事人选择适用陪审团审判的具体途径和程序步骤。第3款规定当事人应确定交由陪审团审判的争点。第4款规定如果当事人没有按照规定提交要求陪审团审判的书面申请，则视为当事人放弃要求陪审团审判的权利。第5款规定：海事、海商案件不能适用陪审团审判。可见，在美国，陪审团的适用范围是明确的。

合意选择陪审团审判是当事人的权利。美国《联邦民事诉讼规则》第39条第3款规定："在所有无权要求陪审团审判的案件中，法院可以给予申请或依职权在咨询陪审团的参加下审理任何争点。除美国制定法规定对合众国的诉讼不能使用陪审团外，法院根据双方当事人的同意，可以命令由陪审团审判，该陪审团裁决的效力与依权利接受陪审团审判相同。"据此，当事人还可以突破法律的明文规定，在立法授权实施陪审团审判的案件以外，合意选用陪审团审判。

2. 判例的补充性。除立法明文规定外，判例还可以对陪审团审判的法定范围作出适当的扩充或缩小。比如在美国，在刑事诉讼中，曾通过判例规定，轻罪案件不适用陪审团审判。所称的轻罪案件，指的是判处6个月以下徒刑或500美元以下罚金，或者并处二者的罪行。[①]

再如在民事诉讼中，立法仅规定诉讼标的额在20美元以上的普通法诉讼的案件才能适用陪审团审判。但是否除普通法诉讼外，其他的任何案件均不适用陪审团审判？联邦最高法院在1974年通过判例作出指示，凡国会制定的法律规定了法律权利，并且规定了一般普通法院对损害行为的相应救济手段，那么，与此有关的诉讼案件可以实行陪审团审判。但陪审团制度虽然原则上适用于所有的民事案件和刑事案件，其适用范围在不断缩小乃是一个不争的事实。这是陪审团审判制度在目前所表现出来的趋势。

(二) 陪审团的人数规模

陪审团的人数规模在传统上一般为12人。但如前所述，民事案件中的陪审团已经缩小了这个传统规模，刑事案件也有所松动。这里且不作具体介绍。这里需要提出的问题是，为什么传统上英美的陪审团成员是由12人组成的？对此人数规模的起源，有多种说法。一种说法认为，这种人数规模源自于耶稣挑选的12个门徒，但此说不能解释为何耶稣仅挑选12个门徒而不是10个或15个？[②] 另一种说法看来比较可信。按照后一种说法，对一方当事人最有力的见解必须要达到相当的人数规模才能有效地形成，再加上，当时的英国人不喜欢十进位，而采用十二进位，陪审团人数的12人规模制由此而生。[③] 可见，陪审团审判要充分发挥其实效，除赋予其一定的独立职能外，一个极为重要的方面就是为它设定相当规模的人数标准。

---

① Dolumbia v. Clawans，1937.

② Stuckey，G. B.，*Evidence for the Law Enforcement Officer*，McGraw-Hill Book Company，p. 5，1974.

③ 参见张晓薇：《论参审制之采行——以参审制与陪审制的比较为取向》，"国防"管理学院法律研究所硕士学位论文，5页及以下。

(三) 陪审员的资格

陪审员都有一定的资格要求。就美国而论，在宪法规定的限度内，联邦法院和州法院对于陪审员都有一定的资格要求和限制。这种资格限制就其内容而言可划分为积极的资格限制和消极的资格限制两个部分。

1. 积极的资格限制部分

积极的资格限制包括：

(1) 国籍。几乎所有的州法院及联邦法院都要求陪审员必须是美国公民。

(2) 性别。在公元1898年以前，只有男性公民才有资格充当陪审员。目前已取消了性别上的限制，如果无正当理由，在遴选陪审员时，任何方当事人均不得以任何性别上的理由，申请任何人回避或拒绝任何人充当陪审员。

(3) 年龄。美国大多数州法院及联邦法院均要求陪审员最低年龄要达到18岁，还有一些州甚至对年龄有更高的要求。有些州禁止或免除65岁或70岁以上的人担任陪审员，但《美国律师协会陪审团标准》则建议对陪审员的年龄不应当有最高标准的限制。联邦法院系统没有关于陪审员最高年龄要求方面的限制。①

(4) 居所。在联邦法院系统担任陪审员，必须在该法院的辖区内居住1年以上。在州法院，大多数的州都要求陪审员为本州的居民，但一般不规定最低居住的年限。

(5) 教育。在联邦法院，任何人要担任陪审员，必须要有一定的文化，不能读、写、说英文的人，不能担任陪审员；同样，如果不能填写令人满意的陪审员资格表，也不能担任陪审员。

2. 消极的资格限制部分

消极的资格限制意指凡具备这些条件者，就不能担任陪审员或者可以免除担任陪审员的义务，具体包括：

(1) 职业方面的限制。有些职业与公益有关，从事这些职业的人不得随意脱离工作岗位。这些人可以免于担任陪审员，包括医生、护士、警察、消防人员等等。还有一些职业的从事者，也不宜担任陪审员，因为他们担任陪审员会对案件的处理产生不应有的偏见，比如：法官、律师、检察官等等。

(2) 犯罪者。美国联邦法律规定，曾触犯刑法，经联邦法院或州法院判处1年以上徒刑并且尚未恢复公权的人，不得担任陪审员。州法律通常也规定，凡曾犯有重罪或者特定的罪行者，也不得担任陪审员。因为这类人存有犯罪前科，担任陪审员会对裁判结果造成负面影响。

---

① 参见［美］约翰·格拉德沃尔、珍妮丝·格拉德沃尔：《刑事陪审团审判：一项比较法研究》，凌兵、赵宇红译，38页及以下，西安，西北大学出版社，1995。

(3) 身体状况。如果陪审员身体状况不甚良好，则将会影响案件的公平审判。因此美国法律对陪审员的身体状况以及精神状况也有所要求。这具体分两个方面：一方面是身体上患有疾病者，比如视觉、听觉、语言等方面有障碍的人，不得担任陪审员；另一方面是精神上患有疾病者，如精神病患者、弱智或心神衰弱的人，不得担任陪审员。

(四) 陪审员的遴选

陪审团的成员为陪审员，凡欲成为陪审员者，必须经过正当法律程序的遴选。这种遴选程序也为广义诉讼程序的组成部分。陪审员是从社区中纳税义务人的名单或注册的候选人的名单中选出的，有时甚至也可以从驾驶资格证照名单中遴选产生。各地做法不同。这种遴选候选陪审员的程序，称为“陪审员召集令”(Venire)。

在审判前，陪审员首先要经过控辩双方的诘问，包括直接询问和交叉询问，然后才能最终确定下来。这样一个过程，被称为“筛选”或“过滤”(Voir Dire)。

在这个阶段，诉讼中的双方当事人，可以依法要求某个特定候选陪审员回避，这被称为对陪审员的“排除”(challenge)。候选的陪审员如果不能通过这一关，就要退出对案件的参与，从而不能成为正式的陪审员。

这种要求回避的理由分为两种类型：一是无因回避，即不要说出任何理由的回避请求；二是有因回避，即要说出充分理由的回避请求。有因回避没有次数的限制，而无因回避则有次数的限制。经选出 6 至 12 人的正式陪审员后，还要另外选出 1 到 4 人为候补陪审员。候补陪审员是在审判过程中，陪审员由于身体状况或其他任何理由不能参与审判的全部过程，而填补空缺用的。

陪审员选任后，需要宣誓或发誓效忠陪审员的法定义务，然后正式履行陪审员的职责。陪审团的成员应当互相推选一名发言人，此发言人称为“陪审团团长”(foreman)。陪审团团长仅仅代表陪审团在法庭上宣布陪审团所作出的全部决定。

(五) 陪审员的权利

陪审员的权利包括的范围较广，这里主要指陪审员获得相应报酬及经济补偿的权利。在美国的多数地区，陪审员可以因为参加陪审团的服务而获得微薄的报酬，至于数额则不一致。通常为每日 10 美元到 25 美元。除此之外，陪审员还可以报销其他实际开销。比如，停车费、公共交通费以及膳食费等等。有些州通过立法禁止雇主因为雇员参加陪审团服务而对雇员进行惩罚，并不得因此而减少其工资。①

---

① 参见［美］约翰·格拉德沃尔、珍妮丝·格拉德沃尔：《刑事陪审团审判：一项比较法研究》，凌兵、赵宇红译，38 页及以下，西安，西北大学出版社，1995。

(六) 对陪审员的指示

陪审员缺乏法律知识，陪审员是外行法官，他们具有临时性的特点。因此，他们参与审判普遍欠缺法律知识。他们的职能虽然是认定事实，但是认定事实离不开法律的指导。这种法律指导的任务就落在了法官的身上。法官对陪审员进行法律指导，是陪审员完成其任务的不可或缺的环节。如果在法律指导上出了问题，那是法官的问题；如果在接受法律指导上出了问题，乃是陪审员的问题。问题不同，所发生的法律后果也不同。因此，法官对陪审员要积极地实施法律指导，陪审员对于这种法律指导，要认真地聆听和遵循。

法官对于陪审员的指导从原则上说是贯穿于诉讼审判的全过程的。陪审员需要接受法律指导的关键时期，是它听完了全部庭审过程，在退庭步入陪审团评议室之前。在这个时期，法官对陪审员进行法律指导，在陪审员进入评议阶段时，法官已经失去了与陪审员见面的机会，因而也就无法进行指导了。在陪审团评议之时，任何人，包括法官在内，都不得介入和参与，更不能实施所谓的法律指导了。至于法官指导的内容，总体上说就是法律问题的解释，而不包括事实认定如何进行方面的指导，后者是陪审团的专属领域，法官也不得干预。指导的内容具体分为基本知识的指导、实体法上的指导、证据方面的指导以及追加的指导等等。

(七) 陪审团的裁决

1. 陪审团的裁决受到宪法保障

陪审团最主要的任务是依法作出裁决，对案件的最终结果作出决定。作出裁决也是陪审团的主要职责所在，陪审团作出裁决需要有充分的程序保障。陪审团的裁决结果，除非常离奇可以责令重新审理外，一般情况下是一锤定音的，这种裁决的结果是受到宪法保障的，不仅一审法院的法官不能更改或否定，即便是二审法院或上诉审法院，也不得改变。因此，可以说陪审团的裁决是神圣的。陪审团的团长对裁决结果的宣布，是法庭上最为扣人心弦的一刻。

2. 陪审团的裁决在刑事诉讼和民事诉讼中有不同的表现

在刑事诉讼中，陪审团仅仅宣布被告人是有罪还是无罪，若无罪，法庭则宣布当庭释放；若有罪，则由法官具体量刑，陪审团并不负责量刑。量刑之轻重，完全是法官的权力，陪审团不得干预。这是表现在刑事诉讼中的陪审团和法官之间的职能分工。在民事诉讼中，情况有所不同。民事诉讼中的陪审团通常使用一般裁决的方式宣布案件的最终结果，这其中既包括了定性的方面，也包括了定量的方面。比如说，陪审团裁决认定，被告人应赔偿原告人 100 万美元。这种认定实际上是事实认定和法律适用的综合体，而不单纯是事实认定。由此可见，在民事诉讼中，陪审团拥有较之刑事诉讼中更多的权力。

陪审团裁决通常实行一致表决制，也就是说，如果有一个陪审员投票否决，则多数陪审员的意见依然不能产生最终效力。在这种情况下，法官即宣布本次审判为“失审”（mistrial）。对于失审，法官有两种选择：一是命令陪审团再次评议和表决，看看是否能够取得一致意见；二是直接宣布解散陪审团，另组新的陪审团重新审理。

在陪审团团长宣布有效的结果后，双方当事人的律师以及法官可以逐一询问陪审员，确认该裁决结果是否为他们真心实意所同意的结果。这个程序被称为“民意测试”（poll）。经确认后，陪审团的任务就宣告完全结束。

六、参审制度

所谓参审制，是指作为法律外行人的参审员与职业法官一起组成合议庭，共同就法律问题和事实问题行使审判权的制度。参审制是在陪审制的基础上发展演变而来的。它也是公众参与司法的一种形式，所不同的，仅仅是它与陪审团在行使职能方面存在差异。

参审员是荣誉法官。在参审制中，参审员不能充当审判长，但参审员在其他方面与职业法官是一样的，因此按照参审制作出的裁判，比较能够获得人民的信赖，同时也更容易将民众的意见反映到司法裁判中去。由于一般公众被召唤充当临时审判者，是为了更好地实现司法正义，因而在现代国家，重当参审员通常被视为一种颇为珍贵的“荣誉”，所以参审员又被称为“荣誉法官”①。

（一）参审制的沿革

1. 日耳曼时代

在日耳曼时代，部族团体的日耳曼人集会，即为法院。诉讼是由部族之长作为审判长所进行的审判。但审判长自己并无自行审判的权限，而必须由集会首先作出判决。在团体中，如果有部分成员提出应当如何判决的方案，这种方案获得了集会认可，审判长则将它作为判决予以宣告。这样的结果是，询问法律的法官与发现判决的裁判者之间相互分离。这就是早期日耳曼人的审判组织。可见，在这种审判组织的分化中，已经包含了陪审制发展的萌芽或雏形。

及至法兰克时代，因为王权逐步确立，因而除原先的民众法院外，又逐步建立起来皇家法院。皇家法院作出裁判，无须取得集会的同意或认可，该集会也逐步由常任性的集会

---

① 蔡志方：《论我国采行参审制度之必要性与可行性》，载《律师通讯》，1993（2），10页。

取代，王权得到扩张。到了卡尔大帝时期，审判制度实行了改革，结果是，全民性的集会每年仅仅召开3次，而从其他形式的集会中选出7名富有者作为裁判者，行使审判权。这种裁判者最早称为“Scabini”，后来的参审员一词“Schoffe”，即渊源于此。这说明参审员就是集会中的代表人。

2. 封建时代

在封建时代的初期，各种法院仍然维持前述做法。但是到了15世纪，由于继受罗马法和加农法的历史逐步完成，审判官和裁判者的分野逐步被取消，参审员的地位就为具有法律专家身份的审判官所取代，也就是说，职业法官垄断了审判权。

3. 法国大革命以后

法国大革命后，由于受到自由民主思想的激荡和影响，法国的诉讼制度发生了相当大的改革，尤其在拿破仑占领德国后，从1798年就开始实行具有法国特色的陪审团制度。此一制度后来被德国各邦纷纷效仿。但是，在德国，由于法国式的陪审制度仅限于对重罪案件的审判，对于一般的轻微刑事案件，人民仍然无权参与实际的审判，由此产生了建构参审制的想法。

1850年，德国首先在汉诺威实施参审制，其后此一制度便普及普鲁士以及其他各邦。根据当时的法律，参审制仅仅适用于轻微的3个月徒刑以下的自由刑案件。其后虽然有所有的第一审刑事案件均采用参审制的构想，但1877年制定的《法院组织法》规定，参审法院设在区法院，其管辖权仅仅限定于违警罪以及轻罪。于是，一审刑事案件均采用参审制审判的想法并没有实现。这样的话，在德国出现了两种陪审情形：重罪由陪审团制审判，轻罪由参审制审判。对介于轻罪与重罪之间的罪行或刑事案件，则人民仍无参与的权利。

4. 第一次世界大战后

第一次世界大战后，德国帝国制度分崩离析，魏玛共和国由此成立。1924年1月4日，德国实行了有关法院组织法等的改革命令，这个命令一般被称为“严明格政令”① (Emminger Verordung)。根据该项命令，陪审团制度首先遭到了废除，但是陪审员的名称仍然保留，与此同时，对参审制进行了大的改变，规定陪审法院由6名陪审员与3位职业法官共同组成，他们形成一个统一的合议庭，共同行使罪责的认定权和量刑权。此时，原来的陪审法院实际上已经演变成了“大参审法院”。到了这个时候，原来德国效仿法国所实行的陪审团制度，或者说是法国式的陪审团制度，业已消失了。

根据此时德国法的规定，第一审刑事案件的管辖权均移归了区法院，其中较重的刑事案件由1位职业法官和2名参审员组成参审法院管辖，在特殊情形下，根据检察官的请求，也可以扩大参审法院的规模。不仅如此，原来纯粹为第二审的地方法院刑事审判庭，也开始在合议庭中配置2名参审员，组成了“大刑事庭”。到了1932年，前述政令又进行了修改，规定只有严重的刑事案件才能由参审法院审判。不久，纳粹取得政权，于1933年创设

① 林永谋：《德国参审制度》(上、中、下)，载《司法周刊》，1987，336～338页。

了特别法院，该法院在一般刑事案件的管辖权上，完全取代了参审法院和大刑事庭；到第二次世界大战爆发，司法制度日趋简易化和强权化；1939 年 9 月 1 日，正式宣布废除参审制。

5. 第二次世界大战结束后

第二次世界大战结束后，德国开始推行民主制度，并于 1947 年恢复实行参审制。1975 年 5 月 9 日，德国公布修改后的《法院组织法》，删除了原来为陪审团制度而专门规定的一些条款，但是有关陪审团制度的内容，在其他法律、法规中依然可以看到。根据这些规定，陪审团制度在名义上还是存在的，只是，此时的陪审团制度已经名存实亡了，因为它们已经将原来的由 3 位职业法官和 6 名陪审员构成陪审法院的规定，改为了由 3 位职业法官和 2 名参审员组成的审判组织，而这种审判组织与大法庭已经完全一样了。

(二) 参审制的类型

参审制从其产生后，便根据实践的需要多次加以改造，从而形成了多种形式的参审制。这些多种形式的参审制度，可以从不同的视角加以划分，从而形成不同的参审制类型。

首先，从参审员的背景，可以将它们划分为平民参审制、团体代表参审制以及专家参审制。①

所谓平民参审制，就是指由一般的大众平民作为参审员参加实际审判活动的陪审制。显然，这种陪审制与陪审团制度的陪审员产生的途径或渠道基本一致，前者实际上是后者的一个变种。这种参审制在德国一般在刑事案件中以及行政法院审判的案件中采用。

所谓团体代表参审制，指的是由特定的团体代表参加审判活动的参审制。这种参审制适用于劳动法院（也称劳工法院）以及社会法院。比如说，在劳动法院，参审员是从相关的工会以及雇主中选任产生的；在社会法院，参审员则是从被保险人以及雇主中选任产生的。

如果是根据专业知识和技能而选任的参审员，这种参审员则被称为专家参审员或专业参审员，由专家参审员所构成的审判组织实施的审判，即为参审制审判，这种参审制具体被称为专家参审制。专家参审制较为广泛地实行于普通法院的商事案件中。这些商业性的案件通常涉及较为复杂的专业知识，比如说专利权纠纷案件、商标权纠纷案件、商业秘密纠纷案件、不正当竞争纠纷案件等等。在这些案件中，职业法官通常不具备审理它们的专业知识，因而在认定案件事实方面甚至在法律解释方面经常会遇到客观上的障碍。在这些专业性较强的案件中，使用专家参加审判，是一种较佳选择。专家参审制就是适应这种审判的实际需要而产生的。

其次，从参审员所具有的权限来划分，可以将参审制划分为完全参审制和有限参审制。

① 参见苏永钦：《从宪法及司法角度看参审及其试行》，载《宪政时代》，第 20 卷第 3 期，27 页及以下。

所谓完全参审制，指的是在这种参审制中，参审员具有与职业法官完全等同的审判权限。还是以德国的参审制为例，在各种参审制中，商事案件所实行的参审制被认为是完全的参审制，因为，在商事案件的审判中，参审员与职业法官具有完全相同的权利和义务。这在德国《法院组织法》第112条中有所规定。根据该条的规定，构成商事法庭的名誉法官，也就是参审员与职业法官具有完全相同的权利与义务。这种权利与义务，是贯穿于诉讼过程的始终的，包括诉讼程序的准备阶段和审判阶段，以及作出最终裁判的阶段。

但同样也是在德国，其他法院的一些参审制中，参审员的权限与职业法官的审判权限相比较，就受到了更多的限制。比如说，在行政法院、财务法院、劳动法院以及社会法院中，作为参审员的荣誉法官除参加开庭审判外，其他的一些权限只能由职业法官享有，参审员并不具备。比如说，对事先的阅卷权、证据的调查权、法庭上的事实调查权等等都要受到不同程度上的限制，参审员行使职权，还要受到职业法官的常规性的监督和制约。甚至在行政法院中，参审员还不得在判决书上签名。①

尤为值得注意的是，在商事法院以外的参审制中，对于不履行义务的参审员，比如说无正当理由不出庭或迟延出庭，作为审判长或合议庭庭长的职业法官甚至还享有对他们的制裁权，如罚款等。在这种情势下，我们很难得出结论认为，在这些参审制中，参审员与职业法官的权限是相等的，因而只能称之为有限的参审制。

事实上，如果我们更加严格地解析，所有的参审制都属于有限的参审制范畴。因为参审员无论其权限如何，都不可能超出职业法官，职业法官的权限也无论如何都不可能小于作为外行法官的参审员。立法上对他们地位平等的直接宣扬就是作出上述结论的有效依据。这是其一。

其二，更为重要的是，即便不论职业法官和参审员在法律层面所存在的实际差异，同样可以撇开他们在事实认定层面所存在着的可能差异，仅在程序层面而论，参审员与职业法官的权限无论如何也不是可以平等的。因为行使对诉讼的指挥权的只能是职业法官，担任审判长或法庭庭长的也只能是职业法官。任何一个参审员，无论他在法律上以及诉讼程序上如何具有娴熟的技能或如何精通，也都必然依赖于职业法官对它们的解释和运用，参审员不可能在这些纯法律的领域与职业法官平起平坐，或者实施有效的制约。这是他们的诉讼地位处在实际不平等的明证。尤其是，只要实行参审制，参审员必然要受到职业法官的各种制约，包括法律知识上的制约和诉讼心理上的制约。

但是，从客观上解析参审员与职业法官的实际不平等性，并不意味着立法上对他们所作的差异性规定就毫无意义。不同的诉讼案件中，参审员和职业法官的关系应当有所不同，同样也不意味着立法上对他们形式地位的平等性所作出的公开宣称就毫无意义，因为毕竟立法上的平等性是实际平等性的基础。参审员充分地发挥作用，以至于达到有效制约职业法官的程度，以及对诉讼案件的解决产生实质性的影响，其最终所依赖的，只能是立法上

① 参见苏永钦：《从宪法及司法角度看参审及其试行》，载《宪政时代》，第20卷第3期，27页及以下。

对参审员地位的平等昭示。

(三) 参审员的权利、义务

前面的论述已多少涉及了参审员的权利与义务，这里再作集中性的概括和补充。

在德国之类的大陆法国家，参审员通常被解释为并非属于宪法上的法官。但是，也同样是一个普遍现象，参审员原则上或至少在法律的抽象宣示上，被认为与职业法官的地位相同。我国《民事诉讼法》第40条第3款规定："陪审员在执行陪审职务时，与审判员有同等的权利义务。"这样的规定是极其典型的关于陪审员或参审员诉讼地位的规定。在大陆法国家这种规定也是普遍的。尤其在庭审阶段，参审员的平等地位能够更为充分和更为直观地表现出来。以下对参审员的权限作一介绍。

1. 庭审的权限

根据德国《法院组织法》第56条的规定，参审员负有准时出庭的义务。如果参审员没有充分的理由而未准时出庭，或者参审员以其他的方式逃避充当参审员的义务，法官则有权对参审员实施程序制裁。这种规定是否有违法官平等原则，很值得探讨。德国的学术界对此颇有非议。

2. 调查审理时的权限

在诉讼程序进行的过程中，参审员能够询问被告、证人、鉴定人。但是在参审员做这种询问时，如有不当或者询问的问题与案件的处理无关，作为审判长的法官可以制止。除此以外，对于一些程序事项的处置，参审员也享有与职业法官相同的决定权。比如说，如果被告无正当理由不到庭，从而需要实施拘传或者羁押，参审员都可以与职业法官一起作出决定；再如，对于证人是否享有证言拒绝权，参审员也有同样的权力。

3. 判决时的权限

参审员与职业法官一起参加对案件最终裁判的评议、决定和制作。根据德国《法院组织法》第197条的规定，参审员与职业法官一同为案件的评决时，行使与职业法官相同的评决权，并按照年龄的大小，依由小至大的次序，先于职业法官作出评决。其评决权不仅限于事实、罪责问题，同时还及于量刑、保安处分、缓刑等问题。评议和决定根据事项的不同，按照多数原则或半数原则进行，对罪责的决定以及犯罪的法律效果任何不利于被告的裁判，都必须达到2/3的多数票，方能通过。其余则过半数即可。

4. 获得经济补偿的权利

参审员属于荣誉法官，因而原则上不应领取工资或报酬。但是，客观上，参审员参与审判会花费时间和费用，为了确保其不因经济上的损失而影响参审权的行使，德国在1913年颁行了《荣誉法官补偿法》，根据此法，参审员可以请求对差旅费、实际开支的费用以及时间耗费的费用给予实际补偿。

(四)平民参审制的利弊分析

首先看平民参审制的优势。

1. 在事实判断上,参审制比单纯的法官审判制更加准确。因为参审员来自民间的各行各业,较职业法官而言,更加接近所谓“平均的理性人”或“中等理性人”。不仅如此,由于参审员是外行法官,通常没有职业法官那种在不知不觉中形成的职业偏见,同时也可以避免年轻法官容易导致的那种违背经验法则的错误。因而,虽然不属于必然的情形,但一般而言,参审员参加审判,更容易在事实认定上达成正确的结论。

2. 减轻职业法官的审判压力。参审员参加审判,可以减少法官人数上的需求,同时也可以减轻法官审判案件的量的负担。尤其是,由于有参审员参加审判,职业法官那种在审判时通常所具有的唯恐背离常情的心理负担会减轻许多。此外,由于参审员参加审判,也缓和了增加审级求得程序公正的立法设计上的负担。

3. 提升人民对司法公正的信赖。平民参审员参加审判,无论是在事实认定还是在法律适用上,在客观上有助于确保司法的独立性,职业法官可以借助参审员的参与,抵御行政权以及社会不当因素的介入。同时,参审员参加审判,可以将普通百姓的法律意识反映到司法裁判中,从而可以强化人民对于司法的信赖感。

4. 体现国民主权原理。国民主权原理是现代司法应当贯彻的基本原则,它有多方面的体现,其中之一便是吸收民众参加审判。民众直接参与审判是体现国民主权原理的一个重要形式。在这个方面,参审制与陪审团制是一脉相承的,它们都是普通民众参加实际司法的重要途径。尤其是,相较于陪审团制而言,参审制下的参审员在职能上不仅认定事实,而且适用法律,因而似乎更能体现国民主权原理。同时,也能够有效地进行法制理念的传播和教育。

5. 强化人民对司法的理解。司法由于其专业性较强,因而很容易与普通百姓形成隔阂,普通百姓也因此很难接近和理解司法,然而,通过参审制,人民对司法的理解有了正常的渠道。参审员在参与司法后,也会很快将这种参与司法的经验和体会加以扩散,从而使更多的人了解司法。使人民了解司法,是使人民信赖司法的前提条件。如果司法过于神秘,并与人民格格不入,则欲获得人民的信赖是难乎其难的。

6. 有利于强化判决的说理性。判决的说理性是确保司法公正的关键环节之一,正是裁判文书的说理性内容,才使人们以及上级法院获得了对它的监督和复核的可能性。参审员参加审判,与职业法官一起进行评议,在评议过程中,必然会发生与职业法官相左的意见或观点,这些意见或观点即便没有被吸纳成为裁判文书的实质内容,但也有助于职业法官更充分地说理,从而强化了裁判文书的说理性,并由此增强了司法裁判的说服力。

7. 有助于程序的通俗化发展。参审员毕竟是外行法官,他们对于充满技术性的诉讼程序不甚了解。对诉讼程序不甚了解,便很难有效地参与诉讼过程,发挥具有实质影响力的作用。因此，为了克服参审员对诉讼程序知之不多的局限，职业法官需要经常地对参审员进行诉讼程序方面的解释和引导，这样便使参审员对诉讼程序有了更为充分的理解和把握，从而使参审员能够更为有效地参与实际的司法审判。与此同时，职业法官也在此过程中，获得了对诉讼程序妥当性和合理性反思的机会或契机，诉讼程序在本案中的体现因此而更加具有针对性和正当性。

以上是平民参审制的优势。再看平民参审制的缺点。

1. 积极性不高。参审员是因为被临时选任而充当暂时的裁判者的，因而其参与审判的积极性并不是很高。尽管参审员在政治上具有重要的意义，但参审员毕竟是临时性的，而且审判结果的正确与否和他并不直接相关，因而参审员参与审判的意愿实际上不是很强，有时其参与审判甚至是勉为其难的。因此之故，参审员参与审判通常只是应付一下而已，而并不认真对待。在这样的诉讼参与心态下，参审员在行使职权时，一般容易受职业法官的支配和左右，这样便必然致使参审制流于形式，不能发挥实际的有效的作用。

2. 审判能力不足。参审员参与审判，不仅要行使认定事实权，同时还要行使法律适用权。而参审员作为非法律人士，显然缺乏足够的法律知识和法律训练，因而在法律适用权的行使上，显然处在弱势，难以切实发挥作用。事实上，就法律适用的问题而言，参审员欲真正不受职业法官的影响是困难的。换而言之，参审员的法律适用权，基本上是形同虚设的。此其一。其二，就事实认定权而言，参审员也同样缺乏足够的参审能力。虽然事实认定不需要像法律适用那样的法律知识，但事实认定也离不开法律规则的指导，尤其是证据规则的指导。而较之职业法官，参审员对这些证据规则的掌握显然稍逊一筹。平民参审员还有一个特点，就是他们参与审判并不是因为他们在哪一个生活领域中具有特长或优势，而仅仅是因为他们是社会一分子，这种社会一分子的社会地位，成为他们当选参审员的唯一依据。因此，他们在事实认定上，也不具有优势。就生活经验而言，他们与职业法官相比，至多是等量的，而并不具有必然胜出一筹的理由。因此，事实认定无优势，法律适用有劣势，从而可得出结论认为，参审员的审判能力并不强。

3. 司法成本有所提高。参审员从被选任到最终实际从事审判，需要经过一个过程，在这个过程中，尤其要对他们进行法律知识方面的灌输和培训。这肯定是要付出成本的。另外，在诉讼过程中，参审员还要不断地接受职业法官的指导、解释和训练，这样势必延长了审判过程，并由此增加了诉讼成本。诉讼成本的增加，不仅意味着本案的经济负担、时间负担以及其他物质耗费负担增加了，同时还意味着法院积案随之而增多了。因此，参审制对于个体诉讼效率以及整体诉讼效率的提高，都是不利的。

4. 参审员的代表性是值得怀疑的。参审员虽然也来自普通百姓，但是与陪审团制度有别的是，参审员并不是宽泛的、所有具备一定资格的普通百姓，比如说具有选举权和被选举权的、年龄达到一定标准的公民。相反，参审员是由一定的机构，比如说行政机构或者司法机构本身，按照一定的标准而加以个别的选任的。因此，要充当参审员，不仅要具备一定的条件，同时更为重要的还要经过特定的遴选程序，而这个程序是具有价值倾向性的。按照这种具有倾向性的标准而选任出的参审员，能否具有“民众的代表性”，是颇值怀疑的。从大陆法国家的经验看，参审员的选任，受到政治观点的影响较大，只有具备特定资格的人才能入选参审员的候选人名单。因此，有许多阶层或类别的人，是不可能有代表性人士被选任为参审员的。比如家庭主妇、不具有工会或代表性的劳动人士，等等。由于参审员的代表性受到了局限，因而参审制能否真正有助于体现国民主权原理还是有疑问的。

5. 参审员的独立性和公正性容易受到冲击。参审员没有经过如同职业法官般的职业伦理的训练，同时在管理上也没有职业法官那样的各种保障制度，比如身份保障制度、职务保障制度等等，因此在诉讼过程中容易受到来自各方面的影响，包括来自当事人的、社会的以及新闻媒体方面的影响，这些影响无疑会对其独立性和公正性产生冲击。

6. 公民接受职业法官审判的权利受到剥夺或损害。在刑事诉讼中，被告人缺乏对参审制的选择权，因此，如果被告人不愿意接受参审制而司法者将之强加于被告人的头上，则对被告人的诉讼权利而言，存在被剥夺接受职业法官审判的宪法性权利之嫌。

（五）专家参审制

专家参审制是参审制的一种，意指针对专门领域的案件，由该领域的专家充当参审员的参审制。此种参审制的工具性价值位居第一，而政治性价值则退居第二，甚至可以说，专家参审制的基本立足点在于补救职业法官认定案件事实方面的专门知识的不足，从而确保对案件事实的准确认定。

专家参审制与鉴定人制度既有联系，也有区别。其联系在于，鉴定人和参审专家都是具有专门知识的人，他们参与审判都是为了补救或弥补职业法官在专业知识上的匮乏，同时，在客观上也确实都能够在一定程度上发挥精确认定事实的功能。但是，二者之间毕竟存在着诸多的差异：

1. 二者的诉讼地位不同。鉴定人向法院提供证据，参审员则行使裁判权。鉴定人是证据材料提供者，参审员则是裁判结果提供者。

2. 二者行为的效力不同。鉴定人提供专家意见，对法院不具有拘束力，而仅是可以考虑的证据材料；参审员提供的裁判意见，具有独立的表决意义，通常可以直接转化为裁判的结果。即便参审员的裁判意见未能成为多数，因而不实际地表现于裁判结果之中，但这种意见必须记录在卷宗材料中，供以后复核之用。

3. 二者发生错误的后果不同。如果鉴定人的鉴定意见发生错误，法院可以不予采纳。法院采纳了错误的专家意见作出了错误的裁判，其责任在法院，而不在鉴定人。当然，如果鉴定人故意提供错误的专家意见，则应承担相应的法律责任。参审员的表决意见如果发生错误，且这种错误业已体现于生效裁判之中，则其应当承担相应的错案责任。

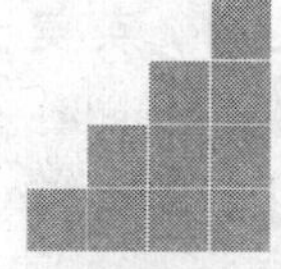

第四章

管辖制度研究

民事诉讼始于管辖。任何民事纠纷形成诉讼系属之前，首当其冲需要解决管辖问题。因此，在各国民事诉讼诸制度中，管辖问题至关重要。但是，在两大法系的法律语境中，管辖权的含义不尽相同。大陆法系国家的民事诉讼管辖权（competence），是在法院具有审判权的前提下，法院之间对所管辖事项进行分工，从而确定不同法院之间受理和审理案件的范围。而美国民事诉讼中的管辖权（jurisdiction），则近似于国际私法上的涉外民事案件的管辖权概念。[①] 这一管辖权概念与大陆法系的审判权更为接近。根据美国关于联邦法院与州法院的双重体制设置，管辖权就是用来确定联邦法院和州法院有无受理并审理某一案件的审判权。相比较而言，大陆法系国家的管辖权问题只是诉讼的要件，即使某一法院没有管辖权，也并不影响诉讼的成立。无管辖权并非无审判权，无管辖权的法院作出的判决并不能当然被推翻。[②] 而美国的管辖权问题直接关涉诉讼能否成立，而且管辖权与送达、请求适格、假扣押等直接有关。如果法院审理了不具有管辖权的案件，那么法院的判决无效，当事人有权以违反宪法修正案第 14 条“正当法律程序”为理由向最高法院上诉。对当事人而言，其涉及的绝不仅仅是在哪里的法院进行诉讼的问题，更重要的是涉及不同的程序法、实体法的适用，进而在相当程度上影响着诉讼的实体结果。[③]

两大法系国家的管辖权一般包括事物管辖权和地域管辖权。事物管辖权是法律授予一个法院受理某种争讼的权力，力图解决某一类型的诉讼应由哪一个法院管辖的问题[④]；地域

---

① 参见白绿铉：《美国民事诉讼法》，9 页，北京，经济日报出版社，1998。

② 参见姜启波、孙邦清：《诉讼管辖》，85 页，北京，人民法院出版社，2005。

③ 参见蔡彦敏、洪浩：《正当程序法律分析》，20 页，北京，中国政法大学出版社，2000。

④ 参见常怡主编：《比较民事诉讼法》，251 页，北京，中国政法大学出版社，2002。

管辖权则用来确定某一案件应由同类法院中的哪一个法院来审理的问题。除此之外，英美法系国家的管辖权还有对人管辖权（in personam jurisdiction）、对物管辖权（in rem jurisdiction）以及准对物管辖权（quasi in rem jurisdiction）的区别，因此更显复杂。其中，对人管辖权中集中体现了地域的因素。①

一、事物管辖

（一）英美法系

1. 美国

在美国，各州都有独立的立法权，其中划定了每一种州法院的事物管辖权界限。划分所使用的标准为案件的性质和标的金额。根据美国联邦宪法第三章第2条的规定，联邦法院的管辖权限于该条列举的诉讼标的范围内，其他争讼都留给州法院审理。关于联邦法院和州法院之间在案件管辖权上的分工问题，美国联邦宪法规定，联邦法院只对“联邦问题”和“基于不同州的公民之间的纠纷”具有限定的事物管辖权，而拥有一般管辖权的州法院原则上可以受理一切案件。进一步来说，联邦法院的管辖权又可划分为原始管辖权与上诉管辖权。行使前类管辖权的法院称为第一审法院、事实审法院，后类法院称为复查法院。②下面分述联邦法院的管辖权依据：

（1）联邦问题管辖权（federal question jurisdiction）

根据美国宪法的规定，只要案件是联邦法项下产生的，联邦法院就有管辖权。也就是说，原告的请求必须以联邦法为依据，联邦法律包括联邦宪法、联邦判例法、联邦议会的制定法以及美国缔结的国际公约。除属于联邦法院专属管辖权的案件外，州法院对各种案件享有管辖权，当事人可以选择起诉。③ 按照美国联邦法律的规定，属于联邦法院专属管辖权的案件有：与专利、著作权、商标、不正当竞争、通商规则以及反垄断法有关的案件；破产、海事以及对外国领事、副领事等的案件；证券法、证券交易法、公益事业公司法、公正劳动标准法以及联邦雇主责任法等案件。④

（2）基于公民具有不同州籍的管辖权（diversity of citizenship jurisdiction）

---

① 参见［美］Robert C. Cased：《论美国民事诉讼中的管辖权》，刘新英译，载《法学评论》，1999（4）。

② 参见沈达明编著：《比较民事诉讼法初论》，67页，北京，中国法制出版社，2002。

③ 州法院对遗嘱、离婚案件也有专属管辖权，只是这种专属管辖权并非法律规定的，而是以历史为依据。

④ 参见白绿铉：《美国民事诉讼法》，11页，北京，经济日报出版社，1998。

基于公民具有不同州籍的管辖权，必须同时满足两个要件：一是当事人具有完全不同的州籍；二是诉讼标的金额必须超过7.5万美元。按照1932年法律，在下列情形下联邦法院有此项管辖权：一个州的公民与另一个州的公民和外国公民、外国政府之间的诉讼，但两个外国人之间的诉讼或一方虽为美国公民但无州籍的人的诉讼不包括在内。①在管辖权上起作用的州籍以起诉时的情况来确定，当事人可以在起诉之前不久改变住所，以获得期待中的管辖状态。公司兼有注册州与主营业所所在州的双重州籍，这无疑缩小了此项管辖权适用范围。授予联邦法院对具有不同州籍当事人的纠纷有管辖权，是为了避免产生州法院发生偏倚和裁判不公。

为了减少联邦法院以及当事人的负担，1997年国会规定的标准要求数额要超过7.5万美元。如果达不到这个数目，那么就必须到州法院起诉。②按照判例，在多数当事人的诉讼中，必须两个原告或两个被告对诉讼标的有共同的利益（例如合伙人对合伙财产有共同的利益），才能把各项请求合起来计算诉讼标的金额。③

（3）移送管辖权、附带管辖权及关联管辖权（removal，ancillary and pending jurisdiction）

这三种管辖权都与事物管辖有着密切的联系，下面分述之。

在联邦法院和州法院都有管辖权的情况下，原告可以选择在联邦法院起诉或在州法院起诉。如果原告选择州法院，被告只要认为由联邦法院处理更为适合的，就有权从诉状和传唤状送达之日起30日内向法院申请将该案件向管辖该州的联邦地区法院移送。此种移送管辖权限于两类纠纷：属于联邦问题和基于公民具有不同州籍的纠纷。对于后类纠纷，只有被告不属于诉讼系属法院州的公民才有申请移送的权利。移送的案件与其他不能移送的请求合并时，可以把全部案件移送至联邦法院审理。但特定情形下，被告无权申请移送。联邦议会法律同时规定，基于联邦雇主责任法以及州的劳动灾害保险法律的诉讼，被告不能申请移送。

附带管辖权与关联管辖权非常类似，都来自判例法。从法理上看，这两项管辖权是为了防止有关联的纠纷由联邦法院和州法院分开审理，本质上是联邦法院行使管辖权范围的扩大问题。具体说，只要诉讼中有一项请求联邦法院有事物管辖权，对于其他本没有管辖权的请求和参加（包括强制反诉、共同被告人之间的交叉请求、第三人参加诉讼）就取得了附带管辖权，这种管辖权始于诉讼开始时，并且独立于对原告请求的审判结果。关联管辖权是从原告的角度来适用的附带管辖权，即已提出联邦管辖权项下的请求的原告，又提出州法院项下的请求，这两个请求须是根据同一的主要事实而发生的，如果联邦法上的争点是实质性的，那么联邦地区法院有对原告的全部请求进行审判的权限。联邦法院对于本

---

① 把对涉及不同州当事人的案件管辖权授予联邦法院，正如美国学者解释的那样，“是为了向不同州当事人提供一个不偏不倚的管辖法院”，从而避免“可能发生的地方偏袒”。有学者据此提出引进司法联邦主义的理念，对于当事人分属不同地区的案件适当提高审级，以对抗我国严重存在的地方保护主义倾向。

② 参见宋冰：《读本：美国与德国的司法制度及司法程序》，104页，北京，中国政法大学出版社，1999。

③ 参见沈达明编著：《比较民事诉讼法初论》，69页，北京，中国法制出版社，2002。

来属于州法院管辖的请求是否接受附带管辖和关联管辖，取决于法官的自由裁量权。

2. 英国

在现代英国法律制度中，存在着大量审级不同、管辖权各异的法院，其中民商事案件的一审管辖法院为高等法院和郡法院。事物管辖制度就是用来解决上下级法院及高等法院、郡法院受理一审民商事案件的权限分工。如果高等法院和郡法院对诉讼均有管辖权，当事人可以选择诉讼，但法律和英国《民事诉讼规则》的诉讼指引另有规定者除外。

高等法院的民事管辖权几乎不受限制，其下设 3 个分庭：后座法庭、大法官法庭、家事法院。只有诉讼请求金额超过15 000英镑的金钱诉求，才能向高等法院提起诉讼（而不论是损害赔偿金额，还是要求给付特定款项金额）；请求金额等于或超过50 000英镑的人身损害赔偿诉讼；对诽谤的损害赔偿或其他救济提起的诉讼，以及对任何通行税、交易费、市场和免赔额主张权利的争议提起的诉讼等。郡法院的管辖权完全由成文法规定，其管辖的案件包括 1997 年 7 月 1 日起的一切合同、侵权（诽谤除外）、收回土地案件，不论金额大小；有争议遗嘱事项；无抗辩及一些有抗辩的婚姻案件；诉讼请求金额不超过30 000英镑的衡平案件等。①

提起诉讼的法院不当，可能影响到诉讼费用的承担。明智的原告一般总愿意在郡法院提起诉讼。这样，他除了可得案件审理相对较快之便外，同时还可取其律师费用相对较低之利。对于一个应受郡法院管辖却在高等法院提起的案件来说，胜诉的原告只能得到与该案在郡法院审理能得到的同等偿付。②

（二）大陆法系

1. 法国

法国有民事一审权限的法院分通常法院与特别法院。前者是法律没有明示地把管辖权授予另一个法院时有权受理所有第一审民事案件的法院，即大审法院；后者即法律明示地给予某类案件管辖权的法院，包括小审法院、商事法院等。关于它们的管辖权限范围分述如下：

（1）大审法院。由于是通常法院，大审法院的管辖范围很广，除了由特别法院管辖的案件和诉讼标的金额很低的案件，它都有权管辖。大审法院专属管辖以下案件：亲属法诉讼、财产法诉讼（主要涉及不动产和知识产权）、侵权行为、对公证人的诉讼、执行裁判与其他执行名义发生的争讼、非商事法人的财产清理、间接税争执等。上述案件的诉讼标的金额不足3 500法郎的，大审法院的判决同时是第一审判决和终审判决。③

① 参见欧福永：《英国民商事管辖权制度研究》，27 页，北京，法律出版社，2005。

② 参见［英］大卫·巴纳德：《英国民事诉讼法》，袁岳、陈伟雄等译，3 页，重庆，西南政法学院出版社，1987。

③ 参见沈达明编著：《比较民事诉讼法初论》，118 页，北京，中国法制出版社，2002。

(2) 小审法院。小审法院受理诉讼标的金额在1万法郎以下的动产诉讼，而不问其性质属债权抑或物权，来源是合同、侵权行为还是法律。金额在3 500法郎以下的为终审判决，对于金额为1万法郎以下的判决可以上诉。数额在1万法郎以上的动产诉讼，则归由大审法院管辖。小审法院对于某请求是否具备管辖条件无从确定时，宣告无管辖权。由于小审法院的前身是治安法官法院，它承继了重和解的传统，因此，重和解就成了小审法院审理一般民事案件诉讼程序上的一大特色。①

(3) 商事法院。确定商事法院管辖的标准是案件本身的性质，而与诉讼标的金额无关，数额的大小只能影响到对商事法院的判决能否上诉的问题。根据法国商法典，3 500法郎以下的诉讼商事法院为第一审和终审法院，3 500法郎以上的诉讼商事法院为第一审法院。

法国法确定案件性质取决于商事行为，而不是以商人资格为标准，因而管辖直接受法国法商事行为总概念的影响。商事法院对于涉及财产清册、破产的民事纠纷享有专属管辖权，对于商事公司内部员工间发生的涉及有关公司商事的争议也有管辖权。

由于诉讼标的金额的确定关系到案件是由大审法院还是小审法院管辖，《法国新民事诉讼法》第34～41条规定，明确诉额时应考虑起诉时而非判决时的请求；如果（一个原告对同一个被告）这些要求依据的是同样的事实，或所依据的事实是互相关联的，则根据这些要求的总共价额来决定管辖权和上诉的基准额；允许双方当事人约定将争议提交原本无管辖权的某一法院，即使该法院依据请求数额并无管辖权，或者在请求数额超过法院审级管辖权价额时，不提起上诉。②

2. 德国

德国法院的事物管辖是指某一类法院对特定事项的管辖权，例如初级法院还是州法院或另一种法院有管辖权，由德国法院组织法规定。初级法院的民事事物管辖权为：1 500马克以下的一切案件；出租人与承租人的大部分争执；旅客和旅馆业者、车辆运输人与货主之间的争执；关于家畜的缺陷的一切争执；关于法定扶养费的一切争执；非婚生子女问题；假扣押标的物所在地的初级法院，对该标的物引起的争执有管辖权，这项管辖权使初级法院受理大批金额极大的案件。③

目前，初级法院只能受理标的额为1万德国马克以下的民事争议，但有关婚姻法、土地出租人和承租人关系的争议不适用这一限制。州法院的民事庭对不属于初级法院管辖的民事第一审案件有管辖权，除非特别法院有管辖权。

凡是有关财产的争执，初级法院和州法院的事物管辖应按财产价值决定时，必须由法院估价。经法院估定的价值为争端价值，它决定了诉讼费用、外国当事人提供的诉讼费用担保金额。

---

① 参见张卫平、陈刚编著：《法国民事诉讼法导论》，17页，北京，中国政法大学出版社，1997。

② 参见罗结珍译：《法国民法典民事诉讼法典》，477～478页，北京，国际文化出版公司，1997。

③ 参见沈达明编著：《比较民事诉讼法初论》，159页，北京，中国法制出版社，2002。

关于事物管辖的法律规则大多数具有强制性，法院一般应严格执行。但是如果地区法院审理了下级地方法院管辖的诉讼，当事人不得以该案件属于地方法院管辖为由，对地区法院的判决提出不服，原因是：不能认为上一级法院审理会损害被告的权利。[①]

3. 日本

日本的第一审法院，原则上是地方法院和简易法院。对于极少数民事案件及特殊的行政案件，有时高等法院也成为第一审法院。日本的事物管辖，就是地方法院和简易法院根据诉额来确定管辖权的分工权限。

根据《日本法院法》的规定，诉额在90万日元以下的案件，由简易法院管辖；超过90万日元的，由地方法院管辖。但是对于诉额在90万日元以下的不动产诉讼案件，地方法院和简易法院同时享有管辖权。因此，地方法院与简易法院并非严格意义上的上、下级的审级关系。对于属于简易法院管辖的案件，简易法院在认为有必要时，可以向地方法院移送；如果地方法院认为有必要，也可以由地方法院自己审判。

按照诉讼标的的价额确定管辖时，以起诉时的主张为依据，如果不能计算出价额或计算极其困难，视为其价额超过90万日元。在以一个诉讼提出数个请求的情况下，其合并计算的价额为诉讼标的的价额，但是，如果请求的收益、赔偿损失、违约金或费用是诉讼的附带标的的，不计入诉额。[②]

（三）两大法系事物管辖的比较研究

通过以上对两大法系事物管辖制度的介绍，不难发现，英美法系的事物管辖与大陆法系的事物管辖的内涵是不相同的。试析如下：

美国的联邦法院和州法院都具有一审管辖权，但联邦法院只对涉及联邦法律的诉讼和属于不同州籍当事人间发生的纠纷有管辖权，因此，州法院受理的一审民事案件数要远远高于联邦法院。在数量方面，州初审法院是美国法律体系中的基本法院。[③] 当然，由于美国联邦宪法中的联邦主义奉行联邦至上主义和州权有限主义，因而联邦法院在整个美国民事司法体制中占据主导地位，仍是一个不容忽视的事实。[④] 同样地，在英国的事物管辖中，郡法院负责受理一般的、种类繁多的第一审民事案件，高等法院则受理重大、复杂的民事案件，由于高等法院受理案件的门槛较高，实践中由其直接受理的案件数量通常较少。

可见，以美国、英国为代表的英美法系事物管辖制度中，有初审权的两类法院划分管辖权的依据是案件的性质，同时也参考数额的因素，解决的问题是哪一类诉讼究竟应由哪

---

① 参见常怡主编：《比较民事诉讼法》，255页，北京，中国政法大学出版社，2002。

② 参见［日］兼子一、竹下守夫：《日本新民事诉讼法》，白绿铉译，36页，北京，中国法制出版社，2000。

③ 参见［美］杰弗里·C·哈泽德、米歇尔·塔鲁伊：《美国民事诉讼法导论》，张茂译，49页，北京，中国政法大学出版社，1999。

④ 参见汤维建：《美国民事司法制度与民事诉讼程序》，80页，北京，中国法制出版社，2001。

一个法院管辖。两类法院中下位法院受理案件的数量和范围要远远大于上位法院。

在法国作为初审法院的小审法院，原则上只对1万法郎以下的债权和动产诉讼有管辖权，而同为初审法院的大审法院，对于凡法律没有规定由其他法院管辖的所有民事案件，都可以享有管辖权。德国的地方法院是最低一级的初审法院，只能受理标的额在1万马克以下的民事争议。地区法院管辖范围相应广泛，管辖所有不属于地方法院受理的民事案件，因此成为德国普通法院体系中的重点法院。日本的简易法院只能受理标的额在90万日元以下的案件，而地方法院有权受理其辖区内简易法院管辖的、除简易法院专属管辖以外的案件。

从这些介绍可以分析出，大陆法系国家划分事物管辖的依据主要是争议标的额。在考察两类初审法院的管辖权限后，基本上可以认为上位法院的管辖权范围要相应宽泛，下位法院的管辖权范围有明确的限定。

因此，在英美法系的管辖权理论看来，日本等大陆法系国家的民事诉讼中的事物管辖实际上是关于一般管辖权法院与限定管辖权法院之间的关系问题。一般管辖权法院可以审理民、刑一切案件，而限定管辖权法院只能审理特定案件，其中也有的是以诉讼金额作为确定限定管辖的标准。①

两大法系事物管辖之所以有着不同的内涵，其原因是深刻而复杂的，究其根本，是受到各国政治体制、法律的传统文化渊源、法院组织体系等因素综合影响而致。例如美国联邦法院与州法院司法权限的划分，其实是确保分权宪政体制赖以存在并得以巩固的必备因素；英美法系各级法院间的权力级别色彩淡薄，大陆法系各级法院间的权力级别色彩浓厚；美国联邦法院和州法院互不从属，分别适用各自的法律，法国、日本的各级法院统率于国家的最高法院之下，法律的适用是统一和单一的等等。正是由于世界各国历史、政治、文化、传统等多方面差异存在，两大法系在事物管辖方面呈现出一些特质，也就不足为怪了。②

二、地域管辖

纠纷发生后，哪些法院类型有权进行一审管辖，由事物管辖的规则确定，而诉讼的一审程序属于哪个特定的法院管辖，则属于地域管辖要着力解决的问题。大陆法系的地域管

---

① 参见白绿铉：《美国民事诉讼法》，11页，北京，经济日报出版社，1998。

② 当然，两大法系事物管辖制度中蕴含着人类法文化的一些共通之处。例如：将重要、复杂的案件交给级别较高的法院管辖，相对不重要的案件交给级别较低的法院管辖；大多数国家都将诉讼标的额作为划分事物管辖的主要依据；允许上级法院审理下级法院管辖的案件，而不允许下级法院越级审理等。这其中，追求管辖权划分中的易于操作、公正和不偏不倚，可以说是两大法系事物管辖制度共同践行的目标。这些制度的合理之处，殊值我国立法和司法实践予以关注和借鉴。

辖一般又分为一般地域管辖和特殊地域管辖。正如前文提及，美国管辖权中的地域因素是体现在对人管辖权中的。

（一）英美法系

美国法院对人管辖权要解决的问题是：法院有无权力对当事人的争议作出有效的判决？或者说对该案中的当事人能否行使管辖权？在美国法律看来，既然原告主动向法院申请司法救济，自然接受该法院的管辖。关于如何对被告产生管辖权，普通法的传统做法是，向在法院管辖区域内的被告进行司法强制送达。但这一做法已不被现代社会所认可。如何对被告取得管辖权成为对人管辖权理论中的主要问题。美国联邦法院对人管辖权的标准往往取决于法院所在州的法律规定，当然，州法律的规定必须要符合联邦宪法修正案第 14 条正当法律程序的条款。

（1）对人管辖权

美国关于对人管辖权的最早判例是 1877 年彭诺耶（Pennoyer）诉内夫（Neff）案件。美国最高法院确定了对被告管辖的依据是州籍即住所或居所，州籍是对人管辖权的基础。具体而言，该判例确立了州对境内的人与物有主权的原则：只要起诉时被告身在州内，不问是暂时的还是长久的，即使公民人身不在州内，但在州内有住所或州籍也能对他行使管辖权。同时，州对境内所有的财产享有主权，而不论被告身在哪里。根据州法律规定，对州外的人和物的管辖权，对人适用直接送达，对物适用公告送达，以满足联邦宪法正当法律程序的要求。该判例中确立的原则，体现了美国关于对人管辖权问题的传统立场。

各州法院遇到的难题是对于在本州没有住所或居所的人，州法院有没有对人管辖权。1945 年华盛顿州诉宇宙鞋业公司案件的判例①，确立了“最低限度的接触”（minimum contact）理论，从自然人被告的角度巧妙地解决了对州外法人的管辖权问题，为扩大州法院的管辖权开了可遵模仿的先河。一直以来，公司由办理公司注册的州的法院管辖，随着经济活动日益频繁，公司在州外的活动也日渐增多。公司活动所在州的法院能否管辖州外法人成为一个棘手的理论问题。围绕这个问题的解决，出现过以下几种理论设想：一是对住所的含义作扩大化解释，只要公司在某州有营业活动，就等于身在该州；二是运用明示或默示理论寻求管辖权依据；三是法人本身的营业行为就可以作为管辖权依据，无须再寻求其他理论根据。美国最高法院通过宇宙鞋业公司判例，对公司适用与自然人同样的标准，即如果公司在州内持续地进行业务活动，就等于在法院管辖区域内存在，也就应受该州的法院管辖。从而为州外法人的管辖权问题给出了一个相对有力的答复。美国最高法院在判决

---

① 案情梗概是：宇宙鞋业公司是特拉华州的法人，该公司有数十名推销员在华盛顿州营业，但未设营业所。后华盛顿州以雇主没有缴纳失业保险费为由，向本州法院起诉宇宙鞋业公司，向该公司的推销员送达传唤状，也向该公司本店送达传唤状的副本。宇宙鞋业公司认为华盛顿州法院无管辖权，华盛顿州最高法院判决认可了这种管辖权。宇宙鞋业公司向美国最高法院上诉，被判决驳回。

中说，被告必须与州有最低限度的接触，主张管辖权才能不违背传统的公平与实质性正义原则。① 这是符合美国联邦宪法的正当法律程序条款的。“最低限度的接触”理论从此诞生，构成了现代美国对人管辖权的法理基石。

被告与本州之间存在着最低限度的接触，这个标准对自然人和法人一概适用。当然，需要什么样的接触，接触是否足够，都由第一审法院决定，这就给各州灵活运用该理论提供了运作的空间。各州纷纷制定所谓长臂法律，为本州合理扩大管辖权制定依据。各州制定长臂法律风格迥异，有的比较明确，有的相对抽象；有的较为详尽，有的则相对精炼。以加州为代表的一些州只要求被告与这个州有最低限度的联系，并且行使管辖权不得抵触美国的宪法和法律。这种标准虽然很原则，赋予法院很大的权力，但在操作中容易触犯宪法标准。相反，以纽约州为代表的一些州详尽列举了长臂管辖权的范围，例如在州内订立供应货物或劳务的合同，在州内实施侵权行为，在州外实施的侵权行为在州内造成损害，在州内持有不动产等。

美国《联邦民事诉讼规则》第 4 条规定：在没有联邦法规定时，适用联邦法院所在地的州法。因此，虽然国会很少使用立法权规定联邦法院的对人管辖权，联邦法院也可以适用所在地的州法，当然也可以适用本州制定的长臂法律来扩大对人管辖权。

然而，在没有长臂法律的各州里，只能按照传统的理论来确定法院的管辖权。甚至在有远距离法规的州里，这些法规通常也只是对某一部分情况加以规定，而对其他情况还是需要按照传统的做法来确定管辖。②

（2）对物管辖权和准对物管辖权

从普通法的传统来看，法院不仅可以对人，也可以对物作出判决，对物作出判决的管辖权基础就是对物管辖权或准对物管辖权。对物管辖权是法院基于对其领域内的物的权限而产生的管辖权。

对物管辖权体现了主权理论的内容，即州对境内所有的财产享有主权，不管被告身在哪里，对财产的所有权都能作出判决；对于在州内有财产的非居民，就该项财产引起的诉讼原因，也认为州法院有管辖权。

准对物管辖权是对州内的物或债权采取假扣押而产生的管辖权。准对物管辖权是针对物的所有权人的利益施加影响，这一点有别于对物管辖权。具体办法是：州内财产可以用来作为抓住被告，以便对他作出与该项财产无关的债权争讼判决的渠道。可见，准对物管辖权的目的，其实是州法院通过把财产作为人的化身加以扣押，以获得对债务人的对人管辖权，从而满足债权人在州法院进行诉讼的需求。同时也是为了保证债权人容易实现债权，防止债务人往其他州转移财产。如果原告胜诉，就可以在扣押的物品或债权范围内得到清

---

① 参见沈达明编著：《比较民事诉讼法初论》，72 页，北京，中国法制出版社，2002。

② 参见［美］米尔顿·德·林：《美国民事诉讼程序概论》，上海大学法律系译，31 页，北京，法律出版社，1988。

偿。债权扣押与对物的扣押不同，债权是不具有具体场所的无形物，有如何解决其所在地的问题。债权的所在地，以债务人的所在地为所在地。试以 1905 年美国最高法院的判例为说明[①]：甲乙两个人都是南卡罗来纳州居民。甲欠乙 180 美元，乙又欠马里兰州居民丙 300 美元。在甲到马里兰州临时停留期间，丙把甲作为乙的债务人向他提出第三债务人传唤状。马里兰州法院根据丙扣押债务的准对物管辖权，对甲作出把乙的债务偿还给丙的判决。后来，乙在南卡罗来纳州向甲提出偿还原来的债务，而甲援引马里兰州法院的判决向乙提出抗辩并证明已经偿还乙的债务。但是，南卡罗来纳州法院却不承认马里兰州法院作出的判决。于是甲向美国最高法院提出上诉。美国最高法院认为：债务是随着人的，人在哪里债务就在哪里。甲在马里兰州时，丙向第三债务人送达传唤状并扣押债务就产生该州法院准对物管辖权，所以马里兰州的判决符合美国宪法修正案第 14 条正当法律程序条款，南卡罗来纳州应承认马里兰州法院作出的判决。

早前，对物管辖权或准对物管辖权的行使，并不要求物与法院地的州有任何关联，但这种情况在 1997 年美国最高法院沙佛诉海特纳新判例出现后，明显发生了改变。该判决提出应把最低限度的接触、公平与实质性正义原则作为管辖权的宪法标准。也就是说，州法主张有对物管辖权或准对物管辖权时，要求物与法院地的州有最低限度的接触，否则就违反联邦宪法修正案第 14 条正当法律程序的一般性条款。

(3) 州法院对人管辖权和对物管辖权、准对物管辖权的宪法性限制的总结[②]

法院能够对一个接受管辖权和对管辖权不持异议的被告行使管辖权；法院能够对居所或住所在本州的个人行使管辖权；法院能够对一个与本州有某种联系，在本州有业务经营的法人行使管辖权；法院能够对某个人或某法人行使特别管辖权，如果该个人或法人有意地与该州建立了某种联系，而诉讼的起因正是产生于该联系，除非被告通过对所牵涉的利益的分析能够证明该管辖权的行使是不公正的；法院能够对出现在该州时被合法传唤过的被告行使一般管辖权；法院可能不会对在本州属于被告的与诉讼请求无关的财产行使准对物管辖权，除非被告与该州之间存在能够支持对人诉讼管辖权的联系。

(4) 通知及送达

美国法院审判案件，除了要满足事物管辖权、对人管辖权及对物管辖权外，还要求向被告送达充分的通知，否则诉讼会被驳回，判决即使作出也会遭到攻击。被告有理由主张由于未收到通知，从而丧失听审和陈述机会，该诉讼程序违背正当法律程序的宪法原则。通知成为取得对被告的对人管辖权的必要条件，也成为正当法律程序的要素之一。通知方式由法院作出决定，一般是通过送达传唤状和起诉状的方法来进行。根据美国联邦民事诉讼规则，送达的方法可以是直接送达，向被告血亲或关系密切的人补充送达，向指定的代理人或以邮寄方法送达。

---

① 参见白绿铉：《美国民事诉讼法》，21～22 页，北京，经济日报出版社，1998。

② 参见［美］Robert C. Cased：《论美国民事诉讼中的管辖权》，刘新英译，载《法学评论》，1999 (4)。

被告身在某一州境内，是该州对其行使管辖权的重要依据，但如果被告不是出于自愿，而是受到欺诈、胁迫时不得已来到该州，则被告可以以此为由抗辩法院的管辖权。①

在英国，原告不能随意挑选管辖地，他须依便利原则向被告或被告之一的住所地法院起诉，或者向全部或部分诉因发生地法院起诉。所谓被告住所地法院，如果是向郡法院起诉，是被告受送达地址（答辩状所列）所在地区的法院；如果是向高等法院起诉，则为被告受送达地址（答辩状所列）所在地区的区登处，如无区登处的，则为王座法院。如果诉讼案件是原告诉自然人被告给付一定金额的款项，诉讼程序须自动移送至被告住所地法院。另外，被告还有权申请移送案件至其他法院，法官对案件移送享有裁量权。

(二) 大陆法系

相比较英美法系而言，大陆法系的地域管辖制度就没那么复杂，往往划分为一般地域管辖与特殊地域管辖两类。下面分别阐述。

1. 一般地域管辖

在法国，除了最高法院之外的任何法院都受地域管辖的约束，其奉行的基本原则是：被告的法院有管辖权。依据《法国新民事诉讼法》第42、43条之规定，有地域管辖权的法院为被告居住地法院。被告居住地的具体含义视自然人或法人而有所不同：如果被告是自然人，被告居住地是指其住所地，无住所地则指其居所地；如果被告是法人，被告居住地则是其设立地。问题是：如果被告既无住所，又无居所，如何向被告起诉呢？对此，显然立法者没有作出明确的回答，理论上就出现了不同的争论：有的主张可向被告起诉时所在地的法院起诉，还有的主张干脆向原告住所地法院起诉。

对于在全国各地分设分公司、分支机构的大公司，如铁路、银行、运输、保险公司，为方便原告起诉，法国曾于19世纪推出了一套“主要车站”判例，主张原告可以向该公司分支机构所在地法院起诉。所谓主要车站、主要分支机构，以该车站或机构是否有能代表公司与第三人订立合同的公司代表为标准。当然，有人对此持有异议，认为这个判例的做法违反了法国法的单一住所概念。②

按照《德国民事诉讼法》第12～37条之规定，地域管辖权属于被告的住所地法院，没有住所地的属于现在居住地的法院，现在居住地不明的属于最后住所地的法院。对于法人则依主事务所所在地决定地域管辖法院。

在日本，一般地域管辖称为普通审判籍的管辖。依《日本新民事诉讼法》第4条之规定，诉讼属于被告普通审判籍所在地的法院管辖。那么如何确定被告的普通审判籍呢？因被告是自然人或法人而有所不同。自然人的普通审判籍，依其住所而定；在日本国内没有

① 参见乔新、郭纪元：《外国民事诉讼法》，73页，北京，人民法院出版社、中国社会科学出版社，2002。

② 参见沈达明编著：《比较民事诉讼法初论》，122页，北京，中国法制出版社，2002。

住所或不知其住所，依其居所而定；在日本国内没有居所或不知其居所，依其最后住所而定。法人或者其他社团或财团的普通审判籍，依其主要的事务所或营业所而定；如果没有事务所或营业所，依其代表人或主要业务担任者的住所而定。外国的社团或财团的普通审判籍，依其在日本的主要事务所或营业所而定；如果在日本国内没有事务所或营业所，依其在日本的代表人或主要业务担任者的住所而定。①

2. 特别管辖

（1）法国。依照法国法律的规定，以下几种情形下，被告所在地法院以外的一个特定的法院有管辖权②：1）对于不动产物权诉讼，不动产所在地的法院唯一有管辖权。2）对于继承诉讼，由在其辖区内开始继承直至财产分割的法院管辖。继承诉讼可以包括继承人之间的诉讼请求，死者的债权人提出的诉讼请求，有关因死亡执行财产处分的诉讼请求等情况。3）保险公司的诉讼。诉讼涉及不动产的保险，由不动产所在地法院管辖；支付保险金的诉讼，由被保险人住所地法院管辖；事故保险，由事故发生地的法院管辖。4）破产程序中的各种诉讼。诉讼由破产人营业所所在地商事法院管辖，如该辖区内无商事法院或债务人不是商法法人，则改由大审法院管辖。

此外，根据《法国新民事诉讼法》第 42 条和第 46 条之规定，原告在以下情形下，可以选择管辖：被告为数人时，由原告选择被告之一的居住地法院管辖；合同案件，原告可以选择被告居住地法院、物之实际交付地法院或者给付履行地法院管辖；侵权案件，原告可以选择被告居住地法院或者损害发生地法院管辖；混合案件，原告可以选择被告居住地法院或者不动产所在地法院管辖；有关分担婚姻负担、抚养费或扶养费案件，原告可以选择被告居住地法院或者债权人居住地法院管辖。

（2）德国。德国确定特别管辖权适用的标准一般为争执的某一个方面，如侵权行为的实施地、合同的履行地。有时，按照《德国民事诉讼法》第 17～34 条，几个法院都有管辖权，这种情形下，原告就有了选择管辖的权利。在特定情形下存在专属管辖的规定，例如不动产所有权的诉讼由不动产所在地法院管辖，破产管理人对涉及破产财产的诉讼由破产法院所在地管辖。近年来，德国把审理专门知识性的案件，例如专利权诉讼，相对集中到了大城市的法院。

（3）日本。《日本新民事诉讼法》第 5 条对 15 类财产权上的诉讼规定了管辖法院。例如：财产权上的诉讼，由义务履行地法院管辖；以票据或支票请求支付金钱为标的的诉讼，由票据或支票的支付地法院管辖；关于侵权行为的诉讼，由侵权行为发生地法院管辖；关于不动产的诉讼，由不动产所在地法院管辖；关于继承权或遗留份额的诉讼或者关于遗赠或因死亡而应生效的行为的诉讼，由在继承开始时被继承人的普通审判籍所在地法院管辖。③

① 参见白绿铉编译：《日本新民事诉讼法》，33 页，北京，中国法制出版社，2000。

② 参见罗结珍译：《法国民法典 民事诉讼法典》，479 页，北京，国际文化出版公司，1997。

③ 参见白绿铉编译：《日本新民事诉讼法》，34～35 页，北京，中国法制出版社，2000。

《日本新民事诉讼法》第6条专门规定了专利权诉讼的特别管辖法院。为了使专利诉讼案件相对地集中在日本东部的东京地方法院和西部的大阪地方法院，新法规定，除向当地地方法院起诉外，日本东部高等法院辖区内的地方法院管辖的专利案件，也可以向东京地方法院起诉；同样，日本西部各高等法院辖区内地方法院管辖的专利案件，也可以向大阪地方法院起诉。①

（三）两大法系地域管辖的比较研究

由上述有关两大法系地域管辖制度的研究可以看出，美国立法中能体现地域因素的对人管辖权，显然要比大陆法系的地域管辖制度繁杂得多，且对人管辖权制度在美国也经历了一个曲折的演变过程。

从发展沿革来看，英美法系国家对人管辖权的标准变化很大，而且相当复杂。普通法的传统认为，只要向被告送达则产生管辖权。这种方式因其不合理性逐渐遭到质疑，于是发展为必须在本州内有住所才能行使管辖权。后来，又通过1945年美国最高法院判例解决了法人的管辖权问题，确立了“最低限度的接触”理论，奠定了现在美国对人管辖权的法理基础。为灵活运用该理论，各州纷纷制定扩大管辖权的长臂法律。在广泛承认法院对人管辖权的同时，又逐渐形成了“不方便法院”原则，以解决根据长臂法律确立管辖有可能不便利审理的问题。与此同时，债权人对债务人的诉讼需要本州法院对债务人有管辖权，但是却没有对人管辖权时，为了产生该州法院的管辖权，州法院通过扣押物或债权的方式，达到管辖的目的。这就是所谓的准对物管辖权。在1977年判例中，对物管辖权与准对物管辖权开始受到理论上的约束，即要求管辖权中涉及的物与法院所在地的州应有最低限度的接触，否则就是违反正当法律程序。可见，美国的管辖制度在世界各国中有其自身独一无二的发展轨迹。这种特质的形成，与普通法传统的诉讼观念、诉讼法律传统文化都有着不能割弃的联系。

而考察大陆法系的地域管辖制度，大多数国家都是以被告所在地法院作为一般地域管辖的法院，同时也规定了特定类型诉讼适用的特别管辖规则，出于调查证据、执行的便利和公益的考虑而确立了不动产等案件的专属管辖，赋予了当事人一定条件下选择管辖的权利。各国设立特殊地域管辖的目的在于便利当事人进行诉讼，因此并不排斥一般地域管辖的适用，两种管辖制度是一种竞合关系。所有的诉讼，只要没有专属管辖的限制，至于选择哪一个法院，则归诸原告的选择。②

两大法系在地域管辖制度上存在一定的相似性。美国的审判地与大陆法系的地域管辖

① 参见白绿铉编译：《日本新民事诉讼法》，35页注，北京，中国法制出版社，2000。

② 参见［日］中村英郎：《新民事诉讼法讲义》，陈刚等译，43页，北京，法律出版社，2001。

相类似，如我国学者沈达明先生就直接把 venue 翻译为地域管辖。① 法院辖区与当事人或案件有何种程度的联系才能确定地域管辖权呢？世界上大多数国家均采用有密切联系为标准，如当事人的住所地、居所地、不动产所在地、合同签订地、合同履行地等。不过，对于这种联系程度也有不同规定。例如美国各州对于适用长臂法律的先决条件并不相同。②

从理论上分析，大陆法系的地域管辖制度相比英美法系而言，简易、明了、易于操作，虽然各国对某一类型诉讼的特殊地域管辖规则仍有差异，体现了各国的诉讼价值取向的差异，但不可否认，便利原则基本上都是各国设置地域管辖制度时着重考虑的因素。

在本文看来，之所以美国有着如此纷繁复杂、发展曲折的对人管辖权制度，大概与美国州法院体系的设置有关。美国各州都有自己的宪法，各州的法院也是根据各自的宪法而设立的。各州法院组织体制五花八门，因州而异。多数州内又分为三级法院：初级法院、上诉审法院和最高法院。而对人管辖权的问题，实际上是由各州法律来确定的。基于各州间的相对独立性，立法考虑必然以州的利益为直接出发点，各州都独自考虑对各类诉讼如何产生管辖权，于是就有了上述对人管辖权曲折的发展历程。这个历程中每个理论的创设与发展，无不深刻地反映了各州单独制定对人管辖权正当依据的各种考虑和思量。

值得一提的是，在美国的对人管辖权制度中，十分注重对法律正当性因素的合理考量。例如美国将送达作为取得对当事人管辖权的必备条件之一，也就是说，州法院对某一诉讼取得事物管辖权、对人管辖权以后，如果没有以合适的方式将诉讼文书送达给被告，诉讼就是不合法的，就是违反了正当法律程序的宪法原则。被告就可以此为理由进行诉讼攻击，以充分保证其防御和辩论的权利与机会。这其中，既突出了市场经济条件下当事人的主体地位，又依法保障了当事人的诉讼权利，凸显了程序正当的独立价值。

三、管辖权争议的解决机制

诉讼程序的开始离不开原告的起诉行为。原告既然向某法院寻求司法救济，便表明他愿意接受受诉法院的管辖，一般情况下，原告不会对受诉法院的管辖持异议的态度，否则他完全可以向其他法院起诉。对被告而言，情形就完全不同，他是由于原告的起诉而被迫牵扯到诉讼中来。在接到诉讼文书的送达以后，被告往往才得以知晓受诉法院是哪一个。如果被告认为原告选择起诉的法院并无管辖权，或者有其他不适宜管辖的情况，应赋予被告发表不同观点的机会，允许其提出管辖权异议或进行诉讼攻击等，以保障管辖秩序的稳

① 参见沈达明编著：《比较民事诉讼法初论》（上册），78 页，北京，中信出版社，1991。

② 参见黄川：《民事诉讼管辖研究——制度、案例与问题》，114 页，北京，中国法制出版社，2001。

定，维护法律程序的公正性。这就要求解决民事管辖权争议的程序应当遵循公平合理的法则，其解决方式和步骤也应当具备程序公正的基本属性。对管辖的规制当然必须完全依赖于各国的具体程序规则。由于两大法系的诉讼模式不同，对待被告的管辖权异议的处理各不相同。例如法国强调当事人的防御权，主张通过当事人之间的抗辩解决管辖争议；美国民事诉讼中的做法有些类似，一般是由当事人向法院提出申请，以图影响和说服法官；德国对程序问题采职权进行主义原则，强调法院依职权解决各种程序问题。

（一）英美法系

在美国，被告对原告选定的法院提出异议，可以采取两种方式：直接攻击（direct attack）与间接攻击（collateral attack）。

1. 直接攻击。这些攻击包括对事物管辖权、对人管辖权以及根据“不方便法院”原则申请驳回诉讼和移送案件等方式。

法院对当事人行使审判权，首先要对当事人请求的事项具有事物管辖权，否则被告可以在诉讼程序任何阶段提出异议。即使法院作出判决，当事人仍然可以以欠缺管辖权为理由申请驳回诉讼，甚至可以在上诉程序中首次提出管辖权异议。当然，被告也可以不迟延地在答辩书中提出，或在提出答辩状之间申请驳回诉讼。对人管辖权与事物管辖权不同，在法院具有事物管辖权的前提下，只要被告应诉就可以产生对人管辖权。被告提出异议可采取审理前驳回诉讼的申请或在答辩书上提出的方法，如果法院作出不利于被告的裁定而继续审理，当事人仍可以在上诉审中进行争执。一旦上诉审法院作出判决，当事人就没有任何机会再作争执了。

在以准对物管辖为依据的诉讼中，有些州实行“有限应诉”，即被告可就实质应诉（法院不因此产生对人管辖权），如果败诉则丧失财产，如果胜诉则判决不产生既判力，原告可以向其他有管辖权的法院起诉。其目的在于使被告有机会保护扣押的财产，同时不接受法院的对人管辖权。①

有时，尽管原告选定的法院具备了管辖权，但存在由另一个法院审判更加方便的问题。美国判例发展了所谓“不方便法院”原则，被告可以据此申请驳回诉讼。美国联邦民事诉讼规则对被告的此项申请，多数情况下采取让对方当事人修改起诉状的方式，并非一概按被告要求驳回诉讼。联邦法和有些州把该原则制定为《移送法》，其中原告和被告都可以申请移送，不再需要先申请驳回诉讼，然后再申请移送。是否移送的决定权则在法院。

根据美国《联邦民事诉讼规则》第 12 条第 2 款的规定，被告对管辖权所作的抗辩，应当在答辩状中予以主张，或者在提出答辩状之前单独提出驳回诉讼的申请。如果被告在提出答辩状之前曾提出过驳回诉讼的申请，其中没有包括某项抗辩和异议，那么就视为放弃

---

① 参见沈达明编著：《比较民事诉讼法初论》，77 页，北京，中国法制出版社，2002。

该项抗辩和异议，在以后的答辩状或其他申请中就不能再次主张。也就是说，被告应在申请驳回诉讼时，将所有相关抗辩一并提出，否则视为弃权。但如果法院欠缺事物管辖权，则不受此限。

另外，美国《联邦民事诉讼规则》第12条第4款规定了预备听审程序。即不论是在答辩状中还是在申请书中提出的抗辩，法院均应在开庭审理前根据任何一方当事人的申请进行听审并作出决定。当然，对程序问题的审理程序在设计上要尽可能简化、快捷，避免出现迟延本诉程序的后果。但处理管辖权争议的听审程序，必须体现正当化和合理化的要求。①

2. 间接攻击。因为法律已经赋予了被告直接攻击的权利，间接攻击往往受到严格的使用限制，一般指被告在执行原判决程序中或在另一个第一审法院的程序中，对原告选定原审法院提出异议。例如被告在原诉讼中未出庭应诉，导致作出缺席判决，被告就可以对事物管辖权和对人管辖权提出异议。如果当事人在第一审程序中未对法院的事物管辖权提出异议，原则上不能再作间接攻击，除非情况非常严重，例如州法院受理了属于联邦法院专属管辖的案件。②

(二) 大陆法系

法国实行当事人主义的诉讼模式，提出无管辖权的抗辩或异议，以当事人的主张为主，在特定情况下由法院宣告无管辖权。当事人如果认为受诉法院由于案件的性质或由于法院的地理位置没有管辖权，可以提出无管辖权的抗辩。无管辖权抗辩应在对案件的实质性防御方法提出之前与其他抗辩一并提出，要求说明抗辩的理由，并说明其请求将案件提交哪一法院受理。法院收到无管辖权抗辩或依职权提出无管辖权后，应尽快作出裁决。如果法院认为自己无管辖权，就应该停止审理和调查证据，并应该把案件向他认为有管辖权的法院移送。无管辖权的抗辩不成立的，法院应作出其有管辖权的判决，该判决可单独对管辖的程序问题作出，也可连同实体争议一并作出。若在同一判决中一并作出，判决主文应将程序与实体问题分开阐述。

在法国，管辖权异议是指一方当事人对一审法院就其管辖权所作裁定，向上诉法院提出的异议。异议必须说明理由。根据《法国民事诉讼法典》第80、81条的规定，当法官就管辖权事由作出宣告，但未就争议实体作出裁判时，对其裁定仅能经管辖权异议途径提出攻击；即使法官已对管辖权所依赖的实体问题作出裁判，亦同。如法院宣告有管辖权，至管辖权异议期间届满，诉讼中止；以及在提出管辖权异议的情况下，至上诉法院作出裁定，

① 我国民事诉讼法中对管辖权争议的处理欠缺程序性的规定，当事人没有参与听证和审理的机会。有学者指出，管辖权冲突的频发及处理的随意性、非程序化已危及程序公正的实现，应相应进行立法完善。

② 参见沈达明编著：《比较民事诉讼法初论》，78页，北京，中国法制出版社，2002。

诉讼中止。对于管辖权问题的裁决，当事人还可以采用上诉的救济途径，上诉适用于第一审法院宣告自己有管辖权并就案件的实质作出实质裁判的情形。

由于发动了无管辖权抗辩、对管辖裁定的异议和上诉、法院依职权宣告无管辖权等机制，法院对管辖权问题的处理会有两种结果：指定一个法院就实质作出判决或者当事人向其他类别法院如刑事法院起诉。为防止当事人滥用管辖异议权，导致诉讼迟延，法国采取了交纳诉讼费、罚款和赔偿损失等多重约束措施。

在德国，原则上法官应当依职权审查管辖权，不依赖于当事人的行为。初级法院应当在一开始就审查事物管辖权和地域管辖权。事物管辖规则大多具有强制性，是法院依职权考虑的问题；对于地域管辖权问题，则只是在被告提出异议时才予以考虑。被告提出异议的时间限定在第一次言词辩论之前，或者至少在一方接受另一方提出的事实争执点之前。如果确认无管辖权，则诉讼将被驳回。如果经过单纯的言词辩论，法院认为诉讼能够受理，则作出中间判决；如果没有经过单纯的言词辩论，法院应在终局判决中处理被告的异议。另外，根据《德国民事诉讼法》第 506 条第 1 款的规定，在反诉或诉的扩张中提出属于州法院管辖的请求，或者依第 256 条第 2 款申请确定属于州法院管辖的法律关系时，如当事人一方在下次的本案言词辩论前就此点提出申请，初级法院应以裁定宣告管辖错误并将诉讼移送于管辖法院。[①] 如果法院认定自己无管辖权，应尽快把案件移送给有管辖权的法院，移送裁定约束受移送法院，案件在移送前和移送后都处于诉讼系属状态。但在移送前无论如何都应当给予被告听审权，如果未经听审而为之，则不具有约束力。[②]

在日本，管辖权作为程序问题，法院不等当事人举证，就可以依职权调查取证。如果法院认为诉讼的全部或部分不属于其管辖时，根据申请或依职权，将之向管辖法院移送。对于移送的裁定及驳回移送申请的裁定，当事人可以即时抗告。移送的裁定被确定时，视为该诉讼自始系属于被移送的法院。

(三) 两大法系管辖争议解决机制的比较研究

在两大法系中，管辖权异议的对应物是管辖权抗辩。法院对当事人的异议所作的处理决定或者裁定，当事人可以上诉。但对某些管辖来说，当事人不能提出异议，例如指定管辖。如《德国民事诉讼法》第 37 条规定，对于法院指定管辖的裁定，不得声明不服；《日本新民事诉讼法》第 10 条规定，对于指定管辖的裁定不得声明不服。

从各国的立法及司法实践考察，不同的诉讼模式对管辖权异议的处理各不相同。主要表现是异议的提出是以当事人的主张为主，还是法院依职权为之。例如法国以当事人主义

---

① 有学者提出，借鉴德国民事诉讼法的这条规定，可以有效地防止当事人利用增加诉讼请求使诉讼标的额超过受诉法院级别管辖权限，从而规避级别管辖的规定。

② 参见［德］奥特马·尧厄尼希：《民事诉讼法》，周翠译，61 页，北京，法律出版社，2003。

模式为主调，强调当事人在管辖权异议中的主导作用。《法国新民事诉讼法》第100条规定，两个同级法院对同一争议均有管辖权时，如一方当事人提出请求，后受理案件的法院应当放弃管辖，由另一法院管辖本案；如果当事人无请求，后受理案件的法院得依职权为之。[①] 美国民事诉讼法也是把法院依职权提出管辖权异议限定在一些特定情况下，如法院也可以在没有当事人提出反对的情况下，主动对自身管辖权提出质疑。[②] 而在德国，法院有无管辖权等问题是诉讼的绝对先决条件之一，是法院依职权应该考虑的。从违反管辖的法律后果上比较，在英美法系，如果法院欠缺管辖权，当事人可以以违反宪法修正案第14条正当法律程序为由提起上诉，请求判决无效。而在大陆法系，欠缺管辖权的判决并不当然无效。如果判决违背专属管辖，当事人可以通过上诉途径获得救济。其余违背土地管辖和事物管辖的情形，当事人不得以原判决无管辖权为上诉理由，上诉审法院也不得以原判决法院无管辖权为由废弃原判决。[③]

考察两大法系国家的管辖权异议处理机制，其最有特色之处在于，当事人向法院提出的管辖权异议就是向法院提出的管辖权抗辩之诉，法院对这类程序问题的处理一般尽可能要求简化和迅速，并要必然保障当事人享有接受听审、行使各项诉讼权利的机会，而这些是保障程序公正性的必然要求。[④]

---

① 参见罗结珍译：《法国民法典　民事诉讼法典》，489页，北京，国际文化出版公司，1997。

② 参见王福华：《民事管辖权争议解决机制研究》，载樊崇义主编：《诉讼法学研究》，第3卷，179页，北京，中国检察出版社，2002。

③ 参见陈荣宗、林庆苗：《民事诉讼法》，184页，台北，三民书局，2002。

④ 长期以来，我国民事诉讼的立法和实践中，忽视了管辖权异议制度的程序功能，当事人不能有效地参加到管辖权争议解决机制中来，缺乏参与场合和攻击、防御的机会。如何使当事人的管辖异议权在程序上得到实质性的保障，的确值得我们反思。

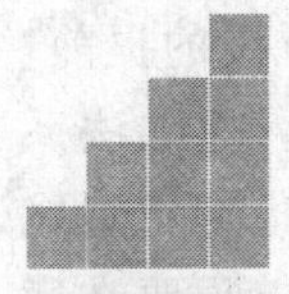

第五章 诉答程序研究

一、诉答程序概述

诉答程序是指原、被告之间为了明确双方所争执的焦点而各自陈述自己的主张并相互答辩的程序，它产生于英国普通法时期，目前主要是在英美法系国家以专门的程序阶段或者专门的民事诉讼制度的形式存在。在大陆法系国家，答辩在传统上一般不是被告必须履行的义务，当事人起诉和法院的受理密切地联系在一起，作为程序启动阶段的主要构成部分，没有诉答程序这样的程序阶段或制度形式。

两大法系对诉讼阶段是否作严格划分的传统和现状，对于诉答程序是否独立存在至关重要。英美法系国家具有将诉讼阶段严格划分，并且赋予各个诉讼阶段相对稳定而独立的功能的历史传统。无论是过去将诉讼分为诉答程序和审理程序两个阶段，还是现在将诉讼分为诉答程序、准备程序或者发现程序或者证据开始程序和庭审程序三个阶段，这些国家的诉答程序都有和当时的诉讼状况相适应的独立价值。大陆法系国家一般没有对诉讼阶段进行严格划分，开庭审理和证据调查、书状交换往往穿插进行。经过近年来的改革以后，这些国家多加强了对庭前准备阶段的充实，起诉和受理作为程序的开始在有的国家属于庭前准备的一个部分，在有的国家则成为独立的诉讼阶段。但是，这些国家往往没有要求被告的答辩必须在起诉受理阶段提出，而是更多地要求被告至少应在准备程序中提出答辩，因此，答辩不能和起诉一起构成一个独立的诉讼阶段。

形成上述状况有以下几方面的原因：首先，英美法系陪审团审理的传统要求其庭审必须连续不间断地进行，因此，庭前的准备就必须严谨地完成其揭示证据、整理争点等功能，而将这些功能置于诉答程序中不利于保护当事人的诉权并容易造成文书泛滥的提前，因此，美国就将发现程序从诉答程序中独立出来，使之承担前述功能。反之，大陆法系国家一般没有陪审团审理的传统，其庭审是一个统一、连续、由多次言词辩论期日组成的过程，所以，无须对诉讼阶段进行严格划分。其次，英美法系国家的证据必须要在证据开示的庭前准备阶段提出，否则，就不能在庭审中作为言词辩论的对象并相应地不能成为裁判的基础，这也对其严格划分程序阶段提出了要求。而大陆法系国家本着发现事实真相的宗旨，历史上一般不要求在庭审之前的某个阶段必须提出所有的证据，而是一边辩论一边提出证据，再给对方当事人时间准备抗辩，再开始言词辩论。大陆法系国家也已经意识到这种做法导致诉讼迟延等诸多弊端，并在立法中对证据提出的时间开始加以限制。但是，在实践中，本着对事实真相的尊重，大陆法系国家对于拒绝新提出的证据往往相当谨慎，一般都会宽容迟延提出证据的行为。所谓冰冻三尺，非一日之寒，这主要是诉讼文化和裁判理念的问题。最后，英美法系国家调查证据的责任主要由当事人及其律师承担，不对其作出时间上的控制，可能使诉讼陷入无边无际的诉答文书的交换和证据的开示之中。而大陆法系调查证据的控制权在法官手中，法官可以对证据的数量和质量以及提出的节奏有所把握，相对而言，对证据以及答辩提出时间的要求并不迫切，也无须立法明确规范。

(一) 诉答程序的渊源

英国19世纪司法改革前，存在着两套诉讼程序，也就有两种诉答程序，即，普通法诉答程序和衡平法诉答程序。在普通法发展过程中，诉讼程序中就演化出了“诉辩”(plea)一词。人们在权利受到侵犯时，向王室法院请求救济，大法官以国王的名义签发令状(writ)，责令被告对之答辩。随着令状的逐步格式化，每一种令状代表不同的诉讼形式，有不同的诉讼程序。普通法的诉答程序必须以严格的格式在当事人之间反复进行，直至整理出单一的、所谓真正的争点，否则，案件就不能交付陪审团审判，而是由法官根据当事人提出的申请，把案件作为法律问题加以解决。传统令状形式的严格性，诉答程序对诉答文书苛刻的技术要求，容易使当事人承担较大的风险，会因为诉答形式发生关键性错误而无法实现其诉讼权利，也使诉答制度变得极为技术化和复杂化。另一种诉答程序即衡平法诉答程序中，原告应向衡平法官提出书状陈述案情，并请求法院强制被告出庭。衡平法诉答程序抛弃了陪审团制度，把事实问题与法律问题的裁量权统归于独任的法官，消除了潜存于普通法诉讼制度中的裁量脱节问题，摆脱了对法律化的诉答的需求。同时，衡平法法官裁量权的扩张又为事实化的诉答程序提供了有力的支撑。但是，衡平法诉答也存在着程序缓慢、复杂、冗长、重复、模糊、技术性强等诸多问题。

19世纪20年代开始，英国开始对前述诉答程序进行改革，1873年、1875年《司法法》合并了普通法与衡平法程序，改革后的诉答程序仅要求以书面形式阐明当事人依赖的案件事实，而无须包括证明事实所依赖的证据，亦不必陈述当事人所依据的法律规定，以“事实诉答”取代了“法律诉答 ”和“证据诉答”。

20世纪末，伍尔夫勋爵推行的民事司法改革使英国诉答程序再次得到改进，诉答程序中的诉答文书（pleadings）一词为案情声明“statement of case”取代。诉答程序是当事人对诉答文书即案情声明之交换，当事人通过案情声明表达对案情的主张，主要是事实主张，也包括法律主张；当事人还可在案情声明中，列明提起诉讼请求或答辩依据的事实、法律条款；列明拟传唤作证的证人姓名；附录或送达其认为对诉讼请求或答辩有必要的文书副本。①

从英国引入诉答程序之后，美国诉答程序主要经历了三种形式：普通法形式、法典形式、联邦民事诉讼规则形式。普通法形式和前述英国普通法诉答程序类似，此处不赘述。法典形式和联邦民事诉讼规则形式构成了美国现代诉答程序，但美国各州的诉答程序仍然具备其各自的特性。

法典形式诉答，又称事实诉答，伴随1848年纽约州菲尔德民事诉讼法典的通过而形成。它废弃了普通法诉答程序确定法庭审理争点的功能和许多极端的形式手续以及由此导致的困扰，取消了存在于普通法案件和衡平法案件之间的诉答差异，不仅对美国《联邦民事诉讼规则》产生了巨大的影响，还是当前纽约州和加州等州所采取的诉答模式。法典形式诉答禁止在起诉状或答辩状中插入证据，使事实与证据按法律意义划分，为发现程序的产生奠定了基础，但又带来了诉讼原因的组成和详细事实的层次这样两个费解且颇有争议的问题。②

联邦民事诉讼规则形式诉答是由美国《联邦民事诉讼规则》所确定的，也称通知诉答、告知诉答。根据该诉答规则，原告只需在起诉状中提供一个关于请求的简短和清楚的陈述，表明请求者有权获得救济即可。联邦民事诉讼规则形式诉答模式抛弃了以往所具有的确定争点的机能，在立法中增加规定“发现程序”，承担争点确定功能以及收集证据的功能，使发现程序成为诉答程序和审判程序之间的中间程序。当前，联邦民事诉讼规则形式诉答是联邦法院和部分州法院采取的基本诉答模式。

(二) 现代英美诉答程序的功能

英国的事实诉答模式没有发生重大改变，仍然起着固定争点整理、限定审理范围的作用，并促使法院识别案件的关键事实要素，向对方当事人进行合理、适当的通知，便于法院对案件进行管理和甄别案情。英国的诉答程序还以禁反言原则防止和惩戒虚假陈述，禁

---

① 参见徐昕：《英国民事诉讼中的审前程序》，载http://justice.fyfz.cn/blog/justice/index.aspx? blogid=9260。

② 参见汤维建：《美国民事司法制度与民事诉讼程序》，310页，北京，中国法制出版社，2001。

反言原则与证据开示程序一并构成了审前程序的重心。

根据英国新民事诉讼规则，诉答文书即案情声明，起到了承载诉答程序基本功能的重要作用。第一，当事人所有的案情声明、修正的案情声明以及提供进一步信息的回复书等，都需经事实声明确认，以保证其真实性。未以事实声明确认的，当事人不得依赖案情声明中列明的有关事项作为证据，法院也可予以撤销。第二，法院通过对当事人案情声明的提出、修正、补充，对诉答程序的功能实现和避免诉答文书的泛滥进行着有力的控制。如果当事人已依规则签发并送达诉状格式，法院认为案情清楚明了的，可免除其提出其他案情声明之义务而继续诉讼。如案情声明不能表达诉辩的充分理由，法院可撤销当事人的案情声明。案情声明不当的，法院赋予当事人修正之机会；案情声明不充分的，法院可责令当事人提供进一步信息。第三，种类繁多的案情声明的往来使案件事实和争点有条不紊地逐步清晰。案情声明主要包括以下形式：据以起诉的诉状格式、未载明于诉状格式中的诉状明细（particulars of claim）、答辩状、新规则第二十章规定的诉状格式、再答辩状，以及依新规则第 18.1 条当事人自行或依法院命令提供与案情声明相关的进一步信息。第四，对被告答辩的要求使案件对抗局面及时形成，有利于诉讼在对抗中进一步展开。原告提出诉状格式和诉状明细后，被告应提出送达认收书，对原告的诉讼请求进行回复(respond)。被告对于原告的诉讼请求，既可以进行答辩，亦可以自认，或者部分答辩部分自认。①

美国法典式诉答和联邦民事诉讼规则形式诉答最为根本的区别源于原告起诉状所承担的叙述事实功能。联邦民事诉讼规则形式诉答仅仅以给予对方当事人有关诉讼请求或抗辩通知，以使对方当事人可以制作有效的证据开示请求和准备开庭为目的，只要起诉状中抽象而概括地描绘的事实使得相对方能够知道原告向他起诉的事项指的是哪一件事即可。而法典式诉答和普通法诉答却都具有以下四个功能：陈述案件的基本事实；将诉讼争议问题格式化而为审理程序做准备；排除欺骗性诉讼请求；通告当事人以便他们为审理程序做准备。所以，这两种诉答需要进一步地描述更加详细的事实，使得原告的救济权能够在实体法上被合理推导出来，也即假定起诉状是真实的，法院可以作出原告胜诉的判决。法典式诉答对真实义务的要求甚高，一经查出当事人在保证诉答文书中提出的事实存有虚假，便以败诉论处的做法，受到了学术和实务的双重质疑。简言之，法典式诉答的前三种功能已被现代联邦民事诉讼规则所废止，联邦民事诉讼规则形式诉答的功能仅仅保留了通知功能，使得根据联邦民事诉讼规则形式诉答状在早期被驳回诉讼的几率大大降低。② 同时，联邦民事诉讼规则形式诉答程序也构成了美国和英国在诉答程序发展方向上的一个较为明晰的分水岭，只有联邦民事诉讼规则形式诉答程序，才使诉讼的门槛大大地降低，有效地保障了

---

① 参见徐昕：《英国民事诉讼中的审前程序》，载 http://justice.fyfz.cn/blog/justice/index.aspx? blogid=9260。

② 参见汤维建：《美国民事司法制度与民事诉讼程序》，315～316 页，北京，中国法制出版社，2001。

诉权的行使，但作为双刃剑的另一面，它同时也是美国当前诉讼爆炸的主要原因之一。

和英国不同形式的案情声明相对应，美国诉答程序的内容除了起诉状和答辩状这两种主要的诉答文书以外，诉答程序中还有各种各样的动议，连同对被告反诉的答辩、对相互诉讼的答辩、第三人起诉以及第三人答辩、对已有诉答文书予以修改（如增加当事人、诉讼请求或抗辩）等①，一并承担起美国联邦民事诉讼规则形式诉答程序由通知功能衍生出的另外两大作用：一是允许不予考虑不具有法律意义的主张；二是在案件过程中引导当事人和法官，使当事人和法官在诉答文书提供的框架内进行证据开示、展开庭审以及提出和解决各种动议。②

二、英美诉答程序比较

英国和美国规范诉答程序的条款都属于超越实体性质的程序条款，基本上适用于所有民事案件。宽松的诉答程序有利于原告，扩大了通过诉答程序获得保护的诉讼请求的范围。而严格的诉答程序，要求在提交文件之前进行更多的事实和法律调查，则更有利于被告。英国和美国的诉答程序虽然同出一源，但在经历了多年的发展之后，已经走上了各自不同的轨道。

（一）起诉状的内容和形式比较

英国新民事诉讼规则是高等法院和郡法院适用的统一规则，它将当事人提起诉讼的方式统一为诉状格式。诉状格式（claim farm）是指法院基于原告的申请，对当事人填写的法院提供的格式化的文本进行审查后向被告签发的一种命令，它由传票令状（writ of summons）一词演化而来，是现代意义上的令状制度。根据英国新民事诉讼规则，法院签发诉状格式时，诉讼提起。诉状格式自法院在诉状格式上载明的日期签发。③

英国新民事诉讼规则规定，诉状格式的内容应当满足以下条件：须准确陈述诉讼请求的性质；须确定原告请求的救济；如原告提起给付金钱之诉的，须按同法相关规定载明金额陈述④，以及载明有关诉讼指引规定的其他事项。如该规则第 16.4 条规定的诉状明细未

---

① 参见汤维建：《美国民事司法制度与民事诉讼程序》，341～347 页，北京，中国法制出版社，2001。

② 参见［美］杰克·H·弗兰德泰尔等：《民事诉讼法》，夏登峻等译，223 页，北京，中国政法大学出版社，2003。

③ 参见徐昕译：《英国民事诉讼规则》，42 页，第 7.2 条，北京，中国法制出版社，2001。

④ 参见徐昕译：《英国民事诉讼规则》，77 页，第 16.3 条，北京，中国法制出版社，2001。

载明于诉状格式中，或者未随诉状格式一并送达的，则原告须在诉状格式中陈述，诉状明细将随后送达。所谓诉状明细，是原告对所主张案件事实的陈述，它并不一定是一种独立的诉讼文件，有时可以记载于诉状格式之中；但若未在诉状格式中载明，即要将其与诉状格式一并或随后送达被告。此外，在代表人诉讼中，如果原告是以代表资格提起诉讼的，须在诉状格式中陈述其代表的资格是什么；如果被告是以代表资格被诉的，则诉状格式中须陈述其所代表的资格是什么。

美国《联邦民事诉讼规则》第 3 条规定，民事诉讼从原告向法院提交起诉状时开始；律师介入诉讼也往往从起诉开始。起诉状应当是对诉讼性质、管辖权、审判地、当事人、背景等案情简明扼要的叙述，提出一经证实即能使法院为原告作出判决的事实。根据美国《联邦民事诉讼规则》第 8 条第 1 款的规定，起诉状的记载内容应包括：

1. 司法管辖权。原告必须用简短明了的语言向受诉法院主张受诉法院对本案行使司法管辖权的依据。

2. 诉讼请求。原告必须用简单的语言向受诉法院提出其有权获得救济的诉讼请求。

3. 救济。要求法院对其认为有权享有的救济作出判决。

通过对原告起诉提交的起诉状和其他文书的要求的比较；可以凸显英国和美国对诉状作用的不同要求。英国的诉答程序要求更多的文书和明细内容，诉状格式的作用包括：通知被告诉讼的发生；通知被告必须满足诉状格式所载的诉讼请求或者必须把送达认收书(acknowledgement of service)交至法院，在送达认收书上载明其是否有答辩的意思；通知被告如果不满足诉讼请求或不在规定的期限内递交送达认收书，则有败诉的可能。美国的起诉状则要求必须使用简捷明了的语言，能够对被告加以通知即可。

在对案件真实的要求方面，英国的诉状格式和其他案情声明一样，须经事实声明确认。对于美国法上的起诉状，法典时期规定的诉答程序通常会要求予以证实或宣誓，而美国《联邦民事诉讼规则》第 11 条规定，除非有关法律或规则另有要求，对起诉状不需予以证实。然而，当事人的律师则必须在诉状上签名，表明律师已对诉状、申请及有关法律文书进行了阅读，同时律师也了解到，仔细阅读后的有关资料和观点必须有事实依据并不得违反现行法律规定，也必须经得住对方当事人对此进行辩论。如果当事人及其代理人违反了本规定，法院将有权分别进行制裁或者同时制裁。违反此一规定的制裁是强制性的，法官对此采取“合理讯问的客观标准”加以判断。① 可见，虽然两国都对起诉状的内容之真实有不同程度的要求，但是，英国是强调当事人本人对诉答文书的内容真实负责，而美国联邦民事诉讼规则形式诉答程序则更加强调律师以专业精神和职业品德来对待诉答文书的合法性和进一步辩论。

---

① 参见蔡彦敏、洪浩：《正当程序法律分析——当代美国民事诉讼制度研究》，126～129 页，北京，中国政法大学出版社，2000。

(二) 起诉状的送达

美国和英国都很重视在诉答程序中对案件进行管理，英国新民事诉讼规则改革将这一问题作为其改革的重点。

但是，和英国的证明送达日等事项的送达回证不同，也和美国的诉讼通知书和放弃送达请求书不同，英国的送达认收书是被告对原告起诉的诉讼格式的应答文书。英国被告提出送达认收书的期间一般为送达诉状格式和诉讼明细后 14 日；如诉状明细在诉状格式之后送达的，则提出送达认收书的期间为送达诉状明细后 14 日。送达认收书须由被告或其诉讼代理人签署，并载明被告送达地址。唯有经法院准许，方可修正或撤销送达认收书。被告就此提出申请，须有证据支持。法院收到送达认收书后，须以书面形式通知原告。

美国法院的管理工作主要由助理书记官完成。书记官收到诉状后，要在上面注明“美国地区法院已收到并归档”，注明收到的日期时间，并由助理书记官签名，同时在诉状上注明案号。诉状交由法院的接待书记官进行格式审查，由其找出其中的错误令律师纠正。但美国《联邦民事诉讼规则》第 5 条第 5 款规定：“书记官不得仅因提交文件的格式不适当而拒绝接受所提交的任何文件。”另外，书记官还要对代理律师的资格进行审查。每一个案件还要填写民事案件登记表，由书记官处和美国法院管理局使用，主要用于司法统计，其内容不能用于替代诉讼文书。通常情况下，被告愿意通过填写“传票送达放弃书”放弃受送达，以减少费用负担，获得更多的答辩时间（不放弃送达的答辩期为 20 天，而放弃送达的答辩期为 60 天）。如果被告要求送达，则原告在诉状提交后 120 天内必须完成送达。英国的法院则设置了专门负责签发诉状格式以及其他有关事项的诉讼文书制作中心来完成相关的事项。

(三) 被告的答辩

英国和美国的民事诉讼中，答辩权都是被告所享有的重要诉讼权利。答辩的方式也大致相同，也都要求被告对原告的每一项主张进行回复，并允许其在答辩中提出反诉。英国的答辩状须经事实声明确认；而美国没有同样的要求。英国的答辩要求更多的细节和尽可能的己方陈述，并且开始向对方要求证据的提出；而美国的答辩方式赋予了当事人更多的灵活性和自由选择，这主要表现在交叉请求、反诉的不同形式、各种动议以及选择性抗辩等方面。

英国的被告如果要对原告诉讼请求的全部或部分予以抗辩的，必须提出答辩。被告提出反诉的，通常应将答辩状和反诉状合并为一宗诉讼文书，在答辩后载明反诉。被告必须将答辩状副本送达各方当事人。答辩期间一般为送达诉状明细之日起 14 日；如被告提出送达认收书的，为送达诉状明细之日起 28 日。被告可与原告达成协议，将答辩期间延长至 28 日，并以书面形式通知法院。

英国《民事诉讼规则》第 16.5 条规定，答辩状须对原告每一项主张进行回复，载明：被告否认原告在诉状明细中的哪些主张、否认的理由，并可提出不同于原告陈述的案件事实；被告不能自认或否认原告的主张，但要求原告提供证据证明；被告对原告主张的自认。被告对原告主张的款项金额提出异议的，须陈述理由，并尽可能提出有关款项金额的己方陈述。被告可主张对原告享有金钱债权，作为对诉讼请求的抵消，而不论该抵消是否为第二十章之诉。被告以代表资格提出抗辩的，须陈述其所代表的资格是什么。被告主张诉讼时效过期的，应写明细节。被告未提交送达认收书的，须提供送达地址。如被告未回复原告的主张，但在答辩中明确了与原告的主张有关的案件性质的，视为要求原告对主张提出证据进行证明。如原告提起的诉讼包括给付金钱之内容，除非被告明确自认，皆视为被告要求原告对主张的有关款项金额进行证明。除此之外，被告对原告的主张未回复的，视为对原告主张的自认。①

在美国联邦民事诉讼中，被告有权以答辩状的形式对原告的诉讼请求作出书面抗辩。被告针对原告起诉状提出的最初一次答复才被称为答辩状。根据美国《联邦民事诉讼规则》第 8 条（d）之规定，答辩状应当简短明确地对对方当事人提出的每一个请求甚至其中包含的每一个事实主张进行抗辩，并承认或否认对方当事人的事实主张。被告在答辩状中提出的抗辩的主要形式包括：否认、积极抗辩和反诉三种。首先，否认是被告答辩所采用的主要抗辩形式。否认的方式包括：概括的否认、特定的否认、有保留的否认、缺乏形成确信的充分认识与根据信息和确信的否认。② 被告可以对原告的每一诉讼主张均表示否认，也可以对起诉状中提出的某一种主张或某一具体段落予以否认，法院甚至允许被告在没有掌握第一手信息资料但有相当的信息善意地相信起诉状诉称内容不真实的情况下，基于这些信息和确信而作出否认。其次，积极抗辩是指被告对于原告在起诉状中没有涉及的新事项或争点，明确地提出抗辩。由于它涉及原告可能预料不到的新的事项和争点，所以通知原告使之有所准备并进行防御。最后，被告可以以反诉的形式对原告提出独立的诉讼请求，包括提出强制性反诉和任意性的反诉：前者必须在本诉的解决过程中一并提起，对后者则不强行规定。在有复数当事人或者多方当事人的场合，任何当事人皆有可能提出反诉。此外，诉答程序中，被告对起诉状以及若干事项的抗辩还可以动议书的方式提出，如：驳回起诉状的动议书；基于诉答状而为判决的动议书；要求作出更明确的陈述和说明的动议书；删除诉答状中不当内容的动议书。而在不止一个被告的案件中，被告还可以向其他被告提出交叉请求。交叉请求引发的交叉诉讼都是任意的。

美国《联邦民事诉讼规则》还允许选择性诉辩，当事人可以在同一个诉讼理由或抗辩

① 参见徐昕译：《英国民事诉讼规则》，79～80 页，北京，中国法制出版社，2001。

② 参见汤维建：《美国民事司法制度与民事诉讼程序》，322～325 页，北京，中国法制出版社，2001。

中，或在数个诉讼理由或抗辩中提出两个或多个选择性的或假设性的诉讼请求或抗辩的陈述，而不用考虑其相互之间是否一致以及其是基于普通法还是衡平法抑或海商法。这种选择性诉辩赋予了当事人更多的自由度和灵活性。

(四) 进一步的答辩

为了防止普通法诉答允许当事人均有权在诉讼程序中无限制地提出诉讼请求而带来的诉讼延迟和资源浪费等恶果，英国和美国都对允许提出进一步的答辩有所限制。通过结束诉答文书的交换，英国结束了对争点的整理，封锁了开发新争点的路径。而美国联邦民事诉讼规则形式诉答对此却没有作出要求，根据美国《联邦民事诉讼规则》的相关规定，在当事人交换诉答文书后，对于诉答文书中出现的错误，可以随时修改和补充诉答文书，甚至在开庭审理过程中，以争点未在诉答文书中提出为由对证据提出异议时，法院仍可准许修改诉答文书。只有在这种修改将给相对方当事人造成不正当的偏见之时，法院才行使自由裁量权拒绝同意修改。

在英国，原告对被告的答辩进行再答辩的，须在提出案件分配问题表时提交再答辩状，并送达各方当事人。原告送达再答辩状及对被告反诉的答辩状的，再答辩状和对反诉的答辩状通常也应做成一宗诉讼文书，在再答辩后载明对反诉的答辩。对答辩状提出再答辩的，不得提起新的诉，如提出新请求或新事项的，应适用正当程序请求法院许可对案情声明进行修正。当事人在提出再答辩状后，未经法院许可，不得提交或送达任何案情声明。未就被告的答辩提出再答辩的原告，不应视为自认被告答辩状中提出的事项。原告在再答辩中，未回复答辩状中的某一事项，应视为要求被告对该事项进行证明。在英国，诉答文书交换完毕后，争点应当根据最后送达的诉答文件确定，但最后送达的是反请求时除外；发现书证材料的期间以及申请传票的期间从交换诉答文件结束时计算。

在美国联邦民事诉讼实践中，除起诉状和答辩状之外的诉答状一般来说是不允许的。存在例外的情形主要是美国《联邦民事诉讼规则》第 7 条 a 款的规定，在下列两种情况下，原告有权对答辩进行答辩：其一，被告在答辩中提出对原告的反诉，且该反诉被法院认定成立。其二，法院对原告作出对答辩进行答辩的裁定。在被告的答辩中含有反诉的情况下，原告作出的答辩只能局限在反诉所主张的范围内，即是说，原告无权对被告在答辩中所作出的辩论性的主张进行辩论。

为利于迅速高效地查明案件事实，美国《联邦民事诉讼规则》规定当事人应当在接到交叉请求的诉答文书 20 日内对该诉答送达答辩状。原告应在接到答辩状后 20 日内对答辩状的反请求作出再答辩。如果法院命令再答辩，应在该命令送达后 20 日内作出答辩，但法院另有规定的除外。

(五) 答辩失权

美国的法院立案后，原告要将起诉状等材料送达给被告，向被告发出诉讼通知书和放弃送达请求书，通知对被告的诉讼已经开始，告知被告如果不在规定的期间内答辩，则根据原告起诉所请求的救济，对被告作出缺席判决，并将起诉状副本附后。美国《联邦民事诉讼规则》第 8 条第 4 款还规定了不否认的效果，"对必须回答的诉答书中的事实主张，除关于损害赔偿金额数的主张外，在应答诉答文书中如果没有加以否认，即视为自认。在不要求或不允许提出应答的诉答文书中的事实主张，应视为否认或主张无效"①。对于答辩失权制度，英国法规定被告在提出送达认收书的期间内未提出送达认收书、进行答辩或自认的，只要符合《民事诉讼规则》第十二章"缺席判决"规定条件的，原告便可取得缺席判决。其例外主要是：原告提起的是金钱给付之诉或者被告在答辩期间已经满足了原告全部诉讼请求的要求。这一规定与美国法规定有异曲同工之妙。

三、法国、德国和日本的起诉与答辩制度的概括比较

法国的法院系统比较复杂，相对而言，大审法院的审理范围较为广泛，大审法院的审理程序也集中体现了法国民事诉讼程序的基本理念和特色，因此，适用于一切法院的程序通则和适用于大审法院的程序规则是研究法国民事诉答程序的基础。

法国大审法院审理民事诉讼案件适用的标准程序中，辩论一次型程序和辩论二次加中间判决型程序的第一个段落是诉讼系属程序；第二个程序段落是事前程序，由裁判长指定协议日期、交换准备书和传达书证、第一次协议期日和准备程序组成。虽然对于法院来说，诉讼自其在庭期表上登记之日即告产生，即，案件已经"诉讼系属"。然而，双方当事人的诉讼请求在法官前第一次发生对垒的时刻却是第一次协议期日，届时，法庭庭长和到场诸律师将对案件之状况进行商议，还要将各方当事人的传唤状和准备书的副本呈交法院收入个案记录。当事人之间的诉答关系在此时才告生成。所以，如果一定要将法国的庭审前的程序划分为诉答程序和准备程序，则进行实质性划分的界点应当是第一次协商期日结束而不是诉讼系属程序结束。当然，有的案件可能因为在第一次协议期日就已经达到了适合判决的程度，则无须经过专门的准备阶段而直接进入庭审阶段。当然，在另一种意义上，第一次协议期日也兼具了准备程序的功能。

---

① 白绿铉、卞建林译：《美国联邦民事诉讼规则·证据规则》，24 页，北京，中国法制出版社，2000。

在迄今为止的法国诉讼观中，事前程序仍被视为"当事人领域"（domaine de la partie），在准备程序中，法官在实务中也很少动用民事诉讼法规定的指挥权，依裁判让当事人实施解明案件或调查证据等活动；法国事前程序中，法官对诉讼内容的把握，如对准备书或书证内容的了解程度却非常低，特别是在整理争点和证据方面基本上持不参与态度。① 所以，诉答程序和准备程序中关于实体内容的交锋仍然没有超出当事人及其律师的范围而深入法官的认识。

德国一审普通诉讼程序包括以下五个阶段：起诉与送达，被告的抗辩和答辩，言词辩论的准备，言词辩论和诉讼终结。前两个阶段即相当于英美国家的诉答程序，具体包括三个方面的内容：一是原告以自己的名义作为诉讼当事人向有管辖权的法院起诉以及法院在立案后依据职权向被告送达诉状，诉讼从此在法律上正式开始。二是在向州法院递交起诉状和向被告送达起诉状之间，州法院可以指定言词辩论的早期首次期日并为被告指定提出书面答辩状的期间；或者在不指定言词辩论的早期首次期日的情况下，审判长在将起诉状送达给被告时，应当催告被告：若其要为自己辩护，应当在之后两周的不变期间提出书面答辩。三是被告没有辩论义务，只有辩论责任，被告既不必在书面准备程序按期限通知其将针对起诉防御的意愿，也不必在法院出庭；但前述行为可能遭受缺席判决，可能导致其败诉。而正常情况下，被告往往会进行防御。

日本民事诉讼的审理阶段没有专门的诉答程序阶段，程序的启动侧重于案件的起诉和受理，只需经法院形式审查过的起诉状送达被告，该起诉则为有效的起诉，进入诉讼系属阶段。对于被告答辩的规范，日本 1996 年《民事诉讼法》是在"首次言词辩论和准备程序"的部分予以规定的。一般而言，当事人起诉以后，法院将安排第一次口头辩论期日，诉状一般和出庭的传唤状同时送达。这个期日之后不能终结案件的，要么再经一两次继续的开庭审理后达到诉讼终结；要么进入准备程序，经过某种争点与证据整理的准备程序之后，再于主要期日开庭审理完结案件。日本新民事诉讼法为此设专节规定了书面准备程序、准备性口头辩论程序及辩论准备程序等三种争点与证据整理程序。通过以下两种方式，《日本新民事诉讼法》对被告的主张责任加以义务化：其一，通过新民事诉讼法的修订，将被告的主张责任作为一项诉讼法上的义务以明文法定化，如《日本新民事诉讼法》第 79 条第 3 款中规定："在书面准备中，若对对方主张的事实进行否认，必须要载明否认的理由。"也就是所谓的完全陈述义务。其二，通过拟制自认的方式，使拒绝履行义务的被告承受不利益。若被告仅作消极的单纯否认，而不陈述否认的理由，法院就判定对其作出的否认产生否认效，从而视同被告方的自认，使原告的主张得以成立。②

综上，三个国家的民事诉讼立法都没有设定出一个专门的、类似于英美国家诉答程序

① 参见张卫平、陈刚编著：《法国民事诉讼法导论》，191 页，北京，中国政法大学出版社，1997。

② 参见陈刚、林剑锋：《论现代型诉讼对传统民事诉讼理论的冲击》，载中国司法改革网，http://www.chinajudicialreform.com/info/profdetail.php?newsid=74。

的段落，要求被告在该段落提出一定的防御手段以及文书。日本和法国对“起诉”作出了专门章节的规定。德国民事诉讼法没有在通用于各种法院和诉讼程序的“总则”部分对起诉作出规定，而是在各种法院的审理程序中进行具体调整。在德国州法院诉讼程序中，规定起诉的条款被安排在第一节判决前的程序规定中。因此，三个国家的共同点是：(1) 至少在立法层面，没有像英美法系国家一样，在诉讼启动之初就使当事人通过起诉和答辩的交锋进入一种对抗的紧张局面，起诉和答辩的规定有一定的脱离，没有形成紧密的呼应。(2) 三个国家都比较强调法院对案件的受理和案件进入诉讼系属的状态，并以此来确定相应的效力问题。(3) 三个国家都对审前准备投入了较大精力，并且安排了不同形式的准备程序以供当事人选择。(4) 三个国家对被告提出答辩的主张责任有所规定，最为坚决的是德国民事诉讼法，确定了相对具体的方式以及日期。相比较而言，法国的民事诉讼法对于起诉和答辩的要求最为消极和不明确，对当事人更加放任。在审前准备程序当中，当事人的主张责任是一项保障准备程序有效运作的程序机制。为了实现审前准备程序整理争点、提高庭审针对性的目的，立法上有必要对当事人双方的主张责任作出规定。否则，立法如果放任被告在主张责任方面采取消极态势，就有可能出现双方争点以及案件核心不明了、不具体的局面，从而造成证据调查的前提和对象不充足，最终导致双方攻击、防御无法有效地开展。

四、法国、德国和日本的起诉和受理制度

(一) 法国、德国和日本的起诉

根据《法国新民事诉讼法》第 54 条的规定，法国民事诉讼开始的方式包括以下几种：原告向被告提出传唤状；当事人自愿到庭；向法院书记室提交共同诉状（共同申请）；提交诉状（申请，非讼案件的一般提起方式）；向法院书记室提出口头声明或者寄送挂号信。按照适用的比例，大审法院启动争讼民事诉讼程序的方式从多到少依次是：原告向被告提出传唤状，向法院书记室提交共同诉状，向法院书记室提出口头声明或者寄送挂号信。其中，传唤状是指原告用以传唤对方当事人至法院到案应诉的执达员文书。共同诉状是一种比较特殊的起诉状形式，是指诸当事人用以向法官提出各自的诉讼请求，当事人之间有争议的问题，以及各自依据之理由的共同书状。共同诉状必须载明当事人的基本情况，向哪一级法院提起诉讼请求，相应场合有关不动产说明等事项，否则无效。[1] 同时，如果共同诉状没

① 参见罗结珍译：《法国新民事诉讼法典》，15 页，北京，中国法制出版社，1999。

有写明各方当事人选任律师，法院也不受理，所以，共同诉状要由已选任的诸律师签字。

德国民事诉讼普通程序的起诉则通过两个诉讼行为得以实现：诉状在法院书记处呈交，然后送达（转达）给被告。向初级法院和向州法院起诉的程序有所不同、当事人在初级法院可以自己提起诉讼；在州法院则必须由法院许可的律师作为其代理人起诉。在初级法院，当事人可以口头起诉并由书记处作出笔录；在州法院则必须递交书面诉状。

德国民事诉讼的起诉状应当注意三个要求：

1. 起诉状特别要求应记明：当事人与法院；提出的请求的标的和原因，以及一定的申请。

2. 起诉状应当满足准备书状的一般内容，包括：

（1）记明当事人及其法定代理人的姓名、身份或职业、住所与当事人的地位；记明法院与诉讼标的；附属文件的件数；

（2）当事人要在法院开庭时提出的申请；

（3）作为声明的理由用的事实关系；

（4）对于对方当事人所主张的事实的陈述；

（5）当事人用来证明或反驳事实主张的证据方法，以及对于对方当事人提出的证据方法的陈述；

（6）在必须由律师代理进行的诉讼，律师的署名；在其他诉讼，当事人本人的署名，或者当事人的诉讼代理人的署名，或无因管理人的署名。①

3. 起诉状还应当注意以下两个问题：一方面，关于级别管辖的确定，在法院管辖决定于诉讼标的的价额，而诉讼标的并不是一定的金额时，诉状应记明诉讼标的的价额，并且要表明，是否有不能把案件交付独任法官的原因。另一方面，应该送达的诉状和当事人的其他声明与陈述，都应该用书面提出，并且按照其送达或通知所要的份数，附具缮本提交给法院。②

日本民事诉讼的提起，原则上以向第一审法院提出书状开始。《日本新民事诉讼法》第133条第1款规定：提起诉讼，应当向法院提出诉状。诉状必须送达被告，并按被告人数提供缮本，交纳印花税和手续费。但，诉讼标的金额在90万日元以下、属简易裁判所管辖的案件可以口头方式起诉，由书记官制作笔录。在地方法院起诉的原告负有以书面提出起诉书的义务，起诉状在裁判所的事务窗口提交，值日的书记官收到诉状后，即转给按事先规定的案件分配方式应该负责该案的裁判官（如果是合议庭的话，则交裁判长）。先有起诉前的和解申请或支付令申请，其程序移至诉讼程序时，这些申请可被溯及认定为起诉。

在日本诉状记载的事项包括必要记载事项与任意记载事项两种，缺乏二者有不同的法律后果。《日本新民事诉讼法》第133条第2款规定：诉状应记载下列事项：当事人及法定

---

① 参见谢怀栻译：《德意志联邦共和国民事诉讼法》，34～35页，北京，中国法制出版社，2001。

② 参见上书，61页。

代理人；具体请求内容和请求原因。其中，诉状上的请求内容应当明确请求类型究竟是给付、确认，还是形成的请求，如果是给付请求一般还要写明具体金额；请求原因只要足以使请求能够得到特定即满足法律上的最低要求。① 这是诉状的必要记载事项，欠缺这些事项的诉状不产生起诉效果。因为日本的诉状可以兼作原告一方的准备书状，所以允许原告作一些任意性记载，包括：必须具体记载请求的事实、举证需要的事由以及与该事实相关的重要事实和证据，欠缺这些事项不影响诉状的效力。

法国的传唤状一方面是当事人的起诉文书和案情陈述，另一方面，又是法院的传唤文书。传唤状首先由原告向法院的司法执达员提交，再由司法执达员送达被告。根据《法国新民事诉讼法》第56条的规定，传唤状应当包括受理诉讼的管辖法院、请求的诉讼标的和诉讼理由等五项内容，缺一不可，否则，将不发生预期的效力。如同所有的执达员文书一样，传唤状必须由起草并送达该文书的执达员签字；但与“共同诉状”不同的是，传唤状不需要律师签字（或当事人签字）。② 大审法院的争讼程序的传唤状还应包括以下事项：原告已经选任律师、被告应当选任律师的期限，否则，传唤状无效。③ 当事人送交传唤状副本，应在传唤状提出后的4个月内为之，否则，传唤状失效。法院院长或者受理法官依职权作出裁定确认失效。在没有送交传唤状副本的情况下，得向法院院长提出申请，以期确认传唤失效。④

不论何种方式的起诉行为，也不论起诉是否为法院所接受，法国当事人的起诉都将产生以下法律效果：诉讼时效中断；督促义务的履行；请求之日起的债务孳息请求权；诉权的转移等。

关于书状的送达，根据德国民事诉讼法的规定，如果没有其他规定，送达依职权为之；诉状应当立即送达；送达诉状时，应同时要求被告，如果他要向原告提出防御方法，应当选任律师。⑤ 和美国的通知送达、事实诉答所不同的是，德国的诉状必须对按照举证责任而分配给原告的事实论点进行证明的方式予以说明。原告持有的证据材料必须准确地列表并通常附在诉状之后。其他的文件材料也必须予以详细说明。对证人必须表明其姓名和地址。被告的诉状也要遵循同样的样式。⑥

日本的诉讼状送达的原则一般采用挂号邮寄的方式进行。如果法院要求有送达回证，也可由法院执行官直接送达。但是，如果被告的住所地不详细或不明确，法院一般不用邮寄的形式送达，但可以采取公告送达的方式予以送达。如果因诉状里记载的被告地址不正

① 参见王亚新：《对抗与判定——日本民事诉讼的基本结构》，30～31页，北京，清华大学出版社，2002。

② 参见［法］让·文森、塞尔日·金沙尔：《法国民事诉讼法要义》，罗结珍译，704～706页，北京，中国法制出版社，2001。

③ 参见罗结珍译：《法国新民事诉讼法典》，151页，北京，中国法制出版社，1999。

④ 参见上书，152页。

⑤ 参见谢怀栻译：《德意志联邦共和国民事诉讼法》，65页，北京，中国法制出版社，2001。

⑥ 参见［德］米夏埃尔·施蒂尔纳编：《德国民事诉讼法学文萃》，赵秀举译，759页，北京，中国政法大学出版社，2005。

确而造成诉状无法送达，或未支付送达费用，审判长可规定期间，责令原告进行补正，如未进行补正，便可依命令驳回诉状。[①]

（二）法国、德国和日本的受理制度

尽管法国有立法规定，大审法院普通程序依一方当事人或者另一方当事人主动向书记室送交的传唤状副本或者当事人向书记室提交的共同诉状受理案件，但是，有资料显示，1971 年的法令用一种新的技术取代旧的习惯做法，改进了 1935 年建立的机制以及后来在实验审前准备程序的范围内建立的机制，尤其是对大审法院受理案件的机制进行了改进。该法令对于如何进行案件的庭期登记作了详细的具体现定。现在，案件在庭期表上进行登记即告法院受理了案件，并且创设“诉讼法律关系”。法院不再是经传唤状受理案件。[②]

德国民事诉讼案件在起诉后即发生诉讼系属；而在诉讼进行中才提起的请求，如该请求是于言词辩论中提起的，也即发生诉讼系属；或者在符合德国民事诉讼法第 253 条第 2 款第 2 项规定的要求，即具备提出的请求的标的和原因以及一定的申请要件的书状送达时发生诉讼系属。德国法院只能在下列情形中拒绝送达起诉状以及指定期日：

（1）如果该法院作为一审法院缺少职能管辖权，例如在州最高法院起诉；

（2）如果诉是附条件提起或者只是草稿，例如必须由律师代理的案件缺少律师的签名，则应退回补足签名；

（3）如果未交纳所需的诉讼费用；

（4）如果确认法院对被告或争议案件没有裁判权，指针对外国国家的诉。[③]

实际上，这些情形很少发生，如果发生，可对之提起即时抗告，因为这样就意味着法院没有受理案件。

在德国州法院民事诉讼中，要注意区别诉讼系属和诉的合法、诉有理由三个问题。诉讼系属的发生一般只由当事人起诉送达行为单方决定，和法院对诉讼要件或者权利保护要件的审查均不发生联系。原告的起诉状一经送达，诉讼即系属并宣告成立，诉的成立就是诉讼系属，只要诉被首次受理，则诉已成立。所谓的诉讼成立要件即是当事人合法的口头或者书面起诉行为和法院的依法送达。诉的合法、诉有无理由都不是诉答程序的内容，得随时进行。诉讼要件和诉的合法相对应，法院依职权对当事人能力、管辖、代理权、法律保护之必要性即诉的利益等诉讼要件进行审查，缺乏任一诉讼要件，法院即以诉不合法为理由驳回诉讼，但该裁判因为未对案件的实体问题产生评价，所以不产生实体上的拘束力，准许当事人就同一事件再次起诉；若满足诉讼要件，应当作出实体判决。而权利保护要件

---

① 参见白绿铉编译：《日本新民事诉讼法》，68～69 页，北京，中国法制出版社，2000。

② 参见［法］让·文森、塞尔日·金沙尔：《法国民事诉讼法要义》，罗结珍译，712～713 页，北京，中国法制出版社，2001。

③ 参见［德］奥特马·尧厄尼希：《民事诉讼法》，周翠译，214 页，北京，法律出版社，2003。

则与诉有无理由相对应，当事人如果在实体法上欠缺权利保护要件，则法院以诉无理由驳回，裁判具有实体拘束力，法院不得就同一事件再次审理。在诉讼系属之后，对诉讼要件和权利保护要件的审查贯穿诉讼始终，因此，将诉讼成立要件、诉讼要件和权利保护要件区别开来，是诉权程序保障实现的重要前提。

根据德国民事诉讼法的规定，诉讼系属有诉讼法和实体法两方面的效力。在诉讼法上的效力主要表现在：其一，在诉讼系属期间，当事人双方都不能使该诉讼案件另行发生系属关系；其二，受诉法院的管辖不因决定管辖的情况有所变动而受影响；其三，诉讼系属后，只有经被告同意或者法院认为有助于诉讼时，才准许诉之变更。按照德国民事诉讼法和实体法的规定，诉讼系属在实体法上产生的效力有中断时效、决定债务人迟延、解除契约、不当得利的返还等，且无论民法上的表述为“诉的提起、诉讼通知或审判上的诉讼告知、被告的传唤与应诉”中任何一种，其所生一切效力，均从起诉完成时开始。

在日本负责案件的裁判官只对诉状进行形式上的审查，即除了诉讼费的预交（是否贴足了印花）外，只看关于当事人以及请求原因的记载是否符合法律要求，即，《日本新民事诉讼法》第 133 条“诉状的制作要求”，第 137 条和《民诉费用法》第 8 条关于贴用收入印纸及交纳手续费的规定，对于诉讼要件等其他程序问题和案件的实体内容则完全不涉及。如果明确诉状欠缺上述要件，审判长应规定一定期间令其补正，原告补正后才产生起诉效果。如果原告不进行补正，审判长将依命令驳回诉状，即决定不予受理。原告可以向高等裁判所提起即时抗告。如果诉状满足前述要求，又向被告进行了送达，则该诉讼满足了起诉要件，实现了诉讼系属。应当注意的是，日本民事诉讼的通说将起诉之时界定为起诉的时点，即起诉的效力、诉讼系属自此产生。而对被告的送达只是有效起诉的条件而非诉讼系属的起点。起诉要件应当和诉讼要件区分开来：起诉要件是使诉讼合法提起的要件，诉讼要件则是使诉本身合法的要件，得于诉讼的任何阶段进行审查。是否具备诉讼要件属于程序事项，应由法院依职权进行调查。

日本民事诉讼中，起诉将产生程序法和实体法两方面的法律效力，诉讼法上的效力主要有受诉法院的确定、当事人的确定、诉讼标的的确定、禁止重复诉讼、诉讼参加、诉讼告知机会、产生有关的审判籍等；实体法上的法律效力主要有中断诉讼时效、保存权利、增加责任等。

通过上述比较可知，大陆法系因为实行的是阶段式审理，所谓的诉答（前已提及，实际上应该是起诉受理程序）就没有英美法系的诉答程序那么重要。大陆法系民事诉讼实行的是口头审理主义，只有当事人在公开法庭上作出的陈述才是真正有效的。而且，只要与原来起诉状的内容有关联，当事人可以随时补充新的事实，提供新的法律论据并加以修改。法院收到起诉状后，诉讼程序就此开始，至于对方是否提出答辩以及答辩的内容如何，都不影响诉讼程序的进行。[①] 在这个意义上，起诉和答辩的关系并不密切，决定诉讼程序开始的是原告

① 参见汤维建：《两大法系民事诉讼制度比较研究》，载陈光中、江伟主编：《诉讼法学论丛》，第 1 卷，415 页，北京，法律出版社，1998。

的起诉，答辩则处于相对次要的地位。德、日、法三国的受理制度在以下方面存在一定的共性和区别：

1. 起诉形式

各国在起诉阶段上一般要求当事人提交符合法定要求的起诉状，否则，法院不予接受，诉讼程序自然是无法启动的。德、日、法三国民事诉讼法原则上要求起诉递交诉状，但是，也都允许在一定情况下或者在较低级别的法院提出口头的起诉。

建立在各国法院系统繁简不同的基础上，各国起诉方式的种类有多有少。法国的法院系统最为复杂，法国民事诉讼开始的方式有五种，是三个国家当中起诉方式最多的一个。德国的起诉方式主要分为向初级法院起诉和向州法院起诉。日本的起诉方式在各种法院相对比较统一。

值得一提的是法国的共同诉状，这是一种新的和比较特殊的起诉方式，立法试图通过该方式向发动诉讼的当事人提供取得一致意见的选择，其所涉及案件往往是诉讼当事人同意由唯一的法官进行审理的案件。虽然法国的民事诉讼实践并没有如立法者所期待的那样赞赏这种形式①，但它无疑为我们提供了一种将诉讼的对抗性削弱而加强合意的起诉形式。

2. 关于提供证据

各国民事诉讼法在原告提起诉讼时，均要求在诉状中记载一定的事实，但一般国家的起诉状须记载的事实仅指使诉讼标的得以特定所需的最低限度的案件事实。原告支持其胜诉的案件事实以及攻击和防御方法（举证）等在德国民事诉讼法上是必须记载的强行性内容，而在日本实务中和理论上则不需要，仅仅是鼓励在起诉时就提供充足证据的做法。而在美国，由于在审前准备程序中规定了诸多证据开示方法及其保障措施，不强行性要求在起诉时就提供一定的证据。但是，为了解决现代型诉讼所带来的问题，德国的立法者在维持原有“主张先行”这一辩论主义基本原则的前提下，创设了所谓的“起诉前独立的证据调查制度”。该制度可以使受害者在诉讼提起之前，以申请人的身份要求有关机关通过调查取证来对案件进行鉴定，从而使作为证明对象的事实得以特定化。因此，该制度除了具有我国证据保全制度的功能外，更主要的是，具有通过证据调查来确定待证事实的功能。② 法国民事诉讼法也设立了与德国独立证据调查程序相类似的紧急命令鉴定程序。

3. 起诉状的内容、效力

在起诉状的内容上，大陆法系和英美法系有着较大的差别。在大陆法系国家起诉状的内容一般包括当事人、起诉的法院、请求的标的和原因等。在实行律师强制代理的法国的大审法院和德国的州法院，还要求明确原告委托的律师。③ 而在英美法系国家，对于诉状的形式化要求更甚于大陆法系。在法国和日本起诉状记载的事项都可以分为必要强制事项和

---

① 参见［法］让·文森、塞尔日·金沙尔：《法国民事诉讼法要义》，罗结珍译，709～710页，北京，中国法制出版社，2001。

② 参见陈刚、林剑锋：《论现代型诉讼对传统民事诉讼理论的冲击》，载中国司法改革网，http://www.chinajudicialreform.com/info/profdetail.php?newsid=74。

③ 参见常怡主编：《比较民事诉讼法》，557～558页，北京，中国政法大学出版社，2002。

任意事项，没有记载必要强制事项将会导致起诉无效，这些必要强制事项一般包括：诉讼请求、争点、理由，当事人的基本情况。德国没有作出相应的规定。

起诉的效果在两大法系中的表现是有区别的。在大陆法系国家，一般在民法典或民事诉讼法典中明确规定了起诉可以导致禁止重复起诉、诉讼时效中断等效果，并发展了诉讼系属的概念。诉讼系属是大陆法系民事诉讼中的一个惯常术语。其基本含义是指诉讼经原告提起后现正处于法院审理过程中的事实状态。而英美法系国家则一般没有这样明确的规定，但是在法院的判例中也发展出了既判力和间接不可否认原则等。① 但不管怎样，原告起诉后，案件就处在法院的审理过程中，将产生一定的效果这一点都是相同的。

4. 起诉状的送达

大陆法系国家中的多数国家采取的主要是依职权送达的方式，如，《德国民事诉讼法》规定了依职权送达和当事人送达两种送达途径，原则上以依职权送达为主，当事人送达只在极少数的情况下继续保持。当事人除自己或律师送达外还可以申请法院执达员办理；既可以由当事人自己送达，也可以交邮局送达，或由己方律师不拘形式地将诉讼文件交给对方律师。但法国是个例外，根据法国新民事诉讼法的规定，当事人律师肩负着双方之间文书的传达的重要责任，且负责将相关文书以及副本送交法院并进行登记。双方当事人各自的陈述准备书由一方当事人的律师向另一方当事人的律师进行通知，文书、字据由双方当事人的律师相互传达。

与此不同的是，英美法系国家奉行的是区分不同的诉讼阶段和诉讼环节确定送达主体的体制。在起诉阶段，美国民事诉讼法规定，完全由当事人主导进行送达。具体的程序是：法院书记官根据原告的起诉书签发传票，起诉书和传票由原告送达被告。同时，美国《联邦民事诉讼规则》规定了若干不同的方式以供原告选择适用，送达可以是由一成年人亲自将有关的诉讼文书交付被告，或者将诉讼文书邮寄给被告。诉讼文件还可以依照联邦法院所在州的州法所许可的任何方式送达。美国《加利福尼亚州民事诉讼法典》规定，小额诉讼程序中也许可采用双轨送达。对于被告的诉状与命令，书记官可以提供回执收据的任何邮件格式，将诉状与命令副本邮寄给被告；或者由原告亲自将诉状与命令副本向被告投递。

五、法国、德国和日本的答辩制度

（一）答辩的提出和答辩方式

法国民事诉讼法上的答辩具有两个特点：（1）被告的答辩是以准备书命名的，而双方

① 参见常怡主编：《比较民事诉讼法》，560页，北京，中国政法大学出版社，2002。

的诉答文书除了原告据以起诉的书状有特定的称谓，其他大部分审前书状都被称为准备书，包括被告初次提交的答辩文书。(2) 大审法院争讼程序的选任律师，为提出答辩的前提条件。律师在从答辩开始的诉讼过程中占据着关乎诉讼存否的地位，在关键场合代替当事人直接和法院发生关联。为此，法律作出了三个方面的规定，一是要求传唤状记载被告应当选任律师的期限，否则传唤状无效。二是被告应当自传唤状之日起15天内选任律师；并且一经选任，即应通知原告的律师，送交选任律师之文书副本于法院书记室。[①] 三是对于法院院长召唤案件的期日与时间以及案件分配给哪个法庭，法院书记员是向已选任的诸律师而不是诸当事人进行相应通知。四是案件由受理庭长首次召唤处理时，庭长是同到场的诸律师而非当事人一起对案件状况进行商议。

要分析法国的答辩制度，必须对在法国的准备程序阶段作为答辩状的准备书进行分析。首先，法国大审法院准备程序法官一般是在阅览本案当事人提出的传唤状副本和准备书副本的基础上，向当事人指定一个必要的提出主张期限。例如，对于连一份准备书也没有提出的被告，准备程序法官当然认为有给予其提出主张期限的必要性。其次，于只有传唤状和被告准备书（相当于答辩状）的情形，准备程序法官就须在阅览被告准备书的基础上考虑有无让原告对被告的准备书进行反论的必要性。准备程序法官如果认为有给予当事人提出主张期限的必要性，通常是以自己的名义向当事人双方的律师送交记有下述内容的通知书："原告（被告）应当在×年×月×日前提出准备书和通知书证。如果超过这一期限，本法官将发布事前程序终结命令或抹消命令。"之后，根据《法国新民事诉讼法》第780条的规定，如律师之一（法国是实行律师强制代理制度的国家）没有在规定的期限内完成各项诉讼行为，法官得依职权或者应另一方当事人的请求，决定终结审前准备，将案件提交法庭。该法第783条同时规定：在终结审前准备的裁定作出之后，不得再行提交任何陈述准备书，也不得再行提交任何供辩论的文书、字据，否则，依职权宣告不予受理。所以，在事前程序终结命令送达后，当事人在辩论程序中涉及的争点必须是经过事前程序整理的争点，否则法官将不容许当事人对某一争点进行辩论。当事人在辩论中只能使用其在向法院提出的准备书副本中所记载的攻击防卫方法，不得使用在事前程序终结命令发布后提出的攻击防卫方法。[②] 这时，最初的答辩状的作用便凸显出来。

必须进行澄清的是，在我国翻译的法国民事诉讼相关资料中，"抗辩不予受理"和"诉讼不受理"这两个类似的提法，和民事诉讼通常意义上的法院不受理案件是不同的两个问题。通常意义的诉讼不受理是指法院对于是否将案件系属作出的一种决定，和被告的防御并无特定、直接的关联。而法国民事诉讼中的"诉讼不受理"却是和实体上的防御、程序上的抗辩并列且介于二者之间，具有混合性质的防御方法。[③] 而法国的"抗辩不予受理"是

---

① 参见罗结珍译：《法国新民事诉讼法典》，152页，北京，中国法制出版社，1999。

② 参见张卫平、陈刚编著：《法国民事诉讼法导论》，196～212页，北京，中国政法大学出版社，1997。

③ 参见［法］让·文森、塞尔日·金沙尔：《法国民事诉讼法要义》，罗结珍译，204～209页，北京，中国法制出版社，2001。

对程序上的抗辩，如，对无管辖权等抗辩予以拒斥的方式，虽然和一般意义上的法院不受理的结果相同，但是，引起这一结果的原因范围却是不同的，一般意义上的法院不受理的原因事项并不局限于程序上的抗辩。

为了改变"统一口头审理"传统直接导致的庭审的反复与漫长的状况，德国民事诉讼法规定当事人应承担勤勉处理诉讼的一般义务。关于被告的答辩，首先，被告应该按诉讼的程度和程序上的要求，为进行必要及适当的防御，应提交答辩状，应在答辩中提出为进行诉讼的必要与适当的防御方法；答辩状还应明确表明，被告是否有不能把案件交付给独任法官的原因。其次，州法院应当告知被告，被告对原告之诉的争执只能通过其所选任的律师提出；并告知迟误期间的后果。再次，无论哪一种提交答辩的形式，被告提出书面答辩的期间都至少是两周。

在德国民事诉讼中，在诉状的基础上，法官必须作出选择，要么直接指定一个一次终结的言词辩论期日，即主期日，要么命令进行书面准备程序。德国民事诉讼答辩状的提出大致有三种情况：

1. 在原告起诉状于法定期限送达被告后，审判长为准备言词辩论的先期首次期日，可给被告规定期间，令其提出书面答辩状；或者，要求被告将他要提出的防御方法立即通过他所选任的律师以书面形式提交给法院。

2. 如果被告没有提出答辩或者没有提出足够的答辩，且法院未曾给被告规定过期间，法院在先期首次期日应规定提出书面答辩的期间。

3. 如果审判长没有指定言词辩论的先期首次期日而为书面准备，在起诉状送达给被告时，应当催告被告在该起诉状送达后两周的不变期间内，提出辩护意愿；并应再规定两周期间命被告提出答辩状；法院应在催告时告知其迟延两周不变期间的结果。①

根据《日本新民事诉讼法》及《日本民事诉讼规则》的规定，裁判官应尽早指定第一次口头辩论期日，原则上应该指定在起诉之后的30日以内；诉状的送达一般是在第一次口头辩论期日指定的同时实施。

根据《日本新民事诉讼法》的规定，首次口头辩论应当以书状进行准备，准备书状应记载攻击防御的方法和对于对方当事人的请求及攻击防御的方法的陈述。审判长可以指定应提出答辩状或记载主张有关特定事项的准备书状或者应申请有关特定事项证据的期限。②

在日本民事诉讼中，对于一方当事人有关案件事实的主张，另一方当事人能够作出的反应有四种，即否认、不知、承认（日文专门术语为"自白"）和不表示态度的沉默。对一定事实的主张明确表示否认往往意味着争点的形成，对于此后审理程序的展开具有重要意义。为了促进尽早形成明确的争点，新民事诉讼规则第79条第3款对答辩状及当事人之间交换的其他准备书面有关否认的记载作了规定，即当事人否认对方关于事实的主张时，必

① 参见谢怀栻译：《德意志联邦共和国民事诉讼法》，66～67页，北京，中国法制出版社，2001。

② 参见白绿铉编译：《日本新民事诉讼法》，74页，北京，中国法制出版社，2000。

须同时记载否认的理由。这条规定意味着单纯记载“否认”是不够的，当事人有必要作出附理由的积极否认，因而被称为“积极否认的原则化”。承认（自白）在辩论主义原则下具有拘束裁判所的效力，意义同样重大，所以关于自白的解释形成了一系列诉讼法学说。而意味着暂时持保留态度的不知，在当事人进一步明确自己立场之前，应该被推定为否认。① 沉默在不能通过当事人别的陈述推测其有争议意图的情况下，被推定为自白。②

德、法、日三个国家对答辩日期的指定都规定得较为灵活，赋予法官较大的权力，规定提交答辩状或者准备书状的多种方式供其选择，甚至可以不要求其提出；但是，德国对答辩状的提出显然比其他两个国家的要求更加严格。三个国家的被告一般被要求在首次口头辩论期日或者之前提出答辩状或者准备书状。德国州法院和法国大审法院由于实行律师强制代理，强调被告履行委托律师的义务，甚至将之作为被告应诉的一种方式或者表现。在答辩的范围上，三个国家一般也没有要求被告对原告的所有诉讼请求一一作出反应，被告可以对原告的起诉中的请求部分进行答辩，也可以选择不答辩。对于答辩的内容，三个国家之间有一些差异，但是，由于答辩文书可以在此后继续提出，所以，这些差异对诉讼的影响并不大。

(二) 答辩的效力

关于大审法院的被告提交答辩的效力，法国民事诉讼法有几个较为特殊的规定：一是，立法要求被告应将其作为自然人或者法人的基本情况进行告知，否则，法院将应申请或依职权宣告不予受理其辩护③，作为对被告的制裁。二是，当事人可以自行提出准备书，也可以应法官要求在指定期限内提出准备书或者交换准备书；但是，如果被告不按照法官的指定提交准备书，会招致终结准备程序或者不应诉裁判的后果。法国新民事诉讼法将旧法上的因一方当事人没有提交陈述准备书即发生因不作陈述而引起的不应诉，和不完成诉讼行为的当事人引起的不应诉，统一调整为一方当事人在出庭之后放弃在规定的期限内完成各项诉讼行为而引起的不应诉，这时，法官可以有两种处理方式：一是法官得依据其已经掌握的证据材料，以对席判决对不提交答辩的当事人作出不应诉裁判。二是经被告请求，法官宣告传唤失效而不作出实体判决。

关于答辩的效力，在法国民事诉讼上，两种答辩方式都允许法院命令原告对被告的答辩提出书面意见。④ 在实体上，一方面，如果经过书面准备程序被告没有及时将其抗辩的意向通知法院，法院就可根据原告的特别请求，不经言词辩论而为裁判；该请求可以作为起

① 参见白绿铉编译：《日本新民事诉讼法》，73页，北京，中国法制出版社，2000。

② 参见王亚新：《对抗与判定——日本民事诉讼的基本结构》，36页，北京，清华大学出版社，2002。

③ 参见罗结珍译：《法国新民事诉讼法典》，16页，北京，中国法制出版社，1999。

④ 参见谢怀栻译：《德意志联邦共和国民事诉讼法》，66～67页，北京，中国法制出版社，2001。

诉状的一部分提出。[①] 另一方面，如果被告提出了答辩，而只是在言词辩论期日未到场，则原告可以不申请为缺席判决，而申请依现存的记录为裁判；案件已充分明了，能为此种裁判时，应准许其申请。这时，被告的答辩就能起到陈述己方事实和法律主张的作用，成为裁判的根据。

德国民事诉讼法规定，如果被告没有依书面准备程序中审判长的催告和指定期间及时提出他对原告之诉意欲进行辩护，则法院能够依原告在诉状中的申请或当时的申请，不经言词辩论而为裁判。为了保障被告的答辩权利，德国民事诉讼法规定，必须对被告进行必要的送达和通知。被告在言词辩论期日未到庭，如果是由于没有将“被告应当在诉状送达后两周的不变期间内向法院书面提出其欲行辩护的意思”通知给被告，或者没有在向被告催告前述事项时告知其迟延该事项的结果，并且告知被告如果他要对原告之诉提出答辩，只能通过其所选任的律师为之，则原告申请为缺席判决或依现存记录而为判决，法庭不予准许。

在德国民事诉讼法上，有依现存记录所作的对席不应诉判决。在言词辩论期日里，当事人一方未到场，对方当事人可以不申请为缺席判决，而申请依现存的记录为裁判；案情已充分明了，能为此种裁判时，法院应准许其申请。当事人双方在期日不到场或不进行辩论，法院可以依现存的记录而作出裁判。这样，被告提交的答辩状就起到了陈述其主张的裁判资料的重要作用。

日本的被告在收到诉状后提出答辩状有两方面的意义：首先，答辩状意味着被告对起诉的初次反应，所以应该针对原告的请求作出是或否的明确回答；其次，在辩论的口头原则下，答辩状也属于为口头辩论期日开庭展开攻击防御做准备的一种书面形式，因此被告应以同原告主张相对应的方式提出自己关于案件事实的主张，并告知自己打算提交的证据。[②] 一旦被告通过答辩状或者其他书面准备作出反应，或者已经在第一次口头辩论期日出庭并作出了陈述，则原告的撤诉必须要得到被告的同意才能生效。

日本的当事人不提交答辩状可能招致不应诉裁判的情况分为以下两种：第一种情况是经公示送达后被告没有任何反应，在第一次口头辩论期日法院听取原告方的辩论并对现有证据进行审查后，如果认为请求显得有道理，即可作出原告胜诉的判决。第二种情况是诉状和出庭召唤状已经向被告进行了合法、有效的送达（公示送达除外），被告却不提出答辩状或其他准备书状，从第一次口头辩论期日即开始无故缺席，则法院拟制被告承认了原告所主张的事实，如果认为请求显得确有道理即可作出原告胜诉的判决。而在被告提交了答辩状的情况下，即便其之后不出席言词辩论或者虽出庭但不为本案辩论而招致不应诉裁判时，在口头辩论期日，法院可以将其所提出的诉状或答辩状或其他的准备书状所记载的事项，视为其作出的陈述，命令对方当事人进行辩论。而当事人在对方当事人没有出席口头

---

① 参见谢怀栻译：《德意志联邦共和国民事诉讼法》，82～83页，北京，中国法制出版社，2001。

② 参见王亚新：《对抗与判定——日本民事诉讼的基本结构》，35页，北京，清华大学出版社，2002。

辩论时，不得主张其向对方送达的或者由对方提出的记载收到该准备书状旨意书状所记载的事实之外的事实。① 质言之，这时的不应诉裁判也是建立在考察了其答辩状的基础之上，也即法院作出的判决是对席而非缺席判决。答辩状的提交与否，在同样不应诉的情况下显示出效果不同。

综上，大陆法系和英美法系诉讼启动阶段的最大区别就在答辩制度上。英美法系民事诉讼中存在强制答辩制度，即原告提起诉讼并提交了起诉状以后的法定期间之内，被告必须相应地在一定期限内以特定的方式提交自己的答辩状，否则将承担不利的后果。因为在英美法系的民事诉讼构造中，当事人双方首先必须自己设法形成攻击防御的态势，才能获得法院的实质性审理。因此，原告原则上自行送达诉状，而被告则必须在规定的时间内给以回应。如果被告不作答辩，无论是从无须进行实质审理，诉讼应尽早终结的效率角度，还是出于必须迫使双方展开对抗才能使诉讼进入下一阶段的必要，都应该以“不应诉”为由判决其败诉。

但是，就法国、德国和日本的答辩而言，20世纪以来的改革正在逐步改变对被告一方的主张责任予以放任的传统，通过一系列的修改立法，为被告确定了一定程度的答辩义务。一方面，对于不在一定时间或者法官要求下向法庭表明答辩的意向或者按规定提出应当代理其诉讼的律师的被告，规定了相应的不利后果，严重的甚至可以不经言词辩论而直接在原告诉讼资料基础之上作出缺席裁判。如德国。另一方面，向法院和对方当事人送达的答辩状可以起到阐述己方主张、表明防御范围和防御方式的作用，尤其是在各国修正了不应诉裁判制度之后，被告未能出席言词辩论期日而招致不应诉裁判时，答辩状的提交直接改变了裁判作出的基础。但是，在实践中，相对英美国家而言，大陆法系国家对答辩的要求仍然和立法或多或少地存在一定的差距或者脱节。尽管德国民事诉讼的“书面准备程序”规定了答辩失权的制度，但其国内对这种以促进诉讼本身为目的的做法存在着相当的质疑。

① 参见白绿铉编译：《日本新民事诉讼法》，73～74页，北京，中国法制出版社，2000。

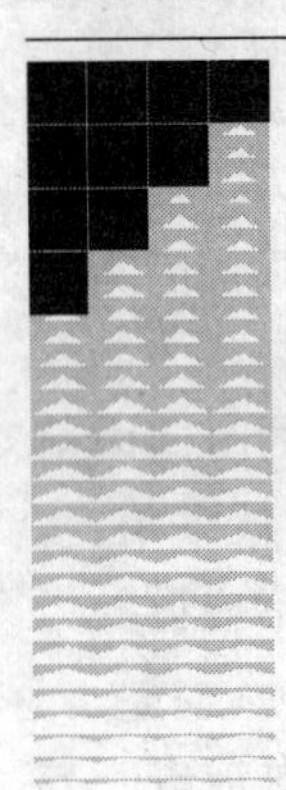

第六章 审前程序研究

在全球司法改革和新的司法理念的影响下，各国诉讼制度的发展呈现出新的动向，其中较为突出的是对审前程序的日益重视和完善。审理集中化乃当代英、美、德、日等各国，在重构诉讼审理方式或运作机制时所共同追求的目标。为达到审理集中化的目标，各国因应司法理念的转变，纷纷对审前程序进行了审理结构上的调整或改革。

民事审前程序一般是指当事人起诉之后至法院开庭审理之前的中间程序。"一个有效的审前程序会阻止不必要的迟延，增进和解，节约当事人的诉讼费用，促进司法资源的有效利用。"① 大陆法系秉承庭审中心主义的传统，审前程序的设置一般是基于提高诉讼效率的考虑，并将其功能定位于审理前的准备程序。② 因此，双方当事人交换主张、证据，整理争点，从而使案件达到适合判决的程度，构成了审前程序的主要内容。③ 在英美法系，审前程序的产生最初是为了适应集中审理的需要，但在"诉讼爆炸"的压力之下，它已经超越了原有的功能界线。通过一系列的制度设计促进当事人之间的信息交换从而实现和解，将纠纷消化于开庭审理之前成为审前程序的另一个重要目标。在英国，以多轨程序（multi track）为例，1999 年 11 月至 2000 年 12 月间只有 20%的案件进入了开庭审理阶段。④ 在美国，1999 年联邦法院系统受理的案件有 97.7%都在开庭审理之前通过撤诉、和解或者其他

---

① Clifford Wallace, "Civil Pretrial Procedures in Asia and the Pacific: A Comparative Analysis", in *George Washington International Law Review*, 2002.

② 参见李浩：《民事审前准备程序：目标、功能与模式》，载《政法论坛》，2004 (4)。

③ 参见谭兵主编：《外国民事诉讼制度研究》，219 页，北京，法律出版社，2003。

④ 参见英国司法大臣办公厅：《英国民事司法改革初期评估报告》，载齐树洁主编：《民事司法改革研究》，2 版，厦门，厦门大学出版社，2004。

审前处理措施得以解决。[①] 由此可见，审前程序在整个民事诉讼程序中发挥着越来越大的作用，而对审前程序的改革则体现了全新的司法理念。

一、审前程序的制度功能

现代民事诉讼以程序公正为价值目标，这就要求在审判活动中贯彻直接审理主义和言词辩论主义。从这两项原则出发，体现并集中当事人双方言词辩论的开庭审理活动就成为民事诉讼的中心。但是，如果只有开庭审理这一个环节，当事人双方的诉讼资料都集中在法庭审理时提出，由于当事人之间缺乏事先资料的交流，无法明确争执的焦点，双方将难以形成真正有效的攻击和防御，这不仅不利于言词辩论主义的贯彻，而且容易导致反复开庭，拖延诉讼。对于复杂的案件，如果法官在正式审理前缺乏对案情必要的了解，将难以驾驭整个庭审进程，无法保证庭审质量，甚至会影响诉讼结果的公正。没有庭审前的诉讼准备工作，不进行争点整理和证据的交流，客观上将鼓励一部分当事人采取诉讼突袭的手段，从而违反民事诉讼"武器平等"的原则，妨碍程序公正价值目标的实现。

因此，为了防止直接开庭审理所带来的种种弊病，保证直接审理主义和言词辩论主义的贯彻实施，有必要设立民事审前程序，使案件的有关诉讼资料在开庭审理前就予以集中，以保障双方当事人的对话交流，为案件的正式审理做好充分的准备。实践表明，运作良好的审前程序，能使双方当事人在庭审过程中充分施展攻击和防御，保证审理过程连续、集中地进行，同时也有利于庭审功能的发挥，防止案件拖延。"当律师和法院提前计划使审判程序适应特殊案件的需要时，对当事人和公众来说，相对于不这样做，审判可能会比较短，也可能会比较节省。更有意义的是，审判的质量可能会更高。一个干脆利落、有的放矢的审判有助于法院和陪审团全面了解事实上和法律上的实质争议。结果更有可能依据是非曲直，作出明智、公正的决定。"[②]

随着各国对审前程序的改革完善，审前程序所追求的目标和承载的功能也在不断发展。现代审前程序的功能已绝不仅仅只是为法庭审判服务，以保证诉讼的顺利开展，它还提供了一个无须审判而结束案件的纠纷解决途径。通过对审前程序内在功能的考察，可以更好地理解审前程序的价值取向及立法宗旨。具体而言，审前程序的功能包括以下几个方面。

---

① 参见［美］史蒂文·苏本、玛格瑞特（绮剑）·伍：《美国民事诉讼的真谛——从历史、文化、实务的视角》，蔡彦敏、徐卉译，123页，北京，法律出版社，2002。

② 美国联邦司法中心编：《美国联邦地区法院民事诉讼流程》，汤维建、徐卉译，247页，北京，法律出版社，2001。

(一) 收集与固定证据

证据是一切诉讼中最重要的诉讼资料之一，正如英国法学家边沁所言，审判的艺术其实就是运用证据的艺术。“证据是司法公正的基础。”[①] 诉讼的成败最终都要取决于证据，因为作为判决基础的事实要依赖证据来证明。证据资料收集是否齐全，是能否正确认定事实、保障审判结果公正的关键。证据资料产生于诉讼之前，随着纠纷发生后时间的流逝，证人的记忆会逐渐模糊，纠纷事实所留下的痕迹会逐渐磨灭。为了最大限度地减少错误的风险，程序正义要求确保在证据仍然“鲜活”时就进行审判。因此，及时、全面地收集证据对于当事人而言至关重要。相比于刑事案件中的检察机关，民事案件的当事人收集证据的手段受到诸多限制。如果没有相应的制度保障，当事人收集证据时将面临重重困难。首先，作为只拥有私权利的个人，当事人对有关证据的信息如果不能充分掌握，就无法迅速、有效地搜寻相关的证据资料，这样不仅造成当事人时间、金钱的浪费，还可能造成重要的证据资料遗落流失。其次，民事诉讼中有时会出现证据资料被一方当事人所掌握，而另一方当事人无法从对方处获得有利于自己的证据的情况，尤其是主张、说明权利所必要的事实、证据，大多存在于被告所支配独占的领域。如在环境公害污染的案件中，导致公害发生的生产、制造过程的资料，保存在加害者即企业的工厂内。而随着现代科技的发展，对于证据的收集和判断还常常需要借助新兴的科技知识，这是处于弱势一方的受害人所无力做到的。在这些情况下，如果因为客观原因造成的获取证据能力的欠缺而使本来享有实体权益的当事人遭受裁判上的不利益，显然有违诉讼公平与正义。如何选择合适的程序制度，以减轻处于弱势的受害人的主张、举证困难，提高其收集事实、证据的能力，是现代民事诉讼所要解决的问题。因此，为当事人提供一个公平的收集、调查证据的方法和程序，就成为审前程序得以产生的一个直接动因和其承载的重要功能。

从各国的审前程序来看，保障当事人收集调查证据的程序机制是审前程序的重要内容，典型的如美国的发现程序。当事人通过这种程序，可以收集到证明其案情的必要证据，不仅能向对方当事人，还能向任何案外人和证人收集调查证据；其范围十分广泛，不仅限于可采性证据本身，还包括一切可合理认为能导致可采性证据之发现的材料和事实。由于发现的过程是相互的，发现程序的对象扩大到包括非当事人的一切其他人，因此在双方当事人互相调查的过程中，能够收集到充分的与案件相关的证据资料，并且这些证据资料同时被双方当事人所掌握，事实上形成了一个互相交换对己有利或不利的证据的过程。这种审前调查程序可以降低错误成本。假如证人不可能出庭，证言可由调查而保存下来；而且，倘若每一方都有获取信息的广泛机会，则他们提供的事实根据将更为充分，从而错误将减少。

---

① 何家弘主编：《新编证据法学》，81页，北京，法律出版社，2000。

在收集证据的同时，审前程序还具有固定证据、保全证据的功能。仍以发现程序为例。一方面，发现程序所赋予当事人的多种收集证据的手段，也是当事人用来保全证据的手段。当事人充分恰当地利用发现程序，能够有效地防止重要证据的流失，使案件在事实清楚的基础上获得判决。另一方面，发现程序设有证据强制出示制度，它要求“各方当事人在采取发现证据的措施以前，首先必须向对方当事人出示对证明自己的请求或抗辩有利的证据。出示完毕后，当事人才有权进行发现。否则，该出示而不出示，该相应的证据以后便失去了可以利用的资格。”① 这种规定能够促使证据资料及时进入诉讼程序并予以固定，有效地避免了在开庭审理时当事人利用证据实施突袭的状况，保证在诉讼进程中展现于法官与当事人面前的证据资料始终处于稳定的状态。

与英美法系国家相比，大陆法系审前程序的立法旨趣和设计思路虽稍有不同，但大多规定了类似的当事人收集、交换证据信息的制度。例如《德国民事诉讼法》中的“讯问当事人制度”、《日本新民事诉讼法》中的“当事人照会制度”。

审前程序这一收集、固定证据的功能，部分体现了审前程序的内在品质。程序正义要求当事人在程序面前平等，而程序的平等性又内在地要求当事人在诉讼中地位平等，公平地分配举证责任，使当事人有均等的胜诉机会。辩论主义是民事诉讼的基本原则，当事人依其程序主体的地位，就事实与证据资料具有自由处分的权限。但是，民事诉讼程序仍然是促使争议当事人进行对话沟通以解决纷争的程序机制，它必须尽可能地确保当事人对话沟通的平等地位，因此，必须排除当事人在证据资料提出上的阻碍，使当事人能够公平地实施攻击与防御，贯彻民事诉讼武器平等与风险平等原则。审前程序通过设置证据收集机制，直接从法律上促进或帮助当事人从事证据收集等准备活动，使当事人及时向法庭提供相关事实和证据，促使双方当事人和法院协力破除覆盖于事实真相上的迷雾，为法官判断提供基础，实现纠纷的迅速解决和裁判的准确、公正。

(二) 整理争点

所谓争点包含着两层意思。首先，争点是这样一种事实，当事人围绕其真伪或存在与否持有完全相左的主张，处于争执不下的状态。审判意味着中立的第三者对此事实作出是或否的判断，以消解争执状态。对于当事人之间不存在争议的事实，无论第三者自身持什么样的见解，原则上都不能自行再将其作为判断的对象。其次，与上述特点直接相关，争点还必须是对于解决案件至关重要的事实，或者说是案件真正的焦点。②

争点整理与证据收集的过程是互动的。在收集证据的过程中，通过获得的证据信息，当事人逐渐明了案件所涉的全部事实，并由此提出新的事实主张，形成双方争议的焦点。

① 汤维建：《美国民事司法制度与民事诉讼程序》，420页，北京，中国法制出版社，2001。

② 参见王亚新：《民事诉讼准备程序研究》，载《中外法学》，2000（2）。

如果当事人对案件准备不够充分，不熟悉相关的法律内容，所提出的主张往往内容繁杂，甚至不合法理。为保障庭审活动顺利进行，进行争点整理就成为审理前必要的准备工作。

同时，整理争点也是证据收集的基础。争点的明确实际上为当事人指明了收集证据的方向，避免当事人提出的证据资料漫无边际而形成摸索式证明（fishing expeditions），导致当事人时间、金钱以及司法资源的无端耗费。

庭审前对案件争点进行整理，体现了审前程序承上启下的衔接作用。民事诉讼中原告提交起诉状、被告答辩的诉答过程往往仅是通知程序参与者诉讼已经开始，不具有披露事实、确定争点的功能。由于当事人对事实问题和法律问题的认识与表述可能存在着模糊和偏差，体现在起诉状和答辩状中的内容不一定能表明当事人真正的主张，需要通过当事人的进一步阐述，归纳、明确当事人之间真正的争执点。审前程序由法官主持，对当事人提出的各项主张进行必要的过滤，去芜存菁，筛选出真正有价值的争议内容，使当事人及时了解对方所持的意见，有针对性地做好准备，从而能在庭审时做到有的放矢，有效地进行攻击和防御。“由于在法庭外收集和思考了有关的信息，庭审时查找信息所必要的时间减少了。调查使各争执点明朗化，从而审理能更有重点、更为迅速。尽管审理时查证某些事项并不一定会占用很多时间，但当事人承认可省去审理时查证它们之必要。”① 审前整理争点，能使案件达到适合事实审的状态，为下阶段正式审理奠定良好的基础。这有利于节省庭审时间，达到促进诉讼和合理配置司法资源的目的。

民事诉讼作为最重要的社会纠纷解决机制，是原告、被告以及法官三方互动的角色体系。民事诉讼的进行过程是各个诉讼主体实施的诉讼行为在时间和空间上的组合。正是在这一意义上，N. 卢曼将法律程序界定为“为了法律性决定的选择而预备的相互行为系统”②。审前程序就体现了这样一种特征。双方当事人在法官主持下对自己的主张进行阐述，形成事实上的对话交流过程，通过互相沟通，确立了在庭审时需要进行实质交锋的领域，当事人可据此适时提出充分的资料并陈述必要的意见。而当事人间的主要争点在明了的同时也被予以限定，这就有效防止了对方当事人以隐瞒与争点有关的重要事实及证据的方法进行诉讼突袭的可能。

此外，法官主持参与争点整理的全过程并适时作出评判，使得在法官与当事人之间也形成一种互动的争点整理关系。通过法官对争点的判断与评价，当事人可以预测法官对于当事人所主张的事实以及作为判决基础所认定的事实所为的理解与判断，预测之后的审理状况，进而向法官提出有利资料并陈述意见；法官也能因此更好地理解，把握案情全貌，为庭审中进行事实认定和心证推理做好准备。“整理并协议简化争点，对于拟定审理之方针，有极大之助益，且透过此一程序，将不必要之争点早日去除，不仅更能进行较有效率

① ［美］迈克尔·D·贝勒斯：《法律的原则——一个规范的分析》，张文显等译，61页，北京，中国大百科全书出版社，1996。

② 季卫东：《法治秩序的建构》，18页，北京，中国政法大学出版社，1999。

之审理，并使裁判之可预测性，相对提高，能否妥善运作整理并协议简化争点，对于审理集中之目标能否达成，自极为重要。”①

当事人与法官这种良性互动，一方面，避免当事人遭受法官的“突袭性裁判”②；另一方面，有助于当事人与法官协力合作探明事实真相，达到准确裁判。更重要的是，审前程序通过证据收集制度，保障当事人的证据提出权与证据收集权；通过争点整理制度，使当事人充分陈述，适时而准确地向法院提出请求，并与对方当事人及裁判者进行对话沟通。这一程序模式充分体现了程序参与原则。从审前程序开始，当事人就能够富有意义地参与到法庭裁判的过程，并通过自己的诉讼活动对法院最终的裁判结果产生制约和影响。这既是对当事人主体地位的尊重，又有助于增强人们对民事诉讼运作机制的信赖感，提升司法裁判的信服度。

(三) 促进合意解决纠纷

促进合意解决纠纷并不是审前程序的设计者最初所设想的制度功能。它是在审前程序不断充实发展的过程中衍生的，但这一功能绝非不重要。随着民事司法理念的变化，审前程序在民事诉讼中扮演着越来越重要的角色，促进合意解决纠纷的机制在今天的纠纷解决过程中开始发挥越来越大的作用，并且可以说从根本上改变了审前程序的面貌。“审前分流机制的确立，在很大程度已经改变了审判前程序的传统角色。在传统意义上，审前程序只具有程序意义，即只是为案件的实体处理准备材料和确定裁判的对象。而审前分流机制确立以后，审前程序已经不再仅仅具有程序上的法律价值，而是直接决定着部分案件的实体处理结果。如果着眼于案件的数量，审前程序已经不再是审判程序的配角，而是具有自己的舞台并对实体公正发挥着直接影响的重要阶段。”③ 以加拿大为例，最初审前程序的设立是为开庭审理做准备，但是由于争点随着诉答程序及证据开示的不断进行而明确，绝大多数案件在审前通过和解等方法解决。所以，现在加拿大民事诉讼的核心已经转移到审前程序阶段。④

促进合意解决纠纷的功能建立在证据收集和争点整理的基础之上，通过审前准备程序，在收集和交换信息及证据的基础上，当事人双方在法官的主持或监督管理下，围绕信息和证据进行充分的讨论和协商，容易形成共同或相近的认识和判断。事实上，在案件的争点及证据明确之后，诉讼的胜负已大致可以预料，判决的脚步声已清晰可闻，当事人往往会

---

① 李国增：《争点整理程序》，载http://www.judicial.gov.tw//民事集审/s-civ.htm，2003-02-28。

② 所谓突袭性裁判，是指未能让当事人适时预测到对其不利之审理状况，未使其有机会提出充分的资料以便适时为充分之攻击防御而作出的对当事人不利益（实体利益及程序利益）的裁判。参见邱联恭等：《突袭性裁判》，载《民事诉讼法之研讨》（一），48页，台北，三民书局，1986。

③ 宋英辉、吴宏耀：《刑事审判前程序研究》，25页，北京，中国政法大学出版社，2002。

④ 参见张艳：《加拿大民事诉讼中的审前准备程序》，载《政治与法律》，2002（4）。

斟酌实体利益与程序利益的大小轻重，权衡判决与和解的利弊得失，而选择合意的方式解决纠纷。① 实际上，在争点整理结束后进行的审前准备阶段的和解有其自身的优势，同时也符合民事诉讼的规律，在此时点上尝试说服当事人和解主要基于两点考虑：第一，尽管作为审判结果的谁是谁非尚不清楚，但案情已大体上得到掌握，对诉讼的走向也能够作出一定预测，法官已经可能在此基础上提出初步的解决方案。第二，如果能够在这个阶段以和解终结案件，在省略了正式的开庭和证据调查等程序这一点上，无论对于当事人还是对于法院都意味着节约了许多宝贵的资源。

在现代法治国家中，司法是保障社会正义的最后一道防线，通过法院判决解决纠纷是现代社会所不可或缺的。然而，随着现代社会纠纷的与日俱增，诉讼机制的功能性障碍开始显得愈加突出，社会对法治需求的增加与现存体制中司法资源的匮乏成为现实的矛盾。“为了合理有效地利用司法资源，诉讼和审判的社会功能发生了重要的变化，法院从直接解决当事人之间的纠纷向更为重要的政策制定者的社会角色倾斜，从而导致社会对 ADR（代替性纠纷解决方式）更加借重。”② 正因为如此，各国都日益重视和解等代替性纠纷解决机制的作用。审前程序的特点使其能够很好地承载促进和解的功能，正是基于这一认识，许多国家都通过对审前程序进行技术性改造，增设促进当事人之间和解、争取早日终结案件的途径，以实现代替性纠纷解决方式与诉讼制度的功能互补。

以美国为例，《联邦民事诉讼规则》第 16 条明确表明，法官应当对审前程序进行指挥，以推进案件审理并帮助当事人达成和解。许多地方法院也设立了用于审前阶段帮助和解的程序。“一种程序是和解会议，由法官主持，旨在促进当事人立场的灵活性，并就合理的让步提供不偏不倚的评断。当事人对于让步较为固执之时，法官可以施展说服影响力。另一种程序称作‘和解要约’。一方当事人在审前阶段提出载有明确数额的确定书面和解要约。如果该要约为对方当事人所接受，和解成立。如果未被接受，拒绝和解的当事人必须偿付提出要约方当事人继续进行诉讼的费用，包括律师费在内，除非拒绝和解方当事人在审理中获得更好的结果。由于胜诉方不能追索律师费，这种程序就成为较强的和解原动力。”③

德、日等大陆法系国家更重视诉讼上和解的作用。2002 年 1 月实施的《德国民事诉讼法》甚至在审前程序中增设了强制和解辩论程序。第 278 条规定：不论诉讼到了何种阶段，法官都应注意使诉讼或个别争点得到和解。言词辩论前应进行和解辩论。为进行和解辩论及尝试和解，应命当事人亲自到场。若当事人双方均未在和解辩论程序到场，法院应作出中止诉讼裁定。

---

① 参见赵晋山：《论审前准备程序》，载陈光中、江伟主编：《诉讼法论丛》，第 6 卷，北京，法律出版社，2001。

② 范愉：《非诉讼纠纷解决机制研究》，37 页，北京，中国人民大学出版社，2000。

③ ［美］杰费里·C·哈泽德、米歇尔·塔鲁伊：《美国民事诉讼法导论》，张茂译，127 页，北京，中国政法大学出版社，1999。

"在世界性的司法改革浪潮中，ADR 被作为改革的方向和组成部分加以推行，并且与诉讼程序的改革直接衔接起来，促进了一种新的司法模式的演进趋势。"① 审前程序将争点与证据整理功能和促进合意性解决纠纷的功能融为一体，使非诉讼的代替性纠纷解决方式有机地纳入了民事司法体制的轨道，在民事诉讼程序所限定的框架内，最大限度地发挥民事主体的自主性和积极性，体现了对当事人自治权和处分权的尊重。

审前程序经过对证据和争点的整理，使当事人能够获得接近于判决的信息，这就保证了双方交涉的各种条件和筹码可以被计量到十分精确的程度，从而为当事人谈判和解提供一个基准平台，使谈判不致因双方期望值相差过大而失败。在审前程序所确定的法律基准下，当事人可以最大限度地利用法律所赋予的空间，在强制与合意之间寻求最符合自身利益和价值观的结果。

作为民事诉讼程序的有机组成部分，审前程序吸纳了以合意解决纠纷等非诉讼的 ADR 纠纷解决方式，从而使民事诉讼程序这一传统的为获取法院判决而设的司法程序的功能大大拓展了。在法律程序所设定的强制性的外在边界内，提供了多种纠纷解决机制发挥作用的舞台。审前程序这一特点在英、美等国的司法实践中表现得尤为突出。英国民事司法改革把在诉讼的早期阶段就促成当事人之间的和解作为其改革的目标之一。根据英国《民事司法改革初期评估报告》的介绍，通过民事司法改革引入的快速程序，使"开庭前解决或撤回的纠纷由 1998 年 7 月到 1999 年 6 月间的 50%，升至 1999 年 11 月到 2000 年 12 月间的 70%，而开庭审理的比例由 33%降至 23%"②。在美国，1997 年联邦法院系统受理的诉讼案件只有 3%进入开庭审理。到了 1999 年，这个比例更低，仅为 2.3%。③ 其余案件都在审前阶段，通常是在发现程序之后通过和解、自愿撤销或者其他处置性动议得以解决。

现代审前程序的作用已不再局限于为正式的开庭审理进行准备，它将纠纷解决的不同阶段联系起来，在尽可能清楚地了解案件信息、探知案件全貌的基础上，使当事人通过非诉讼的方式解决纠纷；如果在审前阶段无法达到解决纠纷的目的，就力争将案件导入一个高效率的审判进程。因此，当代审前程序所确立的理念是，如果存在适当的审前程序，那么只有那些真正存在争执的事实才会提交给事实审理者进行审判。尽管审前程序最初的设计是为了获得判决，却直接或间接地在自身的运作过程中解决了纠纷，这正是基于"审判起着促进当事者自行交涉以谋求纠纷解决的作用"④。为了获得公正并高效的审判而设计的审前程序，本身就具有解决纠纷的功能。

---

① 范愉主编：《ADR 原理与实务》，29 页，厦门，厦门大学出版社，2002。

② *Emerging Findings: An Early Evaluation of the Civil Justice Reform*, 4.3.

③ *Judicial Business of the United States Court*: 1999 *Report of the Director*, Washington D.C.: Administrative Office of the U.S. Courts, pp. 152－160.

④ ［日］棚濑孝雄：《纠纷的解决与审判制度》，王亚新译，48 页，北京，中国政法大学出版社，1994。

二、审前程序的运作目标

审前准备程序的主要价值在于可以最大限度地提高庭审的功效，把庭审的主要资源配置于当事人对案件事实问题和法律问题的辩论之中，即促进审理集中化。① 审理集中化既是审前程序所追求的目标，也是现代民事诉讼对审前程序的内在要求。由于使事实及证据在诉讼的早期阶段尽早呈现，运作良好的审前程序便于当事人选择纠纷解决方式并促进诉讼程序的进行，尤其能促成在正式庭审时审理的集中进行。

（一）集中审理主义与并行审理主义

审理集中化是实现集中审理主义的要求。所谓集中审理主义，是指“诉讼之本案审理应尽可能使程序集中化，并以开一次言词辩论期日即可终结为理想，此即所谓集中审理（集中辩论）主义之要求”②。根据这项原则，为了达到迅速裁判的目标，法院在审理案件时，应尽可能使当事人双方的辩论集中在一次开庭审理时完成，或者继续数次开庭使当事人之间的辩论连续进行，时间上不予分割，并且在这数次开庭之间不审理其他案件。只有在案件经继续不断地审理而终结后，裁判者才转向审理其他案件。

由于传统的陪审制度的影响，英美法系国家的民事诉讼一般都采取彻底的集中审理主义。这是因为陪审团审判使得诉讼程序的间隔运作和非连续进行成为不能。陪审团的召集需要付出时间和费用的成本，并且陪审团一经组成便不能轻易更换，必须集中起来与外界隔绝。“这就妨碍了对不断形成的证据的探寻，也不可能根据审判的进展，不断提出新的法律理论，诉讼者必须在单一的、集中的审判中提交所有的辩论意见和证据。”③ 集中审理要求审理过程一旦开始便必须连续不断进行，以期达成短时间内获得判决结果的目标。在这一审理方式下，审前程序的作用得到强调。因为陪审员是非专业的普通人，并且只在正式开庭审理时才被召集，不可能事先对案件就有足够的了解，有关案件事实的一切信息都要在庭审时展现在陪审团面前并由其迅速作出评判。因此，审理开始前必须对案件进行充分准备以澄清无关的争点，清理冗杂的事项，使民事案件以一种宜于审理的形式进入陪审团和法官的视野，以确保审理能集中、迅速地进行。

---

① 参见齐树洁：《构建我国民事审前程序的思考》，载《厦门大学学报》，2003（1）。

② 邱联恭：《程序制度机能论》，210页，台北，三民书局，1996。

③ 汤维建：《美国民事司法制度与民事诉讼程序》，211页，北京，中国法制出版社，2001。

与此相对，大陆法系德、日等国早期的审理方式采取的是另一种原则——并行审理主义，即法院并行审理多数事件，而容许就有关某一事件之言词辩论予以期间上的间隔而为断断续续的审理、辩论。在并行审理主义的审理方式下，法院对同一案件在时间上可以分割审理，在这段期间内分别多次开庭，可以同时审理多个案件，也被称为分割审理主义。因为可以多次开庭，所以审理前的准备也无须一次性完成，每次开庭前都可以继续准备，案件的审理过程与证据和争点的整理过程交织在一起，直到最后作为裁判者的法官完成心证过程作出判决。审前的准备活动被分割成若干不同的阶段，与开庭审理一同进行，每次开庭都可以提出新的争点和证据，又宣告了新一轮准备活动的开始。在这种审理方式下，并不存在一个真正意义上的完整的审前准备程序。这种分割式的审理不仅严重影响了诉讼的效率，而且在一定程度上损害了诉讼的公正性。如果说在案件相对简单、数量不多的时代，大陆法系传统的分割式审理还具有其存在的现实合理性的话，随着现代社会经济的迅猛发展，显然不能再坐而视之。可以说直到此时，准备程序在大陆法系才真正引起重视。为了保证言词辩论的集中进行，各国纷纷开始了准备程序的重构。①

（二）审理集中化的优势及意义

在审前程序中，通过促进审理集中化，集中调查证据，减少开庭次数，能使正式的开庭审理集中而有效率。通过贯彻审理集中化，能充分发挥民事诉讼纠纷解决的功能。这体现在以下几个方面：

1. 集中审理可以避免对相关证据及事实的重复调查，可减少开庭次数，从而节省当事人及法院在案件上的资源耗费。“集中审理不仅是通过公正审判获得实体正义的保证，而且是以高效率来获得公正价值的实现。集中审理原则无疑是加速审判终结、尽快实现正义所必要的技术要求，因此，具有程序与实体的双重价值。”②

2. 有利于提升裁判者认定事实的正确性。在集中审理方式下，法官可集中对特定的争点事实进行调查，使所有相关的证据都同时呈现，当事人也可集中展开分析、辩论，有利于法官对事实的综合判断而形成完整的心证。此外，集中审理使当事人双方及法官无须间隔很久才再次开庭，保证了开庭审理时当事人与法官保持对案件的清楚记忆，也有利于发现事实真相。

3. 有利于贯彻直接审理主义与言词审理主义的原则。直接审理主义要求作出判决的法官直接获得证据资料，直接参与辩论程序，把握正确的证据价值而认定事实。集中审理使法官集中调查证据，使当事人间的辩论集中化，并当场形成心证，辩论的终结与判决结果的公布在时间上紧密衔接，这正回应了直接审理主义的要求。集中审理还有利于

---

① 参见常怡主编：《比较民事诉讼法》，515页，北京，中国政法大学出版社，2002。

② 陈卫东、刘计划：《论集中审理原则与合议庭功能的强化》，载《中国法学》，2003（1）。

贯彻言词审理主义。在集中审理方式下，法官必须用言词审理对法律上、事实上的争点进行整理，以言词审理直接听取证人证言，以确认其正确性、完整性并评价其可信度，最后还要通过言词审理赋予当事人平等的攻击和防御机会，充实审理内容，防止发生突袭性裁判。

4. 集中审理有助于贯彻双方听审主义，即保障当事人受到对席审理的权利。因为集中审理要以双方当事人之间集中调查证据并集中辩论为基础，当事人之间的攻击和防御都生动地展现于庭审之上。较之于并行审理，它更有利于当事人把握案情全貌，从实质上保障当事人双方的程序参与权，并有助于双方充分辩论，法官也因集中审理更能准确了解案件事实，作出迅速、正确的裁判。

从实现审理集中化的目标来看，它必须以充实、完备的审前程序为前提。正是通过审前程序清除那些无关的事项，明确当事人间真正存在争执的法律上、事实上和证据上的争点，最终的正式审理才能围绕关键问题集中展开调查和辩论，使诉讼有效率地进行并保证裁判结果的公正。运作良好的审前程序是实现审理集中化的制度保障。没有审前程序的必要准备，审理的集中化只能是理想中的空中楼阁，缺少审前程序的开庭审理犹如无源之水，不能流畅地开展，也不能顺利地实现发现真相并促进诉讼的目的。

(三) 通过审前程序实现审理集中化

审前程序是实现审理集中化的关键，这促使各国都致力于对审前程序进行改革，充实完善其内容。

大陆法系德、日等国的民事诉讼法，原来虽都设有审前准备程序，但往往流于形式，徒具准备之名而无法真正实现审前程序所应达到的目标。为此，德国针对这一重大弊端，于1976年制定了《简化与加速诉讼程序法》，对民事诉讼法作了一次全面的变革。该法的一项主要内容就是确立独立的审前程序，使审理充实并有效率。法官可以在早期第一回期日的期日准备和作为书面审理程序的期日准备这两种程序中选择，可以根据不同案件的具体情况选择不同的准备程序。同时对自由顺序主义进行修正，强化失权制度，“将失权制度的适用范围扩展到诉讼攻击和防御方法的提出方面。当事人故意拖延时间不提出诉讼攻击和防御方法的，失去再提出攻击、防御方法的权利。”[①] 这些改革措施的目标在于通过审理前阶段的集中准备，确保庭审能更好地准备和展开，提高诉讼的效率。

日本的旧民事审判方式可以概括为“一步到庭”，把确立争点、整理证据的诉讼机能和法院开庭审判的诉讼机能合为一体，一律采用开庭审判一种形式进行审判，即一边进行当事人之间用口头陈述确定争点、提出和申请证据，一边进行法院审判，以致往往反复多次开庭。由于法官手中案件多，开一次庭后隔一个月再开庭，这样开庭五六次才弄清争点。

---

① 张卫平：《诉讼构架与程式——民事诉讼的法理分析》，62～63页，北京，清华大学出版社，2000。

如果当事人提出新的攻击和防御方法，又要重新开始辩论。[①] 针对这种使当事人毫无准备的反复开庭审理的“漂流式”审判方式，日本于1996年修改民事诉讼法，改革的重点就是完善争点和证据整理程序，实现以争点为中心的集中审判，以加快诉讼进程。为此，《新民事诉讼法》专门设立了三种可灵活适用的集中审理前的争点和证据整理程序，并将原来的随时提出主义改为适时提出主义，以实现审理前准备与正式开庭审理两个不同阶段的不同诉讼机能。

除了大陆法系国家外，英美法系国家也着力对审前程序进行改革，以实现审理集中化的目标。以美国为例，尽管遵循的是彻底的集中审理主义，但保障这一原则实现的审前程序却远非尽善尽美。美国审前程序的弊病与实行彻底的当事人主义和律师对抗制有关。“‘对抗制诉讼程序’鼓励律师们趋至道德和职业惯例所容许的极限，有时竟会逾越这种极限，律师十分严密地‘准备’他们的证人以对付询问和交叉询问，把他们明知是一堆谎言的东西乔装打扮成纯洁无瑕的真理。考虑到对方也如此这般做，道德方面的顾忌则易于减弱。”[②] 民事审前程序所染沉疴，引起美国法律界的忧虑和重视，促使他们着手对审前程序进行改革。“发现程序一直是我们的诉讼制度中最具争议的部分……这些问题根源于我们的法律文化：发现程序互相协作的理想与对抗制诉讼斗争的精神之间的冲突，不得阻碍对手获取证据的义务与争取并保持自己在信息资料上优势的责任间的冲突。因此，美国《联邦民事诉讼规则》求助于司法的积极介入来解决关于发现程序的争议。”[③] 该规则经过三次较大规模的修改，加强了当事人的义务，强化律师职业道德，赋予法官更大的控制诉讼的权力。这些改革措施进一步完善了民事审前制度，为其注入了新的活力。

从各国立法与司法的情况来看，审前准备程序已成为各国民事诉讼制度上一个不约而同的选择。通过审前程序实现审理集中化，是英美法系与大陆法系各国改革民事诉讼程序、建构诉讼审理方式所共同追求的目标。

三、美、德两国民事审前程序之比较

(一) 审前程序的价值和功能

审前准备程序的主要价值在于可以最大限度地提高庭审的功效，把庭审的主要资源配

---

① 参见白绿铉编译：《日本新民事诉讼法》，9～10页，北京，中国法制出版社，2000。

② ［德］K. 茨威格特、H. 克茨：《比较法总论》，潘汉典等译，399页，北京，法律出版社，2003。

③ John S. Beckerman, “Confronting Civil Discovery's Fatal Flaws”, in *Minnesota Law Review*, Vol. 84, 2000, p. 505.

置于当事人对案件事实问题和法律问题的辩论之中，即促进审理集中化。在传统上，英美法采行集中审理主义。德国法则是分割审理主义的代表，但德国法的历次修正已呈现出审理集中化的趋势，例如《德国民事诉讼法》第272条第1款规定："诉讼通常应该在一次经充分准备的言词辩论期日（主期日）结束。"从美、德两国的民事诉讼制度看，审前程序的重要功能是促进审理集中化，主要体现在对正式庭审（主要庭审）有拘束力的整理争点和整理证据上。

美国和德国审前程序的功能都是整理争点和证据并促进和解。不同的是，在促进和解方式上，德国法主要是法院调解（即诉讼和解）。尽管ADR（Alternative Dispute Resolution，即代替性纠纷解决方式）已开始时兴，但在德国，诉讼外调解并不普及。据说这是由于法院已经提供了充分的调解和解决纠纷的机会。而且，德国的当事人更乐意选择他们所信任和尊重的法院来解决争议。最近的一次民事诉讼法修正案，其指导方针之一是"必须强化民事诉讼中的调解因素"。基于此，德国通过采用调解审理（conciliation hearing）来强化民事诉讼中的调解观念。① 而在美国，充分利用法庭内外的各种ADR方式解决纠纷是其审前程序的一个突出功能，有95%以上的案件是在审前通过ADR结案的。"审前"已不再是审判的前奏，相反，它被设定为一个无须审判而结束案件的途径。②

（二）准备阶段

美国的审前准备主要是证据开示（discovery）和审前会议（pretrial conference）。

证据开示是指一方当事人向对方当事人提供和展示与案件有关的事实、文件，以及与其诉讼请求或抗辩有关的其他材料的审理前程序。诉讼一经开始，当事人即有权相互采用证据开示程序。根据1993年修改的美国《联邦民事诉讼规则》，双方当事人必须主动向对方当事人出示与请求有关的信息和证据。证据开示要求由当事人提出，不需要法院事先批准。证据开示过程总体上由律师发动，并通过要求与答复形式进行。笔录证言的进行要有法院书记员在场，但通常法官或其他司法官员并不出席。有关证据开示要求的正当性，通常通过协商解决。如果这一纠纷通过此种方式不能得以解决，可以请求法院作出裁决。证据开示程序纠纷可以由专门负责的法官或助理法官裁断，或由被指派审理该案的法官予以裁断。

近年来，美国特别强化审前会议，以促进诉讼并充实审理内容。与当事人主导的证据开示不同，审前会议体现为法官对审前程序的控制。美国《联邦民事诉讼规则》第16条第1款规定："在任何诉讼中，法院可以以其自由裁量权命令双方当事人的律师或无代理的当

---

① 德国《民事诉讼法改革法》已于2001年7月27日获得通过并自2002年1月1日起施行。有关资料来源于德国司法部网站。

② 参见［美］史蒂文·苏本、玛格瑞特（绮剑）·伍：《美国民事诉讼的真谛——从历史、文化、实务的视角》，蔡彦敏、徐卉译，123页，北京，法律出版社，2002。

事人出席为下列目的而举行的一次或多次审理前会议：（1）加快处理诉讼；（2）及早建立连续控制诉讼的管理体制，以免因缺乏管理而拖延诉讼；（3）减少不必要的审理前活动；（4）通过更全面的准备提高开庭审理的质量；（5）促进案件和解。”第16条第3款规定，审前会议审议的事项主要有：“（1）争点的明确和简化，包括对无意义的请求或答辩的排除；（2）修改诉答文书的必要性和妥当性；（3）为避免不必要的证明而对事实或文件获得自认的可能性；可能获得有关文件真实性的协议，以及法院对证据可采性的预先裁定；（4）避免不必要的证明和重复证据，根据《联邦证据规则》第702条的规定，限制或限定证言的使用……（12）为解决包括争点复杂、当事人众多、疑难的法律问题、特殊的证据问题在内的潜在的困难和诉讼程序的拖延而采取特别的程序的必要性……（16）有利于公正、迅速、经济地处理诉讼的其他事项。”

德国没有证据开示程序。在德国民事诉讼中，一方当事人不能强迫对方披露其所掌握的与诉讼有关的信息。如果当事人不愿提交书证，这一证据只有通过法院的命令方能获得。这一差异与德美两国“开庭审理”方式的不同有关。日本学者谷口安平指出：“德国法和美国法之间最根本的区别根植于开庭审理方式的差异。”[①] 证据开示的需要乃基于美国对抗制下一次性、集中、连续的审理方式，一次性集中审理是当事人证明其主张并辩驳对方证据的唯一机会。证据开示使当事人在进入开庭审理时就已充分准备好所有诉讼细节。而在典型的大陆法系国家中，民事案件的“审理”（trial）是通过一定期限内的一系列开庭（hearing）展开的。在这种审理程序中，有争议的证据可以轻易地在随后的某次开庭中查明、提交。但德国经由斯图加特模式（Stuttgart Model）和1976年改革，实际上已将审理结构和功能进行重组，将“审理”分为准备性审理（即初步审理）和主要庭审，所谓审前程序指的是主要庭审之前的程序。因此，德国的初步审理和书面诉讼准备发挥着美国的证据开示和审前会议的功能。

德国的书面诉讼准备和初步审理具有以下功能：（1）排除无争议的案件，减少无益的诉讼程序。（2）明确双方当事人之间的争议。（3）有利于促使当事人之间的和解。（4）使法官能发挥释明权，引导当事人行使诉讼权利。（5）能够确定以后审理的具体事项，如证据调查的重点和方法等，为今后审理做好准备。[②]

（三）法官的角色

作为两大法系的典型代表，美国法和德国法间的相互可借鉴性问题一向聚讼纷纭，是比较法上颇具吸引力的课题。1985年，芝加哥大学约翰·朗本（John H. Langbein）教授发表题为“德国民事程序的优越性”的文章，声称德国民事程序中的某些优点使德国制度优

---

① ［日］谷口安平：《程序的正义与诉讼》，王亚新、刘荣军译，92页，北京，中国政法大学出版社，1996。

② 参见章武生等：《司法现代化与民事诉讼制度的建构》，475页，北京，法律出版社，2000。

于美国程序；而德国法的优点主要是由法官负责和控制询问事实证人和专家证人及制作询问笔录的整个程序。[①] 对于朗本所主张的在不改变美国现行民事程序的许多其他基本特点的情况下，接受德国民事程序的核心内容——由法官主导的查明事实，约翰·莱兹（John C. Reitz）认为行不通。莱兹于1990年撰文指出，法官的角色是一个根深蒂固的文化问题。联邦和各州的法官给接受德国的证据调查方式设置了更加切实的障碍。在数量上，美国没有足够的法官去充实德国式的法院。尽管出现了“管理型审判”（managerial judging），但“管理型法官”仍基本上是公断人，他们对双方关于证据开示是否必要、是否被滥用或是否造成拖延的争执作出公断。这也是美国审前证据开示制度独具特色的地方。

与美国法相比，德国法官在诉讼中的角色显然是积极主动的。法庭必须在审理前阅读诉讼文书，以获得对案件的初步印象。法庭将无争议的指控和有争议的指控区分开来，考虑有争议的指控是否与最后作出判决相关，并命令收集向法院提议的证据。有趣的是，在民事诉讼集中审理的改革中，德国人并没有采用传统对抗制的做法，即允许当事人控制取证过程与诉讼的节奏，而是赋予法官更大的指导权，指导双方集中地对于争议的问题按时提交诉辩理由与证据。法官负有一种澄清事实问题与法律问题的法定义务——释明权，以帮助当事人充分行使其诉讼权利，维护其合法权益。[②]

---

① See John H. Langbein, “The German Advantage in Civil Procedure”, in *The University of Chicago Law Review*, 1985, Vol. 52, No. 4.

② 释明权，又译阐明权，更确切地说是法官的义务。德国《民事诉讼法》第139条第1款规定：“审判长应该使当事人就一切重要的事实作充分的说明，并且提出有利的申请，特别在所提事实说明不够时要加以补充，还要表明证据方法。为达此目的，在必要时，审判长应与当事人共同从事实上和法律上两方面对于事实关系和法律关系进行阐明，并提出发问。”

第七章

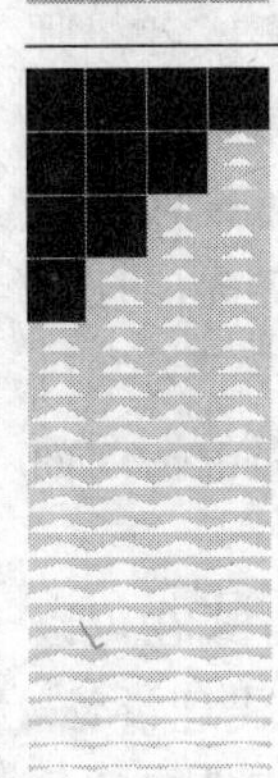

不应诉裁判制度研究

一、不应诉裁判概述

不应诉裁判是针对至少一方当事人全部或者部分缺失于程序的特殊裁判。如何在缺乏对抗和协商交流局面的状况下，在不应诉方的程序保障和应诉方的权利救济之间取得平衡，在促进程序和根据事实进行裁判之间求得最佳程序效果，寻求不应诉的不利后果和不应诉行为的相称，都是不应诉裁判以及各国民事诉讼程序架构必须解决的问题。

(一) 不应诉裁判的各种形态

不应诉和应诉是相对应的范畴。应诉的含义，在大多数国家的立法上，都不仅仅是指当事人出庭参加了诉讼，一般还包括两个条件：一是应诉的主体必须是符合法律规定的主体，这在律师强制代理的法院的诉讼程序中具有特别重要的意义，如果法律规定应诉的主体应当是当事人的律师，如法国的大审法院，则律师没有实施相应的应诉行为而当事人有所作为，仍然会被视为不应诉。二是不仅主体本身参加了庭审或者其他要求其出席的场合，该主体还作出了实际的攻击、防御行为，如：提交答辩状或者其他准备书状，或者进行了辩论。在民事诉讼过程中，导致不应诉裁判的不应诉行为主要包括：不出席言词辩论期日或者准备期日、不提交答辩状或者其他准备书状以及怠于行使法院指定完成的诉讼行为。但是，各国民事诉讼法究竟包括哪几种不应诉行为却各不相同。加上各国缺席裁判概念并不统一的干扰，在研究初始，只能给不应诉裁判下一个较为宽泛的、描述性的定义。所谓应诉裁判，是指各方当事人参加诉讼过程而作出的裁判。所谓不应诉裁判，则是有一方或者多方当事人从未参加诉讼程序，或者参加诉讼程序后又退出裁判前的诉讼程序而作出的裁判。

对当事人不应诉的形态进行划分，根据立法要求应当参加诉讼的当事人本人或者律师或者二者任一即可的主体不应诉的形态大致可以分为以下几种：一是该主体自始不参加诉讼直至裁判作出；二是该主体开始参加诉讼，中途退出诉讼程序；三是该主体在言词辩论期日不到庭参加开庭审理；四是该主体虽然出席言词辩论现场，但是不按照规定提出任何诉讼主张、证据材料或者其他抗辩方法；五是该主体不按照法律规定或者法官指定为某种诉讼行为。各个国家对不应诉裁判的不应诉形态之规定是不同的，并不一定全部包括前面五种形态，也可能有其他的特殊形态规定。

依据对哪些主体作出不应诉裁判的不同，不应诉裁判可以有以下两种识别方式在可以由本人自行诉讼而无须强制律师代理的本人诉讼中，无论当事人是否聘请律师代理诉讼，立法例一般规定本人及其代理人均不应诉才为不应诉裁判；而在立法例强制律师代理的律师诉讼中，没有委任律师或者委任的律师不应诉为诉讼行为，无论当事人本人是否有某些应诉行为，都要对之作出不应诉裁判，如前述法国大审法院的规定。另外，根据不应诉的主体的数量进行划分，可以有一方不应诉裁判、双方均不应诉裁判以及在多方当事人的场合可能出现的多方不应诉裁判的情形。当然，不应诉裁判的基本研究对象是原告不应诉和被告不应诉、一方当事人不应诉和双方当事人不应诉。比较特殊的是，在美国《联邦民事诉讼规则》中，只能对被告作出不应诉裁判。但是，由于美国民事诉讼中原告的范围较广，可以是本诉、反诉、交叉之诉的原告，相应的被告的范围也是很宽的。

（二）不应诉裁判和缺席判决

由于我国民事诉讼法学研究的范围长期以来囿于缺席判决，对二者的区分没有特别明确统一的认识，所以，对不应诉裁判的认识较为模糊，并且存在着将二者直接混同的情况。与之相对应，在各种译作对国外的不应诉裁判和缺席裁判制度进行介绍时，基于国内不应诉裁判制度和缺席裁判制度之关系没有廓清、理顺的现状，对于国外立法例上的相应制度究竟是不应诉裁判制度还是缺席裁判制度，也就带来了至少是称谓上的混乱：有的译作直接将不应诉裁判译为缺席裁判，有的译作又将本为缺席裁判的制度译为不应诉裁判制度，加上各国本身就有对不应诉裁判含义界定的广狭之分，因此，在接触外国的相关制度时，单看称谓而不了解其制度内涵，是不能对该制度究竟是缺席裁判制度还是不应诉裁判制度，是广义的不应诉裁判还是狭义的不应诉裁判，作出较为准确的判断的。

在法国，在当事人不应诉的情况下，根据诉讼当时的状态和条件以及应诉方当事人的请求之不同，有时作出实体判决，有时则作出撤销传唤状、撤销案件之类的命令或者裁定。按照法国学者 P. 埃布罗（P. Hebraud）的意见，法国法院的判决分为以下四大类型：对席判决、缺席判决、称为缺席判决的判决、视为缺席判决的判决。所谓对席判决（les jugements contradictories），是指《法国新民事诉讼法》第467条所规定的，各方当事人按照受理其诉讼请求的法院特有的规则亲自出庭或由其委托代理人出庭所作出的判决。除此之外，缺席判决、称为缺席判决的判决、视为缺席判决的判决均是在一方当事人不应诉的情况下法院作出的实体判决。裁判决定是终审裁判并且传票未送交至本人的情况下，才能作出缺席判决，按照异议方式救济；称为缺席判决的判决、视为缺席判决的判决虽然为不应诉裁判，仍然按照对席判决的方式进行救济。①

根据德国民事诉讼法，不应诉裁判主要按照裁判结果和不应诉的主体进行区分。不应诉裁判可以分为对原告的不应诉裁判和对被告的不应诉裁判。而按照裁判资料的不同，可将不应诉裁判中的不应诉判决，分为缺席判决和依现存记录所作的对席判决；依现存记录所作的不应诉对席判决，包括一方当事人不应诉对席判决和双方当事人不应诉对席判决。

可见，根据法院对当事人不应诉行为作出的裁判方式之不同，不应诉裁判主要分为不应诉实体判决和没有对实体内容进行判断的其他不应诉判决和裁定、命令等，对比各国规定不尽相同，如，德国的驳回原告之诉，法国的宣告传唤状无效、撤销案件裁定等。对不应诉当事人作出的实体判决分为缺席判决和对席判决（又称对审裁判）。因此，不应诉裁判包括缺席判决，缺席判决是各个国家民事诉讼法中最为特殊而又最具特色的一种不应诉裁判。

对不应诉当事人作出缺席判决还是对席判决，一般取决于法院的裁判是建立在一方还是双方的诉讼资料的基础之上。缺席裁判在大多数国家的民事诉讼法上都被严格限制在一定的范围之内，大多仅指一方当事人自始不参加诉讼过程或者自始不提出诉讼资料，法院不得不在单方当事人的诉讼资料基础上作出裁判；但是，也不排斥少数国家的立法出于惩戒的目的，不顾不应诉一方当事人已提交的诉讼资料，而仅在另一方当事人的诉讼资料基础上作出裁判。这种判决由于缺乏不应诉当事人的诉讼资料和辩论，往往对其不利。即便是在当事人有不应诉行为的情况下，只要是建立在各方当事人的诉讼资料基础上的裁判，就是对席裁判；而且，各国当前的趋势都是限缩缺席裁判的范围，在当事人有不应诉行为的情况下，只要是法院和对方当事人得到了不应诉当事人诉讼资料的送达，则法院一般会根据双方的诉讼资料作出对席裁判。

无论各国的民事诉讼法以及研究，是否对不应诉裁判和缺席裁判有泾渭分明的提法或者制度建构，一般而言，不应诉裁判的范围比缺席裁判的范围更广，且缺席裁判往往较视为对席裁判的其他不应诉裁判有特殊的救济方式。因此，不应诉裁判和应诉裁判、缺席裁判和对席裁判这两组概念实际上有相互交叉的区域，但又并不一一对应，应诉或不应诉是

① 参见［法］让·文森、塞尔日·金沙尔：《法国民事诉讼法要义》，罗结珍译，740页，北京，中国法制出版社，2001。

针对当事人是否出席诉讼、提出诉讼资料的行为而言，所谓应诉裁判或不应诉裁判则建立在这种划分基础之上。而对席裁判和缺席裁判的划分标准是裁判的基础资料是否包括不应诉一方的资料。所以，应诉裁判一定是对席裁判，而不应诉裁判视其作出裁判的诉讼资料的不同，既可能是对席裁判，也可能是缺席裁判。

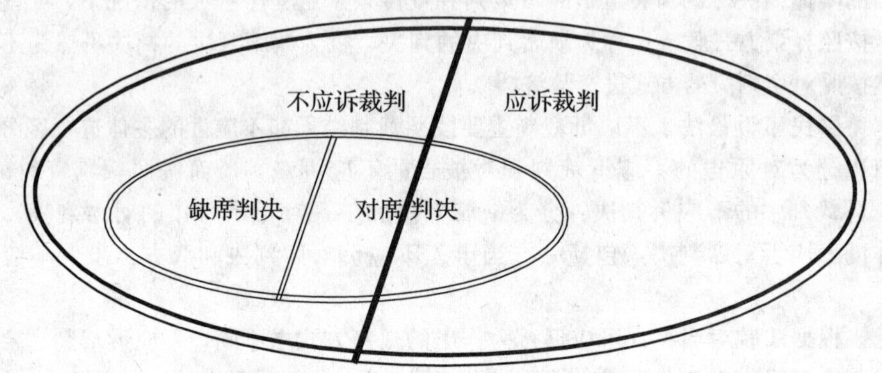

（三）不应诉裁判的适用范围

不应诉裁判在当事人不应诉的情况下适用，其适用的情形、主体和例外在各个国家有所不同。以英国新民事诉讼规则上的不应诉裁判制度为例，英国的不应诉裁判适用于当事人自始不应诉和不出席开庭审理两种情况。缺席判决，是指被告未提出送达认收书的或者未提出答辩状这两种情形下，法院未经开庭审理径行作出的判决。① 这里的答辩状包括提出答辩的任何文书。因此，对被告的不应诉裁判分为针对被告未提出送达认收书作出的不应诉裁判和针对被告未提出答辩状作出的不应诉裁判两种。不出席开庭审理的不应诉裁判是指一方或双方当事人未出席开庭审理的，法院可进行开庭审理程序，并作出针对不出席当事人驳回其请求或答辩以及撤销诉讼程序的裁判。不出席开庭审理的不应诉裁判分为三种情况，如没有任何当事人出席开庭审理的，法院可撤销全部诉讼程序；如原告不出庭的，法院可驳回原告的诉讼请求以及对反诉的任何答辩；如被告不出庭的，法院可驳回被告的答辩或反诉（或两者）。

各国的不应诉裁判的适用一般要满足两个要件：一个是不作为行为要件，一个是期间届满要件。不作为行为要件包括：被告不提出答辩；当事人一方不出席言词辩论期日或者开庭审理，以及当事人不按照法院规定为一定的诉讼行为。期间届满要件包括：提出答辩或者为其他法院要求的诉讼行为的法定或者指定期间届满；当次言词辩论期日结束；开庭

---

① 参见徐昕译：《英国民事诉讼规则》，54页，北京，中国法制出版社，2001。英国《民事诉讼规则》第12.1条。

审理期日结束等。规定了缺席判决制度的国家一般会为缺席判决设置更加严格的适用要件，如，法国民事诉讼法规定，在被告不出庭的情况下，只能在法庭传票未送交至本人且判决是终审作出时，判决为缺席判决。

不应诉裁判在以下情形中被排除适用，包括特定的程序、特定类型的案件以及针对特殊类型的不应诉当事人，也包括绝对排除不应诉裁判和限制不应诉裁判。以英国不应诉裁判制度为例，英国缺席判决的适用例外包括两类：第一类是根据英国《民事诉讼规则》第十二章的规定，尽管被告没有提交送达认收书或答辩状，原告也不能取得不应诉裁判的诉讼程序，包括：海事诉讼；仲裁程序；有争议遗嘱认证程序；临时性损害赔偿诉讼；就禁令、实际履行或指定接管人等提出诉讼请求的。第二类是英国《民事诉讼规则》及其指引所列举的以下特殊情况：

(1) 基于《1974 年消费信用法》所指协议提出交付财物的诉讼请求；

(2) 原告运用英国《民事诉讼规则》第八章规定的诉讼程序（可选择诉讼程序）的；

(3) 原告提起的诉讼系给付金钱之诉；且被告提出付款期间时，依据英国《民事诉讼规则》第 14.4 条或第 14.7 条提出或向原告送达自认书的；

(4) 适用《最高法院规则》第 88 号令［2］（抵押权诉讼）的诉讼，或者如诉讼程序在郡法院进行的，采取抵押形式担保的给付金钱之诉，在上述两种情形下，原告取得法院许可的除外；

(5) 依据《民事诉讼规则》第四十九章及其补充的诉讼指引规定的诉讼程序，或者不要求提交送达认收书或答辩状的诉讼，或者关于缺席判决的取得有特别规定的；

(6) 被告已根据《民事诉讼规则》第二十四章之规定申请简易判决，且有关申请尚未审理的；

(7) 被告已满足原告请求判决的所有诉讼请求（包括对诉讼费用的主张）；

(8) 诉讼指引规定原告不能取得缺席判决的其他情形的。①

根据《德国民事诉讼法》第 335 条第 1 款的规定，如果当事人申请为缺席判决或依现存记录而为不应诉判决时，出现下列情形之一，则不予准许而驳回其申请：

(1) 到场的当事人，对于法院应依职权调查的事项，不能提出必要的证明；

(2) 对于未到场的当事人，未能适当地，特别是未能及时地传唤；

(3) 对于未到场的当事人，未能及时地把以言词陈述的事实或申请以书状通知之；

(4) 审判长未在向被告送达诉状时催告其应于收到诉状后两周内向法院提出书面辩护意见，或者未告知被告超过前述不变期间的法律后果，以及未告知被告必须选任律师代理诉讼。②

① 参见徐昕译：《英国民事诉讼规则》，54、55、409、410 页，北京，中国法制出版社，2001。

② 参见谢怀栻译：《德意志联邦共和国民事诉讼法》，83 页，北京，中国法制出版社，2001。

二、不应诉裁判的取得

(一) 取得不应诉裁判的不同方式

英国没有法官依职权自行作出的缺席判决，都必须经过当事人的申请而为之。但是，依据当事人申请方式的不同，英国缺席判决的取得有两种方式：一是请求书方式，二是申请书方式。在英国针对一方不出庭当事人的不应诉裁判要根据对方当事人的申请，经法院审查取得；针对双方当事人的不应诉裁判则由法院直接作出。

美国《联邦民事诉讼规则》将不应诉裁判界定为，法院根据被告不应诉或不遵守法院命令等原因，在实体问题上作出有利于原告的判决。美国联邦法院和大多数州法院将不应诉裁判根据被告不应诉情形的不同分为以下三种，取得不应诉裁判的方式也相应不同：

1. 被告对于原告的起诉从未到案，或者从未对原告的起诉状作出答辩的反应。

原告申请法院宣告被告不应诉时，按照具体情况，分别适用以下两种程序：

(1) 原告请求的金额是固定的，则由法院书记官做成不应诉判决。

在被告不是未成年人或者无行为能力人时，书记官应当根据原告的请求和负债额的宣誓陈述书，登记被告承担请求的数额和诉讼费用的判决。

(2) 原告请求的金额没有确定的，则应由法官举行听证会。

法院没有义务就听证会发给被告任何正式的通知，被告出席听证会的权利往往是虚设的。在听证会上，原告应证明损害赔偿金额，但不必证明被告的责任。原告获得的救济不能超过其在起诉书中所要求的金额或者种类。被告如果能够出席听证会，就可以要求陪审团对此赔偿额进行审判。该听证会可以像一般庭审异议正式进行，但是，证据往往是以宣誓书而非证人的形式提出的。

2. 被告虽然曾经到案，但却没有提交正式的答辩状；或者，虽然提交了答辩状，却没有出席开庭审理。

被告曾经到案，以后不应诉，则只有法官能作出不应诉判决，但必须将损害赔偿金额听证会的日期以及此后诉讼程序中所出现的所有文件，均通知被告。否则，这将成为撤销不应诉判决的理由之一。作出这种规定的原因在于，被告的最初到案表明了其对诉讼主张了权益，为了防止嗣后因律师未能遵守各种程序规范导致不应诉，发送通知给被告，可以在一定程度上为当事人提供某种保护。

对于被告提出了答辩书后不到案这个问题，各类法院的态度不一。但是，美国法上一般认为，送达答辩书即为到案，以后的不出庭则构成不应诉。被告通过答辩提出他对于事实与法律的主张，已经将其与原告的争点展示出来，虽然在庭审时只有原告单方面提供证据，无从进行对立辩论，但是，被告已经提供了至少是答辩状这样的诉讼资料，所以，法院应该要求原告提供证明被告的责任以及损害赔偿的证据。只要法院能够对责任及赔偿数额问题作出确定性的裁量，就能作出不应诉裁判。

3. 被告没有遵守法院在审前程序中制作的某种命令，作为制裁，法院对之作出不应诉判决。

处罚性不应诉判决是三种不应诉裁判中最具有争议的裁判方式，它迫切需要解决的两个问题是，法院是否能够认为被告对责任与损害赔偿金额已作了承认，法院是否能以判令被告支付超过原告所申请的损害金额作为处罚。对此，美国最高法院没有作出过相关判决，其他法院的认识和判决之间则存在差异：有的法院把这种情况作为到案后的不应诉处理；有的法院则不给受不应诉判决的当事人以任何保护。如果对处罚性不应诉判决适用不应诉判决的一般规定，则前述问题的答案都是否定的。

不应诉登记和由书记官作出的不应诉判决登记都不需要作出通知。但是，如果应由法官作出不应诉判决，则应根据美国《联邦民事诉讼规则》的相关规定，如果被请求接受不应诉裁判的当事人曾经到案，则应在审理前3日将申请判决的书面通知送达给该当事人或其代理人。

(二) 取得不应诉裁判的要件

取得不应诉裁判的要件也根据各国不应诉裁判种类的不同而有不同的规定。英国法院根据当事人的请求书或申请书作出缺席判决，应符合如下要件：

(1) 已向被告送达诉状明细（法院案卷中的送达回证构成充分证据）；

(2) 被告未提交送达认收书，或者未提交答辩状，并且在上述两种情形下，提交文书的期间皆已届满；

(3) 被告尚未满足原告的诉讼请求；以及

(4) 被告尚未根据英国新民事诉讼规则向原告退回自认文书，或者未根据英国《民事诉讼规则》第14.6条之规定向法院提交自认书。①

英国法院对不出庭的一方当事人作出驳回其诉讼、支持对方当事人的诉讼请求以及补偿对方当事人的诉讼费用之不应诉判决的要件包括：

(1) 一方当事人不出庭；

(2) 另一方当事人在开庭审理时证明其诉或者反诉之诉讼请求；

(3) 另一方当事人请求驳回对方提出的任何诉讼请求；

英国法院对不出庭的双方当事人作出驳回全部诉讼的不应诉裁判的要件是双方当事人皆不出庭。②

---

①② 参见徐昕译：《英国民事诉讼规则》，54、590页，北京，中国法制出版社，2001。

德国民事诉讼法上，不应诉裁判主要按照裁判结果和不应诉的主体进行区分。不应诉裁判可以分为对原告的不应诉裁判和对被告的不应诉裁判。对原告的不应诉裁判分为对原告作出驳回起诉的缺席判决，以及根据被告申请、依据现存记录而作出的裁判。对被告的不应诉裁判包括：拟制原告所为关于事实的陈述得到被告自认的缺席判决，以及根据原告申请、现存记录对被告作出的裁判。按照裁判资料的不同，可将不应诉裁判中的不应诉判决分为缺席判决和依现存记录所作的对席判决；依现存记录所作的不应诉对席判决包括一方当事人不应诉对席判决和双方当事人不应诉对席判决。德国民事诉讼法上的缺席判决较为特殊的是：对于原告的缺席判决是在不考虑被告陈述的情况下，只要符合相关要件，即一律作出驳回原告起诉的实体判决；而对被告作出缺席判决时，则必须考虑原告的事实陈述能否使其申请正当，否则，应被驳回。其缺席判决大致分为以下三种：

1. 被告不出席言词辩论的缺席判决

因被告不出席言词辩论期日获得缺席判决时，原告所为除法院管辖以外关于事实的言词陈述，视为得到被告的自认。获得这种缺席判决取决于下列要件的满足：

（1）诉合法，指起诉满足诉讼法上的合法要件，包括当事人能力、法院的管辖权等。

（2）原告要求发布缺席判决的申请。

（3）指定了言词辩论期日。

（4）被告缺席。如果在无律师强制的程序中在点呼案件之后直至言词辩论结束之前，被告没有出席并且也没有依法被代理；或者无诉讼行为能力人没有法定代理人带领；或者在律师强制代理的诉讼中，没有法院许可的律师代被告出席诉讼，则无论其本人是否出席，均为被告缺席。如果前述合法主体虽于期日到场却不进行辩论，仍然视为缺席。

（5）缺乏“不合法理由”，即不存在前述《德国民事诉讼法》第 335 条第 1 款规定的情况之一。

（6）缺乏延期理由，即，不存在法院认为审判长所指定的应诉期间，或者传唤期间太短，或者缺席的当事人无过错地被阻出席。

（7）原告陈述的正当性，即，经过法官的实体法审查，原告的事实陈述能够满足“得出原告所申请的法律后果”的法律规范的事实构成，使得原告的诉之申请正当。否则，原告之诉应当被驳回。

2. 被告不在准备程序中防御的缺席判决

因被告没有在审判长催告的提交书面辩护意见的期间内表示对原告起诉的防御意愿，法院依原告的申请不经言词辩论而为裁判。但在法官署名的判决交付给书记官之前，被告的书面声明到达时，不适用此规定发布缺席判决。当然，原告可以一开始就在诉状中提出如果出现这种被告不予防御的情况则申请缺席判决的请求。要获得这种缺席判决，上述与言词辩论期日相关的前提条件（3）、（4）、（5）、（6）统统取消，（1）、（2）、（7）依然保留，并增加两个要件：

（1）被告与第 276 条第 1 款第 1 句的规定相应被要求出示他的防御，并且已被告知了“缺席为他指定的期日的后果”。

（2）被告没有回答该要求，或者是根本没有回答，或者是没有提出书面辩护意见（在律师诉讼中没有通过被许可的律师）。如果被告的回答在第 276 条第 1 款第 1 句的两周期间届满之后，但在法官已经签字的判决向书记处转交之前，则被告的防御意愿表示依照第 331 条第 3 款第 1 句后半句还应被视为及时。

3. 针对原告的缺席判决

对原告发布缺席判决的前提条件与针对被告的不应诉裁判应满足的前提条件大都一致，只在一个重要的问题点上存在区别：被告对案件的陈述不被考虑，即使被告的防御陈述不显著并且没有改变“原告在诉状中的正当”这一状况，也不针对他发布缺席判决。必须满足下列要求，才允许发布针对原告的缺席判决：

（1）诉合法；

（2）被告的缺席判决申请；

（3）指定了言词辩论期日；

（4）原告缺席；

（5）不存在第 335 条上的不合法理由；

（6）不存在第 337 条上的迟延理由。[①]

三、不应诉裁判的基础

在美国，应各种形式诉讼的原告，包括第三人、提出交叉请求或者反请求的原告之要求作出的不应诉裁判，需要原告提供的证据十分有限。如果原告请求的金额是固定的，且被告不是未成年人或者无行为能力人，由法院书记官根据原告的请求和负债额的宣誓陈述书，登记被告承担请求的数额和诉讼费用的不应诉判决。如果原告请求的金额是没有确定的，则应由法官举行听证会，原告应证明损害赔偿金额，但不必证明被告的责任。如果被告曾经到案，以后不应诉，则只有法官能作出不应诉判决，法院应该要求原告提供证明被告的责任以及损害赔偿的证据。但是，在对美国国家、官员或者机构的诉讼中，只有在原告向法院提供了充分的证据证实其诉讼请求的情况下，才能对其作出不应诉裁判。

关于英国不应诉裁判的事实和证据，无论通过何种方式提出不应诉裁判的请求，都必须

---

① 参见［德］汉斯-约阿希姆·穆泽拉克：《德国民事诉讼法基础教程》，周翠译，168～180 页，北京，中国政法大学出版社，2005。

在法院认为原告基于案情声明享有权利的情况下，方可作出不应诉裁判。原告依赖的、支持其申请的任何证据，无须送达未提交送达认收书的当事人。就对未成年人或精神病人提起的诉讼或者对配偶提起的侵权诉讼而言，申请不应诉裁判须有证据支持。尤其是申请就未成年人或精神病人作出不应诉裁判的，原告提出其有权取得所主张判决的证据，须令法院信服。就要求交付财物且不允许被告替代支付财物价款的诉讼，要求作出缺席判决的申请，提出的证据须对财物进行识别，并陈述原告相信有关财物的存放地点，并说明为何请求特定交付。

在以下两类不应诉裁判申请的场合，英国新民事诉讼规则列出了需特别提供的证据或者需特别证明的事项，并要求其证据采取宣誓陈述书形式，并且对其送达规定了区别于英国《民事诉讼规则》第二十三章关于一般送达的规定：

（1）对位于管辖区外的被告，或者在管辖区内但住所位于苏格兰、北爱尔兰或其他任何公约地区的被告送达诉状，并且被告尚未提交送达认收书的。

（2）对国家提出不应诉裁判申请。①

在德国，根据对前述诉讼要件的分析可见，除了诉之合法等要件是法院依职权应当调查的以外，缺席判决需要原告提供相应的证据，证明其申请满足了其他的相关要件。依记录作出不应诉裁判要求案情已经充分明白，当事人必须提供相应的证据资料。尤其是在双方当事人均未到场的情况下，依记录所为不应诉裁判要求在此前的一个期日进行过言词辩论，才能依现存记录作出判决，并且要求这种判决至少在两周后宣誓。因此，这种经过言词辩论的不应诉裁判所依据的记录不可能不涉及证据的提出。

《日本新民事诉讼法》采取了一方辩论主义，使裁判资料尽可能地建立在双方当事人诉讼资料的基础上，以还原事实真相。如果不应诉当事人在口头辩论期日前递交了准备文书等，现行法将其记载事项看作是口头陈述，综合出庭当事人的辩论，再作出相应的判决。尤为典型的是《日本新民事诉讼法》第158条规定的不应诉裁判中的诉状拟制陈述制度，它适用于一方当事人在首次口头辩论期日不应诉的两种情况——不出庭或者虽出庭但不为本案的辩论，而对继续辩论的期日当事人不应诉的情况则不能适用。但是，基于当事人在此前都已经提出了诉状、答辩状或其他书面准备文书，法院可以将不应诉当事人所提出的诉状或答辩状或其他的准备书状所记载的事项视为其作出的陈述，按照书面陈述进行审理，命令出庭一方当事人对缺席当事人的诉状或答辩状中记明的事实进行辩论，也就是说，法院将出庭当事人的口头陈述和缺席当事人的书面陈述合在一起进行辩论。当案件的争点确定之后，如果认为当事人的证据适当，便将之作为待证事实进行审问。如果认定缺席当事人不会对出庭当事人主张的事实发生争执，便将此事实当作自白的事实（虚拟自白）。② 只有在不出庭当事人记载的主张不能否定出庭者所主张的事实时，才拟制为缺席者对出庭者主张事实的自认。但在口头辩论期日不到场的当事人是根据公示送达而传唤时，不适用拟

① 参见徐昕译：《英国民事诉讼规则》，59～60页，北京，中国法制出版社，2001。

② 参见［日］中村英郎：《新民事诉讼法讲义》，陈刚等译，194～195页，北京，法律出版社，1999。

制自认的规定。如果不应诉当事人没有递交任何诉讼资料包括证据资料，则法院在第一次口头辩论期日听取原告方的辩论，并对现有证据进行审查后，如果认为请求有道理，才能拟制被告承认了原告所主张的事实，作出原告胜诉的判决。①

可见，不论是一般的不应诉裁判，还是严格意义上的缺席判决，都建立在对当事人双方或一方提出的必要证据资料、事实主张的审查之上，仅在采取双方的诉讼资料还是采取一方的诉讼资料上有所区别。一般来说，各国的缺席判决都仅仅建立在出席一方当事人的诉讼资料基础之上，而其他的不应诉裁判则一般建立在双方的诉讼资料基础之上，这些诉讼资料或者是记录，或者是已经提交的各种文书。而法院作出缺席判决的原因，一方面是确实无法获得不应诉一方当事人的诉讼资料，如，当事人自始不参加诉讼或者从不提出任何辩论；另一方面，也有当事人虽然提交过诉讼资料，但是法院为了惩戒其于言词辩论期日不到场，可以无视这些资料和相关记录而拟制其自认对方言词陈述，应对方申请作出缺席判决，如德国对被告于言词辩论期日不到场的缺席判决。但是，另一方当事人在这种情况下有权申请依据已有记录作出裁判而不为缺席判决。前者为多数立法例所采，但书的立法例为少数情况。

四、不应诉裁判的程序保障

（一）作出不应诉裁判时的程序保障

各国对作出不应诉裁判时的程序保障最为相通的是，对起诉状的送达或者传唤状的送达的强调。以《法国新民事诉讼法》为例，它规定只能对缺席判决适用异议救济途径。为了防止当事人滥用缺席判决造成诉讼拖延或者不告知对方起诉的相关情况浪费司法资源，给对方当事人造成损害，《法国新民事诉讼法》对缺席判决的作出严格加以限制，要求必须满足以下三个条件：一是对案件的判决是一审终审，不能提起上诉。二是被告本人未受到传票传唤。在多名被告因同一标的受到法庭传唤的情况下，如其中至少有一人不出庭，除了传唤是按照《法国新民事诉讼法》第659条规定的形式进行的，法官可以决定没有必要再次传唤以外，必须对其本人未受到传票传唤而未出庭的当事人再次进行传唤，而只有在经过再次传唤之后，没有任何一名被告出庭，并且第一次传唤与第二次传唤没有送达至一名被告本人。凡是被告本人已经依简单的传票或再次传票收到了出庭传唤通知，则不适用缺席判决。三是不应诉的是被告而非原告。因为经过多次修改，立法将缺席判决的适用范

① 参见王亚新：《对抗与判定——日本民事诉讼的基本结构》，131～134页，北京，清华大学出版社，2002。

围限制于没有受到送达而不知诉讼的发生的当事人，当然，只有被告才有可能因为没有受到送达而不知诉讼的发生而没有应诉。此外，对外国的当事人所作的缺席判决，法院还应在判决中证明，为了使该被告获悉起诉书已经尽了最大努力。

在美国《联邦民事诉讼规则》中，只要被告未能递交答辩状，便构成了不应诉，即可由书记官或法官作出不应诉登记。但是，不应诉登记只是记载了被告没有应诉的事实，并且可以阻止不应诉当事人作出任何有关责任问题的新答辩，其本身并不构成法律上的裁判，即便不应诉裁判可能直接以不应诉登记为依据而作出。不应诉判决只有在请求额已经确定的情形下，由书记官予以登记；或者在请求额未确定的情况下，由法官在就请求数额举行听证后作出登记。[①] 美国法院根据自由裁量权决定是否登记不应诉裁判，其裁量时应考虑多方面的因素，包括：不应诉是否在很大程度上为技术原因所致，被告现在是否准备作出防御，被告的迟延答复是否已经给原告造成了不利影响、案件涉及的请求数额以及争议的性质。[②] 对于被告曾经到案以后却不应诉的情况，除了只有法官才能作出不应诉判决之外，还要求必须将损害赔偿金额听证会的日期以及此后诉讼程序中所出现的所有文件，均通知给被告。否则，这将成为撤销不应诉判决的理由之一。

此外，作出不应诉裁判时的程序保障还体现在对言词辩论期日的再次指定方面。在《日本新民事诉讼法》中，除了对于在口头辩论期日不到场的当事人是根据公示送达而传唤时不适用拟制自认而作出缺席判决以外，即便当事人在口头辩论期日不到庭，如果法庭认为判决时机尚未成熟，便指定下次期日继续辩论。法院应传唤在第一次口头辩论期日里的缺席者，使其有机会在下次期日出庭进行辩论。同时，在首次期日不应诉的当事人一方在继续辩论期日里缺席或者不辩论而退庭，或者经过一次或数次双方当事人都出庭的口头辩论期日之后，有一方当事人在后续的口头辩论期日开始缺席的场合，法院可以应出庭一方当事人的申请，根据当时的审理状况以及当事人进行诉讼的态度，在其认为适当时进行终局判决，以防止不应诉当事人利用缺席来拖延诉讼。但是，如果法院认为当时的审理状况以及当事人进行诉讼的态度不适于作出不应诉裁判，如当事人不到庭是因为客观原因，则应重新指定下次期日，继续进行辩论。如果下次不应诉当事人仍不应诉，则法院可以根据现有的诉讼资料作出不应诉裁判。此外，《日本新民事诉讼法》还赋予了当事人判决请求的选择权，如果被告不同意原告撤诉，则法庭应当对原告缺席不作撤诉处理而依据第 244 条作出原告败诉的判决。这种判决选择权在《德国民事诉讼法》上也有体现。

(二) 不应诉裁判作出后的程序保障

不应诉裁判作出后的程序保障主要是指对不应诉裁判的救济。对于不应诉裁判中的缺席

① 参见汤维建：《美国民事司法制度与民事诉讼程序》，468 页，北京，中国法制出版社，2001。

② 参见［美］杰克·H·弗兰德泰尔等：《民事诉讼法》，夏登峻等译，445 页，北京，中国政法大学出版社，2003。

判决，各国一般都规定了较为特殊的救济方式，而对于不应诉裁判中的对席判决，则要求按照一般对席判决的救济途径进行控告或者上诉。下文仅对较为特殊的救济途径进行介绍。

英国新民事诉讼规则规定，如果法院因当事人不出庭而驳回全部或部分诉讼，当事人可以根据英国新民事诉讼规则第 23 章的规定，申请恢复提起全部或部分诉讼，以及申请撤销对当事人作出的任何判决。如果一方当事人不出席开庭审理，法院作出判决或对不出庭的当事人作出命令，则未出庭的当事人有权申请撤销前述判决或命令。当事人在前述两种情况下提出申请，请求恢复诉讼程序，必须要有证据支持申请人存在下列某种情形，法院才能准许其申请：

（1）申请人得知法院已行使权力，对其驳回诉讼、作出判决或签发命令的，立即提出申请；

（2）未出席开庭审理有充分理由，而且，出席开庭审理有合理机会胜诉。

于原告提出申请撤销或者变更缺席判决的，英国法院应当对原告的情况进行审查，原告应当符合两种情况：第一种情况是，原告宣称已送达诉状明细，以及原告应当已经基于英国新民事诉讼规则第十二章，对已送达诉状明细的被告取得缺席判决。第二种情况是，已取得缺席判决的原告，此后有充分理由相信诉状明细在原告取得缺席判决之前并未送达被告，则须提出撤销该缺席判决之请求；或者申请法院就此作出指令。而在缺席判决被撤销之前，或者法院对原告的申请作出指令前，原告不得在判决执行程序中采取进一步的措施。

法院撤销错误的缺席判决的理由主要是作出缺席判决的要件没有得到满足。原告基于被告未提交送达认收书而获得的不应诉裁判，如果不符合以下任一要件即可撤销：被告未提出送达认收书或者未对诉讼请求（或对诉讼请求的任何部分）进行答辩；提出送达认收书或答辩状的有关期间已届满。基于被告未提出答辩状而获得的不应诉裁判被撤销的，有两种情形：一是不符合以下两个要件中的任一或者全部要件的：被告提出送达认收书但未提出答辩的；并且提出答辩的期间已届满；二是在作出不应诉裁判前，全部诉讼请求皆已取得清偿。除不应诉裁判的要件未得到满足之外，还有两种特殊情况下可以撤销或变更不应诉裁判，但是这两种情况下提出撤销不应诉裁判申请必须要有证据支持：一是在其他任何作出不应诉裁判的案件中，被告对诉讼请求的答辩有实质性胜诉希望的，或者法院认为存在其他充分理由。二是在其他任何作出不应诉裁判的案件中，法院认为应撤销或变更该判决的，或者应准许被告对诉讼请求进行答辩的。

英国新民事诉讼规则还规定了缺席判决撤销时重新恢复原来被放弃的诉讼请求的制度。该制度适用于以下情形：原告除了通过提出请求书方式取得缺席判决的诉讼请求以外还主张了其他救济的；原告为了通过提出请求书的方式取得缺席判决，而在诉讼中放弃其他救济措施的。

根据美国《联邦民事诉讼规则》的规定，不应诉登记和不应诉判决登记是两个不同的概念，二者在撤销时所适用的条件和法条也不尽相同。根据“杰克逊诉毕所”一案的阐述，对于撤销不应诉登记来说，适用的法条是规则第 55 条（c），其撤销标准是“表明了有效的理由”。而是否满足规则第55条（c）所规定的动议的因素有三个：是否给原告人造成了损害；被告是否提出了有法律根据的抗辩；导致不应诉的原因是否为被告的有责行为。对于最后一个因素，某个行为是否为被告的有责行为，必须要看当事人及其律师的行为是否显示出妨碍司法程序进程或者是否严谨遵从法律、注意到了行为的后果。美国著名学者摩尔先生在其《联邦诉讼规程》中论及：“如果不应诉的当事人及其律师并没有显示出他们对法院的不尊重，或者，有证据表明他们采取急促的行动希望撤销不应诉的登记，从而表现出了对于法院诉讼程序的重视，法院则一般应倾向于采取宽容的姿态。可是，如果不应诉当事人并无有法律根据的抗辩事由，如果其不应诉应归咎于其心存恶意或不够诚信，或者，假如被告人未能就其不应诉行为说明任何理由，那么，显而易见，法院应当拒绝撤销不应诉之登记。”①

法院撤销不应诉判决的登记，应当按照美国《联邦民事诉讼规则》第60条的规定，运用撤销终局的、可上诉的裁判的标准衡量不应诉裁判是否应当加以撤销。美国《联邦民事诉讼规则》充分地注意到了在缺席情况下作出的判决与事实之间可能存在不一致的情况，允许当事人在出现如下六种情况时，提出撤销不应诉判决的申请：

（1）存在错误、疏忽、突袭或者可原谅的过失；

（2）有新发现的证据；

（3）欺诈、虚假表示或对方当事人的其他不良行为；

（4）判决无效的；

（5）判决被履行、被放弃或被解除，或者作为判决基础的前一判决已被推翻或以其他方式被撤销，或者该判决将来适用会不公正；

（6）有其他正当理由的。

其中，在第1种、第2种和第3种情况下要求宣告判决无效的申请，必须在作出判决后1年之内提出，其他情况下宣告判决无效的申请在适当的期间内提出即可。

法国民事诉讼法对缺席判决和对席判决规定了不同的救济途径。对于缺席判决，可以提出取消缺席判决的异议，但许多法律条文明确规定了排除运用这种救济途径的情形。至于对席判决，则仅能通过为对席判决设置的上诉途径，提出上诉。即是说，不应诉裁判中，除了缺席判决，视为对席判决、称为对席判决的救济途径和一般的对席判决无异，都采取一般的上诉途径。因此，本章仅对不应诉裁判中范围很小却很特殊的缺席判决的申请取消缺席判决的异议程序进行介绍。我国的学术研究中，还有将申请取消缺席判决的异议程序称为申请故障程序的提法。

依据明确立法条文的规定，排除运用申请取消缺席判决的异议程序这种救济途径的情形包括：

（1）非讼裁判；

（2）命令或通知（或者拒绝命令或拒绝通知）审前准备措施的裁定；

① 汤维建：《美国民事司法制度与民事诉讼程序》，469页，北京，中国法制出版社，2001。

(3) 社会保险事务法庭以及管辖房屋租金的法庭的一审判决；

(4) 紧急审理裁定；

(5) 仲裁裁决；

(6) 上诉法院就管辖权异议作出的判决裁判；

(7) 重整与裁判清算案件中作出的有关裁定。

缺席的当事人受到缺席判决的送达，是启动申请取消缺席判决的异议程序的前提条件。而提起申请取消缺席判决的异议程序应当具备以下条件：首先，在主体方面，可以提起缺席判决异议的人必须是原来进行诉讼、因缺席判决而受到了损害的当事人，该当事人应当有进行诉讼的能力，否则应当由法定代理人代理诉讼。其次，在时限方面，缺席当事人提起取消缺席判决异议程序与向上诉法院提出上诉的正常期间同为1个月。视距离远近，在1个月期间之外可以增加1个月至2个月。期间的开始期日为判决通知之日而非缺席判决送达之日。前述法定期间经过而不提出缺席裁判异议的人，如再行提出此种异议，原则上将以“诉讼不受理”论处。再次，对于启动程序的书状形式而言，法院一般必须经提出的传票受理。例外情形有两种：一是，在代理诉讼属于强制性的法院，也可以律师对律师的通知文书受理异议案件；二是，如果提出缺席判决异议旨在请求撤销上诉法院在非强制性代理诉讼程序中作出的缺席判决，此种缺席判决异议通过向作出判决的上诉法院书记室提交声明提出。最后，对于启动程序的书状内容而言，不论以何种方式提出异议程序，均应说明理由，提出受到损害的证据，否则，法院可以不予受理。但是，只要异议的法定期间未满，缺席当事人都可以再次提出异议。

关于取消缺席判决异议程序的效力，应当注意以下四个方面：首先，提出缺席判决异议和向上诉法院提出上诉的期间一样，具有中止执行判决的效力。如果不顾已经提出了缺席判决异议而仍然执行判决，即使受到异议的判决随后得到法院的确认，这种执行行为也将归于无效，但是，“当然的先予执行”以及“经裁判同意的先予执行”除外，并且准许采取保全措施。其次，自提出缺席判决异议起直至就此作出裁判决定，原判决所享有的既判力亦行中止。再次，启动异议使争议重新回到原来作出缺席判决的法院。最后，受到异议的缺席判决仅可由撤销该判决的判决消灭之。而听任对其再次进行缺席判决的人，不准许再行对缺席判决提出异议。

对缺席判决异议的审查分为两个层次：一是首先应当对异议是否受理进行审查；二是在受理该异议的前提下，对诉讼实体重新进行全面的审查。对于异议本身，不要求同一法庭或者同一法庭组成人员进行审查。但是，对于已判争点，则应提交同一法官，以便其从法律上与事实上重新裁判之。

在对异议的审查中，不受理缺席判决异议的理由包括：异议不符合规定；超过法定提出期间，缺席人放弃运用救济途径；原判决并非真正的缺席判决，只是被错误地定性为缺席判决等。法庭应当在对异议是否审理的裁判中就这一问题作出具体说明并阐述理由。如果不受理该异议，则法院判决重新获得效力。

如果法院受理了异议，在对案件进行的全面审查中，与向上诉法院提出上诉有所不同，各方当事人都保留其在原诉讼中所具有的资格。原告与提出异议的人各自的诉讼请求是否可予受理，依据原诉讼请求，按照普通规则判断。原审程序中的缺席人如果在缺席判决异议程序中又败诉，则必须承担一定的诉讼费用，以作为某种意义上的制裁。但是，如果第一次作出的缺席判决被撤销，则有可能取消原已实施的执行行为，对方当事人应当对缺席人受到的损害承担损害赔偿。①

此外，德国对于不应诉裁判的救济分为对驳回不应诉裁判申请的救济和对缺席判决的救济。首先，不应诉裁判的申请被驳回时，如果请求的该不应诉裁判是缺席判决，则当事人可以对驳回缺席判决申请的裁定提起即时抗告。驳回申请的裁定经过抗告被撤销时，在新期日不传唤未到场的当事人。而如果请求的该不应诉裁判是依现存记录而为裁判，该申请被驳回时，不得提出上诉或以其他形式声明不服。其次，对缺席判决以异议方式进行救济，是德国民事诉讼法上不应诉裁判救济制度中最为重要的内容，应当从异议程序的适用范围、主体、期间、方式、书状送达、调查几个方面进行把握。

---

① 参见［法］让·文森、塞尔日·金沙尔：《法国民事诉讼法要义》，罗结珍译，1169～1180页，北京，中国法制出版社，2001。

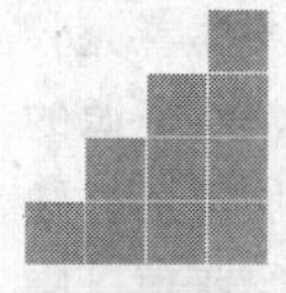

第八章

庭审程序研究

庭审程序就是指开庭审理，即，法院在当事人以及其他诉讼参加人的参加下，依照法定的形式和程序，在法庭上对民事案件进行实体审理的诉讼活动过程。[①] 在大陆法系国家的研究中，又将开庭审理称为言词辩论。言词辩论具有不同层次的丰富内涵。狭义的言词辩论，指当事人在法院所定之言词辩论期日，就诉讼标的之法律关系或权利所为攻击或防御之一切辩驳及争论而言。法院实务中，系由审判长于准备程序终结时，谕令双方当事人在法庭以言词就该诉讼为最后之辩驳，言词辩论终结时，审判长即当场谕示该诉讼辩论终结及法院宣判之时间。广义之言词辩论指，除法院之宣示裁判以外，法院、当事人及其他诉讼参加人，于期日就该诉讼所为一切行为而言，法院之指挥诉讼、调查证据、当事人之声明陈述、证人或鉴定人之陈述等行为均包括在内。[②] 本章的研究建立在广义的言词辩论的基础之上。

一、庭审程序的定位和种类

对庭审程序的规范是各国民事诉讼法的重要内容。庭审程序是民事诉讼程序的核心阶段，它在一个相对集中的时间和地点，召集几乎所有和案件有关的当事人、代理人、证人

① 参见江伟主编：《民事诉讼法》，217页，北京，中国人民大学出版社，2000。

② 参见陈荣宗、林庆苗：《民事诉讼法》，547页，台北，三民书局，1996。

以及其他参加人，对案件事实、诉讼程序和适用法律集中进行辩论，在诉讼中发挥着充分表达当事人主张、直接对抗以充分揭示事实、为法官提供最后也是最为完整的判断资源的作用。但是，在民事诉讼案件越加复杂和多样化，诉讼内外解决纠纷的机制越加灵活，转化愈加受到鼓励和成为可能的情况下，程序的发展也具有更多的选择和可能性，所以，庭审程序并不是所有国家民事诉讼案件的必经阶段。据称，在英国高等法院，在20万起案件中，只有1%至2%的案件是经过开庭审理解决的。[①] 但是，这不妨碍庭审程序在民事诉讼程序中的核心位置。为了避免或者追求进入这一阶段，当事人会在其效力的威慑下，作出庭审前的各种重要决定。

(一) 庭审程序和庭前程序的关系

庭审程序和庭前程序的关系可以用两对指标加以考量：一是集中审理主义和并行审理主义；二是空虚庭审和充实庭审。所谓集中审理主义，主要是指法官集中精力、连续不断地审理一个案件，待案件终结后，再审理别的案件；而审理并行主义，是指法官审理多数不同的案件，于诉讼方法上，并行在同一期日进行审理。[②] 和集中审理与并行审理相关但是并不具有必然联系的是，庭前过分充分的准备可能导致庭审只是走过场，而缺乏适当的准备又无法深入案件，沦为空虚的庭审。反之，适当的庭前准备可以使庭审的诸项独立功能得以实现，成为充实的庭审。当然，充分的庭前准备更多的是由集中审理的要求促进的。庭前准备的是否适度决定了庭审能否充实，而庭审充实化的关键又在于证据集中地在法庭上接受对方当事人的质疑和法官的审查。

随着审前程序介入事实程度的不同，能够进入庭审程序的案件比例也不同。审前准备程序将证据开示得越为充分，双方当事人的交流和对抗越是频繁，则案件事实越加清晰，博弈双方对自己的诉讼实力和判决可能导致的结果的认识越是明确，就越容易讨价还价，从而达成和解或是由法官调解结束案件而不必进入庭审程序。所以，英美国家尤其是美国庭前的和解率与撤回率超乎想象地高。在美国的州法院或联邦法院备案的案件中，只有很小比例的案件经过了开庭审理。一部分案件在没有任何努力的情况下就撤回了；一部分案件在被告提出驳回起诉动议申请或即决审判申请后被裁定不予受理；很大一部分案件则以和解了结，原告获得一些少于其诉状中所寻求的法律救济；其余部分，一般不超过10%，进入庭审阶段，而这其中不到一半的案件是由陪审团进行审理。当然，这跟美国的诉前程序相对冗长，证据开示和发现程序构成了一定的程序折磨也有关系。另外，正是陪审传统，使英美国家民事诉讼案件的审理表现出高度集中的特点。庭审是一个连续的、不间断的过程，双方当事人必须在此间连续不断地向法庭提供案件事实、证人、证据、书面文件和法

---

① 参见章武生等：《司法现代化与民事诉讼制度的建构》，409页，北京，法律出版社，2000。

② 参见陈荣宗、林庆苗：《民事诉讼法》，52页，台北，三民书局，1996。

律意见书。为了完成这样的集中审理，也必然要求当事人在审理前进行充分的准备，并需要借助披露制度明确当事人的争点和开庭审理的范围。

反之，大陆法系国家的庭前准备没有英美国家的那么细致入微，甚至曾经在很长的一段历史时期忽略庭前对案件的准备，所以，当事人与法官在庭前对案件和对方的情况都不能深入了解，和解与撤诉的几率相对较小，案件进入开庭审理也就较为普遍。另外，大陆法系国家的庭审无须繁复的准备，审理分为若干次，案件可以在受理以后很快安排庭审，所以，案件进入一系列开庭审理程序的可能也就更大。

以日本的庭审为例，其实际情况是经过了一系列的开庭日期，案件事实才逐渐显露出来。在这些日期内，当事者、律师努力把握另一方所提出的主张和证据并作出攻击或防御的对应，或者考虑和解的可能性。① 这种分散的、将若干次辩论期日视为一体、忽略庭前准备的庭审方式也有可能带来每次庭审的内容并不充实、辩论不能深入充分展开的后果。因此，大陆法系各国纷纷修改自己的民事诉讼法，加强了庭审前准备程序的功能，以防言词辩论之空洞化、形骸化现象。再以日本为例，日本于 1996 年修改的《民事诉讼法》中，一审普通诉讼程序突出的特点表现在准备程序的多样化。为了促使当事人尽快地明确争点，实现以争点为中心集中地审判，以加快诉讼进程，修改后的日本民事诉讼法把口头辩论即法庭审判阶段分为口头辩论的准备阶段和对争点集中审判两个阶段。为此，专门设置了三种争点和证据整理程序，即准备性口头辩论、辩论准备程序、书面准备程序。

此外，为了促进庭审程序的集中，日本、法国、德国都有加强当事人在庭前诉答或者准备阶段的主张责任的趋势，并向英美国家借鉴，相应规定了答辩失权、证据失权等制度。这样，在准备阶段没有提出的主张和证据到了正式开庭辩论时就可能丧失了重新提出的权利。这个关于失权的规定也抑制了当事者和法官迅速完成准备程序的意愿。法官会觉得一般是由于律师进行的诉讼行为没有抓住时机而引起的失权对于当事者过于苛刻。然而，当事者及其律师如果不积极从事准备活动，作为集中审理方式成功前提的持续性诉答和听取都不可能得到实现。如果当事者自己进行诉讼，集中的准备程序更是难以指望。②这就给促进诉讼的集中和迅速进行带来了两难困境。法国民事诉讼力争案件只经过一次开庭审理即可终结。为了到达适于庭审和判决的状态，要实施准备程序，诉讼当事人之间要传达文书、字据，要进行交换陈述准备书和书证等审前准备工作。法国法院通过判例形式明确规定，法官可以依职权将当事人超过期限提出的主张和证据从审判程序中予以排除，这个期限在实务中既可能是辩论期日之前，也可能迟至辩论期日的当日。③ 《法国新民事诉讼法》第 371 条规定："在任何情况下，辩论开始后都不能中断诉讼程序。"为此，法国民事诉讼在惯

①② 参见［日］谷口安平：《程序的正义与诉讼》，王亚新、刘荣军译，36 页，北京，中国政法大学出版社，1996。

③ 参见张卫平、陈刚编著：《法国民事诉讼法导论》，211～212 页，北京，中国政法大学出版社，1997。

例上实行集中辩论，即，辩论程序通常只经一次开庭即告终结；并且在实务中很少出现对某个案件连续数日进行开庭辩论的情况。[①] 在英国，诉答程序结束，就已经整理出并固定了开庭审理的争点，把争点压缩到了合理的程度；在美国，开庭审理只能对审前会议确定的争点进行争执。

值得一提的是日本民事诉讼的准备程序和庭审程序是穿插进行的，而不是像大多数国家那样先准备再庭审。法官在收到答辩状后不久并不是立即进入准备程序，而是指定第一次言词辩论期日，进行开庭审理。如果开庭审理发现并不具备作出判决的实体和程序前提，案件才会进入到前述三种准备程序中的一种，在准备充分的情况下，再指定第二次言词辩论期日。也就是说，第一次言词辩论期日，即，第一次开庭审理，在日本民事诉讼制度中有特殊的位置和功能。在案情简单明了或被告所在不明而支持原告请求的证据又很充分的案件中，第一次口头辩论期日的开庭审理往往意味着作出判决的实体和程序性前提已经具备，裁判所可以就此终结口头辩论，作出判决。但是在大多数情况下，第一次口头辩论期日的作用恐怕还在于以了解到的信息为基础来形成此后展开程序、进行审理的基本方针。[②] 德国民事诉讼中也有类似的规定和做法。

（二）庭审的分类

首先，对庭审程序的分类和各国法院系统的设置有着极为密切的关系。以美国为例，因为存在着联邦和州两套法院体系，所以，在民事诉讼法的适用方面，现在联邦地区法院适用美国《联邦民事诉讼规则》；各州基层法院则适用本州的民事诉讼法。虽然从案件的数量来说，联邦地区法院审理的案件数量只占美国诉讼总数的一小部分，大部分民事纠纷是由各州法院审理，但由于半数以上州的民事诉讼法沿用美国《联邦民事诉讼规则》，因此大多数州的第一审法院适用的民事诉讼法与美国《联邦民事诉讼规则》基本相同。即使这样，其庭审程序还是会有联邦法院庭审程序和州法院庭审程序的区分。在德国，则在总体上有州法院和初级法院的划分，并且有各自的庭审程序规则和共同适用的庭审规则。日本是在普通法院体系之外，设置了小额法院，则相应有小额法院的特殊庭审规则。法国法院则有大审法院和初审法院的划分。一般而言，德国州法院、日本的普通法院、法国的大审法院的庭审程序在某种意义上是该国的标准庭审程序，而德国的初级法院、日本的小额法院以及法国的初审法院一般审理一些小额、案情简单的案件，其庭审程序相应也就更加快速、简捷、非正式化。而英国则是通过统一立法中法院对不同案件审理程序的选择来实现程序包括庭审程序的多样化。按照英国于 1999 年通过的《民事诉讼规则》(Rules of Civil Procedure) 的规定，民事案件的审理根据诉讼请求金额、诉讼复杂性等因素由法院分配适用不

① 参见张卫平、陈刚编著：《法国民事诉讼法导论》，36～37 页，北京，中国政法大学出版社，1997。

② 参见王亚新：《对抗与判定——日本民事诉讼的基本结构》，36～37 页，北京，清华大学出版社，2002。

同的案件审理制，即小额索赔审理制、快捷审理制和多轨审理制（the multi-track）。[①]

其次，一些国家还就某些类型的案件专门设置了特殊的法院或者特殊的诉讼程序，如：法国的商事法院、劳资纠纷调解法庭、农村租约对等法庭；美国的复杂诉讼指南；德国和法国的家事审判程序；日本的家事诉讼和人事诉讼。而英国与美国的诉讼规则和相应的诉讼指引中对特殊案件的庭审程序规定的特别文书格式或者规则，更是琐碎细微。在法律资源越加丰富的今天，法律专门执业者愈加独占资源的后果之一就是令法律更加专门化，相对于实体法而言，诉讼规则更加具有可调性，而庭审程序规则就成为这种积累性的变化一个较为集中的体现。

最后，根据听审主体的不同，可以分为有陪审团或者陪审员参加的诉讼和仅由法官审理的庭审程序。仅由法官审理的庭审还可以分为由独任法官审理和由合议庭审理。比较富有特色的还是美国，它可以称得上是将陪审团制度应用得最多最好的国家，其庭审程序分为有陪审团参加的陪审团审理（jury trial）和无陪审团参加的法官单独审理（bench trial or non-jury trial）两种形式。这两种庭审方式的区别在于：陪审团审理有一个可能延续很长时间的遴选陪审团成员的过程，而法官单独审理则没有这个阶段；在案件评议阶段，陪审团审理中法官要对陪审团就法律问题作出指示，而法官审理则不存在这个问题。[②] 当审判是由法官进行的无陪审团审判时，审判经常会打断，陪审团审判则是连续的，它在没有打断的情况下持续进行直至作出一个最终的陪审团裁决。[③] 此外，法国庭审程序的庭审主体也是颇有特色，法国法院中负责准备程序的法官和负责庭审的法官是分离的，由于法官数量有限等原因，法国还存在着由一个法官听审后向合议庭报告，由合议庭合议裁判案件的制度。而法国商事法院的法官并不由职业法官担任，而是通过选举从商人中产生[④]；劳动法院的法官则是由劳资双方的代表形成，使法国成为非专业法官审理案件的典范。

此外，庭审程序根据其所在的审级不同，还可以泛泛地分为一审庭审、二审庭审、三审庭审和再审庭审，或者是分为初审庭审、复审庭审、上诉审庭审和终审庭审。越到更高的审级，该级别的庭审程序的内容就越是着重于对法律适用而不再是事实调查的争议。如果以辩论的内容为标准，还可以将庭审分为本案之言词辩论与非本案之言词辩论两种，非本案之言词辩论又称为程序之辩论。所谓本案之言词辩论指，当事人就诉讼标的之法律关系为实体法上之辩论而言，即就原告之诉讼有无理由而辩论之情形而言。非本案之言词辩论，系当事人就诉讼要件所为诉讼程序合法不合法之问题为辩论而言，即非就实体问题而就程序问题所为之辩论。诉讼实务中，法院于一般情形大都先就诉讼程序之合法不合法为

---

① 参见徐昕：《英国民事诉讼与民事司法改革》，178～196页，北京，中国政法大学出版社，2002。

② 参见汤维建：《美国民事司法制度与美国民事诉讼程序》，479页，北京，中国法制出版社，2001。

③ 参见［美］史蒂文·苏本、玛格瑞特（绮剑）·伍：《美国民事诉讼的真谛——从历史、文化、实务的视角》，蔡彦敏、徐卉译，232页，北京，法律出版社，2002。

④ 参见张卫平、陈刚编著：《法国民事诉讼法导论》，17页，北京，中国政法大学出版社，1997。

调查，再就诉讼有无理由之实体问题为审判。一旦发觉原告之诉讼程序不合法又不能补正者，即可以裁定驳回原告之起诉，但法院认为必要时，得命为辩论。[①] 简言之，前者的审理实行辩论主义，而后者的审理则实行职权主义原则。

二、庭审程序的作用分担

概括地讲，英美国家的开庭审理相对于大陆法系的言词辩论而言，次数较少，所以相对集中并且更具有实质性内容，对抗性和戏剧性都更加强烈，代表当事人的律师在庭审中发挥最为生动和活性的积极作用，法官更加具有权威和消极性。德国和日本的言词辩论期日从案件系属开始，一般会有断断续续的若干次，法官根据证据调查和案件的辩论程度等情况确定是否再开庭审以及庭审的步骤，当事人和律师在其指挥下进行举证和辩论，法庭的对抗相对缓和而接近会议的气氛。法国的庭审有其相对独特的诸多品质，和英、美、德、日国家的庭审都不相似，其庭审相对集中，庭前的准备中法官更加消极，几乎不涉及实质内容；庭审中，法官对律师的宽容度也是相当之高。各国的审判方式之所以能在较长的历史时期保持相当的稳定性，是因为各国法律传统和文化中存在着有利于采取与这种审判方式相适应的正当化策略的社会机制。而在向现代社会转型的过程中，随着国际交流的愈加通顺和频繁，各国的庭审制度也在加强比较、交流，在顺应民事诉讼基本规律的基础上，呈现出融合的趋势，而其本身的特性并未因此而减弱，尤其是在各国民事诉讼实践和民事诉讼立法的脱节或者相左之处，这种特性就愈加彰显。

（一）审理对象的决定

在庭审的实体内容方面，庭审对象的形成构成了这一方面的主要内容，而由谁来决定这一对象的形成就成为庭审的重要指标。“原告当事人提示的纠纷主题以及包含在其中的实体法上的权利义务关系，在诉讼法上被称为‘诉讼标的’。”[②] 但是能够进入庭审的并不应该是完整的诉讼标的，因为在庭审中当事人之间要进行辩论，法官也要进行判定，不是原告当事人提示的所有主题都能够真正地原原本本在庭审中显示出来。庭审对象的形成具有三个层次：请求——事实主张——证据。按照谷口安平先生的论述，只有在关于第二个层次即事实主张的层次才能将形成审理对象方面的两种法理——职权探知原则和辩论原则——

① 参见陈荣宗、林庆苗：《民事诉讼法》，547页，台北，三民书局，1996。

② 王亚新：《对抗与判定——日本民事诉讼的基本结构》，30～31页，北京，清华大学出版社，2002。

加以区分。[①] 两种原则的不同就在于采职权探知原则的民事诉讼中，法官不受当事人双方请求的约束，可以认定当事人双方都未主张的事实。而相应的，采辩论原则的民事诉讼中，只有当事人提出并加以主张的事实，法院才能予以认定，作为法院裁判基础的诉讼资料只能由当事人提供，法院不得随意变更或补充；对于双方当事人都没有争议的事实，法院必须加以认定；法院原则上只能就当事人提出的证据进行调查。这就对法庭审判内容形成了有效的制约。在现代国家的民事诉讼中，原则上都采辩论原则，只在一些较为特殊的事项上采职权探知原则。如：《日本新民事诉讼法》第 246 条就明文规定：对于当事人没有申请的事项，裁判所不得进行判决。德国民事诉讼中，通常情况下适用辩论原则，而职权探知原则意味着例外。只有在子女案件和一定的婚姻案件中，才适用职权探知原则。[②]

但是，在事实的形成方面，为了防止法官的判断和当事人的主张相左而当事人又不得而知，从而给当事人造成裁判上的突袭，也为了更充分地利用程序以尽可能地解决纠纷而不造成司法资源的浪费，尤其是在当事人没有律师代理或者律师无能的情况下，法官对当事人陈述和主张的阐明就具有特别重要的意义。德国和日本都有关于法官阐明权的规定，为法官在实体上指导当事人形成法律上的事实和主张提供依据。《德国民事诉讼法》第 139 条规定，法院具有三种权力：澄清不明确的陈述；将当事人的指控转化为精确的法律术语；指出有关的和无关的指控及证据。但是雷根斯堡大学法学教授 Peter Gottwald 认为："应当强调指出的是，这种义务与当事人陈述事实原则是完全一致的。法院只能将其判决建立在当事人的指控之上，而且其查明事实的义务不能用来引入一个全新的指控。即使法院依职权取得的证据，解释了新事实与理由，法院也无权在其判决中考虑这些事实，除非至少一方当事人将此类事实加入了其事实陈述之中。"[③]《日本新民事诉讼法》第 149 条第 1 款规定："审判长为了释明诉讼关系，在口头辩论的期日可以或者期日之外，就有关事实上及法律上的事项对当事人发问，并且催促其进行证明。可以对事实上以及法律上的事项向当事人发问或促使当事人声明证据。"一改旧民事诉讼法中将释明规定为义务的做法，而将释明视为法官指挥庭审、引导当事人发现事实的权利。

换一个角度来看待庭审作用的分担，无论是审理对象的形成还是程序的促进直至裁判的形成，其实都是三方互动的结果，在这个意义上法官和当事人都有所贡献或者说打上了自己的烙印。我国的民事诉讼法学惯用模式的概念和框架来衡量谁为主导、谁是次要的问题，并以此来划分类型。然而，随着对法官阐明权作用的愈加重视，我们可以发现，所谓

---

① 参见［日］谷口安平：《程序的正义与诉讼》，王亚新、刘荣军译，111 页，北京，中国政法大学出版社，1996。

② 参见［德］汉斯-约阿希姆·穆泽拉克：《德国民事诉讼法基础教程》，周翠译，64 页，北京，中国政法大学出版社，2005。

③ Peter Gottwaid, "Simplified Civil Procedure in West Germany", in *31 The American Journal of Comparative Law*687 (1983). 转引自宋冰编：《读本：美国与德国的司法制度及司法程序》，313 页，北京，中国政法大学出版社，1998。

审前对象由当事人决定，如果不辅以必要的法官阐明，争点的形成、证据的发掘都可能步入歧途，在德国和日本，法官对证据调查掌握着需求和节奏，法国的律师和当事人更是不能接触证人，法官在当事人提出的生活事实成为法律上的审理对象的道路上，其作用并不亚于当事人。而之所以有审理对象由当事人决定的结论，不如说是在法官和当事人共同形成审理对象的过程中，是当事人先给法官划定了一个范围，指出了一个方向。是否可以换个角度从资源的占有来说，是当事人而非法官先占了事实的资源，并且最终享有判决资源的成果，所以，当事人要在审理对象的形成上先为诉讼的各个主体划界。当然，这种划界还不是单方所能完成的，而是双方当事人博弈的结果，而在这博弈的过程中，法官已经不动声色地将自己指引当事人提出的有争议的主张和证据加工成了具有一定层次和顺序，甚至提供了可选答案的审理对象；并且可以通过一定的程序装置影响到当事人的实体权利，如，失权制度的确立。

(二) 程序由谁负责促进

根据诉讼程序的决定权掌握在当事人手中或者法官手中，可以将庭审程序的进行划分为当事者主导进行和职权主导进行两类。但是，当代多数国家民事诉讼中，诉讼程序都是由法官促进的。由于涉及强制性的权力和整个诉讼事件的发展，也因为法官在这一方面占有比当事人更多的知识、技能以及权威资源，所以，无论当事人及其律师在诉讼中可以得到怎样的表演和表达机会，即便在法庭上绝不会表现出活跃和积极的势态的英美国家以及法国的法官，在律师或者当事人似乎是整个庭审最为灵活或者关键的因素的情况下，仍然决定着庭审程序中每一个判断和大多数选择，包括庭审阶段的转换、当事人之间的争议、各个阶段是否充分完成其任务、当事人及其律师的表现是否违背了庭审规则以及扰乱了法庭秩序，也就是说，在促进程序方面，法官是关键的因素。然而，在此过程中，英美国家的当事人和律师在庭审中的积极主动已经毋庸置疑，强调当事人程序保障和法定听审权的大陆法系国家也愈加注重给予当事人完善的程序救济和程序选择机会，因此，各个国家的现代庭审制度都在赋予当事人越来越多的异议权和选择机会，当事人塑造程序的比例在逐步增加。因此，程序的发展、形成也就是法官通过由其负责解释的程序规则为当事人划定了一个行动的界限而已，在这范围中，当事人如同法官作用于事实一般，发挥着看似非主导，却仍然是举足轻重的作用，当事人的选择塑造案件程序特质的可能已经越加明显。

在防止诉讼迟延的程序促进中，各国法官对程序的主导在表现上还是各有特性的。依《法国新民事诉讼法》第440条第3款的规定，如果法官已对案件事实形成心证，裁判长可以命令当事人结束本案的辩论。但是在实务中，该条规定形同虚设。因为法国的法庭辩论是由专司辩论实务的律师来完成的，在口头辩论的传统意识下，律师可以在法庭上发表与争点没有多少关系的辩论，法官即使对案件事实已形成了明确心证，也不得不洗耳恭听，让律师在辩论中畅所欲言。① 德国法官在更大意义上是一个管理型的法官，欧洲大陆的律师依赖于法官家长式的管理诉讼的功能②，而他的美国同行却要相对积极。与德国的实践更为不同的是，美国的法官将授权律师安排诉讼的顺序、策略性动议甚至是证据的收集和调查。③ 在美国法官的职责更像是一个消极的仲裁者，他仅仅是对双方的冲突中某些规则的适用进行监督。④

三、庭审的基本原则

现代庭审的基本原则，包括公开、口头、对席和直接，每个原则都蕴含着通过程序运作约束裁判者恣意的正当化原理，因此通常被看作对抗式庭审中程序保障的底线。大陆法系的代表德国民事诉讼法于 1877 年采取言词审理原则与公开审理主义，而此种言词审理方式即所谓言词辩论方式。此种言词辩论方式之特色系由下列五大审理原则所构成：(1) 双方当事人于法官面前出庭，法官以言词辩论为方法展开法律纠纷之审理，直接由法官与双方当事人面对面以言词为审理，出现于言词辩论之诉讼资料始得成为法官判决之资料，结合直接主义与言词主义为诉讼审理方式。(2) 废除法定顺序主义而改采随时提出主义，言词辩论纵然经多次之期日而为之，亦不改其言词辩论之一体性原则。(3) 废止证据判决之制度，不再区分证据调查与辩论之阶段，采取所谓证据结合主义得同时一并提出而为言词审理。(4) 采自由心证主义，允许法官依其良心采证而认定事实。(5) 废除秘密审判方法，改采一般公开审判之原则。⑤ 前述关于庭审的基本原则随着民主政治制度的确立而逐步发展、完善，成为今日评价各国民事庭审程序乃至整个民事诉讼程序的重要标准。一些国家对这几项基本原则的重视已经提升到了宪法保障法定听审权的高度，如，日本《宪法》第 82 条明确规定，审判的对席审理及判决在公开的法庭上举行，如果民事诉讼的审理没有履行这套程序样式却作出判决的话，则不是一般的程序违法，而是发生侵犯当事人程序保障的违宪问题。⑥

---

① 参见张卫平、陈刚编著：《法国民事诉讼法导论》，215 页，北京，中国政法大学出版社，1997。

② 参见［德］米夏埃尔·施蒂尔纳编：《德国民事诉讼法学文萃》，赵秀举译，757 页，北京，中国政法大学出版社，2005。

③ 参见上书，756 页。

④ 参见上书，34 页。

⑤ 参见陈荣宗、林庆苗：《民事诉讼法》，546 页，台北，三民书局，1996。

⑥ 参见王亚新：《对抗与判定——日本民事诉讼的基本结构》，124 页，北京，清华大学出版社，2002。

(一) 公开

公开原则的一般含义是指庭审应当在正式的法庭上公开进行。如果庭审程序不能公开进行，至少应该保证程序内的公开，即，当事人和法院之间信息畅通，如：英国新民事诉讼规则要求开庭审理的案卷包括文书原件，连同其他任何法院指定的副本，皆应在开庭审理时出示。

英国新民事诉讼规则规定，公开审理为审理的一般规则。公开审理之要件，并不要求法院为便利社会公众的旁听而进行特殊安排。《法国新民事诉讼法》第 433 条规定，辩论程序原则上采用公开方式进行。但是对于涉及私人生活隐秘的案件，或各方当事人请求非公开审理的案件，或公开辩论会扰乱裁判秩序的案件，依该法第 435 条的规定，法官可以决定不采用公开方式，而将本案移至合议室内进行辩论。需要指出，依该法第 436 条的规定，在合议室进行的辩论，将禁止公众参加旁听。德国民事诉讼法也规定：案件的庭审对公众公开，但为了保护个人权利或商业秘密，可以不公开审理。在法院审理或开庭时，不允许录音、拍照或拍摄纪录片用作广播或电视而公之于众。但是，各个国家均对公开审理规定了一定的例外，这些情况包括：公开审理将违背审理程序之目标的；审理程序涉及国家安全事项的；涉及保密信息（包括个人财务信息）或未成年人、精神病人之利益等。英国新民事诉讼规则规定的不能公开审理的范围比较大，除了涉及前述事项不公开审理之外，以下事项也不允许公开审理：抵押权人因占有土地的命令，对一个或一个以上自然人提起的诉讼；出租人因承租人不交租金而要求恢复占有房屋，对一个或一个以上承租人提起的诉讼；申请中止执行令或占有令，或者请求法院考虑一方当事人向他方当事人支付款项的能力，而申请执行中止；言词询问；受托人或遗产管理人（personal representative）就提起诉讼或对诉讼抗辩，申请法院作出指令等。

(二) 口头

口头是指庭审应以口头的陈述、辩论，而不是以对书面记录加以审查的方式进行。作为当事人诉讼行为或辩论对抗的形式，口头方式并不一定比书面方式优越得多，但在大陆法系民事诉讼中，口头方式之所以被提升到“口头主义”的原则高度，是因为被理解为与当事人的程序保障和判决的正当性具有密切联系的一个重要因素。①

各个国家都规定民事案件原则上应当经过口头主义的庭审，但也以书面审理作为补充和例外。如：《德国民事诉讼法》第 128 条第 1 款要求法院对某一案件作出判决之前要进行口头审理。但也有例外，即如果当事人请求或者争议的标的不超过1 500马克，或者在地方

① 参见王亚新：《对抗与判定——日本民事诉讼的基本结构》，122 页，北京，清华大学出版社，2002。

法院进行的小额诉讼，可以进行书面审理。法国是现代国家奉行书面主义程度和范围较广的国家，一个典型的表现是，法国律师十分重视当事人记录的制作。这是因为，法国法院通常不对当事人的辩论内容进行记录，而当事人记录是辩论内容的书面化，它对于法官处理那些仅凭言词辩论难以得出裁判结论的复杂性案件，其影响力往往等同或超过言词辩论。另外，法国律师心里也非常清楚，起草判决书的法官在起草判决书草稿时需要参考自己提交的当事人记录。根据法国民事诉讼法的规定，没有经过辩论的事实不得成为裁判的依据，而其辩论的实施方式有两种：一是言词辩论，即当事人以口头方式进行辩论；二是书面辩论，即当事人采用书面方式进行辩论。但是，按照传统辩论主义理论的解释，当事人进行辩论以言词辩论为原则，书面辩论为例外。在实务中，当事人完全适用书面主义进行辩论的，即律师通过向法院提交当事人记录而省略言词辩论的，即使在简易案件诉讼中也只占50%左右。《日本新民事诉讼法》第87条第1款规定，当事人应当在法院对于诉讼进行口头辩论（即言词辩论）。但是，对于应以裁定完结的事项，是否应进行口头辩论，由法院决定。确立了必要言词辩论原则及其适用的例外情形是由法院决定的原则。和英国相比，美国也有英国那样的审理的单一性与戏剧性。区别在于在美国没有像在英国那样强调口头性。在不使用陪审团的审理中，书证材料可以不经朗诵而交给法官。不论有没有陪审团，律师争论法律争点时，不必朗诵书本原文。法官私下阅读详细的判例和成文法。律师往往把书面论证交给法官。口头论证只是作为证明，强调其内容之用。①

（三）对席

对席是指庭审应当以双方当事人同时出庭作为原则。《法国新民事诉讼法》第444条规定，只要当事人对其受要求应当说明的法律上与事实上的问题未能进行对审辩论，法庭庭长甚至必须命令重新开始辩论。作为对席的相对面：缺席的内涵和外延都被各个国家逐步进行限缩，最为突出的表现就是各国一般不再对没有出席口头辩论的当事人一律地课以缺席判决，而是根据当事人是否提交过诉讼资料以及出席一方当事人的诉讼资料是否能支持其主张的情况之不同，可能作出对席判决。从一个侧面表现了庭审应当在双方当事人对席的情况下进行，如果一方当事人不能出席，如果其提交了相关的答辩状、准备书或者其他诉讼资料，则视为其出庭辩论，令出庭一方当事人对这些资料进行辩论，当然，前提是，这些诉讼资料在开庭前送达法院和对方当事人。如，德国民事诉讼法规定了依现存记录对不应诉当事人作对席不应诉判决，其中，一方当事人不应诉的对席裁判是指，在言词辩论期日里，当事人一方未到场，对方当事人可以不申请为缺席判决，而申请依现存的记录为裁判；如果案情已充分明白，能为此种裁判时，法院应准许其申请。双方当事人不应诉的对席裁判是指，当事人双方在期日不到场或不进行辩论，法院可以依现存的记录而作出

---

① 参见沈达明编著：《比较民事诉讼法初论》（下册），82页，北京，中信出版社，1991。

裁判。

对对席辩论最为重要的保障，是对双方当事人出席言词辩论期日的通知和送达的保障。一般情况下，诉状和出庭召唤状已经向被告进行了合法、有效的送达（公示送达除外），是法院作出缺席判决的前提条件。英国民事诉讼规则将“已向被告送达诉状明细（法院案卷中的送达回证构成充分证据）”，作为法院根据当事人的请求书或申请书作出缺席判决的要件之一。《法国新民事诉讼法》第473条规定，如裁判决定是终审裁判并且传票未送交至本人，则判决为缺席判决。该法第474条第2款规定，在多名被告因同一标的受到法庭传唤的情况下，如其中至少有一人不出庭，并且所作判决是不允许提出上诉的判决，除了传唤是按照《法国新民事诉讼法》第659条规定的形式进行的，则法官可以决定没有必要再次传唤以外，对于其本人未受到传票传唤而未出庭的当事人，应当再次传唤。在再次传唤之后，如有一名被告出庭，或者如果第一次传唤与第二次传唤已送达至一名被告本人，由此作出的判决对所有的被告均视为对席判决；相反情形下，判决为缺席判决。此外，日本民事诉讼法规定，当事人一方在继续辩论期日里缺席的，法院可以应出庭一方当事人的申请，根据当时的审理状况以及当事人进行诉讼的态度，在其认为适当时进行终局判决或者重新指定下次期日。美国《联邦民事诉讼规则》规定，如果是应由法官作出的不应诉判决要进行庭审而被请求接受不应诉裁判的当事人又曾经到案，则应在审理前3日将申请判决的书面通知送达给该当事人或其代理人。可见，各国法院都在尽可能地保障当事人双方在庭审期日进行辩论，以贯彻当事人对席原则，并彻底地解决纠纷。

（四）直接

程序的直接原则意味着，整个诉讼的辩论必须在同一个法官前举行并且这个法院也应当作出裁判。① 具体到庭审程序，直接原则是指庭审应当由作出裁判的法官以及陪审团进行听审。

德国民事诉讼法对直接原则的保障有以下三个方面的规定：其一，规定当事人应当在“审理法官前”对诉讼作出辩论；其二，规定判决只能由参与了对判决有重要意义的言词辩论的法官做成；其三，证据调查在诉讼法官前举行。《日本新民事诉讼法》第249条对直接主义进行了专门的规定，要求判决应当由参与过该案基本的口头辩论的法官作出；在更换法官的情况下，当事人应当陈述以前口头辩论的结果；在更换独任法官或更换半数以上合议庭的法官的情况下，对于以前已询问的证人，如果当事人提出再询问的申请，法官应当进行该询问。② 作为相反的例子，法国民事诉讼对直接主义的贯彻则较为放任，其表现有

---

① 参见［德］汉斯-约阿希姆·穆泽拉克：《德国民事诉讼法基础教程》，周翠译，67页，北京，中国政法大学出版社，2005。

② 参见白绿铉编译：《日本新民事诉讼法》，93页，北京，中国法制出版社，2000。

二：一是，虽然其辩论程序采用直接主义、口头主义方式进行，但在调查证据方面则采用间接主义、书面主义方式。[①] 二是，依《法国新民事诉讼法》第786条的规定，只有在律师不提出反对意见的情况下，才可以由合议庭中的准备程序法官或报告法官单独主持辩论期日的开庭，并由其负责向合议庭报告辩论结果。由于准备程序法官在辩论程序开始前有可能掌握当事人的主张和证据的内容，因此在大多数情况下，作出裁判的合议庭都是通过指定与准备程序无关系的法官作为单独主持辩论程序的法官，并由其负责将听取的辩论结果向合议庭进行报告。所以，在法国作出裁判的合议庭可能不都参加庭审。

四、庭审的内容、步骤和格局

（一）庭审阶段的组成

对照两大法系中典型国家的庭审程序可以发现，其大致都由案情陈述、证据提出、法庭辩论等几个阶段构成。并且在庭审程序的进行阶段上也存在很多相似之处。美国《联邦民事诉讼规则》规定，庭审先由原、被告双方作开场的案情陈述，再对原、被告双方各自提供的证人和证据进行询问和交叉询问，并由原、被告双方提出异议证据，最后双方可以总结证据，作总结性的陈述，再由法官或者陪审团作出裁判。[②] 德国的庭审程序则是在原、被告双方进行陈述之前，先由法官介绍案件，之后原、被告双方进行陈述和反驳，并作第二次答辩，法院再即时调查证据，当事人发表意见后由法院作出判决。[③] 有所区别的是，美国的证据调查和法庭辩论并不分开，且查证且辩论，而德国的这两个阶段是有所划分的。

（二）开庭陈述

美国有陪审团参加庭审的，在陪审团宣誓就座后，先由原、被告双方的律师向陪审团和法官作事实陈述。当事人双方的律师在开场陈述中应当简要介绍案件，告知不了解事实，然而又要对事实作出裁断的陪审团其要证明的事实和证明方法。双方律师一般都将开场陈述视为争取陪审团成员的机会，陪审团成员对其产生有利的印象标志着庭审成功了一半。

---

① 参见张卫平、陈刚编著：《法国民事诉讼法导论》，152页，北京，中国政法大学出版社，1997。

② 参见［美］玛丽·肯·凯思：《民事程序法》，170～171页，北京，法律出版社，2001。

③ 参见［德］狄特·克罗林庚：《德国民事诉讼法律与实务》，刘汉富译，403页，北京，法律出版社，2000。

德国法院在宣布开庭之后，由法院而不是当事人首先介绍争议的状况，向当事人及其律师表明在经过庭前阶段的准备工作之后，法院对于案件的初步认识。

日本的庭审一般在规定的期日、公开的法庭上，在审判长指挥下进行。首先，由原告就请求的趣旨及原因进行陈述。如果案件经过了辩论准备程序，则先要陈述准备程序的结果。与此相对，被告将就是否承认对方请求进行陈述，如果被告承认或者原告放弃请求，诉讼将因此而结束。如果被告否认原告的请求，原告为支持其请求，必须进行事实及法律上的陈述，而被告则针对原告的主张，要么承认（自白），要么否认原告的主张而进行抗辩。①

（三）庭审辩论

在美国民事诉讼法中，在呈示完所有的口头证据、书证和物证等之后，原、被告双方的律师被允许在陪审团面前就案件进行辩论（argument）。通常由原告方律师首先展开辩论，被告方律师则作出回应性辩论。在辩论过程中，允许双方律师将有关的证据以最有利于其当事人的方式予以安排并力争说服陪审团接受己方对案件事实的看法，并可基于对证据的分析提出建议性的结论。辩论之后，双方律师还将向法官和陪审团作终场陈述（closing statement），即集中地概括和总结在庭审中呈示的证据，请求陪审团作出有利于己方的裁决。

法国的言词辩论由审判长宣布开始并指挥言词辩论。当事人按原告律师在先、被告律师在后的顺序进行，从事实和法律上对案件进行陈述并证明所主张的事实。当事人为参加人的，其律师应相应参加人在诉讼中的地位及本案情况，依适当的顺序进行辩论，即可以不限于在被告后进行辩论。按法国民事诉讼惯例，原告律师在被告律师进行辩论之后，还可以用较短的时间进行作为反论的补充辩论。在各方当事人陈述了其诉讼请求后，审判长认为事实已经查清时，得命令双方当事人停止争讼答辩，或者停止为进行辩护而作陈述。法官可以提请当事人提出其认为必要的法律上与事实上的说明，或者提请当事人具体说明看来尚不清楚的问题。言词辩论结束后，双方不得再向法院提简单的说明（note），但应审判长要求提出的不在此限（参见《法国新民事诉讼法》第445条）。言词辩论中审判长认为有必要采取调查措施时，可以作出调查证据裁定并改期举行言词辩论。

德国法官应当在作出最先的陈述之后，尽力寻求与双方的律师讨论和解的契机。若不成，则对案件的实质问题进行审查。在当事人对案件的争点进行陈述之后，法官将进行总结并对案件事实与争点进一步地加以分析。如果法院认为某些争点需要进一步的说明，可以要求当事人在规定期间内提出解释性的诉讼文件，如果当事人未在该期间内提出，除非其迟延的理由合理，否则，法院将不考虑他新提出的证据。

---

① 参见王亚新：《对抗与判定——日本民事诉讼的基本结构》，36页，北京，清华大学出版社，2002。

(四) 庭审证据调查

美国的证据调查紧接着开场陈述。这一阶段主要是由原、被告双方提出有利于自己的事实和证据，以证明己方陈述的案情为真。呈示证据阶段最主要的活动是由律师对双方提供的证人进行询问，证人通过而且只能通过对律师所提问题的回答来向陪审团和法官讲述其所了解的案件事实。询问分为直接询问（direct examination）和交叉询问（cross examination）。直接询问是由各方当事人的律师对于己方的证人进行询问；交叉询问则是在一方律师对己方的证人直接询问完毕后，另一方的律师对该证人所进行的询问。询问遵循先原告后被告、直接询问——交叉询问——再直接询问——再交叉询问的顺序。在对证人的询问过程中，律师还将不失时机地将有关的书证、物证呈示法庭。

德国法官有指导当事人双方抗辩的权利和义务，争执点一旦确定，法院就作出调查证据的裁定（参见《德国民事诉讼法》第 284 条、第 358～360 条）。裁定确定应调查的证据范围以及证人和鉴定人的姓名，法官通过证据裁定排除对与争执点无关的事实提供的证据。德国民事诉讼采取对证据进行自由评价原则，法官主导各种证明手段的使用：审查证人都由法官而不是当事人或其律师进行审查；由法官指定的专家证人必须发表中立的意见；以书面文件提交的证据被法官认为是最重要和可靠的证据（参见《德国民事诉讼法》第 415 条），对当事人的质询只是辅助性的证据.

日本最终阶段开庭审理的所谓主要期日集中进行并构成了言词辩论主要内容的是对证人证言的审查。[①] 证人和当事者本人的询问，应尽量在争点和证据的整理结束之后集中地予以实施。因此，对证人证言（包括对当事者的询问）、鉴定、勘验以及当事人向法院提出的书证往往必须在正式开庭审理的场合下以言词辩论的方式进行。在主要期日的证据调查接近尾声时，法官应当斟酌口头辩论的全部旨意和证据调查的结果，依据自由心证判断对于事实的主张是否应认定为真实，从而作出判决。

(五) 最后陈述

美国的当事人及其律师最后陈述完毕，主审案件的法官通常会对陪审团作出指示，要求陪审团从陪审团成员中推选出陪审团主席，并对庭审中呈示的证据进行评议和对案件作出裁决。之后，法官会命令陪审团退庭，陪审团将在一专门指定的评议室内开始评议案件并作出裁决。

德国法官在证据调查完毕后，要对整个审理过程和对证据审查的结果进行考虑，自己

① 参见王亚新：《对抗与判定——日本民事诉讼的基本结构》，40 页，北京，清华大学出版社，2002。

确定所涉及的问题是否全部得到证实，并据此判案。

据日本的司法统计和有关研究，作为新民事诉讼法实行之前的一般状况，每年地方裁判所审结的民事诉讼案件中总有大约一半经过1至2次口头辩论期日，平均在两个半月左右结案，而另一半则需要3次以上的口头辩论期日，结案的平均日期在一年半以上。①

① 参见［日］林屋礼二：《民事诉讼比较统计的考察》，74～77页，东京，有斐阁，1994。转引自王亚新：《对抗与判定》，128页，北京，清华大学出版社，2002。

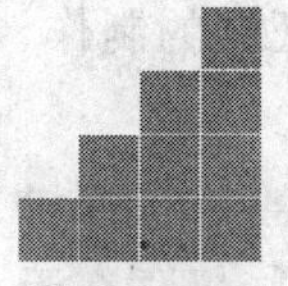

第九章

证据规则研究

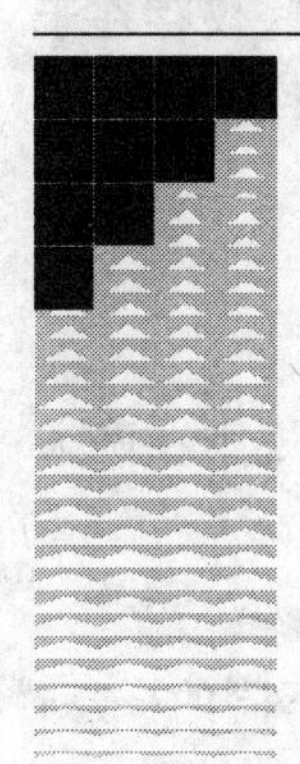

一、证据规则概述

(一) 证据规则的含义

现代型司法不同于传统型司法的重要特征之一，就在于前者始终以某种先定的一般原则和“游戏规则”为前提，以便增加司法的可预见性。① 证据规则正是这样的一套“游戏规则”，它为诉讼主体在证据的收集、审查和判断方面提供了一系列据以遵守的法则，从而增强审判的透明度，提高诉讼的效率。

证据规则的含义有广义、狭义之分。从广义上看，可将证据规则定义为“规范证据的收集、审查和评价等诉讼证明活动的准则”，或者“确认证据的范围、调整和约束证明行为的法律规范的总称”。一些学者则习惯于从狭义的角度理解证据规则，他们在介绍证据规则时，仅探讨关联性规则、非法证据排除规则、非法自白排除规则、传闻证据排除规则、意见证据规则、最佳证据规则和特权证据规则等几项规则。② 在他们看来，证据规则仅指那些在庭审或审理中对证据的可采性问题起支配作用的规则：在英美法系，表现为一系列有关证据可采性的规范，包括关联性规则和大量排除规则；在大陆法系，则表现为确认并调整

① 参见［英］哈耶克：《通往奴役之路》，王明毅等译，83页以下，北京，中国社会科学出版社，1997。

② 证明行为规则通常包括证明标准、证明对象（包括司法认知、自认和推定）、举证责任及其分配等内容。参见卞建林主编：《证据法学》，92页以下，北京，中国政法大学出版社，2005。

证据的范围和资格的行为规则，即证据能力规则。而证明行为规则，即有关证据的制作、调查收集、审查判断和举证、质证的行为规范则不在狭义证据规则之列。①

鉴于本书已就证据收集机制和举证责任的比较研究另设专章进行探讨，故本章仅探讨狭义上的证据规则。此外，由于民事证据规则和刑事证据规则之间的差异，一些仅存在于刑事诉讼领域的证据规则，如非法自白排除规则和补强证据规则亦不纳入本章讨论范围。

（二）两大法系证据规则的差异与融合

各国的法律部门因所属法系的不同，或貌合而神离，或形殊而神似。证据规则在两大法系发展和演变的历史充分地说明了这一点。

1. 两大法系证据规则的差异

诉讼制度和法律传统上的差异导致证据规则在两大法系国家呈现出了截然不同的样态：在表现形式上，英美法系国家的证据规则存在着一个以证据可采性为核心的庞大而复杂的证据排除规则体系；而大陆法系国家的证据规则是在承认证据一般均具有证据能力的前提下，对某些个别情况设置例外的规定。在内容和风格上，英美法系的证据规则数量众多且内容庞杂，缺乏系统性；而大陆法系的证据规则简单、抽象，富有逻辑性。在立法模式上，英美法系国家的刑事证据规则和民事证据规则差别不太，因此往往采用统一证据立法的模式②；而大陆法系国家的刑事证据规则和民事证据规则差异较大，多采用分别立法的模式。当然，这一区别正在逐渐淡化。

第一，两大法系诉讼程序上的差异。自 13 世纪，也就是 1215 年的第二次拉特兰宗教会议，实质上宣布结束自从罗马帝国灭亡以来一直通用于欧洲的决斗、宣誓和神明裁判的历史，并决心寻找新的方式谋求正义之后，英美法系和大陆法系诉讼程序法就沿着两个不同的方向发展了。自那以后，陪审团审判制盛行于英国的普通法院，法官要以陪审团的裁定为判决依据。“求助于陪审团意味着接受一系列规则。诉讼必须是口头的，因为在大多数案件中，陪审团是文盲；审判必须尽可能集中，因为陪审团只能短时间集会；证据的排除性规则是必要的，因为陪审团较容易受骗。”伴随着这些需要，严格控制证据在审判程序中的“准入”（即可采性）条件，并且将证据规则法定化的观念被广泛接受，并影响着证据规则朝着法定化、海量化方向发展。③

---

① 参见樊崇义：《证据法学》，3 版，87 页，北京，法律出版社，2003。

② 例如，《美国联邦证据规则》第 101 条规定：“本规则根据第 1101 条规定的范围和例外，适用于在联邦法院、联邦破产法院和联邦治安法院进行的诉讼。”这里的诉讼（proceedings）是指广义的诉讼程序，包括民事诉讼、刑事诉讼以及行政诉讼所适用的程序。又如《美国统一证据规则》第 102 条 a 款规定：“除另有规定外，本证据规则适用于本州法院进行的一切诉讼活动和诉讼程序。”

③ 参见［法］勒内·达维德：《英国法与法国法——一种实质性比较》，潘华仿、高鸿钧、贺卫方译，71 页，北京，清华大学出版社，2002。

相反，在大陆法系，诉讼制度的发展情况全然不同。13世纪以后，欧洲大陆各国采用教会法模式的新型诉讼，诉讼中都不采用陪审制，诉讼也绝非集中于“开庭日”；诉讼程序尽量采用书面形式；至于英美法系国家流行的交叉询问（cross-examination）机制，则根本没有采用。法官在审判中居于主导地位，奉行自由心证（free evaluation of evidence）原则，证据的可采性一般都由法官裁量。到今天，虽然司法改革的浪潮席卷欧洲大陆，很多不合时宜的弊制（如一味强调书面审理的原则）已经冲入历史的长河，但是沿袭下来的诉讼理念仍然占据支配地位。证据的可采性由法官自由裁量的原则仍然主导着大陆法系各国证据规则的发展。

第二，两大法系法律传统的不同。英美法系实行遵循先例原则，判例具有法律渊源的效力。除了成文法外，与证据规则有关的大量判例也都是证据规则的有机组成部分。而判例法的特点在于它是一个开放性的体系，法律规则首先与个别案件的事实相联系，作为法律渊源的判例之间没有逻辑关系可言。一条规则因某个判例而创设，可能又因另一个判例被创设了例外，该例外又被再一个判例所部分否定。这样一来，各证据规则之间必然缺乏内在的逻辑性和系统性。同时，许多规则都附有大量的例外，甚至是例外的例外。

而在大陆法系国家，证据规则是法学家们以整体设计的方式并通过立法的形式表现出来的，经过了抽象和加工，常以数量不多的、用语精练的诉讼法条款出现，内在的逻辑性也较为明确。

2. 两大法系证据规则的共同点以及融合的趋势

从比较法的原理而言，两种不同的法律秩序，只要它们解决同样的事实问题并且满足同样的法律需要，就值得我们比较。①

首先，两大法系的证据规则在表现形式上虽然很不一样，但也还是遵循某些共同的规则或者貌似不同功能却相同的制度或原则。最典型的例子莫过于英美法系的传闻规则与大陆法系的直接审理原则之间的异曲同工之妙。在非法证据排除与证据的合法性、最佳证据和原始书证要求等方面也是如此。此外，虽然英国最初确立的证据规则是不分民事诉讼和刑事诉讼而共同发展的，大部分继承英国法律传统的国家，尤其是美国，也都还采用证据规则统一立法的模式。但是英美法系国家在证据的采纳和判定上，也并非意味着民事诉讼和刑事诉讼适用完全一样的证据规则。由于民、刑事诉讼性质和目标的差异，刑事证据规则对证明责任、证明标准等有着比民事证据规则更严格的要求，在强制作证、自认等方面皆注重对被告以及证人的权利保护。为适应刑事诉讼之特点，英美刑事证据法中也有一些民事证据法不具有的概念和规则，如补强证据规则（rule of corroboration）② 等。

---

① 参见［德］K. 茨威格特、H. 克茨：《比较法总论》，潘汉典等译，63页，北京，法律出版社，2003。

② 补强证据规则是为了保障被告人利益，就特殊重大案件，以及某些证明力显然薄弱的证据，仍要求有法定证据或者补充证据。例如《美国联邦宪法》第3条第3项规定，叛国罪的成立应有两名证人证实被告人的叛国行为，或者经过被告人在公开的法庭上承认所犯的罪行。

其次，成文法渊源在两大法系证据规则中均具有重要地位。众所周知，英美法系实行判例法传统，但是在证据规则领域却呈现出令人惊讶的成文法化趋势。许多英美法系国家都以立法形式将普通法中的证据规则固定下来，甚至颁布了综合性的证据法典。具有代表性的有1872年的《印度证据法》、1968年英国《民事证据法》、1975年美国《联邦证据规则》和1995年《澳大利亚联邦证据法》等。大陆法系历来实行成文法传统，其证据规则均以制定法形式出现，因此，在以成文法规范证据规则这一点上来讲，两大法系具有高度的一致性。

最后，随着法系之间、国与国之间法律交往的日益密切，两大法系证据规则的发展呈现出一种相互借鉴、逐渐靠拢的趋势。这不仅表现在前面提到的英美法系证据规则成文法化，还表现在大陆法系对于英美法系若干证据规则的效仿和借鉴；不仅表现在英美法系国家不断增加证据可采性的范围，由偏重证据规则法定化向逐渐增加法官对于证据可采性的自由裁量权转化，还表现在大陆法系国家适当缩小原来过于宽泛、缺乏约束的证据可采性范围，由偏重证据判断之裁量主义向增加关于证据排除的制定法规定的转化，等等。此外，英国的陪审制发生了引人注目的变化，那就是取消了民事诉讼中的陪审团制度。这在客观上促进了“证据法在民事诉讼和刑事诉讼中发展的不平衡，使得原本统一的证据法逐步走向分立”[①]。而事实上，19世纪和20世纪进行的一系列证据规则编纂活动表明，英国民事证据规则与刑事证据规则在法律规范表现形式上已经分立。虽然其他英美法系国家没有这样明显的变化，但是谁能断言这一趋势不会在其他英美法系国家继续发展下去，并最终和大陆法系证据规则的民、刑分立模式相一致呢？

总之，实质正义和程序正义的并重、民事诉讼和刑事诉讼的分离，以及当事人主义和职权主义的审判模式之间的相互融合，对两大法系的证据规则法理论和实践都产生了重要影响，并且必将在今后的很长一段时间内，指引着各国证据规则不断朝着更为理性的方向发展。

二、证据的可采性

（一）可采性的含义、地位及基础

在英美法系，证据规则的核心问题在于证据的可采性（admissibility）。它与大陆法系国家所讲的“证据能力”概念相近。大陆法系国家由于更重视法官而不是当事人对诉讼的主

① 何家弘主编：《外国证据法》，97页，北京，法律出版社，2003。

导作用，因此很少对证据的采纳标准作出详细而具体的要求。当然，这并不意味着大陆法系没有相关的规则。只不过大陆法系国家往往从证据形式、证据的使用程序、证据的审查判断的角度对证据的资格作出限制性规定。例如，规定直接言词原则，对证据提交法庭的方式作出要求，违反这些要求就会导致相应的证据丧失证据能力。

在英美法系国家，证据的采纳标准被严格控制。可采性贯穿于整个证据规则体系，并且几乎渗透到每一个证据法条文之中。因为可采性是维持对抗制审判模式、集中审理原则和陪审团制度的必要保障，而这些制度又反过来为可采性在英美法系证据规则中核心地位的确立提供了程序性基础。[①] 17 世纪以来，一系列证据规则正是围绕证据可采性而逐渐出现在民事法庭中，继而出现在刑事法庭，并不断发展壮大，形成一套纷繁复杂、规模庞大的证据规则体系。

（二）可采性的构成

可采性决定着一项事实和裁量能不能提交给法庭，能否为法庭所接受。那么究竟哪些情况下证据具有可采性呢？这涉及证据可采性的构成问题。按照美国学者的观点，每一项提交法庭的证据都必须对案件中的实质性争议问题具有证明性，而且依据规则在其他方面具有法律效力。换言之，任何证据都必须通过实质性、证明性和有效性的考验。实质性涉及所提出的证据是否针对案件中的实质性争议；证明性涉及所提出的证据能否确立该实质性争议的要点；有效性则涉及所提出的证据是否因某些特定的排除性法律规则而变得无效。其中实质性和证明性合起来其实就是关联性。因此，证据的可采性由证据的关联性和有效性构成。[②] 反过来说，不具备可采性的证据包括两种情况：一是缺乏关联性的证据；二是应受排除的证据。

于是，证据的可采性、关联性以及大量证据排除规则之间的关系可以归纳为：可采性以关联性为前提，没有关联性，就没有可采性。但是，具有关联性，并不必然具有可采性，具有关联性的证据只有在不被证据排除规则所排除以及不被法官的自由裁量权排除时才具有可采性。[③]

值得注意的是，在判断可采性时，除了考虑证据是否具有关联性和不被排除规则所排除，还必须考虑可采性判断的二元性问题。首先，有的证据可能在某些方面具有可采性，而在另外一些方面不具有可采性。这就是所谓的有限制的可采性（limited admissibility）。其次，有些证据孤立地看可能不具有关联性从而显得不可采，但是如果将其与其他证据放在一起考察，它的关联性就显现出来并因此具有可采性，这就是所谓的附条件的可采性

---

① 参见纪格非：《证据能力论——以民事诉讼为视角的研究》，38 页，北京，中国人民公安大学出版社，2005。

② 参见何家弘主编：《外国证据法》，192 页，北京，法律出版社，2003。

③ See Charles Plant, *Blackstone's Civil Practice*, Blackstone Press Limited, 2000, p. 450

(conditional admissibility)。[①]

1. 可采性的前提——关联性

关联性（relevance）是指“证据必须具有的一种倾向性，这种倾向性使得该证据能够证明某一重要待证事实的存在更为可能或更不可能”[②]。只有那些在正常推理过程中被视为能够证明某一争议事实的证据才允许在审判中提交，这就是所谓的关联性规则。

关联性是关于证据可采性的基础性规则。当事人提交的任何证据首先要与待证事实具有关联性，至少当对方举证或就证据的关联性提出质疑时，必须首先证实其具有关联性。如果证据与案件所要证明的事实不存在任何联系，将会使证据的提供目的变得不明确，对方当事人就无法针对此项证据作出反应，法官也无法进行审理。早在1898年，Thayer就提出：“禁止法院接受无关联性的，在逻辑上不起证明作用的任何东西。”这一条原则不仅是一条证据法规则，而且是理性证据制度的一个前提。[③]

虽然英国的民事诉讼法从未就证据的关联性作出过明文规定，但是这并不影响关联性在英美证据法中作为“黄金规则”（the golden rule）的重要地位。英国理论和实务承认这一规则，而现代英美法系国家几部具有代表性的成文证据法更是对其作出了明确规定，例如美国《联邦证据规则》第402条和《澳大利亚联邦证据法》第56条。

如何判断一项证据是否具有关联性呢？对此，学者们曾试图提出一定的尺度和标准。按照Taylor的看法，如果证据在证明过程中对待证事实的存在与否起证明作用，则该证据具有关联性。[④] 也就是说，判断一项证据是否具有关联性，可通过判断该证据是否与争点有关（无论它是直接证据还是间接证据）来判断。此外，还可以通过经验法则和逻辑推理进行判断。[⑤] 然而，由于人的逻辑思维具有无可度量性，有些事实审理者认为有关联性的证据，在另外的审理者看来可能与待证事实毫不相关。从正面的角度来判断证据的关联性在很多情况下并不能取得令人满意的效果。因此，在实践中，审判者常常通过直接考虑排除规则，排除那些无关联性的证据，来降低判断证据关联性的难度。归纳而言，英美法上无关联性而被明确排除的证据主要有以下几种：

第一，品格证据。品格证据（evidence of character）对于证明归责行为无关联性。有关一个人的品格或者品格特征的证据，在证明这个人于特定环境下实施了与此品格相一致的行为问题上不具有相关性，法庭不可采纳。这是关于品格证据的一般原则。但是在某些情况下，存在例外。首先，如果当事人或者非当事人的品格证据成为案件的争点或者与争点直接相关，则该品格证据具有明显的可采性。例如在有关因诽谤导致被诉赔偿的案件中，原告的品格很明显就是争点。为了反驳被告关于公正评论的辩护，原告可能会举出证据来

---

① 参见齐树洁主编：《英国证据法》，123页，厦门，厦门大学出版社，2002。

② 美国《联邦证据规则》第401条。

③ 参见沈达明编著：《英美证据法》，214页，北京，中信出版社，1996。

④ See Alan Taylor, *Principles of Evidence*, Cavendish Publishing Limited, 2000, p. 3.

⑤ See Adrian Keane, *The Modern Law of Evidence*, Butterworths, 2000, p. 20.

证明在被告就该诽谤案件所涉及的事件发表言论时，原告所具有的良好声誉。如果原告胜诉，那么该原告的品格证据就和能够获得的赔偿额直接相关。其次，有关信誉的品格证据将严重影响到该证人证言的可靠性时，该品格证据是允许的。1872 年《印度证据法》第 148 条有类似的规定。

第二，相似事实（similar fact）。一个人在其他场合的行为或当前场合的类似行为是没有关联性的证据。这就是在英美刑事诉讼领域明确存在的相似事实证据排除规则。但是在民事诉讼中，就相似事实证据是否必须被排除，并没有权威的观点。一般认为，这种证据如满足关联性的一般要求则具有可采性，反之则不具备可采性。例如原告以提供给他人的啤酒的质量来证明原告提供给被告的啤酒的质量，就属于相似事实证据，不具备关联性。

第三，特定事实（certain fact）。特定事实行为与和该事实有关的过失认定之间无关联性。特定的事实主要指的是事后的补救措施的事实、支付损害费用的事实、提出和解或和解建议的事实以及是否办理责任保险的事实等，一般不得作为行为人对该事实负有责任的证据加以采用。

2. 可采性的例外——证据排除规则

正如威格莫尔曾在其巨著《普通法审判中适用的英美法证据制度论》中所言："一切有合理立证价值的证据都是可采的，除非有特定的规则排除它的适用。"① 虽然可采性是英美证据规则的核心内容，但是从表现形式来看，英美法系证据规则以排除规则为主。这些排除规则正是围绕证据的可采性而作为一个个一般规则的例外而存在。前面讲到，英美法对证据总的要求是可采性，而可采性以具备关联性和不被排除规则所排除为前提条件。与陪审制和对抗制度相适应，英美法系在长期的司法实践中形成了庞杂的证据排除规则。

证据排除规则大体可划分为排除证明手段的规则与排除事实的规则，前者包括传闻证据规则、意见证据规则等，后者包括非法证据规则、禁反言、公共政策等。其中禁反言（estopple）是一项源自英国普通法的古老原则，旨在禁止当事人反驳自己既定的立场，哪怕该立场与事实真相不符。禁反言原则主要包括以下情形：（1）因行为不得反言（estopple by conduct），指当事人的行为或态度使人相信某些事实、保证或承诺，其后当事人便不能否认这些事实、保证或承诺；（2）因契约不得反言（estopple by deed），指当事人不能推翻已签订的契约上所记载的事项；（3）因记录不得反言（estopple by record），指当事人不能推翻官方记录或法庭判决所记载的事项。其余的排除规则，如传闻证据规则、意见证据规则、特权证据规则、非法证据排除规则等，下文将作介绍。

---

① "Eleanor Swift One Hundred Years of Evidence Law Reform: Thayer's Triumph", in *California Law Review*, Vol. 88, 2000.

三、传闻证据规则

(一) 传闻证据 (evidence of hearsay) 的定义

在英美普通法上，传闻规则的中心含义就是传闻不可采纳，应当予以排除。但是“关于传闻证据的确切定义，判例和理论都作出了许多有益的尝试，但迄今为止没有一种尝试能够得到一致的认可”①。

美国 1974 年的《联邦证据法》第 801 条始对传闻作出成文法上的定义，即传闻是一种陈述，在本案审判或调查程序中，证人对原陈述人的陈述，以作为证明主张事实的证据。而在最为广义的普通法（与成文法不同的判例法）中，传闻证据的定义是：在审判或讯问时作证以外的人所表达或作出的，被作为证据提出以证实其所包括的事实是否真实的，一种口头或书面的意思表示或有意无意地带有某种意思表示的非语言行为。②

归纳而言，把握英美法系中所谓的传闻证据，应当从以下三个要点入手：第一，涉及至少两个陈述主体。一个是亲身感知案件事实的人，称为原陈述人（declarant)，一个是参加庭审以证人身份出庭的人，称为陈述人（testimony)。第二，涉及两个环节。第一个环节是原陈述人在审判或者调查程序中向陈述人所作的陈述，第二个环节则是陈述人向法庭所作的陈述。第三，提出该项陈述是为了证明该陈述所包含的内容为真。正如英国证据学者墨菲认为：“涉及他人先前陈述的任何证人证言，如其相关目的仅在证明他人先前陈述为真实的，皆不具可采性。但倘若此类陈述旨在证明所述事实为真实以外的其他有关目的，亦可采纳。”③ 一言以蔽之，传闻就是一种被提出作为主张事实真实之用的法庭外陈述。④

(二) 传闻证据规则的内容及例外

传闻证据规则指的是对传闻证据加以排除的规则，起源于 18 世纪的英国判例，是英美法系最复杂、最有争议的证据排除规则之一。传闻证据规则的存在与英美法系国家所特有的陪审团制度和对抗制审判模式密切相关。传闻之所以需要被排除，不仅因为其经过中间

---

① Carl C. Wheaton, “What Is Hearsay?” In 46 *Iowa Law Rev.*, Vol. 2, 1961, p. 210.

② 参见［美］乔恩·R·华尔兹：《刑事证据大全》，何家弘等译，81 页，北京，中国人民公安大学出版社，1993。

③ 转引自张卫平主编：《外国民事证据制度研究》，63 页，北京，清华大学出版社，2003。

④ See Lempert & Saltzburg, *A Modern Approach to Evidence*, 1983, p. 357.

的转述环节，有产生谬传的可能，证据的真实性无法保障，还因为传闻证据所涉及的原始陈述人不出庭作证，不能通过交叉询问的方式对其陈述内容的真实性加以查证；更重要的一点在于，陪审团可能忽视传闻证据的弱点而被传闻证据所误导，从而对案件事实形成偏见。

但是，也有一些传闻证据被判例法和立法所肯定，由此形成了传闻证据规则的例外。这些例外情形主要有：

1. 公共文书中的陈述。基于可靠性和便利性的考虑，在普通法中的绝大多数公共文书中的陈述，在民事诉讼中都具有可采性，对此，很多制定法亦作出了明确规定。例外，英国《1953 年出生和死亡登记法》第 34 条规定："一份盖有登记总局印章的关于某项记载的证明文件，应采纳为关于出生或者死亡的证据。"

2. 参考书籍。依据普通法的规定，凡是官方授权出版的论述具有公共性质的事项的参考书都具有可采性，或者帮助法庭决定是否将书中记载的具有公共性质的事项作为司法认知。

3. 临终陈述。正所谓"人之将死，其言也善"。人在临终前讲真话的可能性较高，因此临终陈述被认为具有可采性。

4. 自认（admissions）。英美法系所称自认，多指诉讼外的自认，亦即证据的自认。① 证据的自认虽然是法院外的陈述，在审判中不受询问，本属于传闻证据应被排除，但是自认符合传闻例外的条件，而且较一般传闻具有更大的可信性，因此可接受为证据。自认规则在英国和美国的成文法中均作为传闻证据规则的例外而存在。② 例如 1968 年《英国民事证据法》第六十四章有关"传闻证据"的部分，规定自认作为排除传闻证据法则之例外，可以接纳为证据。美国法学会 1944 年拟定的《模范证据法典》也将自认规定于第六章"传闻证据"中。

值得注意的是，在大陆法系国家，立法一般只对诉讼上自认加以规定，并且自认虽然比其他证据的证明力都强，但与证据的性质不同，通常不列入证据的种类或证据方法中，而在通则部分加以规定。如在德国、日本，诉讼外的自认仅作为法院依自由心证认定事实的材料，其证据力如何，由法官结合案件其他证据，斟酌情形，并加以衡量。③

由于英国 1995 年《民事证据法》明确废除传闻证据规则，导致传闻证据规则及其例外在民事诉讼中已没有太大意义。

---

① 参见李学灯：《证据法比较研究》，102 页，台北，五南图书出版公司，1992；程春华主编：《民事证据法专论》，382 页，厦门，厦门大学出版社，2002。

② 也有学者指出，自认的性质以及自认是否为传闻证据规则的例外尚存在争论。但是在司法实践中，将自认作为证据使用时，基于普通法的传统，通常仍作为例外称之。参见叶自强：《民事证据研究》，2 版，57 页，北京，法律出版社，2002。

③ 参见赵钢、刘学在：《试论民事诉讼中的自认》，载《中外法学》，1999（3）。

(三) 英美法系传闻证据规则的自由化趋势

经过数百年的发展，传闻证据规则已经成为一个庞大、复杂的证据规则群。但实际上，随着现代社会动态性的不断增强，传闻证据应予排除的一般法则开始有所松动[①]，其适用范围正在逐渐萎缩。具体体现在：一方面，传闻证据本身的内涵和外延都在逐步缩小，判例和制定法有意识地将传闻证据本身的范围限制在最低限度；另一方面，传闻规则的例外越来越多。就民事诉讼而言，英美法系对证据能力的限制在向减少的方向发展，即所谓传闻证据规则自由化趋势。

明显的例子是英国。自1968年以来，英国就开始限制传闻证据规则在民事诉讼中的运用，到今天已经在民事诉讼中完全取消了传闻证据规则。按照1968年英国《民事证据法》的规定，到庭证人的传闻陈述，所引用未到庭证人（即原陈述人）的言词陈述或者书面陈述，皆可作为民事证据，不设例外规定的限制。[②] 英国《1995年民事证据法》第1条规定："民事诉讼中不得因为证据是传闻而予以排除。"[③] 当然，在取消传闻证据规则的同时，也在程序上设置保障，增加采纳传闻证据的安全性。也就是说，承认传闻证据的可采性，但同时要求采纳传闻证据符合以下两个条件：其一是关于证人能力的要求。只有法庭外陈述的作出者在作出该陈述时具备作证能力，该传闻证据才具有可采性；其二是关于法庭许可的要求。在民事诉讼中，已经传唤或者意图传唤某人出庭作证的一方当事人，不得在诉讼中提出该证人以前的陈述作为证据，除非法庭许可，或者另一方当事人作出一项提议，反驳其证据为编造。

其他英美法系国家虽然尚未如此大刀阔斧地废除民事诉讼中的传闻证据规则，但是也都对传闻证据规则的适用提出限制。美国学者威格莫尔就曾发出忠告："传闻法则的固有价值必须维持，但传闻法则又必须不断地容纳否定其价值的大量例外，在模棱两可的条件下，人们似乎更应当慎用传闻法则。"[④]

导致民事诉讼中传闻证据规则适用范围日渐缩小的原因主要有：

第一，人们对于陪审团制度在传闻证据规则中基础作用的认识发生了变化。多数英美法系国家的学者认为陪审制是传闻证据规则的首要原因。但是这一观点自19世纪以来受到了严重挑战。有的人从陪审团人员对于逻辑规则和生活常识的掌握并不逊色于法官的角度来论证，有的人则从历史的角度对陪审制作为传闻证据规则之基础的观点提出质疑，因为的确，"在我们的司法程序开始包括传唤证人向陪审团举证这种实践以后的相当长的时间

---

① 参见宋英辉、吴宏耀：《传闻证据排除规则——外国证据规则系列之三》，载《人民检察》，2001（6）。

② See McCormick, *Evidence*, 1984, p. 915.

③ Peter Murphy, *Murphy on Evidence*, Blackstone Limited, 2000, p. 418.

④ John Henry Wigmore, *Code of Evidence*, Pine Forge Press, 1962, p. 192.

里，证据法还没有形成确定的形式。直到 17 世纪，证据规则才在民事法庭第一次出现……”① 退一万步说，即便陪审制是传闻证据规则的基础，那么在民事诉讼陪审制适用范围缩小的情况下，传闻证据规则的适用范围自然也就随之缩小了。

第二，对抗制、集中审理制和采纳传闻证据之间的矛盾有所调和，为民事诉讼中采纳传闻证据提供了程序保障。不能出庭作证并接受交叉询问导致传闻证据的真实性无法保障，这是传闻证据之所以被排除的第二个重要理论。但是随着庭前证据开示制度的不断完善以及各种审前动议的设立，当事人有机会在案件开庭审理前对所涉及的传闻证据进行调查，从而保障传闻证据的真实性。因此，在以相应程序作为保障的基础上，英美法系各国对传闻证据的适用逐步放宽。

第三，人们对传闻证据的价值与排除传闻证据的理论依据有了更为理性的认识。传闻证据在传统普通法中之所以被排除的再一项重要原因就是传闻证据的谬传可能性。但是从严格意义上说，每一次诉讼都不可能再现案件事实，都是在第二手证据的基础上展开审判，因此，所谓的非传闻证据和传闻证据区分标准只不过是“第二手”的程度不同罢了。从这个意义上说，否定传闻证据的价值实际上就是否定了整个证据制度。

基于上述理论和制度上的变迁，英美法系国家民事诉讼中的传闻证据规则正逐渐萎缩。尽管如此，与英国富有开拓性的做法不同的是，美国的传闻证据规则及其例外仍然在民事诉讼和刑事诉讼中都同样适用。当然，英美之间这样的差异是有原因的。这不仅由证据规则立法模式的不同造成，还与英国近年来在民事诉讼中取消了陪审制有关。英国证据规则采取民刑分立模式，能够为传闻证据规则在刑事诉讼中保留而在民事诉讼中废除提供足够的立法空间；相反，美国证据规则采取民刑统一模式，传闻证据规则在民事诉讼和刑事诉讼中同样适用。同时，英国民事诉讼改革导致陪审制在民事诉讼中的退出，原来据以支撑传闻证据规则的重要理论基础之一，即担心陪审团被传闻证据误导，已经不复存在。法官显然有能力分辨出哪些传闻是有价值的、可靠的，而哪些是应该被排除的。

（四）大陆法系的直接言词原则（直接审理原则）

大陆法系国家则没有较为系统的传闻证据规则，对传闻证据也几乎没有什么限制。传闻证据的证据能力、证明力完全交由法官自由裁量。但是由于直接审理原则（direct hear principle）的要求，传闻证据虽然能够进入诉讼，也并不因为缺乏传闻证据规则就在庭审中能够获得认可，其往往在认证这一环节被法官排除出局。直接审理原则要求法官直接询问当事人和证人，原则上禁止以陈述笔录和书面证言代替证人出庭作证，借以判断证据的证明力，从而形成对待证事实真伪的心证。

① ［英］塞西尔·特纳：《肯尼刑法原理》，王国庆等译，504 页，北京，华夏出版社，1989。

四、意见证据规则

所谓意见证据，就是“证人基于直接呈现于其感观上之事实，推论系争事实存在与否，法律上称为意见，证人本于上述推论所作的陈述，称为意见证据。”① 在英美法系的诉讼中，证人只应就他曾经亲身感知的事实提供证言，不得就这些事实进行推论。对事实进行评价和判断是法官与陪审团的职责，因此，意见证据（opinion evidence）一般不具有可采性。

英美法系同时为意见证据不具有可采性的规则设置了例外。

第一个例外是专家证人提供的证据。英美法系证据法上区分外行证人和专家证人，其中外行证人提供的意见证据必须排除，但是专家证人可以提供意见证据，即所谓专家意见。在需要对医学、机械工程学等专业事项作出判断时，这些事项超出了事实裁断者的技术能力，因此，需要通过专家运用其知识和技能，提供一定的帮助，以供事实裁判者在对事实问题作出裁断时使用。

第二个例外是合理的感观描述。如果证人的意见或推断合理地建立于证人的感觉之上，或者对于清楚地理解该证人证言或确定争议中的事实有益，该意见证据也具有可采性，比如描述一个证人的年龄、车速、天气情况。对于这类意见证据，判例法形成了许多例外，这些例外中，大多数属于几乎不可能以其他方式表达的“速记性”证言。具体而言，有以下几种：(1) 尝和闻的问题，如“闻起来像火药味”。(2) 车辆的速度，如“他开得非常快”。(3) 声音、笔迹的辨认，如“是他的声音”。(4) 证人自己的意图，如“我正打算过马路”。(5) 另一个人的情感或状态，如“他醉醺醺地，喝了好多酒”，“他看上去很紧张”②。英国 1971 年《民事证据法》第 3 条第 2 款对该项例外以成文法的形式固定下来，规定：“当一个人在任何民事诉讼中被传唤为证人时，其关于任何并无资格提供专家证据的相关事项的意见陈述，如果是用来表达本人察觉到的相关事实，可以采纳为其察觉事实的证据。”

大陆法系国家民事诉讼中对于意见证据往往不作限制。原因在于，没有陪审团对诉讼的参与，就没有所谓意见证据误导事实审理、影响事实认定之虞。不仅如此，在大陆法系国家看来，意见证据还有助于法官更多地了解真实情况，有助于案件事实的查明。因此，是否采纳外行证人的意见证据以及意见证据证明力的判断都由法官自由裁量，而专家证人（鉴定人）的意见证据则属于独立的证据种类，法律明确规定其具有可采性。

---

① 刘善春、毕玉谦、郑旭：《诉讼证据规则研究》，162 页，北京，中国法制出版社，2000。

② 宋英辉、吴宏耀：《意见规则——外国证据规则系列之四》，载《人民检察》，2001 (7)。

五、最佳证据规则

(一) 最佳证据规则的含义

最佳证据规则(The best evidence rule)是关于文书内容之证据容许性法则。该法则需要文书原本之提出，如果不能提出原本，直至有可满意之说明以前，则拒绝其他证据。① 在英美法上，它起源于17世纪的Ford v. Hopkins一案："出示由被证明事物本质决定的最佳证据是唯一的要求。"对于英美普通法上的最佳证据规则，从其排除功能来看，它可以被看作是关于证据能力的规则；从其要求当事人必须提交原始证据的角度看，它是证据提出规则；从第二位证据遭到排除的角度看，它是一项证明力评价规则——普通法将其证明力确定为零。

设立最佳证据规则的理由在于：作为文字或者其他符号，如差之毫厘，其意义则可能谬以千里；观察时发生错误的危险大，当其在视觉上难以判断时更是如此。不过，由于最佳证据规则的要求过于严苛，其强大的排除功能给法院的审判带来极大的不方便。因此，自19世纪以来，英美法系的学界开始反思这项证据规则。② 从英国实务中的做法来看，最佳证据规则的发展呈现一种逐渐衰落，并由一项纯粹的排除规则蜕变为"文书原件规则"的趋势。在美国，该规则也不再仅仅是一项排除规则，而是发展成为了一项不同文书具有不同证明力的法定规则。因此在现代意义上，最佳证据规则适用于以所记载的思想内容作为证据的一切文字材料领域，其实质在于决定原始文字材料与副本、复印件等的先后顺序。难怪被学者称为"原始文书规则"③。

世界各国及地区的民事诉讼法均有最佳证据规则或者类似的规定，即提出书证原则上应当提交原本。例如美国《联邦证据规则》第1002条、美国《加利福尼亚证据法》第1500条、《法国民法典》第1334条等。

(二) 最佳证据规则的适用范围及其例外

在适用范围上，最佳证据规则不适用于那些仅具有附属或表面意义的文字材料，即该

① 参见Edmund M. Morgan:《证据法之基本问题》，李学灯译，385页，台北，台湾地区"教育部"，1982。

② See Sopinka and Lederman, *The Law of Evidence in Civil Cases*, Butterworths, 1974, p. 279.

③ [美] 乔恩·华尔兹:《刑事证据大全》，何家弘译，335页，北京，中国人民公安大学出版社，1993。

规则仅适用于与案件中重大问题相关的文字材料。在证明目的上，最佳证据规则仅适用于将文字材料的内容作为直接证据（direct evidence）或者证明该内容为真的情形。

最佳证据规则的理由既然在于防止欺诈，以及确保文字材料证据不因收集过程中的过失或者故意导致证据内容受到篡改或者变动。因此，只要能够保证副本的准确性，副本也应具有可采性。尤其在原本客观上无法取得的情况下，更是如此。基于这一考虑，最佳证据规则存在若干例外。

1. 英美法系最佳证据规则的例外

英美法系国家最佳证据规则的例外主要通过判例发展而来。主要有以下几种情形：(1) 对方当事人拒绝提供原始文本；(2) 第三人合法拒绝提供原本；(3) 文书正本毁损或者丢失，(4) 不可能出示正本的情形，如不可移动的碑文、铭文以及国外政府机关保管的文件等；(5) 公共记录。采纳副本的条件要求，无论上述哪一种情形，均须满足：第一，证明原件确实曾经存在过；第二，所提交的副本是原件的真实复制，至于中间经过多少次复制，只要不影响内容的准确性，在所不问。

英美法系国家的制定法上亦有少量关于最佳证据规则的例外规定。例如美国《联邦证据规则》第1004条，以及英国1879年《账册证据法》第3条以下对提交银行账册复制文书作为证据的规定。

2. 大陆法系最佳证据规则的例外

大陆法系国家对于书证的要求和英美法系一样，原则上要求当事人提供原件。但是鉴于提供原件在某些情形下确有困难，又不能因怀疑副本的准确性而因噎废食，因此亦对书证必须提交原件设置了一些例外。

法国对于是否允许书证副本作为证据分两种情况区别对待：第一，原本存在时，副本为原本所含内容的证明，但得随时要求提出原本；第二，原本不复存在时，经公证的原本第一手副本（first copy），当着对方当事人的面依法官命令或依对方之同意而制作的副本，与原本具有相同的证明力；其他未经公证的文书的副本只有在其存在30年以上时才能代替遗失的原始文书。[①]《法国民法典》第1334条、第1335条和第1336条对此作了明确规定。

德国对于书证副本是否具有证明力的态度，依书证原件是公文证书或私署证书而定。对于公文证书，允许提出原本或者提出经认证的缮本。法官可以自由裁量对该缮本所具有的证明力作出判断（参见《德国民事诉讼法》第435条）。日本的做法与德国相类似（参见《日本新民事诉讼法》第349条）。

总体而言，大陆法系国家的最佳证据规则显得单薄一些，法律一般通过赋予法官自由裁量权（discretion）的方式予以处理。

---

① See Peter E. Herzog, *Civil Procedure in France*, Martinus Nijhoff, 1967, p. 330.

六、特权规则

证人特权（privilege），或称拒证特权，是西方法上又一项传统证据排除规则，指的是法律赋予当事人或其他有关人员，对所掌握的有关证据裁量免予证据开示或免于在法庭上提供的权利。[①] 一般而言，公民有就自己所知道的情况向法庭作证的义务。但是如果这种强制作证的做法在某些场合下有违特定当事人之间依据信任而建立起来的社会关系，或者损害社会公共利益，则免除相关人员的作证义务。这种证据规则就是特权规则，在英美法系称为保密特权原则，而在大陆法系则称为拒绝作证权。

由于立法和司法实践的不同，被各国证据法明确承认的保密特权的范围和内容也不尽相同。民事诉讼领域被普遍认可的特权主要有以下几种：

(一) 基于职业关系的拒证特权

大陆法系国家规定了较为宽泛的职业拒证特权。例如，按照《德国民事诉讼法》第 383 条第 1 项第 4～6 款的规定，因特殊的职业关系而获知当事人隐私或者秘密的人，如牧师、医生、律师、记者均可以拒绝向法庭提供当事人向其吐露的秘密。按照《日本新民事诉讼法》第 281 条第 2 款的规定，医生、药剂师（商）、律师、代办人、辩护人、公证人、宗教或者任祷祀职务的人，或者曾经任此职务的人，有权拒绝就因职务关系所获知的应保密的事项作证。

美国的情况和德国、日本类似，享有保密特权的主体范围非常广泛。主要包括：

1. 律师与委托人之间的保密特权。该特权赋予律师和委托人就案件所涉及的法律事项秘密地交换意见，进行协商而免除作证义务的权利。[②] 该特权的适用以律师和委托人之间的秘密交流为前提，但是该特权的享有者不以委托人本人为限，委托人的代理人、监护人、继承人、在律师与委托人之间传递信息的人以及律师助理、代理人等也可以享有该特权。

2. 医生与病人之间的保密特权。该特权赋予医生和病人有权拒绝透露或阻止他人透露有关治疗心理或心理疾病而进行的谈话内容。但是，美国多数州明确把该特权限制在心理医生与病人之间。

3. 神职人员的保密特权。与西方社会宗教信仰的普遍性相适应，人们有权拒绝透露或

---

① 参见蔡彦敏、洪浩：《正当程序的法律分析》，158 页，北京，中国政法大学出版社，2000。

② See Allen Kuths, *An Analytical Approach to Evidence*, Little Brown Company, Boston, 1989, p. 765.

阻止他人透露他在宗教活动中对神职人员所作的忏悔，是一项极为普遍且很少有例外情形的保密特权。

此外，新闻记者以及告发人（不得暴露身份的情报人员）也属于美国法上保密特权的享有者。

相比之下，英国法上基于职业关系的特权规则非常有限，除了1977年专利权法规定的情形外，仅存在法律职业特权（legal professional privilege）的规定。

（二）基于亲属关系的拒证特权

在英美法系，基于亲属关系的拒证特权主要体现为夫妻之间的保密特权。它源自中世纪教会法关于"任何人不能成为自己的证人"以及"妻子无独立人格"的两条原则。发展到现代，这项特权成为赋予夫妻双方拒绝公开夫妻生活中的秘密交谈或作不利于配偶证言的权利，以维护夫妻生活的稳定与和谐。具体包括婚内交流特权（the marital communications privilege）和婚姻证人特权（the marital testimonial privilege）。《美国统一证据规则(1999)》第504条和《加拿大证据法》第4条均对该项特权有明文规定。但是该特权在英美法系不仅适用范围狭窄，并且近年来有逐渐被取缔的趋势。例如，在美国婚内交流权的适用以有效的婚姻关系以及交流时无第三人在场为前提，而美国联邦法院更是否定了民事诉讼中的证人享有该项特权；英国也已经于1984年将婚内交流特权废除。[①]

相反，在大陆法系国家，基于亲属关系的拒证特权适用范围相对广泛，除了配偶关系之外，与当事人有一定范围亲属关系的人均可享有拒绝作证特权，并不以有效婚姻关系的存在为必要。例如《法国新民事诉讼法》第206条规定，一方当事人的直系血亲或姻亲或者其配偶，即使已经离婚，得拒绝到庭作证。《德国民事诉讼法》第383条第1～3款和《日本新民事诉讼法》第280条，更是将前述亲属范围扩大到未婚配偶以及三亲等以内的旁系血亲之间。

（三）基于公共利益的拒证特权

基于维护公共利益的考虑，西方国家普遍设立基于公共利益的拒证特权，以避免那些因职务原因知悉或掌握国家秘密的人就相关内容向法庭作证。各国普遍赋予国家机关工作人员拒绝作证的特权。权利主体一般包括国家元首、政府首脑、议员以及其他行政长官等。在英国法上，这项特权还扩及法官、仲裁员和陪审员，根据这一特权，他们不得被迫使就其审理过的案件事实提供证据。在美国，该特权行使与否由特权享有者自行决定；而在德

① 参见肖建华、肖建国、金殿军、王德新：《民事证据规则与法律适用》，295～296页，北京，人民法院出版社，2005。

国，除了德国总统外，其他的国家机关工作人员拒绝作证的权利并不取决于本人的意愿，而是主管机关的批准，只有德国总统享有真正意义上的拒绝作证特权。

七、非法证据排除规则

非法证据排除规则（the exclusionary rule of illegally obtained evidence）指的是违反法定程序，以非法方式获取的证据，不具有证据能力，不能为法庭所采纳。非法证据排除规则自美国联邦最高法院在1914年审理的Weeks v. U. S. 一案中确立以来，不断发展和完善，在美国现行刑事诉讼制度体系中占据举足轻重的地位。① 其他国家的刑事诉讼立法与实务也都不同程度地借鉴了这一制度。

无论是在产生时间还是在现状方面，民事诉讼中的非法证据排除规则都远不如刑事诉讼中的非法证据排除规则那样久远和成熟。但非法证据排除规则一经在民事诉讼中形成后，便对非法证据排除规则的原始目的和价值取向产生了改观的作用，推动了非法证据排除规则的发展步伐，使之进入到了更高的法治境界。② 非法证据排除规则在各国民事诉讼领域的发展状况无疑表明了这一点。

（一）美国

在美国，非法证据排除规则被认为是遏制警察违法和维护司法廉正所必不可少的法则。但是，即便如此，几个占支配地位的判例表明：他们不排除个人非法获得的证据，也没有或者说尚没有将非法证据排除法则从刑事领域扩展到民事诉讼领域。③ 例如在1975年Honeycutt v. AetnaIsurance给付保险金一案中，被告方利用警察以非法扣押方式获得的原告故意放火的证据，得到了法院的许可。④ 在1957年The Unites States v. Calandra案与1976年The United v. Janis案中，法院亦表明了拒绝把非法证据排除规则延伸适用于联邦民事审判的立场："非法证据排除规则的主要目的不在于弥补非法搜查行为受害者的损失，而在于防

① 从1914年威克斯诉美国案（Weeks v. the United States）到1960年马普诉俄亥俄州案（Mapp v. Ohio），美国联邦最高法院将违宪收集证据的排除法则从联邦法院扩展到州法院，从联邦官员获取的证据延伸到州官员获取的证据，形成了"银盘主义"、"毒树之果"、"米兰达规则"等适用规则，以及一些例外规则。

② 参见汤维建：《民事诉讼非法证据排除规则刍议》，载《法学》，2004（5）。

③ 参见［意］莫诺·卡佩莱蒂等：《当事人基本程序保障权与未来的民事诉讼》，徐昕译，58页，北京，法律出版社，2000。

④ 参见周叔厚：《证据法论》，3版，1159页，台北，三民书局，1995。

止警察的违法行为以及落实宪法修正案所保护的反对不合理搜查和逮捕的权利，将非法证据从联邦民事诉讼程序中排除出去并没有显示出与防止警察违法行为相当的作用，因此，适用这一法则导致的代价远远超过了我们将获得的利益。”①

不过，近年来，对这种采用非法证据的民事判例持批评意见的学者越来越多②，他们主张应当将非法证据排除法则扩张适用到民事案件。美国的一些州法院已经产生了对私人违法获得的证据加以排除的判例。例如在1966年俄亥俄州法院的一个离婚案件中，丈夫未经妻子许可，私自侵入其汽车内获取的证据在诉讼中被法院排除。③

（二）英国

英国民事诉讼法关于排除非法证据的规则只有Privileged Documents规则，即一方当事人提交到法庭或带到法庭的文件应受特别保护，如果对方当事人以利诱、欺骗或盗窃等手段获得该文件，则该对方当事人不得援引该文件及其拷贝作为证据使用。为此，在IFC Film Distributors v. Video Exchange Ltd案中，Warner J. 法官作出了两个方面的解释：其一，在这种情况下，以利诱、欺骗或盗窃方式获取证据的行为无疑是对法庭的藐视，法庭不应当宽恕这种程序的滥用行为；其二，确保承担举证责任的一方当事人提交到法庭的文件不受对方非法获取并为对方所利用所体现的公共利益，比起通过诉讼发现真实的公共利益要重要得多。这项Privileged Documents规则既适用于民事诉讼，也适用于刑事诉讼。而对于其他非法证据，在过去的漫长历史当中，法官只有在刑事领域才享有自由裁量决定是否予以排除的权利。例如1980年Helliwell v. Piggott-Sims一案中，法官采纳了该案中所涉及的非法证据，并解释道：“……在民事案件中，在我看来法官是没有自由裁量权的，只要证据具有关联性和可采性，法官就不能以其非法获得的方式为由拒绝采纳……”④由于判例法传统的影响，民事诉讼不适用非法证据排除规则的观念就随之形成并沿袭下来，甚至于形成一个著名的论断：“不论你如何得到它，即使你偷窃得来，它也将仍作为证据而被采纳。”⑤

上述状况到1998年英国《民事诉讼规则》颁布和实施以后有了明显转变，法官对于非法证据排除的自由裁量权从刑事领域扩张至民事领域。该法第32·1（2）条规定“法院根据本规则有权排除可采纳的证据”，这意味着此后在适当的情况下，法庭可以行使自由裁量权以排除那些尽管有关联性但以非法或不当方式获取的证据。这是对以往相关判例的推翻，

---

① D. Lowell Jensen and Rosemary Hart，“Symposium on the Attorney General's Task Force on Violent Crime: the Good Faith Restatement of the Exclusionary Rule”，in *Northwestern School of Law Journal of Criminal Law &Criminology*，1982.

② 参见陈刚主编：《比较民事诉讼法》，2000年卷，94页，北京，中国人民大学出版社，2001。

③ See McCormick，*Evidence*，2nd edition，1972，pp. 372－373.

④ Adrian Keane，*The Modern Law of Evidence*，Butterworths，2000，p. 52.

⑤ I. H. Dennis. M. A，*The Law of Evidence*，Sweet and Maxwell，1999，p. 232.

同时也为英国民事诉讼中非法证据排除规则的产生排除了障碍。

(三) 澳大利亚

澳大利亚民事诉讼法也将非法证据排除明确纳入法官自由裁量权范围内。1995 年《澳大利亚联邦证据法》第 3・11 部分（排除证据之自由裁量权）除了在第 135、136 条规定了法官具有排除和限制能产生偏见、误导性、疑惑性、迟延的证据的权力之外，还在第 138 条明确规定了法官对非法证据的自由裁量权，即因不当行为或违反澳大利亚法律的行为以及以前述行为为基础或线索所获取的证据，法院不得采纳，除非以上述方式获取的证据利大于弊。

(四) 德国

在德国，以侵犯基本人权方式所获得的证据一律被排除，不论是在民事诉讼中还是在刑事诉讼中。1958 年 5 月，法院在一个涉及非法证据的判决中主张："如果考虑到技术发展，人们不得不承认，他们的谈话可能被窃听，可能通过录音装置记录下来，那么，获得技术进步……将付出高昂的代价，牺牲人际关系中的坦诚，妨碍人格发展。法律秩序必须保护上述人格的价值，它当然不可能容忍这些录音装置的滥用。"同时，德国也为非法证据排除规则制定了例外：在非常特殊的情况下，如果采用违宪方法获取的证据是保护他人利益的唯一而合理的方式，那么德国法院有权采纳该证据。这是基于德国法中的"相当性原则"而对严格适用非法证据排除规则作出的衡平性规定，有利于实现保障人权与诉讼正义的均衡。①

(五) 日本

自 1948 年制定《日本刑事诉讼法典》之后，日本司法界、理论界一致认为在刑事诉讼中应当排除违宪获得的证据。"搜集、收集采用严重违反社会公德的手段，以限制他人的精神和肉体上的自由等带有侵犯人格的方法去搜集时，这本身就是违法，因此不得不否定其证据效力。"②（东京高等法院昭和 57 年（1982 年）7 月 15 日判决）然而，对于民事案件，非法证据排除规则的地位仍然是迷雾重重。1971 年日本地方法院的一个判决首次面对这一问题，最后该判决主张排除非法获得的秘密录音磁带作为证据（1971 年 11 月 8 日判决）。

---

① 参见［意］莫诺・卡佩莱蒂等：《当事人基本程序保障权与未来的民事诉讼》，徐昕译，56～59 页，北京，法律出版社，2000。

② ［日］兼子一、竹下守夫：《民事诉讼法》，108 页，北京，法律出版社，1995。

有学者认为，日本法院对民事诉讼中非法证据的排除仅限于采用严重违法手段收集的证据，但一般不包括对对方当事人或第三人秘密录音形成的证据。①

(六) 俄罗斯

俄罗斯于2000年制定的《民事诉讼法》第49条第3款规定，通过违法手段取得的证据不具有证据效力，不得作为判决的依据。这一条实际上是将宪法所确立的“在行使司法权时不允许使用通过违反联邦法律的手段获取的证据”原则予以具体化。该法第56条还规定，法官应在公正、全面、充分地审查一切证据的基础上，按照内心确信对证据进行判断。任何证据对法官都没有预定的效力。

通过以上比较法的考察，我们不难得出两个结论：

第一，非法证据排除规则在各国民事诉讼中尚未成为一个普遍的规则。只有少数国家作了明确规定，多数国家对这个问题仍存在较大的争议。原因在于非法证据排除规则的主要功能在于遏制警察的违法行为，从而保障公民的基本人权。而民事诉讼当事人的收集证据行为是行使私权的行为，滥用私权所造成的社会危害性远没有公权力机关滥用职权造成的社会危害性大，因此，在民事诉讼中排除非法证据的需要远不如刑事诉讼那样迫切。相应的，在非法证据的判别标准上也不如刑事领域严格。况且，如果对于民事诉讼当事人收集证据的要求过于严格，必然导致当事人无法维护自己的合法权利，使民事诉讼对于权利的救济功能虚化，从而使得权利沦为纸面上的文字。

第二，非法证据排除规则开始从刑事诉讼领域向民事诉讼领域扩展，并已为一些国家所实践。随着司法改革的推进，司法理念正在发生实质性的转变，已由实质正义转为分配正义，它要求法院不仅对个案公正裁判负责，还应当对作为整体的民事司法、制度的资源及其公平与正当分配承担责任。② 当发现某一证据的采用所带来的“公正判决”的利益远远低于为此将付出的不正义的代价时，法官至少应当可以通过自由裁量的方式排除该证据。非法手段所获取的证据往往是以侵犯他人的基本人权为代价的，比起特权证据、传闻证据无疑更具有危害性。尤其是现代科技的迅猛发展，大大便利了使用技术侵犯个人私生活的行为。于是，在这样一种背景下，在民事诉讼中排除非法证据的做法日见端倪。

---

① 参见李浩：《民事诉讼非法证据排除规则探析》，载《法学评论》，2002 (6)。

② 参见齐树洁主编：《民事司法改革研究》，3版，49页，厦门，厦门大学出版社，2006。

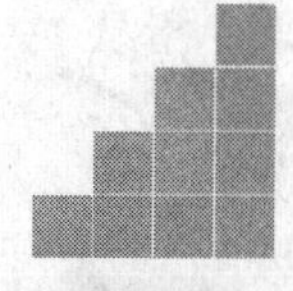

第十章

第三人制度研究

一、第三人制度概述

（一）第三人制度的含义及历史发展

第三人制度经历了一个漫长的发展过程。中世纪前，囿于落后的生产力发展水平和自给自足的经济模式，民事诉讼通常以原告、被告“二当事人主义”为诉讼构造。罗马法最早承认“对他人的诉讼有利益的第三人，可以独立申请参加诉讼，可以上诉或申明不服”，奠定了第三人制度的基础。16、17世纪以来，随着生产力的发展，商品经济的繁荣，人们之间的经济关系、民事关系日益复杂，传统的二当事人主义诉讼构造的缺陷日益明显，常常导致诉讼浪费、裁判冲突，很容易造成对某一当事人的不公。为实现诉讼经济原则、公正原则和法院裁判的严肃性，各国顺应民事纠纷发展的要求，在一系列民事诉讼立法中确立了第三人制度。第三人制度是民事诉讼中的一项重要制度。现行的各国民事诉讼法大多允许第三人在一定的条件下参加到原、被告之间正在进行的诉讼中去。

大陆法系诸国大多将第三人加入他人之间的诉讼称为诉讼参加，即第三人为保护自己之权利，加入他人间已系属之诉讼而为诉讼行为。此第三人称为诉讼参加人（指广义的参加人）。参加人参加诉讼，系以自己之名义独立为诉讼行为，而以直接或间接保护自己之权利为目的。参加人有辅助当事人一造，间接保护自己权利，有为自己有所请求或主张，而以该诉讼之两造为共同被告，直接保护自己权利。前者称为从参加诉讼或辅助参加，后者称为主参加诉讼。广义之诉讼参加，包含两者，狭义之诉讼参加，专指从参加而言。[①]

(二) 第三人的制度的产生背景

同法律制度的出现是出于统治阶级的需要一样，第三人制度的产生也有其必然性。在法学领域，这种必然性表现为法律的制度价值。在传统法学中，公正是作为法律的唯一价值目标而存在的。任何法律制度，都以实现公正为其终极目标。于是，程序法律不厌其烦、事无巨细地对各种诉讼过程进行尽可能细致的规定，就愈能够达到客观公正——至少在程序法律当中是如此。然而，现实的要求，却使得法律学者不得不重新审视一味追求公正的效果和因此产生的缺陷。法院大量的不能审结的积案，当事人与法院大量的金钱支出和时间投入，最终反而出现了法院判决结果相互矛盾的尴尬局面……此外，社会经济的发展，使法学家们不得不开始重视经济学理论在法学领域中的重要作用。在以经济学方法将法律成本和产出量化分析之后，人们开始意识到无限地追求公正，其实就是对公正的一种极大的损害。由此，经济学当中效率和效益的概念开始在法学中生根发芽，以至于今天成为与诉讼公正并驾齐驱的法律三大价值中的重要组成部分。德国几次对其烦琐的诉讼程序进行修改以达到提高诉讼效率的目的就是诉讼公正不再是程序法律的唯一价值目标的表现。正是随着社会经济生活与法律互动影响的日益深重和广泛，正是随着人们对效率、效益的日益重视和关注，民事诉讼第三人制度得以产生和发展。

综合起来，尽管不同法系、不同国家的第三人制度存在着一定的差异，但所体现的则是共同的诉讼规律或要求，即在维护诉讼程序上的公正的同时，按照符合诉讼经济的原则，以同一诉讼程序合并审理与本案有一定关联的案件或法律关系，以便于法院以尽可能少的投入查明案件事实和彻底解决纠纷，并避免法院对相关联的两个案件作出矛盾判决，以保证司法尊严。同时，在其中也不难发现，有独立请求权第三人制度主要侧重于诉讼经济和避免矛盾判决两个方面的平衡问题（这是由此类案件中第三人参加诉讼和原、被告之间的诉讼标的同一或部分同一所决定的），而无独立请求权第三人制度更为注重的是诉讼经济。

(三) 第三人制度的法律特征

第三人的法律特征表现在以下几个方面：

1. 参加诉讼是为了维护自己的民事权益。第三人参加诉讼，要么是参加到一方当事人

---

① 参见王甲乙、杨建华、郑健才：《民事诉讼法新论》，33页，台北，三民书局，1981。

中去，辅助其进行诉讼；要么是自己有所请求或主张，以本诉讼的原、被告为共同被告，进行诉讼。但是，不论他是以何种方式参加诉讼，其目的都在于维护自己的利益，尽量避免诉讼结果对自己产生不利的影响。

2. 参加到他人之间已经开始的诉讼中来。如果他人之间的诉讼尚未开始，当然不存在第三人参加诉讼的问题。如果他人之间的诉讼，已因原告撤诉、双方当事人和解以及法院作出判决而终结，也不可能以第三人的资格参加诉讼。

对于第三人参加诉讼的时间，民事诉讼法没有明文规定，但理论界普遍认为应当在诉讼开始后，至人民法院作出一审判决以前。

3. 第三人以自己的名义参加诉讼，在诉讼中具有独立的诉讼地位，既区别于共同诉讼人，也区别于当事人以外的其他诉讼参与人。

从微观上讲，第三人仅仅是民事诉讼当事人（或参加人）中的一类；但从宏观角度来讲，当我们考虑到建立第三人的作用、目的、条件及产生的必然性等因素时，它就是一种重要的诉讼制度。

(四) 第三人制度的类型

第三人制度在我国民事诉讼法上分为两类：一类是有独立请求权第三人，另一类是无独立请求权第三人。对前者，大陆法系诸国，例如德国、日本和法国都称之为主参加（也称独立当事人参加，或独立的诉讼参加），称后者为从参加（也称辅助参加，或非独立的诉讼参加）。英美法系诸国在第三人参与诉讼的划分和称谓方面少有共同点。以英国和美国为例，英国法律中并不将第三人加以区别，而美国《联邦民事诉讼规则》以第三人参加诉讼的方式为标准，将其分为“自愿参加诉讼”和“强制参加诉讼”，其中前者又分为“权利性诉讼参加”和“许可性诉讼参加”，后者往往被称为“第三当事人诉讼”。

二、有独立请求权第三人比较研究

有独立请求权第三人，是指在诉讼进行中，对当事人之间正在进行诉讼的标的，不论是全部或是部分，以独立实体权利人的资格，提出诉讼请求而参加诉讼的人。以下分别从有独立请求权第三人参加诉讼的要件、程序，以及其诉讼地位的角度对各国民事诉讼法中此项制度之规定进行比较研究。

(一) 有独立请求权的第三人参加诉讼的条件

1. 德国主参加人参加诉讼的要件

《德国民事诉讼法》将之称为"主参加"，第 64 条规定，"某人对于他人之间已系属诉讼的诉讼标的（物或权利）的全部或一部，为自己有所请求时，在该诉讼受到确定裁判前，有权在该诉讼所系属的第一审法院，对双方当事人提出诉讼而主张自己的请求"。即主参加人应具备如下要件：（1）本诉讼系属；（2）就他人间之诉讼标的全部或一部为自己有所请求；或主张因其诉讼之结果，自己之权利将被侵害；（3）以本诉讼当事人两造为共同被告。

2. 法国主诉讼参加人参加诉讼的要件

《法国新民事诉讼法》的第九编规定了诉讼参加制度。诉讼参加又分为两种基本类型，即任意参加和强制参加。

所谓的任意参加，是指为了自己的利益、基于自己的意志而对他人之间已经系属诉讼的参加。[①] 任意参加根据参加人参加诉讼目的不同，又分为主参加（又称独立参加）和从参加（又称辅助参加）。

主参加是指第三人主张独立于本诉的诉讼请求而对他人诉讼的参加。根据《法国新民事诉讼法》第 325 条的规定，独立参加的请求应当与系属的请求之间有充分的联系被认为是独立参加的要件之一。所谓参加请求与系属请求的联系或关联性主要体现在以下几种情况：（1）独立参加人对他人之间所争议的权利、义务持有异议。如在不动产所有权的诉讼中，第三人对该不动产主张所有权。（2）独立参加人所提出的请求以本诉当事人之间争议的权利相联系的权利为对象。如在专利权人向侵权人提起的损害赔偿诉讼中，专利实施人作为第三人也向侵权人提出赔偿请求。（3）第三人提出的请求与原告在本诉中的请求属于同一类型。如解除不动产契约的诉讼中，出租不动产的其他共有人以同一目的参加诉讼的场合，即当共有一人之一作为原告已经提起要求解除租赁不动产的诉讼请求，而其他的共有人也在诉讼中提起同样的请求。

从参加是指由于担心他人之间的诉讼中一方当事人的行为会影响到自己的利益，为了维护自己的利益而参加诉讼，以支持另一方当事人。根据法国民事诉讼理论，从参加人并没有向本诉的原告或被告主张独立请求，仅仅依附于本诉的一方当事人，对当事人在诉讼中实施的不利于己的诉讼行为进行防御，实际上是同一诉讼主体的扩张，是诉讼主体的合并。一般情况下，从参加人由于没有独立的请求权，因此不存在是否败诉的问题，所以没有上诉权。如果在判决中从参加人要承担义务的，则该辅助参加人可以自己的名义提起上诉。

3. 日本主参加人参加诉讼的要件

有独立请求权第三人参加诉讼，在《日本新民事诉讼法》中称为"独立当事人参加"，

---

① 参见张卫平、陈刚编著：《法国民事诉讼法导论》，108 页，北京，中国政法大学出版社，1997。

其第47条第1款规定，“主张由于诉讼结果而使其权利受到损害的第三人，或者主张诉讼标的的全部或一部分属于自己权利的第三人，可以作为当事人将该诉讼的双方当事人或一方当事人作为对方当事人参加该诉讼”。

根据《日本新民事诉讼法》的规定，只要具备下述两种要件之一就可构成独立参加：(1) 他人间系属中的诉讼结果会侵害第三人的权利的情形。此处所谓的“权利受到诉讼结果侵害的情形”是指他人承受的判决会对第三人法律上的利益产生威胁的情形。这种参加的宗旨就是救济由于诈害诉讼而受到的伤害，即诈害防止参加。如他人通过虚假诉讼，而使其间并不存在的债权得到法院承认，那么作为其他债权人的第三人的债权就不能得到债务人偿还的情形。(2) 第三人对他人间系属中全部或部分的诉讼对象主张权利的情形。如在他人的请求返还房屋诉讼的系属之中，第三人主张该房屋的所有权并要求归还给自己的情形。①

4. 美国诉讼参加人参加诉讼的要件

有独立请求权第三人法律制度，在美国称为“诉讼参加”。

美国《联邦民事诉讼规则》第24条允许某些原本不是正在进行诉讼的当事人的人参加到已经开始的诉讼中来，此为诉讼参加。参加到他人已经开始的诉讼中来的人称为诉讼参加人。

诉讼参加分为两种：一种是权利性的诉讼参加，另一种是许可性的诉讼参加。

(1) 权利性的诉讼参加

美国《联邦民事诉讼规则》第24条第1款规定了诉讼外的人在符合下列条件的情况下，享有当然的权利参加到已经开始的诉讼中来而不需要经过法院的批准：1) 诉讼参加人对于当事人之间正在讼争的财产或事项主张具有利害关系；2) 如果其不介入现在的诉讼，对该案的处理实际上可能会损害其保护其相关利益的能力。在具备上述要件的情况下，只要其向法院提出参加诉讼的要求，受诉法院即应当允许其参加诉讼，而不能依其裁量权作出不准参加诉讼的裁定，但参加人的利益已由现在的当事人充分代表的除外。

但如果诉讼外的人不具备上述第1项的规定，在联邦的其他制定法明确赋予其诉讼参加的权利时，也可以自动地介入到诉讼中来。通常，这一类的联邦制定法是明确赋予美国政府介入诉讼的权利。

(2) 许可性的诉讼参加

美国《联邦民事诉讼规则》第24条第2款规定了许可性的诉讼参加的条件：1) 当美国制定法给予附条件的诉讼参加权时；或2) 诉讼参加人的请求或抗辩与本诉有共同的法律上的或事实上的问题。当诉讼的一方当事人请求或抗辩的理由，是基于制定法或联邦或州政府官员授予的执行命令，或根据制定法或执行命令发布或制定的规章、命令、要求或协

---

① 参见［日］中村英郎：《新民事诉讼法讲义》，陈刚、林剑锋、郭美松译，87页，北京，法律出版社，2001。

议时，根据适时的申请，可以允许官员或机构参加诉讼。法院在行使其裁量权时，应考虑参加诉讼是否会过分地延误或不利于对本诉当事人的判决。

许可性的诉讼参加将参加诉讼的决定权交付给了初审法院，由其根据案件情况来进行自由裁量。因此，无论实审法院作出怎样的裁定，允许或是不允许诉讼介人，该裁定都不可能被上诉法院推翻。

（二）有独立请求权第三人参加诉讼的程序

1. 大陆法系其他国家主参加人参加诉讼的程序

主参加人应依何种程序参加诉讼，大陆法系的其他国家也未作详尽规定。

《德国民事诉讼法》第 64 条规定，主参加诉讼提起的时间应在本诉讼受到确定裁判前，须向本诉讼所系属的第一审法院起诉。

法国民事诉讼理论认为，主参加实际上是第三人提出了新的诉讼请求，一旦参加，其实质是诉讼请求的合并。在参加的程序上，因为独立的参加请求也是一种附带请求，因此，在大审法院的诉讼中，参加人须通过自己的律师向对方的律师提出参加申请书；在小审法院的诉讼中，参加人只需在辩论期日以口头方式向法院提出即可。① 参加人可以在本诉讼的上诉审程序审理终结前提起主参加诉讼，起诉于本诉讼现系属的法院。

《日本新民事诉讼法》仅规定，独立当事人申请参加诉讼，应以书状形式明确参加的目的和理由，向受理本诉的法院提出申请。在第一审和第二审程序中，都可以申请参加诉讼。在上告审，只有在发回事实审重审时才允许参加。

2. 美国诉讼参加人参加诉讼的程序

美国《联邦民事诉讼规则》第 24 条第 3 款对于诉讼参加人参加诉讼的程序作了较为明确的规定。具体条文如下："请求参加诉讼的人应按规定向当事人送达参加申请书。申请书应陈述其理由，并且附有提出请求或抗辩的应答文书。当美国制定法赋予参加诉讼的权利时，应遵循同样的程序。当影响公众利益的国会制定法的合宪性在诉讼中引起争执，而美国国家或其官员、机构或其职员不是诉讼的一方当事人，则法院应按照《美国法典》的相关规定通知美国司法部长。对制定法的合宪性提出异议的一方当事人，应引起法院注意其随之而产生的义务，但是没有这样做，除非适时的主张，不认为是放弃宪法赋予的权利。"

（三）有独立请求权第三人在诉讼中的地位

1. 法国和德国主参加人在诉讼中的地位

法国和德国民事诉讼法的规定相似，都认为主参加人的诉讼地位相当于原告，享有原

① 参见张卫平、陈刚编著：《法国民事诉讼法导论》，109 页，北京，中国政法大学出版社，1997。

告的一切诉讼权利。其既可以同时以本诉的原告和被告为被告，也可只以本诉的原告或被告为被告。从过去的判例来看，大多是以本诉的被告为被告。

2. 日本主参加人在诉讼中的地位

《日本新民事诉讼法》第47条第1款规定，第三人"可以作为当事人将该诉讼的双方当事人或一方当事人作为对方当事人参加该诉讼"。我们可以从其法律规定上看出，日本民事诉讼立法上对于第三人参加诉讼所形成的诉讼结构采取了兼采"两面诉讼关系说"和"三面诉讼关系说"。

此外，《日本新民事诉讼法》还规定，"有为主张自己的权利而参加诉讼的人时，参加前的原告或被告经对方当事人的同意，可以退出诉讼。在此种情况下，判决对于已退出的当事人也有效"。

在日本民事诉讼理论界，对于主参加诉讼所形成的结构在学说上有种种见解，其中主要学说有"共同诉讼说"、"主参加合并诉讼说"和"三面性诉讼说"①。现在成为通说的是"三面性诉讼说"，即把三方当事人之间的纠纷作为一个纠纷一举解决的方法替代相对地个别解决的诉讼结构，三者是以独立的立场参与的三面性的诉讼说。此学说已得到了法院判例的支持。

3. 美国诉讼参加人在诉讼中的地位

虽然美国《联邦民事诉讼规则》建立了权利性/许可性的诉讼参加制度，但是在实际的判例中表明，诉讼参加人以当然的权利参加诉讼时也是要受到一些限制的，还是被要求更充分地表明与案件具有的利害关系，以及不加入诉讼自己的利益将得不到充分的保护。

而且在管辖权方面，权利性/许可性的诉讼参加应当独立地符合联邦事务管辖权的标准，而不能够适用补充管辖权的规定，从而杜绝了当事人以规避法律为目的提起诉讼参加的情形发生。②

三、无独立请求权第三人比较研究

无独立请求权第三人，是指对原告、被告双方争议的诉讼标的没有独立的请求权，但案件的处理结果可能与其有法律上的利害关系，为维护自己利益而参加到原告、被告已经开始的诉讼中进行诉讼的人。大陆法系国家和地区普遍称之为辅助参加。

---

① ［日］兼子一、竹下守夫：《民事诉讼法》，白绿铉译，206～207页，北京，法律出版社，1995。

② 参见蔡彦敏、洪浩：《正常程序法律分析》，267页，北京，中国政法大学出版社，2001。

(一) 无独立请求权第三人参加诉讼的要件

1. 德国辅助参加人参加诉讼的要件

辅助参加在德国民事诉讼中也称为诉讼助理，是第三人以自己的名义参加他人的诉讼，但不是作为当事人，而仅仅是“旨在支持”一方主当事人。以下通过对案例的分析进行说明①：

汽车买方甲起诉其卖方乙要求退货，因为该车在交货时即有传动瑕疵，当时未发现。乙否认在风险转移时货物存在瑕疵。而此车是由乙的供货商丙向乙提供的，而且乙本身对该车只占有过几个小时。那么如果甲胜诉，乙就享有对丙的求偿权。

所以乙将诉讼告知丙，丙加入到乙一方，因为他考虑到参加的效应而必须参加诉讼：如果在甲、乙之诉中查明汽车瑕疵在交货时就存在，则这一事实的确认将同样适用于乙与受诉讼告知人丙之间的关系，即使丙根本不参加诉讼。

这样，丙就得当心乙不尽力进行诉讼：如果乙败诉，那他无论如何就对丙享有追索权，其基本要件现在的原告甲通过诉讼取得，因参加的效应而对丙发生效力。因此乙不大会尽全力力争（实践的经验也证明了这一点：通常只是参加进来的受诉讼告知方提起上诉）。这样一来丙积极主动地代表其本身立场参加诉讼就要好得多。法律也给予了他这种可能性：他可以几乎像当事人那样辅助乙行使权利，如果后者毫无动作，丙进行诉讼而效力及于乙，但若乙反对，则只能以主当事人的行为为准，因为诉讼辅助人只能“支持”而不能反对。不过因为主当事人阻止了其防御，所以参加效应不能及于丙，丙在乙对丙提起的追索诉讼中即可抗辩称先前诉讼未充分进行，就此而论实体及证据问题仍未解决。

在以上案例中涉及了诉讼告知和参加效应等多种法律制度。

在辅助参加（及诉讼告知）中涉及两个阶段：

(1) 先前诉讼

这是在辅助参加人参与之下（或者在诉讼告知情形：在敦促参加之后，这里即使不加入诉讼亦发生《德国民事诉讼法》第68条规定的参加效应）的主诉讼。主要法律问题：参加的前提条件和辅助参加人的诉讼地位（即哪些他能做，哪些不能做）。

(2) 后续诉讼

这是接下来被支持的主当事人对先前的辅助参加人（或者在未加入诉讼时：诉讼告知人对受诉讼告知人）提起的追索诉讼。这里涉及第68条规定的参加效应这一核心问题。

与辅助参加制度有着密切联系的是诉讼告知制度和参加诉讼的效应。

(1) 诉讼告知制度

---

① 参见［德］狄特·克罗林庚：《德国民事诉讼法律与实务》，刘汉富译，313页，北京，法律出版社，2002。

诉讼告知是由一方当事人将已经系属的诉讼（又称先前诉讼）正式通知（“告知”）第三人，在告知人败诉的情况下，可以通过参加诉讼的效应使该第三人，即被告知人负担告知人的损失。诉讼告知制度主要是为了保护告知人的利益而设立的制度。德国、日本以及我国台湾地区民事诉讼法都设立了类似的制度。

（2）参加诉讼之效应①

参加诉讼效应仅发生于先前诉讼的主要当事人与辅助参加人（受诉讼告知人）之间，也就是说这两者之间形成后续诉讼之情形。按照普遍意见，它只能有利于而不能不利于所辅助的主要当事人（诉讼告知人），例如，在后续诉讼中该当事人即可提出所受损害比在先前诉讼中所确认的要高。

1）前提条件

先前诉讼的主要当事人与其当时的辅助参加人（或受诉讼告知人）之间须形成后续诉讼并且先前诉讼必须是业已经过发生法律效力的判决（非和解）而终结。

——对于加入诉讼是否有效不再进行审查，但应以实际发生辅助参加且未被驳回为前提。

——如系此前进行过诉讼告知，则须区分：若它导致加入诉讼，则这一事实即可满足对诉讼告知的合法有效性而不作审查。相反，假如受诉讼告知人未加入先前诉讼，则现在在后续诉讼中必须对诉讼告知的合法性和有效性进行审查，因为只有有效的诉讼告知才能产生其实体及程序法上的效力。

2）参加诉讼的效应

这种效应在于法官所作出的先前诉讼的判决就辅助参加人与主要当事人关系来说视为正确（对其有利而非不利）。法院对此应依据职权予以注意。

参加诉讼的效应与法律效力不同，因为法律效力仅涉及法律后果结论，而非单个的事实和预先制定的法律关系，并且也不允许提出诉讼程序瑕疵方面的抗辩，而参加诉讼的效应远为广泛，它的约束力也包括先前诉讼中裁判的所有事实和法律依据，也就是说：

——对先前诉讼中对裁判具有意义的所有各项事实的查明确认。

例如，交通事故的发生经过、汽车买卖的经过，包括恶意欺骗的形式和内容。

——其法律上的判断。

例如在争执的房屋买卖案件中实际是一种承揽合同而非买卖合同，那么索赔权就须按承揽合同来处理，在后续诉讼中也就须依此处理。

——预先判定的法律关系的确认。

例如先前诉讼中的相关承揽合同有效；要求交出的财产属于某甲所有。

——不过，仅限先前诉讼之判决系依此作出。

必须是属于支持先前裁判的（事实及法律方面的）确认，也就是说该裁判是依此作出。

① 参见［德］狄特·克罗林庚：《德国民事诉讼法律与实务》，刘汉富译，324页，北京，法律出版社，2002。

3）约束力的解除

在后续诉讼中辅助参加人可以提出诉讼程序存在欠缺之抗辩。

以此种抗辩他可以全部或部分排除参加诉讼的效应（约束力）。为此目的，他必须提出并证明下列事实之一的存在或发生：

——他本人因已不容变更的诉讼状态或者主当事人的陈述及行为而未能提出某种攻击或防御方法；

——主当事人因故意或重大过失而未能提出攻击或防御方法，而这些方法为辅助参加人所不知晓（否则他本人可能已经提出）；

——由于出现上述两种情况：该未使用的攻击或防御手段能够导致先前诉讼中作出不同的裁判。

2. 法国无独立请求权第三人参加诉讼的要件

《法国新民事诉讼法》在“自愿参加”一章第330条规定，“第三人参加诉讼系支持一方当事人的诉讼请求时，此种参加为从参加。从参加之诉，如其提出者为保全自己的权利，有利益支持一方当事人，得受理之。从参加人得单方面撤回其参加之诉”。

同时，法典中也规定了“强制参加诉讼”法律制度。强制参加，是指第三人被强制地参加他人之间已经系属的诉讼，即第三人对诉讼的参加不是按照自己的意愿。例如，在损害赔偿案件中，由于第三人与案件的联系而被该案件的受害人传唤参加诉讼。该法第331条规定，“有权以本诉请求对第三人提起诉讼的任何一方当事人，均可以使该第三人牵连进诉讼，以使之受到判决。对于第三人被牵连参加诉讼的当事人，亦可将该第三人牵连进诉讼，以使判决成为对他们的共同判决”。

3. 日本辅助参加人参加诉讼的要件

《日本新民事诉讼法》第42条规定，“对于诉讼的结果有利害关系的第三人，可以为辅助一方当事人而参加诉讼”。所谓诉讼的结果是指他人之间的诉讼的胜或败；而利害关系必须是法律上的利害关系，即参加人的权利、义务或其法律上的地位。

受德国民事诉讼法的影响，《日本新民事诉讼法》也同样规定了诉讼告知制度和参加诉讼的效应，在此不作详述。

4. 美国第三当事人被告参加诉讼的要件

第三当事人诉讼制度是美国联邦民事诉讼中所特有的一项法律制度，该制度与我国现行民事诉讼法中无独立请求权第三人制度有部分类似之处。在美国民事诉讼中，第三当事人诉讼是指专门解决除了本诉讼的原、被告当事人之外的并可能承担某种责任的特定的人参加诉讼的制度。即被告以第三人对其被诉的权利请求负有责任为理由，让第三人作为新的被告加入原来的诉讼。通过设置第三当事人被告制度，“用以减少诉讼数量，避免重复，避免由于多头诉讼而造成相互矛盾的判决结果”①。

---

① ［美］B.K. 普钦斯基：《美国民事诉讼》，61页，北京，法律出版社，1983。

美国《联邦民事诉讼规则》规定，被告把第三人作为他的被告引入诉讼是有条件的，就是第三人应对原告对被告的请求负有全部或一部分责任，或者有这种可能性的人。从这一规定来看，第三人的责任是从原告对被告的主请求中派生出来的。如果只是从原诉讼同一事实关系中派生出来的，是与原告对被告的请求无关的独立的请求，则不能请求第三人作为第三当事人被告引入诉讼。引例如下：

原告甲在被告乙开设的饭店中吃了变质的火腿，因此起诉至法院请求被告赔偿人身伤害损失。被告辩称，火腿是从丙公司购买来的，如果变质，应是丙公司的过错。于是，法院允许被告乙将丙公司作为第三当事人被告引入诉讼中来。

（二）无独立请求权第三人参加诉讼的程序

1. 德国辅助参加人参加诉讼的程序

《德国民事诉讼法》规定，辅助参加人申请参加诉讼应当采取书面形式，主要当事人有权表示反对。如果一方（或双方）主要当事人反对第三人辅助参加诉讼，则会形成中间诉讼，法院应当就此作出裁判，判决的形式可以是中间判决，也可以在终局判决中对中间诉讼的判决予以合并。如果双方主要当事人无人表示反对，那就意味着其默示地准许辅助参加而无须法院明确作出裁判，仅依职权审查其是否确实希望加入及诉讼行为要件是否具备，而不审查是否具备辅助参加的条件及形式。

2. 法国无独立请求权第三人参加诉讼的程序

（1）辅助参加

《法国新民事诉讼法》“自愿参加诉讼”一章中规定，“从参加之诉，如其提出者为保全自己的权利，有利益支持一方当事人，得受理之”。参加人可以在本诉讼的上诉审程序审理终结前向本诉讼现系属的法院申请参加诉讼。

（2）强制参加

《法国新民事诉讼法》第 332 规定，“法官如认为任何利害关系人参加诉讼对解决争议实属必要，得提请各方当事人将这些利害关系人牵连进诉讼”。

该法中并未具体指明“第三人参加诉讼的方式”，但是按照《法国新民事诉讼法》第 1 条至第 4 条规定的基本精神，所有诉讼程序只能由当事人提起，即诉讼程序的启动权在当事人手中。向有利害关系的人提出权利请求应当是当事人的权利，法院只是维护这种权利而不是代替当事人去行使这种权利。这与法国民事诉讼所尊崇的当事人主义是一致的。

3. 日本辅助参加人参加诉讼的程序

（1）申请参加

申请是向诉讼行为的审级法院以书面或口头方式表示参加的意图（辅助参加哪个诉讼的哪个当事人）及参加的理由（有关利害关系的情况）。《日本新民事诉讼法》第 34 条对此作了明确的规定。

(2) 是否准许参加

对申请的方式和是否具备申请的理由，只有在当事人提出异议时方才进行审查。该法第44条规定了“对辅助参加的异议”。“当事人对于辅助参加提出异议时，对准否辅助参加，法院应当以裁定作出裁判。在此种情况下，辅助参加人应当释明参加的理由。”“当事人对于未提出前款之异议而参加辩论或在辩论准备程序中作出过陈述的，则不能提出异议。”“对于本条第一款的裁判，可以提出即时抗告。”

4. 美国第三当事人被告参加诉讼的程序

美国《联邦民事诉讼规则》第14条第1款规定了被告可以引入第三当事人参加诉讼的时间和程序。在诉讼开始后的任何时候，本诉的被告作为第三当事人原告，以应该或可能由非诉讼当事人负责原告对第三当事人原告请求的全部或部分为理由，可以向非本诉当事人的人送达传唤状和起诉状。如果第三当事人原告在送达最初答辩状后10日内提出第三人当事人起诉状，则该起诉状的送达不必经过法院许可；如果超过10日，第三当事人原告必须以申请形式取得法院的同意后告知诉讼中的全体当事人。由此可见，被告把第三当事人作为被告引入诉讼的申请还是要经过法官裁量决定。

(三) 无独立请求权第三人的诉讼地位

1. 德国无独立请求权第三人的诉讼地位

德国民事诉讼中的辅助参加人又分为简单式（非独立的）辅助参加人和共同诉讼式辅助参加人。

(1) 简单式（非独立的）辅助参加人的诉讼地位

辅助参加人既非当事人，亦非被支持当事人的代理人，而是因自有权利以自己名义行事的第三人。德国民事诉讼法赋予其此种自有权利，因而其可以“有效地实施”为所支持的当事人所可以实施的一切诉讼行为，也就是说就好像系该主要当事人本人所实施的一样，但不得实施与主要当事人相抵触的行为，否则无效。这种权限是其与简单的共同诉讼的主要区别之一。

简单的辅助参加人的诉讼地位概述如下：

1) 权限和诉讼立场

——在主要当事人缺席庭审时，辅助参加人可以参与辩论，从而排除法院作出缺席判决（如未传唤辅助参加人，则依法亦不得作出缺席判决）。

——辅助参加人可以作为证人被传讯。

——辅助参加人可以独立为陈述、否认或举证。

——主要当事人可允让辅助参加人实际上单独进行全部诉讼。例如：被支持的主要当事人一审败诉而不愿再积极参与诉讼，不过允许（否则因与主要当事人不一致而无效）其诉讼辅助人提起控诉。辅助参加人在控诉审所作任何陈述等诉讼行为均对保持消极姿态的主要当事人发生利及不利的效力（即仍只有后者具有当事人身份）。

——对于简单的辅助参加人从不单独计算期限，决定性的仅仅是对主要当事人所规定的期限，例如异议、控诉等的期限自送达主要当事人时起算。联邦法院认为简单诉讼辅助人无单独计算的上诉期限。

——对于迟延禁阻，辅助参加人可通过至少在对主要当事人有效的期限内及时陈述而免于此种禁阻。但迟误的主要当事人按有关迟误禁阻的规定已受禁阻而不能主张的证据手段等，不能由辅助参加人事后提出：因为其必须按其加入时的状态接受诉讼。

——由于辅助参加人不是当事人，因此不能判给他什么东西，不过也不能判他败诉。

2）限制

辅助参加人不得为下列行为（除非主要当事人同意，否则无效）：

——为诉之变更、扩张、限制或撤回；

——撤回主要当事人的上诉；

——提起反诉或中间确认之（反）诉；

——认诺；

——表示了解本诉或单独缔结和解；

——违背主要当事人的意志提起上诉。

——实体性质的法律行为：辅助参加人不得侵入主要当事人的实体权利范围，不得行使其实体权利，如撤销、解除、以主要当事人的债权抵销等。由于诉讼和解的双重性质，他不能单独缔结此种和解，而只能附属于主要当事人参与缔结。

（2）共同诉讼式辅助参加人的诉讼地位

共同诉讼式辅助参加人，又称为独立的辅助参加人，是在指本诉讼的判决效力及于对方当事人的情况下，该第三人成为辅助参加人时，从保护其利益的要求出发，应承认比通常的参加人更强的，准用于共同诉讼人进行诉讼的权能，其与简单式辅助参加人的区别如下：

1）简单式辅助参加人不得为任何与主要当事人相矛盾的行为，而共同诉讼式辅助参加人可以反对主当事人。

2）简单式辅助参加人只能作为证人被传讯，而共同诉讼式辅助参加人可以作为当事人传讯。

3）法律对于简单的辅助参加人从不单独计算期限，决定性的仅仅是对主要当事人所规定的期限，而对共同诉讼式辅助参加人规定有特殊的上诉期限。①

2. 法国无独立请求权第三人的诉讼地位

（1）辅助参加

法国民事诉讼中的辅助参加诉讼的第三人完全是为了维护自己的利益而参加诉讼，其

① 参见［德］狄特·克罗林庚：《德国民事诉讼法律与实务》，刘汉富译，319页，北京，法律出版社，2002。

参加诉讼的目的与行为均具有辅助性质，因此法院也不能直接判其承担责任。

（2）强制参加

法国民事诉讼中强制参加制度与美国联邦民事诉讼中对第三当事人的规定极为相似，但是后者规定得更为详尽和完备。

《法国新民事诉讼法》第333条规定："被牵连参加诉讼的第三人，应在受理本诉的法院进行诉讼，而不得对该法院之地域管辖权提出异议，即使援用职权管辖之规定，亦同。"①

3. 日本辅助参加人的诉讼地位

《日本新民事诉讼法》对于辅助参加人可为的诉讼行为作了较为详细的规定。首先，辅助参加人对于诉讼可以提出攻击或防御方法、申请异议、提起上诉、提起再审之诉及其他一切诉讼行为。但是法律也对其权利作出了一定的限制，即如果在其参加诉讼时，按照诉讼进展的程度已不能实施的诉讼行为则不能为。而且，当辅助参加人的诉讼行为与被参加人的诉讼行为相抵触时，该行为是无效的。其次，如果当事人对于第三人辅助参加诉讼提出了异议，在法院裁定其不准辅助参加之前，辅助参加人仍可以为诉讼行为。再次，辅助参加人的诉讼行为经当事人援引时，即使法院裁定不准其辅助参加诉讼，该行为依然有效。

《日本新民事诉讼法》第46条较详细地规定了裁判对于辅助参加人的效力。即：除下列情况之外，与辅助参加有关的诉讼的裁判，对于辅助参加人也有效：（1）根据法律规定，辅助参加人不能为的诉讼行为；（2）根据法律规定，辅助参加人的诉讼行为无效；（3）被参加人妨碍辅助参加人为诉讼行为；（4）被参加人由于故意或过失使辅助参加人不能为的诉讼行为。

4. 美国第三当事人的诉讼地位

美国《联邦民事诉讼规则》规定，第三当事人被告可以根据法律规定，对第三当事人原告提出反请求及对其他第三当事人被告提出交叉请求。第三当事人被告可以对原告提出第三当事人原告对原告的请求应有的任何抗辩。第三当事人被告也可以提出就原告对第三当事人原告请求的诉讼标的交易或事件中产生的对原告应提出的所有请求；原告也可以就原告对第三当事人原告提出的请求的诉讼标的交易和事件中产生的对第三当事人被告应提出的所有请求，就此第三当事人被告可以提出抗辩，或提出反请求和交叉请求。任何当事人均可以申请取消第三当事人请求，或申请分离或分开审理。第三当事人被告根据本条规定，可以对任何非诉讼当事人的人提起诉讼，只要该人应当或可能对诉讼中对第三当事人被告提出的请求全部或部分负责。②

但是，本诉讼中的被告作为第三当事人原告却不能诉称第三当事人被告对本诉讼原告负有直接的赔偿责任，而自己对原告则不负有任何责任。因此，第三当事人原告对于本诉

---

① 罗结珍译：《法国新民事诉讼法典》，68页，北京，中国法制出版社，2001。

② 参见蔡彦敏、洪浩：《正当程序法律分析》，273页，北京，中国政法大学出版社，2003。

讼原告承担责任是其要求第三当事人被告对自己承担责任的前提条件。不具备这一前提条件，也就不能适用第三当事人制度。

在被告提出反诉的情况下，本诉中的原告作为反诉中的被告也同样可以就反诉向其他负有责任的人追偿，从而成为第三当事人原告，被追偿的人由此成为第三当事人被告。

可见，第三当事人诉讼均是由处于被告地位的当事人所提起的，既可以是本诉中的被告，也可以是本诉中的原告。

（1）第三当事人案件的管辖问题

在涉及第三当事人诉讼的情况下，无论是在对事物管辖权方面，还是在对人管辖权方面，相对来讲都比较宽松。

首先，就送达而言，美国《联邦民事诉讼规则》允许第三当事人原告的诉状在受诉法院所在地方圆100英里的区域内送达，即使送达地在受诉法院所在州之外，或者超出受诉法院所在地州的法律可以触及的范围。

其次，第三当事人案件可以适用美国《联邦民事诉讼规则》中的补充管辖权的规定。这意味着只要本诉讼符合联邦事物管辖权的规定，那么，无论第三当事人原告对第三当事人被告提起的诉讼是否符合联邦事物管辖权的规定，都可以将该诉讼与本诉讼合并，并由本诉讼的受诉法院一并审理。也就是说，第三当事人原告与第三当事人被告既不存在不同州籍，讼争的标的额又没有达到法定的要求，但这并不影响第三当事人诉讼的成立。此类诉讼所要求的只是原、被告之间的诉讼符合州籍不同案件的法定要求即可。

再次，就审判地而言，本诉讼当事人之间诉讼的审判地决定了整个案件的审判地，如果受理本诉讼的法院是本诉讼适当的审判地，那么，该法院也就是第三当事人诉讼案件适当的审判地。但如果由该受诉法院审理案件将导致第三当事人被告诉讼的极为不便，受诉法院也可以拒绝接受被告对第三当事人被告提起的诉讼。

（2）第三当事人被告提出的请求

第三当事人被告参加诉讼之后，诉讼关系变得更加复杂。该第三当事人被告为了保护自己的利益也可以提出相应的诉讼请求。概括起来，其提出的请求可以是：其一，对第三当事人原告提出的反诉。对于第三当事人被告而言，第三当事人原告对自己提出的是本诉，因此，第三当事人被告可以依法对第三当事人原告提出任意性反诉或强制性反诉；其二，在具有两个以上的第三当事人被告的情况下，对其他的第三当事人被告提出交叉之诉；其三，基于本诉原告对本诉被告的诉讼标的的事项或事件而对本诉的原告提出任何请求；其四，在本诉原告直接对第三当事人被告提出请求时，第三当事人被告可以对本诉原告直接提出反诉；其五，在第三当事人被告认为自己有权向诉讼外的其他人追偿的情况下，可以将该诉讼外的人作为自己的被告即第三当事人被告的被告而提起诉讼。

所有上述的诉讼请求，除了任意性反诉之外，均可以适用联邦补充管辖权的规定，因此，只要最初的本诉讼符合联邦事物管辖权的要求，其他的请求则并不要求单独符合联邦事物管辖权的要求。

无论第三当事人被告在诉讼中提出怎样的诉讼请求，总体来讲，其在诉讼中是处于被告这一防御地位，而且与其对抗的既包括第三当事人原告，又可能还包括本诉中的原告。因此，在其进行抗辩时，既可以针对本诉原告而提出本诉被告本应当提出或可以提出的抗辩，以防止由于本诉被告没有或疏于对本诉原告的请求提出适当的抗辩而使第三当事人不得不承担责任，同时，其也可以直接针对第三当事人原告提出抗辩，例如抗辩说明第三当事人原告对第三当事人被告根本就没有追偿权。

（3）本诉原告对第三当事人被告提出的请求

根据美国《联邦民事诉讼规则》第 14 条之规定，在第三当事人被告参加诉讼后，本诉原告也可以对其提出任何产生于本诉原告对本诉被告诉讼标的同一事项和事件的诉讼请求。但是，对于本诉原告的这一请求不能适用补充管辖权的规定，而是必须单独地符合联邦事物管辖权的规定。这意味着本诉原告必须对第三当事人被告提出涉及联邦问题的诉讼，或者基于本诉原告与第三当事人被告的不同州籍并且讼争标的额超过75 000美元而提起州籍不同案件的诉讼。之所以作出如此的限制，是在防止本诉原、被告之间的恶意通谋，使本来不能直接对第三当事人被告提起联邦诉讼的本诉原告通过本诉被告对第三当事人被告的诉讼而对第三当事人被告提起诉讼和提出诉讼请求。显然，这与第三当事人被告对本诉原告提出诉讼请求可以适用补充管辖权的规定截然不同。也就是说，在是否可以适用补充管辖权问题上，本诉原告对第三当事人被告提出的请求与第三当事人被告对本诉原告提出的诉讼请求二者之间并不存在对等性。因为对于后一种情况而言，根本无须担心第三当事人被告与本诉被告之间会发生恶意通谋的问题。

（4）本诉撤销的后果

第三当事人被告的参加诉讼，无疑会导致诉讼关系和诉讼请求的复杂化。而如果在庭审之前或庭审之中，本诉基于某种原因而撤销，将会对其他的请求产生怎样的影响呢？从法律上来讲，本诉的撤销并不影响其他请求的存在，只要符合补充管辖权的规定，并且只要有可能，受诉法院仍然有权对第三当事人的请求进行审理。至于是否继续行使这一权利，通常就由初审法院自己裁量决定了。[①]

---

① 参见蔡彦敏、洪浩：《正当程序法律分析》，274 页，北京，中国政法大学出版社，2003。

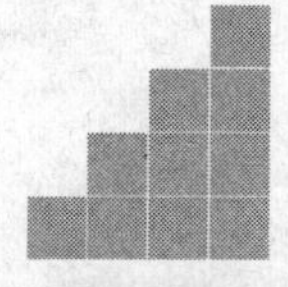

第十一章

共同诉讼研究

不同国家、不同地区，基于历史文化背景、法律传统等诸方面的原因，随着时代的变迁，对共同诉讼的界定存在一些差异。在英美法系国家，共同诉讼的外延非常广泛，不仅包括狭义上的共同诉讼（许可性合并、强制性合并），而且还包括了第三人参加诉讼（介入诉讼）、群体诉讼（集团诉讼）等制度；在大陆法系国家，一般仅认可狭义上的共同诉讼，而不囊括第三人参加诉讼制度和群体诉讼制度。我们认为，在第三人作为主诉讼参加人的情况下，就参加之诉而言，完全符合共同诉讼的本质特征，应当纳入共同诉讼的范畴；而群体诉讼虽是在共同诉讼的基础之上发展起来的，但若群体诉讼中人数众多的一方当事人的诉讼代表人或选定当事人仅为一人时，单就诉讼程序的形式而言，其当事人仅有一人，此时诉讼程序并不适用共同诉讼的规则，因而非诉的合并意义上的共同诉讼。在此界定基础之上，这里概要介绍两大法系的相关共同诉讼制度。

一、英美法系的共同诉讼

英美法系国家的共同诉讼大致都包括两种形态：一是许可性合并（permissive joinder），一是强制性合并（compulsory joinder）。此外，尚包括颇具特色的介入诉讼（intervention）和互争权利诉讼（interpleader）。

(一) 许可性合并

普通法程序严格限制当事人的许可性合并。直至19世纪，英美法系共同诉讼中的许可性合并制度发展仍是极为缓慢。程序法典为当事人的许可性合并设定了一些新标准。依照早期的法典，一些法院曾认为，如果一些当事人在诉讼标的和所寻求救济中的权益具有共同范围，那么这些当事人是“合适的”并且可以进行合并。依当时的合并规则，与已参加诉讼的当事人具有利益一致性的非诉讼当事人会被强制并入诉讼之中，因此，该规则并没有为当事人的许可性合并留下空间。① 英美法系国家现代的当事人许可性合并规则则摒弃了早期法典的绝对主义，非常灵活。以下对现代英国、美国的许可性合并规则予以简要描述。

1. 英国

英国1981年《最高法院规则》第49条第2款，作为一项原则规定行使民事诉讼管辖权的一切英格兰和威尔士的法院，对其受理的一切诉讼事件或事项，在可能的范围内做到使当事人之间有争议的事项全面地、最终地得到解决，有关这些事项的多种法律程序应予以避免。② 为了实现这一目的，《最高法院规则》规定，在每一个法院认为适当的案件中，法院都可以许可当事人的合并。③ 甚至在未经法院许可的情况下，只要满足以下两个条件，当事人也可以合并：(1) 倘若各自单独诉讼，这些诉讼存在某些共同的事实问题或者法律问题；(2) 诉讼中主张的救济权利是关于或者产生于同一交易或者连续交易 (transactions or series of transactions)。

现行的1999年英国《民事诉讼规则》规定，追加原告或者被告作为当事人参加诉讼，不受人数的限制。法院可以基于当事人或者希望成为当事人的人的申请，或者依职权追加或更换当事人。根据英国《民事诉讼规则》第19条第2款第2项的规定，在符合下列两个条件时，法院可以责令追加有关主体作为新的诉讼当事人：(1) 法院认为追加新当事人适当，有助于解决全部诉讼争议事项的；或者 (2) 存在涉及新当事人和原当事人的系争点，而该系争点又与诉讼争议事项相关联，法院认为追加新的当事人适当，有助于法院解决有关系争点的。④ 不过，即使按照上述规则共同诉讼在技术上被允许，但根据英国《民事诉讼规则》第3条第1款第2项 (i)，法院有命令分别审理的自由裁量权，以确保案件的审理快速且有效地进行。

---

① See Jack H. Friedenthal, Mary Kay Kane, Arthur R. Miller, *Civil Procedure* (3rd ed.)，夏登峻等译，318页，北京，中国政法大学出版社，2003。

② 参见沈达明、冀宗儒编著：《1999年英国〈民事诉讼规则〉诠释》，286页，北京，中国法制出版社，2005。

③ England: R. S. C. O. 15 r. 4 and r. 5; Ireland: R. S. C. O. 15 r. I－4, I6.

④ 与1981年英国《最高法院规则》相比，1999年英国《民事诉讼规则》规定的允许共同诉讼的范围更为宽泛。

2. 美国

英国《最高法院规则》对美国许多州法和联邦法产生了很深的影响，美国《联邦民事诉讼规则》第 20 条在实质上同于英国《最高法院规则》的规定。第 20 条规定："第一款任意合并。基于同一的交易或事件或者连续的交易或事件所产生的救济权利提出合并的、单独的或选择性的主张，并且在该诉讼中产生的法律或事实问题对所有人是共同的，可以将全体合并在同一诉讼中作为原告；基于同一的交易或事件或者连续的交易或事件的产生的救济权利被合并的、单独的或选择性的主张，并且在该诉讼中产生的法律和事实问题对全体被告是共同的，可以将全体（包括船舶、货物或对物的海商诉讼中的其他财产）合并在同一诉讼中作为被告。原告或被告对被救济的请求的主张或防御不必全部都有利害关系。判决可对一个或多个原告根据他们各自的权利作出，并可对一个或多个被告根据他们各自的责任作出。第二款分开审理。在诉讼中，为防止由于某一当事人不提出任何请求或对他不提出任何请求的当事人参加而使其处于困境，诉讼被拖延或费用被增加，法院可以作出分开审理的命令或其他命令以防止拖延或损失。"该规则与英国《最高法院规则》相比，二者最主要的区别是在"交易"的基础之上增加了"事件"这个词。实践中倾向于宽泛地解释这一规则。纽约上诉法院曾允许 193 人合并诉讼，而这些人各自都是因受欺诈而对一虚假公司进行投资。该规则明确允许选择性合并，尤其是在意外事故案件中。不过，与英国法院不同的是，在规则所要求的两个条件没有满足的情况下，美国《联邦民事诉讼规则》不允许当事人合并。

(二) 强制性合并

所谓强制性合并，是指某些案件中的当事人，包括原告和被告，必须一并起诉或者被诉，如果有所欠缺，法院必须依职权进行追加；如果被追加的当事人不参加诉讼，法院则可能要作出驳回诉讼的裁定。原则上，原告能够自己决定谁是诉讼的当事人，但是，在某些案件中，当事人之间的联系如此紧密，或者是基于实体法的要求几个当事人必须共同起诉或应诉，或者是基于法律上的必然联系（或是为了公正地审理，或是为了既适当又方便地进行审理）①，以致普通的许可性合并不能满足这些案件的特殊需要。此时，法院就不应该让原告享有无限制的选择自由，而必须强迫那些未参加诉讼的当事人参加诉讼，这就是强制性合并得以存续的根源所在。

1. 英国

根据英国《最高法院规则》，任何人，如果他本来应该作为原告或者被告参加诉讼，或者他的到庭对于保证有效地、彻底地查明和裁判全部争议事项是必要的话，法院就可以命

① See Ernst J. Cohn, *International Encyclopedia of Comparative Law*, Volume XVI: Parties, Chapter 5, p. 42.

令他作为新增加的当事人。[①] 在诉讼的任何阶段，甚至在案件已由上诉审法院审理时，法院都可以主动作出这样的命令，或者基于当事人的请求作出这样的命令。

1999 年英国《民事诉讼规则》第 19 条第 3 款明确规定，两个或者两个以上的人共同享有主张救济权利时，除法院另有指令及遗嘱认证程序以外，所有共同享有该救济权利的人，都应当成为诉讼当事人，没有参加诉讼的人即应被追加为当事人；如果其他人与原告共同享有原告所主张的救济，但又不同意成为原告时，除法院另有指令外，法院也必须将其列为被告。

2. 美国

在美国，强制性合并是一个引起剧烈争议和怀疑的一个话题。在 18 世纪后期以前，衡平法一直在寻求将与争议有利害关系的所有人合并入同一诉讼程序之中，但很多时候，在有关的利害关系人并入诉讼不可能或不现实或涉及程序的过分复杂的情况下，又容忍这样的利害关系人不到庭，其原因，在于大法官认为诉讼中做不彻底的工作往往也比什么都不做强。直至 18 世纪后期，受“完全正义”（doing perfect justice）、“彻底裁判”（making complete decrees）观念的影响，大法官法院的这种态度才开始发生转变。[②] 他们开始主张，在某些情况下，有些人与争议存在如此密切的联系，以至于在他们不到庭时法院不应当也确实不可能继续诉讼。

在 19 世纪 Shields v. Barrow（希尔德诉巴罗）一案中，柯蒂斯（Curtis）法官认为，衡平法上的当事人有三种。除形式的当事人（formal parties）以外，还包括：(1) 必要的当事人（necessary party)。这些人与争议有利害关系，而应当成为诉讼当事人，以便法院最终彻底地解决整个争议，同时通过对争议所涉及的所有权利进行调整来实现完全正义。但是，如果他们的利益与诉讼中的当事人的利益是可分离的，法院可以作出裁判并实现完全的终局的正义，而不会影响未到庭的其他主体，这样的必要当事人并不被认为是必不可少的。(2) 必不可少的当事人（indispensable party)。这些人不仅与争议有利害关系，而且该利害关系具有这样的性质：在没有影响他们利益的情况下，就不可能作出终局裁判，或者，终局裁判的作出可能完全不符合衡平与良心。

1938 年美国《联邦民事诉讼规则》遵循了上述分类。但是，审判实践中，各法院对“必要的”和“必不可少的”这两个词的解释相当混乱，在实践中引起了巨大的困难，并造成了一些苛刻的裁判。“必要”这个术语被认为是不适当的，而“必不可少”这一概念则被描绘成一个“幽灵”[③]。

这些问题的存在，促使美国《联邦民事诉讼规则》在 1966 年进行了一次大规模的修

---

① England：R. S. C. O. 15 r. 6；Ireland：R. S. C. O. 15 r. 13.

② See Hazard，“Indispensable Party：The Historical Origin of a Procedural Phantom”，61 COLUM. L. REV.，1961，pp. 1268－75.

③ Ernst J. Cohn，*International Encyclopedia of Comparative Law*，Volume XVI：Parties，Chapter 5，p. 43.

改。其基本思路是，在界定共同诉讼人时，摒弃那些关于他们之间利害关系的抽象的描述，如“共同的（joint）”、“联合的（united）”、“可分的（separable）”等等，而代之以务实的态度，由法院根据具体情况确定共同诉讼的可行性和合理性。[①] 在强制性合并上，《联邦民事诉讼规则》放弃了两种当事人的区分法。新的美国《联邦民事诉讼规则》将强制性合并称为“为作出公正裁判而必要的当事人合并”（Joinder of Persons Needs for Just Adjudication）。新的美国《联邦民事诉讼规则》第19条（a）规定：“若可行则合并的人。一个人作为传唤令状受送达的对象，并且其合并不会使法院丧失对该诉讼标的的管辖权时，在下列情况下，应作为该诉讼的当事人合并：（1）在他缺席的情况下，已参加诉讼的当事人之间不能得到完全的救济；（2）该人请求与该诉讼标的有利害关系，并且在他缺席的情况下处理诉讼可能出现如下情况：实际上会削弱或妨碍他保护其利益的能力；将使已参加诉讼的当事人中的任何人冒着承担双重、多重或者其他与其所主张的权利理由相矛盾的义务的实体风险。如果该人没有被合并，法院应当命令该人作为诉讼当事人。如果该人应作为原告合并，但他拒绝作为原告，可以将他作为被告，或者在适当的案件中作为非自愿原告。如果合并的当事人对审判地提出异议，并且由于他的合并使该诉讼的审判地不适当时，他将被退出诉讼。”该规则明确了什么是为作出公正裁判而必要合并的当事人。根据该规则，为作出公正裁判而必要的当事人合并必须具备三个构成要件：（1）服从送达令状的约束；（2）合并不会剥夺法院对诉讼标的的管辖权；（3）包括两种情形：一是没有他就不能给现有的当事人以完整的救济，即此时法院的判决只能给予现有当事人以部分或者虚假的救济；二是该人就诉讼标的有利益，在他缺席的情况下作出的判决，将影响他保护这项利益的能力或者会使现有的当事人冒着承担双重、多重或其他相矛盾的义务的巨大风险。

美国《联邦民事诉讼规则》第19条（b）则指出了法院在决定他们不在场的情形下继续诉讼或者驳回诉讼时应当考虑的因素。该条规定：“不能合并时法院的决定。如果符合本条第（1）、（2）项规定的人不能作为当事人，法院应依衡平与良心作出决定，诉讼是在原有当事人之间继续进行还是因被认为必不可少的当事人缺席而驳回诉讼。法院应考虑的因素包括：第一，在该人缺席情况下作出的判决对该人或已参加诉讼的当事人可能造成的损失的程度；第二，以判决中的保护性条款、适合的救济或其他措施，能够减轻或避免损害的程度；第三，在该人缺席情况下作出的判决是否适当；第四，如果诉讼因该人不合并而被驳回，原告是否能得到适当的救济。”

（三）介入诉讼

介入诉讼，顾名思义，是指原本不是当事人的人参加他人之间的诉讼。通过参加诉讼，诉讼介入者得以保护自己的权益免受未到庭时判决可能带来的不利影响，同时，通过参加

---

① See *Federal Civil Judicial Procedure and Rules*, West Publishing Co., 1995, p. 87.

诉讼，他们也将受判决的拘束。

在英国司法实践中，介入诉讼逐步发展演化，在教会法院、海事法院、普通法院及衡平法院中分别呈现为不同的形式。英国法院认为，介入诉讼的首要的正当理由在于，需要以一种方式来确保诉讼的进行不会损害非诉讼当事人的权益。在可能给案外人造成损害的诉讼中，这种发展最为突出。① 然而，介入诉讼在英国没有得到充分的发展，一般限于不动产或个人财产由法院控制的案件。在很大程度上，这是因为第三人介入他人之间的诉讼与原告有权控制诉讼的英美传统理念相悖离。② 并且，如果允许介入诉讼的范围越广，原诉当事人的权益越可能因为迟延、费用和案情错综复杂而受到损害。③

在美国，介入诉讼是在采纳法典诉答程序（code pleading）以后才在制定法上出现的，属于20世纪的产物。④ 根据美国《联邦民事诉讼规则》第24条的规定，介入诉讼分为权利性介入诉讼（intervention of right）与许可性介入诉讼（permissive intervention）：

（1）权利性介入诉讼，即指只要案外人符合法律规定的条件，适时提出申请，无须经法院许可，他就享有当然的权利参加到已经开始的诉讼中来。根据美国《联邦民事诉讼规则》第24条（a）的规定，作为权利性的介入诉讼，必须符合三个实质条件：第一，诉讼介入者对于当事人之间正在争议的财产或者事项享有相关的利益；第二，如果其不参加现在正在进行的诉讼，该诉讼的处理结果实际上可能损害其保护自己相关利益的能力；第三，正在进行诉讼的当事人不可能充分地代表其诉讼利益。另外，在美国联邦制定法赋予了无条件的诉讼介入权时，即使案外人不具备上述三个条件，该人也可以自动介入到诉讼中来。在符合权利性介入诉讼有关要件的情况下，欲参加诉讼的人只要向法院提出参加诉讼的申请，受诉法院即应允许其参加诉讼，而不能依其裁量权作出不准参加诉讼的裁定。

（2）许可性介入诉讼，是指案外人的某种诉讼请求或者抗辩与他人之间正在进行的诉讼具有共同的法律问题或者事实问题，经法院裁量许可，可以参加到已经开始的诉讼中来。根据美国《联邦民事诉讼规则》第24条（b）的规定，在两种情况下，根据适时的申请，任何人可以被允许参加诉讼：一是美国制定法给予附条件的诉讼介入权；二是申请人的请求或抗辩与正在进行的诉讼有共同的法律问题或者事实问题。但是，满足了这一条件，并不意味着申请人就能当然地参加诉讼，其能否参加诉讼，还取决于法院的裁量权，法院将对申请人参加诉讼的利益是否超过了争议扩散可能引起的诉讼延误和费用增加进行考量。⑤在申请人提出的请求与本诉无关，介入诉讼毫无助益或者会延误审理、损害原来当事人的

① See Moore & Levi, "Federal Intervention: I. The Right to Intervene and Reorganization", 45 Yale L. J., 1936, pp. 565, 573.

② See 3B Moore, *Federal Practice and Procedure*, § 24. 03.

③ See Jack H. Friedenthal, Mary Kay Kane, Arthur R. Miller, *Civil Procedure* (3rd ed.)，夏登峻等译，354页，北京，中国政法大学出版社，2003。

④ See Richard L. Marcus et al., *Civil Procedure: A Modern Approach* (3rd ed.), 2000, p. 261.

⑤ See "Developments in the Law—Multiparty Litigation in the Federal Courts", 71 Harv. L. Rev., 1958, pp. 874, 903.

利益时，法官将驳回介入诉讼的申请。

（四）互争权利诉讼

互争权利诉讼，又称互相诉讼或确认竞合权利诉讼，是指对特定的物或款项有数人主张同一权利，该物或款项的占有人或管理人把所有主张该项权利的人作为共同被告提起诉讼，要求确定在被告之中谁是真正的权利人，从而使占有人或管理人摆脱多重诉讼的烦扰，并避免承担重复责任的危险。互争权利诉讼是一种典型的义务人向权利人寻求救济的诉讼形态，义务人的诉讼利益在其中得到了充分的确证。互争权利诉讼是英美法系特有的一种制度，大陆法系国家除德国有类似制度[①]外，均无此种诉讼形式。

互争权利诉讼在英美法系国家有着悠久的历史。长期以来，互争权利诉讼受制于四个限制性条件：第一，必须由司法救济所针对的所有当事人主张相同的东西、债务或责任；第二，他们所有的不相容的权利或主张必须产生于共同的渊源；第三，通过互争权利诉讼寻求司法救济的人（原告）不得对诉讼标的享有或者主张任何利益；第四，原告对任何请求者都不负独立的责任。[②] 如果法院严格恪守这些条件，则衡平法上的互争权利诉讼的适用范围将十分有限，因此，许多法院仅仅在名义上看待这些条件，并未严格遵循。至今，这些严格的条件都不再适用。

1831年，英国制定了《互争权利诉讼法》，使互争权利诉讼上升到制定法的层面。后来，美国继受了这一诉讼制度。联邦法院和大多数的州法院均允许互争权利诉讼。在联邦民事诉讼中，存在两种形式的互争权利诉讼：一是基于《美国联邦法典》第二十八章第1335、1397、2361条的互争权利诉讼，被称为“制定法上的互争权利诉讼”；二是基于美国《联邦民事诉讼规则》第22条的互争权利诉讼，被称为“规则上的互争权利诉讼”。这两种互争权利诉讼均可适用，但由于各自的管辖权和审判地等的要求不同，其适用也不完全一致。

二、大陆法系的共同诉讼

整体言之，大陆法系大多数国家及地区的法律，在共同诉讼的实质要件上都作出了基本一致的规定，都承认在下列三种情况下成立共同诉讼：第一，对诉讼标的享有共同的权

---

① 该类似的制度为债权诉讼，下文将具体介绍。

② See Hazard and Moskovitz, “A Historical and Critical Analysis of Interpleader”, 52 Calif. L. Rev., 1964, p. 706.

利或者负担共同的义务；第二，享有权利和负担义务基于同一事实上及法律上的根据；第三，作为诉讼标的的权利请求或义务属同种类且基于同种类的法律和事实根据。

德、日等大陆法系国家的共同诉讼，大致都可以概括为两种形态：一是普通共同诉讼，二是必要共同诉讼。不过，其共同诉讼制度在具体规定及类型划分上存在些微差异。在日本，共同诉讼分为普通共同诉讼、必要共同诉讼和同时审判共同诉讼，其中必要共同诉讼又分为固有必要共同诉讼与类似必要共同诉讼；在德国，共同诉讼分为简单的共同诉讼与必要的共同诉讼，必要共同诉讼又分为程序性的必要共同诉讼与实体法上的必要共同诉讼。实际上，德国法上的简单的共同诉讼，与日本的普通共同诉讼并无实质上的区别；德国法上的程序性的必要共同诉讼、实体法上的必要共同诉讼，与日本的类似必要共同诉讼、固有必要共同诉讼也没有质的不同。此外，德国和日本还有各具特色的与共同诉讼密切相关的独立地位参加制度。

（一）普通共同诉讼

各共同诉讼人对诉讼标的的权利或者义务分别独立享有或者承担，因而各共同诉讼人可以分别起诉或者被诉，而且判决也可以分别对各个共同诉讼人作出，此即普通共同诉讼。在普通共同诉讼中，原则上各共同诉讼人之间相互独立，每一个共同诉讼人独立进行其诉讼而不受其他共同诉讼人的影响。每一个共同诉讼人的行为对其他共同诉讼人既不发生有利的效力，也不发生不利的效力。

（二）必要共同诉讼

诉讼标的必须对所有共同诉讼人合一确定的，即为必要共同诉讼。在学理上，必要共同诉讼又分为固有必要共同诉讼（德国法上称为实体法上的必要共同诉讼）和类似必要共同诉讼（德国法上称为程序性的必要共同诉讼）。固有必要共同诉讼，是指只有当所有共同诉讼人共同提起诉讼或者共同被诉时当事人才适格的情形。固有必要共同诉讼包括两个要素：一是诉讼实施权必须共同行使，单一之诉不被允许：必须是所有权利人起诉或者被诉，向法院起诉（共同诉讼的形成）即必须共同进行；二是在所有人均参加诉讼的情况下必须作出统一实体裁判。类似必要共同诉讼，是指以部分共同诉讼人为当事人的诉讼并不会造成当事人的不适格，但当该诉讼作为共同诉讼系属于法院时，关于诉讼标的的裁判，必须就各共同诉讼人合一时才能作出的情形。[①] 在类似必要共同诉讼中，允许提起单个之诉，只是在已经存在共同诉讼关系的情况下，才成立类似必要共同诉讼。

---

① 参见［日］中村英郎：《新民事诉讼法讲义》，陈刚、林剑锋、郭美松译，77、79页，北京，法律出版社，2001；陈计男：《民事诉讼法》（上），171页，台北，三民书局，2004。

(三) 同时审判共同诉讼

在日本法上，原告对一方共同被告的诉讼标的的权利与另一方共同被告的诉讼标的的权利，在法律上存在相对立的关系的情况下，如果原告提出共同进行审判的申请，法院应当合并辩论和裁判，这样的共同诉讼形态即同时审判共同诉讼。《日本新民事诉讼法》第41条规定：“（第一款）原告对一方共同被告的诉讼标的的权利与对另一方共同被告的诉讼标的的权利，在法律上存在着相对立的关系的情况下，如果原告提出共同进行审判的申请，法院不应分开辩论和裁判。（第二款）本条前款的申请，应当在控诉审口头辩论终结之前提出。（第三款）在本条第一款规定的情况下，与各共同被告有关的控诉案件，在同一控诉审法院分开系属时，应当合并辩论和裁判。”

依据《日本新民事诉讼法》，同时审判共同诉讼必须具备以下要件：(1) 必须是被告为多数的合并；(2) 必须由原告提出同时审判的申请；(3) 两请求间必须有法律上不得并存的关系；(4) 必须于第二审言词辩论终结前提出同时审判的申请。日本的同时审判共同诉讼制度，是主观预备合并之诉的合法性之争多年来难以在立法上获得解决，为了对应实际中出现的原告对被告甲的请求与对被告乙的请求互不两立的诉讼实际的制度背景下，由修改后的民事诉讼法创设的新制度。不过，该项制度并未完全涵盖此前由主观预备合并之诉而产生的问题，因此，对于这样一项在法律修改作业中未经充分探讨就仓促制定的新制度的妥当性，日本学者也持怀疑态度。

(四) 独立地位参加

1. 德国：主参加与债权诉讼

主参加（Hauptintervention），是指某人对作为他人之间已系属的诉讼标的的物或者权利有请求权并因此针对这一主诉讼的双方当事人提起诉讼。[①]《德国民事诉讼法》第64条规定：“某人对于他人间已系属的诉讼的标的（物或权利）的全部或一部，为自己有所请求时，在该诉讼受到确定裁判前，有权在该诉讼所系属的第一审法院，对诉讼双方当事人提起诉讼而主张自己的请求。”在主参加的情形下，涉及两个独立的诉，即本诉讼与主参加诉讼，本诉讼可以与主参加诉讼合并审理，也可以分别进行诉讼，而法院在对主参加诉讼作出确定裁判前中止本诉讼。

在德国民事诉讼中，与主参加诉讼相关的还有一种特殊的诉讼类型，即债权诉讼[②]，即指在第三人对原告在诉讼中主张的债权为自己有所请求的情形，如果作为被告的债务人

---

① 参见［德］奥特马·尧厄尼希：《民事诉讼法》，周翠译，434页，北京，法律出版社，2003。

② 又称“自称债权人的参加”。

本身并不争辩该义务，只是不知道该向谁给付，债务人可以将该诉讼告知该第三人，在第三人参加诉讼时，债务人可以在提存该债权额并且抛弃其取回权后，请求法院判令准许其脱离诉讼。债务人脱离诉讼后，诉讼在两个自称债权人的债权人之间继续进行，以确定所争执债权的归属。《德国民事诉讼法》第75条规定："第三人对于在诉讼中主张的债权，为自己有所请求，作为债务人的被告将诉讼告知该第三人，因而第三人参加诉讼时，如被告为提出争议的债权人的利益，将债权额提存，并抛弃其取回权，因被告的请求，可以判令他负担因他所为的无理由的异议所发生的费用，然后准许他脱离诉讼。关于债权的归属的争执的诉讼，即在互相争执的债权人间进行。以后，提存的款额归于胜诉人，而判令败诉人将被告所付出的非因其无理由的异议所生的费用以及提存费用，偿还给被告。"

由于自称债权人的第三人是对本诉讼中的诉讼标的为自己有所请求，因而这种诉讼形态本质上属于主参加，是主参加的一种特别形态。不过，随着债务人脱离诉讼，本诉讼和主参加诉讼就转变为一个普通的两方对立的诉讼。

2. 日本：独立当事人参加与共同诉讼参加

对于新的当事人参加已经审理的诉讼，日本法承认两种形态：一是独立当事人参加，二是共同诉讼参加。

(1) 独立当事人参加

当他人间的诉讼处于系属中时，主张该诉讼结果会侵害自己权利的第三人，或者对全部或部分的诉讼标的主张自己权利的第三人，作为当事人独立参加诉讼的情形，即为独立当事人参加。《日本新民事诉讼法》第47条规定了独立当事人参加制度："（第一款）主张由于诉讼结果而使其权利受到损害的第三人，或者主张诉讼标的全部或一部分属于自己权利的第三人，可以作为当事人将该诉讼的双方当事人或一方当事人作为对方当事人参加该诉讼。（第二款）根据本条前款规定的参加申请，应以书状提出。（第三款）本条前款规定的书状，应当向双方当事人送达。（第四款）本法第四十条第一款至第三款的规定，准用于本条第一款的诉讼当事人及根据同款规定参加该诉讼的人；本法第四十三条规定，准用于本条第一款规定的参加申请。"

按照日本诉讼理论，提起独立当事人参加诉讼，必须具备两个要件：第一，他人之间的诉讼正在系属中。由于独立当事人参加具有提起独立之诉的性质，按照判例的见解，在上告审中不可独立参加，只有发回重审时例外。第二，参加人必须具有参加理由。依据《日本新民事诉讼法》第47条的规定，参加的理由有两种，据此独立当事人参加也分为两种类型：一是第三人主张诉讼标的的全部或一部属于自己的权利，此谓权利主张参加；二是第三人主张由于诉讼结果而使其权利受到损害的情形，此谓诈害防止参加。

根据《日本新民事诉讼法》，独立参加人既可以进行两面参加，即以本诉的双方当事人为被告提起诉讼而参加诉讼，又可以进行片面参加，即只以本诉的一方当事人为被告提起诉讼而参加诉讼。日本立法者认为，当参加申请人与一方当事人之间未起实质性争执时，若是强制参加人确立针对该当事人的请求，不符合纠纷的实际状况，因而承认片面参加。[①]两面参加与片面参加这两种独立参加形态的适用非常灵活，其界限并非泾渭分明，第三人在参加方式上可以自由选择，即使是可以进行两面参加的场合也允许其进行片面参加。片面参加还可以转换为两面参加。在参加人最初认为进行片面参加已经足够，但在诉讼进行过程中其与未作为被告的另一方当事人之间的纠纷也明显化的情况下，参加人可以通过追加请求而变为两面参加。[②]

应当指出，在片面参加的情况下，参加人以本诉的一方当事人为被告提起参加之诉，此参加之诉并不成立共同诉讼。日本学者认为，片面参加不能准用必要共同诉讼的规定，而应运用当然的辅助参加说。[③]

（2）共同诉讼参加

《日本新民事诉讼法》第52条第1款规定："对于当事人的一方和第三人必须合一确定诉讼标的时，该第三人可以作为共同诉讼人参加该诉讼。"此即共同诉讼参加制度。作为系属中诉讼的诉讼标的的权利或者法律关系只有在一方当事人与第三人合一才能得以确定的场合，共同诉讼参加才能进行，这是共同诉讼参加的实质要件。通过共同诉讼参加，参加人与该诉讼的一方当事人就形成必要共同诉讼人的关系，适用必要共同诉讼的有关规定，其诉讼资料也统一进行收集。当法院对该诉讼宣告判决时，不论参加人参加之时的诉讼进度，判决对共同诉讼参加人均产生效力。[④]

实质上，共同诉讼参加为共同诉讼的一种发生原因，是形成共同诉讼的一种具体方式。共同诉讼参加是与诉讼系属时就构成的共同诉讼相对而言的。因此，它不是共同诉讼的一种独立种类，通过共同诉讼参加，其结果形成的是必要共同诉讼。

三、两大法系共同诉讼制度之比较与分析

（一）两大法系共同诉讼制度之共性

共同诉讼作为解决纠纷、实现权利的一种不可或缺的诉讼形式，是社会经济发展的客

① 参见［日］高桥宏志：《重点讲义 民事诉讼法》（下），376页，东京，有斐阁，2004。

② 参见［日］德田和幸：《独立当事人参加の要件と与诉讼构造》，载［日］青山善充、伊藤真编：《民事诉讼法の争点》，109～110页，东京，有斐阁，1998。

③ 参见［日］高桥宏志：《重点讲义 民事诉讼法》（下），376页，东京，有斐阁，2004。

④ 参见［日］中村英郎：《新民事诉讼法讲义》，陈刚、林剑锋、郭美松译，89～90页，北京，法律出版社，2001。

观产物。现代各国的民事诉讼法，在有关人员与各方当事人存在某种联系的情况下，都承认共同诉讼制度，并且具有一定的共性。

(1) 诉讼目的上之共性。在社会发展的早期，各国民事诉讼并不承认共同诉讼形态。为了适应社会经济发展和解决相应的民事纠纷的需要，各国才相继确立了共同诉讼制度。各国共同诉讼制度在具体设计上虽有所不同，但各国都承认，共同诉讼作为一种解决纠纷、实现法的秩序或权利不可或缺的一种基本诉讼形式，其具体目的，都是通过将几个当事人合并于同一诉讼程序中为共同原告或者共同被告，一并辩论审理，以促进诉讼效率，避免裁判的冲突，避免多重诉讼，保护当事人的权益。尽管各国对这些目的的具体追求并非等量齐观（如英美法系国家更注重诉讼效率，注重纠纷的一次性解决），但毫无疑问，这些目的为各国共同诉讼公认的共同追求目标。

(2) 适用条件上之共性。一方面，共同诉讼将几个当事人合并在同一诉讼程序中共同辩论与审理，有利于促进诉讼效率、避免裁判冲突，有利于权益保护；但另一方面，在共同诉讼下，一个被告可能不得不同时面对众多的原告，反之亦然。共同诉讼可能会导致诉讼范围的不必要的扩张，导致诉讼程序不必要的迟延。因此，各国共同诉讼制度都规定，只是在特定的情况下即某一方的不同当事人之间存在一定的联系的情况下，才允许共同诉讼。虽然各国民事诉讼法对这种联系的具体界定和表述方法有所不同，但都毫无例外地承认这种联系的客观存在。

(3) 诉讼类型上之共性。无论是英美法系国家还是大陆法系国家，各国民事诉讼法基于某一方不同当事人之间联系的程度的不同，均将共同诉讼分为两大类。在英美法系，分为许可性合并与强制性合并；在大陆法系，则分为普通共同诉讼与必要共同诉讼。虽然两大法系的这些分类并非完全一一对应，但客观的共通规则是：对于当事人之间联系非常密切的，则实行强制性的当事人合并（必要共同诉讼），对于当事人之间的联系没那么密切的，则实行许可性的合并（普通共同诉讼），法院可以根据案件的特点来决定是否合并。此外，无论是英美法系还是大陆法系，都允许第三人参加他人间已在诉讼系属中的诉讼，从而成为共同诉讼人。如，英美法系的介入诉讼制度，大陆法系有关的独立地位参加制度。

(二) 两大法系共同诉讼制度之差异

纵览两大法系的共同诉讼制度，不难发现，英美法系的共同诉讼与德、日等大陆法系国家的共同诉讼制度存在着较大的差异。总体言之，英美法系的共同诉讼制度更注重纠纷解决的彻底性，其共同诉讼不仅在适用条件上要自由、宽泛得多，而且在诉讼构造上也非常灵活，各方主体根据其纠纷的具体形态在诉讼中往往各自独立，形成多方对立的诉讼结构，并不严格恪守两面诉讼的传统诉讼格局，这正是英美法系与大陆法系共同诉讼制度最根本的差异所在。具体言之：

(1) 适用条件上之差异。虽然各国都要求必须在某一方不同当事人之间存在一定联系的情况下，才可适用共同诉讼，但是，如何界定这种联系，不同国家的立法有很大不同。在英美法系，只要当事人提起的权利主张基于同一交易或事件或者连续的交易或事件，并且存在共同的法律或事实问题，当事人就可以作为原告或者被告共同参与诉讼。在有的英美法系国家，甚至在不具备该条件的情况下，经法院许可，也可以共同诉讼。而在大陆法系中，法律仅在三种情况下承认成立共同诉讼：一是对诉讼标的享有共同的权利或者负担共同的义务；二是享有权利和负担义务基于同一事实上及法律上的根据；三是作为诉讼标的的权利请求或义务属同种类且基于同种类的法律和事实根据。与英美法系相比，大陆法系共同诉讼的适用条件要严格得多，相应地其适用范围就远不如英美法系的共同诉讼那么宽泛。

(2) 诉讼类型上之差异。各国除普遍承认一般的共同诉讼（如英美法系的许可性合并与强制性合并，大陆法系的普通共同诉讼与必要共同诉讼）之外，尚有各具特色的其他共同诉讼制度。例如，在英美法系，不仅存在一般的共同诉讼，而且还存在对义务人予以救济的互争权利诉讼。而在大陆法系，除了德国有类似于互争权利诉讼的债权诉讼之外，其他大陆法系国家及地区均无互争权利诉讼或者类似的共同诉讼形态。此外，尽管两大法系均允许第三人参加诉讼成立共同诉讼，但在适用条件和具体类型上还是存在差异。英美法系允许第三人广泛地介入诉讼而成立共同诉讼；而在大陆法系，必须符合特定的严格条件，第三人才能参加诉讼而构成相应的共同诉讼，如德国的主参加制度、日本的独立当事人参加与共同诉讼参加制度等。

(3) 诉讼构造上之差异。英美法系的共同诉讼制度强调纠纷解决的彻底性，无论是一般的当事人合并还是介入诉讼、互争权利诉讼，都贯穿着尽可能地将与争议解决有利害关系的所有人纳入同一诉讼程序合并审理的理念。并且，在英美法系，不仅允许将与争议解决有关的第三人、与本诉有牵连的纠纷合并审理和裁判，而且，法律赋予第三人完全独立的当事人地位，一旦第三人进入诉讼，就可以与本诉的当事人相互进行自由的主张与对抗，形成多方对抗的诉讼结构。甚至在共同诉讼人之间，也允许相互间提起交叉之诉，以求彻底解决争议。而在大陆法系，其共同诉讼制度尽管将有关的第三人纳入同一诉讼程序予以审理，但在整体上仍然维持着两方当事人对抗的诉讼格局，并不十分强调合并审理，并没有彻底贯彻纠纷一次性解决的司法理念。即使在第三人于诉讼系属中参与诉讼形成共同诉讼的场合，仍然强调两方当事人对立的格局，将此种状态下的诉讼分成两个独立的诉讼——本诉讼与参加诉讼，并不让第三人直接介入本诉讼之中，并且，本诉讼与参加诉讼并不要求必须合并审理与裁判。此外，由于牢牢立足于两方当事人对立的基本格局，大陆法系国家和地区普遍认为共同诉讼人之间的利益应当是一致的，否认共同诉讼人相互间有诉的利益存在，因而不存在类似于英美法系交叉之诉这样的制度。

（三）两大法系共同诉讼制度差异之原因分析

一切制度都是历史的产物，共同诉讼亦然。两大法系共同诉讼上的巨大差异，究其本源，可以分别追溯到日耳曼法的诉讼体制与罗马法的诉讼体制，由此形成的事实出发型民事诉讼与规范出发型民事诉讼两种风格迥异的诉讼形态。① 这两种诉讼体制与诉讼形态的根本差异，直接导致了两大法系的民事诉讼理论与制度层面上的各种不同。两大法系共同诉讼制度的根本差异，也源于此。

1. 英美法系的民事诉讼——事实出发型诉讼

英美法系的民事诉讼源于日耳曼法。在古代的日耳曼社会里，并不存在像罗马法一样的成文法。日耳曼社会中存在的作为社会关系的法，是作为一种习惯法的从祖先开始代代相传的正义与和平的秩序，并在民族的法律信念中逐渐确立起来的东西。这不是人们意识性制定的法规，而是一种被人们发现的东西。② 当发生侵害社会正义的事件时，人们就要为之叹息、悲愤，并向法院提起要求恢复社会正义的诉讼，由裁判者听取事件相关人的不满与主张，并去发现事件中应有的法，此即"汝给吾事实，吾赐汝法律"③。在日耳曼法下，诉具有防止共同体的法的和平遭受侵害，并在其遭侵害时要求恢复的意味，这与罗马法下行使法律认可的权利具有完全不同的意义。④ 日耳曼民事诉讼的思维方式，是从事实出发来把握诉讼——事实出发型诉讼，即首先存在事件，而后裁判者从中发现法。法是从事实中被发现的，而裁判正是从案件中发现法的程序。

承继日耳曼法的英美法系各国不存在成文的实体法，在诉讼之间也不存在由法所认可的权利。当发生侵害社会正义的事件时，人们为请求法院发现事件中应有的正义或法而提起诉讼，因此，这种诉讼制度的出发点不是实体法规范，而是纠纷事实本身，其诉讼制度的目的，当然在于维持社会的和平，换言之，即为解决纠纷。

在英美法系的事实出发型诉讼下，由于诉讼的基础是从事件中发现法，因此，所有与事件相关的人就是诉讼当事人，英美法系不存在大陆法系那样基于权利人与义务人产生的两方当事人对立主义，在诉讼构造上具有很大的灵活性，鼓励将所有与诉讼事件相关的人都纳入同一诉讼程序之中，以实现纠纷的一次性的彻底解决。⑤ 并且，正是从事实出发型诉讼出发，才为将与诉讼有关的人纳入同一诉讼合并审理奠定了基础，才为英美法系自由、宽泛的共同诉讼提供了可能。

2. 大陆法系的民事诉讼——规范出发型诉讼

大陆法系的民事诉讼法发源于罗马的民事诉讼。早在公元前 5 世纪，罗马就制定了成

---

① 详细内容见［日］中村英郎：《民事诉讼制度与理论的法系考察——罗马法系民事诉讼和日耳曼法系民事诉讼》，陈刚、林剑锋译，载陈刚主编：《比较民事诉讼法》，2003 年卷，北京，中国人民大学出版社，2004。

② See Schwerin-Thieme，a. a. O.，S. 20；Conrad，a. a. O.，S. 40ff.；Mitteis-Lieberich，a. a. O.，S. 13.

③ ［日］中村英郎：《新民事诉讼法讲义》，陈刚、林剑锋、郭美松译，20 页，北京，法律出版社，2001。

④ 参见［日］中村英郎：《民事诉讼制度与理论的法系考察——罗马法系民事诉讼和日耳曼法系民事诉讼》，陈刚、林剑锋译，载陈刚主编：《比较民事诉讼法》，2003 年卷，7 页，北京，中国人民大学出版社，2004。

⑤ 虽然英国与美国的民事诉讼中也存在着原告与被告的双方当事人对立，但这只不过是为了促使双方当事人在论争中发现真实的一项诉讼技术而已，与大陆法系的两方当事人对立主义具有不同的意味。参见［日］中村英郎：《新民事诉讼法讲义》，陈刚、林剑锋、郭美松译，22 页，北京，法律出版社，2001。

文法——《十二铜表法》。具体的案件只有符合法律规定的诉时（事实与规范结合），当事人才能获得裁判的救济。在这种诉讼制度下，发生什么案件时，首先查看法律上是否存在与之相符的诉，即从规范出发来考察诉讼，而裁判被定义为对当事人间存在争议的事实进行认定并对此适用法律的活动。① 罗马法是以法所认可的诉为出发点的诉讼②，诉讼只不过是通过审判要求获得自己应得之物的权利。③ 每一种权利或者法律关系都有相对应的诉讼形式作为其保护措施和救济手段。权利与诉紧密联系在一起，没有与权利无关的诉存在。也就是说，诉讼程序始终围绕着把什么确认为权利、是否提供司法保护而展开。④ 罗马法上的诉制度随着岁月的流逝而辗转变迁，而后发生了诉的分离，但从诉讼以前存在的法出发来考虑诉讼的这一诉讼基本构造却原封不动地流传下来。

在规范出发型诉讼下，诉讼以前存在的实体法发挥着社会规范的机能。当实体法规定的权利或法律关系难以实现时，权利人就向法院提起请求实现该权利的诉讼，因此，诉讼的目的在于保护当事人的权利，法院的任务是对原告主张的权利是否存在进行裁判。而所有的法律关系都被当作权利义务关系，这种法律关系反映到诉讼当事人上，即能够成为诉讼当事人的，只能是实体法上的权利人与义务人，这决定了民事诉讼必然采用两方当事人对立主义的基本构造，通常不允许突破两方对立的格局而进行广泛的诉的合并。因此，在大陆法系，共同诉讼的适用范围较为严格，在诉讼构造上，即使纠纷涉及多方主体，大陆法系依然竭力按照两方当事人对立的格局来确立各自的诉讼地位。例如，对于诉讼标的主张权利的第三人，虽然按照共同诉讼的原理设置了相应的独立地位的参加制度，但其实质仍然是以既存诉讼的原、被告双方作为共同被告的共同诉讼。

---

① 参见［日］中村英郎：《新民事诉讼法讲义》，陈刚、林剑锋、郭美松译，19页，北京，法律出版社，2001。

② 参见［日］中村英郎：《民事诉讼制度与理论的法系考察——罗马法系民事诉讼和日耳曼法系民事诉讼》，陈刚、林剑锋译，载陈刚主编：《比较民事诉讼法》，2003年卷，4页，北京，中国人民大学出版社，2004。

③ 参见［意］彼德罗·彭梵得：《罗马法教科书》，黄风译，85页，北京，中国政法大学出版社，1992。

④ 参见李祖军：《民事诉讼目的论》，104页，北京，法律出版社，2000。

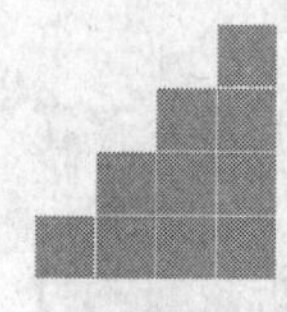

第十二章

群体诉讼研究

随着社会的发展，社会主体之间交往的高频率和主体行为影响的不断扩大，社会冲突也日益频繁，因同一或者同因的违法事实所引起的多数人受害的群体性纠纷大量出现。为了解决这样的群体性纠纷，各国建立了专门针对群体性纠纷的诉讼制度。英美法系国家主要采取集团诉讼制度；在大陆法系，德国设立了团体诉讼制度，日本设立了选定当事人制度，巴西、瑞典则引进了集团诉讼制度。

一、英美法系群体诉讼制度

在英美法系国家，如英国、美国、加拿大、澳大利亚、新西兰、马来西亚等国家，都采纳了集团诉讼制度。这里介绍英国、美国和加拿大三个典型国家的相关立法。

(一) 英国

1. 集团诉讼的起源与发展

集团诉讼制度肇端于17世纪的英国。早期的衡平法法院为避免重复诉讼，要求就一项争端的标的，所有有利害关系的人强制合并起来作为共同当事人。衡平法院是“对人”行使管辖权的，因此在财产或身份诉讼中必须把将受判决约束的所有的人都点出其姓名。但是，点出所有受判决约束的人的姓名是很难做到的事。衡平法院不能作出损害赔偿判决，只能作出宣告判决或者禁令那样的司法救济。这些救济不是旨在对个别的、过去完成的交易提供补偿，而是对将来的行动制定规则，往往适用于当时社会上特定的人群。① 因此，英国衡平法院的这种诉讼处理办法适用范围很小。

至17世纪末、18世纪初，英国群体诉讼制度开始了第一次改革，“代表诉讼”（representative action）② 发展起来。这种诉讼的特点在于：保持用一个单一的判决约束所有利害关系人，避免了实际诉讼合并——无论是任意的还是强制的当事人合并所带来的所有不便。此外，在代表诉讼中，允许一人或者数人能为不点名的就诉讼标的有重大利害关系的人们起诉，法院所作的判决对代表和被代表的人均有约束力。不过，代表诉讼制度当时并没有得到广泛适用。

1873年至1875年，英国司法改革后，普通法院与衡平法院合二为一，这使衡平法所承认的代表诉讼得到了一定程度的应用。根据1873年的《英国诉讼规则》第10条，当事人可以代表另一个人进行诉讼，其条件是他们就诉讼有相同的利害关系。1981年，英国制定了《最高法院规则》，以成文法的形式肯定了代表诉讼。不过，英国法律理论长期坚持一对一的诉讼是整个民事诉讼的基本原则，英国法院坚持对单个的当事人行使控制权，一直没有放松代表诉讼的适用，因此，英国的代表诉讼没有多大进展，远不如后来美国集团诉讼那样活跃。

近年来，英国法院的态度有了很大转变，似乎已经放弃保守的态度，向美国看齐，采用美国式的集团诉讼来解决群体性纠纷。根据2000年修订后的英国《民事诉讼规则》，在英国，群体诉讼制度大致可以划分为两大类：一是代表诉讼（representative proceedings）③，二是集团诉讼（group litigation）。

2. 代表诉讼

根据英国《民事诉讼规则》第19条第6款规定，如果一个以上的人在诉讼中具有相同利害关系时，可由一个或多个具有相同利害关系的人，作为具有相同利害关系的其他任何人之代表提起诉讼，或者法院可责令，该诉讼由诉讼代表人（representative parties）继续进行。在诉讼进行中，法院有权指令某人不得担任诉讼代表人，任何当事人也可以申请法院作出某人不得担任诉讼代表人的命令。在代表诉讼中，除另有指令之外，法院所作出的任何判决或命令对诉讼中被代表的所有当事人都具有拘束力。经法院许可，也可以由未参加诉讼的被代表诉讼当事人承担判决结果，或对其执行判决或命令。④

英国代表诉讼具有以下特征：第一，要求存在共同利害关系。第二，无须司法许可或

① 参见沈达明编著：《比较民事诉讼法初论》（下册），142页，北京，中信出版社，1991。

② 这种代表诉讼被视为现代集团诉讼的前身。

③ 从代表诉讼的基本特征来看，代表诉讼仍可以归入集团诉讼的范畴。

④ 参见乔欣、郭纪元：《外国民事诉讼法》，16页，北京，人民法院出版社、中国社会科学出版社，2002。

命令。代表人必由相关群体指定或选出，代表人可以自我指定。第三，代表诉讼的提起或进程不必通知被代表人，代表人可以独立地抗辩或者与对方和解。如果群体成员对代表人的行为不满意，可以表示反对、退出或者成为共同诉讼人。第四，法院通常不必监督或者审查批准代表诉讼中的和解协议。只有在和解协议涉及的被代表人存在精神缺陷或者是未成年人的情况下，才许司法审查批准。第五，判决执行阶段的司法控制。根据规定，须经法院许可，才可以要求未参加诉讼的被代表诉讼当事人承担判决结果，或对其执行判决或命令。第六，一般情况下，英国代表诉讼不对损害赔偿进行总体计算。[①] 个人的损失必须精确计算并制成表格。此外，无论是违约还是侵权之诉中，都不允许惩罚性赔偿。

3. 集团诉讼

集团诉讼的原理与代表人诉讼相同，可称为代表人诉讼的放大和进一步适用。英国《民事诉讼规则》第 19 条第 3 款对集团诉讼作出了明确规定。

依据规则，在原告或被告人数众多、存在共同或相关事实问题或法律问题的诉讼中，当事人可申请法院作出集团诉讼命令，法院亦可依职权作出。集团诉讼命令可：就提出一项或多项集团诉讼命令事项的诉讼而言，指令将诉讼移送至管理法院，责令诉讼中止，直至进一步的命令，以及指令依集团登记对诉讼进行登记；责令自特定日期开始，向管理法院就产生一项或多项集团诉讼命令事项的案件提起诉讼，并进行集团登记；就集团诉讼命令的公告作出指令。

关于集团诉讼的审理。管辖法院可以从集团登记中的所有单个诉讼中选择一宗或者多宗诉讼，将其列为试验性诉讼（test claims）。按照正常的诉讼程序审理试验性诉讼，其所运用的证据材料和最终所作的裁判，对其他诉讼具有参考效力。如果某宗试验性诉讼已经通过和解[②]得到解决，该宗诉讼即退出试验，管理法院可作出命令，将集团登记的其他诉讼列为试验性诉讼，原已进行的程序继续有效。

在英国，基于集团登记作出判决的，判决对判决作出时已经进行集团登记的所有诉讼当事人皆有拘束力，法院另有指令的除外。法院还可以作出指令，判决对此后进行集团登记的任何当事人具有拘束力。已经进行集团登记并受判决拘束的任何当事人，如果判决对其有不利影响的，皆可请求法院作出许可上诉的命令。但是，在判决作出之后才进行集团登记并受判决拘束的诉讼当事人，不得申请撤销、变更或中止判决，也不可就判决提出上诉，不过这些人可以申请法院作出该判决对其无拘束力的命令。[③]

---

① 只有在整体责任可以计算、损害赔偿可以在集团成员精确地分配的情况下，法院才会对损害赔偿总额作出判决。

② 这与美国集团诉讼不同：在美国集团诉讼中，任何和解都必须经过法院的批准，而在英国没有类似的限制。

③ 参见徐昕：《英国民事诉讼与民事司法改革》，92 页，北京，中国政法大学出版社，2002。

（二）美国

1. 关于集团诉讼的立法

美国曾用三个立法文件推行英国衡平法上的代表诉讼：一是1848年的纽约州《菲尔德民事诉讼法典》，该法典规定，在多数人有共同或普遍利益的场合下，允许进行代表诉讼。这一立法使集团诉讼在美国获得了法律上的确认。但该规定十分简略，基本上是将其作为共同诉讼来对待的，且实践中的案件也比较少。二是1938年的美国《联邦民事诉讼规则》，该规则规定，关于集团诉讼所作的判决，无论所给予的司法救济是普通法上的救济还是衡平法上的救济，都具有约束力。该规则依然是将集团诉讼当作共同诉讼来处理，其适用范围也不够广泛。三是1966年修改后的美国《联邦民事诉讼规则》。这次立法，使集团诉讼在美国社会生活中开始发挥越来越重要的作用。

美国的联邦体制结构决定了各州的立法和法律在适用上具有很大的独立性。因此，关于集团诉讼规则及其适用，各州之间有所差异。美国现行的集团诉讼规则可以划分为五类①：（1）沿用原先的衡平法规则。衡平法上的这种集团诉讼，有两个成立条件：其一，由集团的全体成员以共同诉讼起诉或者败诉，事实上行不通；其二，成员们的利益有充分的、足够的代表人代表。这种集团诉讼的主要特点在于，法院不积极地干涉诉讼进程，并且仅限于衡平法诉讼。随着普通法与衡平法的融合，美国许多州已经废止了这种立法例，适用原先的衡平法规则的州只是少数。（2）沿用原纽约州1848年菲尔德民事诉讼法典中规定的集团诉讼规则。这类集团诉讼，除了应当具备上述所述的两个成立条件之外，还必须具备两个条件：一是集团成员须有共同利益；二是成员不能认定，至少在确认损害赔偿金额时无法认定。与上述衡平法上的集团诉讼相比，这类集团诉讼规则的最大特点就是普通法上的诉讼与衡平法上的诉讼都能援用这一诉讼程序，可以适用于损害赔偿请求。（3）沿用1938年美国《联邦民事诉讼规则》第23条的规定。尽管联邦法院现在已经不适用1938年的诉讼规则，但是，仍有若干州适用该条文。（4）1966年修改后的美国《联邦民事诉讼规则》第23条的规定。除联邦法院外，美国大多数州都采用这种规则，代表了美国集团诉讼的主流。（5）20世纪70年代中期制定的新的集团诉讼模式。1975年纽约州制定了《纽约州民事诉讼规则》；1976年统一州法委员会起草了《统一集团诉讼规则》（Uniform Class Action Statute），该规则现已为北达科他州和艾奥瓦州所采用。此外，美国国会还在讨论一个新的集团诉讼法案。这些新的法规和正在讨论中的法案的特点是冗长、复杂，试图解决现行集团诉讼中存在的弊端。

以下主要介绍美国大多数州都采用的1966年美国《联邦民事诉讼规则》的相关规则。

---

① 参见沈达明：《比较民事诉讼法初论》（下册），146～147页，北京，中信出版社，1991。

2. 1966年美国《联邦民事诉讼规则》第23条

根据美国《联邦民事诉讼规则》第23条（a）的规定，集团诉讼的先决条件有四：第一，集团人数众多，以致全体成员的合并实际上是不可能的。第二，集团存在共同的法律或者事实问题。第三，代表人的请求或抗辩是在集团中有代表性的请求或抗辩。第四，代表人能公正、充分地维护集团成员的利益。这四个条件，是集团诉讼得以成立的最普遍最基本的条件，缺一不可。在符合上述先决条件的基础上，不同类型的集团诉讼还有不同的特别条件。

根据美国《联邦民事诉讼规则》第23条（b）的规定，集团诉讼可以分为三大类型：(1) 必要的集团诉讼。即指法院必须将其作为集团诉讼对待，而不得分开来进行审理的集团诉讼。构成必要的集团诉讼，除了符合上述四个基本的先决条件以外，还必须符合以下两个条件：第一，如果由集团的各个成员分别诉讼，或者针对集团分别提起诉讼，可能会产生这样的风险：对集团的各个成员作出相互矛盾或者不一致的判决，从而给集团相对方当事人设定不相容的行为标准；第二，如果由集团的各个成员分别诉讼，或者针对集团分别提起诉讼，即使不产生上述问题，但也可能会产生这样的风险：对集团个别成员的判决，实际上会影响非判决当事人的其他集团成员的利益，或者大大削弱或妨碍其他集团成员保护自身利益的能力。(2) 寻求禁令的集团诉讼。如果集团诉讼所寻求的救济为发出禁令、要求集团的相对方当事人基于普遍适用于整个集团的理由而作为或者不作为，或者寻求的救济为宣告性救济，那么，该集团诉讼即为寻求禁令的集团诉讼。根据顾问委员会的解释，即使集团相对方的作为或不作为只是针对或仅影响集团的一个或数个成员，但只要是基于普遍适用于集团的理由，该项作为或不作为也将被认为是指向集团的。① 对于金钱赔偿是诉讼请求的唯一的或者主要的救济方式的案件，不能进行此类集团诉讼。(3) 普通的集团诉讼。构成此类集团诉讼，除了符合集团诉讼的先决条件以外，还必须符合下列条件，即：法院判断认为，集团成员的共同的法律问题和事实问题支配着任何仅影响个别成员的问题，而且，较之其他可资利用的方法，利用集团诉讼解决纠纷，显得既公平又有效。该条件可以分解为两个必要条件：一是法院认定集团的共同问题对仅影响个别成员问题具有“支配性”。二是较之其他可资利用的方法，集团诉讼具有“优越性”。至于法院如何判断“支配性”和“优越性”，美国《联邦民事诉讼规则》第23条（b）（3）指出，法院在作此判断时，应当考虑这样四个因素：第一，控制个别地诉追或防御时集团成员的利益；第二，关于已经由集团提起或对集团成员提起的诉讼的范围和性质；第三，是否需要把多个请求的诉讼集中于一个具体的审判地；第四，在处理集团诉讼时可能遇到的困难。与前两类集团诉讼不同的是，普通的集团诉讼要求集团的每个成员都应当被告知待决的集团诉讼，并且每个成员应当被提供从集团中获准排除的机会，即“选择退出”（opt out）的机会。

关于集团诉讼的通知。根据美国《联邦民事诉讼规则》第23条（c）（2），对于普通的集

---

① See *Federal Civil Judicial Procedure and Rules*, West Publishing Co., 1995, p. 95.

团诉讼，法院应根据情况直接向集团成员发出最可行的通知，包括向经过合理努力可以确定其身份的所有成员的个别通知。通知应当告知每一成员：第一，如果他在规定日期前提出请求，法院将把他排除于集团之外；第二，不论是胜诉或败诉的判决，将把未提出排除要求的所有成员包括在内；第三，任何未请求排除的成员，如果愿意，均可以通过律师出庭。

关于判决的效力范围。根据美国《联邦民事诉讼规则》第23条（c）（3），对于必要的集团诉讼和寻求禁令的集团诉讼的判决，不论是集团胜诉还是败诉，均应包括并载明法院认定属于集团成员的人。对于普通的集团诉讼的判决，无论是集团胜诉还是败诉，均应包括指明或载明按送达规则规定被送达通知书的成员、未请求排除的成员以及法院认定属于集团成员的人。

关于法院的职权。由于集团诉讼不仅涉及多数人的合法权益，而且还涉及公益问题，有时还涉及司法审查问题，所以，集团诉讼与一般的民事案件不同，加强了法官对诉讼程序的控制权，而且还要进行实质审查，力求实现实质正义。① 根据美国《联邦民事诉讼规则》第23条（d），在集团诉讼中，法院可以发出指挥诉讼的命令：第一，决定诉讼的程序，或采取措施以防止在证据的提供和辩论方面的不当重复或复杂化；第二，为保护集团成员的利益，并公正地指挥诉讼，在诉讼的任何阶段，法院可以将判决方案或就代表人是否公正并适当地代表他们，以法院指示的方式向成员的全体或部分进行通知，并给予集团成员以介入诉讼提出请求、抗辩或出席诉讼的机会；第三，对诉讼代表人或诉讼参加人规定一些条件；第四，根据提出不参加集团诉讼的人的要求，修改诉答状，将他们从诉讼中排除出去；第五，处理其他类似的程序问题。法官作出的这些命令，可以同美国《联邦民事诉讼规则》第16条规定的审前命令结合起来使用，并可以根据需要随时变更或修改。

关于集团诉讼代表人的职权。美国《联邦民事诉讼规则》第23条（e）规定：未经法院许可，集团诉讼不得撤回或和解。拟议撤诉或和解，应当按照法院指示的方式通知集团全体成员。

3. 发展态势

1966年修改后的美国《联邦民事诉讼规则》第23条规定，对于集团成员和提起诉讼的律师来说，集团诉讼存在着诸多好处：被告不能通过仅与指名的原告和解而消除案件；一个集团诉讼允许众多无力单独负担裁判的人（或者可能不知道其权利的人）就他们的共同冤情得到听审，并且可能获得有利裁判；一个集团诉讼可能会是唯一使案件充分具有经济上的利益从而诱惑能干的律师提起这种诉讼的情形；集团诉讼在美国已经成为一个使缺乏政治影响力的团体获得社会关注的途径，它们能够借此获得法院的救济，或者因受到关注而产生立法动因。② 因此，对于第23条的新规定，开始反应很好，美国适用集团诉讼的各

---

① 参见汤维建：《美国民事司法制度与民事诉讼程序》，410页，北京，中国法制出版社，2001。

② 参见［美］史蒂文·苏本、马格瑞特（绮剑）·伍：《美国民事诉讼的真谛——从历史、文化、实务的视角》，蔡彦敏、徐卉译，193页，北京，法律出版社，2002。

种案件的数量有所增加。

同时，美国集团诉讼也引发了许多争议。美国集团诉讼中常常被批评的突出之处主要有以下几方面：其一，集团代表的自我指定（self-appointed)。集团代表是自我指定的，他们提起诉讼的原因可能多种多样，但许多集团诉讼主要是律师或者律师事务所的“创造”，从而使集团诉讼被滥用，成为“企业性诉讼”（entrepreneurial litigation)，集团的律师成为诉讼中主要的利害关系人，集团代表成为“稻草人”。其二，关于通知和“选择退出”的规定。在必要的集团诉讼和寻求禁令的集团诉讼中，不要求必须进行个别通知。但在普通的集团诉讼中，原告代表必须根据具体情况给被推定的集团成员发出最可行的通知，包括向经过合理努力可以确定其身份的所有成员的个别通知。在许多消费者集团诉讼和产品责任集团诉讼中，由于销售记录的不充分，通知只能通过在报纸、杂志、电台、电视或者张贴公告的方式作出。如何使通知尽可能地到达潜在的集团成员，以保障其正当程序利益的实现，是集团诉讼中存在的又一问题。1966 年放弃了 1938 年的“决定参加”（opt-in）规则，采纳了“选择参加”规则。从实际情况来看，大多数集团诉讼中“选择退出”的比例很小，其原因是许多成员愿意参加诉讼，但也存在成员纯粹是懒得作出“选择退出”的行为。其三，律师费和营利性动机。美国集团诉讼的实践表明，集团诉讼常常为律师的经济动机所驱动，而非为诉讼本身。集团诉讼胜诉之后，法官将从“共同基金”中确定应支付的律师费，律师费可能非常高。因此，如何计算和控制律师费，不使律师通过集团诉讼大发横财，便成为集团诉讼领域中出现的又一大问题。其四，先决条件的要求。近年来，美国法院对集团诉讼先决条件的要求越来越严格，从而控制了集团诉讼的广泛运用。其五，损害赔偿问题。在美国集团诉讼中，损害赔偿的确定可能要求个别成员的具体证据，如证明每个集团成员的个人损害；有时，损害赔偿还存在一个计算方法问题。这些问题的存在，促使绝大多数集团诉讼通过和解方式解决。其六，和解问题。美国集团诉讼的和解须经法院批准。但是，具体应当如何审查和解协议，没有明确的规定。事实上，既然当事人双方已经签署和解协议，法院要从中发现存在的问题是很难的，因而有建议指出，应当对批准和解协议制定严格的标准。①

近年来，美国国会、美国民事诉讼规则顾问委员会和美国联邦法院都努力控制美国集团诉讼在某些领域的不当滥用。例如，1995 年，美国国会通过了《私人证券诉讼改革法案》(the Private Securities Litigation Reform Act)，着手解决证券侵权集团诉讼中的问题。1998 年，美国《联邦民事诉讼规则》第 23 条采纳了中间上诉（interlocutory appeal）制度。在有关个人损害的大型侵权案件中，联邦法院也越来越严格地适用规则第 23 条规定的标准，在个人问题众多、难以处理的情况下，不允许提起集团诉讼。2005 年 2 月 17 日，美国国会通过了《集团诉讼公平法案》(the Class Action Fairness Act)。该法案通过州籍不同案件管辖

① See Edward F. Sherman，“Group Litigation under Foreign Legal Systems：Variations and Alternatives to American Class Actions”，52 DePaul L. Rev.，2002，p. 401.

权（diversity jurisdiction）的扩张，将涉及100人（原告）以上、争议标的额超过500万美元的大型集团诉讼案件集中到联邦法院审理。并且，该法案还规定法院对“附息票式的和解”（coupon settlements）进行详细的司法审查。只有在“附息票式的和解”对集团成员是公平的、合理的、充分的情况下，法院才会批准该和解。

(三) 加拿大

1. 关于集团诉讼的立法

加拿大也是实行联邦制的国家，加拿大各省均有独立的立法权。早在1978年，加拿大魁北克省就制定了《集团诉讼规则》，大量沿用美国法。不过，一直到1993年以前，加拿大其他地区仍不承认集团诉讼。在是否进行集团诉讼立法这一问题上，加拿大内部一直存在争论。倡导者认为，允许集团诉讼有利于诉讼经济，有利于预防潜在的被告的侵权行为，有利于降低解决纠纷的诉讼成本，简言之，有利于“接近正义”。但同时，许多反对者也提出，允许集团诉讼，将带来严重的不利后果，如大量的滥用诉讼、对被告的实质不公、实际上更重的审判负担等。① 不过，允许集团诉讼成为主流意见。近年来，安大略省和不列颠哥伦比亚省也通过立法认可集团诉讼②，其他省和地区也逐渐跟进。

2. 魁北克省和安大略省的集团诉讼

（1）魁北克省的集团诉讼

《集团诉讼规则》保留了美国集团诉讼的一些原则，例如：提起集团诉讼必须经过法院许可，否则只能按照一般民事诉讼的方式向法院提起诉讼；诉讼的事项应妥当通知集团成员；集团成员有权选择是否退出集团，一旦向法院声明退出集团，判决就不再对其产生效力。除此之外，又增加了几项详细规定，这些新规定被视为魁北克省集团诉讼制度的改革。魁北克省集团诉讼的改革集中在以下四个方面的问题：其一，发动集团诉讼资金。魁北克采用了律师按胜诉成果的比例收费和政府设立基金兼有的制度，使集团诉讼的代表人有条件聘请律师。其二，废除中间上诉权，以促使集团诉讼能够迅速解决。其三，对案件作初步的实质性审查，规定作为许可集团诉讼的条件之一，“所提出的事实似乎能证明企图得出的结论是有理由的”。如果没有胜诉的可能性，法院将驳回作为集团诉讼的起诉。其四，证明集团的存在。美国《联邦民事诉讼规则》第23条和魁北克都有这样的规定。不过，魁北克省的规定似乎对集团代表更为有利，它只要证明存在着相同的、相似的或者有联系的法律或者事实问题，而且并不像美国法那样要求这些问题比涉及个别成员的问题更为重要。③

---

① See S. Gordon McKee, *Class Actions in Canada: A Potentially Momentous Change to Canadian Litigation*, at http://collection.nlc-bnc.ca.

② 1993年1月1日，安大略省集团诉讼法案颁布实施，1995年8月1日，不列颠哥伦比亚省也制定了集团诉讼法。

③ 参见沈达明编著：《比较民事诉讼法初论》（下册），144～146页，北京，中信出版社，1991。

尽管魁北克省的集团诉讼进行了上述改革，但实践中集团诉讼的运行仍存在许多问题。其中最大的两个问题是：第一，按照正常的诉讼法规则，被告能就集团代表提出的申请许可的宣誓声明讯问集团代表。而集团代表往往不能答复关于不到场的成员们的共同的、详细的、专业性的问题。第二，法官允许被告就集团代表提出的申请作书面答辩，其结果是出现了大量的就宣誓声明讯问集团代表的证据材料，浪费大量的时间和费用。①

(2) 安大略省的集团诉讼

早在1982年，安大略省法律改革委员会就提出了《关于集团诉讼的报告》，历经十年多的探讨，《安大略省集团诉讼法案》(Ontario Class Proceedings Act) 才于1993年1月颁布实施。安大略省的该法案在基本结构上与魁北克省的立法相似，但在许多方面也存在不同规定。

根据安大略省法，集团（两人或者两人以上）的成员可以请求法院许可集团诉讼，只要集团成员的请求提出了共同问题，并且就共同问题的解决而言集团诉讼程序比其他程序更优越。即使请求的救济包括了损害赔偿请求（这要求在共同问题解决之后进行个别评估），法院也不会拒绝集团诉讼的证明。证明命令将描述集团和共同问题，并特别指出集团成员何时、如何行使退出集团的权利。证明集团和有权选择退出集团的通知必须送达给集团成员，退出集团的成员就不再受判决的约束。与魁北克省不同的是，安大略省法既允许原告为集团的集团诉讼，又允许被告为集团的集团诉讼。

同魁北克省一样，安大略省也建立了政府基金，用于支付原告代表的法律费用。但是，有所不同的是，魁北克省的基金可以用于律师费用的支出，但安大略省则不允许。

3. 与美国集团诉讼的比较

加拿大立法的总体结构与美国模式相似：二者都规定对集团诉讼要予以初步的司法审查；都要求以某种方式通知集团成员；都允许集团成员退出集团；都要对共同问题予以审判；都可能会对损害赔偿进行总体计算，而后才解决个人问题。

然而，二者也存在一些重要的区别。根据美国《联邦民事诉讼规则》第23条的规定，只有在集团人数众多以至于全体成员的合并实际上不可能（“人数众多性”），共同的法律问题或者事实问题必须支配着任何仅影响个人成员的问题，并且较之以其他可资利用的方法，集团诉讼对解决争议更公平有效的情况下，才允许进行集团诉讼。与之相反，在安大略省法中，集团诉讼的成立并不包括“人数众多性”的要求（例如，在安大略省，两个人就可能组成一个集团），而且，并不要求其共同问题必须支配着个人问题，而仅仅要求集团诉讼是解决共同问题的更优越的方法。从理论上讲，安大略省的立法目的在于放宽集团诉讼的条件，扩大集团诉讼的适用范围。不过，从实践来看，安大略省法院的判决之间存在很多矛盾，有时候很难预期集团诉讼是否被许可。安大略区法院认为共同问题不必支配着个人问题，但是，该法院也承认，在判断集团诉讼程序是否对共同问题的解决更为优越时，会

① 参见沈达明编著：《比较民事诉讼法初论》（下册），146页，北京，中信出版社，1991。

考虑所涉及的个人问题。法院尤其关注会影响责任的个人问题，而不仅限于损害赔偿的计算问题。

二、大陆法系群体诉讼制度

在大陆法系，由于历史传统、法律文化背景等因素的不同，不同国家的群体诉讼制度有异。以下以德国、日本、巴西和瑞典的相关立法为例。

(一) 德国

1. 关于团体诉讼的立法

德国的团体诉讼（Verbandsklage），是指有诉讼权利能力的公益团体及合格组织，依照法律的规定，就他人违反特定禁止或者无效的行为，向法院请求命令他人中止或者撤回其行为的一种民事诉讼。《德国民事诉讼》中并没有规定团体诉讼，团体诉讼是通过特别的经济立法赋予有关的行业自治组织诉权的方式形成的。德国在经济立法中设立团体诉讼制度的目的，是为了适应自由经济制度的正常发展，维护公平竞争，避免市场中的不法独占，防止经营者以不正当方法为恶意竞争，使工商业者、消费者以及社会均蒙受其利。

2. 团体诉讼的特征

德国团体诉讼具有以下特征：第一，提起团体诉讼的原告，仅限于有权利能力的公益团体及合格组织，团体的成员无权提起此类诉讼。第二，团体诉讼的原告只能提起请求法院判令被告中止一定行为或者撤回一定行为的诉讼。原告一般只能提起确认之诉或者变更之诉，主要是不作为请求之诉，不得提起损害赔偿之诉。依照法律规定，被害人可以自行提起损害赔偿之诉，各种团体对其自身所受的损害，可基于自身的权利请求损害赔偿，但这已不属于团体诉讼的范围。此外，团体诉讼可以接受其成员的“诉讼实施权”的授予，以团体自己的名义提起损害赔偿诉讼。[①] 第三，团体诉讼原告的起诉是基于团体法人自己的实体权利，并非代理成员或者基于诉讼担当的权利。第四，团体诉讼判决效力的扩张具有片面性。团体诉讼原告的胜诉判决，团体各成员可以引用，据以主张判决对其有拘束力；如果团体诉讼原告败诉的，则因其成员未受程序保障，因而不受判决的拘束，被告不得在判决确定后就同一诉讼另外对各团体成员分别起诉。不过，如果团体基于任意的诉讼担当（即团体成员授予团体诉讼实施权）而起诉请求损害赔偿时，无论何方胜诉，判决效力均及

---

① 参见肖建华：《民事诉讼当事人研究》，373 页，北京，中国政法大学出版社，2002。

于该团体的成员。第五，团体诉讼原告提起诉讼的权利，必须依各种法律的特别规定。法律未特别规定允许团体诉讼的，不得提起团体诉讼。

3. 与集团诉讼的比较

团体诉讼与集团诉讼存在很大差异，首先在基本性质上就明显不同。团体诉讼属于诉讼信托，而集团诉讼则属于诉讼担当。就具体的制度设计而言，团体诉讼与集团诉讼存在下列区别值得注意：第一，团体诉讼是由有权利能力的法人团体作为原告起诉，而集团诉讼是由权利受害者中的一人或者数人（自然人个人）代表当事人提起诉讼。第二，团体诉讼中，公益团体只能作原告，不能成为被告。而在集团诉讼中，集团既可能成为原告，也可能成为被告。第三，团体诉讼是团体法人因自己实体法上的权利受害而提起的，是法人团体固有的单一权利。从这一点来看，团体诉讼实质上不属于群体诉讼。而集团诉讼所主张的权利，是集合全部集团成员个人的权利，并非单一权利。第四，团体诉讼的起诉程序与一般个人提起民事诉讼的程序相同，但是，集团诉讼的程序却存在法院许可、通知被害人、声明退出或者参加等程序。第五，团体诉讼的请求，仅限于请求命令被告禁止为或撤回一定行为，不能请求损害赔偿，但集团诉讼的请求却主要以损害赔偿请求为主，也可以请求禁止一定行为。第六，判决效力的扩张方式不同。团体诉讼判决的扩张是间接的、片面的。在集团诉讼中，无论是集团胜诉判决还是败诉判决，均及于代表人和被代表的、未声明退出的成员，其效力的扩张是直接的、全面的。第七，与集团诉讼相比，团体诉讼的适用范围相对狭小得多，仅适用于法律明确规定的特定领域。相反，集团诉讼适用的领域广泛得多。

（二）日本

1. 关于选定当事人制度的立法

日本的选定当事人制度是在大正十五年（1926 年）的法律修改之际，受英国法信托理论的影响而创设的。[①] 根据《日本新民事诉讼法》第 30 条的规定，当因与某一事件有牵连而具有共同利益的当事人为多数且不属于《日本新民事诉讼法》第 29 条[②]规定的非法人团体时，该全体人员可以从中选定一人或数人作为当事人实施诉讼。其中，作出选定行为的人称为选定人，而被选定者称为选定当事人。选定当事人代表全体成员实施诉讼，判决在名义上是对选定当事人作出的，但其效力却及于所有选定人。

2. 选定当事人制度的适用条件

从《日本新民事诉讼法》第 30 条的规定，可以看出，选定当事人制度的适用条件包括

---

① 参见［日］中村英郎：《新民事诉讼法讲义》，陈刚、林剑锋、郭美松译，84 页，北京，法律出版社，2001。

② 第 29 条规定："非法人的社团或财团，有一定的代表人或管理人的，可以以其名义起诉或被起诉。"

三个：第一，多数人的存在，且多数人不属于任何有代表人或管理人的某个团体。至于何为多数，法律没有规定其下限，学理认为多数就是指二人以上的人数。[①] 第二，共同利益的存在。关于什么是"共同利益"，日本判例认为，相互间处于可以成为共同诉讼人的关系，且主要的攻击防御方法相同的人之间即属有共同利益。因此，多数入会权人或共有人、多数连带债务人、同一事故的多数被害人等情形均可以利用选定当事人制度。[②] 第三，选定当事人应从共同利益人中选择。非当事人不得作为选定当事人。

3. 与集团诉讼的比较

选定当事人制度与集团诉讼都是解决群体性纠纷的方式，二者具有一些共同之处：(1) 在性质上，二者都是诉讼担当的表现形式；(2) 在功能上，二者都有救济小额多数、易受蚀的权利的功能，具有对多数受害者的救济功能，并可简化诉讼程序；(3) 在法律的程序要求上，都要求选定当事人或者代表人符合特定的要件，否则诉讼将被判决驳回。[③]

选定当事人制度与集团诉讼作为两种不同的群体诉讼制度，两者实际上存在较大的差异，主要表现为：第一，对人数"众多性"的要求不同。日本学理认为，二人以上就构成人数众多。实践中，某些共同诉讼也可以用选定当事人的方式进行。可以说选定当事人制度是共同诉讼的特别形式。而在集团诉讼中，通常要求人数众多以达到合并诉讼不可行的程度。第二，对"共同利益"的要求不同。按照日本法学界的通说，这种共同利益关系相当于必要共同诉讼和类似必要共同诉讼中的共同利益。而在集团诉讼中，集团成员之间的关系只要涉及共同的法律问题或者事实问题，都可以被视为集团成员，从而适用集团诉讼。第三，诉讼实施者的产生方式不同。在选定当事人制度中，要求选定的当事人在起诉或者进行诉讼时，必须由其他共同利益人选出，没有全部共同利益人的特别授权，任何共同利益人都不得代表其他共同利益人起诉或者进行诉讼。在选定当事人时，其他共同利益人对被选定当事人的委托授权，还必须以严格的书面形式加以明确。而在集团诉讼中，一般由集团成员选出代表进行诉讼，但法律也允许在利害关系人没有特别授权时，具有共同利害关系的一人或者数人可以代表其他集团成员进行诉讼。在诉讼中，如果集团成员没有向法院声明退出集团，则视为默示授予代表人代表权。第四，法院判决的主体范围的明确度不同。选定当事人制度要求法院在作出判决时，必须在判决中明确每一个当事人的权利义务。而在集团诉讼中，无须在判决中一一指明权利人，只需要在判决中抽象地指出权利人的范围，这体现了集团诉讼的灵活性、实用性。第五，适用范围不同。在日本，选定当事人制度仅适用于民事诉讼。而集团诉讼的适用范围相当广泛，不仅适用于民事诉讼，而且适用于行政诉讼。

4. 发展动态

日本把选定当事人制度限于必要共同诉讼制度。随着公害、环境污染等社会公益问题

---

① 参见张卫平：《诉讼构架与程式》，355 页，北京，清华大学出版社，2000。

② 参见［日］三月章：《日本民事诉讼法》，汪一凡译，231～232 页，台北，五南图书出版公司，1997。

③ 参见肖建华：《民事诉讼当事人研究》，367 页，北京，中国政法大学出版社，2002。

越来越受到社会重视，有关的受害者联合起来诉讼不可能限定于必要共同诉讼形式，民事诉讼为实现个人权利的单独诉讼以及简单的权利相加式的共同诉讼已经不能用于为追求公共利益服务。因此，日本学术界一直在探讨引进美国集团诉讼的可能性，并提出了集团诉讼立法案，但“因为集团诉讼是一项着眼于解决原发性纠纷的事实出发型制度，并不能与规范出发型的日本制度相融合”①，未获立法者认可。不过，集团诉讼制度仍给日本带来了影响。日本的选定当事人制度逐渐扩大了其原有的功能，司法上利用选定当事人制度来解决一方当事人人数特别众多的诉讼，赋予能够代表对某一问题产生纠纷而临时组合起来众多的居民集合体的人作为原告或者被告参加诉讼，根据提出诉讼之前与对方进行交涉的实际活动来判断原告代表诉讼群体的资格，并且只要承认了原告具有代表诉讼群体的资格，无论诉讼最终取得的判决是有利还是不利，都约束所有的利害关系者。② 这实际上已经体现了集团诉讼的实质，表明日本也在借鉴美国集团诉讼形式来解决人数特别众多的群体纠纷问题。

此外，日本也有主张引进德国团体诉讼者。日本法务省民事局参事官室所编有关民事诉讼程序的检讨事项，就有一方案称：“主张关于特定之制止诉讼等特定之诉讼，除原来之权利义务主体外，亦承认特定之团体有原告之适格性。”③ 他们认为，承认特定团体有不作为请求权，可以有效地发挥其特定的功能。对此，学者和消费者团体等多数表示赞同意见，但是，团体诉讼是应在个别实体法中解决，还是应在民事诉讼法中作为一般性规定，仍在研讨。

（三）巴西

大陆法系国家日益关注和探讨美国集团诉讼制度问题，一些大陆法系国家已经朝着美国集团诉讼的方向努力，如芬兰、瑞典、挪威、巴西等国家已经采纳或正在考虑采纳集团诉讼制度。但是，出于集团诉讼制度自身存在的缺陷、法律文化传统的差异等诸多方面的考虑，许多大陆法系国家如德国、日本等至今未承认集团诉讼制度。这里简要介绍引进集团诉讼制度的典型大陆法系国家——巴西。④

1. 集团诉讼⑤的引进

巴西第一部专门规定集团诉讼程序的法律颁布于1985年。巴西《公众民事诉讼法》（the Public Civil Action Act），创制了一种“保护环境、消费者，以及有关具有艺术、美学、

---

① ［日］中村英郎：《新民事诉讼法讲义》，陈刚、林剑锋、郭美松译，85页，北京，法律出版社，2001。

② 参见［日］谷口安平：《程序的正义与诉讼》，王亚新、刘荣军译，202页，北京，中国政法大学出版社，1996。

③ 民事诉讼法研究基金会：《民事诉讼法之研讨》（六），37页，台北，三民书局，1997。

④ 该部分内容主要参考自 Antonio Gidi，*Class Actions in Brazil*：*A Model for Civil Law Countries*。

⑤ 在巴西，集团诉讼被称为“集体诉讼”（collective action）（acao coletiva），而非“集团诉讼”（class action），这里为叙述方便，仍称为集团诉讼。

历史、旅游、景观价值的财产和权利"的诉讼。这部法律为禁令性集团诉讼（injunctive class action）和整个集团所遭受的损害提供了一个充足的程序，但是，它不允许对侵害个人权利的情况提供集体性的法律救济。集团中的成员只有通过提起他们自己的个人诉讼，才能使个人的损害得到赔偿。1988年，新的《巴西联邦宪法》（Brazilian Federal Constitution）为众多的实体性和程序性的群体权利提供了保护。该宪法提供了一种非刑法化的人身保护的集团诉讼形式，针对的是政府官员的非法行为和滥用权力的行为。1989年和1990年，巴西立法机关颁布了三部法律，对残疾人、证券市场上的投资者以及儿童的群体权利提供实体上的法律保护。这些法律在性质上属于实体法，几乎没有规定程序规则。巴西《公众民事诉讼法》（1985年）规定了在法院实现这些群体权利的程序规则。1990年，巴西立法机关颁布了《消费者法》。在这部法典的第三编（专门规定了在法庭上对消费者的保护）中，立法机关就寻求个人损害赔偿的集团诉讼规定了详细的程序。这些详尽的集团诉讼法律相互补充，加起来实际上就是一部"集团诉讼程序"法典。

2. 集团诉讼的主要内容

在巴西，允许提起集团诉讼的群体权利有三种："分散性"（diffuse）、"集体性"（collective）和"类似的个人"（homogeneous individual）权利。"分散性权利"是一种超个人的不可分割的权利，该权利属于不确定的群体，群体中的人以前并无联系，而仅仅通过特定场合下的实际环境联系起来。"集体性权利"也是"超个人"的"不可分割"，但属于比较明确的群体，群体中的人通过某种法律关系相互联系或者与对方当事人相联系。"类似的个人权利"是可分割的个人权利，这些权利具有共同的来源。这三种"群体权利"在理论上与集团诉讼的三种类型相对应。"分散性"和"集体性"权利是属于整个群体的权利，如通过禁令或者整个集团损害赔偿予以保护的那些权利。相反，"类似的个人"权利用于保护个人权利，如要求个人损害赔偿的集团诉讼。巴西法律没有明确规定集团诉讼要求集团成员之间存在共同的法律或者事实问题。不过，每一种群体权利的定义中暗含了这一要求。在分散性权利的定义中，法律规定集团成员通过"实际环境"相联系；在集体性权利的定义中，规定集团成员通过"法律关系"相联系；在类似的个人权利的定义中，规定集团成员通过某种"共同来源"相联系。

巴西集团诉讼法规将起诉资格赋予不同种类的实体。根据巴西《消费者法》第82条的规定，只有下列主体——司法部长办公室（检察机关）、巴西联邦共和国、各州、各自治市、联邦政府所在地区、行政机关和私人社团——才具有代表一个群体起诉的资格。① 新的法典或修正案最终可以通过扩大或是限制代表人名录的方式来改变这个一般规则。在巴西，个人，无论其是否系受害者群体中的一员，没有资格代表群体利益起诉（民众诉讼除外）。②

① 这些实体能够独立或是联合提起集团诉讼案件。

② 在巴西，民众诉讼（the popular action）是唯一一种允许私人提起的集团诉讼。不过，这种集团诉讼的适用范围极其有限。巴西《民众诉讼法》规定，公民只有在政治权利受到侵害的情况下，才能提起集团诉讼。

一般情况下，集团诉讼判决具有既判力。但是，在集团请求因证据不足而被认为无理由时，该判决就没有既判力。通过新证据的提出，任何有权代表起诉的实体可以提起同样的集团诉讼。只有对集团有利的集团诉讼判决会影响到未参加诉讼的集团成员。如果判决对集团不利，则该成员不会因此而遭受不利；这些成员可以另行提起诉讼。

3. 与美国集团诉讼的比较

尽管巴西从美国引进了集团诉讼制度，但是，为了适应自己的国情、原来的大陆法系传统，巴西的集团诉讼有了区别于美国集团诉讼的诸多特殊之处。至少有两大主要差异值得注意：其一，提起集团起诉的主体明显不同。在巴西，能够提起集团诉讼的主体由法律明确限定。任何个人，无论其是否系受害者群体中的一员，一般没有资格代表群体利益起诉（民众诉讼除外）。这一点与美国集团诉讼有截然区别。由于群体中的个体成员没有资格代表群体起诉，美国集团诉讼中所谓“典型性”在巴西的法律中就不存在。并且，在巴西，对于代表的适当性问题法律也没有正式的规定，这个问题一般也不属于司法自由裁量权的范围。① 此外，在集团诉讼起诉主体问题上，巴西集团诉讼与美国集团诉讼还有一个显著区别，即在团体的资格上有异。在美国，团体不具有广泛的代表资格。② 与之相反，在巴西，团体被认为是群体权利的天然代表。所有的集团成员，无论其是否属于提起集团诉讼的团体的成员，均将受益于集团诉讼裁决的约束力。其二，判决效力的扩张方式不同。在巴西，只有集团诉讼的有利判决才能影响未参加诉讼的成员；对集团不利的判决，不影响成员的个体权利，这些成员可以另行提起诉讼。而在美国，不论判决对集团有利与否，都将约束所有集团成员。

---

① 立法机构对那些能够公正充分地代表群体利益的原告规定了一定的识别标准。不过，这并不意味着代表的适当性或者对缺席者的公平性的问题在巴西是无所谓的。那些被选的实体要能公平地代表群体利益而不是某个集团成员，应是立法机构的理性选择中的应有之义。

② 在美国，美国最高法院在 Sierra Club v. Morton 中裁定，为了拥有起诉资格，一个团体会宣称其本身或它的成员已经受到或将要受到被告行为的伤害。根据 sierra club 裁定，在一个环境保护的集团诉讼中，仅以单纯的长期性“组织利益”和对保护自然资源的关心，具有诉讼技巧这些理由，是不足以给团体以起诉资格的。在 Lujian v. Defenders of wildlife 中，美国最高法院也许已经对此关闭了法院的大门，在这一案中，美国最高法院认为，在缺乏一个损害事实的情况下，国会不能宪法性地给予社团以起诉资格。

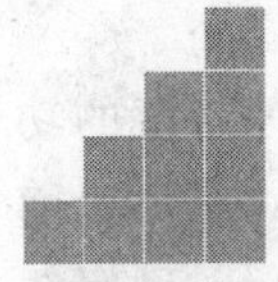

第十三章

临时救济制度研究

一、临时救济制度概述

“临时救济”（pre-judgement remedies）是英美法上的概念。诉讼救济通常有滞后性的弊病，临时救济制度生而为了弥补该缺陷。在现代社会，情势瞬息万变，债权人在漫长的诉讼结束后往往面临诉讼结果的落空，生活中也出现了大量有紧迫时间要求的民事纠纷。针对这一问题，世界各国都相继创立了各具特色的临时救济制度。

1999年英国《民事诉讼规则》第二十五章“临时性救济与诉讼费用担保”中规定了禁令、扣押等临时救济措施。美国《联邦民事诉讼规则》规定了美国的临时救济制度。1877年《德国民事诉讼法》在第八编“强制执行”中，设第五章“假扣押”（Arrest）与“假处分”（Einstweligeverfugung）。德国人在理论上以“民事保全”（Sicherungsverfahren）来概括假扣押与假处分，但始终没有将之反映在《德国民事诉讼法》上。此外，还规定了证据保全和假执行。《日本新民事诉讼法》最初几乎是《德国民事诉讼法》的翻版，在第六编规定了“假扣押与假处分”，没有出现“民事保全”的概念。1979年，《日本民事执行法》使得“假扣押与假处分”一分为二，即在《日本新民事诉讼法》第六编继续保留，同时在《日本民事执行法》第三章设“假扣押与假处分的执行程序”。1989年，日本又把两部法律中关于假扣押与假处分的规定合二为一，实施单行的《日本民事保全法》。1976年《法国新民事诉讼法》规定了“紧急审理裁定程序”（Juger en refere）和“依申请作出裁定的程序”（Ordanance sur requrte）。此外，还有假执行制度。法国于1991年7月颁布了《民事执行程序法》（procedure civile dexecution），其中还有保全处分（measures conservatiores）

的规定。

由此可见，临时救济制度涵盖了假扣押、假处分、证据保全以及假执行等制度的功能。总结所有这些制度的目的和功能，我们将临时救济制度的定义概括如下：在诉讼前或诉讼中，为了弥补通常救济的滞后性缺陷，以保全将来判决的强制执行、暂时确定纠纷的状态、防止证据灭失或以后难以取得、满足当事人紧迫需要为目的而采取临时措施的制度。

临时救济制度具有紧急性、灵活性的特点，但又不能因此而放弃程序的正当保障，在各国的程序中，我们都可以看到各国在紧急性和程序正当性的调和方面所作的努力。我们在比较各国临时救济制度的过程中，不惜浓墨重彩地对临时救济的审理程序进行描述，各国对审理程序的不同设计体现各国对正当程序理念的理解和应用。

二、临时救济制度的类型

（一）英国

1999 年英国《民事诉讼规则》第二十五章“临时性救济与诉讼费用担保”第 25 条第 1 款第 1 项规定了法院可签发 14 种临时性救济命令，包括：（1）临时性禁令；（2）中期裁判（an interim declaration）；（3）扣押、保管或保全有关财产；对有关财产进行检查；对有关财产进行取样；对有关财产或以有关财产进行试验；销售有关易腐烂财产，或基于其他充分理由应立即销售有关财产的；以及支付有关财产的收益，至案件判决时止；（4）为执行第 3 项命令，而授权某人进入诉讼当事人控制的任何土地或建筑物之命令；（5）要求交付财物之命令；（6）冻结令：限制当事人离开资产所在地管辖区；或者限制当事人处理任何资产，不论该资产是否位于管辖区内；（7）指令当事人提供有关财产或资产地点的信息，或者提供作为或可能作为申请冻结令标的物有关财产或资产信息之命令；（8）搜查令：责令一方当事人为证据保全等目的，而准许他方当事人进入住所的命令；（9）在诉前开示书证或检查财产之命令；（10）在特定诉讼程序中，要求诉讼外第三人开示书证或检查财产之命令；（11）中期付款命令：要求被告支付在法院看来有责任支付的损害赔偿金、债务或其他金额的款项（包括诉讼费用）之命令；（12）如当事人对特定资金的权利有争议的，向法院交付特定金额款项或以其他方式进行保全的命令；（13）在诉讼结果尚未确定前，当事人为取得动产可向法院交付一定金额款项，法院作出准许将动产交给该当事人之命令；（14）指令一方当事人准备和提交有关争议账目之命令。此外，根据第 25 条第 1 款第 3、4 项的规定，以上未列明临时性救济的特定类型，并不影响法院作出任何有关临时性救济之权力。不论当事人主张的终局性救济是否包括特定的临时性救济，法院皆可作出有关临时性救济。[①]

这其中最重要的是英国的中间救济（interim relief），分为两种：中间禁制令（interlocutory injunction）[②] 和中间支付损害赔偿（interim payment of damage）。

中间禁制令属于衡平法上的救济，是为强制执行或保护一种普通法上或衡平法上的权利而作出的暂时性措施，其目的是保护原告，减轻原告在权利存在或权利受侵害的不确定性得到解决之前的一段时间内所遭受的权利被侵害的风险。[③] 在英国，玛利瓦禁令是一种尤其重要的中间禁制令。

1969 年法律授权法院在死亡、人身伤害案件中允许原告申请法院命令被告作出中间支付损害赔偿（interim payment of damage）。[④] 根据英国《民事诉讼规则》的规定，所谓中间付款的命令就是指按照一定要件和考虑事项作出的，要求被告支付在法院看来有责任支付的损害赔偿金、债务或其他金额的款项（包括诉讼费用）之命令。该制度类似于假执行制度。

（二）美国

根据美国《联邦民事诉讼规则》，美国的临时救济制度包括：扣押、中间禁令、临时财产管理人（temporary receivers）、产权未决通知（notice of pendency）、取回动产的占有（replevin）、民事拘留（civil arrest）。单就扣押程序和中间禁令而言，美国对于临时救济制度的分类基本是按照对象是具体的财产还是债务人的行为进行的。

1. 扣押

扣押是指法院根据原告要求指令法院官员（通常是地方警官）扣留或控制被告财产的程序。该程序是为了防止被告处置本可以用来执行原告胜诉判决的财产或防止被告损害该财产的价值。[⑤] 根据美国《联邦民事诉讼规则》第 64 条，具体的救济方法包括：逮捕、扣押财产、扣押债权、收回动产诉讼、临时强制管理以及其他相应或相同的救济方法。

---

① 参见徐昕译：《英国民事诉讼规则》，115～117 页，北京，中国法制出版社，2001。

② 在英国，禁制令与禁令不同。禁制令用 injunction 表述，主要应用于司法救济；禁令用 prohibition 来表述，是法院用来制止、纠正不法行政行为的措施。参见李湘如：《英国行政法上几种特别的司法救济方法》，载《外国法译评》，1996（1）。

③ 参见沈达明编著：《衡平法初论》，291 页，北京，对外经济贸易大学出版社，1997。

④ 参见沈达明编著：《比较民事诉讼法初论》，38 页，北京，中国法制出版社，2002。

⑤ 参见［美］海利·爱德华兹（Harry T. Edwards）、爱伦·芬（Ellen K. Finn）：《美国联邦法院的权力和命令的执行》，载宋冰编：《程序、正义与现代化——外国法学家在华演讲录》，230 页，北京，中国政法大学出版社，1998。

2. 中间禁令

美国《联邦民事诉讼规则》第65条对中间禁令作了规定，一共有两种情形：一是预备性禁令（preliminary injunction），二是临时限制令（temporary restraining order）。[①] 预防性禁令和临时限制令是法院在庭审之前为了保护原告在诉讼期间免受不可挽回的伤害而发出的命令，命令被告遵守一定行为标准、不为某些行为或采取某些行为。临时限制令和预备禁令往往是两个连续的阶段。原告如果能够证明在举行预备禁令的听证前可能会发生直接的不可挽回的伤害就可得到临时限制令。[②] 临时限制令可以在对预备禁令举行听审之前，起到保全诉讼的作用。在诉讼未决期间，预备禁令也可以起到保全的作用。通过中间禁令，诉讼事物的现状得以保存，并保证今后能够作出永久性禁令救济。

3. 临时财产管理人

根据美国《联邦民事诉讼规则》第66条，法院在诉讼期间有权力指定临时财产管理人管理被告的财产。一般来讲，如果被告财产有很大危险被转移出法院管辖的范围、受到实质性损害或被销毁或者被告有可能成为资不抵债，便需要指定一位财产管理人。管理人为法院官员，仅享有法院委任令中赋予的权力。管理人对所有在被告财产中主张权益的当事人应忠于信托职守，在管理财产中应做到不偏不倚。[③]

4. 产权未决通知

产权未决通知是原告在涉及财产的诉讼中用以保证在诉讼过程中不会发生任何事情致使被告对财产的所有权造成瑕疵的一种机制。虽然提交产权未决通知不能阻止财产的转让，但它意味着在产权未决通知后对财产获得的与该财产有关的任何权益在原告胜诉时都服从于原告的利益。[④] 像所有的临时性救济措施一样，待决程序必须符合正当程序要求，在被告的财产受到影响之前以某种形式进行告知或进行听审。[⑤]

5. 取回动产的占有

美国现行法上的取回动产占有（replevin）程序不是所有债权人都能援用的，只有对该项动产有所有权或占有权的人才能援用。取回动产占有的程序是由郡的司法行政官扣押动产交给原告，等待诉讼结果。[⑥]

---

① 参见［美］海利·爱德华兹（Harry T. Edwards）、爱伦·芬（Ellen K. Finn）：《美国联邦法院的权力和命令的执行》，载宋冰编：《程序、正义与现代化——外国法学家在华演讲录》，230页，北京，中国政法大学出版社，1998。

② See, e.g., U.S. v. Washington Post Co., 446 F.2d 1322 (D.C. Cir. 1971); generally 11 A C. Wright, A. Miller & M. Kane, Civil 2d 2951.

③ See, generally Jack H. Friedenthal et al., Civil Procedure §15.5 (2d ed. 1993); Charles A. Wright & Arther R. Miller, Federal Practice and Procedure §§2981－2986 (1973).

④ see generally Friedenthal, supra, at §15.6; Wright, supra, at 2935.

⑤ See Kukanskis v. Griffith, 180 Conn. 501, 430 A. 2d 21 (1980).

⑥ 参见沈达明编著：《比较民事诉讼法初论》，341页，北京，中国法制出版社，2002。

6. 民事拘留

从历史上看，民事拘留这种程序性救济——拘传被告人到庭听取有罪判决的令状（the capias ad respondendum）是将被告监管起来并对其身体实施限制，一直等到有人保释或者判决作出，从而获得对被告的管辖权的制度。由于该措施实施过程当中出现了滥用现象，从而导致众多的州立法机构对民事拘留措施的适用要么禁止，要么进行限制。如果拘留命令得到准许，原告的律师可以将其交给地方警官。该命令将指令地方警官立即拘留被告并将其带至法庭听审。通常情况下该命令同样也会说明将被告从监管当中释放出来所需要的保释金的数额。① 该被告必须在制定法所制定的期间内获得听审的机会，否则将被释放。②

（三）德国、日本

德国临时救济制度主要包括假扣押、假处分。此外，还有证据保全和假执行等。区分假扣押与假处分是根据采取措施的对象不同。假扣押的对象为金钱债权，而假处分的对象是金钱以外的请求。

所谓假扣押是指就金钱请求或可易为金钱请求之请求，对于债务人的财产予以扣押，禁止其处分，以保全将来的强制执行为目的的特别诉讼程序。③《德国民事诉讼法》第916条第1款规定，为保全金钱债权或者可以换成金钱债权的请求权对动产或不动产的强制执行，可以实行假扣押。在德国，假扣押分为对物的假扣押和对人的假扣押，所谓人的假扣押，即限制债务人的人身自由。对对物假扣押而言，对人的假扣押是辅助性的。

所谓假处分是指就金钱以外的请求，因保全强制执行，而对于争执物进行的一种强制处分。④ 假处分分为两种类型：一是以物的交付或其他行为为标的的假处分（以下称关于系争物的假处分），一是确定临时状态的假处分。《德国民事诉讼法》中规定的假处分，被学者按其功能性质分为三种：确保性假处分（Sicherungsverfugung）、制止性假处分（Regelungsverfugung）、履行性假处分（Leistungsverfugung）。确保性假处分就是“关于系争物的假处分”，是指债权人就金钱请求以外的请求，欲保全将来之强制执行，法院依其申请，对于系争物之请求标的物所为之处分措施。⑤ 根据请求标的，确保性假处分又可分为三种：请

---

① 参见［美］杰克·H·弗兰德泰尔等：《民事诉讼法》，夏登峻等译，700～701页，北京，中国政法大学出版社，2003。

② See Cf. Thurston v. Leno，124 Vt. 298，204 A. 2d 106（1964）（在民事诉讼当中被拘留的被告必须被赋予改变扣押状况或者提供担保的机会，并且在其收监之前必须要确定听审的时间）。

③ 参见陈计男：《民事诉讼法论》（下），361页，台北，三民书局，1994。

④ 参见上书，376页。

⑤ 参见陈荣宗、林庆苗：《民事诉讼法》，881、900页，台北，三民书局，1996。

求标的为物、债权和行为的假处分。制止性假处分和履行性假处分，是维持现状的假处分，以确保其现在的权利不受债务人的继续侵害，暂时满足债权人的权利，所以这两种假处分又被统称为“满足性假处分”[①]。制止性假处分相当于“定暂时状态的假处分”。《德国民事诉讼法》第940条规定定暂时状态的假处分的理由是，为了避免重大损害、防止威胁中的强暴行为或者出于其他理由显得有必要定暂时状态，可以实施假处分。履行性假处分即给付假处分[②]，是判例创造出来的“清偿债权人的请求权”的假处分，即已经创造了最终的法律关系，因为为了保护假处分申请人不受特别重大的不利，特别是免受生存威胁或者重大紧急状态，这具有迫切的必要性。[③] 日本关于假扣押和假处分的规定基本上模仿德国的规定。

证据保全是为了防止证据灭失或以后难以取得。现行《德国民事诉讼法》在第二编“第一审程序”第一章“地方法院程序”的第十二节规定了“审前证据调查程序”（第485条至第494条A），该第十二节的原有名称是“证据保全程序”。适用范围包括诉前证据保全和诉讼证据保全，此外，还具有证据保全目的外的证据开示功能（尤其是书面鉴定）。《日本新民事诉讼法》第234～242条规定了证据保全制度。法院认为，如不预先进行调查证据则产生难以使用该证据的情形时，根据申请可以进行调查证据（第234条）。法院认为必要时，在诉讼系属中，可以依职权作出保全证据的裁定（第237条）。[④]

假执行发生在一审判决之后，终局判决确定之前，是为了防止败诉方当事人利用上诉的方法拖延诉讼，为维护未确定判决的胜诉方当事人的利益而设置的特殊的诉讼制度。[⑤]《德国民事诉讼法》还分别规定了不提供担保和提供担保的假执行。第710条规定，债权人不能提供担保或有显著困难，如停止执行将使债权人受到难以补偿的难以预见的损害，或者因其他原因对债权人失去公平，特别是债权人迫切需要该项给付以维持其生活或维持其职业时，可以对判决依申请不供担保而宣告假执行。《日本新民事诉讼法》第259条对假执行宣告进行了规定，即对关于财产权上的请求判决，法院认为有必要时，根据申请或依职权，提供担保或者不提供担保，可以作出假执行宣告。第2款还对关于以票据或支票请求的金钱支付以及附带的法定利息的赔偿损害的判决宣告假执行进行了规定。[⑥]

---

① 陈荣宗、林庆苗：《民事诉讼法》，881页，台北，三民书局，1996。

② 给付性假处分与我国的先予执行制度类似。

③ 参见［德］汉斯-约阿希姆·穆泽拉克：《德国民事诉讼法基础教程》，周翠译，432页，北京，中国政法大学出版社，2005。

④ 参见白绿铉：《日本新民事诉讼法》，91～92页，北京，中国法制出版社，2000。

⑤ 参见周翠：《论民事诉讼中的临时性救济制度》，载陈光中、江伟主编：《诉讼法论丛》，第6卷，429页，北京，法律出版社，2001。

⑥ 参见白绿铉：《日本新民事诉讼法》，97页，北京，中国法制出版社，2000。

(四) 法国

《法国新民事诉讼法》中规定的临时救济制度分为两种类型：一种是紧急审理程序；另一种是依申请作出裁定程序。紧急审理裁定，是指法律赋予受理本诉讼的法官命令立即采取必要措施的权力的情况下，应一方当事人请求，在另一方当事人到场或传唤其到场后，作出的临时性裁定。依申请作出的裁定是指，在申请人有理由不经传唤对方当事人的情况下，不经对席审理作出的临时性裁定。两者相同点在于：两类裁定都属于院长管辖权，一般不具有既判力，因为都是临时性的。紧急审理程序作出的临时裁定，根据《法国新民事诉讼法》第488条的规定，在发生“新的情况”的情形下，作出临时裁定的法官能凭当事人的申请加以修改，甚至撤回，临时裁定对案件的实质来说没有既判力。由于依申请作出的裁定，法律并不要求必须发生“新的情况”才能修改或撤回，所以其既判力甚至还不如临时裁定。两者之间最大的差别在于，紧急审理程序适用对审程序，而依申请作出的裁定程序不适用。① 在法国民事诉讼实务中适用紧急审理程序处理的数量最多、最具代表性的案件是鉴定等的证据调查案件、债务先予履行案件、退出建筑物案件、债务暂缓履行案件等。② 这两种程序类似于大陆法系的假扣押、假处分，但是适用范围更大，还能起到证据保全的作用。例如在法国的反不正当竞争诉讼中，就经常适用依申请作出裁定程序发布证据保全命令。此外，该程序还经常用于疑难案件的证据保全。

《法国新民事诉讼法》第514条规定，非经命令，不得为假执行，但是如果是当然予以假执行的决定，不在此限。紧急审理裁定、对正在进行的诉讼规定假执行措施的裁定、命令采取保全措施的裁定，以及审前准备法官给予债权人预付款项的裁定，尤其当然具有假执行效力。第515条规定，除依法当然假执行之情形外，只要法官认为有假执行之必要，并且假执行与案件的性质相符合，在法律不禁止的情况下，应当事人的请求或者依职权，得命令假执行。③

法国新民事执行程序法中还有保全处分（measures conservatiores）的规定。按照法国法律规定，已被法院认可存在着实体意义上债权的人如果能够证明其回收债权的可能性正处在危险状态，可以向法院申请保全处分以进行债权保全。不仅已经取得执行名义的债权人可以直接申请保全处分，而且没有取得执行名义的债权人经执行法官许可后也可以实施保全处分。保全处分由假扣押和司法担保组成，前者主要适用于动产和金钱债权的诉讼保全，后者主要是针对不动产所适用的保全处分。④

---

① 参见沈达明编著：《比较民事诉讼法初论》，566～570页，北京，中国法制出版社，2002。

② 参见张卫平、陈刚编著：《法国民事诉讼法导论》，265页，北京，中国政法大学出版社，1997。

③ 参见罗洁珍译：《法国新民事诉讼法典》，103页，北京，中国法制出版社，1999。

④ 参见张卫平、陈刚编著：《法国民事诉讼法导论》，324页，北京，中国政法大学出版社，1997。

(五) 比较综述

1. 将上述各国的临时救济制度按类型和目的分类，用表格可以归总如下：

法系	国家	制度			
英美法系	英国	中间禁令（玛利瓦禁令）、扣押、保管或保全有关财产等	临时性禁令	搜查令	中间支付损害赔偿
	美国	扣押、临时财产管理人、产权未决通知、取回动产的占有、民事拘留	临时限制令、预备禁令		
大陆法系	德国、日本	假扣押、确保性假处分	定暂时状态的假处分	证据保全	假执行
	法国	紧急审理程序和依申请作出裁定程序，保全处分			假执行
目的		保全将来的强制执行，防止被告转移财产或以其他方式处分财产，使将来判决难以或无法执行	为避免不可挽回的损害、防止威胁中的强暴行为而确定暂时状态	防止证据灭失或以后难以取得	满足当事人急迫需求

2. 各国临时救济制度的差异

从上述介绍中不难看出，英、美国作为英美法系的代表，德、日作为大陆法系的代表，其临时性救济制度迥异，而法国虽然属于大陆法系，但是其临时性救济制度在某些方面却与英美法系更为接近。下面将各国临时救济制度的主要差异综述如下：（1）英美法系在立法和学理上都没有对各种临时救济措施和程序进行进一步的归类和抽象，而是直接规定了不同的对象和不同的情况，应当采取何种措施，适用怎样的程序；而大陆法系则将临时救济措施按一定的标准——例如标的物或者目的，对临时救济措施进行了归类，划分不同的类型，做了概念化、体系化的处理。（2）英美法系“临时性救济措施”包括证据保全，法国的紧急审理程序和依申请作出的裁定程序也是适用于证据保全的，而在德国、日本传统的理论和立法中，民事保全显然并不包括证据保全。证据保全是为了审理案件的需要，与申请人的实体权利无关，所以大陆法系虽然规定了证据保全，但并不将之作为民事保全程序。不过在某些情况下，证据保全和民事保全也有可能重复。（3）大陆法系中的假扣押、假处分是针对当事人的实体权利请求进行的暂时性救济，而英美法系的临时性救济措施除对当事人实体权利进行保护外，还针对某些程序性事项发布裁决，例如英国的搜查令，在诉前开示书证或检查财产之命令，美国的民事拘留等措施。（4）就假执行而言，英国与假执行类似的程序——中间支付损害赔偿适用范围较窄，而德国、日本和法国等国家的假执行程序适用范围相当广泛。

3. 各国主要临时救济制度的分类方法及其利弊

德国、日本、美国的临时救济制度类型划分基本是以当事人的诉讼请求为标准的，而英国临时救济制度的类型划分是以法院裁决适用的救济手段为标准的，与诉讼标的无关。

而法国则是以是否适用对审程序来划分的。

德国、日本都把民事保全程序分为假扣押与假处分，其分类标准为标的物是物还是行为。这种分类方法的合理之处在于对采取临时救济措施的标的物作了明确的划分，根据不同标的物的不同特点和要求设计了不同的程序。但是，这种分类方法也有缺陷。例如，请求标的为权利或物的确保性假处分和假扣押在形式上和内容上都基本相同，可能会发生重叠，区分这两者的现实意义不大。又例如，对行为的假处分中有作为的假处分和不作为的假处分。一般而言，“不作为请求权在债务人不为一定作为时即获实现，若对其实施假处分，假处分内容的实现实际上就实现了本案的诉讼请求的内容，已无所谓保全之情形”①。因此不作为假处分与定暂时状态的假处分结果相同，有学者认为其不适合利用确保性假处分加以保全。假处分包括关于系争物的假处分和确定临时状态的假处分，其分类标准是目的：为了保全将来判决的强制执行还是为了避免不可挽回的损害、防止急迫强暴而确定暂时状态。假处分的主要目的是为了保全将来判决的强制执行，而不是保护现有争执的权利不继续受危害。这两种假处分的目的迥然不同，将确定临时状态的假处分归入假处分中，只是为了立法的便宜，但多少有些牵强。

法国民事诉讼法根据是否适用对审程序而把保全程序主要分为紧急审理程序与依申请作出裁定的程序，美国根据是否进行听审程序将中间禁令划分为预防性禁令和临时限制令。这种分类方法，不拘泥于大陆法系国家的民事保全体系，假扣押与假处分、关于系争物的假处分与确定临时状态的假处分之间的差异被模糊化。不管采取保全措施的对象是什么、目的为何，都可以采取同一种程序，操作起来更为简便。而且这种划分将关注点放在这两个程序所共有的紧急性和临时性的特点上，可以弥补德国、日本各种保全程序和保全措施“条块分割”和相互交叉重复的缺陷。但是这种分类方法又显得过于简单，是否适用对审程序没有一个客观的标准，完全由法官控制。

4. 各国或地区对临时救济制度的性质的不同认识

从英、美的司法实践和成文法规定中可以看出，临时救济程序一般采用对审程序，作为一种诉讼程序来对待，属于一种特别诉讼程序，它与督促程序一样，都是一种略式诉讼程序。从德国的立法体例来看，《德国民事诉讼法》把假扣押和假处分放在第八编“执行”中，说明德国认为临时救济程序属于执行程序。在《日本民事执行法》单独制定之后《日本民事保全法》出台之前，日本关于民事保全程序是分为作为审理阶段的民事保全和作为执行阶段的民事保全在民事诉讼法和民事执行法中予以规定的，说明其认为民事保全程序包含诉讼程序和执行程序双重性质。我国台湾地区学者曹伟修就认为，“假扣押及假处分可分为两个阶段，第一阶段为声请及裁判之程序，第二阶段为执行阶段”②。也就是说，由于民事保全分为审理和执行两个阶段，因此民事保全包含诉讼程序和执行程序双重性质。

---

① 陈荣宗、林庆苗：《民事诉讼法》，902页，台北，三民书局，1996。

② 曹伟修：《最新民事诉讼法释论》，1714页，台北，金山图书公司，1979。

三、临时救济的实质条件

各国法院在作出临时救济裁定时，都必须符合一定的条件。这些条件包括合法条件和有效条件。合法条件主要是指程序上应当具备的要件，一般包括：须向有管辖权的法院申请；须遵守法定程式；需具备一般诉讼要件。有效条件是实质条件，各国规定各有不同。下面就各国主要临时救济措施的实质条件进行介绍和探讨。

(一) 英国

在英国，法院受理给予中间禁令的申请所遇到的问题，是应在没有机会充分调查争执点的情形下作出裁定。按照传统的规则，法院应考虑以下两个问题：(1) 原告是否能提出初步证据，即根据他的宣誓声明，他是否很可能在审理时胜诉？(2) 如果是这样，原告能否证明，由于得不到禁令而遭受的损失将超过被告的活动因禁令暂时所加的限制遭受的害处与不便？后来 1975 年上议院 American Cyanid v. Ethicon 案件判决指出，原告不必提出初步证据证明他将胜诉，只要能证明有重要的争执点等待审理就足够。法院不必进行证据方面的考查。这项规则的优点在于减轻了法院衡量证据，作出临时评估的负担。但是英国判例指出，严格遵照该项规则会导致不公平的结果，所以有些判决提出了不同的处理方法：(1) 如果一开始就明显看到原告不像会胜诉，法院就不给予中间禁令救济。(2) 凡是给予禁令会违反公共利益，则将予以拒绝。(3) 凡是与争执点有关的事实未经争议，而且法律也很明确，则法院得考虑原告是否将在审理时胜诉或败诉给予或拒绝给予禁令。①

法院作出玛利瓦禁令的条件包括：(1) 1980 年高等法院与上诉法院的判决宣布，禁令的对象不再限于居住在英国境外的被告。(2) 被告在英格兰、威尔士拥有财产。(3) 存在需要：1) 财产有灭失的风险；2) 被告很可能违约。(4) 原告承担支付损害赔偿与费用。②

法院命令被告作出中间支付损害赔偿的条件是：(1) 被告已自认有责任；(2) 原告已取得关于法定损害赔偿金额，被告败诉的判决；(3) 如果案件进行下去，原告会在责任问题上取得胜诉判决。法院将在作出最终判决时按照中间已支付的金额调整双方当事人的地位，比如由原告偿还一定金额等。③

---

① 参见沈达明编著：《比较民事诉讼法初论》，558～560 页，北京，中国法制出版社，2002。

② 参见上书，342 页。

③ 参见上书，38 页。

(二) 美国

根据美国《联邦民事诉讼规则》第 64 条，允许联邦法院扣押的条件以及获得扣押的程序取决于联邦法院所在的州的法律规定。申请扣押一般应说明具备法律规定的理由之一。理由有三种：(1) 由于被告外出，隐藏起来或不居住在州内，所以无从向他送达诉讼文件；(2) 原告的请求由于它的性质应受到特别待遇，例如欺诈产生的请求或有关“生活必需费用”的请求；(3) 债务人曾经让与，处分其财产或者正要这样做，目的是欺骗债权人。大多数州要求债权人先提起诉讼后，才能以宣誓声明提出申请扣押的理由。①

美国联邦法院在作出预备性禁令前要衡量的几个问题：(1) 原告在实质问题上胜诉的可能性；(2) 原告必须向法院表明所发生的伤害是法院在处置完原告案件的实体性问题后无法有效补救的；(3) 发出禁令对被告造成的伤害和不发出禁令对原告造成的伤害孰轻孰重；(4) 公共利益。②

(三) 德国

《德国民事诉讼法》第 917 条规定，如不实行假扣押，判决即无法执行或甚难执行时，始得实施对物的假扣押。第 918 条规定，只有在对于债务人财产的强制执行受到危险，需要保全时，才能实施人的保全假扣押。第 935 条规定，如现状变更，当事人的权利即不能实现，或难于实现时，准许对于争执标的物实施假处分。

申请假扣押必须释明：(1) 申请人的请求权具备用假扣押保护的条件，即他有假扣押申请权；(2) 申请人有请求假扣押的理由。假扣押请求权与假扣押理由的存在都不需要严格的证明，只要能释明就足够。这就是说对证据的证明力要求并不高。一般适用申请人的宣誓或书证。③

保全证据只是在《德国民事诉讼法》第 485 条规定的三种情况下才能进行：(1) 如果对方同意，对方的同意当然很难取得；(2) 证据有灭失或难于使用的危险，如证人病重或将出国；(3) 物品的状态必须确定，申请人对此确定有法律上的利益。④

---

① 参见沈达明编著：《比较民事诉讼法初论》，337～338 页，北京，中国法制出版社，2002。

② 参见［美］海利·爱德华兹（Harry T. Edwards）、爱伦·芬（Ellen K. Finn）：《美国联邦法院的权力和命令的执行》，载宋冰编：《程序、正义与现代化——外国法学家在华演讲录》，232～235 页，北京，中国政法大学出版社，1998。

③ 参见沈达明编著：《比较民事诉讼法初论》，188～189 页，北京，中国法制出版社，2002。

④ 参见上书，325 页。

（四）日本

日本的民事保全程序有效条件与德国大致相同。《日本民事保全法》第20条规定，对于以金钱支付为目的的债权，如不进行假扣押就不能强制执行或有对强制执行产生显著困难之虞时，可以发出假扣押命令。第23条第1款规定，关于系争物的假处分，在因变更该系争物现状而有使债权人不能实行其权利或实行权利产生显著困难之虞，可以发出。第23条第2款规定，确定临时地位的假处分命令，为避免所争执的权利关系给债权人造成显著的损失或紧迫的危险而必要时，可以发出。

假执行的宣告并不能依附于所有的判决。要申请假执行宣告须具备以下要件（《日本新民事诉讼法》第259条第1项）：（1）须是关于财产权请求的判决；（2）有实施假执行的必要。若不实施假执行，今后就会出现权利实现困难或难以补偿损害的情况，这时就存在有实施假执行的必要。[①]

（五）法国

在法国，依紧急审理程序作出紧急裁定必须具有紧急性和明确性要件。根据“明确性”是指，当事人间对权利归属不存在争议或对证据不存在实质上的争议。[②] 法国适用先予执行的条件是对债务的存在没有严重争议。此外，保全处分的条件是，申请人证明其回收债权的可能性处于危险状态。

（六）比较综述

各国对作出临时救济裁定的条件的法律规定都各不相同，对其实质条件进行比较得出如下结论：

1. 各国一般都要对于是否有作出临时救济裁定的必要性进行严格审查。其必要性体现在有正在或即将发生的侵犯或损害行为，可能导致将来判决无法执行或造成无法挽回的损失，或当事人有急迫需要。

2. 对于是否要求申请人有可能胜诉的规定不同。英国判例倾向于无须要求申请人证明其有胜诉的把握，美国要求申请人有胜诉的把握，德国、日本、法国没有这方面的明确规定。可见，只有美国在这方面作了严格的规定，因为其注重被申请人的权利保护，对临时救济措施的条件严格控制，而且其在程序上适用对审程序，可以展开对实体上权利义务关

① 参见［日］中村英郎：《新民事诉讼法讲义》，陈刚等译，241页，北京，法律出版社，2001。

② 参见张卫平、陈刚编著：《法国民事诉讼法导论》，262页，北京，中国政法大学出版社，1997。

系的初步审理，因此对胜诉的可能性考虑较多。

3. 法院在很难确定申请人胜诉可能性的情况下，可以比较采取临时救济措施导致被申请人所受的损失与不采取措施导致申请人所受的损失之间的大小。

4. 作出临时救济裁定对证据证明力要求不高，一般只需释明。对案件的实体争议，只需提出初步证据即可。

四、临时救济制度的审理程序

临时救济制度具有紧急性的特点，虽然可以弥补通常诉讼程序的滞后性缺陷，但却在一定程度上牺牲了程序的正当保障。因此，各国在对临时救济的审理程序的设计上，都尽力在书面审理和对席审理中谋求平衡，调和紧急性和程序正当性两者的矛盾。一般来说，在德国、日本，民事保全分为审理和执行两个阶段，而假执行只要是执行程序。因此，本章在探讨德国、日本临时救济制度的审理程序时以民事保全即假扣押和假处分的审理程序为主。下面，我们将对各国主要临时救济制度的审理程序进行介绍。

(一) 英国

在英国，法院在作出中间禁制令之前，原则上要进行听审，需要向被告送达听审通知。在某些情况下可以凭原告的单方面申请，即不把申请通知送达对方，作出暂时裁定，甚至不需要原告向最高法院或郡法院起诉。根据英国《民事诉讼规则》第25条第2款第2项的规定，在启动诉讼程序之前可以得到中间禁制令，如果：(1) 英国《民事诉讼规则》或《实务指引》不禁止给予该裁定；(2) 事情是急迫的，或者是在其他方面为公正司法的利益作出裁定是值得的；(3) 在较少的情形下，申请禁制令的人是未来的被告。在下列情形下案件是急迫的，即作出必要的3个完整日的通知，或安排签发诉讼程序真的不可能。由于请求人自己的拖延造成的不可能，不是构成案情急迫的理由；凡是在通知被告的问题上不存在真正的不可能，法院一般不考虑未经通知提出的申请，但1972年的判决暗示①，如果案件的是非是十分明显的，则法院也可以那么做。凡是案件是急迫的，在对双方的司法公正所必要的限度内，能放松惯常的程序上的要求，例如：(1) 申请能在启动诉讼程序之前提出；(2) 申请能不进行通知而提出，但请求人如有可能仍有义务通知对方当事人，例如，使用电话或传真；除非必须保密，例如，申请搜查裁定或冻结禁制令，通过这种方法，得

① See Bates v. Lord Hailsham of St Mary lebone [1972] 1 WLR 1373.

到通知的被告能决定出席听证会；(3) 能依赖非正式的证据，例如证人陈述的草稿、通信、律师根据指示向法院叙述的事实；(4) 作为最后的一招，法院能在没有律师替请求人起草的裁定文本的情况下，作出裁定。诉讼前的中间禁制令申请几乎总是在听证会上考虑，但没有全部通知答辩人或没有通知任何答辩人。英国《民事诉讼规则》第25条第2款第2项规定，如果法院作出诉讼前中间禁制令裁定，法院能作出指示要求请求人启动诉讼程序。由于申请毕竟是未通知答辩人作出的，按照《实务指引》第25条，除非法院有不同的指示，裁定必须包括以下事项：(1) 请求人向法院作出保证，一旦可行就将申请通知，将支持的证据以及所作的裁定向答辩人送达；(2) 另一方能出席的下一次听证会的日期；(3) 说明在第23条第10款下的申请权，即受送达人在送达之后7天之内，有权申请撤销或改变裁定。在诉讼程序开始之后申请中间禁制令的办法为签发申请通知，并以书面证据作为支持。经通知的申请的答辩人应在听审之前足够的时间之内，披露他们的证据作为答复，以避免听证会的延期。按照英国《民事诉讼规则》第25条第3款第2项，对中间禁制令的申请必须以证据加以支持，除非法院有不同的指示。证据应覆盖实质性的争议点，如果申请是未经通知的申请，亦应说明为什么不通知。证据亦应该说明相关禁制令救济的原则。按照英国《民事诉讼规则》第39条第2款，在正常情况下，申请中间裁定听证会是公开进行的；在例外情形下，听证是不公开的，例如，听证涉及保密信息、病人或儿童的利益。①

(二) 美国

在美国，利用任何一种临时性救济措施时首先要提的一个问题是，该制定法上的程序是否合乎正当程序标准，该标准要求在当事人的财产被剥夺之前履行告知义务并且赋予其听审的机会，即便该剥夺是临时性的也须如此。②

对于财产扣押，申请人可以单方不经通知被告即向法院申请财产扣押命令，或在通知后再行申请，二者任由原告选择。如果原告不经通知被告而单方提出申请，原告就可以在对被告进行听审之前获得一项财产扣押命令。原告必须在对财产进行扣押后的5日内，申请法院对扣押命令进行确认，并将此项申请通知被告。这种确定命令使得被告可以获得宪法规定的及时听审机会。如果原告选择对被告进行通知后申请财产扣押命令，他就可以寻求获得一项临时限制令，禁止被告在法院对申请进行听审之前转移财产。③

美国《联邦民事诉讼规则》规定的预备性禁令是必须经过听审才能获得的。预备禁令不得在未通知对方当事人的情况下发出。而在对预备性禁令进行听审之前，申请人可以申请获得临时限制令。临时限制令可以在原告证实紧急必要性后发布，向被告作非常简短的

---

① 参见沈达明、冀宗儒：《1999年英国〈民事诉讼规则〉诠释》，96～98页，北京，中国法制出版社，2005。

② 参见［美］杰克·H·弗兰德泰尔等：《民事诉讼法》，夏登峻等译，697页，北京，中国政法大学出版社，2003。

③ 参见李仕春：《民事保全程序基本问题研究》，载中国民商法律网。

通知或在极少数情况下不作任何通知。[①] 由于这种情况存在对被告不公的严重危险，所以临时限制令只能持续10天，获得临时限制令的当事人应继续申请预备性禁令。法院应尽快对预备性禁令进行听审。对有关预备性禁令的申请举行听审，在联邦法院，法院可于对预备性禁令举行听审之前或之后，命令将对案件实质争议的审理与该申请的听审同时进行，或合并进行。

（三）德国

在德国，对于假扣押，法院可以决定采取对审程序通过双方当事人到场进行言词辩论，也可以决定采取一面书面审理。前者由于已经对实体争议进行审理，因此德国民事诉讼法规定“以判决为之”；后者只是依据申请人的书面申请以及所提供的初步证据，当事人或进行释明或未能释明而以提供担保替代释明，法院并没有进行实体上审理，因此《德国民事诉讼法》相应地规定“以裁定为之”。但事实上由于保全申请的紧急性以及尽量避免本案化的努力，目前德国更为普遍的是采取一面书面审理，以裁定作出。[②] 如果未经言词辩论作出假扣押裁定，则债务人在裁定作出后才知道假扣押程序的进行。《德国民事诉讼法》第922条第1款规定，对假扣押申请的裁判可以不经言词辩论作出；对于关于系争物的假处分，在紧迫的情况下驳回发出假处分的申请时，可以不经言词辩论作出裁定。属于命令实施假处分的，法院同时命令申请人在一定期间内向管辖本案诉讼的法院申请传唤对方当事人，就应否实施假处分进行言词辩论。

在德国，传统的观点认为，无论是假扣押还是假处分，其审理程序都应以言词辩论为原则。德国人也意识到言词辩论的程序可能会导致临时救济裁定程序的本案化，难以实现临时救济制度的功能。因此，在《德国民事诉讼法》中对临时救济程序中的言词辩论进行了限制。该法第921条第1款规定在申请人自愿提供担保的情况下，法官可以不经言词辩论而直接裁定假扣押。1990年12月《德国民事诉讼法》第937条第2款被修改为，“在紧迫情形，可以不经言词辩论作出驳回假处分的申请的裁判”[③]。

（四）日本

现行《日本民事保全法》的最大特征就是将原有的判决程序和裁定程序合并为单一的裁定程序，审理方式原则上以“审问”为主。所谓“审问”，是指不拘形式，受托法官以口

---

① 参见［美］杰弗里·C·哈泽德、米歇尔·塔鲁伊：《美国民事诉讼法导论》，张茂译，164页，北京，中国政法大学出版社，1999。

② 参见李仕春：《民事保全程序研究》，186页，北京，中国法制出版社，2005。

③ 周翠：《论民事诉讼中的临时性救济制度》，载陈光中、江伟主编：《诉讼法论丛》，第6卷，484页，北京，法律出版社，2001。

头进行质问，并要求当事人回答，其功能包括决定程序中的辩论和调查两方面。“惟若无法仅以审问尽其能事之情形，亦得为听取当事人之主张或为讯问人调查证据而利用任意之言词辩论。”① 对假扣押与关于系争物的假处分以最接近“决定程序”的程序审理。根据《日本民事保全法》第 9 条、第 10 条的规定，法院可以只根据书面审理作出决定。在进行审问时，通常只审问债权人，在假扣押及要求有隐蔽性的假处分中不对债务人进行审问。《日本民事保全法》规定，对于确定临时地位的假处分，如果未经口头命令或债务人能参加的审问期日，不得发出。只有在经过审问期日而有无法达到申请假处分的目的的情况，不在此限。

(五) 法国

紧急审理程序原则上采用对席原则进行。申请人在向向对方送达诉状时，必须约定口头辩论 7 日。法官可以在双方当事人辩论结束后，当庭宣布紧急裁决令，或决定在数日以及 1 周后宣布紧急裁决令。② 依申请作出的裁定可以不经对席审理作出临时决定。

(六) 比较综述

对上述各国临时救济制度中的审理程序进行综合比较，可以得出如下结论：

1. 审理方式分为书面审理或者对席审理。各国基本的大原则就是在对任何人下禁令之前，一定要先听他申辩。但是紧急时，往往可以“一面之词”向法院申请。美国、法国以是否进行听审来划分临时救济制度的类型，例如美国分为来不及进行听审的临时限制令阶段和进行听审程序的预备性禁令阶段，法国分为紧急审理程序和依申请作出的裁定程序。德国传统上以言词辩论为原则，但目前也明确规定了一些情形下对该原则进行限制。日本对不同类型的临时救济制度采取不同的审理方式的做法值得借鉴。

2. 设计临时救济审理程序时，应当尽量满足临时救济程序的紧急性目标和程序的正当性要求，不能过分地迟延，又不能因紧急性目标而牺牲正当程序保障。德国在作出裁定之前连通知程序都没有，被申请人一般对此并不知情。只有在作出判决之前，才会进行言词辩论。而英国、美国即使不进行听审，一般也都有通知程序。可见，英国、美国在某些方面比德国更注重正当程序的保障。

3. 临时救济程序中采用书面审理还是对席审理与各国对临时救济程序性质的不同认定有关。将临时救济程序作为诉讼程序，一般采用对审程序；将临时救济措施当作某种强制

---

① “任意之言词辩论”与“必要之言词辩论”相对应，是指由法院裁定决定是否采用口头辩论，参见《日本新民事诉讼法》第 125 条第 1 款但书。但是其含义在诉讼保全程序中与在通常诉讼中有较大区别，它增加了许多带有“简易化”的特征内容。

② 参见张卫平、陈刚编著：《法国民事诉讼法导论》，273～274 页，北京，中国政法大学出版社，1997。

措施或执行程序，一般采用书面审理。

4. 书面审理之利弊分析：书面审理快捷、方便，有利于实现临时救济程序的紧急性目标，但是违反了正当程序保障的要求，因为“正当程序要求被告有获得听审的机会的权利”①。

5. 对席审理之利弊分析：对席审理有利于对被申请人的正当程序保障，但是言词辩论的频繁使用与采取临时救济措施的紧迫性要求往往直接冲突，有可能审理本案化。所谓本案化，是指依照本案诉讼上的程序来严格地审理临时性救济程序的审理对象。② 当前各国的临时性救济审理程序都在一定程度上面临该程序的本案化问题，尤其表现在定暂时状态救济的审理程序上。“尽管不要求证明而是以疏明的方式来下判断，然而很多案件还是与通常的诉讼并无二致，慎重的审理要经过很长的时间。”③ 临时救济审理的时间与本案诉讼审理同样有延长的倾向。而在过程中有可能赐予对方当事人及时转移财产的良机。因此，采用对席审理原则还应当有其他配套制度的配合。例如，美国就有相配套的其他制度保障，如财产申报制度、藐视法庭的惩罚制度等等。

五、临时救济制度中的救济程序

临时救济裁定一经作出，马上发生法律效力。这些裁决对本案不具有既判力，本案法官作出的本案判决不受其内容的影响和约束。但是，临时救济裁定会使被申请人的财产、名誉和人身自由等受到严重的限制和影响。尽管法院在作出裁定时一般要求申请人提供一定的担保，但担保毕竟属于事后救济，被申请人由临时救济裁定而遭受的无形资产损失和精神上的损害常常难以弥补。在这种意义上，给予被申请人救济途径体现了对被申请人利益的保护。临时救济制度中的救济程序存在两种情形，即申请人因申请被驳回而提出异议或者被申请人申请撤销临时救济裁定。

对于法院驳回申请的裁定，申请人可以提出异议，各国基本上都设立了相应的救济程序。《法国新民事诉讼法》第 490 条规定，“对紧急审理裁定，可以向上诉法院提起上诉，但如此项裁定系由上诉法院第一院长作出，或者依诉讼请求数额或标的，此项裁判是终审裁判时，不准向上诉法院提出上诉。对缺席作出的终审裁定，得提出取消缺席裁判异议。

① Grannis v. Ordean，234 U. S. 385，394，34 s. Ct. 779，783，58 L. Ed. 1363（1914）.

② 参见［日］谷口安平：《程序的正义与诉讼》，王亚新、刘荣军译，272～273 页，北京，中国政法大学出版社，1996。

③ ［日］谷口安平：《程序的正义与诉讼》，王亚新、刘荣军译，272 页，北京，中国政法大学出版社，1996。

提出上诉与异议的期限为 15 日"[①]。对于依一方申请作出的裁定，第 496 条规定，"如果法院认为申请不能成立，对此可以向上诉法院提出上诉，但如果裁定是由上诉法院第一院长作出，不准提起上诉。上诉期限为 15 日。上诉按照非讼案件提出、审理与裁判"[②]。《日本民事保全法》第 19 条规定："对于驳回保全命令申请的裁判，债权人在接到告知之日起两周不变期间内，可以提出即时抗告。对于驳回即时抗告的裁判，不得再度提出抗告。"[③]

允许被申请人申请撤销保全裁定，尤其是在裁定是未进行听审或是在一些国家对作出保全裁定的条件较低（如英国只要求申请人证明双方存在一个严重的争议，而不要求达到很可能胜诉的程度）的情况下，是十分必要的。英国民事诉讼规则规定，撤销或改变禁制令的申请要向法官提出申请通知，往往是向给予最初的禁制令的同一个法官提出。在德国，如果通过判决对假扣押申请作出了裁判，则容许控诉，但不容许上告。如果以裁定的形式作出了裁判，则取决于是否驳回了申请；在驳回的情形只要败诉额超过了 600 欧元，债权人就有权提起即时抗告。[④] 如果是未经言词辩论作出假扣押裁定，债务人有权随时向州法院提出异议法院应举行言词辩论。法院有撤回或维持原裁定的绝对自由裁量权。法院也能部分撤回裁定或者改变裁定内容，例如改为对其他财产进行假扣押。[⑤]

---

① 罗结珍译：《法国新民事诉讼法典》，98 页，北京，中国法制出版社，1999。

② 同上书，99 页。

③ 白绿铉：《日本新民事诉讼法》，270 页，北京，中国法制出版社，2000。

④ 参见［德］汉斯-约阿希姆·穆泽拉克：《德国民事诉讼法基础教程》，周翠译，429 页，北京，中国政法大学出版社，2005。

⑤ 参见沈达明编著：《比较民事诉讼法初论》，191 页，北京，中国法制出版社，2002。

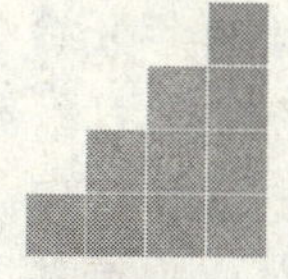

第十四章

简易小额程序研究

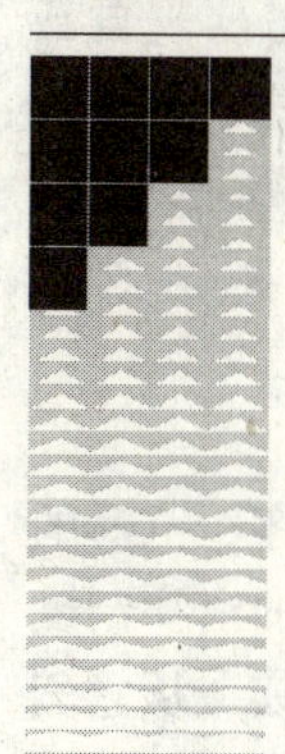

一、概　述

（一）简易程序兴起的历史背景

在理论上，民事诉讼的通常程序可以进一步划分为普通程序与简易程序。二者在共同秉持程序保障等若干基本程序法则的同时，基于各自所侧重解决的不同类型的民事纠纷的需要，在具体的程序规则设置及运作方面也呈现出一定的差异性。与规范、刻板的普通程序相比，简易程序显得更为灵活、便捷，因此往往被认为在诉讼效率方面更胜一筹。简易程序自20世纪中期开始受到广泛的重视，一直是各国民事司法改革的主要内容。

第二次世界大战后，各国经济走上了恢复和发展的道路，社会生活逐渐稳定。与此同时，由于民事诉讼数量急速增长，新类型的民事纠纷大量涌现，导致了原有的民事诉讼制度不堪重负。面对社会现实的急剧变化，“审判程序难以满足普通人们的需要，在通往法院的正义道路上，很多市民被程序的障碍所排斥”①。为此，各国相继开始通过修订民事诉讼法积极应对高成本、高积案率所引发的司法危机。在这个过程中，简易程序由于具有诉讼效率方面的优势而备受青睐，成为各国修改立法、完善诉讼程序的焦点问题。主要的发达国家纷纷围绕提高诉讼效率、保障国民接近司法的核心议题，以充实、完善简易程序为突破口，开展了一系列引人注目的民事司法改革。例如：德国于1976年通过了《简易化修正

① ［日］小岛武司：《诉讼制度改革的法理与实证》，陈刚、郭美松等译，3页，北京，法律出版社，2001。

案》(Simplification Amendment),引入了一种简化诉讼程序的新模式;英国自1994年开始由沃尔夫勋爵领导新的民事司法改革,并于1999年正式实施新的《民事诉讼规则》;日本于1996年颁布了新的《民事诉讼法》,专门规定了简易法院诉讼程序和小额诉讼的特殊规则。如果说"如何在有限的司法资源条件下,保障每一个普通国民能够通过诉讼实现自己的权利"是现代民事司法的永恒命题,那么简易程序立法的完善就是各国破解这个难题的主要思路之一。

(二)"简易程序"的范畴界定

各国有关简易程序的规定不尽相同,其中的一个重要表现就在于"简易程序"范畴的界定方面。比较法的问题"不是关于不同国家的法律制度的概念结构,而是它的法律制度的功能,比较法的方法是对不同社会秩序解决问题的办法重新从它们各自的现实,从它们所实现的各自社会目的进行相互比较"①。所以,如果不为界定"简易程序"的范畴提供一个有效的标准,而是仅仅根据概念上的相同性或近似性确定研究对象,就难以将比较法的研究限定在精确的范围之内。

简易程序与普通程序相比,最突出的制度功能在于实现案件的"繁简分流"。通过这种符合理性的繁简分流,可以使得不同类型的案件进入不同的程序轨道,适用复杂程度并不一致的程序规则进行处理,进而保证在最大限度地吸纳日常纠纷的同时,维护普通程序的正当性。立足于此则不难想见,简易程序的范围应当是十分广泛的,它不仅指那些在民事诉讼法典中直接以"简易程序"(summary proceedings)的称谓出现的诉讼程序,还包括其他具有上述"繁简分流"功能的程序。前者如《日本新民事诉讼法》第二编第七章所规定的"关于简易法院诉讼程序的特则";后者则如美国《联邦民事诉讼规则》中的即决判决(summary judgment),《德国民事诉讼法》第七编规定的督促程序等。

民事诉讼中的"繁简分流"应当具有两个层次的内涵。其一,在诉讼程序开始时,应当根据案件本身的情况,特别是诉讼标的额的大小,将符合一定条件的案件纳入到简易程序中进行审理。其二,在诉讼程序进行的过程中,根据是否存在实质性争议,将并不存在实质性争议的案件导出复杂的庭审程序,而适用其他程序处理。据此,可以从以下两个方面对简易程序的范畴予以具体的界定:

1. 从确定案件管辖的角度,"简易程序"包括:(1)狭义的简易程序,即通常程序中的简易程序;(2)特别程序中的简易程序,例如督促程序;(3)小额诉讼程序,此类简易程序,具有相对完整而又区别于普通程序的程序构造,多适用于诉讼标的额有特定大小或者争议性质特定的案件,是我们进行比较研究的主要考察对象。

2. 从诉讼程序进行的角度,"简易程序"则还可以包括即决判决、基于诉答文书的判决

---

① [德]K. 茨威格特、H. 克茨:《比较法总论》,潘汉典等译,66页,北京,法律出版社,2003。

(judgment on the pleadings) 等，在实质上具有分流进入普通程序的案件功能的简易化程序。此类程序通常并不出现在民事诉讼法典关于“简易程序”的专门规定里，而是融入普通程序当中，与诉答（pleadings）、发现程序（discovery）、缺席判决等具体程序装置一同发挥“繁简分流”的功能。

二、简易程序的法理基础

传统的民事诉讼程序从实现民事诉讼目的的角度出发，重视私权纠纷的公正解决和对国民私法上的权利的充分、有效的保障。相应的，在程序设计上向来侧重于审慎而正确的裁判的程序保障。但是在现代社会中，随着民众对司法的需求急剧增长和纠纷类型的不断变化，这种“重装备”的诉讼程序明显难以适应。由于欠缺法律知识、程序烦琐费时、费用高昂等因素的存在，普通民众特别是其中的中低收入群体在“接近正义”的路途上阻碍重重。“司法不能亲近请求救济之人，使其有利用纷争解决制度（司法制度）之机会，宪法上所保障之财产权、诉讼权、平等权反而不能落实。”[①]是故，简易程序在民事司法现代化的变革过程中逐渐显现出巨大的价值，而这与简易程序的法理基础息息相关。

1. 实现普遍的“接近正义”之保障。M. 卡佩莱蒂在以“接近正义”为主题的研究报告中倡导，为了实现普遍的“接近正义”，必须建立一个多元化的机制，为各种权利的救济提供多轨制的处理“通道”[②]。如此，便能够给予当事人一个广泛的自由空间，允许其选择最符合自身立场、经济条件、人际关系、客观环境等方面要求的方式来解决纠纷，而不是在复杂、陌生、充满不确定感的单一诉讼程序面前踯躅不前。简易程序具有亲近普通民众的优势，对于增强民事司法吸纳纠纷的能力颇具助益。通过简易程序的普遍适用，“一个社会中的正义‘量’会在总体上获得增加”[③]。因此，在民事司法现代化的过程中，简易程序能够避免正统的司法与多元化的市民社会之间的隔膜，鼓励人们继续信赖司法、运用司法，进而发展司法在社会权力结构中的正当性。

2. 民众平等利用司法之保障。民事司法与民众之间的隔膜一旦产生，不仅会动摇司法的根基，也会严重阻碍平等利用诉讼制度这一宪法性权利的实现。法治秩序禁止私力救济，司法自然应当承担起为民众提供公力救济的责任。国家有义务不断完善和发展纠纷解决的

① 陈计男：《程序法之研究》（三），63页，台北，三民书局，1990。

② M. Cappelleti & B. Garth (eds), *Access to Justice: The Worldwide Movement to Make Rights Effective*, A General Report, vol. I, book1. Giuffre Sijthoff. 1978, p. 49.

③ Takeshi Kojima, *Civil Procedure and ADR in Japan*, Tokyo, Chuo University Press, 2004, p. 180.

机制，从制度上克服一般民众走近司法的障碍和困难。接近司法的机会不能只在概括的层面上广泛地被赋予，还应在具体的层面上平等地被赋予，即诉讼程序的设计必须考虑到现实中的各种不平等因素，以及这些因素对不同当事人实际利用司法的可能性的影响。简易程序能够在两个层次保障这种平等。(1)“程序对待”上的平等。简易程序专为数额或案情相对简单的诉讼所设，在程序上给予那些通常只会涉及轻微纠纷的当事人以“专有领地”，令其与那些富有的当事人获得程序的平等对待。(2)“结果追求”上的平等。对于涉讼金额微小的当事人而言，低廉、迅速实现权利是其追求的主要目标，而过高的诉讼成本、过多的精力投入都是违背这些当事人利用司法的本意的。简易程序则能够为当事人以较小的代价实现权利提供机会。

3. 程序效益的保障。“在讨论审判应有的作用时不能无视成本问题。因为，无论审判能够怎样完美地实现正义，如果付出的代价过于昂贵，则人们往往只能放弃通过审判来实现正义的希望。”[①] 司法可以被视为一种“公共产品”，而这种公共产品的最终负担者实际上是全体国民。在社会资源有限的前提下，对于司法功能的利用必然在一定程度上受制于效益原则。对于数额相对并不大，案情也并不复杂的案件，没有必要适用复杂的程序来解决，否则不但会使本案的处理不经济，还会因为不必要地占用司法资源而影响其他国民对司法的利用。

总之，为了适应现代社会中权利救济大众化的需求和趋势，民事诉讼程序的设计不能再将眼光局限于“获得慎重而正确的裁判”一个方面，而应当充分发掘程序保障的另一层内涵——“追求达成迅速而经济的裁判的程序保障”，促进诉讼程序，保障当事人对程序利益的追求。立法者或者法院应为当事人提供能够节省劳力、时间、费用的机会或较简易化之程序制度，使当事人有机会经由迅速、经济而低廉之审理，在程序进行过程中避免不必要或不合算的劳力、时间及费用等程序上的不利益。[②]

三、各国简易程序立法及其比较

简易程序的发展是司法制度在与社会实践的交互影响过程中自我调整完善的一个典型样本。因此，各国在改革完善自己的简易程序立法时，由于受到法律文化传统等社会因素的影响，势必就会遵循不尽相同的轨迹。我们的工作是要在比较不同国家简易程序立法的基础上，归纳、总结其中的共同性和差异性，并探究其中的原因。

---

① ［日］棚濑孝雄：《纠纷的解决与审判制度》（修订版），王亚新译，267页，北京，中国政法大学出版社，2004。

② 参见邱联恭：《司法之现代化与程序法》，323页，台北，三民书局，1992。

(一) 大陆法系国家的简易程序立法

1. 德国

德国的民事司法在总体运行上一直保持着较好的状态，其中的一个重要原因就在于不断进行的改革可以适时地对民事诉讼程序加以调整，以适应社会发展的要求。在过去的几十年间，德国进行了多次重要的涉及简易程序的司法改革。除了前面提到的1976年德国《简易化修正案》，还有1990年的司法简便化法、1993年的司法负担减轻法，以及1998年的简化民事诉讼程序法案。[①] 根据现行的《德国民事诉讼法》，结合历次简易程序改革的规定，德国的简易程序立法主要包括以下内容：

(1)《德国民事诉讼法》在"第一审程序"编中专章规定了"初级法院的诉讼程序"，同时根据诉讼程序进展的需要，在不同的诉讼阶段分散或单独设置专门的规则对简易程序加以规定。例如，《德国民事诉讼法》第128条第2款规定"法院在得到双方当事人同意后，可以不经言词辩论而为裁判"[②]。

(2) 德国的法院体系分为四级，其中初级法院和州法院都可以作为一审案件的管辖法院。因此，德国民事诉讼中的级别管辖的主要作用在于对一审案件进行分流。根据德国《法院组织法》的规定，初级法院受理的一审案件主要限于诉讼标的额不超过1万马克的案件[③]，并受理租赁、亲子、婚姻、监护、遗产、登记、执行、破产和解等事件；而州法院则管辖所有不属于初级法院审理的民事案件和商事案件。由于上述划分管辖的主要依据是诉讼标的额的大小，所以一般可以将初级法院视为简易法院。

(3) 初级法院作为简易法院，适用不同于州法院的诉讼程序来审理案件。初级法院诉讼程序与州法院诉讼程序相比，主要有五个方面的特殊性。第一，初级法院在审理小额案件时，法官在程序方面有特殊处置权。《德国民事诉讼法》第495条第1款授权法官在审理诉讼标的金额不足1 200马克的案件时，得根据裁量自由地决定程序进行的样式，而不必拘泥于普通程序的严格规定。第二，以书面审理取代开庭审理。根据《德国民事诉讼法》第128条第3款的规定，只要案件争议标的额在1 500马克以下，并且当事人一方因距离遥远或其他重要原因而无法出庭，则法院得依职权命令以书面方式进行辩论。当然，如果当事人明确要求开庭审理，法院仍必须指定口头辩论期日并开庭审理。第三，初级法院审理案件以独任制为原则。值得指出的是，州法院在审理事实上和法律上都没有特殊困难，以及

---

① 参见常怡主编：《比较民事诉讼法》，596页，北京，中国政法大学出版社，2002；Peter Gottwald, "Civil Justice Reform: Access, Cost, and Expedition. The German Perspective", edited by Adrian A. S. Zuckerman, *Civil Justice in Crisis*. Oxford University Press, 1999, p. 217.

② 谢怀栻译：《德意志联邦共和国民事诉讼法》，34页，北京，中国法制出版社，2001。

③ See Peter Gottwald, "Civil Procedure Reform in Germany", *The American Journal of Comparative Law*, 1997, Vol. 45, p. 753.

没有原则问题的一审诉讼案件时，也可以由民事庭委托给其中一名成员进行独任审理。① 第四，判决书内容的简化。在适用普通程序审理所制作的判决书中，判决主文、案件事实和理由必须齐备。而适用简易程序审理所制作的判决书只需载明作为结论性判断的主文，并且当判决理由的主要内容已载于审理记录时，判决亦不具理由。第五，在简易程序一审终局判决的救济方面，当申明不服的标的的价额未超过1 500马克时，不得提起控诉。

(4) 督促程序（Gerichtlicher Mahnbescheid）的广泛适用。督促程序不受诉讼标的额的限制，简易、快捷、成本低廉，对于满足金钱请求具有突出的处理效果。《德国民事诉讼法》第七编专门规定了督促程序，这一非讼程序普遍被认为属于简易程序的范围，并且在实践中发挥着重要的作用。据统计，在初级法院通过督促程序处理的案件占全部案件的 43%。②

2. 法国

法国的民事诉讼程序以简易、快捷、低廉的平民风格见长，加上法律援助制度保障下的起诉前法律咨询和小审法院对小额民事案件的分担，因而积案问题相对而言并不非常突出。但是，随着社会现实的不断发展变化，法国的民事司法体制也逐渐陷入危机当中。③ 为此，法国将便利公众寻求法律救济，尤其是向小审法院寻求法律救济作为改革民事程序的目的，采取了一系列措施以更加合理地划分不同司法机构的职能，建立能够更加灵活地处理案件的模式，并且简化诉讼程序，使民事司法更便于公众寻求法律救济，更加快捷。

(1) 法国的初审法院包括大审法院、小审法院、商事法院、劳动法院、社会保障法院、农事借贷租赁法院等，其中大审法院与小审法院共同作为民事案件的一审法院，分别适用大审法院民事诉讼程序和小审法院的特别规定审理案件，二者并无审级关系。从其所发挥的功能来看，小审法院在实际上起着简易法院的作用，而小审法院的诉讼程序应当属于简易程序的范畴。

(2) 划分大审法院与小审法院管辖范围的标准主要是案件的性质以及请求的数额。法国的司法组织法规定，小审法院只能就一定数额以下的民事权利义务争议的案件进行管辖。根据《法国新民事诉讼法》第 34 条以及 1985 年 4 月的第 85—422 号法令的规定：小审法院只能受理 3 万法郎以下的民事案件，超过这一数额的争议，诉讼应当向大审法院提起；小审法院对不动产债权诉讼的终审管辖权价额为 1.3 万法郎，超过此数额的争议，准许向上诉法院提出上诉。④ 从最新的改革进展来看，1998 年 12 月的第 98—1163 号法令和同月的

---

① 第 348 条第 1 款。参见谢怀栻译：《德意志联邦共和国民事诉讼法》，86 页，北京，中国法制出版社，2001。

② Federal Statistical Office，Wiesbaden，1997. 转引自范愉：《小额诉讼程序研究》，载《中国社会科学》，2001 (3)。

③ 有学者将其概括为三种表现，即“信任危机”、“诉讼爆炸危机”和“自我意识危机”。See Loic Cadiet，“Civil Justice Reform：Access Cost and Delay，French Perspective”，edited by Adrian A. S. Zuckerman，*Civil Justice in Crisis*，Oxford University Press，1999，p. 307.

④ 参见罗结珍译：《法国新民事诉讼法典》，10 页脚注③，北京，中国法制出版社，1999。

第98—1231号法令采纳了“库仑报告”（Coulon Reflexions）的部分建议，对小审法院管辖范围作了新的修改。小审法院的“受案标的额”（competence rate）从3万法郎提高到5万法郎，而“上诉标的额”（jurisdiction rate）则从1.3万法郎提高到2.5万法郎。①

（3）设置小审法院民事诉讼程序的理念是简易、迅速、低费用。其简易性主要体现在：第一，与大审法院以合议制为原则不同，小审法院适用独任制审理案件。小审法院的法官都是职业法官，自1970年以来，小审法院的法官均从大审法院的法官中选任，每三年轮换一次。第二，《法国新民事诉讼法》第827、828条规定，当事人既可以自行出庭进行辩论而不实行强制律师代理，也可以在包括配偶、亲属等广泛的范围内委托助理人员或代理人进行诉讼。第三，大审法院诉讼程序要求当事人交换准备书整理争点，小审法院诉讼程序则不规定当事人有提出准备书的义务，原则上采用口头辩论式审理。第四，作为其前身——治安法官制度的一项传统，“重视和解”为小审法院诉讼程序所承继，《法国新民事诉讼法》在“小审法院之特别规定”编中专章规定了“预先试行和解”的内容。第98—1231号法令进一步发展了通过调停、调解、和解等解决纠纷的制度。该法令专门规定了一个既快捷又简单的程序，规定法官应致力于调解当事人间的冲突。调解可以在其办公室进行。同时，法令规定小审法院的法官经当事人同意，无须经过特别程序，就可以指定司法调解员调解案件当事人之间的冲突。

3. 日本

日本的民事诉讼简易程序立法可以分为三个阶段：

（1）早期阶段。日本在最初建立法院体系时仿效德国，在地方裁判所之下设立地区裁判所。地方裁判所有权管辖诉讼标的金额较低的民事案件，并且适用较普通程序简单的诉讼程序，这可以被视为日本民事诉讼简易程序的雏形。但是当时采取这种立法例的主要宗旨，只不过是为了在同为基层裁判所的地方裁判所与地区裁判所之间合理分配一审管辖权。

（2）简易裁判所阶段。第二次世界大战后日本进行了全面的司法体制改革，废止了地区裁判所，而代之以简易裁判所，从而形成了在一审管辖权上地方裁判所与简易裁判所并存的格局。② 从旧日本民事诉讼法的规定来看，简易裁判所主要具有四个方面的特征：首先，简易裁判所的设立宗旨已经明显地具有吸纳、处理大量的日常纠纷，保障国民获得简易、迅速的司法救济的目的性倾向；其次，对简易裁判所的法官任职资格的要求并不像其他法官那样严格，在简易裁判所设立后相当长的一段时期内，约半数以上的法官是从非法律专家的有关人员中选拔任命的；再次，简易裁判所所管辖的案件除了标的在一定金额以下的诉讼之外，还包括督促程序、公示催告程序等非讼案件以及民事调解案件；最后，为了实现对高效率、低成本的追求，旧法对简易裁判所诉讼程序作了若干特殊规定，允许法

---

① See Loic Cadiet, “Civil Justice Reform: Access Cost and Delay. French Perspective”, edited by Adrian A. S. Zuckerman, *Civil Justice in Crisis*, Oxford University Press, 1999, p. 328.

② 简易法院受理一审案件的诉讼标的额最初规定为5 000日元，其后几经修改，至1982年该标准始提高到90万日元。

官根据案件具体情况大幅度地简化诉讼程序。[①]

(3) 简易程序与小额诉讼程序分立阶段。设立简易裁判所的目的，是希望其能够充分发挥小额法院的作用，实现对小额事件的简易、迅速的裁判。但是，立法者的初衷却落空了。首先，简易裁判所是在原有的地区裁判所的基础上设立的，主要还是作为一审案件的管辖法院，而并未发挥小额法院的功能。其次，在司法政策上，为了尽量减轻最高裁判所的负担，简易裁判所管辖范围逐渐扩大，使得简易法院制度失去了应有的特色，其与小额法院的功能定位已愈发疏离。最后，旧法关于简易裁判所诉讼程序的特别规定并不彻底，导致在多数的程序环节上，简易裁判所适用的程序与地方裁判所适用的程序没有差别，简易裁判所演变成了“小型的地方裁判所”。为此，在1990年开始的对民事诉讼法的世纪性修改中，新设小额诉讼程序成为改革的四个重点问题之一。《日本新民事诉讼法》第六编专门规定了“关于小额诉讼的特则”，以与第一审程序中的“关于简易裁判所诉讼程序的特则”相区分，使得小额诉讼程序得以脱离一般的简易程序而独立存在。

(4) 简易裁判所的诉讼程序。简易程序与小额诉讼程序均由简易裁判所在审理一审案件时适用，这里先介绍有关简易程序的特别规定。[②] 简易裁判所只管辖诉讼标的额在90万日元以内的案件；简易裁判所的裁判机关由简易裁判所法官组成，其任用要求不像地方裁判所以上法官那样严格；可以口头方式起诉，不必写明请求原因，只要将纠纷要点明确化即可；并且口头辩论无须事先提交准备好的书面材料；裁判所认为恰当时，不必亲自询问证人或鉴定人，让他们提交书面材料即可；判决书上记载的事实和理由，只要表明请求的目的及原因的要点、有无该原因及驳回请求的抗辩理由的要点即可。此外，简易裁判所还负责即决和解。[③]

4. 其他大陆法系国家

(1) 意大利。意大利的民事诉讼以周期漫长、程序烦琐、积案严重昭著，简易程序功能的弱化是造成这种局面的一个原因。在该国的民事案件处理机制中，作为非专业人士的调解官（conciliatore）曾经长期存在并发挥过重要作用。但是，由于第二次世界大战后调解官管辖案件的金额标准并未提高，所以其重要性逐渐降低，并且导致了小额请求在法院消失。[④] 于是20世纪90年代改革在加重治安法官的角色地位和扩大适用普通案件简易程序的同时，也限制了当事人在上诉审中的权利。然而，由于改革措施缺少配套性，以缓解法官负担为目的而不是为方便当事人获得司法救济的新治安法官制度，没有真正体现小额诉讼

① 参见王亚新：《对抗与判定：日本民事诉讼的基本结构》，384页，北京，清华大学出版社，2002。

② 关于日本小额诉讼程序的有关情况，可以参见［日］中村英郎：《新民事诉讼法讲义》，陈刚等译，300～303页，北京，法律出版社，2001。

③ “即决和解”，是指不论纠纷的管辖法院是简易法院还是地方法院，在说明请求趣旨、原因以及纷争的实情后，当事人可向对方普通审判籍所在地的简易法院申请和解，而不必以起诉为前提。参见［日］中村英郎：《新民事诉讼法讲义》，陈刚等译，295页，北京，法律出版社，2001。

④ See Sergio Chiarloni, “Civil Justice and its Paradoxes: an Italian Perspective”, edited by Adrian A. S. Zuckerman, *Civil Justice in Crisis*, Oxford University Press, 1999, p. 267.

的功能，因而全面限制当事人的程序权利将严重损害程序正义。[①]

(2) 西班牙。西班牙于20世纪对1881年以来一直沿用的《民事诉讼法》进行了重大的修订，在许多方面进行了以加速和简化程序为目标的改革。新的《西班牙民事诉讼法》确立了普通程序（Juicio Ordinario）和简易程序（Juicio Verbales）两种基本的诉讼程序。简易程序又具体分为两种：其一是标的额在3万到300万比塞塔之间的诉讼，此类诉讼应当以一次性的开庭完成所有的诉讼步骤。其二是对于特定的案件，尤其是标的额低于30万比塞塔的案件，当事人不需要律师的帮助，并且诉状无须对案件的事实和法律问题作出全面的陈述，只要能够明确当事人并对诉讼请求进行解释即可；法官可以将诉讼程序更加简化，以一次性开庭为原则。从新法的上述规定当中不难看出，简易程序非常倚重口头辩论和集中审理。

(3) 巴西。[②]《巴西民事诉讼法》以及1995年第9.099号联邦法均规定，对于金额较小或者案情简单的诉讼应当适用简易程序。简易程序应当以口头和非正式为原则，并且能够在程序开始后很短的时间内作出最终的处理。随后，巴西在联邦和各州的法院系统开始广泛设立专门法院，以适用上述简易程序审理小额案件。专门法院一般只管辖标的额在4 000美元以下的案件。原告可以口头起诉，法庭在原告起诉后会传唤被告于指定的期日出席法庭，由法官或业余法官主持调解或者听取被告的抗辩及反诉。如果被告在指定的期日不出庭，法官可以根据原告的请求对案件作出判决，除非法官对其请求持完全相反的心证。在双方到庭的情况下，法官或业余法官会先行调解；调解不成的，由当事人选择一名业余法官作为仲裁者对案件进行裁决，裁决结果当场作出或者5日内作出。如果仲裁未被采纳，则由法官或者在法官监督下的业余法官主持庭审，以简单的方式听取当事人陈述、证人证言，最后作出判决。有学者将专门法院的设立称为“巴西迄今为止在司法管理方面取得的最佳进步”，并乐观地预期简易程序的基本原则将会在普通程序和特别程序当中渐次被采用。

(二) 英美法系国家的简易程序立法

1. 美国

美国的民事司法体制一直具有多元化的特色，这不仅体现了其双轨制司法体系的特征，也深刻反映了美国法律文化中的自由主义、实用主义传统。人们在感慨美国的民事诉讼程序始终保持着强烈的对抗制色彩的同时也应当意识到，这种“保守”是存在于一定基础之上的，即诉讼程序本身必须能够有效地分流案件，令案件“各行其道”——不经庭审的判

---

① See Vincenzo Varano, “Civil Procedure Reform in Italy”, *American Journal of Comparative Law*, 1997, Vol. 45, pp. 657 - 673. 转引自傅郁林：《繁简分流与程序保障》，载《法学研究》，2003 (1)。

② See Sergio Bermudes, “Administration of Civil Justice in Brazil”, edited by Adrian A. S. Zuckerman, *Civil Justice in Crisis*, Oxford University Press. 1999. p. 350.

决和小额法庭裁判制度正是发挥此种作用的机制。①

(1) 即决判决

即决判决是审前判决 (pretrial judgment) 的一种，它是指不经过开庭审理，当事人获得的关于案件实体问题的终局的有拘束力的判决。美国民事诉讼中的审前程序独立性极强，它除了具有为庭审程序整理争点和证据，以保证庭审的集中性的功能之外，还可以根据当事人在审前程序中的诉答和发现结果适时作出裁决，以避免不必要的庭审。因此，审前判决的实质就是分流案件，只让那些在性质上真正需要接受陪审团审理的案件进入庭审程序。

即决判决是由当事人通过审前动议的方式向法官提出请求，由法官作出的判决。确立即决判决的根据是，如果在案件进入发现程序以后，有关的诉讼文书足以表明关于要件事实不存在真正的争点，那么庭审就是没有必要的。因此，作出即决判决的前提是当事人在实质性事实上不存在真正的争议，而仅有对法律问题的争议，从而使得完全没有必要通过审判程序作出判决；并且，提出动议的当事人应在法律上有权获得胜诉判决。要求获得即决判决的当事人应当向法院证明审前的发现程序的结果，指出不存在争议的事实，并且根据那些无争议的事实只会推导出一个结论，该结论是对提出即决判决动议的一方当事人有利的。如果法院同意动议方当事人的论证，则即决判决将会被登录，而关于这部分请求的案件就不会进入审判。即决判决具有终局性，可以提起上诉。若要求即决判决的动议被法院驳回，则案件会进入法庭审理，并且允许当事人在庭审中提出任何涉及该动议的问题。

(2) 基于诉答文书的判决 (judgment on the pleadings)

在提交答辩状及诉辩结束以后，任何一方当事人都还有其他机会请求法院不经审判而判决案件。任何一方当事人可以要求法院单独对诉答文书作出判决。在普通法中，这曾被称为“妨诉异议”，但现在美国《联邦民事诉讼规则》已将其法典化为“基于诉答文书的判决”。

根据美国《联邦民事诉讼规则》的规定，“在诉辩结束后但不会造成审判迟延的合理时间内”，一方当事人可以提出基于诉答文书作出判决的动议，而法院则应当在同时充分考虑起诉状和答辩状的基础上进行裁决。基于诉答文书的判决的动议准许当事人质疑对方当事人的诉辩，并论证对方当事人没有满足其诉辩责任。因此，如果被告没有充分地回答起诉状以否认起诉状中的主张，则原告可以提出请求基于诉答文书的判决的动议并能够不经审判而获得胜诉。同样，如果原告的起诉状存在缺陷，或者被告提出一个积极抗辩而原告没有回复，则被告也可以提出请求基于诉答文书的判决的动议并获得胜诉。

---

① 对美国小额法院诉讼程序的介绍可以参见［日］小岛武司：《诉讼制度变革的法理与实证》，陈刚、郭美松等译，100页以下，北京，法律出版社，2001；［美］杰弗里·C·哈泽德、米歇尔·塔鲁伊：《美国民事诉讼法导论》，张茂译，173～175页，北京，中国政法大学出版社，1998。

2. 英格兰和威尔士[①]

（1）英国《民事诉讼规则》以前

早在1967年，英国就在郡法院为金额在3 000英镑以下的案件设立了专门的诉讼程序；1973年又进一步建立了小额诉讼程序，以低廉、快速地解决3 000英镑以内的小额消费纠纷和人身伤害赔偿请求。[②] 根据该程序，案件被交由郡法院的一个司法官员以非正式的听审形式“仲裁”。听审所依据的书证和专家证言应当事先进行交换。证据既不依靠宣誓，也不适用普通的诉讼规则。而且，适用此类程序的当事人通常不会委托律师代理诉讼。

（2）英国《民事诉讼规则》的改革

新规则将民事案件分为三类，适用不同的诉讼程序，即小额索赔诉讼（the Small Claims Track）、快捷审理制诉讼（the Fast Track）以及多轨审理制诉讼（the Multi-Track）。其实，该三种程序与原来的普通程序相比，都存在程度不同的有利于程序简单化、明快化的规定：首先，小额索赔诉讼与原有的小额诉讼程序极为类似，程序设计相当简单。其次，快捷审理制诉讼则在披露（disclosure）、专家证人、庭审时间控制、诉讼成本收取等诸多方面增设了较为严格的限制，以使程序更加紧凑。[③] 最后，多轨制诉讼虽然专事处理标的额较大和案情较为复杂的案件，但借助使诉讼控制权从当事人和律师向法官转移的若干举措，原有普通程序的拖沓和繁冗被最大限度地克制。

（3）简易判决

法官作出简易判决的条件是：1）原告的诉讼请求或某一系争点，或者被告对原告的诉讼请求或系争点的抗辩，没有胜诉的希望的；2）没有其他理由应对该案件或系争点举行审理程序的，可就全部诉讼请求或某一特定系争点，对原告或被告作出简易判决。[④]

原告只有在被要求作出简易判决的被告已经提交送达认收书、答辩状的情况下才能申请简易判决，但法院许可或诉讼指引另有规定的除外。应当注意，在旧民事诉讼体系下，只有原告可以向法院申请简易判决，而根据新的民事诉讼规则，原、被告双方都有权向法院提出申请。被告如果认为原告对诉讼请求或者某一系争点没有胜诉的希望，亦可以向法院申请简易判决。[⑤] 此外，新规则还明确规定即便原、被告双方都没有向法院提出申请，但只要法院认为原告或被告没有胜诉希望，以及没有其他理由应对案件或系争点进行开庭审理的，也可以依据职权作出简易判决。

---

① 英国的《民事诉讼规则》并不适用于苏格兰和北爱尔兰，以下为了行文方便，仍用“英国”代指英格兰和威尔士。

② 在《郡法院规则》（1984年）中，该程序被称为“小额主张仲裁程序”（s. 64）。See Paul Michalik，“Justice in Crisis：England and Wales”，edited by Adrian A. S. Zuckerman，*Civil Justice in Crisis*，Oxford University Press，1999，p. 119.

③ See John O'Hare & Kevin Browne，*Civil Litigation*，10th edtion，Sweet & Maxwell Press，2001，pp. 370－373.

④ 参见徐昕：《英国民事诉讼与民事司法改革》，148页，北京，中国政法大学出版社，2002。

⑤ 参见齐树洁：《英国民事司法改革》，378页，北京，北京大学出版社，2004。

3. 加拿大

加拿大同时设有简化程序和小额诉讼程序，二者主要适用于地方法院。其中的简化程序与普通程序的区别是①：(1) 诉讼标的额不同。例如安大略省规定，标的额在5万加元以上的案件应当适用普通程序，而1万～5万加元的案件则适用简化程序。(2) 简化程序在开庭前不需要双方律师到庭，也不需要证人事先交换书面证言。(3) 简化程序在审理时间上有严格的限制性规定。适用简化程序审理的案件，有很大一部分在开庭前就以和解或者调解的方式结案。而其小额诉讼程序在整体上“也只是以非正式化的理念简化过的普通程序的一个版本”②。

(三) 简易程序立法的比较分析

1. 简易程序的共同特征

(1) 适用简易程序的法院。简易程序一般都是由初审法院适用，并且大多数国家均在初审法院中设置了专门的简易法院来处理简易案件。③ 各国的初审法院通常有两种类型：第一类是拥有一般管辖权的法院，它们适用普通程序审理范围广泛的案件。第二类是具有有限管辖权的法院，这些法院处理大量较轻的纠纷或侧重于某一领域的案件。有限管辖权法院是与一般管辖权法院相对应的，亦可称为“较小的”初审法院。例如德国的初级法院、法国的小审法院、日本的简易法院、英国的郡法院等均属这种类型的法院。

(2) 适用简易程序的案件标准。从各国的情况来看，确定适用简易程序与普通程序的标准相对集中，主要是诉讼标的额和案件所涉法律关系的性质类型。以诉讼标的额为标准是较为通行的做法，例如日本的简易法院只管辖90万日元以下的案件，韩国的简易程序不得适用于请求金额超过100万韩元的案件。以案件涉及的法律关系的性质或类型作为标准也为一些国家采用，例如英国《民事诉讼规则》第26条第6款第1项b即规定，“承租人请求法院作出命令，要求出租人对房屋进行修缮或进行其他工作（不论承租人是否还主张其他救济）”应当适用小额索赔审理制。

(3) 简易程序的内容。各国的简易程序大都包括以下内容：简化起诉方式，可以口头起诉，也可以略式书状起诉；不再严格区分审前程序（准备程序）和庭审程序，程序高度集中化；在证据调查、证据运用方法上有一定的灵活性；在普通的简易程序中，不实行律师的强制代理；法官独任审判；庭审方式简化，例如法庭审理记录可以省略部分事项；判决书内容不同程度的简化；重视和解等。

(4) 简易法院法官的地位及资格。简易法院的法官在地位上通常低于普通法院的法官。

① 参见张绳祖：《加拿大法院的小额诉讼程序与简化程序》，载《人民法院报》，2006-01-06。

② Iain Ramsay, “Small Claims Court in Canada: A Socio-Legal Appraisal”, edited by Christopher J. Whelan, *Small Claims Court: A Comparative Study*, Oxford, Clarendon Press, 1990, p. 27.

③ 这里并不包括即决判决、基于诉答文书的判决等简易化程序。

美国小额法院的法官通常为治安法官（magistrate），他们的任职条件低于普通法官，有些治安法官直接由未受过专门法律教育的人士（lay people）担任，其地位、待遇等方面也明显低于普通法官。大陆法系的日本的简易法院的法官通常没有法律家资格，“只要从事多年司法实践，具备简易法院法官工作所必需的学识和经验的人，通过规定的考试，便可任命为简易法律判事”①。欧洲大陆德、法等国的简易法院的法官，虽然与普通法院的法官都是以同样方式选拔出来的，但简易法院的法官都是该国法院系统中资历最浅的法官。②

(5) 简易程序立法具有基本的程序保障。这主要体现在，简易程序必须保障当事人下列基本程序权：获得成本低廉的司法服务的权利；享受简易、方便的司法救济的权利；理性选择程序的权利；获得由审判权独立的法官快捷审理、即时判决的权利；获得包括接受告知、陈述和抗辩以及中立第三人居中裁判等权利在内的最低限度程序保障的权利。

2. 差异及其原因分析

各国在简易程序立法的模式上的一个显著差别是，其简易程序是否包括独立的小额诉讼程序。英美法系国家大多存在着独立的小额诉讼程序，而且这些程序构成了其简易程序立法的主要内容，例如美国就没有与大陆法系国家狭义的简易程序相类似的诉讼程序。大陆法系的德、法两国一直没有设立独立的小额诉讼程序，而是分别由初级法院和小审法院适用较普通程序简化的程序（狭义的简易程序）审理案件，但又允许法院区分案件的标的额对具体的程序规则裁量适用，即狭义的简易程序还有进一步简化的空间；同为大陆法系国家，日、韩两国则在近年的民事司法改革中单独设立了小额诉讼程序。为了探究这种差异存在的原因，下面选取具有典型意义的美、英、德、日四国进行分析。

(1) 美国的民事诉讼程序素来以彻底的对抗制审理而著称。对抗制将民事诉讼看成一个以当事人为主角，以对抗性的冲突为逻辑前提的“争斗场合”。由此衍生出了一系列的基本程序运作模式，包括消极的法官无偏私地居中裁断、法律专业人士的律师积极参与诉讼、普通大众的陪审团裁决胜负等。崇尚消极的法官使当事人成为程序的控制者，负责提出主张、明确争点、证明事实，诉答及审前程序由此而烦琐化；律师的普遍参与加上“all or nothing”式的救济方式又增加了诉讼成本的负担；陪审团审理则催生了严格、系统的证据规则。凡此种种，势必使得诉讼程序一步步走向复杂。

普通程序高度技术性、形式性的特点既已深入骨髓，就为改革诉讼程序以适应日常性纠纷指明了方向，即非从根本上断绝与普通程序的共性，在较大程度上改变其性质，将难以实现上述目标。小额诉讼程序正是这种选择的结果。换言之，美国的小额诉讼程序与普通诉讼程序完全分离，小额诉讼程序与其说是一种诉讼程序，毋宁说是一种替代性纠纷解决机制（ADR）。比如美国许多州的小额诉讼一旦“上诉”至普通法庭，则实行全面审查

① ［日］中村英郎：《新民事诉讼法讲义》，陈刚等译，293页，北京，法律出版社，2001。

② 参见章武生、杨严炎：《民事简易程序比较研究》，载《现代法学》，2003（1）。

制，就像没有经过审判一样。①

（2）郡法院早在1846年最初在英格兰建立之时，便专事处理争议金额较低的民事纠纷。降至20世纪70年代，在消费者委员会（Consumer Council）报告的影响下，英国《郡法院规则》中关于小额诉讼的内容不断得到修改，以适应日常纠纷对司法提出的要求。在新民事诉讼规则颁布以前，郡法院的小额诉讼程序主要是通过减少庭审的对抗性色彩，强化法官依职权指挥运作程序等诸多措施来保证程序的高效率、低成本。英国《民事诉讼规则》进一步突出了强化法官管理职能的重要性，主张弱化当事人主义的影响，尝试变革民事诉讼领域的整个文化和道德。例如"小额索赔审理制"第27条第5款规定，"未经法院许可，任何专家皆不得在审理程序时提供证据，不论是书面证据还是言词证据"。有学者指出，"引入小额诉讼程序是对对抗制庭审方式最激进的背离，其意味着我们的诉讼程序向着更加接近于纠问制审理的方式转向"②。

因此，英国的整个民事司法改革更加明显地体现出对当事人主义模式的侵蚀，新的小额诉讼程序亦是在这样的背景下建立的。如果说美国各州的小额诉讼程序是在朝着远离诉讼程序的方向上各自前行，那么英国的"小额审理制"则是将郡法院的小额诉讼程序统一到民事诉讼立法中来加以规定。

（3）德国在规定由地方法院适用简易程序审理1万马克以下的案件的同时，又对1 200马克以下的案件所适用的程序作出了进一步的限制性规定。但由于这些规定依附于简易程序，而且大多并未超出普通程序的基本构造，在程序理念和价值指向上也并不具有不同的性质，所以通常并不认为它们所构成的就是"小额诉讼程序"。更为重要的是，这种比一般的简易程序更为简化的程序的实践效果远未达到英美等国的水平。一方面，督促程序在金钱请求的纠纷中具有不可动摇的主导地位，在小额纠纷中的利用率极高，人们也更乐于适用。另一方面，这些简化性的规定在德国法律文化中受到质疑：人们认为其不仅未改变传统的书面审理方式，而且当事人对该程序的适用不像小额诉讼程序那样享有选择权；律师们也经常抱怨法官武断地行使权力；学者们则担忧由此引发宪法性的权利问题而使案件大量涌至最高法院。③

其实，根据德国学者的分析，从联邦德国时期开始，德国的民事诉讼立法就具有一种排斥性的倾向，极力避免"特殊程序"的设立。例如，1976年《德国民事诉讼法》的修正法案就废除初级法院中的"仲裁程序"，该程序允许初级法院法官对标的额在50马克以下

---

① See Peter E. Herzog & Delmar Karlen, *Attacks on Judicial Decisions*, Under the Auspices of the International Association of Legal Science. vol. XVI. Civil Procedure, 1982, p. 54. 转引自傅郁林：《繁简分流与程序保障》，载《法学研究》，2003（1）。

② John Boldwin & Takeshi Kojima, "Small Claims Procedure", edited by Takeshi Kojima, *Civil Procedure and ADR in Japan*, Tokyo, Chuo University Press, 2004, p. 189.

③ See Harald Koch & Frank Diedrich, "Civil Procedure in Germany", *Kluwer Law International*, 1998, p. 120.

的纠纷进行裁决。即使是在经过了数次简易化的改革，初级法院的诉讼程序已经具有一定程度的特殊性以后，德国学者依然认为，初级法院与州法院所适用的诉讼程序并无多大区别。“如果将独任审理、不实行律师强制代理、对书面准备程序的省略在某种程度上视为比州法院诉讼程序简易的因素，那也仅仅是因为初级法院审理的案件本身争点较少而已。”“初级法院的诉讼程序缺少那些在美国的小额诉讼程序中至关重要的功能，质言之，即排除‘接近正义’的障碍之目标的缺失。”[①] 从总体上说，德国并没有改进小额诉讼程序的特殊要求，并且在与美国的小额诉讼程序进行比较之后，德国学者满意于对初级法院诉讼程序的积极评价。

(4) 日本在制定《新民事诉讼法》的过程中，对于如何处理小额诉讼程序的问题曾经出现两种意见。一种意见认为小额程序应尽量保持与普通诉讼程序相同的构造，以维持程序的一体化。另一种意见则主张将小额程序的特殊性彻底化，创设一种明确地与普通程序区别开来的崭新程序。出于对旧有的简易程序普通程序化教训的反省，以及对美国小额法院制度功能的借鉴，立法最终采纳了后一种意见。有的学者因此称新的小额诉讼程序标志着日本民事诉讼在观念和制度上的一种“范式转换”[②]。从中可以看出，正是在对待日常纠纷处理的立法观念上的转变，促成了独立的小额诉讼程序在日本的确立。

小额诉讼程序在立法中的地位就像其在实践中的具体运作形态一样，各国难求一致。这有客观和主观两个方面的原因：客观上，不同国家的诉讼制度在民事司法现代化的进程中境遇迥异，因而改革的重点自然不尽相同。如果一国的诉讼制度在面对大量涌向法院的日常纠纷时弊病频现、力不从心，必然会给推进程序简易化以强大的客观推动力；反之，对于改革简易程序的需求可能就不会如此急迫。在这里，既有诉讼制度吸纳和解决纠纷的效果就具有关键性的意义。主观上，存在于一个社会中的法律文化传统对于改革途径的选择影响巨大。德国民众普遍更加信赖司法，更愿意向正式的法院请求救济，而对非正式或者非程序化的纠纷解决方式往往较为慎重，这就与日本法律文化中善于借鉴、敢于打破传统的意识存在显著的差别。

如果以应对日常纠纷的整体路径作为分析的视角，似乎可以察觉出其中的两种思路。一种思路是由普通的一审法院适用在不同程度上简化了的普通程序来处理日常纠纷，其在性质上、构造上都与普通程序相勾连，不会脱离诉讼程序的体系。另一种思路则是构筑与普通程序之间存在着本质区别的另外一种程序，由具有特殊性的法院、法庭或法官来负责运作和裁判。严格意义上的小额诉讼程序恰恰具有为我们揭示上述分野的标本性价值。

---

① Klaus F. Rohl, “Small Claims in Civil Court Proceedings in the Federal Republic of Germany”, edited by Christopher J. Whelan, *Small Claims Court: A Comparative Study*, Oxford, Clarendon Press, 1990. pp. 172-173.

② ［日］小岛武司：《少额诉讼程序的意义》，210～211页。转引自王亚新：《对抗与判定：日本民事诉讼的基本结构》，403页，北京，清华大学出版社，2002。

四、小额诉讼程序

（一）小额诉讼程序的基本特征及价值理念

当代小额诉讼程序的建立不仅是基于对民事案件进行分流处理，减轻法院负担的一种构想，同时目的也在于实现司法的大众化，“通过简易化的努力使一般国民普遍能够得到具体的有程序保障的司法服务”①。小额诉讼程序的特征包括：

1. 传统的简易程序是根据诉讼标的额或纠纷的性质及复杂性进行划分的，小额诉讼程序的适用范围则更加单纯化，基本上限于债权债务纠纷（也可以在一般侵权、邻里纠纷、租借纠纷、交通事故纠纷中采用），通常被设计为独立于一般简易程序的特别程序。

2. 程序简便，完全按照常识化的方式进行运作。其程序的简便表现在诉讼过程的每一个环节：起诉状和答辩可以采用法院印制好的表格，也可以口头进行；可以在休息日甚至晚间开庭；不进行证据开示；不设陪审团；简化证据调查；甚至无须法庭记录；判决也只是宣布结果，而不必说明理由。因为整个程序都是在非正规的方式中进行，当事人一般不需律师即可操作。此外，小额程序一般不允许反诉，可以缺席判决，而且一般不准许上诉（在三审制情况下不得就二审判决上诉），更增加了程序的简便性。

3. 小额诉讼程序的价值取向十分明确，即低成本和高效率。因此，小额诉讼程序多以当事人本人诉讼为原则，对律师代理持消极态度。同时，小额诉讼程序对抗色彩相对微弱，职权主义介入较多，并且注重各种合意型的纠纷解决方式。在诉讼费用方面适用小额诉讼费用的专门标准。

4. 尽管小额诉讼程序仍属于法院处理纠纷的方式，因而在性质上与一般的ADR不同，但是，其在纠纷解决过程中，无论从程序保障还是法律适用上，无论是运作方式还是法官的作用，都与正式的诉讼程序截然不同，甚至可以说，它的涉及和运作与正统的司法运作方式及其理念几乎是背道而驰的。

与传统的民事诉讼程序相比，小额诉讼程序所具有的上述特征显著且富于“个性化”，而在这些特征背后，潜移默化地影响着程序品性的则是同样鲜明的价值理念。

首先，小额诉讼程序顺应了现代法治发展的潮流，在一定程度上修正了传统诉讼程序的偏执之处，改变了纠纷解决机制的单一化模式，为诉讼制度的自我调整提供了选择。20

① ［日］棚濑孝雄：《纠纷的解决与审判制度》（修订版），王亚新译，276页，北京，中国政法大学出版社，2004。以下参见范愉：《非诉讼纠纷解决机制研究》，410页，北京，中国人民大学出版社，2000。

世纪中期以来，“人作为社会发展终极目标的主体性地位”成为各国反思法治发展轨迹的核心议题。在民事司法领域，为国民提供最经济、便利的权利救济手段成为一种主流呼声，人们比以往更加关注如何从当事人的角度出发，减少纠纷解决程序的对抗性，减少法律的高度专门化、技术化程度，使当事人本人诉讼成为现实——这是小额诉讼程序受到重视的首要原因。换言之，小额诉讼程序的兴起反映了在现代法治自我变革和重组背景下人们对传统诉讼程序种种痼疾的反省。

其次，小额诉讼程序以追求效率为根本原则。现代世界各国的诉讼制度，尤其是普通程序都程度不同地面临着诉讼迟延、复杂、高费用和积案的困境，而小额诉讼程序是在平衡诉讼的两大基本价值，即公平与效率之后，选择效率优先的结果。① 为了保证程序的效益，小额诉讼程序最大限度地简化了诉讼的环节以降低成本，强化法官职权以推动程序进程。此外，一些特殊的程序性规定也有效地保证了效率目标的实现。

再次，小额诉讼程序突出了成本观念。波斯纳将“错误判决的成本”和“诉讼制度运行的成本”作为诉讼制度的两类基本成本，而将两者之和降到最低正是诉讼制度必须追求的目的。对于小额案件的处理如果不计成本得失，执意以最充分的程序保障实现最公正的裁判结果，无疑会产生两个方面的负面影响：第一，不利于司法资源总体上的合理分配和有效利用；第二，即便判决结果在客观上的确是公正的，但“这种公正对于其本人而言是非理性的，对于那些程序利益和机会成本都无法获得补偿或完全补偿的对方当事人而言更是不公正的”②。

最后，小额诉讼程序更加注重诉讼程序对于实现当事人私人目的的保障。小额诉讼程序处理的案件与当事人个人的切身利益更为攸关，而对普遍的法治秩序的影响则相对较小。因此，当事人选择利用小额诉讼程序解决纠纷，是以放弃普通程序的部分程序保障为代价，换取对其来说更为理性化、私人化的“接近正义”之目的的实现。由此，也就不难理解小额诉讼程序中诉讼口头化、亲自诉讼、非专业化、当庭宣判等特点以及当事人程序选择权的重要性了。

（二）小额诉讼程序立法的功能介评

小额诉讼程序所特有的价值理念，以及基于这些价值理念而形成的程序上的特征使其与普通程序以及传统的简易程序区别开来。将小额诉讼程序作为民事司法制度应时而变的主要举措，体现出的是突破诉讼体系的完整性、创设一种不同于传统诉讼程序的“非正式”司法程序的改革思路。这种“非正式”司法程序在实践中的运作效果是评价小额诉讼程序功能的重要指标。

---

① 参见范愉：《小额诉讼程序研究》，载《中国社会科学》，2001（3）。

② 傅郁林：《繁简分流与程序保障》，载《法学研究》，2003（1）。

1. 以美国为对象的考察

美国的小额法院诉讼程序内含五个基本要素：(1) 法院成本的最小化；(2) 诉答程序的简化；(3) 审理程序有赖于法官的指示，严格的证据规则被摒弃；(4) 法官和书记人员应当为当事人提供审理准备和庭审方面的帮助，律师代理的需求大幅度减弱；(5) 法官有权发布分期执行判决的命令。[①] 在程序设计上各州虽有不同，但下述内容为大多数州立法所采：起诉状可以手写，而且只需非正规地对纠纷加以陈述；法院发出传票后，被告可以书面或口头进行答辩；审前程序基本上被省略，没有发现程序；审理由法官主持，而不经陪审团，并以非正式的谈话方式进行；法官在审理过程中，一边听取案情一边进行各种调解的尝试；审理强调集中性、一次性，通常定在被告到庭的同一天进行；判决内容限于金钱给付，法官不必说明判决理由。

在各项研究小额诉讼程序实践效果的调查中，焦点主要集中于几个方面：商业机构利用小额诉讼程序与设立该程序的初衷是否冲突的问题；当事人欠缺法律知识与限制律师代理的问题；当事人如何在起诉前获得必要的法律建议的问题；面对相对被动、消极的当事人，法官如何进行程序的问题；判决的执行问题。总体来说，对小额诉讼程序的实践效果多有争议，有两点值得我们特别关注：

(1) 以“追求管理效率”还是“便利使用者”为评价标准。提高法院管理效率的各种措施并不一定就对便利公众诉讼有所帮助。例如，有的小额法院要求被告在庭审前提交答辩状，这就增加了被告的负担。尽管提高管理效率并不总是与便利诉讼冲突，但仍然需要注意，在评价小额诉讼程序改革时，管理效率不应作为核心标准——程序对可能利用它的当事人的影响才是主要的考虑因素。

(2) 统一小额诉讼程序的努力是否有必要。美国也曾出现过统一小额诉讼程序的主张，论者希望通过制定模范化的、最好的小额诉讼程序适用全国，从而解决各种现实中存在的问题。但是这种观点并没能形成力量，因为大多数人认为，小额诉讼程序的灵活性是其灵魂所在，它给予各州因地制宜、结合本地实际变革创新的空间。可见，在美国人的观念中，小额诉讼程序的力量之源就在于它能够以自身的灵活性给予当事人最为简便的解决纠纷的途径，而统一程序的想法只会扼杀这种活力，绝不足取。

2. 一般的结论

小额诉讼程序的以上境遇并非仅仅出现在美国，其他国家也都存在着关于该程序的讨论和争议。这既反映了作为尚处于“未完成”的发展状态的小额诉讼程序的不成熟性，也揭示了小额诉讼程序本身难以克服的一些固有难题：

(1) 小额诉讼程序与程序保障原理的背离。小额诉讼程序以高度的简易化、灵活性为根基，难免会在程序的规范性上有较大的欠缺，过程和结果都可能极为不确定。显然，这

---

① See Steven Weller, John C. Ruhnka & John Martin, “American Small Claims Court”, edited by Christopher J. Whelan, *Small Claims Court: A Comparative Study*, Oxford, Clarendon Press, 1990, p. 5.

与现代司法的基本要求——程序保障原理是缺少亲和性的。反对小额诉讼程序者不乏极具说服力的理由，例如标的额的大小无论如何不能与案件的重要程度画等号，对国家来说微不足道的权利可能对当事人却事关重大。

(2) 法官权力的扩大。小额诉讼程序既以降低诉讼成本为追求，必然会在程序设置上力求减少对专门性技术和知识的依赖。对此，实践中无非通过两种手段加以实现，即程序本身的高度简化以及法官职权的强化。其实，二者最终都会更加凸显法官角色的重要性，使法官在小额诉讼程序中成为唯一的主角。例如，法官在诉讼中可能不得不给予当事人明确的法律事项的指导，以便其了解该事项的意义。如此，既可能损害法官与争议的权利义务关系无涉的超然地位，也可能使当事人置身于任由法官裁量的危险境地。

(3) 程序本身的弊端。小额诉讼程序有其优势，但其他诉讼程序所固有的局限性亦令其力所难及，诸如诉讼的对抗性对特定人际关系的损害、无法顾及当事人权利义务背后的其他利益、执行问题、能力较弱的当事人的帮助，等等。小岛武司先生在考察过美国几个州的小额法院之后指出，"我们不能简单地认为只要单纯地追求裁判程序的简易化就能解决隐藏于裁判制度中的问题，而必须客观地认识到蕴藏于简易化之要求背后之现实，并在此基础上慎重地作出政策上的抉择"①。

由此出发，一种新的趋势引导了小额诉讼程序的发展，即将小额诉讼程序与 ADR 一同纳入多元化纠纷解决机制的视野当中来建构。"为了真正实现普遍的'接近正义'的目标，必须在'根据决定的纠纷解决'和'根据合意的纠纷解决'之间寻求一个妥洽的平衡……一个有效的小额诉讼程序的存在对于多元的、平衡的司法体系的建立来说是不可或缺的。"②

---

① ［日］小岛武司：《诉讼制度改革的法理与实证》，陈刚、郭美松等译，138 页，北京，法律出版社，2001。

② Takeshi Kojima, *Civil Procedure and ADR in Japan*, Tokyo, Chuo University Press, 2004, p. 181；范愉：《小额诉讼程序研究》，载《中国社会科学》，2001 (3)。

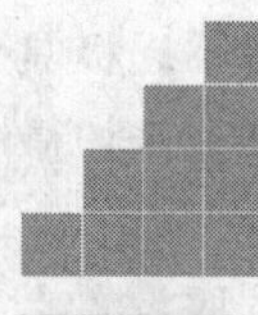

第十五章

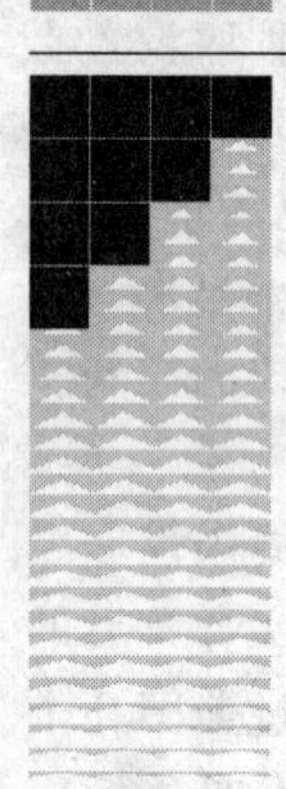

上诉审程序研究

一、民事上诉制度概述

(一) 上诉的概念

英国《牛津法律词典》解释说，上诉（appeal）是指“请求上级法院对下级法院的决定进行司法审查。在现代英国司法实践中，大多数上诉案件采用重新听审的方式进行审理。上诉审法院重新审理下级法院已审结的案件时，通常使用下级法院审理时的证据资料或记录，以替代听取证人出庭陈述”①。

美国《Merriam-Webster's Collegiate 百科全书》解释说，上诉是指“请求上级法院审查下级法院的决定，或请求法院审查行政机构的命令。它的范围一般是有限的。在美国，上级法院仅仅审查原审法院庭审笔录中所记载的事项；不允许当事人提出新证据。美国最高法院审理某些上诉案件，但是，除了那些对公共利益具有重要影响的案件外，上诉程序止于美国联邦上诉法院”②。

美国《布莱克法律词典》解释说，上诉是指“一种将一个决定提交给上级机构重新考虑的程序，尤其是指将下级法院或行政机构的决定提交给上级法院审查，以判断是否应予撤销”。该词典还将“上诉”分为“基于权利的上诉”（appeal by right）和“基于申请的上

① *Oxford Dictionary of Law*, edited by Elizabeth A. Martin, Oxford University Press, 2002, pp. 28－29.

② *Merriam-Webster's Collegiate Encyclopedia*, Merriam-Webster, Incorporated, 2000, p. 77.

诉”（appeal by application）。前者在提起前无须首先取得许可，后者在提起前则须首先获得上诉审法院的许可。[①]

日本学者认为：“上诉，是指为谋求更有利的裁判，就未确定裁判向上级裁判所进行不服申诉的方法。控诉、上告及抗告均属于上诉。”[②]

综上所述，上诉作为一种司法上的救济方法，具有以下几个特点：（1）上诉是当事人的一种诉讼行为，其目的在于引起上诉审程序的发生。（2）上诉的对象是未生效（或曰未确定）的民事裁判。（3）上诉的内容是请求上级法院审查下级法院的裁判，而后撤销或变更该裁判。（4）相对于起诉和初审而言，法律对上诉行为和上诉审程序有一些特别的限制。（5）在实行三审终审制的国家和地区，上诉可分为第一次上诉（又称第二审上诉或控诉）和第二次上诉（又称第三审上诉或上告），分别适用不同的规则。一般而言，当事人提起第三审上诉应当首先提出申请，在获得许可后方可进行。由于第三审法院通常只审查法律问题，而不审查事实问题，因而，当事人只能就法律问题向第三审法院提出上诉。

（二）上诉制度的目的

上诉制度是司法体制的重要构成部分，担负着多样化的司法功能[③]，并且需要在不同的价值目标之间进行平衡与取舍。[④] 上诉和上诉制度通常被理解为上级裁决者对下级裁决者的监督，旨在维护决定的正确性、公平性、一致性等价值，并提供规则产生机制。[⑤] 上诉制度的目的在于，为一审遭受不利判决的当事人提供救济，以增加判决的正当性；对一审法院进行审判监督，维护司法的公正；通过上诉法院的裁判，统一法律的解释与适用。美国第七巡回上诉法院戴安·伍德（Diane Wood）法官列举了6项上诉审的目的：（1）法律的正确适用；（2）法律的统一适用；（3）法律的演变与阐释；（4）纠正事实错误；（5）巩固司法体系的合法性并加强人们对其的信任；（6）司法体系中各部分的分工协作。[⑥]

---

① See *Black's Law Dictionary*, edited by Bryan A. Garner, West, a Thomson Business, 2004, pp. 105-106.

② ［日］中村英郎：《新民事诉讼法讲义》，陈刚等译，261页，北京，法律出版社，2001。

③ 一般认为，上诉审制度的功能包括吸收不满、纠正事实错误、促进法律适用的统一以及巩固司法体系的合法性等。参见［美］罗杰·科特威尔：《法律社会学导论》，张文显等译，269～271页，北京，华夏出版社，1989。

④ 根据英国学者Stuart Sime的解释，这种矛盾是在鼓励判决的终局性与纠正判决的错误之间求得平衡（balance between encouraging finality and correcting mistakes）。See Stuart Sime, *A Practical Approach to Civil Procedure*, Blackstone Press Limited, 2000, p. 489.

⑤ See Richard Nobles and David Schiff, *The Right to Appeal and Workable Systems of Justice*, in The Modern Law Review, Vol. 65 (2002), p. 676. 参见［德］奥特马·尧厄尼希：《民事诉讼法》，周翠译，363～364页，北京，法律出版社，2003。

⑥ 参见［美］戴安·伍德：《上诉法院与上诉法官的作用》，载宋冰编：《程序、正义与现代化》，158页，北京，中国政法大学出版社，1998。

英国鲍曼（Bowman）勋爵在 1997 年《对上诉法院（民事审判庭）的评审》报告中指出，上诉程序既具有私人目的（private purpose），亦具有公共目的（public purpose）。[①] 上诉制度的私人目的在于，纠正导致不公正结果的错误、不公或不当的法官自由裁量。其公共目的在于，确保公众对司法裁判的信心，并在有关案件中阐明并发展法律、惯例和程序，以及协助维持一审法院和审裁处的水准。[②]

（三）审级制度

在几乎所有的司法体系中，诉讼架构可以大致区分为初审和上诉审，此即审级制（judicial hierarchy）。审级制度，是指法院处理案件从法律上达到终审的层级数。在一般情况下，当事人有权利就任何判决向至少一个更高层级的法院提起上诉。上诉机构通常有权推翻下级机构的裁决，或命令原裁决者重新审议其裁决。[③] 由于各国审级制度的差异实际上直接体现为上诉制度的差异，所以它并不必然与法院的组织结构完全对应。例如，我国实行四级法院体制，但审级制上是二审终审制。有些国家实行四级三审终审制，例如日本；有些国家实行三级三审终审制，例如美国的联邦法院系统。审级制的目的在于保证法院裁判的公正，然而，审级的设置并非多多益善，正如波斯纳所说："一个体系中复审的层级越多，每个层级的复审就会变得越不仔细。"[④]

当代各国的诉讼制度受其历史传统影响，在审级结构上存在诸多差异，大体上可以分为以英、美为代表的"上诉制"，以法、意为代表的"撤销制"和以德、奥为代表的"更审制"三种类型。这些模式的源头各异，却最终都形成了三级审判的司法结构。这种殊途同归的演进过程蕴涵了审级制度建构的一些共同原理。当代典型的司法结构是由三个审级构成的司法金字塔。塔底很宽，由数量众多的一审法院组成，对初审案件进行全面的事实审查，并在此基础上适用法律；相对宽阔的塔腰由多个中级上诉法院构成，以审查事实问题和法律问题的方式监督一审司法权，同时受终审法院的监督；位于金字塔顶部的是独一无二的最高法院，对部分上诉案件中的法律事项行使许可上诉管辖权，以此实现制约下级司

---

① 在美国学者中也有这样的类似说法。例如，William L. Reynolds 教授认为，上诉审法院的作用具有"公共"和"私人"两方面。"上诉审法院的公共作用在于通过创造司法先例来发展法律，而私人作用在于尽力保障判决的正确性。"（The public role of the court is to develop law through the creation of precedents. The private role attempts to insure the correctness of the decision）参见［美］威廉·L·雷诺德：《司法程序》（英文影印版），34 页，北京，法律出版社，2004。

② 参见徐昕：《英国民事诉讼与民事司法改革》，364 页，北京，中国政法大学出版社，2002。

③ See Richard Nobles and David Schiff, *The Right to Appeal and Workable Systems of Justice*, in The Modern Law Review, Vol. 65 (2002), p. 677.

④ ［美］理查德·波斯纳：《联邦法院：挑战与改革》，邓海平译，368 页，北京，中国政法大学出版社，2002。波斯纳还指出，中级的上诉法院越多，最高法院要保持中级法院之间的统一性的负担就更加沉重。若试图通过增加复审（review）的中间层级（亦即垂直扩张）来减轻该负担的话，则诉讼的成本就会增加，诉讼会拖延更久。参见该书第 4 页。

法权并维护法律适用的统一的功能。①

审级制度在配置上诉程序具体功能时，必须在服务于个案当事人的私人目的和服务于社会的公共目的二者之间作出权衡和妥协。其设计的一般原理是，越靠近塔顶的程序在制定政策和服务于公共目的方面的功能越强，越靠近塔基的程序在直接解决和服务于私人目的方面的功能越强。正如日本学者中村英郎所言，控诉审（即第二审）以给予当事人正确的权利保护为目的；而上告审（即第三审）以谋求法律解释和适用上的统一为首要目的。②

上诉审法院超负荷运作的状况，至少对其实现公共目的的能力具有严重的危害。如果上诉审法院办理的案件数量过多，它的法官就无法投入必需的时间对疑难或具有重要法律意义的案件进行深入的思考和讨论。因此，在许多国家的第二审程序，原则上不再接受新证据；在多数国家的最高法院，原则上对事实问题不予审理，而且将公共目的视为支配性的目的。

二、上诉权的性质

诉权是当事人获得司法救济、实现权利的前提和基础，上诉权则是诉权的延伸。对于上诉权的性质，可以从以下几方面加以理解。

（一）上诉权是程序启动权

在通常情况下，行政机构通过其对社会生活的主动干预、管理、控制，来维护国家和社会的利益。与此不同的是，司法裁判活动在启动方面要保持被动性。民事诉讼贯彻私法自治的原则，实行不告不理。未经起诉，法院不得主动审理案件，也不能主动干预或介入社会生活，而只有在有人向它提出诉讼请求后，才能实施司法裁判行为；而且，法院的审理活动受制于当事人诉讼请求的范围。这一原则贯穿于民事诉讼的始终，既适用于第一审，也适用于上诉审。

上诉权作为一种法律上的权利，具有能动性与可选择性。权利主体在法定范围内为实现其利益要求有权表达意志、作出选择，享有从事一定活动的自由，包括在一定条件下转让权利或交换权利的自由，以及放弃某些可与人身相分离的权利的自由。权利主体可以自主地决定其是否实际地享有、行使或实现某种权利，而不是被迫地去享有、行使或实现该

① 参见江伟主编：《中国民事审判改革研究》，305页，北京，中国政法大学出版社，2003。
② 参见［日］中村英郎：《新民事诉讼法讲义》，陈刚等译，262页，北京，法律出版社，2001。

权利。在民事诉讼中，当事人通常以提交上诉状的方式表明不服审理法院的判决，从而启动上诉审程序。非经当事人主动提起，法院不得启动上诉审程序。诉讼法有关启动条件的规定直接决定了上诉审制度在实践中被运用的频率和法院受理上诉案件的数量。上诉权作为程序启动权对法官权力的这种限制或制约体现了司法具有被动性这一本质的特征。强调上诉权的程序启动权性质有利于保证法院在民事诉讼活动中的中立性，使法院作为裁判者的公正形象在社会公众中获得正当性基础。

当然，当事人对上诉制度的利用，必须符合一定的条件。司法公共资源的有限性意味着诉权保障的有限性。在当代各国司法制度中，当事人拥有一次上诉机会获得了普遍的承认，而第二次上诉机会则被越来越多的国家作为法院自由裁量的事项，受到上诉许可制的限制。为了保障当事人行使上诉权，保证初审判决应有的权威，同时防止当事人对上诉权的滥用，各国均对上诉审程序的启动设置了一定的准入门槛，即上诉的条件。例如，《法国新民事诉讼法》第546条明确规定了上诉当事人的范围，确立了"于其中有利益的任何当事人，如未舍弃上诉权利，均享有上诉权"的上诉利益标准。据此，上诉人应当证明其享有提起上诉的利益。在一审中，如果法院没有满足当事人的所有诉讼请求，或者当事人在一审中败诉，在此程度上，上诉人即享有提起上诉的利益；在一审中完全胜诉的当事人，不得向上诉法院提起上诉。① 在设有小额程序的国家和地区，一般都限制了对其判决上诉的可能性。例如，《日本新民事诉讼法》第377条规定，对于小额（争议数额为30万日元以下）诉讼的终局判决，不得提起上诉。

为了遏制当事人滥用上诉权的行为，有些国家还规定了相应的制裁措施，以防止当事人利用上诉制度谋取不正当的程序利益，保证上诉条件不至于空洞化。例如，《法国新民事诉讼法》第559条规定，如果法院认定上诉人提出上诉是为了拖延诉讼或者滥行诉讼，可对上诉人科处100法郎至1万法郎的民事罚款，并且不影响可能对其请求的损害赔偿。《日本新民事诉讼法》第303条第1款规定："根据本法前条第一款规定，控诉法院在驳回控诉请求的情况下，认为控诉人提起控诉只是以拖延诉讼的终了为目的时，可以命令控诉人缴纳作为提起控诉的手续费应缴纳金额10倍以下的现金。"

（二）上诉权是程序选择权

程序选择权是指当事人在法律规定的范围内，选择纠纷解决方式，在诉讼过程中选择有关程序及与程序有关事项的权利。选择分为两种情形：一是纠纷解决方式的选择；二是诉讼程序中某些具体诉讼行为的选择。前者主要面临着替代性机制的创建及如何与诉讼程序衔接的问题，后者所要解决的则是如何突破传统观念和制度的约束，在诉讼各个环节合

① 参见［法］让·文森、塞尔日·金沙尔：《法国民事诉讼法要义》，罗结珍译，1189页，北京，中国法制出版社，2001。

理设置“选择项”的问题。据学者的研究，诉讼程序中可供选择的事项范围十分宽泛，大致包括：(1) 请求权竞合时，允许原告就实体法适用进行选择。(2) 选择管辖法院。(3) 合意选择普通程序或简易程序。(4) 合意选择审判庭组织方式。(5) 合意选择放弃上诉权利。(6) 合意确定争点。(7) 合意确定证据提出的时间。(8) 合意选择审理方式。(9) 在和解时合意选择结案方式。①

根据事件类型需求的不同，分别选择其所适宜的程序保障内容，承认多样化的程序保障方式，是现代民事诉讼立法的发展趋势，其表现之一是多数国家采行多元化的审级制度。据此，在上诉审程序中，当事人行使这种程序选择权至少表现在：在实行三审终审制的国家，当事人一般拥有针对事实问题和法律问题的两次上诉的权利。② 当事人对不同审级的上诉审程序的选择，决定了不同的上诉审程序被适用的机会。

(三) 上诉权是诉讼处分权

在民事诉讼上，处分权主义是指当事人能够自己谋求解决争议和处分诉讼权利。例如，当事人可以自主决定撤销诉讼，进行审判上的和解，以及承认、放弃在诉讼上的权利。在民事上诉制度中，上诉权作为诉讼处分权主要表现在两个方面：一方面，当事人可以单方或合意舍弃上诉权。③ 在实行三审终审制的西方国家，并非每个案件都必须经历三次审理才能获得终审判决，是否进入第二审或第三审程序均由当事人自主决定。有些国家（如英、美、德、日等）还规定了“飞跃上诉”制度，即允许当事人在对第一审的事实认定无异议的情况下，达成不经过第二审程序而直接向第三审法院上诉的书面协议，据此直接向第三审法院上诉。另一方面，当事人通过行使上诉权提出的诉讼请求决定了上诉审的审理范围，制约了上诉法院法官自由裁量的空间。如《德国民事诉讼法》第 308 条规定：“法院没有把当事人未申请的事项判给他的权限。”第 525 条规定：“诉讼案件在控诉法院，应在控诉申请所定的范围内进行。”《日本新民事诉讼法》第 246 条规定：“对当事人没有请求的事项，法官不得作出判决。”第 304 条规定：“撤销或变更第一审判决，只在声明不服的范围内可以进行。”

(四) 上诉权是裁判变更请求权

诉权的本质乃是一种裁判请求权。它具体包括两个方面的内容：一是诉诸法院的权利，即通常所说的“接近正义/司法”的权利，即任何人在其民事权利受到侵害或与他人发生争

---

① 参见江伟、吴泽勇：《论现代民事诉讼立法的基本理念》，载《中国法学》，2003 (3)。

② See Richard Nobles and David Schiff, “The Right to Appeal and Workable Systems of Justice”, in *The Modern Law Review*, Vol. 65, No. 5, 2002.

③ 当事人于判决宣示或送达后，得舍弃上诉权。当事人舍弃上诉权后，即不得更行上诉。双方当事人均舍弃上诉权者，原判决于其舍弃时确定，无须等待上诉期间之届满。

执时，享有请求独立的合格的司法机关予以救济的权利；二是公正审判请求权，即当事人在其权利受到侵害或与他人发生争执时享有获得公正审判的权利，包括获得公正程序审判的权利和获得公正结果的审判的权利，即有公正程序请求权和公正结果请求权。[①] 上诉权是诉权的延伸[②]，其内涵主要对应于诉权的第二个层次。在国外，这种权利往往也被形象地称作“攻击判决”[③] 的权利，即不服第一审法院所作的尚未生效的裁判的当事人，有权在法定期限内声明不服，请求上级法院撤销或变更该裁判。从这个意义上看，当事人行使上诉权实际上是对一审法官裁判行为的一种监督，而围绕当事人上诉权的行使所建立起来的上诉审制度则负载着防错与纠偏的功能。[④] 因此，合法的上诉产生如下的效力：(1) 阻碍第一审判决的确定（生效）；(2) 将案件由初审法院移至上诉审法院。对于判决之一部的上诉，其效力及于判决之全部。《法国新民事诉讼法》第 561～563 条对上诉的效力作了规定。

三、第二审程序之原理

在三审制架构下，第二审处于初审和终审之间，其程序特色远不及其上下审级鲜明，但它却可能是对当事人最重要的一审级。当事人就第一审判决向至少一个层级的法院提起上诉，是一项必须保障的诉讼权利、宪法权利，甚至是一项基本人权[⑤]，这使得第二审法院在受理上诉案件时几乎没有选择余地。而第三审法院一般只受理最重要的法律问题的上诉，因而对第三审上诉案件颇有限制，这使得大量的案件实际上止于第二审法院。因此，从解决纠纷的角度来说，第二审的重要性仅次于第一审。关于第二审程序和第一审程序的关系，有以下三种立法例：复审主义、事后审主义和续审主义。

（一）复审主义

所谓复审主义，是指第二审中，全面地重新搜集一切诉讼资料，当事人亦得无限制地

---

① 参见刘敏：《论裁判请求权》，载《中国法学》，2002（6）。

② 或曰上诉权是诉权的重要组成部分，如顾培东认为，诉权包括起诉权、答辩权、提证权、处分权、上诉权等一系列融为一体的权利。参见顾培东：《法学与经济学的探索》，232 页，北京，中国人民公安大学出版社，1994。

③ 沈达明编著：《比较民事诉讼法初论》（下册），334 页，北京，中信出版社，1991。

④ 从法律经济学的角度看，这种功能即波斯纳所称的降低法律错误的成本。See Richard A. Posner，*Economic Analysis of Law*，Little，Brown and Company，1992，p. 584.

⑤ 一些国际人权文件力图使“上诉权”成为公正审判的先决条件或权利特性。See Richard Nobles and David Schiff，“The Right to Appeal and Workable Systems of Justice”，in *The Modern Law Review*，Vol. 65，2002，p. 678.

提出新事实和新证据，再度从头进行审理的方法。简言之，第二审是第一审审理活动的重复，因此又被称为“第二次的初审”（the second first instance）。在美国，对于治安法官之的判决提起的第二审上诉，则采此种主义。但是，从性质上看，美国治安法官更接近于行政官员，并且他们原本也被认为是终身制法官的辅助者。治安法官是由联邦地区法官任命的，而且处理的是轻微案件，对其作出的判决的复查与对终身制法官作出的判决的复查显然不可同日而语。在英美法中，复审制的表述是“重新审查”（de novo review）。“de novo”的原意是“从全新的角度来看”，其引申的意义是指上诉审不受下级法院判决或行政机关决定的约束。这种上诉审一般只能审查法律问题，但它有时候也给当事人提供了一次提出新事实和新证据的机会。如果一审是一个完全非正式的法庭，不具有一个程序完备的法庭所能提供的诉讼保护，这时就可以进行此类的上诉审。那些非正式的法庭对于解决很多纠纷都是非常成功的，但只要有一方当事人表示不服，那就有权要求进行程序完备的重新审查。①

尽管在普通程序情形下，第二审采取复审制不符合诉讼经济原则②，但简易程序第二审采取复审制却有相当的合理性。上述美国治安法官判决的诉讼救济就是一个例证。对于简易判决、小额判决以及准司法机构作出的裁决，第二审采取复审制③，实际上是以“慎重的第二审”来救济“简易的第一审”，从而兼顾效率与公平。从程序内容而言，复审制下的第二审与其说是上诉审，不如说是第二审法院进行重新审理，以新的一审代替原一审。④ 在倡行 ADR（非诉讼纠纷解决机制）的今天，有重新评估复审制之必要。

（二）事后审主义

所谓事后审主义，是指审判的重点放在第一审，第二审专就第一审判决是否错误进行事后审查。诉讼资料原则上以在第一审提出者为限，不允许当事人提出新的事实、证据，第二审认为原判决妥当者即驳回上诉，认为不当者则撤销原判或发回重审。该主义为英美法系国家和奥地利所采用。

美国学者对美国上诉制度的介绍无疑是事后审主义的最好写照：“在所有的上诉中，对

---

① 参见［美］戴安·伍德：《上诉法院与上诉法官的作用》，载宋冰编：《程序、正义与现代化》，171～172页，北京，中国政法大学出版社，1998。

② 英国学者杰洛维茨指出：“最充分可能（fullest possible）的上诉——也是最费钱费时的上诉——包括对案件的重新听审（rehearing），即所谓‘第二次初审’。”（J. A. Jolowicz，*On Civil Procedure*，Cambridge University Press，2000，p. 341.）

③ 在我国有类似情形，如行政居间解决民事争议的裁决，劳动争议仲裁委员会对劳动争议的裁决。对这两类裁决向法院起诉，实际上是广义的上诉。所不同的是，前者系以行政诉讼程序进行，后者的法院裁判方式与上诉审的裁判方式不同。

④ 例如，美国大部分州设置双重初审法院。高级初审法院具有上诉职能，负责审理对低级初审法院审理的某些案件提出的上诉。这种上诉在许多州意味着重新初审（de novo），即案件由高级初审法院重审（remand）。通过这个手段，对初审法院非正式的审判不满的诉讼方可以在高级初审法院获得相对全面的程序权利（例如要求陪审团审判的权利）。

于终局判决或中间命令，上诉法院的角色是审查审判法院作出的判决，而不是重新审理一个案件。审查是基于一个从下级法院提供的封闭的记录而进行，因此不会提出新的证据或证言。审查基本上是改正法律争点或在审判记录中所显示的在事实认定上出现的极端错误(egregious error)。因此，基于审判法院的事实认定，审查的标准是偏向于审判法院的（如果是陪审团作为事实认定者，偏向的程度更甚）。只有当事实认定存在‘明显错误’（clear erroneous)，上诉法院才会推翻它们。”① 在该制度下，第二审主要是法律审，只有特殊情形下才考虑事实问题。上级法院对于下级法院的判决必须有清醒的认识和适当的尊重，不能轻易加以贬抑，也不能无休止地对所有信息都加以考虑。这样的限制可能被认为是对上诉法院的约束，但这种限制却是力量的源泉。②

英美法系在传统上采取事后审主义，正如波斯纳所说：“上诉法院不应对初审法院（或其他初审裁判所）的每一项调查结论（finding）都重新审查，否则的话就是完全不尊重初审法官（陪审团、行政决定者）的判断，这个原则可谓历史悠久。”③ 英国学者杰诺维茨对于上诉审并非“第二次初审”提出了以下四点理由：

第一，在初审中口头作证的证人在上诉审中不必再次口头作证。上诉审法院仅有他们证言的书面记录，是故，只有在极其例外的情形下才会质疑初审法官对事实的认定——那些认定是初审法官基于对证人的可信度或可靠性的评判而作出的。与上诉审法官不同，初审法官有机会观察证人在询问和交叉询问时的言行举止。

第二，上诉审法院有权力接纳“新”（further）证据——该证据并未向初审法官提出——但它极少行使这一权力。除非新证据会实质上改变初审判决的依据，否则不会被接纳。在这个问题上，判例法规定了可接纳新证据的三个条件：其一，必须表明该证据在初审中未被合理勤勉（reasonable diligence）地采纳并使用。其二，该证据如果被接纳，必须对判决是重要的，虽然不必具有决定性影响。其三，该证据必须显然是可信的。

第三，与上述两点理由相关，当事人未向初审法官提出的法律争点，在上诉中对其权利予以限制。原则上，一项法律争点不能到上诉审法院才第一次被提出，除非法院确信在初审中实际上并未提出有关证据，而如果提出的话有关法律争点亦会相应提出。

第四，在判决是基于法官“自由裁量”而作出的情形，或涉及法官的评判情形（如在同一侵权行为中两个或两个以上行为人的责任分担问题），上诉审法院保持高度的自我克制。它不会质疑法官的评判，除非判决中有明显的原则性错误；或初审法院存在相互冲突的判决，为增进未来判决的一致性，上诉审法院有必要进行干涉。④

---

① ［美］史蒂文·苏本、玛格瑞特（绮剑）·伍：《美国民事诉讼的真谛——从历史、文化、实务的视角》，蔡彦敏、徐卉译，269页，北京，法律出版社，2002。

② 参见［美］Frank M. Coffin：《来自上诉法院的思考》，载宋冰编：《读本：美国与德国的司法制度及司法程序》，北京，中国政法大学出版社，1999。

③ ［美］理查德·波斯纳：《联邦法院：挑战与改革》，邓海平译，186页，北京，中国政法大学出版社，2002。

④ See J. A. Jolowicz, *On Civil Procedure*, Cambridge University Press, 2000, pp. 276-278.

英国的学说和判例认为，初审法官能够观察证人的言行举止并评判他们的智力和可信度，而这在某种程度上是上诉审法院即使借助于法庭记录也无法做到的。上诉审法院的职能是复查（review）下级法院的裁决，而非对事实的进行最初认定。[①] 在上诉审中，如果没有证据支持，或原审所认定的事实与证据的整体分量相悖，那么就可以推翻该事实认定。[②] 美国《联邦民事诉讼规则》第 52 条第 1 款亦确立了这一原则："要求认定事实的要求书对复审没有必要。对法院的事实认定，无论基于口头或书面证据，除非有明显错误，都不应被撤销。应当重视给予事实审理法院判定证人可信度的机会。"

（三）续审主义

续审主义是指第二审在第一审审理的基础上继续进行审理。"一审诉讼内容全部保留之（不得重新获取）而仅仅是予以重新辩论也即重新判断，但判断的依据得予以保留。也就是说诉讼（尤其是事实之查明）并不重新开始。控诉审中可再提出新的攻击及防御方法。"[③] 该立法例为德国（2002 年以前）、日本所采用。

续审主义是复审主义和事后审主义的折中。但在受到实质正义观念影响下的国家，续审主义采撷众长的目的还仅仅是一个理想。日本学者中村英郎指出："依据这种方式（即续审制），当事人在第一审未提出的诉讼材料可以在第二审中提起（称它为更新权，Novenrecht）。如果对这种更新权不加以限制，审理的重点将转移到第二审，从而造成诉讼迟延。更新权许可到何种程度，是续审制面临的最大难题。"

英美法系由于对事实问题由陪审团审理的传统，其事实审的重心一向在初审，初审和上诉审的功能泾渭分明。而大陆法系的德国、日本长期以来采随时提出主义（即自由顺序主义）和续审制，以至于事实审的重心移至第二审，而第一审空洞化，最终导致第三审也不得不纠缠于事实问题，加重第三审法院的负担。从近年来大陆法系的改革看，事实审重心呈现出从第二审向第一审转移的趋势。有学者指出，20 世纪后半叶以来，一些国家和地区相继对其续审模式进行改造，通过完善准备程序，重视当事人的参与和当事人的陈述，强调法官的阐明权和诉讼指挥权，限制随时提出主义或采用适时提出主义等措施，改善一审的审理方式，把事实审的重心由二审转移到一审。[④]

例如，在德国，1977 年生效的《有关简化审判程序及加快审理进程的法律》，强化了第一审功能。2002 年 1 月 1 日生效的德国《民事诉讼改革法》强调，第一审程序应当随着第二审的重构而强化。作为一项原则，控诉审法院应当以第一审法院最初审理认定的事实为

---

① Designer Guild Ltd. v. Russell Williams (Textiles) Ltd. [2000] 1 WLR 3416.

② Bank of Credit and Commerce International (Overseas) Ltd. v. Akindele [2000] 3 WLR 1423; Charles Plant, *Blackstone's Civil Practice*, Blackstone Press Limited, 2001, p. 784.

③ [德] 狄特·克罗林庚：《德国民事诉讼法律与实务》，刘汉富译，427 页，北京，法律出版社，2000。

④ 参见肖建国：《民事诉讼程序价值论》，286 页，北京，中国人民大学出版社，2000。

基础，并将其真正的职责集中于发现和纠正事实认定与法律适用上的错误。寻求正义的当事人原则上应当能够在第一审中正确地证明事实，且经得起上级法院的检验。只有在控诉审法院基于特殊事由对初审法院在事实问题上的终局判决怀有谨慎的怀疑时，控诉审法院才对这些问题进行重新审查。[①] 由此可见，一向实行续审主义的德国，已经开始向事后审主义或严格限制的续审主义发展。

四、第三审程序之原理

(一) 第三审的功能

第三审是法律审的最终审级。在三审制架构下，第三审法院一般是最高法院。作为法律审的最终审级，第三审只审查下级审法院裁判所适用的法律是否正确，而不再审理事实是否错误之问题。也就是说，第三审作为法律审之目的，一方面在于依法律上的论点审查原审判决适用法律是否正确，另一方面在于谋求法律解释适用的统一；而在第二审审查第一审判决的情形下，虽然亦涉及法律上的论点，但并不含有兼求统一法律解释适用之目的在内。[②] 第三审最重要的功能是确定法律原则与统一法律解释。

应当注意的是，第三审法院并不一定都是最高法院。在四级以上法院组织体系中，第三审法院可能不是最高法院，如德国、日本、英国等。最高法院也不一定都是终审法院，如某些英联邦国家的最高上诉法院是英国枢密院司法委员会，又如欧洲法院是有关国家具有欧洲因素案件的终审法院。这些例外情况，或是法律审级在特定案件中下移，如简易案件；或是特定争议的法律终审权上移或外移，如涉及宪法解释、跨国因素的案件等。因此，法律审呈现出一定程度多极分权现象。[③]

在现代法治社会中，最高法院位居司法金字塔的顶端，具有终极的国家审判职能和强

---

① 资料来源：德国司法部网站，http：//www. bmj. bund. de/（2003－02－03）。参见齐树洁、黄斌：《德国民事司法改革的新动向》，载《人民法院报》，2002－10－22。

② 日本的通说认为，控诉审的目的以纠正不当判决来给予当事人救济为主，而法令的统一只是附带性、补充性的目的；而上告审因其不允许当事人再以事实认定有误为由，而只是受理针对适用、解释法律的问题而提起上诉的“法律审”，于是统一法律法令的解释、适用就构成了制度的中心或主要目的，救济当事人的目的则退到第二位或附带性的位置上去了。参见王亚新：《对抗与判定——日本民事诉讼的基本结构》，310页，北京，清华大学出版社，2002。

③ 但在多法域、联邦制国家或邦联——特别是英国和美国——却是普遍的。在美国，如果州法院所作终局判决涉及联邦法律问题，且该州所有上诉途径均已用尽，当事人可以请求联邦最高法院对所涉联邦问题予以考虑。参见［美］杰弗里·哈泽德、米歇尔·塔鲁伊：《美国民事诉讼法导论》，张茂译，192页，北京，中国政法大学出版社，1998。

大的社会控制功能。它通常为一个国家的宪法、司法习惯和法律文化所界定并成为一国政治权力体系的重要组成部分。[①] 位于金字塔顶尖的最高法院，显然无法像位于塔基的初审法院那样行使审判权。即使法律规定其具有初审管辖权，也仅限于极其个别的特例。最高法院也无法像位于塔腰的中级上诉法院那样，在案件数量上或审理范围上充分行使上诉审管辖权。倘若来者不拒，并且不分事实问题和法律问题而一并审理，那么最高法院就会成为一部庞大且运转不灵的机器，丧失其统一法律解释的功能，更遑论与时俱进、创制新规则了。甚至于只对法律问题照单全收，也会影响最高法院功能的发挥。因此，最高法院只能审理最重要的法律问题，将其角色定位于“宏观指导型”，从而充分实现上诉制度的公共目的。

(二) 事实问题与法律问题的区分

在三审终审制的结构中，第三审程序即为法律审程序。法律审的对象只能是法律问题，而不能是事实问题，对事实问题的审理和判断的权限在于第一审法院和第二审法院。因此，这里就涉及一个界限：事实问题与法律问题的区分。如果不能将案件中的争议事项区分为事实问题和法律问题，也就难以适用法律审程序，三审终审制也就无从建立。

“事实”(fact) 经常相对于“法律”(law) 而言。事实是指实际发生的事情、事件及通常存在的有形物体或外观，具有确实的绝对的真实性，而非仅为一种推测或见解。事实必须是实情，而非虚构或谬误的。法律是原则，事实是已发生的事。法律是设想的 (conceived)，事实是现实的 (actual)。法律是关于责任的规则，事实则用来说明规则是如何被遵守或被违反的。在诉讼中，“事实”需要通过证据加以证明。[②] 在实行判例法的国家，只有那些针对法律问题的判决才能构成对此后的案件有拘束力的先例。[③]

事实问题和法律问题的区分，被广泛地运用于界定不同审级的功能。例如，当陪审团是事实审理者时，对事实问题的上诉将剥夺陪审团决定事实问题的权力，所以只有针对法官就法律问题所作的判决才能提出质疑。类似地，在区分上诉审法院 (courts of appeal) 和撤销审或复审法院 (courts of cassation or review) 的国家里，上诉审法院法官像初审法官一样是事实审法官，撤销审或复审法院法官则仅仅是法律审法官。

在英国的司法审判中，作为一项一般的规则，当陪审团参加审判时，法律问题由法官决定，事实问题由陪审团决定。在证据法上，证据的可采性 (admissibility) 是法律问题，而证据的分量 (weight) 是事实问题。[④] 因此，法官应对证据的可采性问题作出判断，若有陪审团参加审判，由陪审团对证据的分量作出裁决。[⑤]

---

① 参见左卫民等：《最高法院研究》，3 页，北京，法律出版社，2004。

② 参见薛波主编：《元照英美法词典》，525 页，北京，法律出版社，2003。

③ See James A. Holland & Julian S. Webb, *Learning Legal Rules*, Blackstone Press Limited, 1996, p. 89.

④ See Adrian Keane, *The Modern Law of Evidence*, Butterworths, 2000, p. 29.

⑤ 参见齐树洁主编：《英国证据法》，54 页，厦门，厦门大学出版社，2002。

一般而言，某一行为或事实是否存在的问题属于事实问题，某一行为或事实是否具有法律上的一定价值意义的问题则为法律问题。前者是一种客观上的认识判断问题，后者是一种法律上的价值评判问题。例如，某特定之契约存在或不存在之问题为事实问题，至于该特定之契约在法律上应评判为买卖契约抑或承揽契约，则为法律问题。又如，被告之加害行为存在或不存在之问题为事实问题，至于将该加害行为在法律上应评判为过失行为抑或故意行为，则为法律问题。事实问题必须由当事人通过证明加以解决，法官只是判断当事人是否已经完成了举证责任。法律问题不需要当事人加以证明，而是由法官根据自己的判断予以解决。

实际上，由于事实问题与法律问题之间具有某种流动性，因而很难找到一个明确的标准予以严格区分。例如，对于经验法则的性质，对于不确定法律概念的解释（如“诚实信用”），对于法律行为的解释（如意思表示是否真实），究竟是事实问题还是法律问题，各国之间甚至一国之内都有不同的见解。法学的发展常常增加区分的难度。这一发展更多的来自于司法政策上对问题分类的考量，即考虑哪类问题应当或不应当属于上级法院权力范围之内，而非来自于对区分的严密分析。[①] 该现象的显著例子是陪审制的运作。普通法的历史显示出可以通过操纵事实和法律的区分，来扩大（或偶尔缩小）上诉审法院的控制范围。法国关于事实的定性则显示同一问题在不同法律体制下可以被归为不同的类。在法国，对某一事实的定性是一个法律问题，属于撤销审法院的权限范围。由此，经过事实审法官评定的事实，便具有“法律上的性质”（legal quality）。而在英国，行为的定性传统上属于典型的陪审团决定的问题，并已实际上当作事实问题。[②]

又如，对于在诉讼中所涉及的外国法的性质，究竟它是一个事实问题还是一个法律问题，各国的认识并不一致。如果把外国法看作法律，根据“法官应当知道法律”（Jura novit curia）的原则，不需要当事人举证，而应当由法院依职权去主动查明和适用；反之，如果把外国法看作“事实”，则应由当事人承担举证责任。英国司法实践采取“事实说”的观点，认为依本国冲突规范而适用的外国法相对于内国而言，只是一个单纯的事实，而非法律。不过目前的观点有所改变。根据1981年的英国《最高法院法》的规定，过去由陪审团决定外国法这一“事实”问题，现在由法官单独决定。因此，英国学者莫里斯说：“外国法虽是一个事实问题，但它是‘一个特殊类型的事实问题’。”[③] 而在意大利、法国等国家，则主张“法律说”的理论，认为内、外国法律是完全平等的，法官适用外国法与适用本国法一样，没有什么区别。由此产生了如下的问题：外国法由谁提出和证明？当外国法的内容不能查明时应如何处理？对外国法的错误适用能否成为上诉的理由？[④]

---

① 一位英国学者指出：“事实和法律的区分并非建立于逻辑之上，而是来自于陪审团和法官职责之分离。”(Richard Nobles and David Schiff, “The Right to Appeal and Workable Systems of Justice”, in *The Modern Law Review*, Vol. 65, 2002, p. 685.)

② See J. A. Jolowicz, *On Civil Procedure*, Cambridge University Press, 2000, pp. 302－303.

③ 转引自韩德培主编：《国际私法新论》，200页，武汉，武汉大学出版社，1997。

④ 参见韩德培主编：《国际私法》，136页，北京，高等教育出版社、北京大学出版社，2000。

事实和法律的区分在审级制度上的意义，主要是事实审和法律审功能的厘定。纵观各国民事诉讼制度，可以看到在多数国家，第一审是事实审，第三审是纯粹的法律审；而第二审是事实审还是法律审，则因国而异：第二审实行复审主义或续审主义的，属于事实审；若实行事后审主义的，则属于法律审。英美法系的诉讼法一般不允许一审败诉的当事人以事实认定有误为由提起上诉，而大陆法系各主要国家的诉讼制度则大多承认当事人享有因事实问题而上诉的权利。一般而言，强调判决所达到的"事实"不外乎是双方当事人通过诉讼程序进行对抗的结果，在此"事实"之外难以再找到衡量正确、错误的参照物的这种倾向，如果在某一诉讼制度内表现得越是明显或强烈，则该诉讼制度就越是不太可能承认、主张判决所确定的事实有误构成上诉理由。相反，随着这种倾向性的下降，在制度设计上把事实问题作为上诉理由的可能性也会随之上升。① 基于此，普通法国家比大陆法国家更加严格区分初审与上诉的功能。在普通法国家，初审法院认定事实而且其认定结果一般不再受到上诉法院的审查。上诉审查一般只限于程序方面和法律解释方面等问题。一位美国学者认为："将上诉审程序一般限定在法律方面，系出于历史传统和明智的考虑。如果允许每一级审判中均对事实问题进行争论，诉讼将难以终结……毕竟初审法官和陪审团亲眼观察了证人作证的过程，聆听了对证人的询问和交叉询问。这样，案件中的事实因素就如同我们所见，在大多数诉讼中是决定性的，而且事实认定的最终结果实际上是由初审法官决定的。"②

(三) 对第三审案件的限制

对于第三审上诉，各国和地区一般采取两种方式：权利上诉和裁量上诉。前者指在法定情形下，向第三审法院上诉是当事人一项当然的权利，当事人可以直接提起上诉而无须其他条件或手续。后者指某些案件原则上不得提起第三审上诉，但如果该案件被认为具有法律规定的重要性时，经许可后可以上诉，故又称上诉许可，上诉许可取决于法院的裁量。在当今许多国家，当事人上诉首先要获得许可的要求，已普遍用于控制案件数量以减轻最高法院的案件负荷。例如，在美国，对于上诉法院判决的上诉，原则上要经过上诉法院或州最高法院的同意，还可能需要联邦最高法院的调卷令，才能启动第三审。经许可方能向最高法院上诉的制度目前也在瑞典、挪威、奥地利等国家实行。③ 采取上诉许可的国家，一般由原审法院或最高法院对许可申请进行审查。但丹麦的第三审上诉受理程序较为特别：

---

① 参见王亚新：《对抗与判定——日本民事诉讼的基本结构》，308 页，北京，清华大学出版社，2002。

② ［美］Harry Jones：《初审法官作用透视》，载宋冰编：《读本：美国与德国的司法制度及司法程序》，432 页，北京，中国政法大学出版社，1999。

③ See J. A. Jolowicz, *On Civil Procedure*, Cambridge University Press，2000，pp. 336－337. 例如，奥地利采取了类似于美国调卷令的程序，在某些案件中，重要法律问题得经许可提交第三审上诉程序审理。See *International Civil Procedures*, edited by Christian T. Campbell，Lloyd's of London Press Limited，1995，p. 18. 在挪威，最高法院每年接到的上诉请求有一万五千多件，而实际进入审理程序的只有二百件左右。参见孟祥、林云：《欧洲司法巡礼》，载《人民法院报》，2002－12－05。

如果高等法院（Landsretten）作为上诉审法院在其权限内作出一项判决，当事人在向最高法院上诉前首先要获得司法大臣的许可。司法大臣仅基于案件具有重要性或特定事由才予以许可。①

对第三审案件进行限制，已成为各国上诉制度改革的一个重要内容。案件的原则上重要性逐渐成为受理第三审上诉的重要考虑因素，当事人的利益退居其次。英国学者阿蒂亚指出："一些被上诉到上级法院的案件之所以重要，只是因为它们对公众可能会产生较大影响，而不是因为它们在诉讼当事人本身之间提出了什么至关重要的问题。"② 英国鲍曼勋爵于 1997 年《对上诉法院（民事审判庭）的评审》报告第二章提出了 12 项"民事上诉制度的基本原则"，其中第 9 项规定："唯有提出了重要的法律原则或惯例问题，或者存在再次上诉的其他强制性理由，再次上诉方具备正当性。"③ 英国 2000 年的一个判例强调了这一原则：需要确立的是，上诉理由必须具有普遍的公共重要性（general public importance）。因为上议院作为最高法院，只能将其注意力集中于相对少量的案件。其职责不是纠正确定的法律之适用中出现的错误，即使该错误已表明存在。④

---

① See *International Civil Procedures*, edited by Christian T. Campbell, Lloyd's of London Press Limited, 1995, pp. 109 - 110.

② ［英］阿蒂亚：《法律与现代社会》，范悦等译，8 页，辽宁教育出版社、牛津大学出版社，1998。

③ 徐昕：《英国民事诉讼与民事司法改革》，364 页，北京，中国政法大学出版社，2002。该项原则已被英国《民事诉讼规则》第 52.13 条所吸收。

④ R v. Secretary of State for Trade and Industry, ex parte Eastaway［2000］1 WLR 2222; Charles Plant, *Blackstone's Civil Practice*, Blackstone Press Limited, 2001, p. 789.

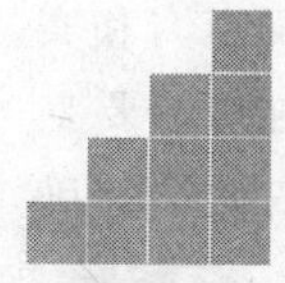

第十六章

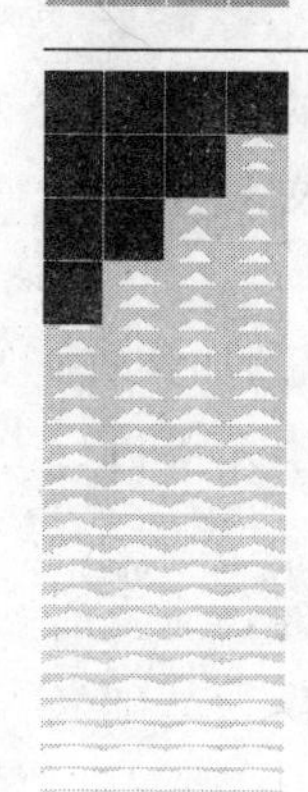

再审程序研究

各国对于已经确定的错误判决和裁定，均规定了救济或纠正程序。不过，各国对于这类程序的规定存在着差异。

在英美法系国家，比如美国规定了“重新审理”程序，即在一审判决登记后 10 日内或者上诉判决作出后 14 日内，当事人可以向法院提起重新审理的申请。

在大陆法系国家，当事人对于已经确定的判决或裁定，以诉讼程序上有重大瑕疵或作为其判断的基础资料有严重缺陷为由，请求法院按照再审程序撤销或变更该判决或裁定。

诸多国家的再审程序在本书前文已有介绍，本章从比较法的角度，阐释和讨论既判力与再审的关系、再审的适用范围和诉讼标的、再审程序的启动主体和具体构造，以揭示再审程序的基本法理。

一、既判力与再审

(一) 既判力

诉讼安定，是指法官和当事人应当按照法定诉讼程序有序地进行诉讼，其诉讼结果（判决）的确定力应得到充分保障。诉讼安定包括诉讼程序的安定、程序运行的安定和诉讼结果的安定。

诉讼结果的安定，即充分保障法院判决的确定力。判决的确定力包括形式确定力和实质确定力（既判力）。具有确定力的判决，称为“确定判决”。形式确定力的内容主要是当事人不得以上诉来变更或撤销判决，实质确定力则是不得通过起诉来变更或撤销“确定判决”。

在大陆法系，确定判决的实质确定力，即既判力，是指确定判决对诉讼标的之判断对法院和当事人等所产生的约束力。确定判决对诉讼标的之判断，构成判决的主文部分和既判力的客观范围。既判力的效果或作用，主要体现在以下两个方面：

（1）既判力的消极效果或消极作用，即“禁止反复”，是指当事人等对于既判的案件，不得再为争执。在制度上体现为，禁止当事人等再行起诉（一事不二讼）。若当事人等再行起诉，则法院一事不再理。

（2）既判力的积极效果或积极作用，即“禁止矛盾”，是指法院在处理后诉时，应受前诉确定判决的拘束。在制度上体现为，法院应以前诉确定判决对诉讼标的之判断为基础来处理后诉，若后诉判决与前诉正确的确定判决相矛盾，则为再审的理由。

在英美法系，就某特定诉讼请求的所有诉讼程序完毕后，法院作出了最终判决，则败诉当事人无权重新提起该诉讼请求。在美国民事诉讼中，将这种不得将诉讼请求通过另行起诉方式进行重新审理的规则称为既决判决规则（Res judicata），也可称为请求禁止规则。

请求禁止规则，包括两部分内容：（1）吸收。如果原告在原诉中胜诉，则表明其所提出的诉讼请求为原诉判决所吸收，所以该原告无权以同一诉讼理由对同一被告另行起诉以获得更多赔偿。（2）排除。如果原告在原诉中败诉，则表明其所提出的诉讼请求被原诉判决排除，其请求权归于消灭，所以该原告不得以同一诉讼理由对同一被告另行起诉。

请求禁止规则的例外常常发生于成文法中的管辖规定，若审理前诉的法院对该诉并不具有事务管辖权，前诉判决对新诉并不具有排除或吸收的法律效力，则当事人有权另行起诉。这是《美国联邦第二判决汇编》第 26 条第 1 款 c 项所规定的。①

判决的既判力发生于判决确定之时。在德国和日本等国家，判决确定之时通常是不能通过上诉程序撤销或变更判决之时。根据《法国新民事诉讼法》第 480 条的规定，判决主文一宣布即产生既判力。根据美国《联邦民事诉讼规则》第 58 条的规定，判决由书记官在诉讼记录簿上登记后即产生既判力。②

大陆法系和英美法系普遍认为，维护确定判决既判力具有诸多根据和意义，归纳如下：

（1）正当程序保障下的自我责任原理。既然在诉讼中已从实质上保障了当事人适时

---

① 参见［美］斯蒂文·N·苏本等：《民事诉讼法》，傅郁林等译，759～812 页，北京，中国政法大学出版社，2004；［美］杰克·H·弗兰德泰尔等：《民事诉讼法》，夏登峻等译，610～695 页，北京，中国政法大学出版社，2003。

② 美国和法国把法官行使审判权视为是当事人的委托，判决一旦登记或宣布，即意味着当事人对法官所委托的事项结束，判决当然即刻确定。德国和日本及我国，不认可当事人的审判委托，强调法官对民事案件作出判决是代表国家行使审判权，所以国家法律认为判决何时确定合适，就规定判决何时确定。

适式提出资料、陈述意见和进行辩论的机会，那么当事人在已经获得充分程序保障之下所得到的判决结果理应由其承担，理应遵从判决的既判力而对既判的案件不得再行起诉。

(2) 通过个案确定判决来维护法律和诉讼的安定性。既判力禁止就同一案件多次起诉和禁止作出矛盾裁判。若允许任意变更或撤销确定判决，则使确定判决所确定的当事人之间的民事实体关系和国家法律规范及诉讼程序处于不安定状态。

(3) 通过个案确定判决来维护国家法律和法院判决的正当权威。法院判决是经过正当程序审理并由国家法院对当事人之间的民事实体关系作出的最终结论，体现了国家法律和法院判决的正当权威。若确定判决的既判力软弱无力，允许任意变更或撤销确定判决，则必然损害国家法律和法院判决的正当权威。

(4) 实现诉讼目的和提高诉讼效率。法院确定判决能够明确当事人之间的具体民事权利义务关系，结束当事人之间的纠纷，保护当事人的合法权益。若确定判决不具备既判力或既判力软弱，则意味着同一纠纷往往需要经过多次诉讼审判，势必造成民事纠纷得不到及时解决或民事权益得不到及时保护。

(5) 维护人权。法谚有云："任何人不得因同一案件受到两次侵扰。"（Nemo debet bis vexari pro una et eadem causa）从维护人权的角度来看，任何人不得无正当理由因同一纠纷而受到多次起诉和审判。因此，就同一纠纷而言，既然经过正当程序审理并由国家法院作出了确定判决，就不得将同一被告多次拉入诉讼程序。

法院确定判决是以司法权对民事纠纷作出的终局性、权威性的判断。以维护判决既判力来实现诉讼和法律安定性的做法，在现代法治社会具有普遍意义。这一做法被许多国家纳入法治国家原理和宪法规范的范畴。比如，德国和奥地利认为维护既判力的宪法根据是法治国家原理，西班牙通过其《宪法》第 9 条第 3 款的规定来保障司法和法律的安定性。

由于维护确定判决既判力具有如上公益性，所以民事诉讼制度和理论才把既判力作为诉讼要件和法院职权调查事项，法院在受理后诉时主动依职权就该诉是否受到既判力的约束进行调查。

(二) 维护既判力原则与再审例外

法谚云："已决案件被视为真理。"在现代法治社会，维护确定判决既判力具有充足的根据和重要的意义，所以法治国家原理要求充分维护确定判决的既判力。一般来说，相对于破坏法律和诉讼的权威性与安定性而言，在具体案件上忍受错误判决的危害要小得多。因此，维护既判力是原则性要求。法治国家原理要求充分维护确定判决的既判力。

虽然在原则上要求维护诉讼的安定性和判决的既判力，但是为此而过分牺牲个案公正的做法，其合理性和正当性以及能否维护法律和诉讼的权威性与安定性，也颇令人怀疑。因此，在维护既判力原则之下，有必要通过严格的再审程序对既判案件再次审判。

只有按照正当程序作出的确定判决，其既判力才应受尊重。对于严重背离正当程序而作出的判决，其既判力得以诉讼程序上有重大瑕疵为由通过再审程序予以撤销或变更，以实现个案公正。同时，为实现个案实体公正，确定判决在实体基础资料上存有严重缺陷的，比如作为判决基础的其他判决被变更或撤销、主要证据虚假等，也得以此为由启动再审程序。

从比较法角度来看，再审程序的目的主要在于为当事人提供最后的诉讼救济机会。首先，当事人处分原则在再审程序中体现为，再审程序由当事人启动，并且再审之诉的诉讼请求由当事人决定，法院须在此范围内再审。其次，在诉讼标的方面，大陆法系国家和地区采取“本案诉讼说”，认为再审之诉的诉讼标的是原案件的诉讼标的。[①] 最后，就再审案件处理方式来看，再审法院若认为原判决合法和正确，则判决驳回再审原告的诉讼请求，反之则在再审诉讼请求范围内作出变更判决。

事实上，外国民事诉讼法将再审作为既判力的法定例外，还渊源于其纠纷观。在大陆法系和英美法系，占主导地位的是“辩证纠纷观”。此种纠纷观认为，政治秩序和社会秩序始终处于流动状态，纠纷能够明确本来不清楚的权利、义务之归属，并且是促使秩序不断再形成过程中的一环，所以纠纷具有正面功能而与道义谴责相对分离。因此，对事实的认定只要达到“社会上一般人认为是真实”的程度即可，没有必要为发现“客观的绝对的真实”而启动再审程序。

综上所述，维护既判力不应绝对排除对个案正义的追求，在符合严格的法定要件时，可以通过再审程序对既判事项再次审判，给当事人最后一次获得诉讼救济的机会。从当事人的角度来说，提起再审（之诉）是对“同一个诉”或“同一个案件”的诉权的再次行使；从法院的角度来说，再审是对同一案件（既判案件）再次审判。

二、再审的适用范围

再审的适用范围是法院的确定判决和生效裁定。再审解决的是法院确定的终局判决，不包括中间判决。对于裁定，虽准用关于判决的再审程序，但不称再审之诉而应称申请再审（准再审）。我国民事诉讼法把法院调解书作为再审范围，似乎内含着法院对调解的隐性强制，其他国家一般不把法院调解书纳入再审范围。

---

① 参见骆永家：《再审之基本构造》，载民事诉讼法研究基金会编：《民事诉讼法之研讨》（五），台北，三民书局，1996；陈荣宗：《再审诉讼之诉讼标的》，载陈荣宗：《诉讼当事人与民事程序法》，台北，三民书局，1987；［日］兼子一、竹下守夫：《民事诉讼法》（新版），白绿铉译，249页，北京，法律出版社，1995。

再审解决的是显著违法或错误的民事争讼裁判。显著违法或错误的民事非讼裁判，不以再审程序而以其他程序纠正。① 具有既判力的其他法律文书，比如仲裁裁决等，也通过其他途径处理。② 能够通过本国再审程序解决的，一般限于本国法院确定的终局判决。③

再审解决的是法院确定的终局判决，不包括中间判决。终局判决是指终结审级程序（一审程序、二审程序和三审程序）所作出的判决，主要包括一审终局判决、二审终局判决和三审终局判决。终局判决一作出，相应的审级程序即终结。中间判决就终局判决的前提问题作出处理，为终局判决做准备，而不以终结诉讼为目的。

在外国民事诉讼中，中间判决的事项，主要有：

其一，独立的攻击、防御方法。原告或被告因攻击或防御所主张的事项，无须其他事项补充，就能独立发生某种法律效果，有关这类事项的主张即独立的攻击或防御方法。比如，原告因所有权被侵害而提出损害赔偿之诉，原告主张该所有权取得的原因是买得，同时又主张取得时效，这时主张买得与主张取得时效，就是各自独立的攻击方法。再如，在请求债务履行之诉中，被告主张已经清偿了债务，又主张原告债权已达消灭时效，这两个防御方法就是相互独立的。

其二，诉讼中就程序问题发生的争议。比如，当事人对于诉讼要件是否存在的争执，若法院认为具备的则作出中间判决（有的国家采用裁定）。再如，可否进行当事人变更、诉的变更或合并的争议，可作出中间判决（有的国家采用裁定）。

其三，当事人就诉讼请求的原因（如不法行为、不履行债务等）和数额发生的争议。法院可先就原因的争议进行判断，若认为原因正当（即请求有理由），就作出中间判决；若判断原因不正当，就无须审理数额问题。即使原因正当，法院认为在数量上没有发生损失，也会作出不予赔偿的判决。

应当注意，中间判决事项在诉讼进行中只有达到可裁判的程度而终局判决又未作出时，才可作出中间判决。如果根据诉讼的进程可以作出终局判决或者已经作出了终局判决，终局判决对中间判决事项作出了判断，就无须作出中间判决。

中间判决虽然不具有既判力、形成力和执行力，但是该审级的终局判决必须以中间判决所判决的事项为前提，不得作出与之相矛盾的判断。当事人对中间判决不得上诉，但在对终局判决上诉时，可同时对中间判决声明不服。中间判决对上诉审法院无拘束力。若上诉审法院仅撤销终局判决而发回重审，则中间判决仍然有效而对原审法院有拘束力。

---

① 比如，发生既判力的支付令的纠正或救济途径，有的国家规定债权人、债务人和第三人可以提起撤销支付令之诉获得救济。再如，撤销除权判决的方式是提起撤销除权判决之诉，以启动争讼程序。

② 对于发生既判力的仲裁裁决，当事人可以向法院提起撤销仲裁裁决之诉，通过民事争讼程序解决。

③ 本国法院承认的外国法院确定的终局判决，通常按照判决作出国或法院地法的规定来处理。

三、再审的诉讼标的

关于再审（之诉）的诉讼标的，大陆法系国家和地区抛弃了传统的“二诉讼标的说”而采取“一诉讼标的说”（或“本案诉讼说”），但是英美法系不存在如此学说转换。之所以存在这一不同，主要原因是大陆法系和英美法系的历史流传和法律思维之差异。

大陆法系民事诉讼制度的源头是古罗马诉讼制度，英美法系民事诉讼制度的源头是古日耳曼诉讼制度。关于两大法系民事诉讼制度构造、理论理念差异的形成原因，众说纷纭。中村英郎先生将形成原因归结为法的渊源是否属于成文法，或者归结为对诉讼的认识是以法规为出发点或以事实为出发点。迄今为止，古罗马和古日耳曼法律观念和思维方式仍潜在地影响着大陆法系和英美法系民事诉讼的特质。①

在古罗马，“诉”不管如何变化，均由法律规定。已发生的案件只有符合诉的情形或要件，当事人才能够获得救济（有诉才有救济）。因此，可以说，古罗马是从有关“诉”的法规范出发，来构成民事诉讼。

后期注释法学派用当时盛行的经院哲学对罗马法进行了解释，并给罗马法导入了一个体系。通过这一法律体系化的努力，“诉”开始分解，即事实和规范的分离（法规范的抽象化）、实体法和诉讼法的分离。

此后，社会和法律的发展及大陆法系学者的努力促进了实体法和诉讼法的进一步分离，最终促成了民法典和民事诉讼法典的诞生。在此种民事法体系下，“法规范出发型”诉讼得以巩固。

所谓“规范出发型”诉讼，是从实体法规范出发以三段论来构造民事诉讼，即民事诉讼主要处理大前提和小前提与结论问题。三段论式民事诉讼，可被描述为：根据大前提（实体法规范）和小前提（符合实体法规范构成要件的案件事实），推导出结论（法院判决）。

“规范出发型”诉讼中，实体法规范是成文法规范，其主要内容是实体权利、义务关系；同时，实体法规范既是社会规范，又是裁判规范。原告的实体权利因被告违反实体法规范而受到侵害，或者与被告就实体权利、义务的归属发生纠纷，那么原告通过民事诉讼来维护自己的实体权利。由此，民事诉讼的目的在于保护当事人的权利。这种目的观在大陆法系占有主导地位。

古日耳曼社会中的“法”不是成文法，是存在于传统秩序和日常生活中的正义的和平的

① 参见［日］中村英郎：《民事诉讼理论法系的考察》，东京，成文堂，1986。

情理和规范。诉讼的意义和功能在于，防止社会共同体"法"或社会秩序被破坏，并保障在其遭到破坏时予以恢复。由于诉讼之前客观上不存在明确的成文法规范，裁判所适用的"法"是内含于案件事实中的情理和规范，所以古日耳曼法是从事实出发来构成民事诉讼的。

古日耳曼法及其裁判的这种思维方式随着盎格鲁·撒克逊民族进入大不列颠岛，并通过大不列颠岛各地的裁判逐渐在各地各部族法及其诉讼中明朗化。之后，威廉一世及其后继者们通过国王法院的裁判逐渐统一了各地各部族习惯法，形成了一般习惯法（普通法）。普通法是在积累法院判例的基础上形成的，存在于案件本身和法院判例之中。

在判例法主义下的民事诉讼，和成文法主义下的民事诉讼不同，其思维或构造不是首先从实体法规范出发并对案件适用成文法规范，而是首先从众多以往判例（先例）中寻找出与当下审理案件的事实相同或类似的先例，在先例中找出存在或阐释的法律规范，然后将该法律规范适用于当下审理的案件。这种以事实为思考出发点的诉讼思维模式，即"事实出发型"的诉讼。

"事实出发型"诉讼中，纠纷是因侵害传统生活秩序和日常社会秩序而产生，诉讼的目的在于解决纠纷以恢复被侵害的社会生活秩序，还社会以既存的和平秩序。这种目的观从日耳曼进入了英国，并普及受英国法影响的地区和民族。

"事实出发型"诉讼中，从事实的角度而不是从实体法规范的角度来把握和界定诉讼标的，解决纠纷的"法"是内含于案件事实中的秩序，诉讼的目的在于通过平息纠纷来恢复被损害的秩序。所以作为诉讼标的的，并非原告理解的那种法律事件，而是发生的事件本身或发生的纠纷本身。①

"事实出发型"诉讼中，原告向法院提出了事件，却也赋予被告主张与该事件相关连的事实的权利，这是因为诉讼标的就是发生纠纷的事件本身，对于被告的主张法院必须同时作出裁判。这也是在美国法中存在着大陆法系没有的强制反诉制度的缘由。

"规范出发型"诉讼中，基于维护当事人实体权利和尊重当事人意思自治而按照当事人的意思来决定诉讼标的。由于从实体法出发来把握诉讼标的，即从实体法规范构成要件来确定诉讼标的，所以与英美法系不同，大陆法系基本上否认诉讼标的就是案件本身，而主张诉讼标的是原告在诉讼中提出的具体的民事实体权利义务关系。

第二次世界大战以后，首先在德国，其后在日本，诞生了并流行着一种观点，即把诉讼标的从实体法的构成要件中抽象出来，仅从诉讼法方面来把握诉讼标的。此种观点实际上受到"事实出发型"诉讼思维方式的影响，撇开实体法规范而从未经实体法评价的自然事实的角度，来确定诉讼标的，认为一个自然事实即构成一个诉讼标的。

---

① 在美国民事诉讼中，诉讼标的是抛开具体实体法上权利的一定事实的集合。为此，基于同一生活或交易关系产生的原告请求的诉因必须全部提交法院，采取禁止诉因分割原则。由于发生事件的本身就是诉讼标的，所以把法律评价从A变到B（罗马法系的诉的变更）对当事人和法院来说均是自由的。比方说，在大陆法系请求权竞合的情形中，若在美国民事诉讼中，法院以同一事实为限可以将侵权评价为违约，也不会发生如大陆法系的诉的变更。

在与“规范出发型”诉讼的基本特质或主导方面不产生矛盾的前提下，导入日耳曼或英美法系制度和理论的优点以弥补罗马或大陆法系相应的薄弱之处。对于处于对立关系而难于被引入大陆法理论体系而现行法又不得不考虑的英美法理论及制度，可以考虑作为例外，即通过个别的有限的学说、判例或立法的形式导入大陆法。比如，在诉讼标的上，导入日耳曼或英美法系制度和理论，从历史性的事实角度，确定诉讼标的，来处理请求权竞合问题。

“事实出发型”诉讼中，以已经发生的案件本身作为诉讼标的。法院判决对被其全部判断事项产生约束力，其中对诉因（cause of action）的判断的约束力称作既判力（res judicata）①，对其他部分的判断的约束力称作禁反言（estopple）。在英美法系，由于将案件本身作为诉讼标的，所以将案件的关系人均作为当事人，法院判决对其均有约束力，或者从更广意义上说，只要判决一经确定，不是诉讼当事人的案件关系人也要接受该判决的约束力，在后诉中不能提出与此相矛盾的主张。

“规范出发型”诉讼中，从实体法规范构成要件来确定诉讼标的，主张诉讼标的是有关实体权利的主张，在此范围内产生既判力，即受实体法构成要件评价的诉讼标的构成既判力的客观范围。在大陆法系国家，通常把实体权利义务关系作为诉讼标的之实体内容，诉讼当事人即某项实体权利义务关系的主体，诉讼是原告提起的，所以只有原告和原告确定的相对方（被告）才能作为当事人，即主张权利者为原告、承担相应义务者为被告，除此以外的人在原则上不能成为当事人。因此，在既判力的主观范围方面，法院判决仅对当事人产生既判力，对不是当事人的案件关系人不产生既判力。

在大陆法系国家，法律为了确保判决的实效性，规定对当事人以外的第三人，即对与当事人有密切关系的人（如口头辩论终结后的继承人、持有当事人请求标的物的人等）有既判力。这种规定也可以说是对日耳曼或英美法中判决效力的引用。

在大陆法系，持“诉权是自诉讼外加以利用的权能”观点的学者一般认为，上诉权的行使不是诉权的行使。但是对于提起再审之诉是否为诉权的行使，一些学者持否定看法。其理由主要是原审案件判决已发生既判力，再审的案件或再审之诉已是一个新的案件或一个新的诉，而且再审之诉有着两个诉讼标的。

大陆法系民事诉讼传统理论认为，再审之诉的程序大体可分为两个阶段：撤销原确定判决和审判本案诉讼。前一阶段旨在撤销原确定判决，所以传统通说认为，再审之诉是诉讼（法）上的形成之诉②，再审原告请求法院撤销原判决是独立的诉讼标的。后一阶段旨在

---

① 在英美法系，通常根据“诉因”来判断是否适用既判力。有关“诉因”，参见［美］杰克·H·弗兰德泰尔登等：《民事诉讼法》，夏登峻等译，227～228页，北京，中国政法大学出版社，2003；［美］斯蒂文·N·苏本等：《民事诉讼法》，傅郁林等译，181～182页，北京，中国政法大学出版社，2004；L. B. Curzon，*Dictionary of Law*，sixth edition，cause of action，Pearson Education Limited，2002；*Black's Law Dictionary*，Seventh edition，cause of action，West Group，1999.

② 参见［日］三月章：《日本民事诉讼法》，汪一凡译，54页，台北，五南图书出版公司，1997。

将原确定判决变更为有利再审原告的判决。这种认识被称为“二诉讼标的说”。

新近的学说是“一诉讼标的说”，认为再审诉讼的诉讼标的仅为原确定判决的诉讼标的。此说为德国著名的 Rosenberg-Schwab《民事诉讼法教科书》第 10 版（1969 年）采取之后，不断获得学者的有力支持。日本学者斋藤和夫、小山升、上村明广等人亦采此说，日本称此说为“本案诉讼说”；我国台湾地区学者陈荣宗等力主此说。[①] 下面，扼要阐明此说的理由根据。

首先，认识和理解再审之诉的诉讼标的，必须根据再审的目的。再审旨在给予当事人最后诉讼救济机会以维护其实体权益。再审中，仅就当事人声明不服部分展开辩论和作出判决。再审之诉即使存在再审理由，若法院认为原判决实体合法和有理由的，则判决驳回再审原告的诉讼请求，反之则就实体问题作出变更判决。可见，再审之诉的诉讼标的应当是原审案件的诉讼标的。认为再审原告请求法院撤销原判决也是一个独立的诉讼标的，似乎忽略了再审的目的。

通常认为，上诉案件的诉讼标的是一审案件的诉讼标的，并未将上诉人要求法院废弃原判决的诉讼法上的形成权视为诉讼标的。再审程序和上诉程序虽然存在着差异，但是两者颇有类似之处在于，均是对前审判决声明不服，请求变更前审判决的一种诉讼救济方法。那么，在诉讼标的方面，再审程序与上诉程序的情况理应一致。

其次，上诉程序和再审程序中，当事人请求废弃原判决的诉讼上的形成权，与实体法上的形成权不同。诉讼法上的形成权不能单独存在，仅能附随于法院判决等而存在，这种形成权的行使实际上是为作出本案实体判决服务的，因而不具有独立性。从诉和诉权理论上说，诉权仅能就一个独立的诉行使，即是说，一项法律关系必须是构成纠纷或诉讼核心的法律关系，而不能是其他纠纷或诉讼的前提问题，唯有如此才具有诉的利益，才可提起一个诉。因此，基于诉讼法上的形成权而请求撤销或变更原判决的请求，并不能构成一个独立的诉讼标的。

最后，再审之诉是“一事不再理”原则的例外，即虽说是“一事”却“再理”。所谓“事”，即“诉”或“案件”之意，所以“一事”是指再审的案件与原审的案件是“同一个诉”或“同一个案件”。因此，可以说当事人提起再审是对“同一个诉”或“同一个案件”的诉权的再次行使。事实上，再审之诉的当事人基本上是原审之诉中的当事人，或者与原审案件及其当事人存在着法律利害关系的其他人。

讨论再审的诉讼标的，其意义主要在于，再审是对既判案件的再次审判，若再审的不是既判案件的诉讼标的而是其他诉讼标的，则不是再审，而是审理另一个案件，其后果是：(1) 背离再审的目的；(2) 剥夺当事人对另一个案件的审级利益或者剥夺当事人获得正当

---

① 参见骆永家：《再审之基本构造》，载《民事诉讼法之研讨》（五），台北，三民书局，1996；陈荣宗：《再审诉讼之诉讼标的》，载陈荣宗：《诉讼当事人与民事程序法》，台北，三民书局，1987；［日］兼子一、竹下守夫：《民事诉讼法》（新版），白绿铉译，249 页，北京，法律出版社，1995。

程序审判的权利，因为经过再审程序审判的案件即告终结而不得再适用上诉程序。

四、启动再审程序的主体

在外国民事诉讼中，启动再审程序的主体与既判力的主观范围存在着内在关联性。既判力的主观范围，是指既判力作用的主体范围，即哪些人受到既判力的拘束。受既判力拘束的主体除法院外，主要包括当事人和其他相关主体。当事人和其他相关主体是启动再审程序的主体。

民事诉讼解决的是当事人之间的民事纠纷，确定判决的对象是当事人之间的实体争议，所以除法院以外，既判力的主体范围原则上只限于当事人，即承认既判力的相对性。若既判力及于当事人以外的案外人，由于案外人没有参与诉讼而剥夺其程序参与权，则背离了正当程序保障原理。

民事诉讼当事人包括：(1) 实质的正当当事人（实体的诉讼权能），即争讼的实体权利、义务主体作为诉讼当事人；(2) 形式的正当当事人（程序的诉讼权能），即非争讼实体权利义务主体作为诉讼当事人，主要存在于第三人诉讼担当的情形中。

在外国民事诉讼中，检察机关可以作为（形式的）正当原告提起公益案件诉讼。因此，对于既判的公益案件，作为原审原告的检察院依法可以再审原告身份提起再审之诉，也可以诉讼参与人身份参加到他人启动的再审程序中。

既判力的相对性不适用于以下情形：(1) 具有广泛效力的形成之诉，其形成判决的既判力具有对世效力，即既判力向不特定第三人扩张。(2) 确认婚姻无效、确认收养无效、确认公司股东会决议无效之诉等确认判决也具有对世效力，也属于既判力向不特定第三人扩张的情形。(3) 在特定情形下，既判力扩张到当事人以外的特定第三人，比如法定的当事人变更中，退出诉讼的原当事人；本案最后辩论终结后，当事人的承继人；法律规定的对他人的实体权利、义务或者财产拥有管理权或处分权的人；诉讼担当中，实体权利、义务的归属人等。

再审是对既判案件的再次审判，启动再审程序的方式是提起再审之诉。再审当事人等同于原审判决既判力的主观范围，否则就不是对原审判决或原审案件的再审，而是审理一新诉。再审原告应当是原审中的当事人以及原审言词辩论终结后的诉讼承受人或诉讼担当时实体权益的归属人等。

在我国，虽然法律规定当事人可以申请再审，但是由于未将之作为再审之诉对待，一方面未以诉的构成要素来要求和限制再审的提起，使得当事人提起再审流于宽泛和随意，另一方面也未以诉权般的保护来尊重当事人提起再审，比如当事人提起再审并不必然启动再审程序，致使当事人合法提起再审未得到充分保护。

在我国，法院也可启动审判监督程序。如此规定或做法不仅背离了民事纠纷的私权性质和民事诉讼的处分原则，对法院来说还背离了司法消极原则，而且还严重破坏法院判决与诉讼的安定性和权威性。因此，应当取消法院启动审判监督程序的权能。

五、再审程序的构造

再审程序的构造，主要涉及以下方面的问题：再审之诉的要件、再审的理由和再审程序的具体构造。

（一）再审之诉的要件

既然是再审之诉，那么关于再审之诉的要件就应当包括三个层面的要求：（1）提起再审之诉或启动再审程序应当具备的要件，即起诉要件；（2）作出再审本案判决的前提条件，即是诉讼要件；（3）关于胜诉的实体要件。

一般说，启动再审程序或者当事人提起再审之诉应当具备以下要件：（1）提交合法再审诉状，即诉状中应当记明当事人的基本情况、再审的诉讼请求和事实理由等；（2）依法交纳案件审理费。具备以上合法要件的，再审程序继续进行下去。

之后，法院得依职权审查是否具备作出再审本案判决的前提条件。这些前提条件，首先包括通常的诉讼要件，同时还包括一些特殊诉讼要件，主要有：

（1）合法的再审范围。再审之诉仅对确定判决为之。对于裁定的再审（准再审），准用对再审判决的程序规定。

（2）当事人适格。再审当事人根据原审判决及其既判力主观范围来确定。在外国民事诉讼中，检察机关可以作为（形式的）正当原告提起公益案件诉讼。因此，对于既判的公益案件，作为原审原告的检察院依法可以再审原告身份提起再审之诉，也可以诉讼参与人身份参加到他人启动的再审程序中。

（3）须有再审理由。再审的法定理由，即原审判决或裁定在诉讼程序方面存在着严重违法的情形，或者判决的基础资料存在着严重缺陷的情形。

（4）符合法定期间。提起再审之诉的期间不能太短，亦不能过长，否则不利于当事人寻求再审救济，也不利于诉讼和判决的安定。德国、日本民事诉讼法规定，当事人应当在得知再审事由之日起1个月提起再审，但判决确定后经过5年的则不得提起再审之诉。其合理的例外，比如在日本，对于以下再审理由：诉讼代理人欠缺代理权、申请不服的判决与以前的确定判决相抵触，即使判决确定后超过 5 年，当事人在知道或应当知道再审理由后 30 日内仍然可以提起再审之诉。

法院审查后认为不具备以上前提条件的，则应以不合法为由驳回再审之诉，不过在作出此决定之前应当允许再审当事人陈述理由、发表意见，对此裁定不服的当事人可以提起异议，比如在日本，当事人可以提起即时抗告。如果法院审查后认为，具备以上前提条件的，则继续诉讼，直至作出再审本案判决。

（二）再审的理由

再审的法定理由，即原审判决或裁定在诉讼程序方面存在着严重违法的情形，或者判决的基础资料存在着严重缺陷的情形。

有关诉讼程序方面的理由，主要有：没有依法组成合议庭和独任庭；根据法律规定不能参加审判的法官参加了审判；审判法官犯有与案件有关职务上的犯罪[①]；诉讼代理人欠缺诉讼代理权；违反专属管辖；没有给予当事人陈述或答辩的机会；适用普通程序审理的案件当事人未经传票传唤而缺席判决的；作为判决基础的言词辩论违反程序公开的规定；诉讼要件不具备而作出本案判决的，等。

有关判决的基础资料方面的理由，主要有：作为判决依据基础的证据是虚假的；作为判决基础的民事、行政、刑事判决及其他裁判或行政处分被变更或撤销的；申请不服的判决与以前的确定判决相抵触；判决理由不备；判决理由与判决主文矛盾等。

判决中如有误写、误算或类似显然的技术上或形式上的错误的，法院可予以更正而不得提起再审；判决遗漏了应予判决的诉讼标的或诉讼请求，应当进行补充判决（追加判决），也不得提起再审。[②]

许多国家规定，虽然具备再审理由，但是，在上诉中当事人已经主张再审理由或者尽管知道再审理由却不主张的，则不得提起再审之诉；在上诉审中对案件已经作出本案判决的，则不得对初审判决而只得对上诉判决提起再审之诉。

（三）再审程序的具体构造

再审程序通常依照以下顺序进行：再审之诉的提起和受理 → 法院依职权审查再审之诉是否具备诉讼要件 → 本案审理和判决程序。再审程序仍然应当遵行争讼程序的基本原理：对审原则、公开审判原则、处分原则或职权干预、辩论原则或职权探知、集中审理原则和直接言词原则等。

---

① 必须是有罪判决确定后，才可提起再审之诉。

② 参见邵明：《民事诉讼法理研究》，387～392 页，北京，中国人民大学出版社，2004。

再审当事人不得根据同一再审理由，对同一确定判决再次提起再审之诉。当事人提起再审之诉，并不阻止确定判决的执行力，但是如果法院认为具备合法再审要件并经过释明的，或当事人提供担保的，可以裁定中止执行。

再审中，可以变更再审理由。当事人应当对再审理由和案件事实提供证据予以证明。不过，对于审判法官犯有与原审案件有关的职务上犯罪的再审理由，如果宣告该法官有罪的判决已确定，免去当事人举证，再审法院可直接予以采纳；对于原审程序中违反法定程序的再审理由，当事人往往无力举证，再审法院应当调查有关证据。

如果法院认为不具备再审的诉讼要件或再审理由的，应当裁定驳回再审之诉；如果法院认为具备再审的诉讼要件或再审理由的，诉讼继续进行，开始本案审理，直至作出本案判决。

本案审理过程中，经过法庭审理，法院认为在案件事实上或实体法上原审判决是不合法的或不正确的，应当作出新判决撤销原审判决。但是，即使存在再审理由，如果审理结果表明原审判决在案件事实上或实体法上是合法的和正确的，则应驳回当事人再审诉讼请求。

再审法院废弃原判决而作出的变更判决，其法律效力溯及既往。如果第三人因信赖原审判决而善意取得权利，那么再审判决的溯及力可能对该第三人不利。我国台湾地区“民事诉讼法”第506条规定，再审之诉之判决，于第三人以善意取得之权利无影响。①

① 对此，有学者认为，善意取得的权利受民事实体法上的即时取得制度的保护，在民事诉讼法中没有再规定的必要。参见陈计男：《程序法之研究》（二），127～128页，台北，三民书局，1995。

第十七章

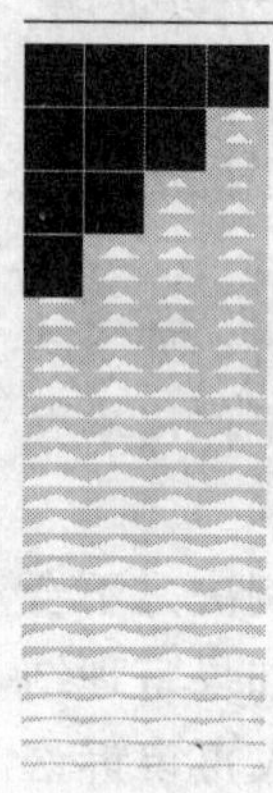

诉讼费用制度研究

诉讼费用制度是现代各国民事诉讼法中的不可或缺的制度，其影响了所有法治社会承认的一项基本的宪法性权利——接近正义与司法的权利。影响当事人行使接近正义权利的普遍性因素是：诉讼的成本；解决正义所需要的时间；司法制度发现事实真相和适用法律的正确程度。① 诉讼费用制度直接决定当事人承担的诉讼成本，从而影响当事人接近正义与司法的权利。为了让普通民众利用司法接近正义，合理的诉讼费用制度显得尤为重要。因为只有在能够承担得起诉讼费用，且认为诉讼费用合理的情况下，民众才会利用司法以实现自己的权利。

诉讼费用制度有双重价值目标：防止滥诉和保障诉权。这就意味着诉讼费用制度应当由诉讼费用征收和诉讼费用救助组成。诉讼费用的征收从总体上体现了诉讼费用制度的防止滥用诉权的功能，而诉讼费用救助则体现了保障诉权的功能。

各国规定的诉讼费用制度根据本国历史传统和国情的不同而存在差异，不同的制度有不同的经验，也有不同的缺陷。从比较分析各国制度的过程中，我们总结出诉讼费用制度的一些特性和规律，以就教于方家。

---

① See John Leubsdorf, "The Myth of Civil Procedural Reform", in *Civil Justice in Crisis*, edited by Adrian A. S. Zuckerman, Oxford University Press, 1999, p. 55.

一、诉讼费用的构成

（一）德国

根据《德国民事诉讼法》第 91 条规定，诉讼费用包括法院费用和法院外费用。

1. 法院费用。法院费用是根据法院费用法而产生的应向法院支付的费用。具体包括两项：当事人对国库承担的诉讼费用和法院的支出。（1）当事人对国库承担的诉讼费用。这一费用基本上与我国的案件受理费相当，具有国家规费的性质。当事人对国库承担的诉讼费用是由法律直接规定的（《法院费用法》第 49～69 条）。（2）法院的支出。法院的支出是法院审理、裁决民事案件的实际支出。该项诉讼费用由《法院费用法》第 1 条第 1 款予以规定，具有补偿性质。具体包括法院支付的证人、专家费用、送达费用、制作裁判文书副本的费用。由于在德国民事诉讼中，采取职权主义模式，诉讼中的证人和鉴定人均由法院指派或委托，也由法院传唤。证人、鉴定人对法院承担诉讼义务，相应地对他们的补偿义务也由法院承担。

2. 法院外费用。法院外费用是指一方当事人参加诉讼所支出的必要的费用。值得注意的是并不是所有当事人参加诉讼的费用，或一方当事人的所有费用都可以作为诉讼费用的内容。只有胜诉的一方当事人参加诉讼所支出的必要的费用才可作为诉讼费用。根据《德国民事诉讼法》第 91 条的规定，法院外诉讼费用包括：（1）当事人费用。具体包括：胜诉当事人必要的差旅费、因遵守期日的规定参与法院的审前准备活动或法庭审理等而荒废时间所受的损失。（2）律师费用。胜诉当事人对律师支付的法定报酬和律师支出，可以作为诉讼费的组成部分。这一规定与德国采取律师强制代理制度密切相关。[①]

（二）日本

诉讼费用主要包括两大部分："裁判费用"（裁判上费用）与"裁判外费用"（当事人费用）。裁判费用又分为程序申请费与代付款。[②] 前者是当事人向法院起诉或提起各种申请时，按照法律规定缴纳的手续费或规费。后者是法院进行送达或从事证据的审查时要求当事人

---

① 参见常怡：《比较民事诉讼法》，北京，中国政法大学出版社，2002。

② 参见林剑锋：《日本民事诉讼费用的制度与理论》，载张卫平主编：《司法改革论评》，第 4 辑，119～120 页，北京，中国法制出版社，2002。

承担的有关费用。如公告送达的公告费，证人、鉴定人等出庭时的旅费、补贴、住宿费，以及鉴定、翻译等需要的费用或报酬。所谓裁判外费用，是指当事人为诉状及其他法律文书的代书而支付的报酬，当事人自身或其非律师的代理人出庭所需要的旅费及住宿费等。当然，除上述两方面的费用外，当事人需要支付的费用，往往还有聘请代理律师的律师费，但是由于日本不采用强制律师代理制度，一般来说不承认把律师的手续费和报酬作为诉讼费用的一部分。

(三) 法国

与德国和日本不同，法国实行“司法免费”原则。但是尽管如此，要想诉诸法院解决争议，传统上都要求诉讼当事人支付为数可观的费用，当诉讼程序在普通法院进行时，更是如此。在法国，诉讼费用是指，由诉讼案件引起的，胜诉方当事人可以要求败诉方当事人支付的各种“费用的一部分”。《法国新民事诉讼法》第695条对由诉讼以及执行程序文书所引起的诉讼费用进行了列举，有关“司法免费”的法律不仅废止了第695条第2项的规定，而且对该条第1项所列举的费用种类的内容产生了影响。目前法国诉讼费用包括以下项目：(1) 诉讼文书和法院判决应当交纳和可能交纳的印花税与登记税。1977年的法律取消了全部这些税费，但自1992年1月15日起，却恢复了对由法院执达员依据程序规则所完成的、直接与诉讼或执行司法裁判决定有关的文书征收登记税，除非这些文书是应得到法律援助的人的请求所完成的文书。因此，国家采用一种“狡猾的”，“完全不正确的方式”，变更了“司法免费”原则。(2) 由法院书记室收取的各种税款、手续费与酬金。现在民事与行政法院书记室收取的各项手续费已经被取消，只有商事方面由法院书记室收取的税费仍然得以保留。(3) 由审前准备程序所引起的费用。这些费用包括对证人的补偿费、技术人员的报酬。(4) 有一定标准的垫付款。这是指偿还律师或司法助理人员在酬劳之外支付的有一定标准垫付款项，其中包括偿还当事人为参加诉讼的差旅费。(5) 司法助理人员与公务助理人员的酬劳。(6) 按照条例规定的范围以及在代理诉讼属于强制性的情况下律师的酬金。(7) 律师“互济合作费”以及相应的交纳款项。①

(四) 英国

1999年4月26日生效的英国《民事诉讼规则》第43.2条第1款 (a) 项规定：诉讼费用是指如诉讼当事人本人进行诉讼的，包括诉讼费 (fees)、法院收费 (charges)、支出 (disbursements)、开支 (expense)、报酬 (remuneration)、补偿费用 (reimbursement)，以

---

① 参见［法］让·文森，塞尔日·金沙尔：《法国民事诉讼法要义》，罗结珍译，1375～1382页，北京，中国法制出版社，2001。

及如在依小额索赔审理制审理的案件中，诉讼当事人由非专业诉讼代理人代理其进行诉讼行为的，包括任何诉讼费和报酬（reward）。[①] 该规则同时规定法院可以评定委任人应向律师支出的律师报酬及其他收费，律师费是英国诉讼费用的重要组成部分。

（五）美国

美国的诉讼收费在类别方面，基本上与大陆法系国家相似。按美国《联邦民事诉讼规则》第 54 条第 4 款的规定，当事人在联邦法院进行诉讼应交纳的诉讼费用主要有以下几种：（1）提交起诉时应支付的案件受理费。（2）因庭外录取证言和庭审速记而支付给法院记录员的费用。（3）出庭证人的费用。也就是说，根据美国法的规定，诉讼费用也包括两部分，即案件受理费与当事人费用。所谓当事人费用，是指除律师费用以外的由当事人支付的其他费用，具体包括当事人及其证人的差旅费、法庭记录费用、专家费用等。[②]

（六）俄罗斯

根据 2003 年 2 月 1 日开始施行的《俄罗斯联邦民事诉讼法》第 88 条的规定，诉讼费用包括国家规费和与案件审理有关的费用。国家规费的数额和缴纳程序由关于税、费的联邦法律规定。第 94 条规定，与案件审理有关的费用包括：（1）应该付给证人、鉴定人、专家和翻译人员的费用；（2）外国公民和无国籍人负担的翻译人员服务费，但俄罗斯联邦签订的国际条约有不同规定的除外；（3）当事人和第三人出庭的交通和住宿费；（4）代理人的服务费；（5）进行现场勘验的费用；（6）依照该法第 99 条对实际耗费时间的补偿费用；（7）由当事人负担的因审理案件而发生的邮政费用；（8）法院承认的其他必要开支。应该付给证人、鉴定人、专家的费用，以及其他法院认为必需的案件审理费用，应由提出相应请求的一方或双方当事人交付给俄罗斯联邦主体司法局（处）的银行账户，如果是由法院主动进行的，则使用联邦预算资金支付。[③]

（七）巴西、阿根廷

巴西的诉讼费用包括诉讼费和成本费。诉讼费亦称“司法收费”，是当事人提起诉讼应当交纳的费用，具有赋税性质。成本费包括两个部分：一是由法院秘书处因制作裁定书和判决书以及传讯、传唤、送达、公告等发生的费用；二是法院、当事人聘请技术助理、专

---

① 参见徐昕译：《英国民事诉讼规则》，216 页，北京，中国法制出版社，2001。

② 参见廖永安：《民事诉讼理论探索与程序整合》，194 页，北京，中国法制出版社，2005。

③ 参见黄道秀译：《俄罗斯联邦民事诉讼法典》，59、66～68 页，北京，中国人民公安大学出版社，2003。

业鉴定人员发生的费用。阿根廷的诉讼费同样被认为具有赋税性质，其诉讼费用的范围与巴西大致相同。[①]

(八) 韩国

韩国的诉讼费用包括裁判费用、当事人费用以及法律允许列入诉讼费用的律师报酬。裁判费用是指当事人提起诉讼时向法院交纳的裁判手续费以及其他裁判上所需费用。裁判费用以贴付印花的方式交纳。其中，有些费用不使用贴付印花而是采用现金方式。这些费用主要包括送达费用；公告费用；证人、鉴定人、翻译人及通译人的差旅费、日津贴及住宿费用；法官及法院事务官用于勘验的差旅费、日津贴及住宿费用等。当事人费用是指为了进行诉讼由当事人自己支付的费用。例如，制作诉状等诉讼文书费用、当事人及其诉讼代理人于期日出庭的差旅费、日津贴及住宿费用，以及支付给诉讼代理人及律师的报酬等。韩国目前尚未像法国、德国及奥地利一样实行律师强制制度，因此，除了韩国《民事诉讼法》第144条规定的为无辩论能力当事人（或代理人）选任律师之情形外，律师费用不能列入诉讼费用，原则上由当事人自己承担。[②]

(九) 比较综述

通过对以上国家有关诉讼费用构成的简要比较，结合各国的法律传统和诉讼模式，对诉讼费用制度本身及其成因，我们进行了如下分析：

1. 诉讼费用的构成

诉讼费用制度既调整当事人和法院之间的关系，也调整当事人与当事人之间的关系。诉讼费用如何在当事人与国家以及当事人彼此之间进行分配的问题是诉讼费用制度中的一个重要的理论问题。前者涉及公共成本与私人成本的比例分担，后者涉及当事人彼此之间如何分担诉讼成本——包括公共成本和私人成本——的比例。公共成本和私人成本的划分在各国存在一定的差异。例如，在德国、日本和韩国，公告送达的公告费，证人、鉴定人等出庭时的旅费、补贴、住宿费，以及鉴定、翻译等需要的费用或报酬等属于审判费用的范畴，是诉讼公共成本的一部分，而在美国和法国，则将这一部分费用划入了当事人费用的范畴，构成当事人诉讼私人成本的一部分。

2. 影响诉讼费用构成的因素

影响诉讼费用构成的因素有：（1）诉讼模式。在采取当事人主义的诉讼模式的国家，

---

① 参见吕锡伟、陈黎君：《巴西、阿根廷诉讼收费制度》，载《〈诉讼费用交纳办法〉释义》，251页，北京，中国法制出版社，2007。

② 参见廖永安：《诉讼费用研究——以当事人诉权保护为分析视角》，285～289页，北京，中国政法大学出版社，2006。

如美国、英国，当事人在诉讼程序中发挥主导作用，其诉讼成本主要是私人成本，审判费用在民事诉讼费用中所占的比例也相对少一些。因而其诉讼费用制度主要是调整双方当事人之间在承担诉讼的私人成本方面所形成的责任和风险关系，当事人由于缴纳审判费用而与法院之间形成的纵向关系几乎可忽略不计。德国、日本和韩国实行混合主义诉讼模式，其法官不仅工作量很大，而且所有这些活动所发生的费用，如送达费、法庭记录费、专家、证人费用等，都要由法庭开支。因此，德国、日本和韩国的诉讼费用制度既重视调整法院与当事人就诉讼公共成本如何承担的关系，同时也重视调整当事人彼此之间就私人成本承担的关系。在法国之所以能推行“司法免费”原则，从诉讼模式这个角度来看，与德、日等大陆法系国家相比较，法国民事诉讼模式的当事人主义色彩要浓厚得多，日本著名民事诉讼法学家兼子一教授曾将法国民事诉讼称为“彻底的当事人主义”。1975年的法国新民事诉讼法以加强在大审法院审前准备程序中法官的职权为中心进行了改革，强化了法院对审前程序的诉讼管理的职权作用，但从法国新民事诉讼法的规定来看，法国加强法院对诉讼程序方面的职权作用并没有采纳德国、日本和韩国等大陆法系国家从公权说出发，由法院直接依职权处理大量程序问题的做法，而是在坚持法国原来的当事人主义的前提下，采纳了美国民事诉讼法的审前会议的做法，加强对当事人审前准备的监督和管理。由此可见，与德国、日本和韩国相比，法国之所以能推行“司法免费”原则，应当说是与其诉讼模式不无关系的。①

（2）法律渊源。美国以司法判例为主要法律渊源，审判制度创制出了具有普遍拘束力的法律规范，产生了比制定法占据更为重要的地位的判例法。受益者为全社会成员。因此，美国将大量的税收投入司法程序，并承担部分审判成本。而当事人所交纳的案件受理费，承担了极低的审判成本，只是象征性的。英国法院费用也已低于许多欧洲国家，法院收费方式变为依诉讼请求金额大小收取，如高等法院的起诉费，1万英镑的案件收100英镑，10万英镑以上或者不能确定诉讼请求最高金额的案件收500英镑，案件受理费也相对低廉。可见在判例法国家，国家承担了主要的公共成本。相反，大陆法系国家以制定法为主要司法依据，司法判决并不能作为有拘束力的先例而直接为后来的纠纷解决提供依据，因此，司法程序的获益者主要是纠纷各方。② 所以与英美法系国家相比，在德国、日本，是由当事人承担一部分或更多的司法公共成本的。

3. 关于诉讼公共成本的分担的学说

各国对于诉讼公共成本的分担不同的规定来源于两种学说：一种是全体纳税人负担说，另一种是受益者负担说。前者认为“法院本身就是用民众和企业交纳的税款设立和维系的，作为政府机构的法院为纳税人处理纠纷，乃是分内的事情，因为法院一切活动所需的经费，以及法官及辅助人员的薪水都是政府预算所涵盖的，再向当事人收取所谓诉讼费岂非重复

① 参见廖永安：《民事诉讼理论探索与程序整合》，206～207页，北京，中国法制出版社，2005。

② 参见上书，204～205页。

收费”[①]。法国推行“司法免费”和美国采取象征性的计件低额收费与全体纳税人负担说不无联系。后者认为，当事人除了作为纳税人承担了从经济上支撑审判制度的一般责任外，还因为具体利用审判制度，获得国家提供的纠纷解决这一服务而必须进一步负担支撑审判的部分费用，否则对于其他纳税人来说是不公平的。此外，作为一种公益性的服务，如果当事人对审判制度的利用完全不用再付出经济上的代价，就可能导致一部分人的过度利用，或不该得到服务的人不当受益即滥诉现象的发生。因此，由受益者负担原则派生出来的一种政策性的重要作用，就是抑制滥诉。正是基于上述理由，大多数国家在案件受理费的征收上主要依据案件标的额的大小来加以确定。同时，对于非财产案件，或标的额难以确定的案件，采取按件征收或收取固定数额费用的做法。

4. 案件受理费

各国对案件受理费征收采用不同立法例，也对司法实践产生了不同的影响。法国采无偿主义，大部分国家采有偿主义。其中，美国是象征性缴纳少量起诉费，即所谓“轻度有偿主义”，日本等国家则缴纳较高的诉讼费，即所谓“高度有偿主义”[②]。美国和法国采用司法低廉原则，固然有助于充分保障当事人的诉权，但在防止当事人滥用诉权的限制方面表现得较为软弱，并加重了国家的负担。

5. 关于律师费用

凡实行律师强制代理制的国家，律师费用往往构成法定诉讼费用的一部分。如德国，律师费用就是法定诉讼费用的重要组成部分。相反，在实行非律师强制代理制的国家，当事人聘请律师的费用往往被排除在法官诉讼费用的范围之外，如美国、日本、韩国。

二、诉讼费用收取的标准

（一）德国

德国的诉讼费用由不同的内容构成，对于不同种类的诉讼费用在征收的标准和征收方法上也不尽相同。具体来说主要有以下几种计算方法。

1. 诉讼费用和律师的法定报酬

国库承担的诉讼费用（裁判费用）和律师的法定报酬，这两项诉讼费用的征收以当事人争议的请求数额为标准，以费用等级递减的原则予以征收。裁判费用及律师的法定报酬

① 贺卫方：《诉讼费问题》，载《司法的理念与制度》，286页，北京，中国政法大学出版社，1998。

② 立法例划分参考左卫民、张晓薇：《人权·法治·国家》，载www.1488.com.cn。

不是随争议值线性增高，而是随争议值的增加而下降。采取这一原则目的是在争议值增大时减轻当事人的经济负担。计征时结合当事人的请求额和诉讼程序的进展计征诉讼费用的总额。德国诉讼费用分为三个阶段计算，这三个阶段分别是诉讼程序前为一个阶段，起诉和答辩为一个阶段、法庭审理为第三个阶段。律师报酬的计算也相应地分为三个费用单位。①

为使经济能力薄弱的当事人不会由于诉讼费用过高而不敢援用诉讼程序，联邦德国的法律允许法院在这些特殊的情形下，在诉讼费用的确定方面确定两种讼争金额，即一方的金额低于另一方，这种立法的目的为防止大公司或公司集团利用偿还巨额诉讼费用请求威胁对方当事人。这种裁定的结果是，经济能力强的一方的律师有权收取按较大的讼争金额计算的报酬，经济能力弱的一方的律师有权收取按较低的讼争标的的讼争金额计算的报酬。如果经济能力较弱的一方败诉，他支付法院费用和偿还经济能力强的一方的费用的义务，将按照较低的讼争金额计算，即不偿还经济能力强的一方的一部分律师费用。相反，如果经济能力强的一方败诉，法院费用以及偿还经济能力弱的一方的费用都按较高的金额计算。上文所称的较低金额是按照经济能力弱的一方的支付能力，而不是按照诉讼标的效益决定的，至于较高金额，则是按诉讼标的效益决定的。② 这就是联邦德国的费用差别制。

以当事人争议的请求额作为计收标准，在民事诉讼的理论与实践中遭到的问题之一，是在本诉与反诉合并时争议额的计算。对此德国理论界有两种观点：其一是分别计算并分别确定负担的方法；其二是德国占主导地位的观点，即一并计算的方法，把本诉的请求数额与反诉的请求数额加总在一起，确定诉讼费用的具体数额和负担。③ 对本案以缺席判决、承认判决或放弃判决而终结诉讼的，由于不涉及法院对本案的审理，不收取手续费。④ 这样可以促使当事人积极和解，终结程序。

2. 法院支出、当事人费用以及律师支出

这几项诉讼费用的征收一般以实际支出为标准，但必须以诉讼需要为限，因此法律规定必须是必要的支出才能作为诉讼费用的范围。

(二) 日本

日本诉讼费用的计算因征收的诉讼费用内容不同，而采用不同的计算方法。

---

① See Gerhard Dannemann, *Access to Justice, an Anglo-German Comparison*, No. 2, European Public Law (1996), pp. 271 - 292.

② 参见沈达明编著：《比较民事诉讼法初论》，540 页，北京，中国法制出版社，2002。

③ 参见［德］狄特·克罗林庚：《德国民事诉讼法律与实务》，刘汉富译，40 页，北京，法律出版社，2000。

④ 参见廖永安、李胜刚：《我国民事诉讼费用制度问题透析与改革》，载樊崇义主编：《诉讼法学研究》，第 9 卷，175 页，北京，中国检察出版社，2005。

1. 裁判费之中的申请手续费

申请手续费依照法定比例或法定数额征收，但是具体计算又略有差异。起诉时的手续费对于非财产案件或者虽为财产性质但诉额难以计算的案件，一律按 95 万日元的诉额计征，手续费为8 200日元。对于财产案件，以诉讼标的额为标准，按超额递减的方法计征起诉手续费。其他程序例如公示催告程序、督促程序、执行程序等的申请费均采用按件，依固定数额计征。

申请手续费的计征中，控诉案件和上告案件采用加重收费的原则，以促使当事人慎重行使上诉权，抑制上诉。控诉案件的手续费为一审金额的 1.5 倍，上告的手续费为一审手续费金额的 2 倍。

2. 法院手续费以外的费用以及当事人费用

按实际支出的原则计征，法律规定以上支出须以案件的审理或参加诉讼之必要为界限，不必要的支出不能作为诉讼费用的内容。何为必要由法院以诉讼费用裁判决定。日本诉讼费用制度的一个特点是法律对法院可以作为手续外费用计收的诉讼费用作了明确、具体的规定，逐项列举了费用的种类和征收标准，没有给法官留下自由裁量的余地，有助于保护当事人的合法权益、实现当事人与法官之间的信任。[①]

(三) 英国

在英国民事诉讼中，诉讼收费的评定与征收基本上采用如下三种标准：(1) 依标准基础评定与征收；(2) 依补偿基础评定与征收；(3) 按固定数额征收。[②] 所谓依标准基础评定与计收主要是指根据诉讼请求金额的一定比例核准承担的诉讼费用。该标准是诉讼费用评定中的主要标准，但是英国目前尚没有依诉讼标的金额按比例收费的具体规定，诉讼请求金额与诉讼费用之间没有固定的比例关系。诉讼费用收取的具体比例由法官依自由裁量权确定。因此在小额诉讼中，诉讼费用收取的比例较高，具体数额有可能等于甚至高于案件的争议金额。补偿基础是指依照诉讼中支出的合理费用评定诉讼费用的标准。适用的对象主要是合理支出的当事人费用及合理支出的法院费用等。固定费用是指按照法律规定的具体数额征收诉讼费用的方法，适用于委托人支付律师报酬以外的其他律师费的情形，包括固定起诉费、判决登记费、其他固定诉讼费用。除此之外，该项标准还可适用于法院收取的适当手续费。

但是英国《民事诉讼规则》同时规定，无论依何种标准，法院皆不准许当事人承担不

---

① 参见王亚新：《社会变革中的民事诉讼》，275 页，北京，中国法制出版社，2001。

② 徐昕依据英国《民事诉讼规则》第 44.4 条认为，英国评定诉讼费用的基础有标准基础、补偿基础两项标准。值得注意的是诉讼费用的评定标准与征收标准有一定差异，诉讼费用中需要法官裁量的，应由法官评定。但有些收费法律规定的明确、具体，无须法院评定，此种费用法律也不需要在诉讼费用评定中再作规定。参见徐昕：《英国民事诉讼与英国司法改革》，395 页，北京，中国政法大学出版社，2002。

合理的诉讼所发生之费用或者金额不合理的诉讼费用（第 44.4 条）。英国《民事诉讼规则》第 44.5 条第 1 项规定：法院在裁决诉讼费用是否具备下列情形之一时，须考虑各种因素：(a) 如法院根据标准基础评定诉讼费用的，则诉讼费用是否按比例且合理产生；或者金额符合比例且合理；(b) 如法院根据补偿基础评定诉讼费用的，则诉讼费用是否不合理产生；或者金额不合理。规则进一步在第 44.5 条第 3 项规定了评定诉讼费用时应考虑的其他因素：(a) 所有当事人的行为，特别包括在诉讼程序前以及在诉讼程序进行中的行为；以及在诉讼程序前和在诉讼程序进行中，为及时解决争议所作的努力，如果有的话；(b) 涉及任何款项或财产的金额或价值；(c) 有关事项对所有当事人的重要性；(d) 有关事项的特殊复杂性，或者所涉及问题的难度或新颖性；(e) 涉及的诉讼技巧、努力程度、专业知识以及责任心；(f) 案件所花费的时间；以及 (g) 办理业务或部分业务的地点以及环境。[①] 英国《民事诉讼规则》的这些规定表明，目前在英国法律鼓励当事人在诉前及诉讼中理性评价自己的案件，支持当事人对和解采取积极的态度。并在诉讼费用的计收方面给滥用诉权的当事人一定的经济制裁。另外，英国《民事诉讼规则》还允许双方当事人以协议的方式确定诉讼费用的具体数额，赋予当事人自主决定诉讼费用补偿问题的权利。

(四) 美国

同其他国家一样，美国诉讼费用的征收根据诉讼费用的不同种类采取不同的征收标准。

1. 案件受理费。在美国联邦政府对诉讼提供巨额财政补贴，法院仅收取微不足道的费用。审理案件的成本几乎全都是政府预算负担，实际上由纳税人承担法院审理案件费用。美国联邦法院每年审理的案件大约是 24 万件，即使当事人按法定标准交纳案件受理费，联邦法院也只能收取3 600万元，相当于联邦法院全年预算的 1.5%。联邦法院不是按照案件的“争议数额”或者“诉讼标的”征收案件受理费，而是按案件收取固定的费用。[②] 1999 年联邦地区法院每个案件的受理费为 150 美元；联邦上诉法院每个案件的受理费为 100 美元，联邦最高法院每个案件收取的案件受理费是 300 美元。[③] 之所以上诉审采取较低的收费，而在联邦最高法院收取的受理费较高，是因为在美国二审上诉是当事人的一项基本诉讼权利，法律并不限制当事人的上诉权，相反为了给当事人充分的司法救济，鼓励当事人上诉。而向联邦最高法院上诉不是当事人普遍享有的权利，为了节约司法资源，一般限制当事人向最高法院上诉。

2. 向法院书记员给付的费用和部分当事人费用。向法院书记员给付的费用和部分当事人费用，一般情况下以实际支出为征收标准，但是以合理需要为限。至于何为合理需要，

---

① 参见徐昕译：《英国民事诉讼规则》，222～224 页，北京，中国法制出版社，2001。

② 参见方流芳：《法院收费制度考》，载《中国社会科学》，1999 (3)，130 页。

③ See 28U. S. C sec. 1914，1913；U. S. S. Ct. R. 38

由法院以自由裁量权决定。对于法院的决定，当事人不服的可以提出异议，然后由书记员以非正式听审的方式加以决定。

3. 证人出庭费用。当事人支付给证人的出庭费用的数额，由法庭根据情况决定。美国《联邦证据规则》第706条（b）（2）规定：指定的专家证人有权在法庭允许的数额内获得补偿。在刑事案件和根据宪法第5条修正案包含此类补偿的民事诉讼中，补偿金在法律规定的款项中支付。在其他民事诉讼中，补偿金将由当事人根据法庭确定的比例和时间支付，法院按照与确定其他费用的方式相似的方式作出具体决定。由于在美国专家证人的法律地位与一般证人相同，我们认为该规定同样适用于一般证人出庭费用的给付。

(五) 巴西、阿根廷

在巴西，诉讼费按照财产案件和非财产案件分别规定了收费标准。非财产案件，以件为单位按照固定的标准收取诉讼费；财产案件，按照诉讼标的金额的1%收取诉讼费。成本费则按照法律规定的固定标准收取。比如，联邦最高法院的公告费第1页为1.96雷亚尔（1雷亚尔约等于人民币3.8元，此处约合人民币7.4元），超过1页的，从第2页起每页0.54雷亚尔（约合人民币2元）。各州法院的收费标准各不相同。二审案件的收费和一审案件完全相同。①

在阿根廷，诉讼费的标准也是按照财产案件和非财产案件分别规定的。对非财产案件，每件收取诉讼费69比索（1比索约等于人民币2.67元，此处约合人民币184元）；对财产案件，按照诉讼标的金额的3%收取诉讼费。对于是否属于财产案件有争议的，根据第23.898号法律规定，先按非财产案件收取诉讼费；审理结束确定属于财产案件的，再收取不足部分。第23.898号法律还明确列举了6种减半收费的情形：（1）测量和划界案件；（2）继承案件；（3）主动提出的遗嘱登记注册案件，国家司法权限外的继承人宣布案件；（4）重新抵押注册的司法程序和其他各级法院法官审理的相关案件；（5）对联邦、省、市级政府及其下属部门作出的裁决直接上诉的案件；（6）调解案件。与巴西不同的是，当事人提起二审请求不需要交纳诉讼费。但是，当事人若因案件涉及宪法或联邦问题向最高法院上诉，则需要缴纳1 000比索（约合人民币2 670元）的预付金。该预付金的性质与诉讼费的性质完全不同。如果最高法院决定受理，预付金将被返还给当事人；反之，最高法院如果驳回当事人的上诉，预付金将被作为国家法院图书馆的基金。这意味着当事人若滥用上诉权要承担风险和代价。这一制度对于引导当事人理性上诉（到最高法院）有重要作用。②

①② 参见吕锡伟、陈黎君：《巴西、阿根廷诉讼收费制度》，载《〈诉讼费用交纳办法〉释义》，251～252页，北京，中国法制出版社，2007。

(六) 比较综述

1. 在案件裁判费的征收方面，美国和法国基本上采取按件计收的方法，这与其采取的司法低廉原则有较大的关系。其他国家基本上采取按比例征收的方法，不过在具体方面又有一定的差异。德国和日本采用超额递减的方法征收，英国征收的比例由法官根据案件的具体情况裁定。

2. 按件征收操作起来最为方便。因为这种征收方式不涉及金额问题，无须对案件进行划分，省去了不少麻烦。但是该方式建立在国家财政实力雄厚的基础上。因为按这种方式征收案件受理费，每件的案件受理费不能太高，否则将会导致小额案件无法进入诉讼程序。按比例征收适用于财产案件。在按比例征收的情形下，小额案件与大额案件相比，当事人受益是有一定差距，但是当事人负担的诉讼费差距却大得更多。就受益和负担的平衡来讲，小额案件向受益倾斜，大额案件向负担靠拢。实际上，有能力负担的当事者相对负担多一些，能力弱的当事者则少负担一点，实际上前者对后者形成了一定程度的补助。[①] 其实，案件的复杂程度与诉讼标的额并无直接的因果关系，诉讼费随标的额增长而增长，只是成本负担在不同当事人之间的流动的方式。与英国相比，德国和日本的规定有较大的合理性，因为超额递减的比率能够减轻诉额较大的当事人的负担，便于其利用司法制度。

3. 一般来说，上诉的诉讼费较为低廉，而向最高司法机关上诉则要承担更高的风险和更大的代价。这是为了给当事人充分的司法救济，鼓励当事人上诉。但是，向最高法院上诉不是当事人普遍享有的权利，为了节约司法资源，一般限制当事人向最高法院上诉。在美国，上诉审采取较低的收费，而在联邦最高法院收取的受理费较高。在阿根廷，二审不收诉讼费，而当事人向最高法院上诉，则需交纳预付金。

三、诉讼费用负担

各国都采取以败诉者负担诉讼费用为原则。诉讼费用由败诉的当事人负担并不是追究其不法行为责任，只是让他承担败诉实施这一结果责任，因此不追究败诉者的故意或过失。[②] 可见这对败诉者不是一种惩罚，只是想影响其行为。同时，败诉者负担也有例外，各国对此都有不同的规定。

---

① 参见［日］棚濑孝雄：《纠纷的解决与审判制度》，287～288页，北京，中国政法大学出版社，2004。

② 参见［日］中村英郎：《新民事诉讼法讲义》，陈刚等译，256页，北京，法律出版社，2001。

(一) 德国

《德国民事诉讼法》第91条第1款规定，法院应命令败诉方支付诉讼费用。第98条规定，当事人在法院和解时，除非和解协议另有规定，费用由双方分担。德国把律师费用设定为诉讼费用，并由败诉的当事人承担，有助于贫困的享有实体权利的当事人参加诉讼，从而实现对其的诉权保障。《德国民事诉讼法》第93条还规定了败诉方承担诉讼费用的例外，即诉讼不是被告挑起的，并且立刻承认原告的请求，从而说明原告的起诉不必要，他不但没有支付原告诉讼费用的必要，甚至对称为胜诉人的原告，法院有权命令他支付被告的诉讼费用。《德国民事诉讼法》第91条第1款还规定，胜诉方只能要求偿还为取得对他有利的判决支付的必要费用。这项限制表现在两个方面。第一，得要求偿还的费用的种类与金额有限制。第二，在并非必要的程序上所支出的费用，胜诉人不得要求偿还。[①]

(二) 日本

根据《日本新民事诉讼法》的规定，诉讼费用原则上由败诉的当事人负担（《日本新民事诉讼法》第61条）。这个原则适用于一般的民事事件，但它并不是唯一的原则。特别是非讼案件或非讼案件性质的家庭事件没有区分胜诉当事人和败诉当事人；另外，人的身份成为诉讼对象时，由于它又牵涉到公共利益，这类诉讼的诉讼费用如果让个人承担，有些学者认为不太恰当。由于日本实行本人诉讼主义，法律并未要求一定要通过律师进行诉讼，因而，规定律师的报酬由各当事人负担，其报酬额也是由委托人与律师双方自由商定（但在不法行为的损害赔偿诉讼中，由于律师费用是与之有因果关系的损害，因而可以计人损害额中，要求加害人支付）。胜诉者不必要行为所发生的诉讼费用或因胜诉者的怠慢导致诉讼迟延所发生的费用，法院也可根据具体情况，责令胜诉者承担其全部或其中一部分费用（《日本新民事诉讼法》第62、63条）。另外，部分胜诉或部分败诉的情形，诉讼费用的负担及负担比例由法院自由裁定（《日本新民事诉讼法》第64条）。如果是因法院书记员或执行官的故意或重大过失而发生无益费用时，受诉法院可责令这些人偿还其费用（《日本新民事诉讼法》第69条1项）。法院在终结事件裁判时，依职权必须裁判出其审级全部诉讼费用的负担者（《日本新民事诉讼法》第67条1项）。[②] 当事人在法院进行和解时，如果对于和解的费用及诉讼费用没有特别的决定，该费用由当事人各自负担（《日本新民事诉讼法》第68条）。[③]

---

① 参见沈达明编著：《比较民事诉讼法初论》，535～537页，北京，中国法制出版社，2002。

② 参见［日］中村英郎：《新民事诉讼法讲义》，陈刚等译，255～257页，北京，法律出版社，2001。

③ 参见白绿铉编译：《日本新民事诉讼法》，51页，北京，中国法制出版社，2000。

(三) 法国

根据《法国新民事诉讼法》第 696 条的规定，败诉的一方当事人受判处负担诉讼费用。如果双方当事人在诉讼请求的不同争点上分别都有败诉事由（一部败诉），法院对诉讼费用的分担享有自主评判权，如同其判处由一方当事人负担全部诉讼费用一样，没有必要特别说明其理由。在分割遗产的情况下，诉讼费用由共同继承人按继承财产的比例负担。败诉者负担的原则也有例外：（1）第一个重要的例外见于新民事诉讼法第 696 条本身的规定。现在，基层法院或上诉法院均有权判决诉讼当事人分担诉讼费用，甚至判处全部诉讼费用由另一方当事人负担，即使诉讼中仅有唯一的败诉方当事人，法官也有权不判其负担全部诉讼费用。任何一方当事人，即使不能责备其提起诉讼时缺乏慎重考虑，或者不能受责备因其不慎而受到诉讼，都完全有可能败诉。不过，在这种情况下，法官的决定应当特别说明理由。即使当事人之间订立有特别协议，亦不能损及法官的这一权力。（2）当败诉方当事人获得司法援助时，第 696 条所定之规则亦予排除。《法国新民事诉讼法》第 1127 条规定，诉讼费用由主动提出因夫妻共同生活破裂而离婚的人负担。（3）“不当开支”的费用。（4）按照旧的判例，如果检察院作为主当事人败诉，不得受判处负担诉讼费用；但国库要承担这项费用。①

(四) 英国

在英国，胜诉方所支付的诉讼成本最终均由败诉方承担。英国法对败诉方承担诉讼费用的原则只承认为数极有限的例外。英国承认的例外少于联邦德国法。英国法在下列情形下承认原告不得要求败诉方偿还诉讼费用：法院虽找不到驳回原告请求（偿还诉讼费用的请求）的法律上的理由，但认为原告提起的诉讼是压制、折磨人的，所以除作出金额极小的损害赔偿判决外，否定原告要求偿还诉讼费用的权利。应偿还的诉讼费用包括律师费用。② 英国将律师费纳入到诉讼费用中去的做法，被称为“英国规则”。英国规则的理论根据是，要求胜诉方承担败诉方在错误地否定胜诉方的主张上所花的不必要的费用是不公平的。③“在高等法院进行诉讼时，胜诉方已经支付或将要支付给他的律师的费用，无论如何也要得到补偿”，“胜诉方支付给其律师的费用，依律师在授权范围内所进行的全部行为计算，除非他能证明其律师的某行为不当。”④

---

① 参见［法］让·文森，塞尔日·金沙尔：《法国民事诉讼法要义》，罗结珍译，1385～1386 页，北京，中国法制出版社，2001。

② 参见沈达明编著：《比较民事诉讼法初论》，542～543 页，北京，中国法制出版社，2002。

③ 参见上书，543 页。

④ ［英］大卫·巴纳德：《英国民事诉讼法》，192 页，西南政法学院法律系诉讼法教研室编。

(五) 美国

美国《联邦民事诉讼规则》第54条规定，除美国制定法或民事诉讼规则有明文规定外，只要法院不作出别的命令，律师费以外的费用当然补偿给胜诉方当事人。但是，对美国政府官员和机构提起诉讼的费用，只有在法律许可的范围内才能由对方负担。在美国，律师费一般不能作为诉讼费用的内容，而是由当事人分别负担各自的律师费。这种律师费的负担方法又被称为“美国规则”。美国规则的理论根据是，鉴于诉讼结局的不确定，以支付胜诉方的律师费用处罚败诉方是不公平的。如果当事人要求从败诉方那里获得律师费用补偿及其他非税性费用，则必须提出动议，且说明所依据的判例和制定法规则或其他依据。事实上，在美国律师费用能够得到补偿的机会是极少的。

(六) 俄罗斯

根据《俄罗斯联邦民事诉讼法》第98条的规定，法院应责成败诉方向胜诉方补偿案件的诉讼费用。如果部分胜诉，则本条所列诉讼费用按胜诉数额的比例补偿给原告方，而按原告败诉部分数额的比例补偿给被告方。①

(七) 巴西、阿根廷

巴西和阿根廷都实行由败诉方负担诉讼费的原则。巴西的有关法律除规定败诉方负担诉讼费外，还对一些复杂情况作了规定。比如：各方诉讼当事人部分胜诉、部分败诉的，诉讼费用由当事人按比例负担。和解结案的，如果没有任何一方当事人愿意支付诉讼费用，由和解方平均分担；如果诉讼当事人丧失最基本的支付能力，由另一方负担全部诉讼费用。②

(八) 韩国

依据韩国《民事诉讼法》第98条规定，诉讼费用由败诉当事人负担。如果败诉当事人为共同诉讼人，原则上应平均负担诉讼费用。但法院也可根据具体情形命令共同诉讼人连带负担，或者确定其他负担方式（《民事诉讼法》第102条）。在当事人部分败诉情形下，诉讼费用负担方法并非按照胜败的比例确定，而是由法院依据实际情形公平地作出裁量

---

① 参见黄道秀译：《俄罗斯联邦民事诉讼法典》，68页，北京，中国人民公安大学出版社，2003。

② 参见吕锡伟、陈黎君：《巴西、阿根廷诉讼收费制度》，载《〈诉讼费用交纳办法〉释义》，254页，北京，中国法制出版社，2007年第1版。

(《民事诉讼法》第101条),因此,法院可以根据案件的客观情况命令一方当事人负担全部诉讼费用。不过,在诉讼费用负担原则方面也存在例外性规定,比如,《民事诉讼法》第99条规定,胜诉当事人为扩张权利而实施的不必要的诉讼行为所产生的费用,由实施该行为的当事人负担;败诉当事人某一诉讼行为如果是出于不得已,则因该行为产生的诉讼费用可以由胜诉当事人负担(例如,债务人甲未清偿债权人乙的欠款,乙提起诉讼。在诉讼系属中,甲进行了任意清偿,原告乙因债权实现而败诉。在此情形下,该行为产生的诉讼费用可以由胜诉当事人甲负担)。此外,依据韩国《民事诉讼法》第100条之规定,胜诉当事人在诉讼进行中以拖延诉讼为目的实施的行为所产生的费用,应当由本人负担。①

(九) 比较综述

1. 败诉者负担诉讼费用是各国诉讼费用制度的普遍原则,其利弊分析如下:这是棚濑孝雄所说的诉讼成本"第二次转嫁"的形式之一,即作为诉讼成本已经由或应该由当事人负担的费用再次转嫁给对方当事人的政策。其合理性在于真正拥有权利的人不负担成本,从而可以产生动员这种人更积极地主张自己权利的效果。在这里,一方面存在着必须通过权利在成本为零的前提下得到实现来维持法秩序的理念,另一方面,对侵害了他人权利还以应诉形式来抵抗救济要求的人则给以负担双重诉讼成本的制裁,以期达到抑制权利侵害或不经诉讼也能恢复权利的目的。② 但是诉讼也有不确定性,尤其是在现代社会,由于案件的复杂性,当事人越来越难以预计案件的结局,会有人明明有理却败诉,那就会有人因为害怕承受双重成本负担而不敢提出应该提出的诉讼或抗辩,这就有可能抑制合理的权利主张。因此,有的学者建议,凡当事人的争执系出于善意,而且争执的解决对双方都是有利的,诉讼费用应由双方分担。按照格隆斯基(Grunsky)的建议,所有法院外的开支,即律师费、鉴定人费等都由双方当事人平等分担,不问谁胜诉谁败诉。唯一例外为如果败诉人曾经适当地小心谨慎的话,本来能预计到自己会败诉。③

2. 败诉者负担的原则也有例外。譬如,德国规定,诉讼不是被告挑起的,并且立刻承认原告的请求时,被告不但没有支付原告诉讼费用的必要,甚至对称为胜诉人的原告,法院有权命令原告支付被告的诉讼费用。在英国,若法院认为原告提起的诉讼是压制、折磨人的,可以否定原告要求偿还诉讼费用的权利。韩国《民事诉讼法》规定,胜诉当事人为扩张权利而实施的不必要的诉讼行为所产生的费用,由实施该行为的当事人负担;败诉当事人某一诉讼行为如果是出于不得已,则因该行为产生的诉讼费用可以由胜诉当事人负担;胜诉当事人在诉讼进行中以拖延诉讼为目的实施的行为所产生的费用,应当由本人负担。

---

① 参见廖永安:《诉讼费用研究——以当事人诉权保护为分析视角》,290~291页,北京,中国政法大学出版社,2006。

② 参见[日]棚濑孝雄:《纠纷的解决与审判制度》,290页,北京,中国政法大学出版社,2004。

③ 参见沈达明编著:《比较民事诉讼法初论》,541页,北京,中国法制出版社,2002。

3. 如果一方只是部分胜诉，那么诉讼费用应按比例分担。最典型的部分胜诉实例为判决判令支付的金额低于原告申请的金额。各国法律一般认为，就差额来说，原告败诉，从而应负担全部费用的一定的比例，甚至进一步规定如果差额极其微小，不需要分担。这项规定的宗旨是制止原告申请不现实的巨额损害赔偿金额。

4. 大部分国家律师费用是由当事人自己承担的，只有少数国家由败诉者承担，例如德国、英国。德国的规定与律师强制代理制度有关。英国的规定源自"赢家取得一切"的成本政策，能产生促进权利人积极主张自己权利的结果。但是，也会上述败诉者负担原则的负面效应更加明显。在胜诉与败诉并补偿他方诉讼费用的两难之间，当事人除了不断加大投入，可以说别无选择。对此，有学者提出了批评，认为英国诉讼费用制度是产生程序不经济的重要原因之一。[①]

四、诉讼费用的评定程序和异议程序

(一) 德国

法院应当以裁定的形式对诉讼费用进行裁判。法院系依职权发布费用裁判，无须当事人对此提出相应的申请。[②] 只有当双方当事人一致向法院表示他们舍弃费用裁判或者当他们通过某个法院和解确定了费用的分配时，法院才不作费用裁判。[③]《德国民事诉讼法》第 99 条第 1 款规定，不允许不就主要争执点，单就诉讼费用提起上诉。

(二) 日本

日本新民事诉讼法第 71 条规定，负担诉讼费用的金额，是在法院对该负担作出的裁判产生执行效力之后，根据申请，由第一审法院的书记官加以确定。对该申请作出的处分，以适当的方法告知而产生效力。对于该处分的异议申请，应从接到告知之日起 1 周不变期内提出。该异议申请，具有停止执行的效力。对于所确定金额处分提出的异议申请，法院

① 参见徐昕：《程序经济的实证与比较分析》，载《比较法研究》，2001 (4)。

② 主流观点，参见 Stein/Jonas/Bork § 91a Rn. 26，又见更多证明；另一观点（Brox JA1983，289，290；MK/Lindacher § 91a Rn. 40）认为该理论之争只具有理论上意义，因为终结声明包含了费用裁判之申请。转引自［德］汉斯-约阿希姆·穆泽拉克：《德国民事诉讼法基础教程》，周翠译，162 页，北京，中国政法大学出版社，2005。

③ Musielak/Wolst § 91a Rn. 20，又见更多证明。转引自［德］汉斯-约阿希姆·穆泽拉克：《德国民事诉讼法基础教程》，周翠译，162 页，北京，中国政法大学出版社，2005。

认为该异议有理由并应确定负担诉讼费用的金额时，应当由法院自行确定其金额。对于异议申请的裁定，可以提出即时抗告。①

（三）法国

首先，由当事人向书记官提交应收费用（《法国新民事诉讼法》第695条所指费用，即诉讼费用）的详细账目，然后由书记官审核本案诉讼费用的具体金额，并出具审核证书；其次，当事人对书记官审核的数额如果有异议，则可以亲自或委托代理人提起异议之诉，要求法院院长依裁决确认诉讼费用；最后，当事人对一审法院包括大审法院院长作出的诉讼费用裁决不服，还可以向上诉法院院长提起上诉。②

（四）英国

在英国，法院可评定如下费用：在仲裁人或公断人前进行程序的费用、在审裁处或其他法定机构进行程序的费用、委托人应向律师支付的律师费用等。鉴于律师费用在诉讼成本中占主要部分，在英国所谓诉讼费用评定在某种程度上主要指核定当事人应向律师支付的费用。③ 法院责令一方当事人向他方当事人支付诉讼费用的，既可对诉讼费用进行简易评定，亦可责令由诉讼费用官员④对诉讼费用进行详细评定。⑤ 详细评定程序的任何当事人（法律援助当事人除外），皆可对法院在详细评定程序中作出的任何裁决提起上诉。⑥

（五）美国

在美国，由于诉讼费用问题被认为是当事人程序权利和实体利益的重要组成部分，当事人可以专门就诉讼费用判决提起上诉，因此美国法官裁判诉讼费用要“认定事实、陈述

---

① 参见白绿铉编译：《日本新民事诉讼法》，51～52页，北京，中国法制出版社，2000。

② 参见张卫平、陈刚编著：《法国民事诉讼法导论》，158页，北京，中国政法大学出版社，1997。

③ 参见徐昕：《英国民事诉讼费用制度》，载张卫平主编：《司法改革论评》，第4辑，91页，北京，中国法制出版社，2002。

④ 所谓诉讼费用官员（costs officer），包括诉讼费用法官（costs judge，即最高法院收取诉讼费用评定官 [a taxing master]），区法官，以及经授权的法院官员（即司法大臣授权郡法院、区登记处、高等法院家事法庭主登记处、最高法院诉讼费用处核定诉讼费用的工作人员）。

⑤ 参见徐昕：《英国民事诉讼费用制度》，载张卫平主编：《司法改革论评》，第4辑，93～94页，北京，中国法制出版社，2002。

⑥ 参见上书，107页。

法律结论”，以供上诉审查。[①]

(六) 俄罗斯

《俄罗斯联邦民事诉讼法》第 104 条规定，对法院关于诉讼费用的裁定，可以提出上诉。[②]

(七) 韩国

依据《民事诉讼法》第 104 条之规定，法院应当在终局判决主文中确定诉讼费用负担者及负担数额。如果法院在判决中只对诉讼费用的负担作出原则性裁定，而未确定费用负担者应负担的具体数额（或比例）的，当事人可以在判决确定后，或者在对诉讼费用负担之裁判产生执行力之后，向一审受诉法院以书面方式提出确定诉讼费用额的申请（《民事诉讼法》第 18 条）。在提出该申请之同时，当事人必须向法院提交诉讼费用计算书抄本和说明资料，法院将依据当事人的申请对诉讼费用负担额作出裁定。当事人对法院的裁定，可以提起即时抗告。[③] 当事人对诉讼费用的裁判不得单独提起上诉。因此当事人对诉讼费用的不服申请，只能在对本案判决提起上诉时一并提起。[④]

(八) 比较综述

可见，大多数国家都是以裁定的形式对诉讼费用进行裁判的，而且对于法院关于诉讼费用的裁定都是允许上诉的。裁定通常处理的是民事诉讼中的程序性事项。法国、英国、美国、俄罗斯等国家规定对关于诉讼费用的裁定可以提起上诉，但是德国、韩国不允许单就诉讼费用的裁判提起上诉。法官行使裁定权与行使其他权力一样，应当有对应的监督和救济机制。但是对诉讼费用的裁定与“不予受理”、“驳回申请”的裁定又不完全相同，因为不涉及本案诉讼标的，因此对于是否可以单独对之提出上诉是有争议的。

---

① 参见傅郁林：《诉讼费用的性质和诉讼成本的承担》，载《北大法律评论》，第 4 卷·第 1 辑。

② 参见黄道秀译：《俄罗斯联邦民事诉讼法典》，71 页，北京，中国人民公安大学出版社，2003。

③ 参见廖永安：《诉讼费用研究——以当事人诉权保护为分析视角》，291～292 页，北京，中国政法大学出版社，2006。

④ 参见金洪奎：《民事诉讼法》，6 版，874 页，汉城，三英社，2003。

五、诉讼费用担保

（一）德国

在诉讼中法院有权用裁定命令当事人一方向对方就诉讼费用或其他风险提供担保(Sicherheit leistung)。《德国民事诉讼法》第717条关于外国人提供担保的规定特别重要。1954年《海牙民事诉讼法公约》的成员国的公民，与联邦德国签订协定的国家的公民，一般不要求外国人提供诉讼担保的国家的公民都免除提供诉讼担保的义务。所以现在应向联邦德国法院提供诉讼担保的外国人为数有限。按照《德国民事诉讼法》第112条第2款的规定，担保金额为被告将支出的诉讼费用大概总额。法院对此项规定作严格解释，即在第一审程序中原告甚至应担保被告上诉程序费用。对于提供诉讼担保的裁定不得提出异议或上诉。如果原告不服从提供担保裁定，法院应宣告诉讼撤回，认为自己不应该提供诉讼担保的当事人得对这一判决提起上诉。①

（二）日本

《日本新民事诉讼法》第75条1项规定，原告在日本没有住所或不拥有事务所、营业场所时，如果诉讼结果是原告败诉，被告要求偿还诉讼费用便缺乏实现的可能性。在这种情形时，被告可以向法院申请，要求原告就诉讼费用提供担保。除此之外，民事诉讼法以外的其他法令也有要求对诉的提起提供担保的规定（例如，商法第59、106、249条、第267条第4项等）。《日本新民事诉讼法》第75条还规定，要求提供适法担保的申请提出后，法院以决定责令原告提供相应的担保事项，而且必须规定出担保额及担保期间。要求担保的被告在原告提供担保前，可以拒绝应诉。②

（三）英国

诉讼费用担保裁定经常要求请求人作为担保向法院支付金额，便于支付对被告有利的诉讼费用裁定，同时在提供担保之前停止诉讼的进行。按照1999年英国《民事诉讼规则》

---

① 参见沈达明编著：《比较民事诉讼法初论》，171～172页，北京，中国法制出版社，2002。

② 参见［日］中村英郎：《新民事诉讼法讲义》，陈刚等译，257页，北京，法律出版社，2001。

第25.12条第1款，诉讼费用担保裁定只能针对作为诉讼请求人行事的一方当事人作出。换言之，裁定也可能对向请求人提出反请求的被告作出。法院对诉讼费用担保作出裁定应考虑的事项大致包括：(1) 请求人的请求是否是善意的而不是一项骗局，其包含的因素为：1) 请求有无合乎情理的胜诉前景；2) 被告在他的案情陈述中或在别处曾否作过自认；3) 有无向法院存入一笔相当大的金额；(2) 被告是否在利用诉讼费用担保，压迫性地扼杀一项诚实的请求；(3) 提出申请是否存在拖延；(4) 请求人居住在管辖区外。根据1984年判决制定的规则，担保金额是法院认为适合一切情况的金额。所担保的可以是诉讼的全部费用和直至诉讼进行到某一阶段的诉讼费用。①

(四) 韩国

原告在韩国如无住所、事务所或营业所的，法院可以依被告之申请，命令原告提供诉讼费用的担保（《民事诉讼法》第117条）。诉讼中一方当事人提起反诉时，如反诉之被告提出担保申请，则反诉之原告有提供诉讼费用担保之义务。起诉前和解程序、证据保全程序及督促程序的申请人无提供担保的义务。原告提供诉讼费用担保之前，被告有权拒绝应诉。但是被告如果对本案进行了辩论或者在准备期日已进行陈述的，便不能再提出担保申请。被告提出担保申请后，法院应对其申请理由进行调查，如认为理由存在的，应作出提供诉讼费用担保之裁定。原告在规定的期间内未提供担保的，法院可以不经辩论驳回诉讼。被告对法院作出的驳回其担保申请之裁定，以及原告对法院作出的提供担保的裁定，可以提起即时抗告。②

(五) 比较综述

各国关于诉讼费用担保的规定在如下方面具有一致性：

1. 提起的条件均为：主体条件为原告在本国没有住所、事务所或营业所；被告的申请是担保的必要条件。

2. 对被告的保护主要体现在：要求担保的被告在原告提供担保前，可以拒绝应诉。

3. 对原告的保护主要体现在：原告可以获得相应救济，若原告不服从提供担保裁定，法院应宣告诉讼撤回，原告可以对这一判决提起上诉。

---

① 参见沈达明、冀宗儒：《1999年英国〈民事诉讼规则〉诠释》，267～273页，北京，中国法制出版社，2005。

② 参见廖永安：《诉讼费用研究——以当事人诉权保护为分析视角》，292～293页，北京，中国政法大学出版社，2006。

六、诉讼费用救助制度

自20世纪60年代初开始，西方学者为了克服自由主义民事诉讼体制下存在的“权利贫困”——大多数人因经济原因不能充分、有效地利用诉讼制度的现象，提出了保障任何人尤其是贫困者能够有效地接近正义的理论。目前，大多数国家通过立法或判例的形式确定，国家负有平等地保障当事人接受司法裁判的权利得以实现的义务，禁止法院征收妨碍当事人进行民事诉讼的裁判程序费。美国联邦最高法院判例认为，让贫困者承担的立案费和送达费若违反了宪法规定的正当程序原则，就属于违宪。巴西、意大利、西班牙等国家在宪法中明确规定，请求诉讼费用救助是当事人享有的一项社会权。比利时、德国、瑞士等国家从社会市场经济国家立场出发，将向贫困者提供诉讼费用救助作为国家应当承担的义务，其中包括对裁判程序费的免除。[①] 下面介绍几个主要国家的诉讼费用救助制度。

(一) 德国

在德国旧民事诉讼法里，当事人享有的诉讼费用救助的权利，名曰“受救助权”。1976年6月14日的《婚姻与家庭法的第一次修改法》再一次确认了“受救助权”的概念。1980年6月13日修改的《诉讼费用救助法》确立了“诉讼费用救助”的概念，并对相关的法律规定作了全面修订。现在的诉讼费用救助规定就是1980年法律修改时规定的制度。在1980年以前，法律规定一种“贫穷”的要件，对于符合这种条件的人，准予诉讼救助。1980年的规定同以往的规定相比具有以下特点：(1) 按收入额和财产额决定能否享受诉讼救助，这样就对诉讼救助规定了一个客观标准；(2) 收入额在标准线以下的，一概给予全部诉讼救助；(3) 收入额在标准线以上，而又未超过一定限度的，给予部分诉讼救助，即准许分期交纳诉讼费用，但以48个月为限；(4) 在计算收入时，依照《联邦社会救助法》的规定，即把诉讼救助与社会救助联系起来；(5) 把受扶养的人数也列为考虑诉讼救助的因素。

诉讼费用救助的构成要件包括：(1) 主体方面的要件。申请诉讼费用救助的一般是公民个人。但是职务上的当事人、法人或有当事人能力的社团在特殊情况下也可以申请诉讼费用救助。法律规定的特殊情况分别是：一个因职务而充任当事人的人，如果诉讼费用不能从他管理的财产中取得，也不能从对诉讼标的有经济上利益关系的人处取得时，职务上的当事人可以申请诉讼费用救助；一个本国法人或有当事人能力的社团，如果诉讼费用不

① 参见江伟：《民事诉讼法学原理》，573页，北京，中国人民大学出版社，1999。

能从它自己，也不能从对诉讼标的有经济上利益关系的人处取得，并且不伸张权利或防卫权利有悖于公共利益时，它也可以申请诉讼费用救助。(2) 财产与收入方面的要件。对此《德国民事诉讼法》既有概括性的规定，又有具体规定。《德国民事诉讼法》第114条规定：当事人按其个人情况和经济情况不能负担其进行诉讼的费用，或仅能负担一部分，或仅能分期支付者可以申请诉讼费用救助，对于如何判断当事人是否符合该项条件，法律规定了具体的、可操作的规定。当事人的收入包括金钱和有金钱价值的一切所得。但是为《联邦社会救助法》规定的必要的生活费①和需要其抚养的人的抚养费，以及住宿取暖费和《民法典》规定的考虑到特殊负担需支出的其他费用，应予扣除。另外法律规定了一定收入可支付的诉讼费用数额，同时规定了诉讼费用的分期交纳这一诉讼费用救助方式。但最多可要求当事人支付48个月的诉讼费用，否则就应实施诉讼费用的减交与免交。(3) 案件方面的条件。该方面要求申请诉讼费用救助的人，对其案件有胜诉的可能和希望。②

(二) 日本

对于诉讼救助制度，日本民事诉讼法作了专门的规定。在日本，诉讼救助是指允许确实缺乏资力的当事人暂缓预交审判费用的制度。诉讼救助制度并没有关于减少或免除审判费用的规定，暂缓预交的费用在诉讼终结时仍必须由当事人承担。不过在诉讼终结时，应当承担诉讼费用的当事人实在没有资力，法院最终会免除该项审判费用。这种情形一般只适用于接受诉讼救助的当事人败诉时，在接受救助的当事人胜诉时，法院会判令对方承担诉讼费用。

法院根据当事人申请作出诉讼救助的裁定，需要具备两个要件：一是没有财力支付准备及进行诉讼所必要费用或者因支付该费用会造成生活上显著困难（积极要件），二是“并非无胜诉希望”（消极要件）（《日本新民事诉讼法》第82条第1款）。诉讼救助的裁定，按照其具体决定，对诉讼及强制执行产生下列效力：(1) 缓期缴纳裁判费用、执行官的手续费及其他执行职务所需要的费用；(2) 缓期交付法院以命令为其委派的律师报酬及费用；(3) 免除诉讼费用的担保（《日本新民事诉讼法》第83条）。在判明受诉讼救助裁定的人欠缺《日本新民事诉讼法》第82条第1款所规定的要件或已经欠缺该要件时，存有诉讼记录的法院，根据利害关系人的申请或依职权，可以随时以裁定撤销诉讼救助的裁定，并命令其交付缓期支付的费用（《日本新民事诉讼法》第84条)。③

诉讼救助的适用对象大部分情况下是自然人，在日本的社会保险制度已经覆盖整个社

① 《联邦社会救助法》第76条第2款列举的款项有：(1) 就该项收入交纳的税款；(2) 社会保险，包括失业保险，所应交纳的款项；(3) 交给公共保险或私人保险机关或同类机构的款项，但以该款项是法律所规定的，或依其原因与数额都是适当的为限；(4) 为取得该收入而必须付出的款项。

② 参见常怡：《比较民事诉讼法》，北京，中国政法大学出版社，2002。

③ 参见白绿铉编译：《日本新民事诉讼法》，55页，北京，中国法制出版社，2000。

会的前提下，符合第一个要件的典型就是收入在政府规定的最低水平线以下，并且接受贫困救济补贴的个人。作为民事诉讼当事人的法人、企业等团体组织如果有发不起工资等情形，也能够作为诉讼救助的对象。[①] 当事人在经济能力上有较大差异，一般不能认为符合诉讼救助的条件。但是对于诉讼周期长、双方的攻击防御活动较为强烈的案件，当事人经济能力的巨大差距可以认为符合诉讼救助的经济条件。

诉讼救助的另一要件"并非没有胜诉可能"，一般认为对之应作宽泛的理解，这一标准比"存在胜诉可能"的要求还低。以起诉为例，只要从诉状上看原告的主张显得有道理，不是属于完全没有胜诉可能就足够了。同时，一些学者认为，如果申请诉讼救助的当事人胜诉的可能性明显较大的话，还可以进一步缓和经济方面的要件。

(三) 法国

1972年1月3日有关"司法援助"(Aide Judiciaire) 的法律确认"诉诸法院"是一项权利，建立了对最贫困的人实行完全的司法援助，对收入不足的人实现部分司法援助的制度。1991年7月10日有关"法律援助"的法律又对司法援助制度进行了改革，扩大了法律援助的范围，设立了相当复杂的政治——行政管理体制。法律援助包含两个方面，司法援助是其主要方面，获得法律帮助是其第二方面。有了法律援助，即使不事先垫付款项，仍然可以得到司法助理人员与律师免费或部分免费提供的帮助。在此名义下，法律援助可以使人们能够自由地（没有金钱上的障碍）、平等地（没有富裕与贫困之分）、博爱地（也就是说"公平地"）"实际诉诸司法"。

1. 司法援助的适用范围

(1) 对人的适用范围：原告、被告都可以申请，未成年人在涉及本人的诉讼程序中由律师协助以及由法庭听取其意见时，可以当然得到司法援助的利益。具有法国国籍的自然人、欧共体成员国的国民以及在法国有符合法律规定的经常住所的外国自然人。特殊情况下，在法国设立总机构且经费收入不足的非营利法人也可以申请司法援助。对于在法国没有符法定条件的经常住所的外国人，如果从所涉及的争议标的或诉讼可计算的费用来考虑，他们的具体状况证明有特殊利益时，可以申请司法援助。

(2) 对法院和诉讼程序的适用范围：在所有法院的所有诉讼程序中都可以实行司法援助。这些诉讼程序，不仅包括争讼程序，也包括非讼程序以及执行程序。除此之外，1998年12月18日的法律还规定：为在诉讼前达成和解的程序提供司法援助。

2. 给予司法援助的条件

当事人要想获得司法援助必须同时符合以下三项条件：

(1) 由申请人提出申请，不经申请而当然给予司法援助的情况极少。当事人可以在诉

---

① 参见王亚新：《社会变革中的民事诉讼》，276页，北京，中国法制出版社，2001。

讼进展过程中的任何阶段提出申请。

(2) 申请人应当证明其收入不足。为了取得全额司法援助，月收入必须低于一定的标准。下列人员可以当然地得到司法援助：领取最低平均工资额的人；领取全国互济基金补贴的人；在救济金法庭或最高行政法院申请战争伤残抚恤金的人。

(3) 只要求诉讼原告具备的条件：其提出的诉讼请求看来并非显然得不到受理，或其请求看来并非明显无依据。[①]

(四) 英国

英国有关现行法为1974年与1979年的《诉讼费用援助法》(Legal Aid Acts)。该法规定全国性地提供诉讼费用援助制度，费用由政府出资成立的诉讼费用援助基金 (Legal Aid Fund) 提供。其管理机构是律师协会配合大律师协会组成的地区委员会。[②] 和美国一样，由于律师报酬和律师费是诉讼费用的重要组成部分，英国诉讼费用援助制度主要针对的是对律师费用的救助。

诉讼费用援助项下提供的律师服务包括起诉、应诉、谈判、和解，起草法律文件。申请援助的当事人必须具备一定的条件，即收入或资金不超过“可处分的收入”或“可处分的资金”的数额标准。金额标准由规章规定并修改。除法人或非法人团体外，任何自然人，不问是英国人还是外国人都能申请。除上述财力限制外，地方委员会接受申请后还须考虑申请人有没有起诉、应诉的合乎情理的理由，诉讼是否简单到不需要使用律师的程度。

(五) 美国

在美国采用司法低廉原则，当事人参加诉讼的成本主要是律师费，因而在美国的司法救助，不是针对诉讼费用的救助，而是针对律师费的救助。保证当事人能够获得律师的帮助，主要通过以下两种方式：

1. 对贫困当事人的法律援助。美国的法律援助制度建立比较晚，始于1963年最高法院Gideon v. Waincoright案判决首次认为民事案件的贫穷的原告和被告享有要求法院免收法院费用并为其指定律师的权利。20世纪60年代的民权运动导致了法律援助机构的建立，法律援助机构的经费来源于国家财政。到70年代法律援助机构发展成为由政府支持的独立的公司——法律服务公司。该公司除了取得国会的拨款、政府的资助以外，还接收经济机构的投资和律师的捐款。但是对当事人提供法律援助的条件极为严格。只有极度贫困的人才能

---

① 参见［法］让·文森，塞尔日·金沙尔：《法国民事诉讼法要义》，罗结珍译，1394～1406页，北京，中国法制出版社，2001。

② 参见沈达明编著：《比较民事诉讼法初论》，545页，北京，中国法制出版社，2002。

获得法律援助。同时给予法律援助的案件的范围也极为有限，通常包括驱逐租户、债务人贫困以及解除婚姻的案件。

2. 胜诉酬金制。胜诉酬金制是在侵权案件中律师根据当事人获得的赔偿收取一定比例的赔偿金作为律师报酬的律师收费制度。胜诉酬金制使律师与案件的结果有一定的利害关系，不利于律师执业中的理智，但是它在客观上能够使经济贫困、无力支付律师费的当事人获得律师的帮助，对于他们接近司法有积极的推动作用。

(六) 巴西、阿根廷

巴西和阿根廷有关法律都较为详细地规定了免交诉讼费用的情形，同时规定当事人经济困难、无力交纳诉讼费的，可以申请免费司法服务。巴西第 9289 号法律明确规定了一些法律主体和法律行为可以免交诉讼费，包括：(1) 联邦、各州、各市、联邦特区以及各自治政府，基金会；(2) 可以证明丧失基本支付能力的人或者免费司法援助的受益者；(3) 检察院；(4) 与消费者保护法内容相关的公众行为和公共行为的发起者；(5) 人身保护措施和数据保护措施。此外，州法院对涉及金额不超过 40 个最低工作日工资的轻微民事案件不收费；联邦法院对涉及金额不超过 60 个最低工作日工资的轻微民事案件不收费。当事人申请司法援助的，法官没有确凿理由不得拒绝当事人的申请，并应当在 72 小时内决定给予司法救助。阿根廷第 23.898 号法律明确规定了免交诉讼费的情形，包括：(1) 未被拒绝的庇护案；(2) 为了政治权利进行的诉讼；(3) 工人参与派出单位或者权利承受人相关的劳务诉讼，工会参与其行使行会代表权有关的诉讼；(4) 因退休、养老金、归还捐献出的财物所引发的诉讼，以及国家社会福利局参与由社会保障问题所引发的诉讼；(5) 对民法典的条款进行说明或者纠正所进行的诉讼；(6) 由非世袭的家庭关系所引发的诉讼、抚恤金诉讼以及认定人的状态和能力的相关案件；(7) 财产让渡诉讼。①

(七) 韩国

韩国《民事诉讼法》第 128 条是关于诉讼救助的规定，依据该条，诉讼救助的要件为当事人支付诉讼费用的资金能力不足且无明显败诉之情形。② 除了自然人之外，法人及其他团体也可以获得诉讼救助。支付能力不足者并非仅限于那些完全无财力或未达到一般生活水准的极度贫困者。还应当包括那些“诉讼费用的支付会给其正常的生活造成显著影响”的非贫困者（即应当从广义上理解支付能力不足）。所谓无明显败诉之情形是指与

---

① 参见吕锡伟、陈黎君：《巴西、阿根廷诉讼收费制度》，载《〈诉讼费用交纳办法〉释义》，254～255 页，北京，中国法制出版社，2007。

② 1990 年之前的《民事诉讼法》对诉讼救助要件的规定为“无财力支付诉讼费用者”，1990 年修改民事诉讼法时，将其要件修改为“支付能力不足者”。

明显存在败诉的可能性相比，其败诉的可能性很低。或者说与较高的败诉盖然性相比，其败诉可能性不能确定。法律设置这一要件是为了防止当事人滥用诉讼救助制度。①

当事人获得诉讼救助后，可产生以下法律效果：缓交裁判费用，缓交律师及执行官报酬，免除诉讼费用的担保，缓交或免除《大法院规则》规定的费用。②

(八) 比较综述

诉讼费用救助是棚濑孝雄所说的“第二次转嫁”的另一种形式，即作为诉讼成本已经由或应该由当事人负担的费用再次转嫁给第三人的政策。诉讼费用救助的积极意义主要表现为减轻当事人负担，从而保障了诉权，但是也有负面效应，一方面增加了国库的开支和纳税人的负担，另一方面“诉讼可能由于一方或各方当事人享受诉讼费用援助而拉长，因为当事人花公众的钱进行诉讼并不急于达成和解”③。各国基本上都建立了诉讼费用救助制度，在制度建构上的差异体现在：

1. 德国与法国的诉讼费用救助制度比较具体，根据不同的情况采取了各种不同的方式，在诉讼的实际运作过程中能够有针对性地解决当事人的诉讼负担问题；日本采用的是暂缓交纳诉讼费用的救助方式，不能最终减轻当事人的诉讼负担；美国和英国的诉讼救助主要体现为对律师费用的救助，因为其律师收费是当事人诉讼成本的重要内容，而法院收费和当事人费用所占的比例相对较小。

2. 诉讼救助的适用对象大部分情况下是自然人，大多数国家规定，在某些情况下法人、企业等团体组织，也能够作为诉讼救助的对象，英国例外。此外，法国规定，诉讼费用救助只限于非营利法人。

3. 就诉讼费用救助的条件而言，各国有较大的一致性，一般均从当事人的经济条件和案件的情况方面加以规定。除经济条件外，对案件情况规定的条件各国宽严有较大的差异：德国规定的条件较为严格，要求申请诉讼费用救助的人，对其案件有胜诉的可能和希望。日本采取“并非无胜诉希望”的标准，该标准较为宽松，这与日本一般只采取缓交诉讼费用的救助方式有关。韩国采取“当事人支付诉讼费用的资金能力不足且无明显败诉之情形”的标准，比日本更为宽松。法国以原告的诉讼请求并非显然得不到受理为条件，比德国、日本和韩国的条件都为宽松，这同法国采取的司法免费原则有关。英国则考虑申请人有没有起诉、应诉的合乎情理的理由，也比较宽松。此外，日本还有较为特别的规定，对于诉讼周期长、双方的攻击防御活动较为强烈的案件，当事人经济能力的巨大差距可以认为符合诉讼费用救助的经济条件。

---

① 参见金洪奎：《民事诉讼法》，6版，887页，汉城，三英社，2003。

② 参见廖永安：《诉讼费用研究——以当事人诉权保护为分析视角》，295～297页，北京，中国政法大学出版社，2006。

③ 沈达明编著：《比较民事诉讼法初论》，546页，北京，中国法制出版社，2002。

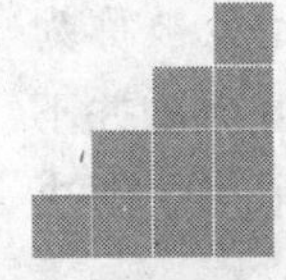

第十八章

调解制度研究

一、调解制度概述

（一）调解的定义

给调解下定义并非易事。首先，关于调解的许多描述是极其模糊的，作为调解中的两个重要概念，“自愿”和“中立”的定义都并不明晰；其次，调解在实践中的发展远远超前于对调解理论的研究；再次，不同的主体对调解抱有不同的价值取向；最后，在不同的社会以及法治环境中，人们对于调解的操作方式千差万别，这也导致了不同的调解理念。

尽管存在这些困难，对调解下定义却是必需的：这样的定义能够界定调解的适用范围，而政府只有在此基础上才能对调解活动给予支持并进行规制；只有明确行为的边界，调解人在工作过程中才有可能做到“有所为，有所不为”，而这恰恰是调解人豁免制度的前提；只有确定了调解的概念，才能从法学、社会学的角度对调解制度进行解读。实践中，国外的法学家们发展了两种定义调解的方式，即“理想主义方式”和“现实主义方式”①。

持“理想主义定义方式”的人多为学者，他们将调解定义为：“参与人在一名或多名中立者的辅助下，系统地明确争点，并且在此基础上研究解决方案、考虑多种选择，最终达

① Laurence Boulle & Miryana Nesic, *Mediation: Principle, Process, Practice*, Butterworths, 2001, p. 4.

成能满足各自需要的结果的过程。”① 这种定义方式强调了逻辑上的完整，因此又被称为“概念主义方式”。但是，它在一定程度上偏离了调解的实践：事实上，很多调解活动并不能“系统地明确争点”；同时也并非为了“满足各自需要”，它的存在仅仅是为了尽快解决纠纷。

实务者则倾向于作更为实际的定义，他们认为调解是“纠纷当事人与调解人进行交流并试图消除他们之间异议的纠纷解决程序”②。这一定义固然反映了调解制度的现实，但是它最大的缺点在于过分地简单，几乎无法起到任何实际作用。同时，这个定义还忽视了调解制度背后的哲学基础。

事实上，各国制定法中对调解的定义还远远没能达成统一。这也是调解制度的多样性所决定的：它可以由经验丰富的律师主持，也可以由仅受过简单培训的调解人主持；可以由个人主持，也可以由专业机构主持；可以是有偿的，也可以是无偿的。③ 在英国，对调解的定义还处于“工作阶段”（working stage），人们只是确定调解是“非诉讼纠纷解决方式”（Alternative Dispute Resolution，ADR）的一种，而根据英国《民事诉讼规则》的解释，ADR是“除通常的审判程序之外，其他一系列纠纷解决方式”。

相对而言，对于调解的一种较为新型的定义更容易被接受，根据这种定义，调解是“这样一个决策过程：当事人受到第三方（调解人）的协助；而调解人试图使该决策过程更加顺利，并且试图帮助当事人取得他们都能接受的结果”④。

（二）调解的特征

依据上述关于调解的新型定义，可以将调解的特征分为第一性特征和第二性特征。

1. 调解的第一性特征。它是上述调解定义的直接体现，包括两点：

首先，调解是一个“决策过程”⑤。传统的观点把调解视为一个纠纷解决的过程，然而，这一定义在实践中是不准确的。第一，调解并非一定只适用于存在纠纷的场合，它也可以用于咨询等其他活动。第二，即使调解适用于纠纷当中，它的存在也不意味着纠纷必须得到“解决”。将调解定义为“纠纷解决的过程”也不利于当事人接受这一制度，因为纠纷的解决通常总是标志着一方的胜利、一方的失败或者双方的妥协。而在调解过程中，即便当

---

① J. Folberg & A. Taylor, *Mediation: A Comprehensive Guide to Resolving Conflict without Litigation*, Jossey-Bass, 1984, p. 7.

② M. Roberts, *Systems or Selves? Some Ethnical Issues in Family Mediation*, 1992, in 10 MQ 11.

③ 参见齐树洁、林建文主编：《环境纠纷解决机制研究》，468页，厦门，厦门大学出版社，2005。

④ “Mediation is a decision-making process in which the parties are assisted by a third party, the mediator; the mediator attempts to improve the process of decision-making and to assist the parties reach an outcome to which each of them can assent.” (Laurence Boulle & Miryana Nesic, *Mediation: Principle, Process, Practice*, Butterworths, 2001, p. 3.)

⑤ Laurence Boulle & Miryana Nesic, *Mediation: Principle, Process, Practice*, Butterworths, 2001, p. 6.

事人不能就纠纷解决形成任何结果，他们仍然可以就程序性问题作出一致的决定，例如：下一步采取何种行动。

其次，调解人为当事人提供辅助，它的存在提高了决策程序的质量和效率。这一特征将调解和谈判区别开来。同时，这一特征也明确了调解人的职权范围，它仅仅是为当事人提供辅助，它并不作出约束当事人的任何决定——这又将调解与诉讼作了区别。①

2. 调解的第二性特征。调解的第二性特征从微观上体现了调解的特点；具体到每一个调解程序中，这些特征又是调解的目的之所在：第一，调解确定了哪些问题需要进行决策，哪些事项不需要决策，并通过这一方式使事实更清楚。第二，调解克服了当事人之间交流上的问题，使他们更能理解对方的感受和思维方式。第三，调解帮助当事人互相理解对方在实体上、程序上以及心理上的需求和利益。第四，调解协助当事人进行有建设性、高效的谈判，就决策提供多种可能的选择。第五，调解消除了当事人之间的紧张情绪，使他们能够在理性以及充分了解信息的基础上作出决策。第六，调解鼓励当事人作出决策并且承担该决策所带来的后果。第七，调解至少不会导致当事人之间关系的恶化，在多数情况下它有助于改善当事人之间的关系。第八，调解为当事人未来的决策提供了模板，并且在一些技术性问题上提供了经验。②

（三）调解的功能

1. 解决纠纷。不可否认，在大多数情况下，尤其是在处理纠纷的过程中，调解的一项重要功能就是提供一个双方都能接受的纠纷解决方案。很多时候，这种解决方案都是通过纠纷的双方当事人以一种共同决策的方式作出的。对于某些类型纠纷的解决，调解制度具有独特的优势，最典型的例子是环境纠纷。由于环境纠纷较多牵涉专业性知识，无论是法院还是当事人，都难以优质、高效地解决纠纷，而有关行政机关却具备进行调解的“先天优势”。日本的“公害纠纷处理”就是一项极富特色的制度。1970 年颁布的《公害纠纷处理法》规定了明文规定了调解方式，并对调解的概念作了界定；同时，在中央和地方分别设立“公害调整委员会”和“都道府县公害审查会”，专门负责对环境纠纷的处理。在这些制度的保障下，调解解决纠纷的功能得到最大的发挥。③ 在法国，在一些专业领域（例如消费者权益纠纷、医疗纠纷、保险纠纷）中，都设立了调解员制度，为当事人提供了解决纠纷的多种选择。④

2. 管理冲突。这里的“冲突”指在一定阶段内、在同样的当事人之间连续发生的纠纷

---

① See H. Brown & A Marriot, *ADR Principles and Practice*, Sweet & Maxwell, 1999, p. 149.

② See C. McEwen & R Maiman, "Small Claims Mediation in Maine: An Empirical Assessment", in *Maine Law Review*, 1981, p. 237.

③ 参见齐树洁、林建文主编：《环境纠纷解决机制研究》，483～484 页，厦门，厦门大学出版社，2005。

④ 参见齐树洁主编：《民事司法改革研究》，529 页，厦门，厦门大学出版社，2004。

的总称。此时，想一次解决冲突往往是不现实的。调解的功能在于：通过建立一些规则以及对话的机制，使当事人之间的冲突能够被限制在一定的范围之内，尽管他们之间可能仍然存在对抗的情绪。通过这样的方式，当事人在短期内的行为有了一定的规则，在此基础上，他们才有可能从长远上找到解决冲突的方式。比较典型的例子是对一些婚姻纠纷的处理：配偶之间可能因为在宗教、文化方面的差异，长期处于紧张的关系；只有务实地处理他们之间小的摩擦，才能为最终解决问题提供可能。

3. 协助缔约。在订立合同的过程中，调解也能起到积极的作用。调解可以帮助创造一种积极的谈判气氛；可以明确双方的利益并促进双方的交流；可以及时制止情绪上的冲动；可以为合同的草拟提供意见等等。这种调解又被称为"交易性调解"①。

4. 协助制定政策。在政府机关制定公共政策的时候，有利害关系的社会团体、个人往往都会参与决策的过程。他们与政府机关的协商被称为"决策性调解"。这种调解所形成的决策可能直接为政府机关所采用，也可能对政府最终的决策产生重大影响。"决策性调解"多用于与环境、医疗卫生和安全保障有关的政府决策。

5. 预防纠纷的发生。调解不但可以用于解决或帮助解决已经发生的纠纷，还可以用来预防纠纷的发生。当事人通过调解程序，可以预见将来可能发生的纠纷，从而在缔约的过程中采取相应的措施予以避免。这种调解称为"预防性调解"，"交易性调解"和"决策性调解"都属于它的范畴。

6. 其他功能。调解具有教育功能。对于当事人来说，这种教育是直接的，他们了解到调解的优点，同时还学到了处理纠纷的技巧；对于其他人，这种教育则是间接的。调解还具有管理的功能。作为一种管理手段，调解的基础是各方的一致同意而非权威，这种方式往往更容易被接受。

由于调解具有上述多种功能，为了满足当事人进行调解的需要，主要进行调解活动的营利性 ADR 组织从 20 世纪 70 年代开始便在美国逐步涌现。近年来，"司法、仲裁、调解服务有限公司"(Judicial and Arbitration and Mediation Services Inc., JAMS) 的年收入都以超过 800%的幅度增长。② ADR 产业的蓬勃发展对于调解制度的完善起到了促进作用。

(四) 调解的种类

按照不同的标准，可以将调解分为各种类型：

日本学者棚濑孝雄认为，按照调解的功能，可以将其分为判断型调解、交涉型调解、教化型调解和治疗性调解。③ 判断型调解以发现法律上的正确纠纷解决方案为唯一目标，法

---

① Laurence Boulle & Miryana Nesic, *Mediation: Principle, Process, Practice*, Butterworths, 2001, p. 12.

② 参见齐树洁主编：《民事司法改革研究》，469 页，厦门，厦门大学出版社，2004。

③ 参见［日］棚濑孝雄：《纠纷解决与审判制度》，王亚新译，54 页，北京，中国政法大学出版社，1994。

院调解是判断型调解的典型例子；在交涉型调解中，当事人对可能的解决结果进行评估并分析所花费的成本，并以此为基础寻求对自己最有利的纠纷解决方案，它是大部分现代商事纠纷的调解模式；教化型调解谋求当事人对纠纷解决方案的内心接受，它追求的是纠纷的“圆满解决”，邻里纠纷、家事纠纷以及人事纠纷的调解多属此类；治疗型调解则以调整、恢复人际关系为主要宗旨，与教化型调解不同的是，它一般由专门的心理或社会问题专家担任调解人。

根据调解人的身份和性质，可以将调解分为法院调解、行政机关调解、仲裁调解、律师调解和民间调解。[①] 在前三种调解类型中，分别由法院、行政机关和仲裁机构担任调解人。民间调解指在非司法性和非行政性的民间组织、团体或个人主持下进行的调解；在现代社会，社区调解是它的主要形式。律师调解是一种特殊的民间调解，由律师担任调解人。

二、法治视野下的调解制度

作为一种传统的纠纷解决方式，调解制度有着悠久的历史。然而，在各国追求法治的过程中，调解与法治的理念、制度上都表现出诸多差异。为了使调解能够在法治的背景下更好地发挥作用，有必要以法治的视野对调解制度进行解读。

(一) 调解与诉讼的功能互补

诉讼是现代法治社会标志性的纠纷解决方式。然而，诉讼制度本身存在一些不可克服的缺陷：首先，诉讼的对抗性将给当事人之间的关系带来不可弥补的损失；其次，诉讼制度追求绝对的是非曲直，这种方式有时显得过于僵化。20 世纪 60 年代以来，诉讼制度开始显露出一些弊端，它们主要表现为[②]：第一，诉讼数量激增，法院普遍出现超负荷运转的情况，“诉讼爆炸”称为普遍现象；第二，诉讼迟延严重，“迟到的正义为非正义”，这也严重损害了司法制度在民众心中的威信；第三，诉讼费用高昂，司法制度只提供“有钱人的正义”；第四，诉讼程序复杂，不但当事人根本无法参与其中，连律师都对烦琐的程序规则怨声载道。所有这些情形，共同构成了所谓“民事司法危机”[③]。

诉讼制度的这些缺陷恰恰是调解的优势所在。首先，调解建立在当事人和平对话的基

---

① 参见范愉主编：《多元化纠纷解决机制》，325～328 页，厦门，厦门大学出版社，2005。

② 参见沈恒斌主编：《多元化纠纷解决机制原理与实务》，121～122 页，厦门，厦门大学出版社，2005。

③ 齐树洁主编：《英国民事司法改革》，1 页，北京，北京大学出版社，2004。

础之上，有利于维护当事人之间的关系；其次，调解并不要求对所有争议作出非此即彼的认定，对问题的处理富有灵活性。从具体制度上来说，调解具有多样化的特征；没有烦琐的程序；费用也更为低廉。并且，调解在客观上起到了为法院缓解压力的作用，将一部分案件从司法程序中分流出来。从历史上来看，我们甚至很难认定调解制度是用来“替代”诉讼制度的：因为在非洲、亚洲等地区，相比较诉讼而言，调解一直处于优势的地位。在汉文化为主导的东亚地区，“以和为贵”的传统文化使大部分人更愿意选择调解作为解决纠纷的方式。①

因此，在纠纷解决方面，调解与诉讼形成了功能上的互补。法院也认识到：为了两种制度都能得到更好的发展，对于调解应该采取合作而不是打压的态度；只有这样，才能形成两种纠纷解决方式的良性互动。实践中，立法者也不断在寻找两种制度的契合点，英国《民事诉讼规则》所建立的诉前议定书制度就是很好的例子。该制度要求当事人在诉前进行信息的交换，如果当事人恶意拒绝在这个阶段进行和解，则有可能被判决承担诉前阶段的所有费用。②

（二）调解与诉讼结合的典范——法院附设调解（Court-annexed Mediation）

法院附设调解是指调节机关设立在法院的一种调解制度，一般由法官担任调解人。

典型的法院附设调解有日本的调停制度和美国的法院附设调解。日本的调停制度可分为民事调停和家事调停，由法院组成的调停委员会进行，相关的立法有《日本民事调停法》和《日本家事审判法》。美国的法院附设调解则广泛应用于离婚、抚养等家事纠纷，并且取得了良好的效果。③

法院附设调解一般因为当事人的申请而启动，并且与诉讼程序分立，只是在调解不成的时候才由当事人决定是否转入诉讼；而达成的和解协议在获得法院的确认后通常具有强制执行力。法院附设调解实现了司法资源的优化配置，提高了调解的成功率；并且通过以国家司法权确认和解协议的方式，增强了调解结果的确定性。

（三）调解的效力

对于当事人来说，调解制度的终极意义在于它能够取得何种效力——大部分情况下体现为和解协议的效力。作为国家司法机关，法院在这一事项上享有绝对的话语权，也正是

---

① See Laurence Boulle & Miryana Nesic, *Mediation: Principle, Process, Practice*, Butterworths, 2001, p. 31.

② 参见齐树洁主编：《英国司法制度》，301页，厦门，厦门大学出版社，2005。

③ See Michael Palmer & Simon Roberts, *Dispute Processes: ADR and the Primary Forms of Decision Making*, Butterworths, 1998, p. 259.

从这个角度来说，调解“处于诉讼的阴影之下”[1]。和解协议是否对当事人有约束力，完全取决于法院是否确认其效力。据此，可以将调解分为有强制执行力的调解和无强制执行力的调解。

有强制执行力的调解包括法院调解和仲裁调解。在这两类调解中，和解协议都直接对当事人产生法律约束力，当事人必须履行和解协议的内容，否则另一方可以向法院申请强制执行。在大部分法院附设调解中，法院通常会立即确认和解协议的效力，因此，它也可以被视为有强制执行力的调解。

民间调解所达成的和解协议一般都不具有强制执行力。如果当事人拒不履行和解协议，另一方无权要求法院强制执行。

三、调解程序的开始

调解程序的开始也就是调解人的介入，它一般可以分为启动（initiation）与审查（intake and screening）两个阶段。

（一）调解程序的启动

调解程序的启动是调解人介入当事人纠纷或其他活动的开始，因此，调解人介入的方式必须正当，否则将会影响到当事人进行调解的信心；同时，这也是调解人获得当事人接受与信任的第一次机会，为他们以后的合作提供了重要基础。一般情况下，调解人可以通过以下三种途径介入[2]：

1. 当事人双方可以共同向一位他们都认为合适的人选提交申请，要求以调解的方式解决他们之间的争议。在英国，家事纠纷产生之后，如果纠纷双方同意将纠纷交由专门的家事调解组织处理，则该组织会向当事人提供一份调解人的名单，由当事人直接与选定的调解人联系。这种调解被称为“合约调解”（contractual mediation）——纠纷当事人出于促使相互之间尽快达成妥协的特定目的，共同与外部第三人订立调解合约。当事人可以在纠纷产生之后再决定进行这种调解；也可以在事先订立的合同中约定：如果出现纠纷，则采取“合约调解”的方式。

这种介入方式除了适用于家事纠纷之外，还可用于私人之间的民商事调解案件。在这

① P. Corne, *Judicial conciliation in Japan*, in ADR Journal, 1993, p. 139.

② 参见范愉主编：《多元化纠纷解决机制》，358～360页，厦门，厦门大学出版社，2005。

一类案件中，当事人对调解人的委任通常在调解组织的指导下完成。当事人往往被要求签署一份旨在请求调解的文件，如调解申请书、委任调解人申请书、调解请求表等。①

在韩国的“民事调停制度”中，诉讼程序中的当事人可以协议将案件交付调停担任法官或法院内部的调停委员会，由该个人或组织进行调停。②

2. 一方当事人可以向调解组织或私人调解人提出请求，通过他邀请对方当事人参加调解。提出这种请求的当事人往往对调解程序缺乏了解，才会将请求对方参与的重任交由调解人来完成。对于这样的当事人，调解人一般先对他进行有关调解知识的教育，之后再询问他是否仍要求对方当事人参加调解。在邀请对方当事人参加调解的时候，调解人应当特别注意方式方法，否则极易引起对方当事人的抵触情绪，或者导致其视发起调解程序的当事人为弱者，最终影响调解程序的质量。同时，调解人应当让对方当事人充分了解自己在调解方面的能力。只有充分获得双方当事人的信任，调解人才能真正介入纠纷的解决。

这种调解人介入的方式被很多国家的立法采用，甚至联合国国际贸易法委员会的《调解规则》也采用了这种方式：“要求调解的一方当事人应将依据本规则进行调解的书面邀请送达他方当事人，并扼要说明争议的主要项目。在他方当事人接受调解邀请时，调解程序开始。”

3. 当事人之外的第三人可以请求当事人进行调解。他们可以直接向当事人提出这一请求，也可以通过专门的调解机构或调解人提出请求。在这一程序中，双方当事人都是处于一种被动接受的状态，因此该第三人或调解人应当像在上一种程序中一样，特别注意与双方当事人沟通的方式方法。同时，调解人的责任也更加重大，因为他劝说的对象包括所有当事方。在“决策性调解”中，由于利害关系方众多，往往需要一个专门的团队负责与各当事方联系。相比较前两种程序而言，调解人的这种介入方式无须太多借助自己对纠纷的判断能力，他的目的十分明确。但是，调解人的风格和态度对其介入的正当性仍然会产生较大影响。

在美国，根据 1998 年颁布的《替代性纠纷解决法》（Alternative Dispute Resolution Act），法院应当在诉讼的开始阶段考虑进行调解的可行性。③ 在伦敦郡法院的 ADR 程序中，法院管理人员通常是从全体陪审员的名单中选出调解人；商事法庭也采用了类似的运作模式，它通常也备有一份提供调解以及其他 ADR 服务的个人和组织的详细列表，并促成当事人自己直接同该调解人达成共识，而无论当事人是否倾向于在法庭的帮助下对调解人的委任达成一致。④

---

① See Laurence Boulle & Miryana Nesic, *Mediation: Principle, Process, Practice*, Butterworths, 2001, p. 106.

② 参见沈恒斌主编：《多元化纠纷解决机制原理与实务》，120～121 页，厦门，厦门大学出版社，2005。

③ 参见齐树洁主编：《民事司法改革研究》，471 页，厦门，厦门大学出版社，2004。

④ See H. Genn, *Central London County Court Mediation Pilot: Evaluation Report*, LCD Research Series, No. 5/98, p. 113.

(二) 审查和受理

当事人同意进行调解仅仅是满足了调解程序开始的形式要件。要使调解程序具有正当性，调解事项必须具有“可调解性”，且进行调解的当事人必须适格。一般来说，可以进行调解的事项包括：商事交易、家事纠纷、有关消费者权益保护或租佃关系民事争议、小型的刑事案件、环境纠纷等等。实践中，对上述两个事项的审查一般都由调解人进行。许多调解组织要求当事人填写详细的议定书，并以此甄别争议事项的性质，将不可采取调解的事项排除。但是，对于不同类型的案件，往往存在不同的审查方式。

以英国为例，对于家庭暴力和虐待儿童的因素，一般都要求作特别严格的审查。1996年英国《家庭法》第27条规定：调解人应当确保当事人不是出于对暴力或人身伤害的畏惧而参与调解程序，调解组织的规则必须对此作出规定。这种“安全第一”（safety-oriented）的要求贯穿于调解程序进行的始终。实践中，调解人通常会就上述问题向当事人提问，如果当事人表示愿意进行调解，则调解人一般会尊重当事人的意愿。但是，有学者提出：仅仅进行提问是不够的——可以想想，如果女性家庭成员长期遭受家庭暴力，她很有可能因为恐惧而被迫同意进行调解；因此，调解人还应当向家庭成员告知，如果受到家庭暴力的侵害，可以采取哪些措施申请救济。① 尽管调解有很多优点，但是终结家庭暴力是更重要的目标。

在其他社区调解（community mediation）案件中，审查的方式则比较灵活。通常这种审查通常以电话沟通作为开始，调解人对事项的可调解性作出初步评估。如果得出肯定的结果，则会安排与当事人的见面，见面之后，调解人通常会要求当事人向对方发出进行调解的书面邀请——在社区调解中，最大的困难就在于如何使双方当事人达成调解协议。② 一方当事人的调解邀请往往由于地理上、心理上、实力上的原因不被对方接受。与民商事调解和家事调解不同的是：在社区调解中，调解人通常都是事先与一方当事人联系，然后试图说服对方参加调解程序；如此就影响了调解人的中立性。调解人必须通过自己的努力，使这一消极因素的影响降到最小。

审查和受理程序对于调解的进行具有重要意义：首先，调解人在对调解事项以及当事人的适格性进行审查的同时，也向当事人解释了调解的性质、特征，并且为当事人双方对纠纷的性质、冲突的程度等问题形成相对理性的认识提供了对话的平台；其次，在当事人充分了解相关信息的基础上，自行和解的可能性产生了，争议有可能被消灭于襁褓之中；再次，对争议的了解和熟悉使调解组织可以有针对性地确定调解人的人选；如果审查就是

---

① See F. Raitt, “Domestic Violence and Divorce Mediation”, in *Journal of Social Welfare and Family Law*, 1996, 18 (1), pp. 11 - 20.

② See J. Dignan et al, *Neighbour Disputes: Comparing the Cost and Effectiveness of Mediation and Alternative Approaches*, Centre for Criminological and Legal Research, University of Sheffield, 1996.

由私人调解人本人进行的，他可以与当事人建立一种良好的工作关系，为调解程序的顺利进行打下基础。

四、调解程序的进行

调解程序的进行可以分为三个阶段：确定调解人、调解会议前的预备以及调解会议。

(一) 调解人的确定

调解人是否具有足够的权威、经验和技巧对调解的成功率和当事人满意的程度往往有决定性的意义。因此，确定调解人是调解程序的第一个步骤。根据各国的立法与实践，调解人的确定主要有两种方式：一般情况下，允许当事人选择调解人，其中，由双方当事人共同指定调解人被称为“最理想的模式”，这种情况大多发生在私人调解中；个别情况下（例如社区调解），调解人由当事人共同委托的第三方或法院指定。在社区调解中，一般由调解中心指定调解人；在美国的法院附设调解中，有时由双方当事人从法院提供的名单中各自选择一名调解人代表本方，然后共同选择一名中立调解人组成调解委员会。[①] 无论选择调解人的主体是谁，在确定调解人人选的过程中，都必须考虑以下几个因素：

1. 调解人的性格。诚然，耐心、友好是在任何职业都受到欢迎的性格。作为调解人应当具有如下的性格特征：(1) 优秀的调解人应当是值得信任（trust worthy）的。当事人的信任对调解人工作的成功与否至关重要。获得信任的途径可以来自于在调解行业良好的信誉，也可以来自于在调解过程中所表现的客观、诚实以及可靠。(2) 调解人应当是不善断的（non-judgmental）。调解与诉讼最大的区别在于不要求对每个问题作出非此即彼的判定。调解人在工作中不但自己不能擅作结论，也应当制止当事人这样做。(3) 调解人应当具有较强的理解能力（empathetic）。他应当能在最快的时间内理解当事人的想法和感受，不仅通过言辞，还通过表情以及语调等等。(4) 调解人应当具有想象力（creative）。尽管调解受到法律的规制，调解人的思维方式仍然应当不拘一格，为纠纷解决提供多种方案。(5) 调解人应当有耐心（patience）、恒心（persistence）和容忍心（tolerance）。调解程序往往持续很长时间，它可能非常乏味；在某一时间段，它可能是极端没有成效的。调解人在这一过程中必须始终保持清醒的头脑，在当事人出现不冷静的情况时，还必须控制局面。他必须能忍耐不同文化背景的当事人之间的差异。调解人只有具备这些性格，才有可能保证调解

---

① 参见范愉主编：《多元化纠纷解决机制》，363～364 页，厦门，厦门大学出版社，2005。

程序的顺利进行。①

2. 调解人的能力和经验。尽管有人认为调解是一门艺术而非科学，调解的技艺完全取决于天赋。② 更科学的观点却是调解人至少可以通过学习获得以下三方面必需的能力：首先，他应当了解调解和谈判的基本理论和程序；其次，他应当掌握一些基本的调解技巧，包括计划、组织、交和分析；最后，他必须完全理解调解所依赖的哲学和道德基础，并对调解有一个清醒的认识和态度。③ 美国的一项研究表明，有过实践经验的调解人能够对调解程序施加更大的积极影响。能够使调解程序更加高效，最终达成协议的可能性也更大。④ 然而，英国Suffolk郡的一项研究却显示，良好的培训比实践经验更能帮助调解人更好地行使职责。不可否认的是，只要合理地利用实践经验，调解人总是能发挥更大的作用。

3. 调解人的专业知识。与证据法上的“专家证人”相似，在牵涉某些专业性较强的事项时，当事人有时倾向于聘请该领域的专家担任调解人。这种做法的反对者认为：专家对争议事项往往会形成先入为主的判断，而这会影响他的中立性；专家往往很难把自己的身份定位为“调解人”，造成角色上的混乱。然而，实践却让这些反对的声音变得毫无意义。调解领域中，对专家的需求是巨大的，其中最典型的例子莫过于律师担任调解人的情形。作为法律方面的专家，律师具有担任调解人的“先天优势”：首先，往往是律师推荐当事人进入调解程序的，他具有信息上的优势地位；其次，在法律对于调解规制得越来越严格的今天，由律师主持的调解程序更能让当事人放心。立法者显然也看到了这一点，为此采取各种方式鼓励律师在庭外促成当事人和解。例如在德国，1994 年颁布的《费用修正法》(The Cost Amendment) 特别规定，如果律师能够促成当事人达成庭外和解，则可在法律规定的全额律师费之外，再收取 50%的“和解费”⑤ (the settlement fee)。在其他的专业性案件中，绝大部分当事人也认为专业知识能够帮助调解人更好地理解案情和争点，从而提高调解程序的质量和效率。

(二) 调解会议前的准备

“一桩有效率的调解离不开充分的准备工作。”⑥ 尽管在有些调解程序中，准备工作极其简单，甚至不包括当事人的会面。但是，长期以来，从事调解的实务人员都认为：准备工

① See W. Maggiolo, *Techniques of Mediation*, Oceana Publiucations, 1985, p. 73.

② See J. Stulberg, *Taking Charge/managing Conflict*, Lexington Books, 1997, p. 27.

③ See D. Cruickshank, “Training mediators: moving towards competency-based training”, in *A Handbook of Dispute Resolution*, K Mackie, 1991, p. 248.

④ See J. Pearson et al, *The decision to mediate: profiles of individuals who accept and reject the opportunity to Mediate contested child custody and visitation issues*, in J. Divorce, 1982.

⑤ Marianne Roth, “Towards procedural economy: reduction of duration and costs of civil litigation in Germany”, in *Civil Justice Quarterly*, Vol. 20, April 2001, p. 144.

⑥ C. Moore, *The Mediation Process: Practical Strategies for Resolving Conflict*, Jossey-Bass, 1996, p. 81.

作进行得越充分，最终达成和解的可能性就越大；准备工作甚至可能直接促成纠纷的解决。一般来说，调解会议前的准备工作包括以下内容：

1. 信息的收集和交换。尽管调解不具有类似于诉讼的严格的证据开示程序，但信息的收集、交换和分析仍然是准备工作的重要内容。通常情况下，调解人并没有义务主动向当事人收集信息。以民商事调解为例，当事人一般在调解会议召开前的一个星期各自向调解人提交一份书面的扼要说明书（a written summary），其中包括当事人之间争议问题的一般性质、双方各自的立场以及理由等等。该文件及其简略，其长度一般不超过8页。如果存在调解组织，则该说明书一般由调解组织转交给对方当事人。当事人双方有可能在此基础上对比各自的立场，并共同制成一份表格交给调解人。当然，当事人并非在准备阶段就能合作到这个层面。更多的情况下，他们只是向调解人提供一系列文件，其中有些还要求调解人保密。但是，这些文件中包含的信息对调解人辨明冲突性质极有助益，也为其在调解会议上采取恰当的策略提供了基础。在环境纠纷诉讼中，除了对当事人提交的文件进行审查，必要的时候，调解人还应当进行实地的调查取证工作。日本《公害纠纷处理法》规定：调解人应当独自进行事实调查。之所以作出这样的规定，主要是考虑到环境纠纷性质的严重性。

2. 确定当事人的代表。并非所有的当事人都会亲自出席调解会议，这时，就会产生“代理权限”（authority）的问题。① 实践中，代表人缺乏代理权或代理权限不明往往给调解程序带来不必要的麻烦。在社区调解中，往往特别强调控制当事人本人的行为，如果由当事人的亲属代为参加调解程序，则事后当事人很有可能以“和解协议未经本人同意”为由拒绝履行。在商事调解程序中，代理人如欲同意某项和解协议，很有可能需要请示公司的董事会或其他权力机关，这无形中拖延了调解程序的进行。因此，在准备阶段，应当确定当事人的代表有充分的代理权限。

当事人的代表还应当符合其他要求。一般地，在商事调解中，当事人的代表应当是案件的利害关系人，这样才能保证他充分行使权利并履行义务；通常情况下，当事人代表在公司中的级别应当高于制造纠纷者的级别。同时，当事人代表也应当具有一定的素质，例如良好的沟通技巧、较高的理解能力等等。

3. 面见当事人。如果有充分的时间，并且相关的法律允许，调解人可以考虑面见各方当事人。在私人调解中，有经验的调解人通常会采取这一方式。面见当事人可以起到以下作用：在相对私密的环境下，更有利于收集相关的信息和材料②；可以就向当事人解释调解的基本程序；有利于与当事人建立较为紧密的工作关系；如果会见的场合与之后调解会议进行的场合一致，可以让当事人在调解会议的过程中消除紧张感；可以使在力量上处于弱

---

① See Laurence Boulle & Miryana Nesic, *Mediation: Principle, Process, Practice*, Butterworths, 2001, p. 120.

② See J. Haynes, *Divorce Mediation: A Practical Guide for Therapists and Counsellors*, Springer Publishing, 1981, pp. 10-17.

势的当事人感到平衡。调解人在面见当事人的时候，应当特别注意会见的次数和长度，以免带给当事人不公正的印象。

4. 先期会议（preliminary meeting）。有些情况下，调解人会召集当事人举行先期会议，巩固准备期间所取得的成果。先期会议一般包括以下内容：确定争议的范围；确定哪些争点需要在调解会议上处理；安排进一步的信息交换；确定调解会议上的代表都有充分的代理权限；确定出席调解会议的人员；确定调解会议的召开，等等。先期会议的核心目的在于：扫除一切可能阻止和解协议达成的障碍。

5. 签订"召开调解会议的协议"（Agreement to Settle）。在商事调解中，调解人通常会签署一份书面的"召开调解会议的协议"；在社区调解和家事调解中，当事人也经常通过这种方式表达进行调解的诚意。该协议一般在先期会议上签署，包括以下内容：组织性与程序性事项、保密与特权、信息开示的程度、调解的结果是否有拘束力、调解程序何时结束、调解费用的承担、当事人进行调解的意愿等。

(三) 调解会议

调解会议的进行可以分为 10 个步骤，其中，前 5 个步骤构成"确定争点"（problem-defining）阶段，后 5 个步骤构成"解决问题"（problem-solving）阶段。①

1. 会议的开始（preliminaries）。会议的开始阶段，调解人会问候各方当事人，并进行简单的寒暄。如果双方之前没有进行过面谈，则还可以进行简单的介绍；并且明确对与会者进行称呼的方式。这一过程旨在缓和当事人之间紧张的对抗气氛，它的时间一般不超过 2～3 分钟。

2. 调解人的开场致词（mediator's opening）。调解人会在会议开始后正式发表一个声明，即"开场致词"。在致词中，调解人首先会感谢当事人将纠纷诉诸调解，并明确当事人是处于自愿的；接着会阐明调解的性质和目标以及调解人和当事人在程序中的地位；强调调解人的中立地位；并且号召当事人在一定原则的指导下参与调解程序。开场致词应当尽量使用平实的语言，其长度一般不超过 10 分钟。②

3. 当事人陈述（the party presentations）。在这一步骤中，各方当事人都将就纠纷作简单陈述。一般情况下由"申请人"（claimant）先作陈述，但这也并非绝对——在有些调解程序中，根本不存在"申请人"。如果当事人聘请了律师，则律师可以在当事人发言后进行补充，这一顺序同样是可以调换的。③ 可以想象，在陈述的过程中，当事人往往表现出对对

---

① See S. Henderson, *The Dispute Resolution Manual: a practical handbook for lawyers and other advisors*, Data Legal Publications, 1993, pp. 104－105.

② See N. Rodgers & R Salem, *A Student's Guide to Mediation and the Law*, Matthew Bender, 1987, p. 63.

③ See R. Charlton & M Dewdney, *The Mediator's Handbook-skills and strategies for practitioners*, The Law Book Company, 1995, pp. 8－14.

方的敌意，甚至有可能出现情绪失控的状态。这时，调解人应当及时制止当事人的不理智行为，并且告知行为人：这样并不能解决问题。当事人进行陈述时，任何人不得打断，但是之后调解人可以提出开放性问题，当然，调解人必须注意提问的方式方法。这一步骤的意义在于给当事人提供了阐述纠纷性质的途径，当事人可以在不受干扰的情况下提供任何有用的信息，而调解人和对方当事人都必须认真倾听。

4. 确定双方达成的共识（identifying areas of agreement）。经过上述步骤，调解人应当在了解相关信息的基础上试图确定当事人达成的共识。这些共识可以是实体上的，也可以是有关程序性事项的。它的意义在于提醒当事人：双方还是存在共识的，而调解程序是“富有成效的”（productive）。调解人通常将这些共识列明，并不时予以强调，以起到心理暗示的作用。

5. 确定并整理争点（defining and ordering the issues）。调解人应当在与当事人进行充分协商的基础上确定争点。在这一过程中，调解人应当着眼于当事人的利益，而非法律上的权利；应当尽可能使用中性的、双方当事人都能够接受的语言。调解人应当将所有争点有条理的列出，并确定各争点的优先次序，以此向当事人说明，他们之间的争议受到了重视，并且将在接下来的程序中得到重点考虑。

6. 谈判（negotiation）和决策（decision-making）。这一步骤是“解决问题”阶段的开始。它是整个调解程序的核心，因此，它持续的时间在各个步骤中是最长的。然而，在这一步骤中，当事人之间并不达成协议，只是为纠纷的解决提供基础。具体而言，谈判和决策包括以下几方面的内容：

（1）交换信息和观点（exchange of information and views）。这一般是谈判和决策的开始，当事人此时应当就过去的事实交换看法。尽管调解不要求像诉讼一样明确案件事实，这种信息的交换仍然是十分必要的：它可以使以后的谈判在较为清晰的事实基础上进行；为当事人提供了一个发泄情绪的出口；也让当事人理解法官判定案件事实的难度，从而提高调解的积极性。[①] 实践中，调解人一般会直接向当事人询问他所理解的案件事实是什么样的。

（2）研究解决方案（development and exploration of options）。在掌握充分信息的基础上，调解人会鼓励各方当事人充分发挥主观能动性，尽可能多地提出他们认为可行的纠纷解决方案。这时，各方当事人仅需考虑自身的利益，而调解人将不会对这些方案提出反对和批评。

（3）对方案的评估和选择（evaluation and selection of options）。在这一过程中，调解人会鼓励双方当事人根据共同的利益和需要，对上述方案进行评估，并选择各方都能接受的方案。同时，他们还应考虑到方案的可行性与可操作性。如果存在困难，则调解人可以先鼓励当事人达成大方面的共识，之后再就具体问题达成一致。

---

① See D. Shapiro, “Pushing the envelop-selective techniques for tough mediations”, in *ADR Law Journal*, 2000, pp. 117 - 119.

(4) 议价 (bargaining)。如果经过上述程序，当事人仍然无法接受共同的纠纷解决方案，则将不得不进行议价。当事人双方就各自的立场分别开始作出让步和妥协，直至最后达成一致。议价可能会使双方和解，也有可能导致谈判的破裂。

7. 分别会见当事人 (the separate meetings)。在作出最终决策之前，调解人还将分别、单独会见各方当事人，甚至可以拒绝其代理人到场。有评论家指出，这种单独会见最能体现调解制度的特点，往往能够给整个程序带来突破性的进展。一般来说，在分别会见当事人的时候，调解人应当进行以下工作：允许当事人提出新的意见，这些意见可能是在公开场合不能或不愿提出的；向当事人询问更多信息；更深入地了解当事人行事的动机；观察当事人是否真的有进行调解的诚意；向当事人传授进行交流的技巧；以恰当的方式向当事人施加压力，促使其达成和解协议。① 在分别会见当事人并达到目的之后，调解人应当重新将各方当事人召集到一起，继续进行调解程序。

8. 最终决策 (final decision-making)。在该程序中，各方当事人在调解人的主持下，就纠纷解决进行更加深入的讨论以及最终的议价，并且确定和解协议的细节问题。调解人应当提醒当事人着眼于现在和将来，而不必纠缠于过去的差异；调解人还应当保证各方当事人都对和解协议感到满意，将来就同一事项再次发生纠纷的可能性已被降至最小。

9. 记录决策 (recording the decisions)。绝大部分情况下，当事人之间的和解协议将用书面方式记录下来；对于商事调解来说尤其是如此。如果和解协议内容比较复杂，则一般只在调解会议上拟定协议的开头，再由双方律师共同将其完善为一份详细的合同；如果协议的内容很简单，则可以在会议上当场拟定。协议还应当载明：如果再次出现纠纷，双方将采用何种纠纷解决方式。② 除非当事人明示放弃保密条款，和解协议不能对外公开。

10. 最后陈述 (closing statement) 与调解程序的终结 (termination)。经过上述程序，调解人将以最后陈词的形式正式宣告调解程序的结束。无论结果如何，调解人的陈词都应当采取积极的基调，并向双方当事人表示感谢。如果达成了和解协议，调解人应当鼓励当事人履行该协议。如果未能达成和解协议，调解人也应当建议当事人先冷静地考虑一段时间，之后再考虑其他纠纷解决方式。

五、调解的后续工作 (Post-Mediation Activities)

调解可能因为和解协议的达成而终结，也可能因为调解不成而终结。在前一种情况下，

① See R. Charlton & M. Dewdney, *The Mediator's Handbook-skills and Strategies for Practitioners*, the Law Book Company, 1995, pp. 108–109.

② See P. Davenport, "What is wrong with mediation", in *ADR Law Journal*, 1997, p. 133.

当事人往往要在调解结束之后进行一系列后续工作，使调解的功能切实发挥到最大。

(一) 和解协议的批准和审查 (Ratification and Review)

尽管参与调解程序的当事人代表一般都已经获得了充分授权，由于和解协议关系到重大的实体权利，在很多情况下，尤其是商事调解中，和解协议还必须得到公司董事会的批准。当事人还有机会就和解协议向律师、会计师等专业人员寻求咨询意见。这些程序为当事人的利益提供了有效的保障。在涉及公共利益的调解中，和解协议通常还要经过一系列立法程序，以政府文件的形式最终确定下来。因此，花费在这一过程上的时间是不容低估的。

(二) 官方确认 (Official Sanction)

有些情况下，法院或其他官方机构的确认是和解协议生效的要件。例如，英国《民事诉讼规则》第 21.10 条规定：在未成年人人身损害赔偿案件中，如果该未成年人的父母代表未成年人与对方达成和解协议，则该协议必须得到法院的批准才能生效。如果调解发生在诉讼过程中，和解协议一般必须得到法院的确认方能生效。法院将根据和解协议的内容作出判决或发布命令，和解协议因此获得了更高的执行力。在英国的商事法院中，法院往往通过 ADR 令状的形式，对和解协议的效力进行确认。①

(三) 移转 (Referral) 和报告 (Reporting)

根据调解的效果，调解人可以自行决定将当事人介绍给心理医生、律师或社会工作者，以方便其从专业人士那里得到帮助。但是，这种介绍必须征得当事人的同意，不能是强制性的，并且不得违反保密义务。如果当事人经过调解未能达成和解协议，当事人应当向法院详细汇报调解程序进行的情况，并且总结调解失败的原因。

(四) 调解人的自我总结 (Mediator Debriefing)

调解程序结束后，调解人有时会对调解程序进行仔细的分析和评估，并形成一份书面报告。这份报告可以在调解人之间流通，也可以提交给调解组织中的上级领导。通过自我总结，调解人能够了解自己在调解过程中的情绪变化；鼓励自己在未来的调解工作中扬长避短。有时，调解人还会向当事人发放问卷，听取当事人对自己的批评和建议。通

---

① 参见齐树洁主编：《英国民事司法改革》，181～182 页，北京，北京大学出版社，2004。

过不断的自我总结，调解人和调解组织能够建立起一个有关调解的信息库，包括调解的成功率、收费情况，等等，这对调解程序的改革以及调解人员的培训无疑将起到非常积极的作用。①

六、传统调解制度面临的挑战

在调解实践中，人们逐渐总结出了调解制度的一些属性，例如，调解必须以当事人的自愿参加为条件，调解人必须保持中立等等。传统的调解理论认为，只有具备这些属性，调解程序才具备正当性。然而，随着调解理论与实务的发展，这些关于调解的传统观念受到了前所未有的挑战。

（一）当事人参加调解是否必须出于自愿

传统理论认为，“自愿是调解的基本要素”②；自愿是调解与诉讼之间的本质性区别。而当事人自愿参加调解程序，又被当成是调解正当性存在的基础。然而，经过仔细分析，我们不难发现：纯粹的“自愿”参与是不存在的，当事人参加调解时的心态应该处于“自愿”与“被强制”之间。

具体而言，随着民事司法改革的深入，法院越来越重视诉讼外纠纷解决机制。对于某些类型的案件，法院会要求当事人事先进行调解，调解不成再进入诉讼程序。以英国为例，一部分被纳入快速审理制和多轨审理制的案件将自动进入调解程序。如果因某方当事人的原因而终止调解程序，但事后法官认为该案其实是能够达成和解的，则该方当事人可能被判决承担较多的诉讼费用。2000年德国《联邦调解法》的序言中也准许所有州对于某些类型的民事案件采取强制调解。③

在跨国公司不断壮大的今天，大企业往往会在与员工的工作合同中约定，如果出现劳资纠纷，应当通过调解程序解决，员工由于在缔约过程中的弱势地位，一般都会接受这一条款；许多当事人选择调解程序是因为害怕因为诉讼而失去更多，或者无法支付高额的诉讼费用。在上述情况下，当事人都不是完全自愿地参与调解程序，但法律并不因此否定这些调解的正当性。

---

① See J. Folberg & A Taylor, *Mediation: A Comprehensive Guide to Resolving Conflict without Litigation*, Jossey-Bass, 1984, pp. 65－72.

② T. Terrell, “Compulsion is not the answer”, in *Australian Law News*, 1992, pp. 17－18.

③ 参见沈恒斌主编：《多元化纠纷解决机制原理与实务》，119页，厦门，厦门大学出版社，2005。

(二) 调解人是否必须保持中立

在传统上，调解人一定是“中立的第三方”。因此，调解人必须符合以下要求：他必须与调解的最终结果没有利害关系；他在参与调解程序之前对有关事实一无所知，并且与当事人素不相识；他不会对当事人作任何判断；他不会利用自己的专业知识影响决策的过程；他给予双方当事人完全平等的注意。[①]

但在实践中，调解人往往很难完全符合以上标准，他只能做到一定程度的“中立”[②]。在国际贸易争端中，当事人经常会认为，与结果有利害关系的调解人更能积极地帮助自己达成和解协议；在调解过程中，调解人可能需要与当事人分别见面以了解更多的信息；在当事人的力量对比特别悬殊的时候，调解人为了做到实质的公平，有时也会给予一方当事人更多协助；在法院附设调解中，调解人在向法院汇报调解情况时，必须对相关事项作出自己的判断。即便排除种种外在干扰，调解人也存在自己的利益：调解的成功率、调解费用的多少、花费时间的长短都是与调解人的实际收入紧密相关的。

(三) 调解过程中是否应当严格区分程序问题和实体问题

传统理论认为，调解的过程可以分为程序和实体两个方面；调解人控制决策的程序，而当事人控制实体部分，例如和解协议的内容。[③] 从逻辑上来说，这样的划分是可行的。然而，在现实中，如此严格的区分并不存在。首先，程序问题难以从实体中完全剥离。有一些事项很难界定为是“程序性的”还是“实体性的”；而且，调解人控制程序的行为也很容易影响到实体结果，例如，时间表的变动往往使当事人无法从事一定的行为。其次，当事人聘请调解人的目的在于促成和解协议。为了达到这一目标，有时需要利用调解人在某一方面的专业知识，这样，调解人控制的范围就超过了“程序”的界限而进入了实体领域。再次，调解人可以通过间接的方式影响当事人对实体问题的决定。他可以利用自己的权威向当事人施加压力，甚至能够通过语调和肢体语言影响当事人。最后，有些情况下，调解人在就程序性事项作出决定时，会征求当事人的意见。在调解人与当事人的权限不甚明了时，对程序和实体的区分也就显得意义不大了。

---

① See G. Kurien, “Critique of myths of mediation”, in *ADR Journal*, 1995, pp. 43 - 52.

② M. Anstey, *Negotiating Conflict: Insights and Skills for Negotiators and Peacemakers*, Juta & Co., 1991, pp. 251 - 252.

③ See C. Moore, *The Mediation Process: Practical Strategies for Resolving Conflict*, Jossey-Bass, 1996, pp. 74 - 76.

(四) 调解人对调解程序的干预

调解人对调解程序的干预与上述对调解过程的分解密切相关。传统上将调解人的干预分成两个极端："最少干预"(minimalist intervention) 与 "直接干预"[①] (directive intervention)。在"最少干预"模式下，调解人仅仅决定调解过程中的程序性事项，对其进行"结构性控制"(structural control)，对于实体问题则不加干涉。在"直接干预"模式下，调解人发挥更加积极的作用，他干预的范围也不限于程序性事项，他甚至可以主动提供纠纷解决的方案。

对调解理论研究的深入，使人们对调解人干预的程度作更加细致的区分。影响调解人干预程度的因素有很多，包括调解人所接受的训练、他个人的职业背景以及性格、当事人的要求等等，但最重要的是纠纷本身的性质。

在绝大多数社区调解中，由于调解人不具备丰富的专业知识，他一般对调解程序干预得较少；在法院附设的调解中，法官往往对调解程序进行较多的干预；由于牵涉社会公共利益，劳动纠纷中的调解人会比家庭纠纷中的调解人表现得更加积极主动。[②]

为了获得当事人的理解与支持，调解人有必要在调解程序开始的时候向当事人说明：自己将对调解程序进行何种程度的干预及其原因。

(五) 调解的结果是否必须由当事人一致同意

与当事人参与的自愿性一样，对调解结果的一致同意也被认为是调解的基本属性。调解人作为中立的第三方，应当无权强迫当事人接受和解协议；否则，调解与诉讼、仲裁就可以混同了。[③]

然而，实践中存在很多并非由当事人"一致同意"的调解结果：第一，很多国家的立法都规定调解的当事人必须本着"诚实信用"(good faith) 的原则参加调解程序。英国《民事诉讼规则》第 44 条规定，如果当事人在调解过程中违背了诚实信用原则，法院可以撤销调解的结果，并对恶意的当事人处以罚金。澳大利亚的相关立法中也有类似规定。第二，调解程序可能持续很长时间，使当事人身心疲惫，这在无形中构成了一种催促当事人尽快达成和解协议的压力。第三，调解人可以通过一系列的技巧，使当事人在某一时刻受到误导而达成和解协议。第四，调解人可以利用自己在程序事项上的控制权，给当事人施加压

---

① H. Brown & A Marriot, *ADR Principles and Practice*, Sweet & Maxwell, 1999, pp. 138－140.

② See Laurence Boulle & Miryana Nesic, *Mediation: Principle, Process, Practice*, Butterworths, 2001, pp. 23－24.

③ See J. Folberg & A Taylor, *Mediation: A Comprehensive Guide to Resolving Conflict without Litigation*, Jossey-Bass, 1984, p. 35.

力，影响当事人就实体问题进行的谈判。第五，从调解人的职能来说，"辅助"本身很难与"操纵"划清界限。调解人有充分的资源、能力，促使当事人违背其真实意思而达成和解协议。①

① See C. Moore, *The Mediation Process: Practical Strategies for Resolving Conflict*, Jossey-Bass, 1996, p. 333.

图书在版编目（CIP）数据

外国民事诉讼法学研究/汤维建主编.
北京：中国人民大学出版社，2007
（21 世纪法学系列教材·法学研究生用书/曾宪义，王利明总主编）
ISBN 978-7-300-08481-7

Ⅰ. 外…
Ⅱ. 汤…
Ⅲ. 民事诉讼法-研究-外国-研究生-教材
Ⅳ. D915.204

中国版本图书馆 CIP 数据核字（2007）第 134901 号

21 世纪法学系列教材·法学研究生用书
总主编　曾宪义　王利明
外国民事诉讼法学研究
主　编　汤维建

出版发行	中国人民大学出版社		
社　　址	北京中关村大街 31 号	**邮政编码**	100080
电　　话	010－62511242（总编室）		010－62511398（质管部）
	010－82501766（邮购部）		010－62514148（门市部）
	010－62515195（发行公司）		010－62515275（盗版举报）
网　　址	http://www.crup.com.cn		
	http://www.ttrnet.com(人大教研网)		
经　　销	新华书店		
印　　刷	北京鑫丰华彩印有限公司		
规　　格	185 mm×240 mm　16 开本	**版　　次**	2007 年 9 月第 1 版
印　　张	33.5 插页 1	**印　　次**	2007 年 9 月第 1 次印刷
字　　数	725 000	**定　　价**	48.00 元
